JOHANNES FITZKE

AF288505

Therapiefreiheit und Selbstbestimmungsrecht:
Die Arzt-Patienten-Beziehung im Wandel der Zeit

Schriften zum Gesundheitsrecht

Band 68

Herausgegeben von Professor Dr. Helge Sodan,
Freie Universität Berlin,
Direktor des Deutschen Instituts für Gesundheitsrecht (DIGR)
Präsident des Verfassungsgerichtshofes des Landes Berlin a.D.

Therapiefreiheit und Selbstbestimmungsrecht: Die Arzt-Patienten-Beziehung im Wandel der Zeit

Von

Johannes Fitzke

Duncker & Humblot · Berlin

Die Rechts- und Staatswissenschaftliche Fakultät
der Universität Greifwald
hat diese Arbeit im Jahr 2021
als Dissertation angenommen.

Bibliografische Information der Deutschen Nationalbibliothek

Die Deutsche Nationalbibliothek verzeichnet diese Publikation in
der Deutschen Nationalbibliografie; detaillierte bibliografische Daten
sind im Internet über http://dnb.d-nb.de abrufbar.

Alle Rechte vorbehalten
© 2022 Duncker & Humblot GmbH, Berlin
Satz: 3w+p GmbH, Rimpar
Druck: CPI buchbücher.de gmbh, Birkach
Printed in Germany

ISSN 1614-1385
ISBN 978-3-428-18606-8 (Print)
ISBN 978-3-428-58606-6 (E-Book)

Gedruckt auf alterungsbeständigem (säurefreiem) Papier
entsprechend ISO 9706 ⊗

Internet: http://www.duncker-humblot.de

Meiner Familie

Vorwort

Die vorliegende Arbeit wurde im Wintersemester 2021/2022 von der Rechts- und Staatswissenschaftlichen Fakultät der Universität Greifswald als Dissertation angenommen und für die Veröffentlichung auf den Stand von Anfang Februar 2022 gebracht.

Mein besonderer Dank gilt meiner Doktormutter Frau Prof. Dr. Sigrid Lorz, die bereits zu Studienzeiten mein Interesse am Medizinrecht geweckt hat und mir während des Schreibens stets mit Rat zur Seite stand.

Herrn Prof. Dr. Steffen Schlinker danke ich für die zügige Erstellung des Zweitgutachtens sowie für die wundervolle Zeit sowohl als studentische Hilfskraft als auch später als wissenschaftlicher Mitarbeiter.

Dem Herausgeber und dem Verlag Duncker & Humblot danke ich für die Aufnahme in die Schriftenreihe „Schriften zum Gesundheitsrecht".

Ganz besonderer Dank gilt schließlich meiner gesamten Familie, die mich stets tatkräftig unterstützt hat. Meiner Mutter und meinen drei Schwestern Franziska, Elisabeth und Charlotte danke ich im Speziellen für ihre durchgehende Bereitschaft, meine Arbeit Korrektur zu lesen. Bei meinen Eltern möchte ich mich zudem für die großzügige finanzielle Unterstützung bei der Veröffentlichung dieser Arbeit bedanken.

Greifswald, im Februar 2022   *Johannes Fitzke*

Inhaltsverzeichnis

6. Teil

Einfluss der Digitalisierung auf die Arzt-Patienten-Beziehung   238

Abkürzungsverzeichnis

Abs.	Absatz, Absätze
AcP	Archiv für civilistische Praxis (Zeitschrift)
ADG-E	Entwurf Antidiskriminierungsgesetz
a. E.	am Ende
a. F.	alte Fassung
AG	Amtsgericht
AGG	Allgemeines Gleichbehandlungsgesetz
AIDS	Acquired Immune Deficiency Syndrome
Alt.	Alternative
AMA	American Medical Association
AMG	Arzneimittelgesetz
AöR	Archiv des öffentlichen Rechts (Zeitschrift)
ArbG	Arbeitsgericht
Art.	Artikel
Ärzte-ZV	Zulassungsverordnung für Vertragsärzte
ArztR	Arztrecht (Zeitschrift)
AT	Allgemeiner Teil
Aufl.	Auflage
BAGE	Entscheidungen des Bundesarbeitsrechts (amtliche Sammlung)
BÄK	Bundesärztekammer
BÄO	Bundesärzteordnung
Bay. ÄB	Bayerisches Ärzteblatt
BayVGH	Bayerischer Verwaltungsgerichtshof
BeckOGK	Beck-online Großkommentar
BeckOK	Beck'scher Online-Kommentar
BerGer.	Berufungsgericht
BGB	Bürgerliches Gesetzbuch
BGH	Bundesgerichtshof
BGHSt	Entscheidungen des Bundesgerichtshofs in Strafsachen (amtliche Sammlung)
BGHZ	Entscheidungen des Bundesgerichtshofs in Zivilsachen (amtliche Sammlung)
BMV-Ä	Bundesmantelvertrag für Ärzte
BORA	Berufsordnung für Rechtsanwälte
BRAO	Bundesrechtsanwaltsordnung
BSG	Bundessozialgericht
BSGE	Entscheidungen des Bundessozialgerichts (amtliche Sammlung)
bspw.	beispielsweise
BT-Drucksache	Bundestag-Drucksache
BVerfG	Bundesverfassungsgericht
BVerfGE	Entscheidungen des Bundesverfassungsgerichts (amtliche Sammlung)

BVerwG	Bundesverwaltungsgericht
BVerwGE	Entscheidungen des Bundesverwaltungsgerichts (amtliche Sammlung)
bzw.	beziehungsweise
Conn.	Supreme Court of Connecticut
DAF	Deutsche Arbeiterfront
dbb	Beamtenbund und Tarifunion
DDR	Deutsche Demokratische Republik
ders.	derselbe
d. h.	das heißt
DMP	Disease Management Programm(e)
DMW	Deutsche Medizinische Wochenschrift (Zeitschrift)
DNotZ	Deutsche Notar-Zeitschrift
DR	Deutsches Recht (Zeitschrift)
DtÄb	Deutsches Ärzteblatt (Zeitschrift)
DtÄb cme kompakt	Deutsches Ärzteblatt Continuing Medical Education Kompakt (Zeitschrift)
DtÄb-Praxis	Deutsches Ärzteblatt Supplement Praxis (Zeitschrift)
DuD	Datenschutz und Datensicherheit (Zeitschrift)
EDV	elektronische Datenverarbeitung
et al.	und andere
etc.	et cetera
EthRG	Ethikratgesetz
EU	Europäische Union
f.	folgende
FAZ	Frankfurter Allgemeine Zeitung
ff.	fortfolgende
Fn.	Fußnummer
FORUM	Forum – Das offizielle Magazin der Deutschen Krebsgesellschaft e. V. (Zeitschrift)
FPR	Familie Partnerschaft Recht (Zeitschrift)
F.Supp.3d	United States District Court, D. Oregon
F&L	Forschung und Lehre (Zeitschrift)
GBA	Gemeinsamer Bundesausschluss
GBE Kompakt	Gesundheitsberichterstattung Kompakt (Zeitschrift)
(G)-DRG(s)	(German)-Diagnosis Related Group(s)
GenDG	Gendiagnostikgesetz
GesR	Gesundheitsrecht (Zeitschrift)
GewO	Gewerbeordnung
GG	Grundgesetz
GoA	Geschäftsführung ohne Auftrag
GreifR	Greifrecht (Zeitschrift)
GRUR-RS	Gewerblicher Rechtsschutz und Urheberrecht (Zeitschrift) – digitale Rechtsprechungssammlung
GuP	Gesundheit und Pflege (Zeitschrift)
G&S	Gesundheits- und Sozialpolitik (Zeitschrift)
HIV	Humane Immundefizienz-Virus
Hrsg.	Herausgeber
HS	Halbsatz

HWG	Heilmittelwerbegesetz
IGeL	Individuelle Gesundheitsleistungen
Ill.App.	Appellate Court of Illinois
IM	Inoffizieller Mitarbeiter
i. V. m.	in Verbindung mit
JA	Juristische Arbeitsblätter (Zeitschrift)
JR	Juristische Rundschau (Zeitschrift)
JuS	Juristische Schulung
JW	Juristische Wochenschrift (Zeitschrift)
JZ	Juristenzeitung (Zeitschrift)
Kap.	Kapitel
KBV	Kassenärztliche Bundesvereinigung
KHEntgG	Krankenhausentgeltgesetz
KHG	Krankenhausfinanzierungsgesetz
KI	Künstliche Intelligenz
Kl.	Kläger
KritV	Kritische Vierteljahresschrift für Gesetzgebung und Rechtsprechung (Zeitschrift)
KV	Kassenärztliche Vereinigung
lat.	lateinisch
LG	Landgericht
LSG	Landessozialgericht
MB	Marburger Bund
mbH	mit beschränkter Haftung
MBO-Ä	Musterberufsordnung Ärzte
MDR	Monatsschrift für Deutsches Recht (Zeitschrift)
MDR-Zeitreise	Mitteldeutscher Rundfunk-Zeitreise (Onlinebeiträge)
MedR	Medizinrecht (Zeitschrift)
medstra	Zeitschrift für Medizinstrafrecht
MfS	Ministerium für Staatssicherheit
Mio.	Millionen
MMR	Multimedia und Recht (Zeitschrift)
MMR-Aktuell	Newsletter zur Zeitschrift MMR
MPR	Medizin Produkte Recht (Zeitschrift)
MV	Mecklenburg-Vorpommern
MVF	Monitor Versorgungsforschung (Zeitschrift)
N. A.	Nikolai Aleksandrovich
n. Chr.	nach Christus
NHS	National Health Service, staatliches Gesundheitsystem in Großbritannien und Nordirland
NJ	Neue Justiz (Zeitschrift)
NJOZ	Neue Juristische Online-Zeitschrift
NJW	Neue Juristische Wochenschrift (Zeitschrift)
NJW-RR	Neue Juristische Wochenschrift Rechtsprechung-Report Zivilrecht
Nr.	Nummer
NS	Nationalsozialismus
NSDAP	Nationalsozialistische Deutsche Arbeiterpartei
NStZ	Neue Zeitschrift für Strafrecht

NStZ-RR	Neue Zeitschrift für Strafrecht Rechtsprechung-Report Strafrecht
NVwZ	Neue Zeitschrift für Verwaltungsrecht
N.Y.	Court of Appeals of New York
NZKart	Neue Zeitschrift für Kartellrecht
NZS	Neue Zeitschrift für Sozialrecht
o.ä.	oder ähnliche(s)
OECD	Organisation für wirtschaftliche Zusammenarbeit und Entwicklung
OLG	Oberlandesgericht
öStGB	österreichisches Strafgesetzbuch
OTC	Over the counter
OVG	Oberverwaltungsgericht
PharmR	Pharmarecht (Zeitschrift)
RÄO	Reichsärzteordnung
Rdnr.	Randnummer
Rdnrn.	Randnummern
RFHE	Entscheidungen des Reichsfinanzhofs (amtliche Sammlung)
RG	Reichsgericht
RGSt	Entscheidungen des Reichsgerichts in Strafsachen (amtliche Sammlung)
RGZ	Entscheidungen des Reichsgerichts in Zivilsachen (amtliche Sammlung)
RL	Richtlinie
RStGB	Reichsstrafgesetzbuch
S.	Satz, Seite(n)
SED	Sozialistische Einheitspartei Deutschlands
SGB	Sozialgesetzbuch
SMS	Short Message Service
sog.	sogenannte(r)
SRa	Sozialrecht aktuell (Zeitschrift)
StGB	Strafgesetzbuch
STGB-DDR	Strafgesetzbuch der Deutschen Demokratischen Republik
StPO	Strafprozessordnung
TFG	Transfusionsgesetz
u.a.	unter anderem
u.dgl.	und dergleichen
US	United States
Var.	Variante
v. Chr.	vor Christus
VersR	Versicherungsrecht (Zeitschrift)
VG	Verwaltungsgericht
vgl.	vergleiche
Vol.	Volume
Vorbem.	Vorbemerkungen
vs.	versus
VuR	Verbraucher und Recht (Zeitschrift)
VW	Versicherungswirtschaft (Zeitschrift)
VwVfG	Verwaltungsverfahrensgesetz
WiPrO	Wirtschaftsprüferordnung
W.L.R.	Weekly Law Reports
z.B.	zum Beispiel

ZEV	Zeitschrift für Erbrecht und Vermögensnachfolge
ZfL	Zeitschrift für Lebensrecht
ZPR	Zeitschrift für Rechtspolitik
ZStW	Zeitschrift für die gesamte Strafrechtswissenschaft

Einleitung

„In drei Gestalten kennt das Publikum den Doktor: Als Engel, wenn am Krankenbette hockt er. Als Gott, wenn ihm die Heilung ist geglückt. Als Teufel, wenn am Schlusse er die Rechnung schickt."[1]

I. Arzt als Symbolfigur

Die Tätigkeit des Arztes[2] gilt als eine in Deutschland hoch angesehene Profession. Zwischen 2015 und 2020 belegte der Arztberuf in der regelmäßig stattfindenden dbb-Bürgerbefragung, durchgeführt von der Gesellschaft für Sozialforschung und statistische Analysen mbH (kurz: forsa), hinter dem Beruf des Feuerwehrmanns den zweiten Platz. Im Jahr 2021 reichte es für den Arztberuf trotz einer minimalen Steigerung im Bürgeransehen noch für den dritten Platz. Das Podest im Jahr 2021 wird durch den Krankenpfleger als neuer Zweitplatzierter, also mit einer ebenfalls medizinisch ausgerichteten Berufsgruppe, komplettiert.[3] Die Covid-19-Pandemie und der damit verbundene unerschütterliche Einsatz von Ärzten und Krankenpflegern wird diese positive Einschätzung in der Zukunft höchstwahrscheinlich weiter zementieren, wenn nicht sogar ausbauen.

Der Respekt der Gesellschaft ist dem Arzt durch den Abschluss des für schwierig erachteten Studiums und nach dem Eintreten der ersten medizinischen Erfolge gewiss. Gleichwohl ist zu kritisieren, dass das – durchaus gerechtfertigte – Ansehen im Hinblick auf Fokussierung und Engagement regelmäßig durch die Medienlandschaft zu einem Mythos der Allwissenheit und Übermacht der Ärzte pervertiert wird. Sowohl in internationalen Produktionen wie „Grey's Anatomy"; „Emergency Room" oder „Private Practice" als auch in den deutschen Serien-Hits „In aller Freundschaft" oder „Die Schwarzwaldklinik" werden die Ärzte nicht selten als „Halbgötter in Weiß" dargestellt.[4] Die Schauspieler treten als Charaktere auf, die

---

[1] Abgedruckt in: *Pollak*, Die Jünger des Hippokrates, S. 150 f.

[2] Aus Gründen der besseren Lesbarkeit wird auf die weibliche Sprachform verzichtet. Sämtliche Personenbezeichnungen gelten gleichermaßen für beide Geschlechter.

[3] dbb-Bürgerbefragung 2015, S. 9; dbb-Bürgerbefragung 2019, S. 21; dbb-Bürgerbefragung 2020, S. 11; dbb-Bürgerbefragung 2021, S. 11; sämtliche Bürgerbefragungen sind abrufbar unter https://www.dbb.de/presse/mediathek/broschueren.html (Zugriff: 05.02.2022).

[4] Vgl. *Bergdolt*, Das Kontinuum des Ärztlichen, in: Katzenmeier/Bergdolt (Hrsg.), Das Bild des Arztes im 21. Jahrhundert, S. 105 (112), „Stets behält er [der gute Arzt], wie Professor Brinkmann in der berühmten, inzwischen selbst historischen Schwarzwaldklinik-Serie, einen klaren Kopf, den man beim Kranken, den Angst und Inkompetenz verwirren, nur bedingt findet.

unabhängig, eigenverantwortlich und zum Teil auch gegen den erklärten Patientenwillen über Leben oder Sterben entscheiden.[5] Doch unter welchen rechtlichen Rahmenbedingungen findet das Aufeinandertreffen von Arzt und Patient tatsächlich statt? Ist der Arzt in seinem Wirken derart frei, wie es die Medienlandschaft teilweise suggeriert oder handelt es sich hierbei um eine plakative Beeinflussung der gesellschaftlichen Sicht auf den Arztberuf? Ist der Arzt unter dem Deckmantel einer „ärztlichen Therapiefreiheit" dazu berechtigt, sein Verständnis von einer medizinischen Behandlung dem Patienten aufzuzwingen oder steht auch diesem eine eigenständige Rechtsposition zu?

Die Entwicklung der Arzt-Patienten-Beziehung ist bei weitem nicht abgeschlossen. Der Arzt der Frühzeit hatte sich mit einer anderen Form und einer anderen Intensität von Patientenwünschen auseinanderzusetzen, als dies die Aufgabe des modernen Arztes ist. Auch die Position des Patienten unterliegt seit dem Aufkommen von medizinischen Berufsfeldern einem stetigen Wandel. In Zukunft wird neben gesellschaftspolitischen Reformen auch das voranschreitende Zeitalter der Digitalisierung weitere Veränderungen mit sich bringen. Es bietet sich daher an, die Entwicklung der Arzt-Patienten-Beziehung sowohl historisch als auch zukunftsorientiert zu bewerten.

Die Aktualität der Wechselwirkungen von ärztlicher Therapiefreiheit und dem Selbstbestimmungsrecht des Patienten zeigt sich zudem an der neuesten Revidierung des Genfer Gelöbnisses. Erst auf der 68. Generalversammlung des Weltärztebundes im Oktober 2017 in Chicago wurde das der Musterberufsordnung der Ärzte vorangestellte Versprechen um den Passus „Ich werde die Autonomie und die Würde meiner Patientin oder meines Patienten respektieren" erweitert.[6] Diese Änderung spiegelt den Siegeszug des Selbstbestimmungsrechts des Patienten wider und bietet darüber hinaus einen zusätzlichen Beweggrund für die vorliegende Untersuchung.

Als Universitätsprofessor ist er auch noch ein begabter Lehrer, ein glänzender Redner und möglichst ubiquitär für die Kollegen in zahllosen Gremien tätig. Ironisch könnte man sagen: Der gute Arzt verfügt über eine Universalbegabung, welche die Natur außerhalb seines Standes nicht geschaffen hat."

[5] Beispielhaft sollen an dieser Stelle Teile der Dialoge aus „In aller Freundschaft – Folge 890 – Männergespräche" dargestellt werden: (22:26 ff.) Ärztin empfiehlt Operation; „Nicht ohne Patientenverfügung!" (Patient); Ärztin liest die Patientenverfügung vor, Nachfragen bezüglich der Rechtsgültigkeit werden von dem ebenfalls anwesenden Chefarzt bejaht; „Wenn nach der Operation etwas schief geht, sie halten sich daran?" (Patient); „Ja" (Ärztin); (30:45 ff., nach der Operation, der Patient liegt im Sterben) „Martin? (Name von Arzt)" (Ärztin); „Ich lasse ihn hier nicht sterben!" (Arzt); anschließend wird der Patient entgegen der Patientenverfügung wieder künstlich beatmet; (35:29 ff., vor der Klinik) „Er könnte dich verklagen" (Chefarzt); „Ist mir egal" (Arzt); „Der Wille des Patienten ist dir auch egal?" (Chefarzt); daraufhin schweigt der Arzt nur; anschließend wird die Narkose doch beendet, der Patient überlebt erstmal.

[6] *Parsa-Parsi/Wiesing*, DtÄb 2017, A-2023 (A-2023).

II. Ziel und Gang der Untersuchung

Die nachfolgende Untersuchung befasst sich zum einen mit der Dynamik der Arzt-Patienten-Beziehung und zum anderen mit dem sich entwickelnden Verhältnis von ärztlicher Therapiefreiheit und Selbstbestimmungsrecht des Patienten. Da sich beide Parteien auf Rechtspositionen berufen können, die auf den ersten Blick eine typische Rechtskollision zur Folge haben, bietet es sich an, diesen Kontext näher zu untersuchen. Insgesamt zielt die Arbeit auf eine Standortbestimmung von Arzt und Patient im Rahmen des Behandlungsgeschehens ab. Die folgenden Betrachtungen bleiben dabei auf die individuelle Arzt-Patienten-Beziehung beschränkt, wobei jeweils von einem volljährigen und einwilligungsfähigen Patienten ausgegangen wird.

Der *erste Teil* der Untersuchung beschäftigt sich mit den für die Arzt-Patienten-Beziehung entscheidenden Rechtspositionen der Beteiligten. Tritt ein Patient mit einem Arzt in Kontakt, handelt es sich sogleich immer um ein Aufeinandertreffen von ärztlicher Therapiefreiheit und Selbstbestimmungsrecht des Patienten. Doch wie sind diese Rechtspositionen einzuordnen? Während der Fokus der existierenden Literatur bisher eher auf der Patientenautonomie lag, wird neben deren Würdigung auch aufgezeigt, was unter der ärztlichen Freiheit zu verstehen ist und wie diese normhierarchisch verankert ist.

Im Rahmen des *zweiten Teils* wird die historische Entwicklung der Arzt-Patienten-Beziehung untersucht. Bestand schon immer ein ärztlicher Entscheidungsspielraum oder war der Arzt der Frühzeit in seinem Wirken beschränkt? Welche Rolle spielte der Glaube an die Magie? Ab wann kann von einem Selbstbestimmungsrecht des Patienten gesprochen werden und inwieweit ist dieses auf einzelne historische Gegebenheiten zurückzuführen? Bei der Beleuchtung der Rechtspositionen werden auch Grundzüge des jeweiligen Medizinverständnisses sowie die soziale Anerkennung des Arztberufes mitberücksichtigt. Fokussiert wird sich jeweils auf die Freiheit des Arztes, seine Sichtweise auf den Patienten und dessen Einwirkungsmöglichkeiten auf die Behandlung. Mithilfe einer Subjekt-Objekt-Einteilung werden die epochalen Arzt-Patienten-Beziehungen kategorisiert. Gibt es die medial propagierte Subjekt-Objekt-Beziehung tatsächlich oder bedarf es einer detaillierteren Einteilung? Handelt es sich bei der angepriesenen therapeutischen Partnerschaft um die Realität oder um einen bloßen Wunschgedanken?

Der *dritte Teil* behandelt das Verhältnis von ärztlicher Therapiefreiheit und Selbstbestimmungsrecht des Patienten. Stehen sich diese in Form einer Rechtekollision gegenüber oder handelt es sich vielmehr um eine Rechtssymbiose? Wie ist der historisch gewachsene Gedanke des ärztlichen Heilauftrages in das Aufeinandertreffen einzuordnen? Erschöpft sich die Patientenselbstbestimmung in einem bloßen Schutzcharakter oder kann ihr auch ein rechtserweiterndes Element beigemessen werden? Anschließend wird an einigen praxisrelevanten Beispielskonstellationen das zuvor entwickelte Arzt-Patienten-Modell begutachtet. Das Ziel liegt hierbei auf der Bewertung von Situationen, in denen der Patient oder der Arzt eines verstärkten Schutzes bedarf.

Beinhaltet die ärztliche Therapiefreiheit ein Recht zur Ablehnung einer Behandlung? Bedeutet Patientenselbstbestimmung auch die Freiheit hinsichtlich der Arztwahl? Der *vierte Teil* widmet sich dem Gedanken der Vertragsfreiheit in der privatrechtlichen Arzt-Patienten-Beziehung. Anhand von Gesetzen und Rechtsgrundsätzen wird aufgezeigt, dass eine Differenzierung von Kontrahierungszwang und tatsächlicher Behandlung auch Einfluss auf das Arzt-Patienten-Verhältnis hat.

In § 630a Abs. 1 BGB ist festgelegt, dass grundsätzlich der Patient den Behandelnden zu vergüten hat. In Deutschland übernimmt diese Aufgabe regelmäßig eine gesetzliche Krankenversicherung. In einem *fünften Teil* wird untersucht, inwieweit das Vertragsarztrecht Auswirkungen auf die Arzt-Patienten-Beziehung hat. Gibt es einen besonderen vertragsarztspezifischen Kontrahierungszwang? Bietet der beschränkte Leistungskatalog der gesetzlichen Krankenversicherung Anlass zur Sorge, dass von ärztlicher Freiheit nicht mehr die Rede sein kann? Anhand von ausgewählten Behandlungsmechanismen und Beurteilungskonzepten wird eingeschätzt, ob der für den Behandlungserfolg notwendige ärztliche Freiraum auch in den Grenzen des Sozialrechts gewahrt wird.

Im Rahmen des *sechsten Teils* wird der Einfluss der Digitalisierung auf das Arzt-Patienten-Verhältnis bewertet. Übernimmt in einem digitalisierten Gesundheitswesen künftig der Algorithmus die Behandlung? Wie stehen Arzt und Patient als Menschen zu der Reichweite des Internets? Bleibt es bei einem zweispurigen Arzt-Patienten-Verhältnis oder entwickelt sich eine Dreiecksbeziehung mit dem World Wide Web als allwissende Informationsquelle? Es wird untersucht, ob und wie, dem allgegenwärtigen technischen Fortschritt zum Trotz, die Persönlichkeit und Intimität der historisch gewachsenen Arzt-Patienten-Beziehung weiterhin gewahrt werden kann.

Den Abschluss der Untersuchung bildet eine Zusammenfassung der gewonnenen Ergebnisse.

1. Teil

Begriffliche und rechtliche Grundlagen

Im Rahmen einer ärztlichen Behandlung treffen mindestens zwei Individuen aufeinander. Auf der einen Seite steht der Arzt, der zunächst durch mehrjähriges Studium eine enorme, durch Theorie geprägte Wissensbreite aufgebaut hat und diese durch das Praktische Jahr oder bereits durch den Arbeitsalltag weiter gefestigt hat. Auf der anderen Seite steht der Patient, also eine Person, die sich, sofern es sich nicht um wunschmedizinische Maßnahmen oder eine gewollte Schwangerschaft handelt, in einer gänzlich anderen Lebenssituation befindet. Seine Position ist durch zum Teil existenzielle Schmerzen oder andere den Körper oder das Bewusstsein negativ beeinflussende Umstände geprägt. Das Zusammentreffen von Arzt und Patient findet daher in einem gedanklichen Raum statt, der Emotionen, fachliches Wissen, Unsicherheiten, medizinische Standards, Heilen und Sterben zu einem auch rechtlich aufgeladenen, mit reichlich Konfliktpotenzial ausgestatteten Themengebiet vereint. Beiden Parteien stehen dabei Rechtspositionen zur Verfügung, die deren Stellung allgemein, aber auch im Verhältnis zur jeweils anderen Partei stärken sollen. Im Rahmen des ersten Abschnitts werden sowohl die Rechtsposition des Arztes, die Therapiefreiheit, als auch die Rechtsposition des Patienten, also dessen Selbstbestimmungsrecht, gesondert voneinander betrachtet.

A. Ärztliche Therapiefreiheit

Als Ausgangspunkt der ärztlichen Therapiefreiheit gilt die Einordnung des Arztberufs als „freier Beruf" im Sinne der § 1 Abs. 2 BÄO und § 1 Abs. 1 S. 3 MBO-Ä.[1] Was hierunter zu verstehen ist, lässt bereits der Reichsfinanzhof in seiner Entscheidung vom 30.05.1927 anklingen. Die Richter urteilten, dass freie Berufe nur solche seien, „[...] die in ihrer letzten Wurzel auf Geistesdisziplinen zurückgehen, die wie die reinen Wissenschaften, Religion und Kunst, um ihrer selbst willen, ohne Rücksicht auf die wirtschaftliche Auswirkung ihrer Ergebnisse betrieben werden können"[2]. Weiter schloss das Gericht solche Berufe aus, „[...] die sich

---

[1] So bereits: BVerfGE 9, 339 (351); 10, 354 (364 ff.); siehe auch: *Bergmann*/Pauge/Steinmeyer/*Heyers*, § 1 BÄO, Rdnr. 41, 47; Murrhardter Kreis/*Arnold et al.*, Das Arztbild der Zukunft, S. 106, an dieser Stelle wird der Arztberuf als „[...] rechtlich gebundene[r] freie[r] Beruf [...]" bezeichnet.

[2] RFHE 21, 245 (246).

ausschließlich aus den Bedürfnissen des wirtschaftlichen Lebens heraus entwickelt haben [...]"[3].

Etwas rationaler und moderner formuliert ist festzustellen, dass freie Berufe durch eine persönliche, eigenverantwortliche und unabhängige Erbringung von Dienstleistungen höherer Art zur Verbesserung des gesellschaftlichen Lebens gekennzeichnet sind.[4] Zudem wird heutzutage der Aspekt der Wirtschaftlichkeit etwas moderater gehandhabt. Die Einordnung als „freier Beruf" ist unabhängig vom wirtschaftlichen, kulturellen oder sozialen Kontext vorzunehmen.[5] Gleichwohl ist noch heute der Verzicht auf ein primäres Gewinnstreben als ein Charaktermerkmal der „freien Berufe" anzuerkennen.[6] Ausgehend vom Hippokratischen Eid und dessen Passus „Ich will diätische Maßnahmen zum Vorteil der Kranken anwenden nach meinem Können und Urteil; ich will sie vor Schaden und Unrecht bewahren"[7] sowie des in § 1 Abs. 1 S. 1 BÄO und § 1 Abs. 1 S. 1 MBO-Ä festgesetzten Grundsatzes des vorrangigen Dienens der Bevölkerung kann auch das bei Ärzten in der Regel hohe finanzielle „Outcome" im Ergebnis unberücksichtigt bleiben. Lukowsky sieht in dem guten Verdienst gar eine Voraussetzung, um die Unabhängigkeit und Freiheit des Arztberufs zu wahren.[8] Trotz Weisungsgebundenheit im Zusammenhang mit organisatorischen Aspekten, wie beispielsweise die Bestimmung der Arbeitszeit, des Arbeitsortes oder Vorgaben bezüglich der Urlaubsplanung, fällt auch die Tätigkeit von angestellten (Krankenhaus-)Ärzten in die Kategorie des „freien Berufs". Auch der nicht selbstständige Arzt ist in seiner Entscheidungsfreiheit grundsätzlich unbeschränkt.[9] Neben dem Arztberuf sind unter anderem auch die geschäftlichen Tätigkeiten von Rechtsanwälten (§ 2 Abs. 1 BRAO, § 1 Abs. 1 BORA) oder Wirtschaftsprüfern (§ 2 Abs. 1 WiPrO) als freie Berufe zu charakterisieren.[10]

Laufs bezeichnete die ärztliche Therapiefreiheit im Jahr 1997 als „[...] das Kernstück der ärztlichen Profession [...]"[11], mithin als den dominierenden Gedanken, der hinter dem medizinischen Arbeiten mit und an dem Menschen steht. Der

---

[3] RFHE 21, 245 (246).

[4] BVerfGE 16, 286 (294); 33, 367 (381); *Janda*, Medizinrecht, S. 98; Prütting/*Rompf*, § 1 BÄO Rdnr. 27; Spickhoff/*Schelling*, Medizinrecht, § 1 BÄO, Rdnr. 5.

[5] *Quaas*, MedR 2001, 34 (34).

[6] Düring/Herzog/*Scholz*, Art. 12 GG, Rdnr. 268.

[7] Abgedruckt in: *Porter*, Die Kunst des Heilens, S. 63.

[8] *Lukowsky*, Philosophie des Arzttums, S. 41.

[9] BAGE 11, 225 (227) =NJW 1961, 2085 (2085); BGHZ 70, 158 (167); *Janda*, Medizinrecht, S. 98; Laufs/Katzenmeier/*Lipp*, Arztrecht, Kap. II, Rdnr. 4; Spickhoff/*Schelling*, Medizinrecht, § 1 BÄO, Rdnr. 7.

[10] Oder der Beruf des Apothekers: BVerfGE 17, 232 (239); weitere Beispiele in: Düring/ Herzog/*Scholz*, Art. 12 GG, Rdnr. 268.

[11] *Laufs*, NJW 1997, 1609 (1609); vgl. auch *ders.*, Zur Freiheit des Arztberufs, in: Ahrens/ von Bar/Fischer/Spickhoff/Taupitz (Hrsg.), Festschrift für Erwin Deutsch (70), S. 625 (628); vgl. auch *ders.*, MedR 1986, 163 (170), „Den Kern einer eigenverantwortlichen Therapiewahl bildet die gewissenhafte Abwägung der Vorteile und Gefahren bei der ins Auge gefaßten Methode in Kenntnis aller ernsthaft in Betracht kommenden Verfahren, [...]".

Duden definiert den Begriff „Freiheit", wenngleich in einem räumlichen Verständnis, aber dennoch passend, als ein „Nichtgefangensein".[12] Ärztliches Handeln soll daher, zumindest im Rahmen eines fast primitiven Theoriegedankens, nicht von Normen, Leit- oder Richtlinien begrenzt werden. Stattdessen hat die ärztliche Therapiefreiheit den Anspruch, Basis für ein eigenverantwortliches Handeln des Arztes zu sein und so eine Behandlung von Patienten zu gewährleisten, die jeweils von einer einzelfallbezogenen Abwägung von Chancen und Risiken geprägt ist.[13] Die Umsetzung dieser Abwägungsprozesse erfolgt dadurch, dass dem Arzt ein Beurteilungs- und Ermessensspielraum zugestanden wird, innerhalb dessen der Arzt zunächst frei über das weitere Vorgehen entscheiden kann.[14]

I. Rechtsgrundlagen der Therapiefreiheit

Der Ausdruck „ärztliche Therapiefreiheit" findet sich weder im geschriebenen staatlichen Recht noch in der von der Bundesärztekammer verfassten Musterberufsordnung der Ärzte (MBO-Ä) oder in den von den einzelnen Landesärztekammern konzipierten landesspezifischen Berufsordnungen der Ärzte.[15] Daher ist zu untersuchen, inwieweit die ärztliche Therapiefreiheit in Normen und Rechtsgrundsätzen verankert ist.

1. Verfassungsrecht

Im Verfassungsrecht baut die ärztliche Therapiefreiheit auf mehreren Grundpfeilern auf. Nachfolgend wird auf die Berufsfreiheit (Art. 12 Abs. 1 GG), die Wissenschaftsfreiheit (Art. 5 Abs. 3 S. 1 GG) und auf das allgemeine Persönlichkeitsrecht des Arztes (Art. 2 Abs. 1 i. V. m. Art. 1 Abs. 1 GG) eingegangen.

a) Berufsfreiheit

Eine grundsätzliche Bedeutung kommt der in Art. 12 Abs. 1 GG garantierten Berufsfreiheit zu. Vom Schutzbereich umfasst ist jede auf Dauer angelegte Tätigkeit,

---

[12] Duden online, abrufbar unter https://www.duden.de/rechtschreibung/Freiheit (Zugriff: 05.02.2022).

[13] *Buchborn*, MedR 1993, 328 (330); Laufs/*Katzenmeier*/Lipp, Arztrecht, Kap. X, Rdnr. 83; *Katzenmeier*, MedR 2018, 367 (369); *ders.*, MedR 2012, 576 (579).

[14] *Epple*, Der Einsatz von EDV und die ärztliche Haftung, S. 114 f.; *Francke*, Ärztliche Berufsfreiheit und Patientenrechte, S. 62; Laufs/*Katzenmeier*/Lipp, Arztrecht, Kap. X, Rdnr. 83; Prütting/*Rompf*, § 1 BÄO Rdnr. 28.

[15] Stand: 07.07.2021.

die der Aufrechterhaltung oder Schaffung einer Lebensgrundlage dient.[16] Die ärztliche Tätigkeit, also das Arbeiten mit dem Patienten, unterfällt dieser Definition. Der Schutzbereich ist folglich eröffnet.[17]

Noch unerheblich ist in diesem Zusammenhang die Unterscheidung von Berufswahl und Berufsausübung. Die in Art. 12 Abs. 1 GG geregelte Berufsfreiheit umfasst nach heute unstrittiger Ansicht beide Aspekte, es wird insofern von einem einheitlichen Schutzbereich gesprochen.[18] Entscheidend wird die angesprochene Differenzierung erst, wenn der Maßstab der Rechtfertigungsprüfung festgelegt werden soll. Während Berufswahlregelungen den Zugang zu einem Beruf betreffen, haben Berufsausübungsregelungen die Form, die Mittel und den Umfang der beruflichen Tätigkeit zum Inhalt.[19] Im Hinblick auf dieses Verständnis ist die Einordnung vorgezeichnet: Der Beurteilungsspielraum, der dem Arzt die Möglichkeit eröffnet, die Behandlung individuell zu steuern, ist Ausfluss der Berufsausübungsfreiheit und somit, in Anlehnung an die im Apothekenurteil vom BVerfG[20] entwickelte Drei-Stufen-Theorie, bereits durch vernünftige Erwägungen der Allgemeinheit einschränkbar.[21] Einen verfassungsrechtlichen Ursprung hat die ärztliche Therapiefreiheit daher in der Berufsfreiheit aus Art. 12 Abs. 1 GG.[22]

Verfehlt wäre es dagegen, die ärztliche Therapiefreiheit als grundsätzlichen Freiraum im Rahmen des Schutzbereichs von Art. 12 Abs. 1 GG zu verstehen. Hierfür fehlen konkrete Anknüpfungspunkte im Normtext. Stattdessen sollte auf eine Verankerung im Verhältnismäßigkeitsgrundsatz abgestellt werden. Der Begriff „Therapiefreiheit" bezeichnet den Schutzbereich der Berufsfreiheit, er definiert diesen jedoch nicht.[23] So ist es im Einzelfall möglich, die Freiheit des Arztes mit etwaigen Gegenpositionen in ein angemessenes Verhältnis zu setzen.

---

[16] BVerfGE 102, 197 (212); 110, 304 (321); 111, 10 (28); 115, 276 (300); 145, 20 (67); BeckOK/*Ruffert*, Art. 12 GG, Rdnr. 40; Dreier/*Wieland*, Art. 12 GG, Rdnr. 41 ff.; *Jarass*/Pieroth, Art. 12 GG, Rdnr. 5; Sachs, M./*Mann*, Art. 12 GG, Rdnr. 45.

[17] *Bauer, S.*, Indikationserfordernis und ärztliche Therapiefreiheit, S. 13; Glaeske/Schefold/*Woggan*, Positivliste für Arzneimittel, S. 111, bezüglich der Pharmakotherapie.

[18] BVerfGE 7, 377 (401 ff.); 95, 193 (214); BeckOK/*Ruffert*, Art 12 GG, Rdnrn. 18, 47; Dreier/*Wieland*, Art. 12 GG, Rdnr. 48; Düring/Herzog/*Scholz*, Art. 12 GG, Rdnr. 25; Sachs, M./*Mann*, Art. 12 GG, Rdnrn. 14, 77.

[19] Vgl. BVerfGE 11, 30 (41 ff.); allgemein: *Jarass*/Pieroth, Art. 12 GG, Rdnrn. 9 f.; *Weber*, Off-label use, S. 87.

[20] BVerfGE 7, 377 (405 ff.).

[21] *Schimmelpfeng-Schütte*, MedR 2002, 286 (287, 289); *Schumacher*, Alternativmedizin, S. 43 f.; *Weber*, Off-label use, S. 89; Quaas/*Zuck*/Clemens, Medizinrecht, § 2 Rdnr. 52; *Zuck*, NJW 1991, 2933 (2933); allgemein zum Apotheken-Urteil, einschließlich der Drei-Stufen-Theorie, siehe: Sachs, M./*Mann*, Art. 12 GG, Rdnr. 125 ff.

[22] BSGE 73, 66 (71); *Bergmann*/Pauge/Steinmeyer/*Heyers*, § 1 BÄO, Rdnrn. 47 f.; Laufs/*Katzenmeier*/Lipp, Arztrecht, Kap. X, Rdnr. 93; Quaas/*Zuck*/Clemens, Medizinrecht, § 2, Rdnr. 52; *Welti*, GesR 2006, 1 (1).

[23] *Francke*, Ärztliche Berufsfreiheit und Patientenrechte, S. 63 f. und S. 143; Glaeske/Schefold/*Woggan*, Positivliste für Arzneimittel, S. 110.

b) Wissenschaftsfreiheit

Neben der Berufsfreiheit bietet auch die Wissenschaftsfreiheit nach Art. 5 Abs. 3 S. 1 GG einen verfassungsrechtlichen Anknüpfungspunkt für die ärztliche Therapiefreiheit.[24] Die Medizin gilt als eine Wissenschaft, die ständig nach Fortschritt strebt.[25] Der praktizierende Arzt stellt dabei als der Anwender von Behandlungsmethoden einen wichtigen Spiegel und Informationsquelle für die im Hintergrund arbeitenden Forscher dar. Problematisch erscheint jedoch, inwieweit sich der einzelne „Medizinanwender" selbst auf die Wissenschaftsfreiheit berufen kann. Es lässt sich zunächst argumentieren, dass ein Arzt im Rahmen der medizinischen Behandlung primär den Patienten heilen bzw. diesem helfen möchte. Seine Tätigkeit beruht dabei zwar auf einer wissenschaftlichen Grundlage, im Folgenden ist das ärztliche Handeln jedoch nicht (ausreichend) auf die Gewinnung neuer wissenschaftlicher Erkenntnisse ausgelegt, um die Eröffnung des Schutzbereichs von Art. 5 Abs. 3 S. 1 GG zu rechtfertigen.[26] Eine derart enge Sichtweise verkennt jedoch, dass es auch Bereiche der ärztlichen Tätigkeit gibt, die genau in der Schnittstelle von Behandlung und Forschung angesiedelt sind.

Hier kommen etwa der Heilversuch und das Humanexperiment in Betracht. Ersteres ist dadurch gekennzeichnet, dass der Arzt den Bereich der Standardmedizin verlässt, weil diese nicht den gewünschten Erfolg gebracht hat oder weil sich noch kein Standard im Hinblick auf die konkrete Behandlungssituation etablieren konnte.[27] Zweck des ärztlichen Tätigwerdens bleibt jedoch der Wunsch nach Heilung. Heilversuche sind daher an Patienten adressiert, die in der Regel als austherapiert gelten. Auch bei einem Humanexperiment wird das Spektrum der Schulmedizin verlassen, wobei diese Form der Medizinanwendung grundsätzlich an gesunden Probanden praktiziert wird. Als Ausnahme gelten Humanexperimente im Bereich der Onkologie, da die Anwendung einer Chemotherapie an gesunden Menschen rechtlich und ethisch als nicht vertretbar gilt.[28] Beide Möglichkeiten können zudem in individuellen Versuchen, also Anwendungen an einzelnen Personen oder im Rahmen von klinischen Studien, zum Einsatz kommen. Letztere werden als systematische und standardisierte Versuchsbehandlungen an einer

---

[24] BSGE 73, 66 (71); *Bergmann*/Pauge/Steinmeyer/*Heyers*, § 1 BÄO, Rdnr. 47; *Welti*, GesR 2006, 1 (1).

[25] Laufs/*Kern*/Rehborn, Handbuch des Arztrechts, § 7, Rdnr. 1, es wird davon ausgegangen, dass sich das medizinische Wissen mindestens alle 10 Jahre verdoppelt.

[26] *Francke*, Ärztliche Berufsfreiheit und Patientenrechte, S. 152 f.; *Schumacher*, Alternativmedizin, S. 47; anders: BSGE 73, 66 (71) ohne nähere Begründung; Glaeske/Schefold/*Woggan*, Positivliste für Arzneimittel, S. 126, der zumindest die Möglichkeit des Betroffenseins von Art. 5 Abs. 3 S. 1 GG in den Raum stellt; Heidelberger Kommentar/*Dahm*, Kap. 5090, Rdnr. 2, ebenfalls ohne Begründung.

[27] Siehe dazu Erster Teil Kapitel A. III. 2. d).

[28] *Hart*, MedR 2015, 766 (769).

Gruppe von Menschen definiert, wobei das Vorhandensein eines Prüfplans maßgeblich ist.[29]

Die ärztliche Therapiefreiheit bietet dem Arzt – noch losgelöst von der zwingenden Legitimation durch den Patienten – die Möglichkeit, von dem medizinischen Standard abzuweichen.[30] Bei der Durchführung eines Humanexperiments verlässt der Arzt den standardisierten Bereich und behandelt Menschen mit dem primären Ziel der Gewinnung von Forschungsergebnissen. Hierbei kann sich der Mediziner auf die Wissenschaftsfreiheit nach Art. 5 Abs. 3 S. 1 GG berufen. Festzustellen bleibt jedoch, dass diese Form der ärztlichen Tätigkeit keinen Zusammenhang mehr mit der ärztlichen Therapiefreiheit aufweist, da sich diese auf die Freiheit des Arztes bei der Behandlung eines Patienten zum Zweck der Heilung fokussiert. Anders sieht es dagegen bei dem Heilversuch oder bei einem Humanexperiment an bzw. mit Krebspatienten aus. Obwohl auch hier ein Forschungselement existiert, steht dieses bei einem Heilversuch allenfalls hinter dem weiter vorherrschenden Heilungszweck zurück.[31] Dagegen überwiegt bei der speziellen Form des Humanexperiments unter Umständen der Aspekt der Forschung,[32] dennoch spielt auch hier aufgrund der besonders kritischen Position der Adressaten der Heilungs- bzw. Besserungszweck eine nicht völlig untergeordnete Rolle. Folglich erscheint es als zu kurz gegriffen, anzunehmen, dass ein Arzt bei Behandlungen lediglich bereits Erforschtes anwendet und daher allein von der Berufsfreiheit verfassungsrechtlich abgesichert ist. Gerade in dem Bereich, wo die Schulmedizin an ihre Grenzen kommt und die ärztliche Therapiefreiheit eine Basis für eine Weiterbehandlung unter der Abwägung von Chancen und Risiken ermöglicht, stellt neben der Berufsfreiheit auch die Wissenschaftsfreiheit eine unverzichtbare verfassungsrechtliche Verankerung dar.

c) Allgemeines Persönlichkeitsrecht

Der der Therapiefreiheit innewohnende Gestaltungsspielraum bietet zudem auch Anhaltspunkte für arztbezogene Autonomiegedanken. Diese können verfassungs-

---

[29] Umfassend zur Systematik: *Hart*, MedR 2015, 766 (767).

[30] Siehe dazu Erster Teil Kapitel A. III. 2.

[31] *Hart*, MedR 2015, 766 (767); vgl. auch jeweils: *Jaspers*, Der Arzt im technischen Zeitalter, in: Autrum (Hrsg.), Von der Naturforschung zur Naturwissenschaft, S. 545 (552), „Ganz anders, wenn der Arzt selber Forscher ist. Ihm ist das Ziel nicht Wissenschaft, sondern die Hilfe für den Kranken. [...] Aber in der Praxis selber ist der Arzt auch Forscher, aber in einem weiteren Sinne. [...] Im Erkennen der Realität des Krankheitsgeschehens jedes einzelnen Patienten ist der Arzt forschend tätig."; und *Lukowsky*, Philosophie des Arzttums, S. 32, wonach der Arzt „[...] nicht nur [aber eben auch] Wissenschaftler ist, sondern in erster Linie Helfer des Kranken."

[32] Vgl. *Hart*, MedR 2015, 766 (768 f.).

rechtlich dem Schutzbereich des allgemeinen Persönlichkeitsrechts aus Art. 2 Abs. 1 i. V. m. Art. 1 Abs. 1 GG zugeordnet werden.[33]

Wird auf das allgemeine Persönlichkeitsrecht Bezug genommen, bereitet es seit jeher Schwierigkeiten, den genauen Wirkungsbereich des Grundrechts zu bestimmen. Um den Schutzgedanken des allgemeinen Persönlichkeitsrechts nicht künstlich auszuhöhlen und zugleich die überragende Bedeutung des Grundrechts, die sich insbesondere aus der Nähe zur Menschenwürde ergibt, zu betonen, bedarf es Fingerspitzengefühl.

Das allgemeine Persönlichkeitsrecht weist viele Facetten auf.[34] Unter anderem soll das Grundrecht in Form eines Selbstdarstellungsanspruchs gewährleisten, dass der Grundrechtsträger selbst darüber entscheiden darf, wie er sich gegenüber Dritten bzw. der Öffentlichkeit darstellen will und was dabei seinen sozialen Geltungsanspruch ausmachen soll.[35] Für eine generelle Verbindung zwischen dem allgemeinen Persönlichkeitsrecht und der ärztlichen Therapiefreiheit spricht, dass sie dem Arzt speziell ermöglicht, sich durch die Auswahl von Therapiearten in der Gesellschaft sozial zu positionieren. Auch der heutzutage nicht mehr verwendete Begriff des „ärztlichen Kunstfehlers", der lange Zeit als der Grundstein der ärztlichen Haftung galt,[36] lässt darauf schließen, dass es dem Arzt nicht nur auf die Behandlung eines ihm aufgrund der Schnelllebigkeit der heutigen Gesellschaft in der Regel fremden Individuums ankommt, sondern dass ihm auch an der eigenen Selbstverwirklichung durch einer an der Kunst orientierten Unabhängigkeit der ärztlichen Tätigkeit gelegen ist.[37] Mit einer Bezugnahme auf das allgemeine Persönlichkeitsrecht des Arztes kann einer der Leitgedanken der ärztlichen Therapiefreiheit, dass Ärzte bei ihrer Tätigkeit frei sind und nicht als reine Dienstleister missbraucht werden dürfen, explizit betont werden.[38]

Die eigenständige Bedeutung von Art. 2 Abs. 1 i. V. m. Art. 1 Abs. 1 GG für die ärztliche Therapiefreiheit und damit auch eine Abgrenzung zur Berufsfreiheit wird hervorgehoben, wenn bei der Art und den Lebensumständen, in denen die ärztliche Tätigkeit stattfindet, differenziert wird. Das allgemeine Persönlichkeitsrecht des Arztes bildet eine verfassungsrechtliche Grundlage für die ärztliche Therapiefreiheit, sobald es sich bei der konkreten Behandlungssituation nicht mehr um eine typische Heilbehandlung handelt. Ohne bereits zu weit vorzugreifen, lässt sich hier eine Gemeinsamkeit mit dem allgemeinen Persönlichkeitsrecht des Patienten erkennen. Die diesem Recht immanenten Schutzwirkungen gewinnen immer dann an Stärke,

---

[33] *Pichlmaier/Kienzle*, Rechte und Pflichten des Arztes, in: Ahrens/von Bar/Fischer/Spickhoff/Taupitz (Hrsg.), Festschrift für Erwin Deutsch (80), S. 415 (416); andeutend: *Zuck*, Grundrechtsschutz und Grundrechtsentfaltung im Gesundheitswesen, S. 41.

[34] Allgemein: BeckOK/*Lang*, Art. 2 GG, Rdnr. 31.

[35] BVerfGE 54, 148 (155); 63, 131 (142); 114, 339 (346).

[36] Deutsch/*Spickhoff*, Medizinrecht, Rdnr. 295.

[37] *Lukowsky*, Philosophie des Arzttums, S. 40.

[38] Für weitere Leitgedanken siehe: Erster Teil Kapitel A. III.

wenn der Arzt nicht genau das tut bzw. nicht genau die Therapiearten anwendet, die typischerweise vom Patienten zur Behandlung einer Krankheit erwartet werden. Für die Position des Arztes lässt sich daraus ableiten, dass die Schutzwirkungen des allgemeinen Persönlichkeitsrechts zwar grundsätzlich immer bestehen, jedoch nur dann eine eigenständige Bedeutung erlangen, sobald keine ärztliche Standardbehandlung mehr eingefordert wird. Man denke beispielsweise an Anfragen nach Abtreibungen oder an die ärztliche Unterstützung am Lebensende, einschließlich der Sterbehilfe. Daneben weist auch die Behandlung ohne medizinische Indikation eine besondere Nähe zum Selbstdarstellungsanspruch des dann eben nicht „standardisiert" handelnden Arztes auf.[39] Nur in derartigen Sonderkonstellationen tritt der Geltungsbereich des allgemeinen Persönlichkeitsrechts hinter dem für die allgemeine ärztliche Tätigkeit konzipierten Wirkungskreis des Art. 12 GG hervor. Einen besonderen Schutz über das allgemeine Persönlichkeitsrecht genießt der Arzt also nur, wenn die Behandlungssituation dies entweder durch eine Bezugnahme auf die Menschenwürde des Patienten oder auf die nicht am Heilauftrag orientierten ärztlichen Tätigkeiten rechtfertigt. So kann vermieden werden, dass das allgemeine Persönlichkeitsrecht des Arztes die Bedeutung der Berufsfreiheit und auch der Wissenschaftsfreiheit schmälert. Gleichzeitig unterbleibt eine nichtgewollte – weitere – Verwässerung des Schutzbereichs von Art. 2 Abs. 1 i. V. m. Art. 1 Abs. 1 GG. Zusammengefasst kann das allgemeine Persönlichkeitsrecht des Arztes daher in ausgewählten Situationen eine verfassungsrechtliche Grundlage der ärztlichen Therapiefreiheit darstellen.

d) Gewissensfreiheit

Ähnlich wie bei dem allgemeinen Persönlichkeitsrecht weisen ärztliche „Extremhandlungen" wie Abtreibungen oder Behandlungen am Lebensende auch eine Nähe zur Gewissensfreiheit, die in Art. 4 Abs. 1 Var. 3 GG geregelt ist, auf. Diese umfasst sowohl die innere Gewissensbildung (forum internum), also die Freiheit ein Gewissen für sich persönlich herauszubilden, als auch die durch aktive Handlungen gekennzeichnete äußere Gewissensdarstellung (forum externum).[40] Eine geradlinige Übertragung auf die ärztliche Therapiefreiheit bereitet jedoch Schwierigkeiten. Entschieden abgelehnt werden muss die Annahme, dass mit der Gewissenfreiheit der Ermessensspielraum des Arztes so ausgelegt werden soll, als habe dieser das Recht, über seine Gewissensentscheidung bestimmte medizinische Handlungen vorzunehmen.[41] Die Gewissensfreiheit kann stattdessen ausschließlich eine verfassungsrechtliche Grundlage für die ärztliche Therapiefreiheit abbilden, wenn die ebenfalls der Therapiefreiheit zuzurechnende Möglichkeit des Arztes, einzelne Ausprägungen

---

[39] Vgl. *Pichlmaier/Kienzle*, Rechte und Pflichten des Arztes, in: Ahrens/von Bar/Fischer/ Spickhoff/Taupitz (Hrsg.), Festschrift für Erwin Deutsch (80), S. 415 (416).

[40] BVerfGE 78, 391 (395); BeckOK/*Germann*, Art. 4 GG, Rdnr. 89.

[41] BGHZ 163, 195 (199 f.); BGHSt 55, 191 (196 f.); *Hufen*, ZPR 2003, 248 (252); Laufs/ Katzenmeier/*Lipp*, Arztrecht, Kap. VI, Rdnr. 115.

der medizinischen Tätigkeit aufgrund von persönlichen Erwägungen abzulehnen, im Mittelpunkt steht.[42] Als eindringliches Beispiel lässt sich an dieser Stelle ein Arzt aufführen, der als entschiedener Abtreibungsgegner zu Schwangerschaftsabbrüchen angehalten werden soll. Die Gewissensfreiheit kann somit als „Schutzschild" des Arztes dienen, hinter dem sich dieser zurückziehen kann, wenn er sich aufgrund von subjektiven Entscheidungen einer bestimmten medizinischen Situation nicht gewachsen sieht.[43] Eine Grundlage für ein „Angriffsrecht" gegenüber dem Patienten, das sich in der ärztlichen Therapiefreiheit manifestieren soll, bietet die Gewissensfreiheit dagegen nicht.

2. Einfaches Recht

Die Einordnung des Arztberufs als „freier Beruf" gilt als Ausgangspunkt für die ärztliche Therapiefreiheit. Daher ist zunächst auf § 1 Abs. 2 BÄO als rechtliche Grundlage der Therapiefreiheit zu verweisen.[44]

Neben der speziell den Arzt betreffenden BÄO lassen sich zudem die das Arzt-Patienten-Verhältnis regelnden Vorschriften der §§ 630a ff. BGB als einfachgesetzliche Legitimationsbasis heranziehen. Gemäß § 630a Abs. 2 BGB schuldet der Arzt eine Behandlung, die den zu diesem Zeitpunkt bestehenden, allgemein anerkannten fachlichen Standards entsprechen muss. Am Ende des Absatzes wird durch die Formulierung „soweit nicht etwas anderes vereinbart ist", die Möglichkeit eröffnet, eine sich innerhalb der Grenzen der § 138 BGB und § 228 StGB befindlichen Individualabrede abzuschließen.[45] Dem Arzt wird dadurch angeboten, vom medizinischen Standard abzuweichen und so Einfluss auf den konkreten Behandlungsverlauf zu nehmen. Zwar ist dieser Gestaltungspielraum durch das Entgegenkommen vonseiten des Patienten begrenzt, es handelt sich schließlich um eine von beiden Parteien zu akzeptierende Vereinbarung, dennoch wird dem Arzt durch seine not-

---

[42] BVerwGE 27, 303 (305): „Der Senat ist der Auffassung, daß auch im Rahmen des Schutzes der Persönlichkeit und ihres Rechts auf Selbstbestimmung, wie ihn Art. 2 GG verbürgt, die Gewissensentscheidung rechtlich bedeutsam ist. Der Beruf des Arztes ist, wie keiner Ausführungen im einzelnen bedarf, in einem hervorragenden Maß ein Beruf, in dem die Gewissensentscheidung des einzelnen Berufsangehörigen im Zentrum der Arbeit steht. In den entscheidenden Augenblicken seiner Tätigkeit befindet sich der Arzt in einer unvertretbaren Einsamkeit, in der er – gestützt auf sein fachliches Können – allein auf sein Gewissen gestellt ist"; vgl. auch: BAGE 62, 59 (67) =NJW 1990, 203 (204); *Panagopoulou-Koutnatzi*, Die Selbstbestimmung des Patienten, S. 81; siehe dazu auch: Erster Teil Kapitel A. III. 3.

[43] BVerwGE 27, 303 (305 ff.) – Heranziehung eines Facharztes für Nervenkrankheiten zum ärztlichen Notfalldienst; vgl. auch: Quaas/*Zuck*/Clemens, Medizinrecht, § 2, Rdnr. 52, wo die ärztliche Therapiefreiheit als „Abwehrrecht" bezeichnet wird; allgemein: Spickhoff/*Schelling*, Medizinrecht, § 1 BÄO, Rdnr. 6.

[44] Heidelberger Kommentar/*Dahm*, Kap. 5090, Rdnr. 2; *Laufs*, NJW 1997, 1609 (1609, Fn. 8).

[45] BGHZ 113, 297 (301); *Geier*, MedR 2017, 293 (295); *Schumacher*, Alternativmedizin, S. 85; im Hinblick auf eine Begrenzung der ärztlichen Therapiefreiheit durch das AMG siehe: Dritter Teil Kapitel B. III. 2.

wendige Partizipation an der Entscheidung die Möglichkeit gegeben, seine persönlichen Erfahrungen mit einzelnen Behandlungsalternativen in Form eines „freien Therapierens" einzubringen. Die Bundesregierung hat mit ihrer Stellungnahme im Rahmen des Gesetzgebungsverfahrens zu den §§ 630a ff. BGB zudem die Notwendigkeit des § 630a Abs. 2 BGB im Hinblick auf die Implementierung von neuen Behandlungsmethoden betont und somit die den medizinischen Fortschritt sichernde ärztliche Therapiefreiheit weiter gestärkt.[46]

3. Kammersatzungsrecht

Im ärztlichen Standesrecht kann die ärztliche Therapiefreiheit durch den Anknüpfungspunkt des „freien Berufs" in § 1 Abs. 1 S. 3 MBO-Ä verortet werden. Darüber hinaus stellen der Verweis auf das Gewissen in § 2 Abs. 1, 2 MBO-Ä sowie die Weisungsungebundenheit aus § 2 Abs. 4 MBO-Ä mögliche Pfeiler eines normativen Unterbaus dar.[47]

II. Akzeptanz der Therapiefreiheit

Die ärztliche Therapiefreiheit wird heutzutage sowohl von der Rechtsprechung[48] als auch von der Literatur[49] anerkannt.

Noch Mitte der 1990er Jahre wurde die ärztliche Freiheit dagegen von vereinzelten Stimmen im Schrifttum als ungerechtfertigte Privilegierung des Arztes gegenüber anderen Berufen abgelehnt.[50] Begründet wurde dies damit, dass der nur konturmäßig bestimmbare Freiraum eine Verwässerung des Sorgfaltsmaßstabes im Hinblick auf Behandlungsfehler darstellt, die mit der in einem Rechtsstaat propagierten „Waffengleichheit vor Gericht" nicht vereinbar sein soll.[51] Durch den der Ärzteschaft eingeräumten Gestaltungsspielraum werde ein „Sonderrecht der Fahrlässigkeit"[52] begründet, das den haftungsrechtlich relevanten Behandlungsfehler auf den Bereich des groben Behandlungsfehlers reduziert. Dadurch würde ein Arzt nur noch dann haften, wenn die Tätigkeit dem Verständnis von wirklich jedem Fachmann

---

[46] BT-Drucksache 17/10488, S. 52.

[47] Bezüglich einer Anknüpfung an § 2 MBO-Ä: Heidelberger Kommentar/*Dahm*, Kap. 5090, Rdnr. 2; *Laufs*, NJW 1997, 1609 (1609, Fn. 9).

[48] U.a. BGH NJW 2020, 1358 (1359); 2014, 1529 (1530); BGH NJOZ 2012, 986 (987); BGHZ 172, 254 (257); 168, 103 (107); 106, 153 (157); BGH NJW 1988, 765 (766); BGHZ 102, 17 (22); BGH NJW 1982, 2121 (2122).

[49] Statt vieler: Laufs/*Katzenmeier*/Lipp, Arztrecht, Kap. X, Rdnr. 89; *Kern*/Laufs/Rehborn, Handbuch des Arztrechts, § 3, Rdnr. 22.

[50] *Giesen*, Arzthaftungsrecht, Rdnrn. 104 ff.; kritisch: *Hart*, MedR 1996, 60 (61, Fn. 17).

[51] *Giesen*, Arzthaftungsrecht, Rdnr. 109.

[52] *Giesen*, Arzthaftungsrecht, Rdnr. 105.

zuwiderläuft.[53] Heruntergebrochen soll es nicht nachvollziehbar sein, wieso der Arzt bei Fallkonstellationen, die grundsätzlich unter leichte oder leichteste Fahrlässigkeit zu subsumieren seien, sich dadurch der Haftung entziehen könne, dass er vortrage, die Auswahl der Methode falle in seinen Herrschaftsbereich und ein negatives Behandlungsergebnis habe ihre Ursache alleine in der Individualität des Patienten und damit in einem dem Arzt nicht zurechenbaren Umstand. Ein Arzt muss gleichermaßen in seiner Methodenauswahl eingeschränkt sein, wie ein ebenfalls freiberuflich tätiger Rechtsanwalt. Bei diesem wird schließlich ein Rechtsverstoß bereits angenommen, sobald sich der erteilte Rechtsrat nicht eng genug an der höchstrichterlichen Rechtsprechung orientiert.[54]

Bei dieser Sichtweise wird ein wesentlicher Aspekt, der den Beurteilungsspielraum erst notwendig werden lässt, jedoch verkannt: Das Individuum und die damit verbundene Einzelfallentscheidung. Die Behandlung eines jeden Patienten ist von dessen physischen, psychischen wie sozialen Voraussetzungen und Reaktionen abhängig und entzieht sich hierbei jeglicher Form von Vergleichbarkeit.[55] Der menschliche Körper reagiert auf die Einnahme eines bestimmten Medikaments nur bedingt vorhersehbar. Gleichzeitig ist zu beachten, dass der Organismus des Menschen im Rahmen des Placeboeffekts zum Teil bereits auf die bewusste Einnahme einer chemischen oder biologischen Substanz ohne Wirkstoff positiv reagiert.[56] Der Placeboeffekt gilt zwar weiterhin als umstritten,[57] dennoch kann bereits bei einem positiven Fall von reduzierter subjektiver Schmerzwahrnehmung angenommen werden, dass die individuelle Behandlung eines Patienten nicht mit dem objektiv erteilten Rechtsrat eines Anwalts vergleichbar ist.[58] Die Anwendung der im Grundsatz zu begrüßenden „Waffengleichheit vor [dem] Gesetz"-Doktrin benötigt als Voraussetzung die Vergleichbarkeit von Sachverhalten. Diese ist im Rahmen von ärztlichen Behandlungen jedoch schlechthin nicht gegeben.

Neben der Komplexität des menschlichen Organismus hat auch der noch näher zu beurteilende Bedeutungsanstieg des Selbstbestimmungsrechts des Patienten und das Zusammenspiel der Rechtspositionen dazu beigetragen, dass eine die ärztliche Therapiefreiheit generell ablehnende Ansicht heute nicht mehr tragbar ist.[59]

---

[53] *Giesen*, Arzthaftungsrecht, Rdnr. 105.

[54] Vgl. *Rumler-Detzel*, VersR 1989, 1008 (1008).

[55] Laufs/*Katzenmeier*/Lipp, Arztrecht, Kap. X, Rdnr. 92; im Ergebnis auch: *Rumler-Detzel*, VersR 1989, 1008 (1008).

[56] BÄK, Placebo in der Medizin, S. 75 f.; *Jütte/Thürmann*, DtÄb 2014, A-936 (A-940).

[57] Allgemein zum Placeboeffekt: *Katzenmeier*, MedR 2018, 367 (368 ff.).

[58] Vgl. BGHZ 172, 254 (254 ff.) mit Anmerkung *Spickhoff* in MedR 2008, 87 (90).

[59] Siehe dazu Zweiter Teil Kapitel D. II. und Dritter Teil Kapitel A.

III. Ausformungen der Therapiefreiheit

Die ärztliche Therapiefreiheit setzt sich aus drei Teilbereichen zusammen, die die Rechtsposition des Arztes sowohl freiheitsspezifisch (positive Therapiefreiheit) als auch in Form einer Abwehrfunktion (negative Therapiefreiheit) definieren.[60]

1. Entscheidung über die Aufnahme der Behandlung

Am Beginn jeder Behandlung steht die Frage, „ob" der vom Patienten aufgesuchte Arzt die Behandlung übernehmen möchte.[61] Bereits das an der Tür einer Praxis angebrachte Schild „Wir nehmen keine neuen Patienten an" ist daher schon als Ausübung eines Freiheitsrechts anzusehen. Gänzlich uneingeschränkt gilt dies jedoch nicht. Ob ein Kontrahierungszwang besteht oder ob der Arzt zu Notfallmaßnahmen verpflichtet ist, wird in einem gesonderten Abschnitt behandelt.[62]

2. Methodenwahlfreiheit

Sofern sich der Arzt dazu entschlossen hat, den Hilfesuchenden als neuen Patienten anzunehmen, entsteht durch die Aufnahme der Behandlung zwischen den Beteiligten ein Behandlungsvertrag nach § 630a BGB.[63] Der erste Absatz der Norm legt fest, dass der Arzt durch den Vertrag dazu verpflichtet wird, die versprochene Behandlung vorzunehmen. § 630a Abs. 2 BGB spricht anschließend von den Sorgfaltsmaßstäben, an denen die Behandlung gemessen wird. Obwohl es im Ergebnis auf die zwischen Arzt und Patient geschlossene Vereinbarung (vgl. § 630a Abs. 2 a. E.) hinsichtlich der anzuwendenden Standards und damit im Grunde auch auf die vorgelagerte Auswahl der Methode ankommt, bildet die ärztliche Therapiefreiheit den Ausgangspunkt für die Überlegung, welche Behandlungsmethode konkret angewandt werden soll. Die dem Arzt durch die sogenannte Methodenwahlfreiheit eingeräumte Machtposition erlaubt ihm, selbstständig und losgelöst von Weisungen, die seiner Meinung nach am besten geeignetste Methode oder Therapiemöglichkeit auszuwählen.[64] In der Rechtsprechung heißt es dazu, die Wahl der Behandlungsmethode ist „primär Sache des Arztes".[65]

---

[60] Prütting/*Rompf*, § 1 BÄO Rdnr. 28.

[61] *Katzenmeier*, Arzthaftung, S. 305; Laufs/*Kern*/Rehborn, Handbuch des Arztrechts, § 3 Rdnr. 22; Laufs/*Katzenmeier*/Lipp, Arztrecht, Kap. X, Rdnr. 85; *Zuck*, NJW 1991, 2933 (2933).

[62] Siehe dazu Vierter Teil Kapitel A und Fünfter Teil Kapitel B.

[63] *Bittner*, V., Die virtuelle Patientenakte, S. 6; Geiß/*Greiner*, Arzthaftpflichtrecht, Kap. A, Rdnr. 2; *Janda*, Medizinrecht, S. 124; Heidelberger Kommentar/*Kern*, Kap. 800, Rdnr. 20; Laufs/Katzenmeier/*Lipp*, Arztrecht, Kap. III, Rdnr. 1; Laufs/*Kern/Rehborn*, Handbuch des Arztrechts, § 44, Rdnr. 1.

[64] Clausen/Schroeder-Printzen/*Terbille/Feifel*, Münchener Anwaltshandbuch Medizinrecht, § 1, Rdnr. 362; *Janda*, Medizinrecht, S. 325 f.; *Katzenmeier*, Arzthaftung, S. 305; Laufs/

Im Regelfall ist der Arzt an der Aufnahme einer Behandlung interessiert. Daher stellt die Methodenwahlfreiheit den bedeutsameren Teilbereich der positiven Therapiefreiheit dar. Eine Wahlfreiheit setzt das Bestehen eines Standards voraus, von dem im Rahmen der Ausübung der Freiheit abgewichen werden kann. Zudem ermöglicht die Methodenwahlfreiheit dem Arzt, innerhalb eines Standards ein konkretes Verfahren frei zu wählen.[66] Das Gesetz spricht in § 630a Abs. 2 BGB davon, dass die Behandlung den jeweils aktuellen, allgemein anerkannten fachlichen Standards genügen muss. Dies gilt jedoch nur, soweit die Beteiligten nicht etwas anderes vereinbart haben. Bei der Methodenwahlfreiheit handelt es sich daher um das ärztebezogene „Einfallstor", das notwendig ist, um von dem noch näher zu definierenden Standard abweichen zu können. Der Arzt ist dabei nicht dazu verpflichtet, den sichersten therapeutischen Weg zu verfolgen.[67] Stattdessen ist erforderlich, dass der Arzt jeweils einzelfallspezifisch die Belastungen des Patienten mit den Vorteilen der risikoreicheren Methode in Verhältnis setzt.[68] Das Ziel der Heilbehandlung ist schließlich die Leidminderung respektive das Gesundwerden des Patienten und nicht die Gewährleistung von Sicherheit.[69] Gleichwohl ist zu berücksichtigen, dass Methodenwahlfreiheit nicht mit Narrenfreiheit gleichgesetzt werden darf. Haben sich bestimmte Behandlungsformen als objektiv untauglich oder sogar als kontraproduktiv erwiesen, dürfen diese vom Arzt nicht angewandt werden.[70]

Bevor auf die unterschiedlichen Ausprägungen der Methodenwahlfreiheit eingegangen werden kann, sind die Begriffe „Schulmedizin", „Alternativmedizin" und „medizinischer Standard" zu klären und gegeneinander abzugrenzen.

Katzenmeier/Lipp, Arztrecht, Kap. X, Rdnr. 85; *Rieger*, Lexikon des Arztrechts, „Therapiefreiheit", Rdnr. 1755; *Schumacher*, Alternativmedizin, S. 39 ff.; *Zuck*, NJW 1991, 2933 (2933).

[65] U. a. BGH NJW 2020, 1358 (1359); 2014, 1529 (1530); BGH NJOZ 2012, 986 (987); BGHZ 172, 254 (257); 168, 103 (107); 106, 153 (157); BGH NJW 1988, 765 (766); BGHZ 102, 17 (22); BGH NJW 1982, 2121 (2122).

[66] Siehe dazu Dritter Teil B. II. 2. a).

[67] Kritisch: *Fehn*, Rechtliche Aspekte der Telemedizin, in: Marx/Rossaint/Marx (Hrsg.), Telemedizin, S. 9 (36); ebenfalls eher zweideutig formuliert: *Janda*, Medizinrecht, S. 317, „Es gilt jedoch das Prinzip des sichersten Weges. Grundsätzlich sind daher solche Methoden zu wählen, die dem aktuellen Stand der medizinischen Forschung entsprechen, vergleichsweise unumstritten, weit verbreitet und bewährt sind. Risikoreiche Methoden sollen nur zur Anwendung kommen, wenn die zu befürchtende Belastung des Patienten im Einzelfall besonders gerechtfertigt ist, [...]."

[68] Unter anderem: BGH NJW 2020, 1358 (1359); OLG Dresden NJOZ 2008, 247 (249); BGHZ 172, 254 (254 ff.) mit Anmerkung *Spickhoff* in MedR 2008, 87 (90); BGH NJW 1987, 2927 (2927); *Geiß/Greiner*, Arzthaftpflichtrecht, Kap. B, Rdnr. 35; *Jung*, ZStW 1985, 47 (55 f.); *Katzenmeier*, Arzthaftung, S. 310 f., spricht insoweit von einem „Plausibilitätsvorschuß" im Hinblick auf bisher zuverlässige Verfahren; *ders.*, NJW 2006, 2738 (2739); *Vogeler*, MedR 2008, 697 (702); *v. Pentz*, MedR 2018, 283 (283); *Wemhöner/Frehse*, DMW 2004, 327 (327).

[69] *Katzenmeier*, NJW 2006, 2738 (2739); *v. Pentz*, MedR 2018, 283 (283); *Wemhöner/ Frehse*, DMW 2004, 327 (327).

[70] Münchner Kommentar/*Wagner*, § 630a BGB, Rdnr. 130.

a) Schulmedizin, Alternativmedizin und medizinischer Standard

Der Terminus der Schulmedizin wird in der Literatur sehr vielfältig diskutiert. Als maßgebliche Punkte gelten dabei die Orientierung an der Naturwissenschaft und die methodisch befriedigende und reproduzierbare Erbringung von Wirksamkeitsnachweisen.[71] Dagegen umfasst die Alternativmedizin[72] die Anwendung von Behandlungsmethoden, die bekanntermaßen außerhalb der Schulmedizin liegen. Es handelt sich also um Verfahren, deren naturwissenschaftliche Verankerung zumindest kritisiert wird und denen ein methodisch befriedigender Wirkungsnachweis fehlt.[73] Mögliche Beispiele wären die Akupunktur, die Irisdiagnostik oder auch bestimmte Reflextherapien.[74]

Gemäß § 630a Abs. 2 BGB schuldet der Arzt im Grundsatz eine den jeweiligen Standards entsprechende Behandlung. Der medizinische Standardbegriff ist, obwohl es sich durch die Nennung im Gesetz um einen rechtlichen Begriff handelt, inhaltlich medizinisch geprägt.[75] Maßgeblich ist die wissenschaftliche Erkenntnis, die ärztliche Erfahrung und die professionelle Akzeptanz.[76] Der BGH formuliert in diesem Zusammenhang wie folgt: „Der Standard gibt Auskunft darüber, welches Verhalten von einem gewissenhaften und aufmerksamen Arzt in der konkreten Behandlungssituation aus der berufsfachlichen Sicht seines Fachbereichs im Zeitpunkt der Behandlung vorausgesetzt und erwartet werden kann. Er repräsentiert den jeweiligen Stand der naturwissenschaftlichen Erkenntnisse und der ärztlichen Erfahrung, der

---

[71] Allgemein zum Begriff der Schulmedizin siehe: *Schumacher*, Alternativmedizin, S. 9 ff.; *Schumacher*, MedR 2019, 786 (786); *Tamm*, Die Zulässigkeit von Außenseitermethoden und die dabei zu beachtenden Sorgfaltspflichten, S. 30 ff.; *Zuck*, NJW 1991, 2933 (2934), definiert den Begriff wie folgt: „Es liegt heute näher, den Begriff der Schulmedizin formaler zu fassen, als Inbegriff dessen, was an den Universitäten auf dem Sektor der Medizin gelehrt wird oder, noch einfacher, als herrschende Lehre."

[72] Teilweise wird auch der Begriff Außenseitermedizin verwendet: *Tamm*, Die Zulässigkeit von Außenseitermethoden und die dabei zu beachtenden Sorgfaltspflichten, S. 35; dem generell zustimmend: *Schumacher*, Alternativmedizin, S. 21, Fn. 113.

[73] *Schumacher*, Alternativmedizin, S. 17; *Schumacher*, MedR 2019, 786 (786 f.); *Tamm*, Die Zulässigkeit von Außenseitermethoden und die dabei zu beachtenden Sorgfaltspflichten, S. 35.

[74] Weitere Beispiele in: *Dettmeyer*, Medizin & Recht, S. 143 f.

[75] *Carstensen*, DtÄb 1989, A-2431 (A-2433) formuliert sehr eindrucksvoll: „Wer setzt den Standard fest? In einem naturwissenschaftlich fundierten Fach wie der Medizin kann die Antwort nur lauten: Diejenigen, die nach der Sachkunde hierzu befähigt sind. Sie entscheiden, wann ein Heilverfahren als wissenschaftlich anerkannt, überholt oder sorgfaltswidrig zu gelten hat. Alles andere wäre Paramedizin. Die Rechtsprechung kann die Grenze ziehen, aber nicht über den Inhalt des Standards befinden. Der Standard ist das Ergebnis wissenschaftlicher Auseinandersetzungen vor dem Tribunal der Medizin. Wissenschaftliche Gesellschaften nehmen eine zentrale Stellung ein"; siehe auch: *Groß*, VersR 1996, 657 (664); *Hart*, MedR 1998, 8 (8); *Müller*, Ge., Ärztliche Kompetenz und Patientenautonomie, in: Katzenmeier/Bergdolt (Hrsg.), Das Bild des Arztes im 21. Jahrhundert, S. 75 (76).

[76] *Buchborn*, MedR 1993, 328 (330); *Hart*, MedR 1998, 8 (10); *Ihle*, Ärztliche Leitlinien, Standards und Sozialrecht, S. 21.

zur Erreichung des ärztlichen Behandlungsziels erforderlich ist und sich in der Erprobung bewährt hat."[77]

Inhaltlich gesehen lässt sich der medizinische Standard in zwei Bereiche einteilen. Auf der einen Seite existiert ein Basis-Standard. Hiervon umfasst sind
Maßstäbe in der Medizin, die als derart gesichert gelten, dass eine Abweichung
schlechthin nicht hinnehmbar ist. Ein klassisches Beispiel ist das Prinzip der Ste-
rilität bei Injektionen.[78] Auf der anderen Seite wird häufig von einem für die ärztliche
Therapiefreiheit deutlich wichtigeren, dynamischen Teil des medizinischen Standards gesprochen. Dieser Bereich umfasst neuartige wissenschaftliche Erkenntnisse
und Therapiemöglichkeiten, die zwar von der medizinischen Wissenschaft teilweise
anerkannt werden, deren konkrete Mechanismen oder Funktionsweisen jedoch über
die generell erprobten Regeln hinausgehen.[79] Es handelt sich mithin um einen
Standard, „der nur solange Bestand hat, bis das Bessere das Gute überholt hat."[80]

Der jeweils geschuldete medizinische Standard verhält sich dynamisch. Eine
fortgeltende Festsetzung ist aufgrund des medizinischen Fortschritts nicht möglich.[81]
Um den praktizierenden Ärzten dennoch eine Orientierungshilfe zu geben, werden
medizinische Leitlinien von medizinischen Fachgesellschaften publiziert.[82] Nach der
dabei federführenden „Arbeitsgemeinschaft der Wissenschaftlichen Medizinischen
Fachgesellschaften" handelt es sich bei den medizinischen Leitlinien um „[...]
systematisch entwickelte Hilfen für Ärzte zur Entscheidungsfindung in spezifischen
Situationen." Weiter heißt es: „Sie [die Leitlinien] beruhen auf aktuellen wissenschaftlichen Erkenntnissen und in der Praxis bewährten Verfahren und sorgen für
mehr Sicherheit in der Medizin, [...]. Die ‚Leitlinien' sind für Ärzte rechtlich nicht
bindend und haben daher weder haftungsbegründende noch haftungsbefreiende
Wirkung."[83] Die fehlende Bindungswirkung der Leitlinien führt dazu, dass diese zum
einen in keinem generellen Widerspruch zur ärztlichen Therapiefreiheit stehen und
zum anderen, dass eine Unterschreitung nicht automatisch mit einem Behandlungsfehler gleichzusetzen ist.[84] Maßgeblich ist stattdessen weiterhin der Einzelfall.[85]

---

[77] BGH NJW 2015, 1601 (1601); BGH NJW-RR 2014, 1053 (1054).

[78] *Carstensen*, DtÄb 1989, A-2431 (A-2433); *Kreße*, MedR 2007, 393 (394); *Kullmann*,
VersR 1997, 529 (529); *Voigt*, Individuelle Gesundheitsleistungen (IGeL), S. 55.

[79] *Carstensen*, DtÄb 1989, A-2431 (A-2433); *Kreße*, MedR 2007, 393 (395); *Kullmann*,
VersR 1997, 529 (529); *Schumacher*, Alternativmedizin, S. 50 f.; *Vogeler*, MedR 2008, 697
(699 f.); Voigt, Individuelle Gesundheitsleistungen (IGeL), S. 56.

[80] *Carstensen*, DtÄb 1989, A-2431 (A-2433).

[81] *Frahm et al.*, MedR 2018, 447 (449).

[82] Umfassend: *Hart*, MedR 1998, 8 (8 ff.); *Taupitz*, AcP 2011, 352 (367 ff.).

[83] Abgedruckt in: *Bergmann*/Pauge/Steinmeyer/*Middendorf*, § 630a BGB, Rdnr. 78.

[84] Besonders zu beachten sind in diesem Zusammenhang die sogenannten S-3 Leitlinien,
die als evidenz- und konsensbasiert gelten. Hervorzuheben ist jedoch, dass auch ein Verstoß
gegen eine S-3 Leitlinie nicht automatisch mit einem Behandlungsfehler gleichgesetzt werden
darf. Es verbleibt bei der stets vorzunehmenden Einzelfallentscheidung. Siehe dazu: OLG

Es ist festzuhalten, dass der medizinische Standardbegriff, genau wie die Schulmedizin, naturwissenschaftlich geprägt ist. Der medizinische Standard kann daher auch als dynamische Teilgröße der Schulmedizin verstanden werden. Im Ergebnis schuldet der Arzt, soweit ein Sonderstandard nicht vereinbart wurde, eine *schulmedizinische Standardbehandlung.*

b) Neulandmethoden

Als erste Ausprägung der Methodenwahlfreiheit gilt die Anwendung von Neulandmethoden. Hierunter werden neuartige Behandlungsmöglichkeiten verstanden, die sich noch in der Erprobungsphase befinden und daher mangels Erfahrungen und Erfolgen noch nicht zum medizinischen Standard gehören.[86] Andererseits geht der Entwicklungsstand dieser Verfahren über den einer experimentellen Methode hinaus, sodass sie generell geeignet sind, am Menschen angewendet zu werden.[87] Dieser Spielraum soll sicherstellen, dass die praktizierende Ärzteschaft auch Möglichkeiten besitzt, die Ergebnisse des medizinischen Fortschritts im Behandlungsalltag zu nutzen.[88] Hierbei bleibt sicherzustellen, „[...] dass die Anwendung einer neuen Behandlungsmethode nur dann erfolgen darf, wenn die verantwortliche medizinische Abwägung und ein Vergleich der zu erwartenden Vorteile dieser Methode und ihrer abzusehenden und zu vermutenden Nachteile mit der standardgemäßen Behandlung unter Berücksichtigung des Wohles des Patienten die Anwendung der neuen Methode rechtfertigt."[89]

c) Außenseitermethoden

Ferner bietet die Therapiefreiheit auch den Anknüpfungspunkt für Außenseitermethoden. In der juristischen Literatur werden die Begriffe der Außenseiterme-

---

Karlsruhe, Urteil vom 13.05.2016 – 13 U 103/12 – juris, Rdnr. 12; *Ihle*, Ärztliche Leitlinien, Standards und Sozialrecht, S. 85; Laufs/*Kern*/*Rehborn*, Handbuch des Arztrechts, § 96, Rdnr. 14; Spickhoff/*Spickhoff*, Medizinrecht, § 630a BGB, Rdnrn. 38 f.

[85] Beispielhaft: OLG Stuttgart NJOZ 2002, 1973 (1978); OLG Naumburg NJOZ 2005, 164 (167), allgemein: *Bergmann*/Pauge/Steinmeyer/*Middendorf*, § 630a BGB, Rdnrn. 80 ff.; *Frahm et al.*, MedR 2018, 447 (450); *Hart*, MedR 1998, 8 (10 ff.); Laufs/*Katzenmeier*/Lipp, Arztrecht, Kap. X, Rdnr. 10; Münchner Kommentar/*Wagner*, § 630a BGB, Rdnr. 127; *Welti*, GesR 2006, 1 (6 f.).

[86] Besondere Bedeutung hat in diesem Zusammenhang das Robodoc-Urteil des BGH erlangt: BGHZ 168, 103 (103 ff.); allgemein zum Begriff der Neulandmethode: *Janda*, Medizinrecht, S. 318; *Schwalm*, Zum Begriff und Beweis des ärztlichen Kunstfehlers, in: Kaufmann/Bemmann/Krauss/Volk (Hrsg.), Festschrift für Bockelmann, S. 539 (547); *Vogeler*, MedR 2008, 697 (700).

[87] OLG Frankfurt am Main NJW-RR 2005, 173 (174); *Schumacher*, Alternativmedizin, S. 23.

[88] Vgl. BT-Drucksache 17/10488, S. 20, 52.

[89] BGHZ 168, 103 (105 f.); ähnlich in: BGHZ 172, 1 (5); BGH NJW 2020, 1358 (1359).

thode und der Alternativmedizin häufig als Synonyme verwendet.[90] Dies kann bei der Betonung des Gegensatzes von Schul- und Alternativmedizin jedoch nicht überzeugen. Maßgeblich für eine Außenseitermethode ist das Abweichen von einer Standardgröße. Auch wenn der medizinische Standard im Sinne des § 630a Abs. 2 BGB aufgrund seines naturwissenschaftlichen Bezugspunktes im Rahmen der Schulmedizin einzuordnen ist, ändert dies nichts daran, dass es nicht auch einen Standard innerhalb der Alternativmedizin geben kann. Entscheidend für eine Außenseitermethode ist folglich das Abweichen von einem therapierichtungsinternen Standard.[91]

In der Rechtsprechung und in der Literatur ist anerkannt, dass der Grundsatz der ärztlichen Therapiefreiheit mit einer strengen Bindung an die Schulmedizin nicht vereinbar ist.[92] Einem Arzt steht daher unter Berücksichtigung des an den Neulandmethoden entwickelten Sorgfaltsmaßstabes die Anwendung von in Betracht kommenden Außenseitermethoden grundsätzlich offen.[93]

d) Heilversuche

Als weitere Ausprägung der ärztlichen Methodenwahlfreiheit gilt die Möglichkeit des Arztes Heilversuche durchzuführen. Bei einem Heilversuch arbeitet der Arzt außerhalb des Bereichs der Standardbehandlung, weil diese nicht den gewünschten Erfolg gebracht hat oder weil sich noch kein Standard im Hinblick auf die konkrete Behandlungssituation etablieren konnte.[94] Im Gegensatz zu reinen klinischen Experimenten steht bei einem Heilversuch nicht das generelle Forschungsinteresse, sondern das Verfolgen eines therapeutischen Zwecks im Vordergrund.[95] Dieses Element der Therapiefreiheit ermöglicht dem praktizierenden Arzt eine aktive (Mit-) Gestaltung des medizinischen Fortschritts. Hierdurch kann er die Standardbehand-

---

[90] *Schumacher*, Alternativmedizin, S. 7 mit weiteren Nachweisen; beispielhaft auch: *Bodenburg*, NJOZ 2009, 2823 (1825); *Jung*, ZStW 1985, 47 (47 ff.); *Tamm*, Die Zulässigkeit von Außenseitermethoden und die dabei zu beachtenden Sorgfaltspflichten, S. 41; *Vogeler*, MedR 2008, 697 (702).

[91] *Hart*, MedR 1994, 94 (99), spricht davon, dass es Außenseitermethoden an einer innermedizinischen Anerkennung fehlt; *Schumacher*, Alternativmedizin, S. 20; *ders.*, MedR 2019, 786 (787); andeutend zudem: *Tamm*, Die Zulässigkeit von Außenseitermethoden und die dabei zu beachtenden Sorgfaltspflichten, S. 35.

[92] Beispielhaft für die Rechtsprechung: BGH NJW 1991, 1535 (1537); zudem: *Tamm*, Die Zulässigkeit von Außenseitermethoden und die dabei zu beachtenden Sorgfaltspflichten, S. 157 ff. mit weiteren Nachweisen aus der Rechtsprechung und Literatur.

[93] BGHZ 172, 254 (258).

[94] *Bodenburg*, NJOZ 2009, 2823 (2824); *Hart*, MedR 1998, 8 (14); *Janda*, Medizinrecht, S. 318; *Vogeler*, MeR 2008, 697 (701).

[95] *Hart*, MedR 1994, 94 (95); *ders.*, MedR 2015, 766 (767); *Siebert*, MedR 1983, 216 (217); Zur Abgrenzung von Heilversuch und Humanexperiment siehe auch Erster Teil Kapitel A. I. 1. b); vgl. *Katzenmeier*, MedR 2018, 367 (369), der die Placeboabgabe als individuellen Heilversuch einordnet.

lungen der Zukunft mitbeeinflussen. Gegenüber Neuland- oder Außenseitermethoden sind Heilversuche durch eine Fokussierung auf den Einzelfall gekennzeichnet.[96] Im Hinblick auf die Zulässigkeit gilt dasselbe wie bei den Neulandmethoden.[97]

3. Recht auf Ablehnung von einzelnen Behandlungsvarianten

Während die Entscheidungsfreiheit über die Aufnahme der Behandlung sowie über die anzuwendenden Maßnahmen den freiheitsspezifischen bzw. positivrechtlichen Aspekt der Therapiefreiheit betreffen, wird als drittes Element eine Abwehrfunktion konstruiert. Dieser Teilbereich der ärztlichen Therapiefreiheit soll sicherstellen, dass kein Arzt zu der Anwendung einer Behandlungsvariante gezwungen werden kann, die sich im Widerspruch zu seinem Gewissen befindet.[98] Dadurch soll gewährleistet werden, dass der Behandelnde die alleinige Verfügungsgewalt über seine individuell erworbenen Fähigkeiten und Kenntnisse behält und nicht als eine Art hochqualifizierter Medizinautomat missbraucht wird. Von einem „freien Beruf" kann nicht mehr die Rede sein, sobald der einzelne Arzt zu einem bloßen Rädchen innerhalb eines durchstrukturierten Gesundheitssystems verkommt.

Das negativrechtliche Ablehnungsrecht stellt nicht die Kehrseite der positivrechtlichen Methodenwahlfreiheit dar. Der Unterschied liegt in dem Verhältnis der Ausformungen zu dem medizinischen Standard. Die Methodenwahlfreiheit umfasst das ärztliche Recht zur Auswahl der konkreten Behandlungsmethode. Der dem Arzt dabei zur Verfügung stehende „Behandlungs-Pool" umfasst sowohl Behandlungsmethoden, die dem medizinischen Standard entsprechen, als auch solche, die außerhalb des Standards liegen. Für letzte gilt, dass diese nicht offensichtlich unwirksam oder gar schädlich sein dürfen. Mit der Methodenwahlfreiheit kann der Arzt also das Feld der Standardmedizin verlassen. Das negativrechtliche Ablehnungsrecht dagegen schützt den Arzt davor, nicht von dem Patienten gezwungen zu werden, Maßnahmen anzuwenden, die Teil des medizinischen Standards sind. Mit dem Ablehnungsrecht soll also sichergestellt werden, dass ein Zwang auch im Rahmen des medizinischen Standards nicht besteht.

---

[96] *Vogeler*, MedR 2008, 697 (701).

[97] BGHZ 172, 1 (5).

[98] Heidelberger Kommentar/*Dahm*, Kap. 5090, Rdnr. 1; *Katzenmeier*, Arzthaftung, S. 305; Laufs/*Katzenmeier*/Lipp, Arztrecht, Kap. X, Rdnr. 85; *Panagopoulou-Koutnatzi*, Die Selbstbestimmung des Patienten, S. 95 f.; Quaas/*Zuck*/Clemens, Medizinrecht, § 2, Rdnr. 52; *Rieger*, Lexikon des Arztrechts, „Therapiefreiheit", Rdnr. 1754; *Zuck*, NJW 1991, 2933 (2933).

IV. Hintergründe der Therapiefreiheit

Trotz genereller Akzeptanz der ärztlichen Therapiefreiheit ist zu klären, warum dem Arzt im Gegensatz zu anderen „freien Berufen" ein derart ausgestalteter Freiraum eingeräumt werden soll.

1. Individualität des Behandlungsgeschehens

Jeder Mensch ist anders. Jeder Organismus kann unterschiedlich auf die Anwendung einer Behandlungsmethode reagieren. Durch die ärztliche Therapiefreiheit bekommt der Arzt die Möglichkeit, die Individualität des Patienten im Hinblick auf Geist und Körper hinreichend würdigen zu können. Der Arzt wird – zumindest in der Theorie – in die Lage versetzt, Aspekte aus der Familie des Patienten, dessen Beruf und seinem sozialen Umfeld aufzunehmen und mit den objektiven Symptomen des Krankheitsbildes zu einer im Ergebnis erfolgreichen Therapie zu vereinen.[99] Bereits hier wird deutlich, dass auch die Rechtsposition des Arztes dazu beiträgt, den Patienten nicht als bloßes Objekt, sondern als aktiven Teil der Behandlung zu sehen. Ohne eine aufmerksame Mitarbeit seitens des Patienten kann der Arzt dessen Individualität jedoch nicht erforschen und diese auch nicht in seine Entscheidung mit einfließen lassen.

2. Medizinischer Fortschritt

Die Bundesärztekammer hat die Medizin in ihrem Abschlussbericht zum 111. Deutschen Ärztetag als „eine praktische, eine Erfahrungswissenschaft [bezeichnet], die sich naturwissenschaftlicher Methoden ebenso bedient, wie der Erkenntnisse der Psychologie, der Sozial- und Kommunikationswissenschaften, allgemein der Geisteswissenschaften und im bestimmten Umfang auch der Theologie."[100] Lukowsky äußerte sich dahingehend, „[...] daß die Medizin nicht einfach angewandte Naturwissenschaft ist, sondern den ganzen Menschen mit allen seinen tiefen Urgründen umfaßt."[101] Weiter formulierte er: „Alle technischen Errungenschaften und alle naturwissenschaftlichen Fortschritte können den Menschen nicht von der Angst befreien, und immer wird er trotz aller technischen Aufgeklärtheit Kräfte ahnen, die nicht zu enträtseln sind."[102]

---

[99] Vgl. *Katzenmeier*, Arzthaftung, S. 308; Laufs/*Katzenmeier*/Lipp, Arztrecht, Kap. X, Rdnr. 92; *Schumacher*, Alternativmedizin, S. 51 f.

[100] BÄK, Beschluss des 111. Deutschen Ärztetages, Ulmer Papier, S. 4.

[101] *Lukowsky*, Philosophie des Arzttums, S. 22.

[102] *Lukowsky*, Philosophie des Arzttums, S. 22; vgl. auch jeweils: *Hoppe*, Selbstverständnis und Alltag der Ärzteschaft, in: Gellner/Schmöller (Hrsg.), Neue Patienten – Neue Ärzte? Ärztliches Selbstverständnis und Arzt-Patienten-Beziehung im Wandel, S. 135 (136); *Welti*, GesR 2006, 1 (7), der die Medizin als Handlungswissenschaft und nicht als Naturwissenschaft bezeichnet.

Es wird deutlich, dass sich die Medizin im Spannungsfeld einer Vielzahl von Wissenschaften befindet, die erst in der Kombination eine erfolgreiche Behandlung ermöglichen. Zudem lässt sich ableiten, dass der gemäß § 630a Abs. 2 BGB einzuhaltende fachliche Standard zwar überwiegend, jedoch nicht ausschließlich naturwissenschaftlich geprägt und damit auf Reproduktion bzw. Kontrollierbarkeit ausgelegt ist. Stattdessen dienen die Wissenschaftsbereiche, die sich mehr mit der Persönlichkeit als mit dem Körper beschäftigen, als Verknüpfungsarme von ärztlicher Therapiefreiheit und Individualität des Patienten.

Die Medizin strebt nach Fortschritt.[103] Da Standards mit „angezogener Handbremse" jedoch nur sehr schwierig überholt werden können,[104] ist erforderlich, dass dem Arzt die Möglichkeit offensteht, die Dynamik des medizinischen Standards selbst voranzubringen und mitgestalten zu können. Die ärztliche Freiheit, bezogen auf die Auswahl der Therapiemethode oder der Dosis des Medikaments gibt dem praktizierenden Arzt zum einen ein juristisch beruhigendes Mittel an die Hand, um neuartige Behandlungsmethoden zu implementieren, zum anderen bietet der ihr innewohnende Gestaltungsspielraum auch die Möglichkeit, selbst medizinischen Fortschritt realisieren zu können. Um es mit den Worten von Laufs zu sagen, es bedarf dem „[...] beherrschten Wagemut von Ärzten, die das Eingeführte zu übertreffen suchen"[105], um die größtmögliche Balance von medizinischem Fortschritt und tatsächlicher Behandlung realisieren zu können.

Darüber hinaus ist zu beachten, dass neuartige medizinische Erkenntnisse entweder das Resultat der Weiterentwicklung bzw. Umdeutung eines bereits bewährten Verfahrens darstellen oder schlicht als das Ergebnis wissenschaftlicher Neugier anzusehen sind.[106] Zwar kann es vorkommen, dass sich einst unzulässige Therapiemöglichkeiten wie etwa der Einsatz von Betablockern bei Herzinsuffizienz in wenigen Jahren, aufgrund von neuen Erkenntnissen, zur Standardbehandlung entwickeln,[107] gleichwohl sind neue Behandlungsmethoden, die bessere Chancen oder geringere Risiken für den Patienten darstellen, auch in der Lage, aktuell erprobte Techniken „nach unten" aus dem einzuhaltenden Standardbereich heraus zu ver-

---

[103] Laufs/*Kern*/Rehborn, Handbuch des Arztrechts, § 7, Rdnr. 1; Spickhoff/*Deutsch*/*Spickhoff*, Medizinrecht, Einleitung, Rdnr. 13.

[104] Vgl. *Carstensen*, DtÄb 1989, A-2431 (A-2433).

[105] *Laufs*, Zur Freiheit des Arztberufs, in: Ahrens/von Bar/Fischer/Spickhoff/Taupitz (Hrsg.), Festschrift für Erwin Deutsch (70), S. 625 (627).

[106] BGHSt 37, 383 (385) „Entgegen der Ansicht des LG liegt der Tatbestand des unerlaubten Verschreibens von Betäubungsmitteln nicht schon deshalb vor, weil der Arzt durch die Verordnung der Ersatzdroge gegen die Regeln der Schulmedizin verstoßen hat. Dies würde zu einer Kriminalisierung medizinisch vertretbarer abweichender Auffassungen führen und durch Strafandrohung die Entwicklung neuer Therapien verhindern."; *Eberbach*, MedR 2019, 1 (2) am Beispiel der Genomforschung; vgl. *Geier*, MedR 2017, 293 (294); *Jung*, ZStW 1985, 47 (47); *Voigt*, Individuelle Gesundheitsleistungen (IGeL), S. 56; *Welti*, GesR 2006, 1 (6).

[107] *Scheler*, Von der Unabhängigkeit des Arztes und über die Arzt-Patienten-Beziehung, in: Ahrens/von Bar/Fischer/Spickhoff/Taupitz (Hrsg.), Festschrift für Erwin Deutsch (70), S. 739 (743 f.).

drängen.[108] Der medizinische Fortschritt erweitert also nicht nur die ärztliche Freiheit, sondern schränkt diese zugleich ein.[109] Anders formuliert gilt, dass „[...] manches, was praktisch erprobt, aber wissenschaftlich noch nicht begründet ist, [...] morgen schon wissenschaftlich gesicherter Besitz sein [kann]."[110]

3. Wille des Patienten

Der Titel der Untersuchung lautet „Therapiefreiheit und Selbstbestimmungsrecht". Inwieweit es sich hierbei um eine Rechtssymbiose oder eine Rechtskollision handelt, ist zwar Gegenstand eines eigenen Kapitels,[111] gleichwohl ist bereits an dieser Stelle darauf hinzuweisen, dass der ärztliche Gestaltungsspielraum auch deshalb notwendig ist, weil Patienten nicht nur körperlich unterschiedlich auf Behandlungen reagieren, sondern auch kognitiv unterschiedliche Vorstellungen über den erfolgreichen Ablauf einer Behandlung haben. Neben der Individualität des Behandlungsgeschehens und der stetigen Medizinentwicklung gilt daher der Wille des Patienten als dritter Hintergrund der ärztlichen Therapiefreiheit.[112] Welti spricht dem zuletzt genannten Grund sogar eine hervorgehobene Bedeutung zu, indem er die Selbstbestimmung durch den Kranken auch als „[...] andere Seite der Therapiefreiheit [...]"[113] bezeichnet.

Was sich genau hinter dem Selbstbestimmungsrecht des Patienten verbirgt, welche Ausformungen, Rechtsgrundlagen sowie Hintergründe bestehen, wird in dem nachfolgenden Kapitel behandelt.

B. Selbstbestimmungsrecht des Patienten

Eine funktionierende Arzt-Patienten-Beziehung besteht aus zwei Individuen. Während auf den ersten Blick dem Arzt die Schutzwirkungen und Rechte der ärztlichen Therapiefreiheit zur Verfügung stehen, kann sich der Patient auf sein Selbstbestimmungsrecht berufen.[114]

---

[108] *Kreße*, MedR 2007, 393 (395).

[109] *Schwalm*, Zum Begriff und Beweis des ärztlichen Kunstfehlers, in: Kaufmann/Bemmann/Krauss/Volk (Hrsg.), Festschrift für Bockelmann, S. 539 (548).

[110] *Lukowsky*, Philosophie des Arzttums, S. 24; vgl. auch ein Zitat von Schroeder-Printzen, abgedruckt in *Katzenmeier*, Arzthaftung, S. 308, „die Außenseitermethode von gestern ist die Schulmedizin von heute, die Schulmedizin von heute ist der Behandlungsfehler von morgen"; siehe auch: Spickhoff/*Deutsch*/*Spickhoff*, Medizinrecht, Einleitung, Rdnr. 13.

[111] Siehe dazu Dritter Teil Kapitel A.

[112] *Jung*, ZStW 1985, 47 (54); Laufs/*Katzenmeier*/Lipp, Arztrecht, Kap. X, Rdnr. 93; *Schumacher*, Alternativmedizin, S. 52 ff.

[113] *Welti*, GesR 2006, 1 (1).

[114] Die genaue Zuordnung der Rechtspositionen ist Gegenstand eines eigenen Abschnitts. Siehe dazu Dritter Teil Kapitel A.

Dieses Recht spricht dem Patienten die Verfügungshoheit über seinen Körper zu.[115] Im Rahmen der Arzt-Patienten-Beziehung soll das Selbstbestimmungsrecht gewährleisten, dass dem Patienten bei den Entscheidungen über den Umgang mit seiner Krankheit aktive Stimmrechte zugesprochen werden. Der übergeordnete Gedanke von Selbstbestimmung liegt in der Gleichheit des Menschen. Jeder Mensch soll, sofern er von einer Entscheidung betroffen ist, die Möglichkeit haben, seine Gefühle, Meinungen und Empfehlungen zu äußern und somit Einfluss zu nehmen. Für den Patienten bedeutet dies, dass der unmittelbar von der Krankheit Betroffene die Wahl haben muss, seine eigenen Ansichten mit in die Entscheidung einfließen zu lassen. Über das Selbstbestimmungsrecht soll sichergestellt werden, dass der Patient nicht als Objekt, sondern als mitbestimmendes Subjekt im Rahmen der Arzt-Patienten-Beziehung auftreten kann.[116] Die gesellschaftlichen Entwicklungen der Neuzeit haben dazu geführt, dass das juristische Aufeinandertreffen von Arzt und Patient heutzutage zu Recht als eine Arzt-Patienten-*Beziehung* bezeichnet werden kann. Zum einen wurde der Patient in der öffentlichen Wahrnehmung als Person bzw. als Individuum anerkannt. Zum anderen konnte die Sichtweise des Arztes, dass der Leidende lediglich als „Träger der Krankheit" auftritt, endgültig ad acta gelegt werden.[117] Das Rechtsinstitut der Patientenselbstbestimmung ist daher notwendig, um den gesellschaftlichen Ruf nach Gleichberechtigung im Arzt-Patienten-Verhältnis hinreichend abzubilden.

I. Rechtsgrundlagen des Selbstbestimmungsrechts

Parallel zu der ärztlichen Therapiefreiheit lässt sich auch das Selbstbestimmungsrecht des Patienten nicht aus einer singulären Gesetzesnorm ableiten. Vielmehr kommen auch hier sowohl das Verfassungsrecht, das einfache Recht und das Kammersatzungsrecht in Betracht.

1. Verfassungsrecht

Uneinigkeit herrscht zunächst bei der Frage nach der verfassungsrechtlichen Verankerung des Selbstbestimmungsrechts.[118]

---

[115] BVerfGE 52, 131 (173 f.); Düring/Herzog/Scholz/*Di Fabio*, Art. 2 GG, Rdnr. 204.

[116] *Duttge*, Patientenautonomie und Einwilligungsfähigkeit, in: Wiesemann/Simon (Hrsg.), Patientenautonomie, S. 77 (77); *Frahm/Walter*, Arzthaftungsrecht, Rdnr. 384; Laufs/*Kern/Rehborn*, Handbuch des Arztrechts, § 92, Rdnr. 36; Ratzel/Lissel/*Kern*, Handbuch des Medizinschadensrechts, § 1, Rdnr. 37.

[117] Siehe dazu Zweiter Teil Kapitel D. II.

[118] Sehr umfangreich zur verfassungsrechtlichen Verankerung siehe: *Panagopoulou-Koutnatzi*, Die Selbstbestimmung des Patienten, S. 26 ff.

a) Vertretene Ansätze

In der Literatur wird auf unterschiedliche Anknüpfungspunkte abgestellt. Das Selbstbestimmungsrecht wird von einigen ausschließlich in Art. 2 Abs. 1 i. V. m. Art. 1 Abs. 1 GG und damit in den Normen, die das allgemeine Persönlichkeitsrecht beinhalten, verortet.[119] Andere verweisen auf eine Kombination von Art. 2 Abs. 1 i. V. m. Art. 1 Abs. 1 i. V. m. Art. 2 Abs. 2 S. 1 GG.[120] Wiederum andere sehen Art. 2 Abs. 1, 2 GG[121] oder nur Art. 2 Abs. 2 S. 1 GG[122] als ausreichende verfassungsrechtliche Grundlage an. In der Diskussion um die Legalität von Sterbehilfe ist zudem häufig von einem Recht auf einen menschenwürdigen Tod die Rede.[123] In diesem Zusammenhang wird vertreten, dass die Selbstbestimmung am Lebensende auch unmittelbar über Art. 1 Abs. 1 GG geschützt wird.[124]

Die Rechtsprechung hat die grundgesetzliche Verankerung des Selbstbestimmungsrechts im Laufe der Jahre unterschiedlich gehandhabt. Im Jahr 1979 bezog sich das BVerfG ausschließlich auf Art. 2 Abs. 1 GG als verfassungsrechtliche Legitimationsbasis.[125] Ein Sondervotum sprach sich jedoch bereits damals für ein Abstellen auf Art. 2 Abs. 2 GG aus.[126] Einige Jahre später schloss sich das BVerfG dieser Mindermeinung im Rahmen einer anderen Rechtssache an.[127] Das BSG sprach im Jahr 1994 davon, dass „das Selbstbestimmungsrecht des Patienten [...] durch das Persönlichkeitsrecht in Verbindung mit dem Recht auf körperliche Unversehrtheit (Art. 1 und Art. 2 GG) gewährleistet [ist].“[128] In einem Beschluss vom 18. 11. 2004 äußerte sich das BVerfG dann dahingehend, dass „der Anspruch des Patienten auf Unterrichtung über Befunde und Prognosen [...] Ausdruck des durch grundrechtliche Wertungen geprägten Selbstbestimmungsrechts und der personalen Würde des

---

[119] *Dettling*/Gerlach/*Würtenberger*, § 1 KHG, Rdnr. 79; *Müller, Ga.*, DNotZ 2010, 169 (175 f.); *Schäfer*, NJ 2019, 381 (381) nur im Hinblick auf das „Selbstbestimmungsrecht jeder einzelnen Person"; *Zuck*, Grundrechtsschutz und Grundrechtsentfaltung im Gesundheitswesen, S. 34; *Zuck*, NJW 1991, 2933 (2933).

[120] *Düring*/Herzog/Scholz/*Di Fabio*, Art. 2 GG, Rdnr. 204; *Geier*, MedR 2017, 293 (294); *Harmann*, NJOZ 2010, 819 (819); *Katzenmeier*, MedR 2018, 367 (369); *Lange*, ZEV 2009, 537 (540); eher allgemein: *Hufen*, ZPR 2003, 248 (249 f.); *Schneider*, MedR 2000, 497 (497); *Sternberg-Lieben*/*Reichmann*, NJW 2012, 257 (257 f.).

[121] Laufs/*Kern*/Rehborn, Handbuch des Arztrechts, § 63, Rdnr. 7.

[122] *Francke*, Ärztliche Berufsfreiheit und Patientenrechte, S. 173; *Hessler*, MedR 2003, 13 (14); Quaas/*Zuck*/Clemens, Medizinrecht, § 2, Rdnr. 36.

[123] *Höfling*, JuS 2000, 111 (114, Fn. 43) mit weiteren Nachweisen.

[124] *Höfling*, JuS 2000, 111 (114); *Hufen*, NJW 2001, 849 (851); *ders.*, ZRP 2003, 248 (248 f.).

[125] BVerfGE 52, 131 (168 f.).

[126] BVerfGE 52, 131 (171 ff.).

[127] BVerfG NJW 1994, 1590 (1591); den Wandel der Rechtsprechung zusammenfassend zudem: *Höfling*/*Lang*, Das Selbstbestimmungsrecht. Normativer Bezugspunkt im Arzt-Patienten-Verhältnis, in: Feuerstein/Kuhlmann (Hrsg.), Neopaternalistische Medizin: der Mythos der Selbstbestimmung im Arzt-Patient-Verhältnis, S. 17 (19).

[128] BSGE 73, 66 (71).

Patienten (Art. 1 Abs. 1 i. V. m. 2 Abs. 1 GG)" ist.[129] In zwei weiteren Entscheidungen, die jeweils den Anspruch des Patienten auf Einsicht in seine Patientenakte zum Thema hatten, stellte das BVerfG ebenfalls auf Art. 2 Abs. 1 i. V. m. Art. 1 Abs. 1 GG[130] bzw. Art. 1 Abs. 1 i. V. m. Art. 2 Abs. 1 GG[131] ab. Bezogen auf Zwangsbehandlungen im Maßregelvollzug oder innerhalb einer öffentlich-rechtlichen Unterbringung war dagegen wiederum Art. 2 Abs. 2 GG die verfassungsrechtliche Legitimationsbasis des Selbstbestimmungsrechts.[132] Die Selbstbestimmung am Lebensende thematisierte der BGH in einem Beschluss vom 17. 03. 2003. In den Leitsätzen formulierte das Gericht, dass es aus der Würde des Menschen folgt, den zuvor in Form einer Patientenverfügung geäußerten Patientenwillen auch bei anschließender Einwilligungsunfähigkeit und nach Einsetzen eines irreversiblen tödlichen Krankheitsverlauf zu berücksichtigen.[133]

b) Kritik

Der Leitgedanke der Patientenselbstbestimmung besagt, dass der unmittelbar von der Krankheit Betroffene nicht zum „Spielball" – nicht zum bloßen Objekt – der ärztlichen Tätigkeit werden darf. Das Verständnis von Selbstbestimmung bedarf daher einer verfassungsrechtlichen Rechtsgrundlage, die die gesamte Bandbreite der Arzt-Patienten-Interaktion abdeckt.

Sofern das Selbstbestimmungsrecht dabei jedoch ausschließlich als Ausfluss bzw. bloßer Teilbereich des eigenen allgemeinen Persönlichkeitsrechts verstanden wird, besteht die Gefahr, dass die Schutzwirkungen bei körperlichen Eingriffen vernachlässigt werden. Zwar bietet Art. 2 Abs. 1 i. V. m. Art. 1 Abs. 1 GG Sicherheit bei der freien Entfaltung der Persönlichkeit, mithin auch in Situationen, die durch ein Aufeinandertreffen von Arzt und Patient gekennzeichnet sind; nichtsdestotrotz müsste der Patient bei einem alleinigen Abstellen auf das allgemeine Persönlichkeitsrecht bei einer Vielzahl von ärztlichen Leistungen, nämlich die, die die körperliche Integrität des Patienten betreffen, ohne einen speziellen verfassungsrechtlichen Bezugspunkt auskommen. Im Ergebnis würde eine starre Verortung des Selbstbestimmungsrechts als bloßer Teilaspekt des allgemeinen Persönlichkeitsrechts der Bedeutung und Tragweite in Situationen, die über Leben und Tod entscheiden können, nicht gerecht werden.

---

[129] BVerfG NJW 2005, 1103 (1104).

[130] BVerfG NStZ 2018, 162 (162).

[131] BVerfG NJW 1999, 1777 (1777).

[132] BVerfGE 128, 282 (300, 302); 129, 269 (280); 133, 112 (131); 146, 294 (310); verwirrend dagegen BVerfGE 142, 313 (339), da erst von Art. 2 Abs. 1 i. V. m. Art. 1 Abs. 1 GG gesprochen wird, gleichzeitig jedoch auf Urteile verwiesen wird, die wiederum nur auf Art. 2 Abs. 2 GG abstellen.

[133] BGHZ 154, 205 (211).

Andererseits wäre es auch verfehlt, allein auf Art. 2 Abs. 2 S. 1 GG abzustellen. Schließlich ist die Pluralität des ärztlichen Handelns auch dadurch gekennzeichnet, dass nicht immer der Körper des Patienten als Behandlungsgröße im Vordergrund steht. Dabei ist insbesondere an die Therapiemöglichkeiten im psychischen Bereich zu denken. Ferner machen behandlungsferne Tätigkeiten, wie die Dokumentation von Therapieschritten in den Patientenakten oder die Auswertung von Laborergebnissen, ein nicht zu unterschätzendes Pensum des ärztlichen Alltags aus.[134]

Die Selbstbestimmung am Lebensende bedarf einer gesonderten Betrachtung. Art. 1 Abs. 1 GG enthält als Höchstwert der Verfassung die Unantastbarkeit der Menschenwürde.[135] Der Schutzbereich von Art. 1 Abs. 1 GG wird eingriffsspezifisch definiert. Nach der sogenannten „Objektsformel" ist die Menschenwürde betroffen, „wenn der konkrete Mensch zum Objekt, zu einem bloßen Mittel, zur vertretbaren Größe herabgewürdigt wird."[136] Da das Selbstbestimmungsrecht des Patienten gerade verhindern soll, dass dieser zum bloßen Objekt der Arzt-Patienten-Beziehung verkommt, erscheint Art. 1 Abs. 1 GG als alleinige verfassungsrechtliche Rechtsgrundlage durchaus passend. Gleichwohl erfordert die der Unantastbarkeit nachfolgende Unabwägbarkeit der Menschenwürde sowie das besondere Verhältnis der partiellen Spezialität und Subsidiarität zu den übrigen Grundrechten eine restriktive Auslegung des Art. 1 Abs. 1 GG.[137] Demnach sind Eingriffe in den Körper und die Gesundheit primär an Art. 2 Abs. 2 GG zu messen.[138] Folglich sind typische Heileingriffe, wie beispielsweise das Setzen einer Spritze oder die Blinddarmoperation nicht dem ausschließlichen Schutzbereich des Art. 1 Abs. 1 GG zuzuordnen. Darüber hinaus fehlt es bei den eher datenschutzrechtlich interessanten ärztlichen Tätigkeiten (Beispiele: Patientenakten, Laborergebnisse) an einer den Anforderungen an die Menschenwürde gerecht werdenden Schutzintensität. Auch die Garantie der Menschenwürde kann daher nicht als alleinige verfassungsrechtliche Rechtsgrundlage für das Selbstbestimmungsrecht des Patienten herangezogen werden.

---

[134] Marburger Bund, MB-Monitor 2019 Zusammenfassung, S. 2, nach einer Umfrage des Marburger Bundes aus dem Jahr 2019 verbringen 35 % von 6474 befragten Ärzten mehr als vier Stunden täglich mit Verwaltungs- und Organisationsaufgaben.

[135] Düring/Herzog/Scholz/*Herdegen*, Art. 1 Abs. 1 GG, Rdnr. 4.

[136] BVerfGE 9, 89 (95); 27, 1 (6); 28, 386 (391); 45, 187 (228); 50, 166 (175), 87, 209 (228); inhaltlich geht die Objektsformel auf Günter Dürig zurück, abgedruckt in: Düring/Herzog/Scholz/*Herdegen*, Art. 1 Abs. 1 GG, Rdnr. 36.

[137] *Höfling*, JuS 2000, 111 (114); Sachs, M./*Höfling*, Art. 1 GG, Rdnr. 67, anders: Dreier/*Dreier*, Art. 1 GG, der zwar die Unabwägbarkeit der Menschenwürde bejaht (Rdnr. 46), das Verhältnis der Subsidiarität jedoch zugunsten eines Fundierungsverhältnisses ablehnt. Die Menschenwürdegarantie ist ein dirigierendes Prinzip, Auslegungsmaxime, verständnisleitender Grundsatz der Grundrechte, aber kein Grundrecht als solches (Rdnrn. 125, 160).

[138] Sachs, M./*Höfling*, Art. 1 GG, Rdnr. 69.

c) Notwendigkeit einer flexiblen Betrachtungsweise

Aufgrund der fehlenden wörtlichen Nennung des Selbstbestimmungsrechts ist die gesetzliche Verankerung nicht im Voraus festgelegt. Dadurch entsteht die Möglichkeit, auch bei der Frage nach der verfassungsrechtlichen Legitimationsbasis die Individualität des Behandlungsgeschehens hinreichend mitzuberücksichtigen. Für die Frage, welche Verfassungsnorm einschlägig ist und welche Bedingungen für die verfassungsrechtliche Rechtfertigung bestehen, ist daher eine Einzelfallbewertung entscheidend. Die Bandbreite der möglichen Verfassungsnormen reicht dabei von Art. 1 Abs. 1 GG über Art. 2 Abs. 2 S. 1 GG bis hin zu Art. 2 Abs. 1 i. V. m. Art. 1 Abs. 1 GG. Um die Einordnung praktikabel zu halten, ist die konkrete Behandlungssituation auf die Parameter „Grad des Eingriffs in die körperliche Integrität", „Datenschutz", „Leben und Tod", „Schmerzintensität" und „verbleibende Patientenkontrolle" hin zu untersuchen.

Bei Heileingriffen, die die körperliche Integrität betreffen, lässt sich das Selbstbestimmungsrecht am überzeugendsten direkt aus Art. 2 Abs. 2 S. 1 GG ableiten.[139] Bei dieser Art von Behandlung liegt der Fokus auf dem Arbeiten mit bzw. an dem menschlichen Körper. Folglich sollten sich auch die Anforderungen bezüglich des ärztlichen Tätigwerdens an der konkret das Leben und die körperliche Unversehrtheit schützenden Grundrechtsnorm messen lassen. Für eine derartige Einordnung spricht auch das Verständnis im Strafrecht, wonach es sich bei einem eigenmächtigen Heileingriff um eine nach § 223 StGB strafbare *Körper*verletzung handelt.[140]

Fehlt es der Handlung des Arztes dagegen komplett an möglichen körperlichen Bezugspunkten und dominiert ein datenschutzrechtlicher Aspekt, wie dies zum Beispiel bei Streitigkeiten um das Recht auf Einsichtnahme in die Patientenakte der Fall ist, kann sich das Selbstbestimmungsrecht auch als bloße Ausformung des allgemeinen Persönlichkeitsrecht darstellen und somit aus Art. 2 Abs. 1 i. V. m. Art. 1 Abs. 1 GG hergeleitet werden.[141] Allein in diesen Fällen greift das Argument von Zuck, wonach es sich bei dem Gedanken von Selbstbestimmung „[…] weniger um den Schutz vor den Eingriffsfolgen als um die Entscheidungsfreiheit bei den Eingriffsvoraussetzungen"[142] handelt.

Denkbar sind zudem Vorgänge im medizinischen Alltag, die sowohl die körperliche Integrität als auch Persönlichkeitsaspekte des Patienten betreffen. Wird beispielsweise das durch eine Blutentnahme gewonnene Blut für anschließende AIDS-Tests verwendet, stellt sich die Frage, ob Art. 2 Abs. 2 S. 1 GG wegen des Nadeleinstichs oder Art. 2 Abs. 1 i. V. m. Art. 1 Abs. 1 GG aufgrund der späteren

---

[139] So auch: *Panagopoulou-Koutnatzi*, Die Selbstbestimmung des Patienten, S. 45, 89.

[140] *Koppernock*, Das Grundrecht auf bioethische Selbstbestimmung, S. 55 f.

[141] *Koppernock*, Das Grundrecht auf bioethische Selbstbestimmung, S. 57 f.; *Panagopoulou-Koutnatzi*, Die Selbstbestimmung des Patienten, S. 50, 90.

[142] *Zuck*, NJW 1991, 2933 (2933).

Verwendung als verfassungsrechtliche Grundlage dienen soll. Eine Möglichkeit wäre, in diesen Fällen die auch in der Literatur vorgenommene Kombinationsmöglichkeit Art. 2 Abs. 1 GG i. V. m. Art. 1 Abs. 1 GG i. V. m. Art. 2 Abs. 2 S. 1 GG zu wählen.[143] Das würde jedoch bedeuten, mit einer solchen Lösung der eigentlichen Fragestellung zielgerichtet aus dem Weg zu gehen. Zudem kann die Länge einer Normenkette dazu beitragen, dass das Rechtsverständnis in der Bevölkerung negativ beeinträchtigt wird. Ferner lässt sich auch in diesen Kombinationssituationen bei einer Rückbesinnung auf die Einzelfallbetrachtung ein klares Ergebnis erzielen. Wie häufig bei Abwägungsschwierigkeiten bietet sich auch hier eine Bestimmung des Schwerpunkts an. Die unter Umständen das gesamte bisherige Leben auf den Kopf stellenden Befunde eines AIDS-Tests stehen in keinem vernünftigen Verhältnis zu der durch einen Nadelstich verursachten Wunde, selbst einschließlich des damit verbundenen Blutverlusts.[144] Folglich wäre die ärztliche Tätigkeit in dieser Situation an einem allein auf Art. 2 Abs. 1 i. V. m. Art. 1 Abs. 1 GG beruhenden Selbstbestimmungsrecht des Patienten zu messen.

Wenn sich das Leben dem Ende nähert, steigt die Bedeutung eines würdevollen Todes. Weder der Fakt der Unausweichlichkeit des Sterbens noch der unter Umständen vorliegende Sterbewunsch des Patienten (Stichwort: Sterbehilfe oder Patientenverfügung) kann qualifiziert mit dem in Art. 2 Abs. 2 S. 1 GG verankerten „Recht auf Leben" begegnet werden. Auch die Schutzintensität und die verfassungsrechtliche Bedeutung des allgemeinen Persönlichkeitsrechts reicht für derart existenzbedrohende Situationen nicht aus. Die besondere Bedeutung des Art. 1 Abs. 1 GG für die Selbstbestimmung am Lebensende verdeutlicht sich an dem Merkmal der Grundrechtsfähigkeit. Der Patient kann sich bis zum Eintritt des Hirntods auf sein Recht auf Leben genauso wie auf sein Allgemeines Persönlichkeitsrecht berufen. Stirbt der Patient, endet seine Grundrechtsfähigkeit und damit der Schutz der genannten Grundrechte.[145] Der Verstorbene wird anschließend allein über das vom BVerfG aus Art. 1 Abs. 1 GG abgeleitete postmortale Persönlichkeitsrecht geschützt.[146] Zwar handelt es sich bei der Selbstbestimmung am Lebensende bzw. der zeitlich vorgelagerten Selbstbestimmung für das Lebensende (Patientenverfügung) nicht um die Entscheidung hirntoter Patienten, gleichwohl zeigt die einzigartige Fortwirkung des grundrechtlichen Würdeschutzes die besondere Bedeutung des Art. 1 Abs. 1 GG für die Schwelle vom Leben in den Tod. Ein ausgeprägtes

---

[143] Düring/Herzog/Scholz/*Di Fabio*, Art. 2 GG, Rdnr. 204; *Geier*, MedR 2017, 293 (294); eher allgemein: *Hufen*, ZPR 2003, 248 (249 f.); *Schneider*, MedR 2000, 497 (497).

[144] Siehe umfassend: *Koppernock*, Das Grundrecht auf bioethische Selbstbestimmung, S. 59 ff.

[145] BVerfGE 30, 173 (194); BVerfG NVwZ 2008, 549 (559); Dreier/*Dreier*, Vorbem. zu Art. 1 GG, Rdnr. 111; *Tonikidis*, JA 2013, 38 (39).

[146] BVerfGE 30, 173 (194 f.); bestätigt in: BVerfG NJW 2001, 2957 (2958 f.); BVerfG NVwZ 2016, 1804 (1806); zustimmend: *Tonikidis*, JA 2013, 38 (40); für ein postmortal wirkendes allgemeines Persönlichkeitsrecht dagegen: Dreier/*Dreier*, Art. 1 GG, Rdnr. 76; Düring/Herzog/Scholz/*Herdegen*, Art. 1 Abs. 1 GG, Rdnr. 57; zweifelnd: Sachs, M./*Höfling*, Art. 1 GG, Rdnr. 64.

Schutzbedürfnis des Patienten ist zudem zu bejahen, da sich die Situation speziell durch das Fehlen von verbalen und nonverbalen Kommunikationsmöglichkeiten einschließlich der Aufgabe von jeglicher Patientenkontrolle auszeichnet. Die verfassungsrechtliche Verankerung des Selbstbestimmungsrechts des Patienten in der Menschenwürde kann gewährleisten, dass der Patient nicht neben der unausweichlichen Objektivierung durch die Krankheit auch zum „Objekt" der arztgesteuerten Behandlung wird. Da Art. 1 Abs. 1 GG weiterhin restriktiv ausgelegt werden muss, bedarf es einer krankheitsbedingten Extremsituation. Beispielsweise entspricht es einer der Urängste des Menschen, die Kontrolle über das Leben und den eigenen Körper im Sterbeprozess zu verlieren. Daher ist Hufen zuzustimmen, dass „[...] der Mensch [über Art. 1 Abs. 1 GG] gewiss nicht nur davor bewahrt werden [soll], Objekt staatlicher Gewalt zu sein; seine Würde ist auch verletzt, wenn er zum willenlosen, passiven Objekt der Intensivmedizin gemacht wird, ohne dass der Fortsetzung der Behandlung noch irgendein seinerseits durch Lebensschutz und Menschenwürde gerechtfertigter Sinn abzugewinnen ist."[147]

2. Einfaches Recht

Auf der Ebene des einfachen Rechts (und auch auf der des Kammersatzungsrechtes) geht es weniger um die Verankerung des Selbstbestimmungsrechts als vielmehr um die Frage, durch welche Normen der verfassungsrechtlich garantierte Autonomiegedanke praktikabel gemacht wird und wie das Recht des Patienten Einzug in den Praxisalltag findet.

a) Einwilligungsfähige Patienten (Aufklärung)

Parallel zu der ärztlichen Therapiefreiheit kann auch das Selbstbestimmungsrecht des Patienten als Ausfluss der durch § 630a Abs. 2 BGB ermöglichten Individualabrede verstanden werden. Da eine „Vereinbarung" die Zustimmung beider Parteien voraussetzt, wird auch dem Patienten durch diese Regelung die Möglichkeit gegeben, den Behandlungsverlauf aktiv, d.h. in Form einer Aktivierung des Selbstbestimmungsrechts, mitzugestalten bzw. selbst von sich aus Änderungen am sonst geläufigen Therapieplan anzuregen.[148] Die bereits angesprochene Stellungnahme der Bundesregierung bezüglich der Implementierung von neuen Behandlungsmethoden[149] kann zudem als Stärkung des Selbstbestimmungsrechts, das dem Patienten den Zugang zu solchen Neulandmethoden ermöglichen soll, verstanden werden.

---

[147] *Hufen*, NJW 2001, 849 (851); ähnlich auch *Höfling*, JuS 2000, 111 (114), der die Menschenwürde als tangiert ansieht, „wenn der moribunde Mensch zum erniedrigten Objekt medizinischer Behandlung wird"; ähnlich zurückhaltend: *Panagopoulou-Koutnatzi*, Die Selbstbestimmung des Patienten, S. 58 f.

[148] Vgl. *Geier*, MedR 2017, 293 (295).

[149] BT-Drucksache 17/10488, S. 52.

Das gegenwärtige Arzt-Patienten-Verhältnis zeichnet sich nach wohl unstrittiger Ansicht durch einen privatrechtlichen Charakter aus.[150] Die Beteiligten stehen sich grundsätzlich auf einer rechtlichen Ebene und nicht in einem Über-Unter-Ordnungsverhältnis gegenüber. Trotz Statuierung der Gleichberechtigung bleibt das Problem der faktischen Wissensdiskrepanz bestehen. Ohne Angleichung in diesem Bereich besteht die Gefahr, dass das Selbstbestimmungsrecht auf praktischer Ebene seine Bedeutung nicht bzw. nicht komplett entfalten kann. Gemäß § 630d Abs. 1 S. 1 BGB hat der Arzt vor der Durchführung einer medizinischen Maßnahme die Einwilligung des Patienten einzuholen. Diese wiederum ist nur wirksam, sofern der Patient zuvor ordnungsgemäß aufgeklärt worden ist (§ 630d Abs. 2 BGB). Die Anforderungen an die Aufklärung sind dabei in § 630e BGB geregelt. Im Rahmen der Selbstbestimmungsaufklärung (vgl. § 630e Abs. 1 S. 2 BGB) hat der Arzt dem Patienten Informationen über den medizinischen Befund (Diagnoseaufklärung), über Art, Umfang und Durchführung der Therapie (Verlaufsaufklärung) sowie über mögliche Gefahren (Risikoaufklärung) zu vermitteln.[151] Die Verlaufsaufklärung ist dabei alternativ aufgebaut. Einerseits hat der Arzt sowohl die positiven als auch die negativen Auswirkungen des geplanten Eingriffs auf den Gesundheitsverlauf darzustellen. Andererseits hat er auch die positiven und negativen Folgen einer Nichtbehandlung aufzuzeigen.[152] Gerade die positiven Effekte einer Nichtbehandlung sind essenziell, um dem Patienten, die „Freiheit zur Krankheit" zu ermöglichen.[153] Die Aufklärung dient dem Ausgleich des zwischen Arzt und Patienten bestehenden Wissensgefälles und soll Letzteren überhaupt erst in die Lage versetzen, *selbstbestimmt* über seine Behandlung entscheiden zu können.[154] Das bloße Gewähren eines Selbstbestimmungsrechts verbessert die Rechtsposition des Patienten daher nicht signifikant. Erst die im einfachen Recht verankerte Aufklärung befähigt den Patienten, die ihm grundgesetzlich gewährleistete Autonomie auch tatsächlich wahrzunehmen und wirksam in eine vom Arzt vorgenommene Handlung einzuwilligen.[155] Fehlt es dagegen an einem „Informed Consent", findet die ärztliche

---

[150] Umstritten war dies im Verhältnis Vertragsarzt-Kassenpatient. Dieses Problem gilt jedoch nach Einführung des Behandlungsvertrages (§§ 630a ff.) in das BGB zugunsten einer privatrechtlichen Konzeption als geklärt; vgl. Becker/Kingreen/*Lang*, § 76 SGB V, Rdnr. 25 f.; Deutsch/*Spickhoff*, Medizinrecht, Rdnr. 106; Fuchs/Preis/Brose/*Greiner*, Sozialversicherungsrecht und SGB II, S. 432; *Katzenmeier*, Arzthaftung, S. 94 ff.; Krauskopf/Wagner/Knittel/*Sproll*, § 76 SGB V, Rdnr. 23 ff.; *Schimmelpfeng-Schütte*, MedR 2002, 286 (288).

[151] Bergmann/Pauge/Steinmeyer/*Wever*, § 630e BGB, Rdnr. 1; Laufs/*Katzenmeier*/Lipp, Arztrecht, Kap. V, Rdnr. 14; *Harmann*, NJOZ 2010, 819 (820); *Schwill*, Aufklärungsverzicht und Patientenautonomie, S. 48 ff.; sehr allgemein auch: *Quaas*/Zuck/Clemens, Medizinrecht, § 14, Rdnrn. 88 ff.

[152] Laufs/*Katzenmeier*/Lipp, Arztrecht, Kap. V, Rdnr. 14; *Quaas*/Zuck/Clemens, Medizinrecht, § 14, Rdnr. 92.

[153] Siehe dazu Erster Teil Kapitel B. III.

[154] BT-Drucksache 17/10488, S. 9; vgl. *Peter*, VW 1989, 1212 (1212 ff.).

[155] Vgl. BT-Drucksache 17/10488, S. 23; *Bittner*, V., Die virtuelle Patientenakte, S. 10; *Eberhardt*, Selbstbestimmungsrecht des Patienten und ärztliche Aufklärungspflicht im Zivilrecht Frankreichs und Deutschlands, S. 16; Laufs/*Katzenmeier*/Lipp, Arztrecht, Kap. V, Rdnr. 6.

Therapiefreiheit ihre Grenzen in der Abwehrfunktion des Selbstbestimmungsrechts. Dies gilt unabhängig davon, ob die Behandlung medizinisch indiziert oder im Ergebnis von Erfolg gekrönt war. Auch eine Durchführung lege artis ändert dann nichts an der Rechtswidrigkeit der Behandlung.[156] Erst durch eine ordnungsgemäße Aufklärung erlangt das Selbstbestimmungsrecht eine im Praxisalltag erkennbare und für den betroffenen Patienten auch positiv spürbare Stellung.

b) Exkurs: Einwilligungsunfähige Patienten (Patientenverfügung)

Die Möglichkeit der aufgeklärten Einwilligung steht ausschließlich dem einwilligungsfähigen Patienten offen.[157] Fehlt die dafür notwendige Einsichts- und Steuerungsfähigkeit, kann das Selbstbestimmungsrecht des Patienten nicht mehr ausreichend über die Aufklärung aktiviert werden.[158] Eine Individualabrede im Sinne des § 630a Abs. 2 BGB scheidet folglich aus.[159] Gemäß § 630d Abs. 1 S. 2 BGB ist bei einwilligungsunfähigen Patienten daher die Einwilligung eines hierzu Berechtigten einzuholen, es sei denn, es liegt eine wirksame Patientenverfügung (§ 1901a BGB) vor. Die vorrangig geltende Patientenverfügung soll gewährleisten, dass der Patient in einem noch einwilligungsfähigen Zustand sein Selbstbestimmungsrecht zeitlich vorgelagert für eine nachfolgende, die Einwilligungsfähigkeit raubende Behandlungssituation ausüben kann.[160] Die Patientenverfügung dient daher der antizipierten Ausübung des Selbstbestimmungsrechts.[161] Vorbehaltlich der Wirksamkeitsvoraussetzungen aus § 1901a BGB bietet die Patientenverfügung ein einfachgesetzliches Rechtsinstitut, um der grundgesetzlichen Verankerung der Selbstbestimmung am Lebensende im Rahmen der als Höchstwert der Verfassung deklarierten Menschenwürde gerecht zu werden. Die Erklärung einer Patientenver-

---

[156] BGHSt 11, 111 (114); BGHZ 29, 46 (53); 106, 391 (398); Bergmann/Pauge/Steinmeyer/ *Wever*, § 630e BGB, Rdnr. 61; *Katzenmeier*, MedR 2018, 367 (369); Laufs/*Katzenmeier*/Lipp, Arztrecht, Kap. V, Rdnr. 5; *Panagopoulou-Koutnatzi*, Die Selbstbestimmung des Patienten, S. 95; *Schumacher*, Alternativmedizin, S. 110.

[157] Dogmatisch betrachtet handelt es sich bei der Einwilligung nicht um eine rechtsgeschäftliche Verfügung. Folglich ist eine Geschäftsfähigkeit im Sinne des negativ formulierten § 104 BGB ist nicht erforderlich; vgl. BeckOK/*Katzenmeier*, § 630d BGB, Rdnr. 7 f.; Münchner Kommentar/*Wagner*, § 630d BGB, Rdnr. 9; bezüglich der historischen Entwicklung der Einordnung siehe: *Eberhardt*, Selbstbestimmungsrecht des Patienten und ärztliche Aufklärungspflicht im Zivilrecht Frankreichs und Deutschland, S. 51.

[158] BeckOK/*Müller-Engels*, § 1901a BGB, Rdnr. 19.

[159] Gemäß § 630e Abs. 5 S. 1 BGB ist auch der einwilligungsunfähige Patient entsprechend seinem Verständnis über die nach § 630e Abs. 1 BGB wesentlichen Umstände zu informieren. Wird diese Erläuterung, die eine zusätzliche Aufklärung darstellt, unterlassen, bleibt die Einwilligung des stattdessen Berechtigten jedoch gleichwohl wirksam; vgl. *Kreße*, MedR 2015, 91 (93 f.).

[160] BGHZ 154, 205 (211); BT-Drucksache 16/8442, S. 3, 12; *Geier*, MedR 2017, 293 (294); *Lange*, ZEV 2009, 537 (538); *Müller*, Ga., DNotZ 2010, 169 (175 f.); *Sternberg-Lieben*/ *Reichmann*, NJW 2012, 257 (257 f.).

[161] *Hessler*, MedR 2003, 13 (14), etwas allgemeiner: *Schäfer*, NJ 2019, 381 (381).

fügung gewährleistet, dass das Selbstbestimmungsrecht in Situationen, in denen der Patient nicht mehr selbstbestimmt handeln kann, gleichwohl für diesen wahrnehmbar bleibt. Folglich stellt auch § 1901a BGB eine einfachgesetzliche Verankerung des Patientenselbstbestimmungsrechts dar.[162]

3. Kammersatzungsrecht

Der BGH äußerte sich 1958 dahingehend, „daß das Verhältnis zwischen Arzt und Patient ein starkes Vertrauen voraussetzt, daß es in starkem Maße in der menschlichen Beziehung wurzelt, in die der Arzt zu dem Kranken tritt, und daß [die Arzt-Patienten-Beziehung] daher weit mehr als eine juristische Vertragsbeziehung [sei]."[163]

Der Patient hat daher neben der Frage nach der Art und Weise der Behandlung auch ein berechtigtes Interesse an der Person des Arztes. Mit dem ärzteeigenen Recht auf Ablehnung der Behandlung korrespondierend, beinhaltet dazu § 7 Abs. 2 S. 1 MBO-Ä ein patientenbezogenes Recht auf freie Arztwahl. Das Selbstbestimmungsrecht soll den Patienten davor schützen, vom Arzt in die Position eines Behandlungsobjekts gedrängt zu werden. Durch die Möglichkeit, sich seinen Arzt auszusuchen und diesen auch innerhalb der Grenzen des § 76 Abs. 3 S. 1 SGB V, § 7 Abs. 2 S. 1 MBO-Ä zu wechseln, kann der Patient bereits vor Aufnahme der Behandlung bzw. bei einer nichtgewollten Therapieentwicklung während der Behandlung selbstbestimmt Einfluss nehmen. Zu betonen ist zudem, dass spätestens seit Streichung der Praxisgebühr auch ein Wechsel innerhalb eines Quartals für den Patienten sanktionslos bleibt.[164] Der Umstand, dass Kassenpatienten, sofern sie nicht zum Selbstzahler werden möchten, in ihrer Auswahl auf Vertragsärzte bzw. speziell ermächtigte Ärzte (vgl. § 95 Abs. 1 S. 1 SGB V) beschränkt sind, muss im Ergebnis aufgrund der bloß finanziellen Hemmschwelle unbeachtlich bleiben. Das Recht auf freie Arztwahl kann demnach ebenfalls als ein das Selbstbestimmungsrecht unterstützendes Mittel angesehen werden.

---

[162] U. a. *Ankermann*, Sterben zulassen – Selbstbestimmung und ärztliche Hilfe am Ende des Lebens, S. 72, „Gibt es eine klare frühere Willensäußerung des Patienten [...] in Form einer Patientenverfügung [...] ist diese in Fortwirkung [der] Autonomie, oder juristisch ausgedrückt seines Selbstbestimmungsrechts, auch dann zu respektieren, wenn er zu einer autonomen Entscheidung nicht mehr in der Lage ist."

[163] BGHZ 29, 46 (53); vgl. zudem: BVerfGE 52, 131 (169 f.).

[164] Krauskopf/Wagner/Knittel/*Sproll*, § 76 SGB V, Rdnr. 20; Spickhoff/*Nebendahl*, Medizinrecht, § 76 SGB V, Rdnr. 8.

II. Akzeptanz des Selbstbestimmungsrechts

Während das Rechtsinstitut der ärztlichen Therapiefreiheit von Teilen der Literatur zumindest in der Vergangenheit kritisch beurteilt wurde,[165] war und ist die rechtswissenschaftliche Akzeptanz des Selbstbestimmungsrechts größtenteils ungebrochen. Dies kann darauf zurückzuführen sein, dass der Gedanke der Selbstbestimmung seit dem Aufkommen einem linearen Wachstum unterliegt.[166] Speziell in der gesellschaftlichen Wahrnehmung gilt das Selbstbestimmungsrecht als Schutzrecht des „schwachen" Patienten. Auch wenn die Lobby des Patienten gegenüber den wirtschaftlichen Interessen der Leistungserbringer und Pharmaunternehmen schwächer ausgestattet ist,[167] dürften Bestrebungen, die das Selbstbestimmungsrecht beschränken wollen, der politische Rückhalt fehlen. Im Rahmen einer Gesamtbetrachtung wird der Gedanke der Patientenselbstbestimmung sowohl von der Literatur als auch von der Rechtsprechung akzeptiert.

In der jüngeren Vergangenheit bot lediglich die „antizipierte Ausübung des Selbstbestimmungsrechts"[168] in Form der Patientenverfügung Anlass zu rechtswissenschaftlichen Diskussionen. In einem Beschluss vom 02.08.2001 – also vor der Einfügung des § 1901a BGB am 29.07.2009[169] – vertrat das BVerfG den Standpunkt, dass eine Betreuerbestellung für eine bewusstlose Patientin trotz einer zuvor eindeutig und schriftlich erklärten Ablehnung von Bluttransfusionen möglich sei.[170] Das BVerfG hielt es für verfassungsrechtlich nicht zu beanstanden, dass das Amtsgericht auch bei Kenntnis von der Religionszugehörigkeit zu den Zeugen Jehovas sowie der abgegebenen Erklärung, keine Bluttransfusionen erhalten zu wollen, „[...] Zweifel gehegt hat, ob die [Patientin] auch in Kenntnis der bei ihr inzwischen eingetretenen Lebensgefahr weiterhin ihre Ablehnung zu derartigen lebenserhaltenden Maßnahmen aufrechterhält."[171] Dieser Beschluss wurde in der Literatur zum Teil heftig kritisiert. Hessler führt in seinem Beitrag „Das Ende des Selbstbestimmungsrechts?" aus, dass „die vom BVerfG getroffene Entscheidung in künftigen Fällen dazu führen [kann], dass ärztlicherseits mit Hilfe der Gerichte der in freier Selbstbestimmung persönlich geäußerte Wille des Einzelnen durch die dann aufgrund der ‚Zweifel' anzustellende Vermutung in sein Gegenteil verkehrt wird."[172] Die beschränkte Wertschätzung des schriftlich niedergelegten Patientenwillens ist mit der heutigen Rechtslage nicht mehr vereinbar. Die in § 1901a BGB normierte Patientenverfügung

---

[165] Siehe dazu Erster Teil Kapitel A. II.

[166] Siehe dazu Zweiter Teil Kapitel D. II.

[167] Quaas/*Zuck*/Clemens, Medizinrecht, § 2, Rdnr. 34.

[168] *Hessler*, MedR 2003, 13 (14).

[169] Bundesgesetzblatt 2009, Teil I, Nr. 48, S. 2286 ff.

[170] Für den Sachverhalt siehe: BVerfG, NJW 2002, 206 (206).

[171] BVerfG, NJW 2002, 206 (207).

[172] *Hessler*, MedR 2003, 13 (16).

ist bei Einhaltung der Wirksamkeitsvoraussetzungen verbindlich.[173] Ein einfaches Vorschieben von etwaigen „Zweifeln" reicht folglich nicht mehr aus.[174] Zwar kann sich der Behandelnde nach der Gesetzesbegründung zu § 630d BGB nur dann auf die Erklärung des Patienten berufen, sofern er „[…] keine Zweifel daran hat, [dass die Patientenverfügung] auf die aktuelle Lebens- und Behandlungssituation zutrifft, […]"[175], die Anforderungen an die dadurch angesprochene Bestimmtheit dürfen zum Schutz des Selbstbestimmungsrechts jedoch nicht überspannt werden.[176] Für die Annahme des Bestimmtheitsgrundsatzes reicht es nach neuerer Rechtsprechung daher aus, dass der Patient in der schriftlichen Erklärung die Behandlungssituation und die ärztlichen Maßnahmen mit „[…] Angaben [beispielsweise] zur Schmerz- und Symptombehandlung, künstlichen Ernährung und Flüssigkeitszufuhr, Wiederbelebung, künstlichen Beatmung, Antibiotikagabe oder Dialyse […]"[177] beschreibt.

III. Ausformungen des Selbstbestimmungsrechts

Der Begriff „Selbstbestimmung" steht für „Freiheit" und die damit verbundene Emanzipation von äußeren Regelungen.[178] Bei der Ausübung seiner Freiheit hat sich der Patient nicht an einem Maßstab der objektiven Vernunft auszurichten. Vielmehr ist das Selbstbestimmungsrecht auch als subjektive Freiheit zu bezeichnen. In Anlehnung an die positive und negative Ausprägung der ärztlichen Therapiefreiheit ist auch das Selbstbestimmungsrecht als zweiseitig ausgerichtetes Rechtsinstitut zu charakterisieren.

Auf einer positiv rechtlichen Ebene handelt es sich bei dem Selbstbestimmungsrecht des Patienten zuvörderst um das Privileg, auch Entscheidungen zu treffen, die nach dem Stand der medizinischen Erkenntnisse als unangebracht oder

---

[173] Vgl. BGHZ 202, 226 (231), in dem Beschluss betont der BGH den Vorrang der Patientenverfügung. Das Gericht formuliert dabei wie folgt: „Der Abbruch einer lebenserhaltenden Maßnahme bedarf jedoch dann nicht der betreuungsgerichtlichen Genehmigung nach § 1904 II BGB, wenn der Betroffene einen entsprechenden eigenen Willen bereits in einer wirksamen Patientenverfügung (§ 1901a I BGB) niedergelegt hat und diese auf die konkret eingetretene Lebens- und Behandlungssituation zutrifft."; so auch jeweils: Bergmann/Pauge/Steinmeyer/ Wever, § 630d BGB, Rdnr. 9; Ohler/Weiß, NJW 2002, 194 (194), die ausführen, dass es „die Schutzpflicht des Staates für das Leben [nicht rechtfertige], quasi automatisch solche Verfügungen, die Heilbehandlungen ablehnen, als mängelbehaftet anzusehen oder ihre Geltung auch im Fall der Todesgefahr für zweifelhaft zu halten. Der in freier Selbstbestimmung geäußerte Wille des Einzelnen steht insofern höher."; allgemein zu der Verbindlichkeit von Patientenverfügungen: Münchner Kommentar/Wagner, § 630d BGB, Rdnr. 25.

[174] Vgl. Hessler, MedR 2003, 13 (15), der ausführt, dass in der, dem BVerfG-Beschluss zugrundeliegenden Entscheidung derartige „Zweifel" von der Vormundschaftsrichterin zu keinem Zeitpunkt geltend gemacht worden sind; so auch: Ohler/Weiß, NJW 2002, 194 (194).

[175] BT-Drucksache 17/10488, S. 23.

[176] BGHZ 214, 62 (68).

[177] BGHZ 214, 62 (68).

[178] Katzenmeier, MedR 2018, 367 (369).

unvernünftig erscheinen.[179] Dem Patienten soll eine selbstbestimmte Entscheidung über das „Ob" und über das „Wie" des weiteren Behandlungsgeschehens zukommen.[180] Dies gilt unabhängig von den Wertevorstellungen der Gesellschaft oder von denen des behandelnden Arztes. Die Möglichkeit der Selbstbestimmung kann daher vom Patienten auch als „Freiheit zur Krankheit" interpretiert werden.[181] Dem eventuell aufkommenden Unverständnis für eine derartige Entscheidung können die „Nachteile" des medizinischen Fortschritts entgegengehalten werden. Während früher Patienten speziell an äußeren Verletzungen häufiger starben, sind die heutigen medizinischen Errungenschaften zum Teil nur möglich, wenn die Betroffenen gleichzeitig lebensverändernde Verstümmelungen erdulden.[182] Das Selbstbestimmungsrecht soll gewährleisten, dass jeder Patient mit seiner Verletzung oder Krankheit so umgehen kann, wie er dies wünscht.

Neben der Entscheidungshoheit über die Frage, wie mit gesundheitlichen Problemen weitergelebt werden soll, umfasst das Selbstbestimmungsrecht auch die Freiheit, das Leben derart auszureizen, dass der Todeseintritt nicht künstlich aufgehalten, sondern sogar beschleunigt wird.[183] Mit umgekehrten Vorzeichen ist der Selbstbestimmungsgedanke auch bei der Organspende zu beachten. Hier erklärt sich der Patient zu Lebzeiten dazu bereit, dass sein Körper nach Eintritt des Hirntodes gleichwohl künstlich „am Leben" erhalten wird, um so eine Organentnahme zu ermöglichen. Folglich gelten sowohl das Recht auf einen würdevollen Tod als auch das Recht zur Organspende als spezifische Ausformungen des Selbstbestimmungsrechts.[184]

Zusammengefasst dient das Selbstbestimmungsrecht des Patienten der Verhinderung von ärztlichen Eigenmaßnahmen innerhalb der Behandlung. Dem Patienten sind daher Einflussmöglichkeiten zuzusprechen. Um als Subjekt des Behandlungsvertrages anerkannt zu werden, ist der Patient jedoch nicht dazu gezwungen, aktiv an der Ausgestaltung der Therapie mitzuwirken. Selbstbestimmung bedeutet

---

[179] U. a. BGH NJW 1980, 1333 (1334); BGHZ 90, 103 (111); BGH NJW 1994, 799 (800); statt vieler: *Steuer/Zimmermann*, GreifR 2016, 79, (80).

[180] Quaas/*Zuck*/Clemens, Medizinrecht, § 2, Rdnr. 36; *Welti*, GesR 2006, 1 (1 f.).

[181] BeckOK/*Lang*, Art. 2 GG, Rdnr. 63a; *Dettling*/Gerlach/*Würtenberger*, § 1 KHG, Rdnr. 80; *Katzenmeier*, Ärztliche Aufklärung, in: Wiesemann/Simon (Hrsg.), Patientenautonomie, S. 91 (92) spricht dagegen von einem „Recht auf Krankheit"; Schönke/Schröder/ *Sternberg-Lieben*, § 223 StGB, Rdnr. 37; allgemeiner: *Lorz*, ZfL 2020, 170 (175), im Hinblick auf die Ablehnung von lebenserhaltenen Maßnahmen; Murrhardter Kreis/*Arnold et al.*, Das Arztbild der Zukunft, S. 107.

[182] *Laufs*, MedR 1986, 163 (169).

[183] BGHSt 40, 257 (260); BGHZ 154, 205 (216); 202, 226 (236); BT-Drucksache 16/8442, S. 9; Düring/Herzog/Scholz/*Di Fabio*, Art. 2 GG, Rdnr. 205; *Schäfer*, NJ 2019, 381 (381).

[184] Düring/Herzog/Scholz/*Di Fabio*, Art. 2 GG, Rdnr. 206; vgl. auch: *Schäfer*, NJ 2019, 381 (381), der den Verzicht auf das Grundrecht der körperlichen Unversehrtheit als Ausdruck von Selbstbestimmung einordnet.

auch, dass sich der Patient bewusst gegen eine Einflussnahme entscheiden kann.[185] Maßgeblich ist, dass es sich um eine *selbstbestimmte Nichtinanspruchnahme* von einer bestehenden Einflussmöglichkeit handelt.[186] Die Fremdbestimmung durch den Arzt unterfällt diesem Verständnis dagegen nicht.

---

[185] So auch: *Panagopoulou-Koutnatzi*, Die Selbstbestimmung des Patienten, S. 92, die eine „Selbstbestimmungspflicht" verneint.

[186] Siehe dazu Dritter Teil Kapitel B. I. 3.

2. *Teil*

Historische Entwicklung
der Arzt-Patienten-Beziehung

Da Krankheit, Tod und Leben in einem untrennbaren Zusammenhang stehen, ist davon auszugehen, dass seit Auftreten der ersten Menschen auch ein Interesse an der ärztlichen Tätigkeit bestand.[1] Die Beziehung zwischen Arzt und Patient unterlag dabei im Laufe der Jahrhunderte einem fortwährenden Wandel. Hierbei wechselten sich die Beteiligten im Hinblick auf eine medizinische, gesellschaftliche wie auch wirtschaftliche Dominanz wiederholt ab. Lukowsky beschreibt den ärztlichen Werdegang wie folgt: „Der ärztliche Auftrag blieb unverändert. Ewig blieb die Idee des Arztes. Nur die äußere und die innere Form haben sich geändert. Geändert hat sich die eigene Einstellung des Arztes, zwar nicht zu seinem Auftrage, wohl aber zur Welt. Von der magischen Beherrschung krankmachender Dämonen im Körper der Mitmenschen über das Arztpriestertum zum unbefangenen Naturbeobachter und Empiriker, vom scholastischen Grübler über den kühlen Rationalisten und den schwärmerischen Romantiker zum modernen Arzt. [...] Geändert hat sich die soziale Stellung des Arztes. [...] Aber unberührt von alledem und unverändert blieb und bleibt die Idee des Arztes als Helfer und Heiler."[2]

Auch wenn gerade die Idee des Arztes als „Helfer und Heiler" im Nachfolgenden untersucht wird, kann als Ausgangspunkt festgehalten werden, dass die Rolle des Mediziners in der Arzt-Patienten-Beziehung im Grundsatz positiv besetzt war und dies noch heute ist. In diesem Teil der Untersuchung wird anhand von einzelnen Zeitepochen die historische Entwicklung der Arzt-Patienten-Beziehung näher beleuchtet. Der Fokus liegt auf dem sich entwickelnden Verhältnis von ärztlicher

---

[1] Ackerknecht/*Murken*, Geschichte der Medizin, S. 8; *Pollak*, Die Jünger des Hippokrates, S. 34, berichtet davon, dass die Krankheit deutlich älter als die Menschheit ist. Während der Mensch vor nicht mehr als einer Millionen Jahren auf der Erde aufgetreten ist, wurden auch 500 Million Jahre alte versteinerte Bakterien gefunden. Ferner konnte in 200 Millionen Jahre alten Dinosaurierknochen Anzeichen von Gelenkentzündungen, Knochenmarkentzündungen und Knochentumoren festgestellt werden.

[2] *Lukowsky*, Philosophie des Arzttums, S. 19; ähnlich zudem: *Hillebrand*, Das Arztbild im Wandel, in: Gellner/Schmöller (Hrsg.), Neue Patienten – Neue Ärzte? Ärztliches Selbstverständnis und Arzt-Patienten-Beziehung im Wandel, S. 61 (61), „Von der sagenumwobenen Figur des Hippokrates in der Antike, über den Laienarzt des Mittelalters, der seinen Patienten mit Aderlass und Gebeten zu Leibe rückte, bis hin zum modernen Mediziner, der Dank innovativer Arzneimittel und fortgeschrittenster Apparatemedizin fast jede Krankheit heilen zu können scheint: Das Bild des Arztes in der Gesellschaft hat in seiner langen Geschichte einem enormen Wandel durchlaufen."; vgl. auch: *Pollak*, Die Jünger des Hippokrates, S. 7 f.

Therapiefreiheit und Selbstbestimmungsrecht des Patienten. Hierbei wird auch die soziale Stellung des Arztes in der Gesellschaft sowie das jeweils vorherrschende Medizinverständnis behandelt.

A. Frühzeit

„It is an insult to the medicine man to call him the ancestor of the modern physician. He is that, to be sure, but he is much more, namely the ancestor of most of our professions."[3]

Die Frage, wann genau der ärztliche Beruf entstanden ist, kann nicht beantwortet werden. Dennoch soll Sigerist (1891 – 1957) zugestimmt werden, wenn er den historischen Medizinmann als den Urvater des modernen Arztes bezeichnet.[4] Geht man zudem davon aus, dass die Menschheit seit ihrem Heraustreten aus der „Affendunkelheit" vor 500.000 Jahren von Krankheiten heimgesucht worden ist, spricht viel dafür, die Formation von Frühformen der ärztlichen Tätigkeit mit dem Auftreten der ersten Menschen zusammenfallen zu lassen.[5] Die Entwicklung der Medizin folgte dabei den Bedürfnissen der Patienten. Dementsprechend kann sie auch als menschliche Reaktion auf das Phänomen „Krankheit" bezeichnet werden.[6] Zu den ältesten Zweigen der medizinischen Tätigkeit gehören daher solche, die in unmittelbaren Zusammenhang mit dem Überleben standen. Beispiele wären die Geburtshilfe, die innere Medizin und die Hilfe bei von außen kommenden Traumata.[7]

I. Urmenschen und primitive Naturvölker

Als erste große Hauptphase der medizinischen Entwicklung gilt die Zeit der primitiv-magischen Heilkunde. Hierbei muss zwischen der Primitiven Medizin im engeren Sinne und der sogenannten Paläo- oder Urmedizin unterschieden werden. Erstere bezeichnet die Art von Medizin, die noch heute von abgeschieden lebenden Naturvölkern angewandt wird. Diese baut auf der Sichtweise auf, dass magische Krankheitsursachen auch die Behandlung durch magisch begabte Personen bzw. Zauberer erfordern.[8] Davon abgrenzbar, jedoch im Wesentlichen gleichartig, be-

---

[3] *Sigerist*, A history of medicine, Vol. I, S. 161.

[4] So auch: *Inglis*, Geschichte der Medizin, S. 15, zitiert den Ausspruch von Henry Ernest Sigerist selbst; *Lichtenthaeler*, Geschichte der Medizin, S. 72 spricht erst von Medizinmann oder Schamane und anschließend direkt vom Arzt; *Lukowsky*, Philosophie des Arzttums, S. 22; *Pollak*, Die Jünger des Hippokrates, S. 12.

[5] Vgl. Ackerknecht/*Murken*, Geschichte der Medizin, S. 9; *Schmidt*, S., Die Beeinflussung ärztlicher Tätigkeit, S. 3.

[6] *Lesinski-Schiedat*, MedR 2007, 345 (345).

[7] N. A. Semaschko-Institut, Geschichte der Medizin, S. 13.

[8] Ackerknecht/*Murken*, Geschichte der Medizin, S. 13 f.; *Pollak*, Die Jünger des Hippokrates, S. 14.

zeichnet der Begriff der Paläo- oder Urmedizin das medizinische Verständnis der Frühmenschen.[9] Historisch einordnen lässt sich diese Form der Medizin in die Zeitspanne vom Aufkommen der ersten Menschen bis circa 3000 v. Chr.[10]

Für das nachfolgend aufgezeigte Arzt-Patienten-Verhältnis wird sich aufgrund der ähnlichen Entwicklungsstufen parallel auf beide Formen der Medizin gestützt.[11]

1. Frühzeitliches Medizinverständnis

Seit Anbeginn der Zeit war das Denken der Menschen von Magie geprägt. Dabei wurde das Nichterklärbare den alles überwachenden Göttern zugeschrieben. Fühlte sich ein Mitglied der Gemeinschaft in der Gesundheit angegriffen, ging man davon aus, dass die Krankheit von Dämonen, Geistern oder direkt von den Göttern geschickt wurde und dabei die logische Folge einer absichtlichen oder unwissentlichen Beleidigung derer sei.[12] Empirisches Denken war genau wie die Disziplin „Wissenschaft" noch völlig unbekannt. Folglich wurde bei auftretendem Unwohlsein nicht nach einer rational denkenden Person, sondern nach einem Menschen gerufen, dem die Fähigkeit zugeschrieben wurde, Geister und Dämonen bannen zu können.[13]

Als vorrangiges Ziel galt das Überleben der Gemeinschaft und nicht die Gesundheit des Einzelnen. Ein einzelner Mensch war schwach. Nur gemeinsam konnten andere Stämme und wilde Tiere abgewehrt werden. Nachdem sich die stetig fortpflanzende Menschheit niedergelassen hatte und aus Jägern und Sammlern schließlich Hirten und Landwirte wurden, kamen neue Krankheiten auf, die speziell auf das enge Zusammenleben mit Tieren zurückzuführen waren.[14] Da die Gemeinschaft bereits durch die Krankheit einer einzelnen Person bedroht wurde, galt es anfangs, entweder eine schnelle isolierte Heilung herbeizuführen oder aber der Kranke wurde verstoßen, zurückgelassen oder gar getötet.[15]

Mit der Weiterentwicklung der Gesellschaft entstand auch das Prinzip der Arbeitsteilung. Dieses führte im medizinischen Bereich dazu, dass sich erste arztähnliche Berufstypen herausbildeten.[16] Der Position des Medizinmannes kam dabei

---

[9] Ackerknecht/*Murken*, Geschichte der Medizin, S. 11.

[10] *Lichtenthaeler*, Geschichte der Medizin, S. 91.

[11] *Harig/Schneck*, Geschichte der Medizin, S. 13, hält nur Analogieschlüsse für möglich; klarer: *Lichtenthaeler*, Geschichte der Medizin, S. 61.

[12] *Bartels*, Medizin der Naturvölker, S. 48; *Lichtenthaeler*, Geschichte der Medizin, S. 68; *Schmidt, S.*, Die Beeinflussung ärztlicher Tätigkeit; S. 3; *Sigerist*, A history of medicine, Vol. I, S. 153.

[13] Ackerknecht/*Murken*, Geschichte der Medizin, S. 13; *Bartels*, Die Medizin der Naturvölker, S. 48; *Lichtenthaeler*, Geschichte der Medizin, S. 78 f.; *Lukowsky*, Philosophie des Arzttums, S. 22.

[14] *Porter*, Die Kunst des Heilens, S. 18 ff., 31.

[15] *Porter*, Die Kunst des Heilens, S. 31 f.; *Sigerist*, A history of medicine, Vol. I, S. 154 ff.

[16] Vgl. *Harig/Schneck*, Geschichte der Medizin, S. 17; *Porter*, Die Kunst des Heilens, S. 31.

eine besondere Rolle zu. Dieser hatte neben seiner Tätigkeit als Mediziner auch häufig die Rolle des Herrschers, des Priesters und des Zauberers inne.[17] Bereits dem Medizinmann wurde also ähnlich wie dem modernen Arzt, aufgrund seiner besonderen medizinischen Fähigkeiten und Kenntnisse, insbesondere jedoch wegen der ihm offenstehenden Möglichkeit, mit den Göttern in Kontakt zu treten, eine gehobene soziale Stellung eingeräumt.[18] Gegen die „Urvatertheorie" von Sigerist lässt sich einwenden, dass aufgrund der überragenden Bedeutung von Magie und Zauberei einige angeblich medizinische Handlungen rein religiösen Ursprungs waren und damit keinen Zusammenhang zum Arztberuf aufweisen können.[19] Gleichwohl kann aufgrund des erstmals in einer einzelnen Person fokussierten, nicht zwingend „medizinischen", jedoch zumindest in der konkreten Situation „helfenden" Wissens von einer Frühform der ärztlichen Tätigkeit gesprochen werden. Das medizinische Wirken des Medizinmannes verteilte sich dabei auf eine Arbeit als Geisterbeschwörer, Dämonenaustreiber, Seher, Schamane, Naturheilkundiger, Exorzist oder Knocheneinrichter.[20]

2. Medizinmann-Patienten-Beziehung

Das frühzeitliche Verhältnis von Medizinmann und Patient zeichnete sich, wie angenommen werden muss, im Besonderen dadurch aus, dass der Patient von der umfassenden Macht des Medizinmannes fest überzeugt war.[21] Von untergeordneter Bedeutung war dagegen der Glaube an die Wirksamkeit der eingesetzten Heilmittel (beispielsweise von Kräutern) bzw. der angewandten Heilmethoden (beispielsweise dem Ansaugen und Ausspucken von Steinen zum Austreiben des Bösen).[22] Während in der heutigen Zeit die Phrase „Ärzte seien bzw. führen sich wie Halbgötter in Weiß auf" negativ besetzt ist, dürfte der Urmensch die propagierte Fähigkeit des Medizinmannes, Dämonen und Geister austreiben zu können, durchaus als positiv und dementsprechend als „gottgleich" oder „gottgegeben" aufgefasst haben. Durch den beide Parteien verbindenden Glauben, dass Magie in der Lage sei, den aufgekom-

---

[17] *Sigerist*, A history of medicine, Vol. I, S. 161.

[18] Ackerknecht/*Murken*, Geschichte der Medizin, S. 17; *Bartels*, Medizin der Naturvölker, S. 49; *Inglis*, Geschichte der Medizin, S. 14; *Pollak*, Die Jünger des Hippokrates, S. 12, berichtet von den Medizinmännern der Feuerland-Indianer, die im Alltag wie die übrigen Bewohner leben und deren besondere Position erst bei aufkommenden Leid erkennbar wird, zudem S. 27.

[19] Ackerknecht/*Murken*, Geschichte der Medizin, S. 11, sieht deshalb die Trepanation (Öffnen der Schädeldecke zur Drucksenkung) nicht als Beginn der chirurgischen Tätigkeit.

[20] *Katzenmeier*, Arzthaftung, S. 6; *Porter*, Die Kunst des Heilens, S. 32, vgl. auch: *Lukowsky*, Philosophie des Arzttums, S. 22.

[21] *Inglis*, Geschichte der Medizin, S. 20.

[22] *Lichtenthaeler*, Geschichte der Medizin, S. 74; *Sigerist*, A history of medicine, Vol. I, S. 191 ff.

menen Krankheitszustand zu beenden, entstand eine mit der heutigen Arzt-Patienten-Beziehung vergleichbare Vertrauenskonstellation.[23]

Da an einer typischen primitiv-magischen Behandlung keine eigenständigen Individuen beteiligt waren, ist jedoch zweifelhaft, ob auch von einer Medizinmann-Patienten-*Beziehung* gesprochen werden kann. Der Medizinmann verkörperte als bloßes Sprachrohr das kollektive Heilvermögen des gesamten Stammes. Auch der Patient wurde nicht als Einzelperson anerkannt. Er galt lediglich als Glied einer erkrankten Gemeinschaft.[24] Die Folge dieses „die Krankheit betrifft Jeden"-Prinzips war, dass nicht der einzelne Patient, sondern geschlossen die Gemeinschaft geheilt werden musste. Daher erfolgte die Behandlung nur bedingt an dem konkret betroffenen Patienten. Vielmehr waren viele der Stammesangehörigen an der Therapie durch das Tragen von Masken und dem Aufführen von Tänzen beteiligt.[25] Es kann daher zunächst davon ausgegangen werden, dass die Behandlungssituation durch Anonymität geprägt war. Der Stamm heilte sich von innen heraus selbst. Hierbei wurden sowohl der Medizinmann als auch der Patient in eine Objektrolle gedrängt. Zugleich lässt sich jedoch auch durch das in die Behandlung aufgenommene moralische Verständnis von Krankheit, diese sei häufig auf ein Fehlverhalten des Betroffenen gegenüber der Familie oder der Gesellschaft zurückzuführen, auf eine durch Intimität geprägte Behandlungssituation schließen.[26]

Im Vergleich mit dem heutigen Verständnis von der ärztlichen Tätigkeit galt es nicht als Aufgabe des durch Mystik gekennzeichneten Medizinmannes, sich so auszudrücken, dass der Patient eine genaue Vorstellung des vorgeschlagenen Therapieplanes erhielt. Ganz im Gegenteil, die Aussagen des Medizinmannes waren häufig völlig unverständlich (beispielsweise: „man riet ihm zu fasten oder zu essen").[27] Es kam ganz darauf an, wie die Ratschläge verstanden wurden. Maßgeblich war wiederum das Vertrauen des Patienten in die Macht des Medizinmannes.[28] Schlug die Behandlung fehl, wurde nicht an den Fähigkeiten des Medizinmannes gezweifelt, stattdessen wurde der Tod oder die weiter verschlechterte Gesundheitssituation durch die Überlegenheit der bösen Mächte erklärt.[29] Der Medi-

---

[23] *Inglis*, Geschichte der Medizin, S. 21, bezieht sich wieder auf ein Zitat von Sigerist „[…] Heute aber zweifelt niemand daran, daß sie (die Medizinmänner) aufrichtig sind und das glauben, was sie tun – genauso wie der Patient glaubt."

[24] Ackerknecht/*Murken*, Geschichte der Medizin, S. 16; *Lichtenthaeler*, Geschichte der Medizin, S. 68, 72 f.

[25] *Lichtenthaeler*, Geschichte der Medizin, S. 73; vgl. auch: *Porter*, Die Kunst des Heilens, S. 31.

[26] Vgl. *Ackerknecht/Murken*, Geschichte der Medizin, S. 16.

[27] *Inglis*, Geschichte der Medizin, S. 18.

[28] *Inglis*, Geschichte der Medizin, S. 18.

[29] *Lichtenthaeler*, Geschichte der Medizin, S. 76; anders etwa: *Bartels*, Medizin der Naturvölker, S. 60, der von einigen Indianer Stämmen berichtet, die bei Tod des Patienten den konkret behandelnden Medizinmann oder den eines anderen Stammes töteten; *Pollak*, Die Jünger des Hippokrates, S. 28, berichtet ebenfalls von schweren Strafen oder der Tötung, sofern

zinmann war infolge seiner hohen sozialen Stellung und seines Nimbus als Gottesversteher sowohl bezüglich der Aufnahme der Behandlung als auch bezogen auf die Art und Weise der Behandlung frei. Nach heutigem Sprachgebrauch konnte sich der Medizinmann auf eine umfassende Therapiefreiheit berufen. Diese war subjektiv durch die unter Umständen sogar beabsichtigte Unverständlichkeit seiner Aussagen und der durch den Glauben an die Magie hervorgerufene Naivität der Urmenschen sowie objektiv durch den Mangel an medizinischen Grundkenntnissen gekennzeichnet.[30]

Frühzeitliche Patientenrechte lassen sich dagegen nicht erkennen. Hierfür bestand jedoch auch kein Bedürfnis. Das magiedurchdrungene Medizinverständnis baute entschieden darauf auf, dass der Patient nicht genau wusste, was mit ihm geschieht. Der Patient lieferte sich sogar völlig bewusst den für ihn unverständlichen Handlungen des Medizinmannes aus. Ferner war es irrelevant, ob der Medizinmann selbst an seine Fähigkeiten glaubte oder der fehlende medizinische Nutzen seiner Handlungen klar für jedermann erkennbar war.[31] Als entscheidend wurde angesehen, dass der Patient in der aus seiner Sicht von Göttern verursachten Notsituation auf die magischen Kräfte des Medizinmannes vertrauen konnte.[32] Auch wenn einige der eingesetzten Heilmittel oder Therapieformen, wie Opium, Koffein, Brechwurz bzw. Aderlass oder Trepanation[33] objektiv gesehen nützlich waren, beruhte der Erfolg des Medizinmannes überwiegend auf psychotherapeutischen Maßnahmen.[34] Gerade in dem bewussten Erreichen und Ausnutzen von Hypnose- oder Trancezuständen lässt sich der fehlende Wunsch nach Selbstbestimmung des Patienten gut erkennen.[35] Das Vertrauen in die heilende Tätigkeit des Medizinmannes und die damit verbundene Aufgabe von jeglicher Selbstbestimmung muss stark gewesen sein, denn dem Arzt der Frühzeit wurde nicht nur die Macht über das Leben, sondern auch über den Tod zugesprochen.[36]

---

es dem Medizinmann nicht gelingt, die Angehörigen davon zu überzeugen, dass ein böswilliger Zauber für den Misserfolg ursächlich war.

[30] Vgl. *Lichtenthaeler*, Geschichte der Medizin, S. 83.

[31] Das Ansaugen und Ausspucken von Steinen zum Austreiben des Bösen galt als typische Behandlungsmethode. Hierbei kam es auch vor, dass immer wieder derselbe Stein als Zeichen des ausgesaugten Übels ausgespuckt wurde, siehe: *Lichtenthaeler*, Geschichte der Medizin, S. 74.

[32] *Lichtenthaeler*, Geschichte der Medizin, S. 74; *Pollak*, Die Jünger des Hippokrates, S. 21 f.

[33] Hierunter ist die Schädelöffnung zur Druckentlastung zu verstehen, siehe dazu: *Pollak*, Die Jünger des Hippokrates, S. 25.

[34] *Ackerknecht/Murken*, Geschichte der Medizin, S. 16; *Inglis*, Geschichte der Medizin, S. 19; *Lichtenthaeler*, Geschichte der Medizin, S. 82; *Porter*, Die Kunst des Heilens, S. 35.

[35] *Inglis*, Geschichte der Medizin, S. 16.

[36] *Bartels*, Medizin der Naturvölker, S. 50; *Lichtenthaeler*, Geschichte der Medizin, S. 83; *Pollak*, Die Jünger des Hippokrates, S. 16, spricht dabei von der schwarzen Magie, also die Magie, die dem Bösen dient und der weißen Magie, also die Magie, mit der etwas Gutes erreicht werden soll.

Zweifelhaft ist dennoch, ob der Glaube in die Fertigkeiten des Medizinmannes so ausgeprägt war, dass auch die Durchführung einer Trepanation auf dem freien Willen des Betroffenen beruhte. Sofern das Schädelöffnen allein der Geisterbefreiung diente und ein medizinischer Nutzen daher nicht als Motivation galt, kann von Patientenselbstbestimmung nicht die Rede gewesen sein. Ganz im Gegenteil, es wird sich zum Teil auch um faktische Zwangsbehandlungen gehandelt haben. Zudem ist zu berücksichtigen, dass die bloße Kooperation im Hinblick auf eine Behandlungsmethode nicht mit einer Zustimmung zu dieser gleichgesetzt werden kann. Ein Patientenrecht kann erst angenommen werden, wenn die Durchführung der Behandlung von dem Willen des Mediziners insoweit unabhängig ist, dass dieser nicht ausschließlich entscheidungsbefugt ist.[37]

Zusammengefasst lag der Fokus der anfänglichen medizinischen Behandlungen auf dem „Großen und Ganzen", also auf der Sicherung der Gemeinschaft. Der einzelne Patient, genau wie zu einem geringeren Maße der Medizinmann, wurden dabei als objektivierte Stellvertreter dieser Gemeinschaft und nicht als Subjekte einer durch Individualität geprägten Medizinmann-Patienten-Beziehung angesehen.[38] Aufgrund der beidseitig fehlenden Individualität kann daher noch nicht von einer *Beziehung* zwischen zwei Menschen gesprochen werden.

II. Erste Hochkulturen

An die Phase der primitiv-magischen Heilkunde schließt sich als zweite Hauptepoche der Medizingeschichte das Zeitalter der archaischen Medizin an. Dieses beläuft sich auf den ungefähren Zeitraum von 3000 v. Chr. bis hinein in das 1. Jahrtausend v. Chr. Es ist daher als „Übergangsphase" zwischen der Urmedizin und der theoretischen Medizin der Griechen einzuordnen.[39] Neben der Entwicklung von Staaten, der Implementierung von Religion, dem Entstehen einer geordneten Wirtschaft sowie dem allgemeinen gesellschaftlichen Aufschwung gilt insbesondere die Herausbildung eines Ärztestandes als maßgebliche Errungenschaft der ersten Hochkulturen.[40]

1. Archaisches Medizinverständnis

Das Zeitalter der archaischen Medizin war durch Doppeldeutigkeit gekennzeichnet. Zwar wurde erstmals „der Bann der Magie gebrochen"[41], gleichwohl ist

---

[37] *Vollmann*, Patientenselbstbestimmung und Selbstbestimmungsfähigkeit, S. 26.

[38] Ackerknecht/*Murken*, Geschichte der Medizin, S. 16, *Lichtenthaeler*, Geschichte der Medizin, S. 68, 72 f.

[39] *Lichtenthaeler*, Geschichte der Medizin, S. 91 f.

[40] *Lichtenthaeler*, Geschichte der Medizin, S. 92; vgl. *Porter*, Die Kunst des Heilens, S. 44.

[41] *Lichtenthaeler*, Geschichte der Medizin, S. 92.

eine vollständige Loslösung von sämtlichen magisch-primitiv geprägten Heilungs-
formen nicht auszumachen. Die aufkommenden rationalen Elemente führten vielmehr zu einer gegenseitigen Beeinflussung von vernunft- und magiebasierten Bestandteilen im Rahmen der medizinischen Behandlung.[42] Dabei wurde insbesondere
der Ursprung der Krankheit nicht mehr mit dem Übernatürlichen in Verbindung
gebracht. Die Tätigkeit des archaischen Arztes zeichnete sich stattdessen durch ein
auffallend empirisches Suchen nach Zusammenhängen von Körperreaktionen und
Körperstörungen aus.[43] Das für diesen Zeitraum maßgebliche Ausbleiben der vollständigen Loslösung von der Magie war die Folge einer Überschätzung von Tradition
und der Verherrlichung von Altgedientem. Neues konnte nur berücksichtigt werden,
sofern es sich in das Alte einfügte.[44]

Genaue Angaben über das *eine* archaische Medizinverständnis sind dabei sowohl
wegen der langen Zeitspanne als auch aufgrund der globalen Weiterentwicklung
unmöglich. Das Zeitalter der archaischen Medizin beinhaltet Entwicklungsprozesse
auf mehreren Kontinenten, wobei eine mutuale Beeinflussung nicht ausgeschlossen
werden kann.[45] Daher wird die medizinische Entwicklung anhand von einzelnen
Ländern bewertet. Der Fokus liegt dabei auf Besonderheiten der archaischen Medizin, die rechtliche oder gesellschaftliche Bedeutung erlangt haben. Anschließend
werden Gemeinsamkeiten der archaischen Arzt-Patienten-Beziehung näher beleuchtet.

2. Orientalische Hochkulturen

a) Ägypten

Gerade im ägyptischen Raum dominierten zumindest anfangs weiter überna-
türliche und religiöse Vorstellungen das Krankheitsbild, denn schließlich galt zu der
damaligen Zeit der König als Gott.[46] Die besonders starke Verknüpfung von Religion
und Medizin führte im Vergleich zur primitiv-magischen Zeitepoche zu einer stetigen Verdrängung der krankheitsbringenden Dämonen durch Götter. Auch Zau-
bersprüche entwickelten sich zu Gebeten.[47] Als Folge wurde aus dem geheimnis-

---

[42] Ackerknecht/*Murken*, Geschichte der Medizin, S. 27; *Inglis*, Geschichte der Medizin,
S. 27; *Lichtenthaeler*, Geschichte der Medizin, S. 95 f., 111.

[43] *Lichtenthaeler*, Geschichte der Medizin, S. 100.

[44] Vgl. *Meyer-Steineg/Sudhoff*, Geschichte der Medizin, S. 33.

[45] *Leven*, Geschichte der Medizin, S. 14 f., bezüglich der ägyptischen und mesopotamischen Medizin; vgl. zudem: *Pollak*, Die Jünger des Hippokrates, S. 56 f.; 85, 88.

[46] Ackerknecht/*Murken*, Geschichte der Medizin, S. 18, 21; *Leven*, Geschichte der Medizin, S. 13 f.

[47] Ackerknecht/*Murken*, Geschichte der Medizin, S. 18; *Baas*, Die Geschichtliche Entwicklung des ärztlichen Standes und der medicinischen Wissenschaften, S. 32, schreibt davon,
dass Krankheiten den Göttern zugeschrieben wurden, Geisteskrankheiten aber auch weiterhin
Dämonen; S. 40 bezüglich ähnlicher Entwicklungen in Indien; ebenso: *Meyer-Steineg/Sudhoff*,
Geschichte der Medizin, S. 25.

umwobenen Medizinmann ein in Tempelschulen ausgebildeter Priesterarzt.[48] Es gab
Ärzte, die nur die Augen, die Zähne, den Kopf oder ausschließlich innere Krankheiten behandelten.[49] Die Herausbildung von ersten wissenschaftlichen Krank-
heitstheorien führte zu dem Entstehen einer strengen Schulmedizin, deren Miss-
achtung für die Ärzte tödliche Folgen haben konnte.[50] Die religiöse Hochachtung
führte zum einen zur Annahme, dass einige medizinische Bücher göttliche Einge-
bungen und daher wie Bibeln zu behandeln seien.[51] Zum anderen erfreute sich die
Behandlungsform der „Inkubation", also die des Tempelschlafs, großer Beliebtheit.[52]
Dennoch darf nicht der Anschein erweckt werden, dass die ägyptische Medizin kurz
vor dem Wandel zu einer rein rational bzw. theoretischen Medizin stand. Während zu
Beginn der ägyptischen Hochphase wissenschaftlich geprägte Medizingedanken
dominierten, sank mit dem beginnenden Untergang der ägyptischen Kultur (seit 1500
v. Chr.) der Anspruch an das empirische Denken. Dies wiederum begünstigte die
Renaissance einiger magischer Behandlungsinhalte.[53] Die Hauptgründe hierfür
lagen paradoxerweise auch in der ansteigenden Allgemeinbildung der Patienten und
dem generell zunehmenden Verständnis von Krankheit. Hierdurch fühlte sich der
sozial gehobene und in sich geschlossene Stand der Ärzte derart bedroht, dass sich
dieser dazu angehalten sah, die Anwendung von rationalen Medikamenten oder
Therapieformen durch eine Ausschmückung mit Zaubersprüchen wieder zu relati-
vieren.[54] Immer aufwendiger werdende Magieformeln waren notwendig, um den
Patienten weiterhin empfänglich für die Behandlung durch den ägyptischen Arzt zu
halten.[55] Dies führte schließlich dazu, dass die Macht von grundsätzlich wirksamen
Medikamenten nicht mehr auf Vernunft beruhte, sondern dem die Anwendung
umgebenden Mantel des Geheimnisvollen zuzusprechen war.[56] Auch die sich anschließende „Entartung […] der ärztlichen Praxis"[57] mit zum Teil absichtlich

---

[48] Ackerknecht/*Murken*, Geschichte der Medizin, S. 18; *Meyer-Steineg/Sudhoff*, Geschichte der Medizin, 23 f.; *Schmidt*, S., Die Beeinflussung ärztlicher Tätigkeit, S. 4.

[49] *Baas*, Die Geschichtliche Entwicklung des ärztlichen Standes und der medicinischen
Wissenschaften, S. 32; *Harig/Schneck*, Geschichte der Medizin, 28 f.; *Lichtenthaeler*, Geschichte der Medizin, S. 103; *Porter*, Die Kunst des Heilens, S. 49.

[50] Ackerknecht/*Murken*, Geschichte der Medizin, S. 19; *Baas*, Die Geschichtliche Entwicklung des ärztlichen Standes und der medicinischen Wissenschaften, S. 29; *Pollak*, Die
Jünger des Hippokrates, S. 76, 78.

[51] *Baas*, Die Geschichtliche Entwicklung des ärztlichen Standes und der medicinischen
Wissenschaften, S. 31.

[52] Bei dieser Behandlungsform wurden den Kranken im Schlaf Rezepte und Anweisungen
für Opfergaben vorgetragen, siehe dazu: Ackerknecht/*Murken*, Geschichte der Medizin, S. 19;
Pollak, Die Jünger des Hippokrates, S. 66.

[53] Ackerknecht/*Murken*, Geschichte der Medizin, S. 20; *Inglis*, Geschichte der Medizin,
S. 27 f.; *Meyer-Steineg/Sudhoff*, Geschichte der Medizin, 21 ff.

[54] Vgl. *Baas*, Die Geschichtliche Entwicklung des ärztlichen Standes und der medicinischen Wissenschaften, S. 38; *Inglis*, Geschichte der Medizin, S. 28.

[55] *Inglis*, Geschichte der Medizin, S. 29 f.

[56] *Inglis*, Geschichte der Medizin, S. 31.

[57] *Inglis*, Geschichte der Medizin, S. 32.

ekelhaften medizinischen Kompositionen, wie z. B. ein Mittel gegen Kahlköpfigkeit bestehend aus einem Gemisch von Nilpferd-, Löwen-, Krokodil-, Gänse-, Schlangen- und Ibis/Steinbockfett, führte schlussendlich zum Untergang der ägyptischen Medizin.[58]

b) Mesopotamien

Genau wie die Medizin im alten Ägypten zeichnete sich auch das mesopotamische Medizinverständnis durch eine weiterhin starke Verknüpfung von rationalen und magisch-religiösen Bestandteilen aus.[59] Während die Krankheit von den mesopotamischen Priesterärzten weiterhin den Göttern zugeschrieben wurde und die Behandlung aus dem Vorlesen von möglichen Sünden bestand, konnte auch in Mesopotamien mit dem Übergang vom Omen zum Symptom die ersten Anfänge der empirischen Medizin beobachtet werden.[60] Gleichwohl sind, ähnlich wie im ägyptischen Medizinverständnis, gerade die älteren Überlieferungen vergleichsweise rational verfasst. Die zeitlich späteren Formulierungen zeichnen sich dagegen wieder durch magische Ergänzungen aus.[61]

Im Gegensatz zum frühzeitlichen Medizinmann, der bereits aufgrund seiner gottgegebenen Fähigkeiten und der damaligen Stammesgesellschaft einen vergleichsweise hohen sozialen Stand besaß, musste der archaisch-mesopotamische Arzt seine soziale Stellung in Form von Wohlstand und Ruhm durch eine glückliche Hand hart erarbeiten.[62] Besondere Bedeutung für die Entwicklung des Arzt-Patienten-Verhältnisses erlangte in diesem Zusammenhang der Kodex Hammurapi,[63] der auf den gleichnamigen sechsten König der ersten Dynastie Babylons (1728 – 1686 v. Chr.) zurückzuführen ist. In diesem aus 282 Gesetzen bestehenden Kodex wurden neben den die Gesellschaft, die Familie und das Berufsleben betreffenden Grundsätzen erstmals auch speziell medizinrechtliche Regelungen schriftlich fixiert.[64] Darin heißt es in den §§ 218 ff. unter anderem: „Wenn ein Arzt bei dem Sklaven eines freien Mannes mit einem bronzenen Operationsmesser eine schwere Wunde setzt und ihn tötet, so soll er den Sklaven durch einen anderen Sklaven ersetzen. Wenn ein

---

[58] *Inglis*, Geschichte der Medizin, S. 31 f.; *Porter*, Die Kunst des Heilens, S. 48.

[59] *Harig/Schneck*, Geschichte der Medizin, S. 20, 24; *Leven*, Geschichte der Medizin, S. 14.

[60] Ackerknecht/*Murken*, Geschichte der Medizin, S. 23 f.; vgl. *Pollak*, Die Jünger des Hippokrates, S. 50; *Porter*, Die Kunst des Heilens, S. 46.

[61] *Harig*/Schneck, Geschichte der Medizin, S. 18 f.; *Lichtenthaeler*, Geschichte der Medizin, S. 102.

[62] *Lichtenthaeler*, Geschichte der Medizin, S. 103.

[63] Zum Teil auch Kodex Chammurapi genannt, siehe dazu: *Meyer-Steineg/Sudhoff*, Geschichte der Medizin, S. 14.

[64] Ackerknecht/*Murken*, Geschichte der Medizin, S. 22; *Porter*, Die Kunst des Heilens, S. 45.

Arzt einem freien Mann mit einem Operationsmesser eine schwere Wunde setzt und seinen Tod verursacht … so sollen ihm die Hände abgeschlagen werden."[65]

Hier lässt sich der Beginn einer normierten Arzthaftung erkennen, die auf einer werkvertragsähnlichen Arzt-Patienten-Beziehung aufbaute. Maßgeblich für die zu erwartenden Folgen der Behandlung war die Stellung des Patienten. Diese lässt sich grob in Edelmänner, Normalbürger und Sklaven einteilen.[66] Neben den teils drastischen Strafen für eine misslungene Behandlung änderte sich auch die Art der Honorierung und damit das dem Anbieten von Heilleistungen zugrundeliegende wirtschaftliche Verständnis. Während der frühzeitliche Arzt noch überwiegend Gebrauchsgegenstände, Lebensmittel, Tiere oder Schmuck annahm,[67] konnte sich der archaisch-mesopotamische Arzt bei einer erfolgreichen Behandlung eines Edelmannes über 10 Sekel Silber freuen, was mehr als dem Jahresgehalt eines damaligen Handwerkers entsprach.[68] Im Gegensatz zu vielen anderen Strafgebieten des Kodex Hammurapi wurde die Ärzteschaft zudem vor Todesstrafen geschützt. Es blieb selbst bei Tötung eines Edelmannes im Ergebnis bei dem – wenngleich die Tätigkeit des Arztes in der Regel beendenden – Händeabschlagen.[69] Es konnte daher allenfalls von einer wirtschaftlichen Hinrichtung gesprochen werden.[70]

3. Hochkulturen im alten Indien und China

Während die eingangs betrachteten Hochkulturen als ausgestorben gelten, wirken Bestandteile der ursprünglichen indischen und chinesischen Medizin bis in die heutige Zeit hinein.[71] Als klassisches Beispiel kann auf die altchinesische Methodik

---

[65] *Harke*, Das Sanktionensystem des Codex Hammurapi, S. 33 f.; *Inglis*, Geschichte der Medizin, S. 26; für eine leicht andere Formulierung, siehe: *Lichtenthaeler*, Geschichte der Medizin, S. 103; *Meyer-Steineg/Sudhoff*, Geschichte der Medizin, S. 15.

[66] *Porter*, Die Kunst des Heilens, S. 45; N. A. Semaschko-Institut, Geschichte der Medizin, S. 35, schreibt von kastenabhängigen Strafen in der indischen Medizinkultur; vgl. auch: *Pollak*, Die Jünger des Hippokrates, S. 47.

[67] *Pollak*, Die Jünger des Hippokrates, S. 28.

[68] Duden online, abrufbar unter https://www.duden.de/rechtschreibung/Sekel (Zugriff: 05.02.2022), bei dem Begriff „Sekel" handelt es sich um eine altbabylonische und jüdische Gewichts- und Münzeinheit; *Porter*, Die Kunst des Heilens, S. 45.

[69] *Pollak*, Die Jünger des Hippokrates, S. 48.

[70] Neben den historisch am stärksten erforschten Medizinverständnissen der alten Ägypter und der Ärzte der mesopotamischen Reiche werden auch die Entwicklungen in den ersten Hochkulturen Mittel- und Südamerikas, speziell die altmexikanische und altperuanische Medizin sowie die Medizinkultur der Inka dem archaischen Zeitalter zugeordnet. Bezogen auf die Entwicklung des Arzt-Patienten-Verhältnisses ist auf das bereits zu den orientalischen Kulturen Geschriebene zu verweisen. So zeichnete sich auch die mittel- und südamerikanische Medizinkultur durch eine einerseits magisch-religiöse und andererseits rational empfängliche Doppeldeutigkeit aus, siehe dazu: *Lichtenthaeler*, Geschichte der Medizin, S. 94 f.; *Pollak*, Die Jünger des Hippokrates, S. 120, 124.

[71] Ackerknecht/*Murken*, Geschichte der Medizin, S. 28; sehr umfangreich: *Pollak*, Die Jünger des Hippokrates, S. 87 ff.

der Akupunktur hingewiesen werden, die sich noch heute, trotz oder vielleicht auch gerade aufgrund ihres magiedurchdrungenen Ursprungs, großer Beliebtheit erfreut.[72]

Im Hinblick auf die Ausbildungsstätte der Ärzte lässt sich der Anfang einer sich entwickelnden Unabhängigkeit von Religion und Medizin erkennen.[73] Während in China die Ausbildung von Ärzten weiterhin in Tempeln und Klöstern stattfand,[74] schien das indische Kastensystem einer Trennung von Priestertum und Ärzteschaft offener gegenüberzustehen. Zum Teil wurde von einer dritten Kaste gesprochen, die unter der der Priester und Krieger eingeordnet war.[75] Andere sind jedoch der Ansicht, dass alle Ärzte weiterhin der Priesterkaste zugehörig waren.[76] Die soziale Sicht auf den Arzt schien in beiden Ländern zweigeteilt zu sein. Zwar war es möglich, bei herausragenden Leistungen eine hohe Stellung in der Gesellschaft zu erreichen, der einfache Arzt jedoch bezahlte seine Unabhängigkeit häufig mit einer, verglichen mit anderen Gelehrten, geringeren sozialen Stellung.[77] Für die chinesischen Ärzte war die soziale Stellung des Patienten nicht für die Haftung, sondern für die Auswahl der Behandlungsmethode ausschlaggebend. Im Rahmen einer „Zwei-Klassen-Medizin" wurden gerade ärmere Menschen auf volkstümliche und weiterhin sehr magisch-religiös hantierende Heiler verwiesen. In den Genuss der originalen, über die archaische Medizin teilweise hinausgehende, chinesischen Heilkunst kam dagegen eher die urbane Mittel- bzw. Oberschicht.[78]

4. Arzt-Patienten-Beziehung in den hochkulturellen Reichen

Die bedeutendste Weiterentwicklung in der Arzt-Patienten-Beziehung betraf die Individualität des Behandlungsgeschehens. Im Gegensatz zum Medizinmann trat der archaische Arzt nun in einer durch Subjektivität geprägten Position dem Patienten gegenüber auf. Hierbei stellte er auch eine individualisierte Krankheitsprognose.[79] Die Rechtsbeziehung zwischen dem Arzt und dem Patienten war von dem Verfolgen eines konkreten Zieles geprägt. Diese werkvertragsähnliche Basis ermöglichte zwar

---

[72] Ackerknecht/*Murken*, Geschichte der Medizin, S. 34; *Inglis*, Geschichte der Medizin, S. 22 ff.; *Lichtenthaeler*, Geschichte der Medizin, S. 104; *Lukowsky*, Philosophie des Arzttums, S. 31.

[73] Bezüglich der indischen Medizin: Ackerknecht/*Murken*, Geschichte der Medizin, S. 28.

[74] N. A. Semaschko-Institut, Geschichte der Medizin, S. 32.

[75] Ackerknecht/*Murken*, Geschichte der Medizin, S. 28.

[76] *Baas*, Die Geschichtliche Entwicklung des ärztlichen Standes und der medicinischen Wissenschaften, S. 40; *Pollak*, Die Jünger des Hippokrates, S. 90 f., 94; *Porter*, Die Kunst des Heilens, S. 138, führt aus, dass die Tätigkeiten von Priester und Heiler „vielleicht" zusammengehören.

[77] Ackerknecht/*Murken*, Geschichte der Medizin, S. 28, 33; *Baas*, Die Geschichtliche Entwicklung des ärztlichen Standes und der medicinischen Wissenschaften, S. 40, 47.

[78] Ackerknecht/*Murken*, Geschichte der Medizin, S. 33; *Porter*, Die Kunst des Heilens, S. 149.

[79] *Lichtenthaeler*, Geschichte der Medizin, S. 96, 98.

einerseits eine einfache Honorierung von ärztlichen Leistungen, andererseits schränkte es die dem Medizinmann noch umfassend zugestandene Therapiefreiheit zunehmend ein. Die aufkommende Arzthaftung kann daher als Herabwürdigung des Ärztestandes, einschließlich der mitbetroffenen Therapiefreiheit bezeichnet werden. Gleichwohl führte die Implementierung der unter Umständen drastischen Haftung für ärztliches Versagen auch zu der, ebenfalls der Therapiefreiheit zuzuordnenden Möglichkeit des Arztes, eine Behandlung abzulehnen. Gerade die somit ermöglichte Weigerung der Ärzte, hoffnungslose Patienten zu behandeln, zog sich durch sämtliche archaisch geprägte Kulturen und galt bis in das 18. Jahrhundert als ethisch legitim.[80]

Wird eine Bindungswirkung dieser Standeskultur angenommen, kann die nicht gewollte Behandlung von Todkranken jedoch auch als Beschränkung der Therapiefreiheit verstanden werden. Die Definition des Ausdrucks „tödliche Krankheit" unterliegt, parallellaufend zum medizinischen Fortschritt, einem ständigen Wandel. Viele Krankheiten, die ursprünglich tödlich verlaufen sind, können heutzutage erfolgreich behandelt werden. Die dafür notwendigen Therapieformen waren jedoch nicht urplötzlich verfügbar, sondern waren das Ergebnis von Forschung und damit mittelbarer Ausfluss der Therapiefreiheit. Ein Arzt, der im Hinblick auf die Entwicklung von neuartigen Behandlungsmöglichkeiten motiviert war, wurde daher durch die zum Teil strenge Haftung bei der Behandlung von tödlich Erkrankten in seiner Therapiefreiheit beschränkt.[81]

Die Rolle des Patienten änderte sich nur marginal. Im Grundsatz ist eine positive Entwicklung auszumachen. Der babylonische Kodex des Hammurapi stellte erstmals gesetzlich normierte Anforderungen an das ärztliche Handeln. Erst dadurch wurde dem Verhalten der Ärzte spürbare Grenzen gesetzt. Wirkliche Einflussmöglichkeiten auf die Behandlung bestanden dagegen noch nicht. Gleichwohl lassen sich erste Anzeichen einer Arzt-Patienten-Beziehung erkennen, in der das Überleben und das Wohlergehen des Patienten gegenüber der umfassenden Weisheit und der Unnahbarkeit des Mediziners Vorrang eingeräumt wurde.[82] Von einer reinen Objektstellung des Patienten kann daher bereits ab dem archaischen Zeitalter nicht mehr gesprochen werden.

Es wird angenommen, dass die archaisch-(babylonische) Medizin eine Organisationsstufe erreicht hat, die mit einer heutigen vergleichbar ist.[83] Dennoch kann nicht von einer Abkehr von magischen Behandlungsmethoden gesprochen werden. Lichtenthaeler ist daher nicht völlig zuzustimmen, wenn er anmerkt, dass „die Vorstellungen der Magie [...] überwunden [sind]." Weiter formuliert er jedoch zu-

---

[80] Ackerknecht/*Murken*, Geschichte der Medizin, S. 21; *Baas*, Die Geschichtliche Entwicklung des ärztlichen Standes und der medicinischen Wissenschaften, S. 43; *Harig/Schneck*, Geschichte der Medizin, S. 22; *Meyer-Steineg/Sudhoff*, Geschichte der Medizin, S. 18.

[81] *Peintinger*, Therapeutische Partnerschaft, S. 43.

[82] *Inglis*, Geschichte der Medizin, S. 25 f.

[83] *Inglis*, Geschichte der Medizin, S. 26.

treffend: „Der Arzt hat den geistigen Kampf mit der realen Wirklichkeit aufgenommen."[84] Die mit dem Aufkommen von medizinisch-rationalen Gedanken einhergehende zunehmende Professionalität der Arzt-Patienten-Beziehung führte jedoch nicht zu einer gleichzeitigen Ausweitung der Vertrauensintensität. Ganz im Gegenteil, während dem mystischen Medizinmann noch aufgrund seiner gottgegebenen Fähigkeiten vertraut wurde, war der Arzt der frühen Hochkulturen mit den ersten Ansätzen von Allgemeinbildung in der Bevölkerung konfrontiert.[85] Diese gesellschaftlich gesehen durchaus positive Entwicklung führte im Ergebnis zu einer „Vermenschlichung" des Arztes, wodurch sich dieser gesteigerten Ansprüchen gegenübersah. Um der bereits angesprochenen „Entartung [...] der ärztlichen Praxis"[86] entgegenzuwirken, wurde die Behandlung vonseiten der Mediziner künstlich magisch ausgestaltet. Folglich beruhte das Geschehen nicht mehr auf einer durch Gegenseitigkeit geprägten Vertrauensbasis. Stattdessen waren höchstwahrscheinlich Lügen und aufbauschende magische Untermalungen an der Tagesordnung, die der Machterhaltung und nicht der Heilbehandlung dienten.[87] Darüber hinaus übte auch das damalige Rollenverständnis von Mann und Frau Einfluss auf die Arzt-Patienten-Beziehung aus. Gerade das Verhältnis des Arztes zu einer weiblichen Patientin war von Distanz geprägt. Zum Teil erfolgte die Korrespondenz allein über den Ehemann oder eine Dienerin.[88] Andere berichten von dem weiblichen Körper nachgebildeten Figuren, anhand derer die Frauen ihre Schmerzen beschrieben, um ein Entkleiden zu vermeiden.[89]

Zusammenfassend ist festzuhalten, dass die archaische Arzt-Patienten-Beziehung ihrer historischen Stellung als Übergangsphase zwischen der magisch-primitiven Heilkunde der Frühzeit und der anschließend zu betrachtenden rationalen Herangehensweise der Antike gerecht wird. Zwar sind sowohl die ersten Ansätze strukturgeprägter ärztlicher Leitlinien wie auch eine ausgeprägtere Patientenwahrnehmung erkennbar, jedoch verhinderte das weiter propagierte Wirken von Übernatürlichkeit eine durch beidseitige Subjektivität geprägte Arzt-Patienten-Beziehung. Das Verhältnis des archaischen Arztes zum Patienten kann stattdessen als Verbindung zweier Objekte eingeordnet werden. Der Arzt trat erstmals als individuelle Einzelperson auf. Aufgrund der fehlenden Rationalität kann diesem jedoch nur eine Objektstellung zugesprochen werden.[90] Der Patient wurde überwiegend als bloßer

---

[84] Beide Zitate: *Lichtenthaeler*, Geschichte der Medizin, S. 101.

[85] Vgl. *Inglis*, Geschichte der Medizin, S. 28, „Jeder ägyptische Schuljunge wußte vermutlich, daß Rizinusöl ein Abführmittel war; [...]."

[86] Vgl. *Inglis*, Geschichte der Medizin, S. 32.

[87] *Meyer-Steineg/Sudhoff*, Geschichte der Medizin, S. 20, 23.

[88] *Pollak*, Die Jünger des Hippokrates, S. 95; *Porter*, Die Kunst des Heilens, S. 158.

[89] *Inglis*, Geschichte der Medizin, S. 24.

[90] *Kabal/Sooriakumaran*, International Journal of Surgery 2007, 57 (58), weisen dagegen der ägyptischen Arzt-Patienten-Beziehung eine „activity-passivity"-Mentalität zu. Der Arzt sei daher bereits aktiv, also als entscheidendes Subjekt tätig.

Träger einer Krankheit angesehen. Daher liegt die Bezeichnung der Patientenposition als *anonyme Objektstellung* innerhalb der Arzt-Patienten-Beziehung nahe.

B. Antike

„The Hippocratic physicians thought that the patient must be treated as a person not only needing physiological help, but also moral support. It is the physician who must make the decisions for the patient. [...] The physician, as the father, stands above and makes the decisions, while the patients must place themselves in the position of sons and daughters who are below the father and obey his orders."[91]

Hellín lässt in diesem Zitat ein aus ihrer Sicht distanziertes Verhältnis des antiken Arztes zum damaligen Patienten erkennen. Nachfolgend wird untersucht, inwieweit das Zeitalter der abendländischen Medizin tatsächlich durch kühle Professionalität oder doch durch Intimität und Vertrauen gekennzeichnet ist.

Die dritte große Hauptphase der medizinischen Entwicklung wurde dabei überwiegend von griechisch initiierten Fortschritten dominiert.[92] Nach Pollak lassen sich die folgenden Veränderungen, gleich einem Schauspiel, in ein Vorspiel mit drei anschließenden Akten einteilen. Kurz zusammengefasst bedeutet dies, dass die anfängliche Tempelmedizin der Asklepiaden (Vorspiel) durch Hippokrates und seine Anhänger (1. Akt) abgelöst wurde. Anschließend wurden weitere medizinhistorisch, jedoch auch für die rechtliche Entwicklung der Arzt-Patienten-Beziehung bedeutsame Schritte in Alexandria (2. Akt) und schlussendlich in Rom (3. Akt) unternommen.[93] Die aus ärztlicher Sicht entscheidende Neuerung war, dass die Krankheit ihren magischen Ursprung verlieren sollte. Die antiken Ärzte erkannten in der Medizin erstmals eine auf rationalen und naturalistischen Gesichtspunkten aufbauende Wissenschaft.[94] Anders formuliert baute das antike Medizinverständnis darauf auf, dass „[...] die Krankheit vom Himmel wieder auf den Erdboden" gebracht wurde und sich das Rollenbild des Arztes dabei von dem eines Vermittlers zwischen den Göttern und den Menschen zu dem eines Freundes am Krankenbett wandelte.[95] Durch die Rationalisierung der Krankheit wurde nicht nur die Rolle der Religion beschränkt, sondern zugleich der Grundstein einer dem individuellen Vertrag zugänglichen Arzt-Patienten-Beziehung geschaffen.

---

[91] *Hellín*, Haemophilia 2002, 450 (450).

[92] *Lichtenthaeler*, Geschichte der Medizin, S. 64, 113 ff.; *Lukowsky*, Philosophie des Arzttums, S. 34.

[93] Allgemein: *Pollak*, Die Jünger des Hippokrates, S. 154 f.

[94] Ackerknecht/*Murken*, Geschichte der Medizin, S. 35; *Harig/Schneck*, Geschichte der Medizin, S. 32; *Kaba/Sooriakumaran*, International Journal of Surgery 2007, 57 (58); *Leven*, Geschichte der Medizin, S. 22; *Pollak*, Die Jünger des Hippokrates, S. 141.

[95] Zitat und Inhalt: *Porter*, Die Kunst des Heilens, S. 54.

I. Asklepiaden

Das Vorspiel zum Aufstieg der griechischen Medizin bildete die Tempelmedizin der Asklepiaden.[96] Hierunter war eine Gruppe von Ärzten zu verstehen, die ihre Herkunft von Asklepios, dem göttlichen Stammvater der Medizin, ableiteten und ihren Lebensunterhalt mit der medizinischen Heilkunst verdienten. Die Asklepiaden gaben ihre Fähigkeiten und Kenntnisse innerhalb ihrer Familien von dem Vater zum Sohn weiter. Dies führte zu der Entstehung von ganzen Ärztedynastien. Hippokrates (460 – 377 v. Chr.) soll in der zwanzigsten Generation einer solchen Dynastie geboren worden sein.[97] Asklepios, der ursprünglich selbst ein tätiger Arzt war und erst zwischen 475 und 425 v. Chr. zur Gottheit wurde, gilt noch heute zusammen mit seinem Schlangenstab als Symbol der Medizin. Diesen historischen Namen hat sich unter anderem die Asklepios-Kliniken-Gesellschaft zu Eigen gemacht hat.[98] Auch wenn die Asklepiaden als weltliche Ärzte einzuordnen waren, existierte mit dem umfassend praktizierten und zudem bereits auf die archaischen Ärzte des alten Ägyptens zurückzuführenden „Tempelschlaf" weiterhin auch ein magisch initiierter Behandlungsansatz. Dieser versprach gerade für die ärmere oder unheilbar kranke Bevölkerung eine letzte Rettung.[99] Verglichen mit der weiteren Entwicklung der griechischen Heilkunst zeichnete sich die Medizin der Asklepiaden durch eine hohe Magieverbundenheit aus. Diese lässt zum einen die zeitliche Einordnung der Asklepiaden-Medizin als Übergangsphase von dem archaischen in das abendländische Medizinverständnis klarer werden und zum anderen hebt sie ihre geringere Bedeutung für die Weiterentwicklung der Arzt-Patienten-Beziehung hervor.

II. Hippokratische Medizin

Der spürbare Umschwung von der magisch geprägten zur rationalen Medizin wird heutzutage mit dem Namen Hippokrates, als dem „Vater der Medizin",[100] und dem *Corpus Hippocraticum*, einer Sammlung von medizinischen Schriften, in Verbindung gebracht. Auch wenn umstritten ist, ob bzw. wie viele der schriftlichen Beiträge tatsächlich von Hippokrates selbst verfasst wurden, gelten sie noch heute als die Gründungsschriften des antiken abendländischen Medizinverständnisses.[101] Insbe-

---

[96] Kritisch: Ackerknecht/*Murken*, Geschichte der Medizin, S. 36, der die Tempelmedizin nicht als Vorläufer, sondern als Zeitgenosse der klassischen griechischen Medizin ansah.

[97] Ackerknecht/*Murken*, Geschichte der Medizin, S. 36; *Harig/Schneck*, Geschichte der Medizin, S. 33; *Pollak*, Die Jünger des Hippokrates, S. 126 f.; *Sigerist*, A history of medicine, Vol. II, S. 300.

[98] Ackerknecht/*Murken*, Geschichte der Medizin, S. 36.

[99] Ackerknecht/*Murken*, Geschichte der Medizin, S. 19, 35; *Pollak*, Die Jünger des Hippokrates, S. 128, 134; *Porter*, Die Kunst des Heilens, S. 53.

[100] Statt vieler: Ackerknecht/*Murken*, Geschichte der Medizin, S. 40.

[101] Überwiegend wird vertreten, dass der Corpus Hippocraticum jedenfalls nicht vollständig von Hippokrates selbst verfasst worden ist: Ackerknecht/*Murken*, Geschichte der Medizin,

sondere das Manuskript „Über die heilige Krankheit" und die darin enthaltene Ablehnung des magischen Krankheitsursprungs kann als Wegbereiter der heutigen Medizin angesehen werden.

1. Hippokratisches Medizinverständnis

Obwohl Hippokrates noch heute als ein Vorbild der Ärzte aus aller Welt gilt, war eine damalige Adaption der hippokratischen Heilkunst nicht mit einem sofortigen sozialen Aufstieg verbunden. Vielmehr unterlag die Qualität der ärztlichen Leistungen mangels staatlicher Kontrolle und aufgrund der umfassend gewährten Gewerbefreiheit starken Schwankungen. Da jeder Mann und später auch jede freigeborene Frau nach Wunsch die ärztliche Tätigkeit ausüben konnte, waren sowohl wissenschaftlich gebildete Arztphilosophen als auch betrügerische Scharlatane auf den Straßen der griechischen Städte anzutreffen.[102] Die soziale Stellung des abendländischen Arztes war zweigespalten. Neben einer Klassifizierung anhand der ärztlichen Qualität trug auch die unterschiedliche Nähe zu dem Patienten ihren Teil zu der ambivalenten Gesellschaftsstellung der antiken abendländischen Ärzte bei. Der als Wissenschaftler auftretende und patientenferne Arzt genoss im Vergleich zu dem handwerklich Tätigen, also demjenigen, der mit Heilbehandlungen seinen Lebensunterhalt verdiente, ein durchweg höheres soziales Ansehen.[103] Auch wenn bereits der mesopotamische Arzt monetär entlohnt wurde, erhielten die griechischen Ärzte zunächst ausschließlich Weihgaben als „Bezahlung". Der Trennung von Religion und Ärzteschaft folgend, implementierte sich dann eine Art Ehrensold, der nach freiem Ermessen von dem Genesenen geleistet werden konnte. Anschließend, der gesellschaftlichen Entwicklung entsprechend, wurde auch im antiken Griechenland eine feste Bezahlung durch Geld eingeführt. Diese konnte bei besonderen ärztlichen Leistungen durch Geschenke, Bürgerrechte, eigene Statuen oder Steuerfreiheiten aufgewertet werden.[104]

S. 40; *Harig/Schneck*, Geschichte der Medizin, S. 40; *Hillebrand*, Das Arztbild im Wandel, in: Gellner/Schmöller (Hrsg.), Neue Patienten – Neue Ärzte? Ärztliches Selbstverständnis und Arzt-Patienten-Beziehung im Wandel, S. 61 (64); *Leven*, Geschichte der Medizin, S. 19 ff., schlägt vor, zwischen dem historischen und dem idealisierten Hippokrates zu unterscheiden; *Pollak*, Die Jünger des Hippokrates, S. 138; *Porter*, Die Kunst des Heilens, S. 56; *Lichtenthaeler*, Geschichte der Medizin, S. 114 ff., spricht von drei Schriften, „[…] die fast sicher von Hippokrates selbst verfaßt worden sind."

[102] *Harig/Schneck*, Geschichte der Medizin, S. 63; *Pollak*, Die Jünger des Hippokrates, S. 128, 154; *Porter*, Die Kunst des Heilens, S. 55.

[103] Ackerknecht/*Murken*, Geschichte der Medizin, S. 44; *Harig/Schneck*, Geschichte der Medizin, S. 63; vgl. *Pollak*, Die Jünger des Hippokrates, S. 144; *Porter*, Die Kunst des Heilens, S. 54.

[104] *Hillebrand*, Das Arztbild im Wandel, in: Gellner/Schmöller (Hrsg.), Neue Patienten – Neue Ärzte? Ärztliches Selbstverständnis und Arzt-Patienten-Beziehung im Wandel, S. 61 (72); *Pollak*, Die Jünger des Hippokrates, S. 151.

2. Eid des Hippokrates

Eine besondere Bedeutung für die Entwicklung der Arzt-Patienten-Beziehung erlangte der Hippokratische Eid. In der überarbeiteten Form des Genfer Gelöbnisses bildet dieser noch heute die ethische Grundlage der ärztlichen Tätigkeit ab.[105] Daher soll er hier wörtlich wiedergegeben werden. Die hervorgehobenen Passagen stellen dabei besondere Anknüpfungspunkte für die ärztliche Therapiefreiheit dar.

(1) „Ich schwöre bei Apollon dem Arzt und Asklepios und Hygieia und Panakeie und allen Göttern und Göttinnen, sie zu Zeugen anrufend, daß ich erfüllen will nach meinem Können und Urteil diesen Eid und diesen Vertrag:

(2) Den, der mich diese Kunst gelehrt hat, meinen Eltern gleich zu achten und mein Leben in Gemeinschaft mit ihm zu leben und ihm, wenn er Geld nötig hat, an meinem Anteil zu geben und seine Nachkommenschaft meinen Brüdern in männlicher Linie gleichzustellen und sie diese Kunst zu lehren – wenn sie wünschen, sie zu erlernen – ohne Honorar und Vertrag; an Regeln und mündlichen Unterricht und allem übrigen Wissen meinen Söhnen Anteil zu geben und den Söhnen dessen, der mich unterrichtet hat, und Schülern, die den Vertrag unterzeichnet und einen Eid geleistet haben nach ärztlichem Brauch, aber sonst niemandem.

(3) Ich will diätische Maßnahmen zum Vorteil der Kranken anwenden nach meinem Können und Urteil; ich will sie vor Schaden und Unrecht bewahren.

(4) Ich will weder irgend jemandem ein tödliches Medikament geben, wenn ich darum gebeten werde, noch will ich in dieser Hinsicht einen Rat erteilen. Ebenso will ich keiner Frau ein abtreibendes Mittel geben. In Reinheit und Heiligkeit will ich mein Leben und meine Kunst bewahren.

(5) Ich will das Messer nicht gebrauchen, nicht einmal beim Steinleidenden, sondern will davon abstehen zugunsten der Männer, die sich mit dieser Arbeit befassen.

(6) In allen Häusern, die ich besuche, will ich zum Vorteil der Kranken kommen, mich frei haltend von allem vorsätzlichen Unrecht, von aller Schädigung und insbesondere von sexuellen Beziehungen sowohl mit weiblichen wie auch mit männlichen Personen, seien sie frei oder Sklaven.

(7) Was ich etwa sehe oder höre im Laufe der Behandlung oder auch außerhalb der Behandlung über das Leben von Menschen, was man auf keinen Fall verbreiten darf, will ich für mich behalten, in der Überzeugung, daß es schädlich ist, über solche Dinge zu sprechen.

(8) Wenn ich diesen Eid erfülle und ihn nicht verletze, sei es mir vergönnt, mich des Lebens und der Kunst zu erfreuen, geehrt durch Ruhm bei allen Menschen auf alle künftige Zeit; wenn ich ihn übertrete und falsch schwöre, sei das Gegenteil von all diesem mein Los."[106]

Durch den Hippokratischen Eid wurde erstmals die humane Seite des Arztberufs betont. Zwar nennt der Text keine konkreten Patientenrechte, jedoch lassen sich einige Stellen erkennen, die die Position des Patienten zumindest stärkten.

---

[105] *Hillebrand*, Das Arztbild im Wandel, in: Gellner/Schmöller (Hrsg.), Neue Patienten – Neue Ärzte? Ärztliches Selbstverständnis und Arzt-Patienten-Beziehung im Wandel, S. 61 (65, 67); *Maio*, Mittelpunkt Mensch, S. 108.

[106] Abgedruckt in: *Porter*, Die Kunst des Heilens, S. 63.

Im dritten Absatz wird hervorgehoben, dass die ärztliche Tätigkeit zum Vorteil des Kranken angewendet werden soll. An dieser Stelle wird deutlich, dass die hippokratische Medizin nicht mehr die Gemeinschaft, sondern den individuellen Patienten in den Mittelpunkt der Behandlung stellte.[107] Da gleichzeitig die ärztliche Entscheidungshoheit („meinem Können und Urteil") betont wurde, lässt sich jedoch auch eine Dominanz des Arztes in Form einer stark ausgeprägten Methodenwahlfreiheit erkennen.[108] Auch wenn Behandlungen gegen den Willen des Patienten nicht von vornherein ausgeschlossen wurden, erfolgte durch die Implementierung des Heilauftrages ein grundsätzliches Verbot von Behandlungen, die reinen Forschungszwecken dienten. Der sechste Abschnitt verdeutlicht, dass der Arzt die durch Leid gekennzeichnete Situation des Patienten nicht dazu nutzen sollte, diesen auszubeuten. Im siebten Absatz ist zudem der Beginn des ärztlichen Datenschutzrechts zu sehen. Die sich heute aus § 203 Abs. 1 Nr. 1 Var. 1 StGB ergebene Schweigepflicht verbietet dem Arzt, heute wie damals, Informationen über den Patienten und dessen Krankheitsverlauf an die Öffentlichkeit zu tragen.

Der hippokratische Eid ermöglichte nicht, dass der Patient gegen den Arzt vorgehen kann. Auch dem Patienten offenstehende Einflussmöglichkeiten auf die Art und Weise der Behandlung lassen sich weiterhin nicht erkennen. Der Eid enthält keine ärztliche Kommunikationsverpflichtung gegenüber dem Patienten.[109] Vielmehr wird im vierten Absatz ausdrücklich festgehalten, dass der Wunsch des Patienten zu sterben bzw. eine Abtreibung vorzunehmen, unberücksichtigt bleiben muss.[110] Zusammengefasst wird der Handlungsspielraum des Arztes und damit seine durch die Verbindung von Medizin und Magie ursprünglich stark ausgeprägte Therapiefreiheit auf ethischer Ebene eingeschränkt. Der Angriff auf die starren Machtverhältnisse stärkt zwar faktisch gesehen die Patientenseite, dennoch bedeutete der hippokratische Eid eher eine Entwicklung zulasten der Ärzte als eine zugunsten der Patienten.

III. Medizin in Alexandria

Die Wissenschaftsfreiheit aus Art. 5 Abs. 3 GG stellt eine der verfassungsrechtlichen Rechtsgrundlagen der ärztlichen Therapiefreiheit dar. Voraussetzung dabei ist, dass der Arzt im Rahmen seiner Tätigkeit primär heilen und lediglich

---

[107] *Maio*, Mittelpunkt Mensch, S. 105.

[108] Kritisch: *Maio*, Mittelpunkt Mensch, S. 108, der davon ausgeht, dass sich der Arzt als Diener der ärztlichen Kunst verstand und sich dabei seinen Grenzen durchaus bewusst war.

[109] *Becker*, G., Arzt und Patient im sozialistischen Recht, S. 60; *Katz*, The silent world of doctor and patient, S. 4; *Lohmann*, Gesundheit und Soziales, S. 114; *Peintinger*, Therapeutische Partnerschaft, S. 43.

[110] *Vollmann*, Patientenselbstbestimmung und Selbstbestimmungsfähigkeit, S. 24 und Fn. 1.

sekundär forschen will.[111] Die Entwicklungen in Alexandria (300 – 200 v. Chr.) waren dadurch gekennzeichnet, dass sich das Verhältnis von Forschung und Heilbehandlung gewandelt hat. Der Bedeutungsanstieg der realen Wissenschaften bei gleichzeitig geringerer Fokussierung auf die Religion hatte auch Auswirkungen auf das Arzt-Patienten-Verhältnis. Betroffen war jedoch nicht die konkrete Behandlung, sondern die Sichtweise der Ärzte auf das ihnen ausgelieferte menschliche Leben. Auch wenn die ärztliche Therapiefreiheit aufgrund des überwiegenden Forschungsaspektes an Bedeutung verlor, handelte es sich um ärztliche Handlungen, die aufgrund ihres Pioniercharakters sowohl medizinhistorische als auch rechtliche Nachwirkungen auslösten und daher die Entwicklung der Arzt-Patienten-Beziehung mitprägten.

1. Leichensektionen

Das Forschen an Leichen war der hippokratischen Medizin fremd. Vielmehr galt nach der griechischen Religion ein Begraben des Leichnams als erforderlich und jegliche Interaktion wurde als Sünde angesehen.[112] Dies änderte sich grundlegend mit der Gründung und dem Aufstieg Alexandrias zum Zentrum der modernen Wissenschaften ab 332/331 v. Chr. Erstmals wurde es den Ärzten erlaubt, menschliche Leichname zu sezieren.[113] Da der Schutzbereich der heutigen Wissenschaftsfreiheit auch das Forschen an menschlichen Leichen umfasst,[114] waren die in Alexandria eröffneten Möglichkeiten grundsätzlich als Stärkung der ärztlichen Befugnisse anzusehen.

Obwohl das Selbstbestimmungsrecht des Patienten bei Eintritt des Todes erlischt, kann sich der Verstorbene heutzutage sicher sein, dass sein postmortales Persönlichkeitsrecht, das überwiegend allein aus Art. 1 Abs. 1 GG abgeleitet wird, verhindert, dass sein Körper nach seinem Tod Forschungsgegenstand wird.[115] Etwas anderes gilt nur, wenn entweder der Verstorbene noch zu Lebzeiten erklärt hat, dass er seinen Körper der Wissenschaft zur Verfügung stellen möchte, oder wenn ein Fall der klinischen oder gerichtsmedizinischen Obduktion einschlägig ist. Sofern es sich nicht um eine derartige Sondersituation handelt, kann der Verstorbene damit rech-

---

[111] Siehe dazu Erster Teil Kapitel A. I. 1. b).

[112] *Harig/Schneck*, Geschichte der Medizin, S. 43.

[113] Ackerknecht/*Murken*, Geschichte der Medizin, S. 46; *Lichtenthaeler*, Geschichte der Medizin, S. 178; *Pollak*, Die Jünger des Hippokrates, S. 155.

[114] BVerfGE 35, 79 (113), wonach „[…] alles, was nach Inhalt und Form als ernsthafter planmäßiger Versuch zur Ermittlung der Wahrheit anzusehen ist" als vom Schutzbereich der Wissenschaftsfreiheit umfasst angesehen werden muss; so auch BayVGH NJW 2003, 1618 (1619); vgl. auch: *Finger/Müller*, NJW 2004, 1073 (1075), die bei der bekannten Körperwelten-Ausstellung zwar das Präparieren der Leichen, jedoch nicht das Ausstellen der Leichen als vom Schutzbereich der Wissenschaftsfreiheit umfasst ansehen.

[115] Allgemein zum postmortalen Persönlichkeitsrecht: Düring/Herzog/Scholz/*Di Fabio*, Art. 2 GG, Rdnr. 226.

nen, unversehrt bestattet zu werden. Bei dem heutigen postmortalen Persönlichkeitsrecht handelt es sich daher um ein Patientenrecht im weiteren Sinne. Diese
Rechtsposition stand den Patienten der alexandrinischen Medizinepoche nicht zur
Verfügung. Auch wenn der Patient bereits zuvor nur als unmündiges anonymes
Objekt der Behandlung angesehen wurde, galt zumindest der Leichnam, wenn auch
religiös bedingt, als Tabu. Durch das vom Patientenwillen unabhängige Aufweichen
des Leichenschutzes verfestigte sich dessen Objektstellung wieder. Im Vergleich zur
klassischen hippokratischen Medizin ist diesbezüglich ein Rückschritt im Hinblick
auf die Stellung des Patienten innerhalb der Arzt-Patienten-Beziehung anzunehmen.

2. Vivisektionen

Neben den Leichenöffnungen zeichnete sich die alexandrinische Phase auch
durch wissenschaftlichen Übermut und Grenzüberschreitungen aus. Obwohl bereits
bei der Forschung an Verstorbenen absolutes Neuland betreten wurde, gingen die
griechischen Mediziner Herophilos und Erasistratos noch einen Schritt weiter. Ihre
wissenschaftliche Bekanntheit, insbesondere auf dem Gebiet der Neurologie und
-chirurgie sowie bei der Unterscheidung von Arterien und Venen,[116] erreichten sie
auch dadurch, dass sie ausgewählte Verbrecher sezierten. Diese Ärzte waren daher
für ihre in der Regel tödliche Forschung an dem lebenden Objekt bekannt.[117] Herophilos und Erasistratos sind demnach, in Anlehnung an Hippokrates als „Urväter
der Menschenversuche" zu bezeichnen.

Eine ähnliche Forschung am lebenden Menschen ist heutzutage rechtlich un-
denkbar. Zunächst begrenzt das Selbstbestimmungsrecht des Patienten derartige
ärztliche Handlungen. Eine wirksame Patienteneinwilligung ist fernliegend. Ferner
würde ein staatlich organisiertes Sezieren gegen das Folterverbot aus Art. 104 Abs. 1
S. 2 GG und gegen das Verbot der Todesstrafe aus Art. 102 GG verstoßen.[118] Auf
strafrechtlicher Ebene würde es sich zudem um Mord handeln, da das langsame
Auseinander- bzw. Aufschneiden von Menschen das Mordmerkmal der Grausamkeit
(§ 211 Abs. 2 Nr. 2. Var. 2 StGB) erfüllt. Im Hinblick auf Verstümmelungen jeglicher
Art greifen darüber hinaus die Strafnormen §§ 223 – 227 StGB.

In der Glanzzeit der alexandrinischen Medizin war der verurteilte und speziell
ausgewählte Straftäter dem Forschungsdrang der Mediziner ausgeliefert. Ethische
Grenzen wurden dem Arzt dabei nicht gesetzt. Während dem frühzeitlichen Medizinmann noch aufgrund der magiedurchdrungenen Gesellschaftsform die Macht

---

[116] *Singer*, A Short History of Science to the Nineteenth Century, S. 61 f.

[117] *Baas*, Die Geschichtliche Entwicklung des ärztlichen Standes und der medicinischen
Wissenschaften, S. 73; *Lichtenthaeler*, Geschichte der Medizin, S. 178; etwas uneindeutig:
Porter, Die Kunst des Heilens, S. 68; kritisch: *Singer*, A Short History of Science to the
Nineteenth Century, S. 62.

[118] Auf internationaler Ebene verstößt eine Vivisektion zudem gegen die UN-Antifolter-
konvention vom 10. 12. 1984.

über Leben und Tod zugeschrieben wurde, ist im Hinblick auf die alexandrinischen Ärzte tatsächlich vom Richter über Leben und Tod zu sprechen.[119] Es ist zwar zu berücksichtigen, dass Sklaverei zu der damaligen Zeit etwas Alltägliches war, dennoch ist das Absprechen von sämtlichen Rechten auf medizinischer Ebene als einer der Tiefpunkte innerhalb der Entwicklung des Arztberufs anzusehen. Mangels Heilauftrags handelte es sich bei den Forschungssituationen nicht um klassische Arzt-*Patienten*-Beziehungen. Folglich spielten die ärztliche Therapiefreiheit und mögliche Patientenrechte keine bzw. nur eine untergeordnete Rolle. Gleichwohl gelten die vorgenommenen ärztlichen Handlungen als Ausdruck der zeitgenössischen Machtbefugnisse der Ärzteschaft. Der Arzt war sich seiner herausragenden Stellung in der Gesellschaft bewusst. Möglich ist es daher, in diesen Entwicklungsschritten die Basis des noch heute mit Macht verbundenen Arztberufs zu erkennen.

IV. Medizin im Römischen Reich

Die Entwicklung des antiken griechischen Arztverständnisses fand ihren Abschluss im Römischen Reich. Eine schnelle Adaption des medizinischen Fortschritts wurde jedoch durch fehlendes Eigeninteresse und das Festhalten an der weiter durch Magie und Mystik geprägten ureigenen römischen Medizin zunächst verhindert.[120] Passend dazu und in Erinnerung an das frühzeitliche Medizinverständnis galten die Ärzte als Überbringer des Todes. Für eine Genesung des Patienten waren weder römische noch die verhassten griechischen Ärzte erforderlich, stattdessen wurde eine Heilung im Schoß der Familie angestrebt.[121] Dies änderte sich erst durch die fortwährende „Einfuhr" von griechischen Arztsklaven und der später folgenden Einwanderung von freien Ärzten aus Griechenland. Hierdurch verbesserte sich das ärztliche Niveau im gesamten römischen Reich.[122]

Die durch Handwerk geprägte Tätigkeit eines Arztes galt zunächst als unwürdig für einen freien und gebildeten römischen Bürger. Erst der nach Hippokrates wohl bekannteste Arzt der Antike Galen (129 – 199 n. Chr.) entwickelte die Medizin auch aus römischer Sicht zu einer erstrebenswerten Wissenschaft. Der endgültige soziale

---

[119] Vgl. *Bartels*, Medizin der Naturvölker, S. 50; *Lichtenthaeler*, Geschichte der Medizin, S. 83; *Pollak*, Die Jünger des Hippokrates, S. 16, spricht dabei von der schwarzen Magie, also die Magie, die dem Bösen dient und der weißen Magie, also die Magie, mit der etwas Gutes erreicht werden soll.

[120] Ackerknecht/*Murken*, Geschichte der Medizin, S. 50; *Baas*, Die Geschichtliche Entwicklung des ärztlichen Standes und der medicinischen Wissenschaften, S. 84 f.; *Lichtenthaeler*, Geschichte der Medizin, S. 221; *Pollak*, Die Jünger des Hippokrates, S. 156 f.

[121] *Pollak*, Die Jünger des Hippokrates, S 159 f.; *Porter*, Die Kunst des Heilens, S. 70.

[122] Vgl. *Pollak*, Die Jünger des Hippokrates, S 158 f.

Aufstieg des antiken Arztes begann.[123] Trotz des Wirkens von Galen waren die meisten Ärzte weiterhin griechischer Abstammung. Sie traten sowohl als Arztsklaven, freigelassene Arztsklaven sowie als freie Ärzte auf.[124] Die Arbeit der griechischen Ärzteschaft wurde in den letzten Jahren der Römischen Republik mit unterschiedlichen Belohnungen prämiert. Neben der Erteilung des Bürgerrechts für griechische Ärzte galt die gewährte Steuerfreiheit und die finale Gleichstellung mit anderen „freien Berufen" wie Lehrern, Rhetoren und Anwälten als Zeichen der gestiegenen Stellung in der Gesellschaft.[125] Um einen übermäßigen Andrang zu verhindern, wurden einige dieser Anerkenntnisse kurze Zeit später wieder aufgehoben. Gleichwohl wurde der Arztberuf nun zum Teil auch als attraktiv und lukrativ angesehen.[126] Der weiter andauernde Zustrom von Ärzten führte außerdem zu einer Zersplitterung der ärztlichen Praxis.[127] Als Folge wurde 200 n. Chr. die Approbation eingeführt. Diese war zwar nicht erforderlich, um als Arzt tätig zu werden, jedoch musste derjenige, der dem Stand der bevorrechteten „Medici" angehören wollte, zuvor eine Genehmigung seiner Gemeinde einholen. Auch die ärztliche Ausbildung wurde anschließend staatlich reguliert. Unter Kaiser Alexander Severus (208 – 235 n. Chr.) wurden öffentliche Hörsäle errichtet, in denen sich auch ärmere Studenten von staatlich bezahlten Ärzten in der Kunst des Heilens ausbilden lassen konnten.[128]

Im Jahr 395 n. Chr. teilte sich das Römischen Reich in das Weströmische und das Oströmische Reich (Byzanz). Während im byzantinischen Osten das wissenschaftliche Niveau bis in das 13. Jahrhundert grundsätzlich gehalten werden konnte, kam es in dem bereits 410 n. Chr. zusammenbrechenden Westreich zu einer Wiederkehr von magischen Bestandteilen in der Medizin.[129] Dies kann jedoch auch als natürliche Reaktion eines sich im Untergang befindlichen Reiches eingeordnet werden. Greift Verzweiflung und Ungewissheit um sich, ist die Magie mit ihrer Mystik eine willkommene Ablenkung.

---

[123] Ackerknecht/*Murken*, Geschichte der Medizin, S. 51 f.; vgl. *Harig/Schneck*, Geschichte der Medizin, S. 63.

[124] *Baas*, Die Geschichtliche Entwicklung des ärztlichen Standes und der medicinischen Wissenschaften, S. 80; *Eckart*, Geschichte, Theorie und Ethik der Medizin, S. 34; *Lichtenthaeler*, Geschichte der Medizin, S. 221; *Porter*, Die Kunst des Heilens, S. 79.

[125] *Baas*, Die Geschichtliche Entwicklung des ärztlichen Standes und der medicinischen Wissenschaften, S. 82 f.; *Laib*, Das Bild des Arztes und sein Auftrag in der Gesellschaft von 1949 bis zur Gegenwart im Spiegel des deutschen Ärzteblattes, S. 51; *Peintinger*, Therapeutische Partnerschaft, S. 185; *Pollak*, Die Jünger des Hippokrates, S. 164.

[126] *Pollak*, Die Jünger des Hippokrates, S. 164, 169.

[127] *Pollak*, Die Jünger des Hippokrates, S. 162.

[128] *Pollak*, Die Jünger des Hippokrates, S. 165.

[129] *Harig/Schneck*, Geschichte der Medizin, S. 62, 71; vgl. zudem: Ackerknecht/*Murken*, Geschichte der Medizin, S. 20; *Inglis*, Geschichte der Medizin, S. 28.

V. Arzt-Patienten-Beziehung in der Antike

1. Behandlung von freien vermögenden Bürgern

Auch wenn bereits zum Teil in den vorherigen Medizinepochen von einer Arzt-Patienten-Beziehung die Rede war, fällt auf, dass erst der hippokratische Arzt den Patienten tatsächlich als Bestandteil einer solchen *Beziehung* angesehen hatte. Der Fokus der Behandlung lag zumindest bei den freien vermögenden Bürgern („the free and rich")[130] erstmals auf der Individualität des Patienten und nicht auf dem abstrakten Krankheitsbild. Dabei behandelte der Arzt den gesamten Körper des Patienten und nicht mehr nur die Teile, die für ihn interessant waren.[131] Folglich galt der Leidende nicht mehr als bloße Hülle für eine den Arzt interessierende Abweichung vom Normalzustand. Der Patient wurde vielmehr als Einzelfall wahrgenommen.

Diese veränderte Sichtweise hatte auch Auswirkungen auf die Ausbildung der Ärzte. Um der Einzigartigkeit des Behandlungsgeschehens gerecht zu werden, hatte die Ausbildung am Krankenbett zu erfolgen.[132] Im Rahmen der Behandlung war der Arzt weitestgehend frei. Im Sinne der heutigen Methodenwahlfreiheit durfte der antike Arzt jede Krankensituation von Fall zu Fall und unter Berücksichtigung der Besonderheiten nach seiner freien Intuition behandeln.[133] Nach dem hippokratischen Verständnis bestand die Behandlung aus drei Teilen: dem Kranken, der Krankheit und dem Arzt. Der angestrebte Erfolg konnte nur durch ein Zusammenarbeiten erreicht werden.[134] Für den hippokratischen Arzt galten dabei die Prinzipien der Wahrung des Patientenwohls (salus aegroti suprema lex) und des Nichtschadens (adiuvare vel nil nocere) als heilig.[135] Die Ärzte der Antike waren sich einig, dass der Heilauftrag den Mittelpunkt ihrer Tätigkeit darstellen sollte.[136]

Durch das hippokratische Heilverständnis wurde zum einen die vollständige Loslösung von der Religion und zum anderen ein erster Höhepunkt in der rationalen Behandlungslehre erreicht. Inhaltlich gesehen zeichnete sich die hippokratische Medizin neben der generell angestrebten Stärkung der Physis durch die Erarbeitung eines individuellen Therapieplans mit individueller Prognosestellung aus.[137] Die Hippokratiker haben sich erstmals über die medizinischen Befunde hinaus auch für

---

[130] *Katz*, The silent world of doctor and patient, S. 5.

[131] Ackerknecht/*Murken*, Geschichte der Medizin, S. 44; *Lichtenthaeler*, Geschichte der Medizin, S. 127; *Porter*, Die Kunst des Heilens, S. 56.

[132] *Meyer-Steineg/Sudhoff*, Geschichte der Medizin, S. 55, 70.

[133] *Meyer-Steineg/Sudhoff*, Geschichte der Medizin, S. 60.

[134] *Baas*, Die Geschichtliche Entwicklung des ärztlichen Standes und der medicinischen Wissenschaften, S. 68.

[135] *Harig/Schneck*, Geschichte der Medizin, S. 44; *Hellín*, Haemophilia 2002, 450 (450); *Pollak*, Die Jünger des Hippokrates, S. 149; *Vollmann*, Patientenselbstbestimmung und Selbstbestimmungsfähigkeit, S. 24.

[136] *Pollak*, Die Jünger des Hippokrates, S. 141 f.

[137] *Harig/Schneck*, Geschichte der Medizin, S. 44; *Lichtenthaeler*, Geschichte der Medizin, S. 148.

das soziale Umfeld, speziell die Lebensweise, die Wohnung, die Arbeit oder die Ernährung des Patienten interessiert.[138] Einflussmöglichkeiten auf die Art und Weise der Behandlung standen dem Patienten jedoch weiterhin nicht zu. Zwar sah sich der hippokratische Arzt dazu angehalten, sowohl seinem Patienten als auch den zahlreichen nichtärztlichen Zuschauern während der Behandlung Rede und Antwort zu stehen,[139] hiervon waren jedoch vorwiegend technische Aspekte der ärztlichen Arbeit umfasst.[140] Darüber hinaus konnte der Arzt die Konversation nutzen, um das Vertrauen des Patienten im Hinblick auf zukünftige Behandlungen zu gewinnen.[141] Es würde jedoch zu weit gehen, hierin die Vorgänger der heutigen Aufklärungspflichten aus § 630e BGB zu erkennen. Gerade die regelmäßig mitbeteiligte Öffentlichkeit verhinderte, dass die Intimität aufkam, die für das heutige Arzt-Patienten-Verhältnis maßgeblich ist.[142]

Als besonders bedeutend für die Weiterentwicklung des Arzt-Patienten-Verhältnisses gilt die veränderte Rolle des Arztes. Der anfänglich verbreitete Handwerker-Arzt wurde vollumfänglich von dem Wissenschaftler-Arzt verdrängt. Dies führte zu einer positiven Veränderung in der öffentlichen Berufswahrnehmung. Im Hinblick auf das Verhältnis zum Patienten trat der Arzt nicht mehr als der Vertreter der Götter, sondern vielmehr als ein persönlicher Begleiter in einer individuellen Notlage auf.[143] Gleichwohl handelte der hippokratische Arzt nicht aus Nächstenliebe gegenüber dem Patienten. Er trat vielmehr als verantwortungsbewusster Vertreter der ärztlichen Heilkunst und somit aus Achtung vor dem eigenen ärztlichen Beruf auf.[144] Neben der Position des Arztes ist auch ein Wandel auf der Patientenseite erkennbar. Noch in der archaischen Medizinepoche galt der Patient als anonymes Objekt der Behandlung. Er wurde nicht als Mensch, sondern als Träger einer Krankheit betrachtet. Mit der Ausbreitung des hippokratischen Heilverständnisses wurde aus dem anonymen Objekt ein *individualisiertes* Objekt. Mangels konkreter Patientenrechte kann zwar nicht von einer Arzt-Patienten-Beziehung gesprochen werden, die sich durch eine rechtliche Gleichberechtigung auszeichnete, dennoch ging der freie

---

[138] *Porter*, Die Kunst des Heilens, S. 61.

[139] Ackerknecht/*Murken*, Geschichte der Medizin, S. 43; *Jaspers*, Der Arzt im technischen Zeitalter, in: Autrum (Hrsg.), Von der Naturforschung zur Naturwissenschaft, S. 545 (548); *Pollak*, Die Jünger des Hippokrates, S. 145.

[140] So im Ergebnis auch: *Hillebrand*, Das Arztbild im Wandel, in: Gellner/Schmöller (Hrsg.), Neue Patienten – Neue Ärzte? Ärztliches Selbstverständnis und Arzt-Patienten-Beziehung im Wandel, S. 61 (81, 87); kritisch: *Schmidt*, S., Die Beeinflussung ärztlicher Tätigkeit, S. 7, die davon spricht, dass der Arzt auch Auskünfte über Ursachen, Art und Verlauf der Behandlung gab.

[141] *Katz*, The silent world of doctor and patient, S. 5 f.

[142] Kritisch dagegen: *Engelhardt*, D., Die Arzt-Patient-Beziehung – gestern, heute, morgen, in: Lang/Arnold (Hrsg.), Die Arzt-Patient-Beziehung im Wandel, S. 19 (25), der als Vorbild für das heutige „Informed-Consent"-Prinzip den „[…] freie[n] Arzt für freie Menschen" bezeichnet.

[143] *Porter*, Die Kunst des Heilens, S. 83.

[144] *Leven*, DtÄb 2018, A-1164 (A-1166); *Lichtenthaeler*, Geschichte der Medizin, S. 158.

vermögende Patient gestärkt aus der antiken Medizinentwicklung hervor. Die individualisierte Stellung des Patienten wurde ferner durch das Arzthaftungsrecht der Antike gestärkt. Da der Arzt einen Heilerfolg schuldete und die nachträgliche Bewertung der ärztlichen Tätigkeit, einschließlich der daran geknüpften Gewährung des ärztlichen Honorars dem Patienten oblag, war dieser insoweit in der Lage, Einfluss auf die finanzielle Situation sowie auf die öffentliche Wahrnehmung des Arztes zu nehmen.[145] Hinzu kommt, dass der Patient der freien Oberschicht dem Arzt von vornherein wirtschaftlich überlegen war. Es bestand daher sogar ein finanzielles Abhängigkeitsverhältnis des Arztes gegenüber seinen Patienten.[146] Für eine Subjektstellung des Patienten fehlten jedoch rechtliche Einflussmöglichkeiten auf die Behandlung, die über das faktische Einverständnis hinausgingen. In ihrer Gesamtheit zeichnete sich die antike Arzt-Patienten-Beziehung daher durch das Aufeinandertreffen eines *subjektivierten* Arztes (sofern es sich um einen freien Arzt handelte) und eines *individualisierten* Patienten aus. Letzterer wurde zwar weiterhin als das Objekt der Behandlung angesehen, allerdings in einer stärker auf das Individuum bezogenen Art und Weise.[147]

2. Behandlung von Armen, Sklaven und Soldaten

In den Genuss der neuen, durch Individualität geprägten Arzt-Patienten-Beziehung kam hauptsächlich die freie antike Oberschicht.[148] Die Behandlung der freien Unterschicht („the free but poor") stand dagegen in einem engen Zusammenhang zu der Sklavenbehandlung.[149] Dies beruhte auf mehreren Gründen. Zum einen zeigten die Gräueltaten in Alexandria, dass die Rechtlosen dem Forschungsdrang der Ärzte zum Teil hilflos ausgeliefert waren. Zum anderen zeichnete sich die Behandlung von Sklaven und von der hart arbeitenden Unterschicht eher durch Funktionalität als durch Individualität aus. Auch wenn diese beiden Begriffe keine logischen Gegensätze darstellen, wird deutlich, dass bei diesen Personengruppen die Wieder-

---

[145] *Diurni*, Die Arzthaftung von gestern und das Medizinrecht von heute in rechtsvergleichender Perspektive, in: Ahrens/von Bar/Fischer/Spickhoff/Taupitz (Hrsg.), Festschrift für Erwin Deutsch (80), S. 85 (86); *Laib*, Das Bild des Arztes und sein Auftrag in der Gesellschaft von 1949 bis zur Gegenwart im Spiegel des deutschen Ärzteblattes, S. 50.

[146] *Hillebrand*, Das Arztbild im Wandel, in: Gellner/Schmöller (Hrsg.), Neue Patienten – Neue Ärzte? Ärztliches Selbstverständnis und Arzt-Patienten-Beziehung im Wandel, S. 61 (74, 82, 88); vgl. *Shorter*, Das Arzt-Patient-Verhältnis in der Geschichte und heute, S. 20 ff.

[147] *Kaba/Sooriakumaran*, International Journal of Surgery 2007, 57 (58), ordnen die antike Arzt-Patienten-Beziehung als eine Mischung aus hauptsächlich „guidance-co-operation" und zu einem geringen Anteil „mutual-participation" ein. Erstere gilt als Arzt zentriert, letztere fokussiert auf den Patienten.

[148] *Harig/Schneck*; Geschichte der Medizin, S. 65.

[149] *Katz*, The silent world of doctor and patient, S. 4.

herstellung bzw. die Aufrechterhaltung der Arbeitskraft gegenüber dem langfristigen Heilerfolg Vorrang genoss.[150]

Im Hinblick auf die Behandlung der Sklaven wird auch von einer „Tierheilkunde für Menschen" gesprochen.[151] Während die freien Bürger im Haus des Arztes oder bei Hausbesuchen medizinisch versorgt wurden und diesen dabei zumindest ein technisches Recht auf Informationen zustand, wurden Sklaven von Lehrlingen oder Sklaven des Arztes in sogenannten Sklaven-*Valetudinarien* (lat. von *valetudinarium* =Klinik)[152] ohne jegliche Erklärung behandelt.[153] Die Behandlungssituation der Soldaten kann grundsätzlich als etwas hochwertiger eingeschätzt werden. Dies war sicherlich auf deren größere Bedeutung für den Fortbestand der jeweiligen Machtstrukturen und Gesellschaften zurückzuführen. Gleichwohl wurden auch diese nicht von wissenschaftlich gebildeten Ärzten, sondern von den, mit dem Sold eines Soldaten gleichgestellten *medici a valetudinario* in Soldaten-*Valetudinarien* behandelt.[154]

Durch die dargestellte Massenabfertigung verblieb es im „Arzt"-Unterschicht/Sklaven/Soldaten-Verhältnis bei einer durch Objektivität und Anonymität geprägten Beziehung. Weder die Seite des Arztes noch die des Patienten war mit Personen besetzt, die sich in eine durch persönliche Erfahrungen und Individualität auszeichnende Situation begeben konnten. Vielmehr waren beide Parteien dem Wohlwollen ihrer Dienstherren oder Besitzer ausgeliefert.[155]

3. Behandlung von Todkranken

Die Hippokratiker standen der Behandlung von unheilbar Kranken weiterhin kritisch gegenüber. Dies hing damit zusammen, dass die gesellschaftliche Stellung und die finanzielle Lage des Arztes hauptsächlich von dem Vertrauen, dass ihm von den Patienten entgegengebracht wurde und dem objektiv erkennbaren Erfolg seiner

---

[150] *Harig/Schneck*, Geschichte der Medizin, S. 64; *Katz*, The silent world of doctor and patient, S. 5, „They have ‚no time to be ill'"; *Lukowsky*, Philosophie des Arzttums, S. 34 f.

[151] *Harig/Schneck*, Geschichte der Medizin, S. 65.

[152] Pons Online Wörterbuch, abrufbar unter https://de.pons.com/%C3%BCbersetzung?q=valetudinario&l=dela&in=la&lf=la&qnac= (Zugriff: 05. 02. 2022).

[153] *Eberhardt*, Selbstbestimmungsrecht des Patienten und ärztliche Aufklärungspflicht im Zivilrecht Frankreichs und Deutschland, S. 154; *Engelhardt*, D., Die Arzt-Patient-Beziehung – gestern, heute, morgen, in: Lang/Arnold (Hrsg.), Die Arzt-Patient-Beziehung im Wandel, S. 19 (25), der sehr anschaulich formuliert: „Der Sklavenarzt schaut sich den Patienten an, diskutiert nicht mit ihm, gibt seine Anweisungen, verhält sich wie ein Tyrann."; *Harig/Schneck*, Geschichte der Medizin, S. 64; *Hillebrand*, Das Arztbild im Wandel, in: Gellner/Schmöller (Hrsg.), Neue Patienten – Neue Ärzte? Ärztliches Selbstverständnis und Arzt-Patienten-Beziehung im Wandel, S. 61 (81 f.); *Jaspers*, Der Arzt im technischen Zeitalter, in: Autrum (Hrsg.), Von der Naturforschung zur Naturwissenschaft, S. 545 (547); *Katz*, The silent world of doctor and patient, S. 4; *Pollak*, Die Jünger des Hippokrates, S. 146.

[154] *Harig/Schneck*, Geschichte der Medizin, S. 64.

[155] *Harig/Schneck*, Geschichte der Medizin, S. 64.

Behandlungen abhängig war.[156] Rein pragmatisch gesehen sollte auch vermieden werden, dass wertvolle Arzneimittel nicht für im Ergebnis erfolglose Behandlungen verwendet werden.[157] Zudem galt es den Ruf der Schule nicht zu schädigen.[158] In dem Selbstverständnis des antiken Arztes war eine erfolgreiche medizinische Behandlung ausschließlich bei eine vollständigen Heilung des Patienten anzunehmen.[159] Aufgrund dieser Erfolgsverpflichtung bevorzugte der Arzt Patienten mit positiven Prognosen, um seinen Patientenstamm zu erhalten. Die Folge war, dass sowohl heroische Behandlungen auf dem Gebiet der Chirurgie als auch der direkte Kontakt mit Todgeweihten so gut es ging vermieden wurden.[160] Während die archaischen Ärzte die Behandlung von Sterbenden noch vollumfänglich ablehnten, wird zum Teil nach Erkennen der „*facies hippocratica*" (Totengesicht) von einer Art Sterbebegleitung durch den antiken Arzt berichtet. Diese erfolgte jedoch unter strikter Darlegung der Krankensituation, um spätere Vorwürfe sowie einen Autoritätsverlust zu verhindern.[161] Der ärztliche Beweggrund lag daher ausschließlich in dem Erkennen des Todes und somit in der wissenschaftlichen Leistung. Ein palliativmedizinischer Gedanke war folglich noch nicht erkennbar.[162]

---

[156] *Hillebrand*, Das Arztbild im Wandel, in: Gellner/Schmöller (Hrsg.), Neue Patienten – Neue Ärzte? Ärztliches Selbstverständnis und Arzt-Patienten-Beziehung im Wandel, S. 61 (63); *Maio*, Mittelpunkt Mensch, S. 102; *Porter*, Die Kunst des Heilens, S. 75.

[157] *Maio*, Mittelpunkt Mensch, S. 103.

[158] *Peintinger*, Therapeutische Partnerschaft, S. 43.

[159] *Hillebrand*, Das Arztbild im Wandel, in: Gellner/Schmöller (Hrsg.), Neue Patienten – Neue Ärzte? Ärztliches Selbstverständnis und Arzt-Patienten-Beziehung im Wandel, S. 61 (63, 81).

[160] Ackerknecht/*Murken*, Geschichte der Medizin, S. 44; vgl. *Maio*, Mittelpunkt Mensch, S. 101, der aus einer hippokratischen Schrift zitiert: „Wenn nun der Mensch an einem Übel leidet, das stärker ist als die Werkzeuge der ärztlichen Kunst, so darf man auch nicht erwarten, daß es von der ärztlichen Kunst überwunden werden könnte […]"; *Porter*, Die Kunst des Heilens, S. 58 f.; *Sigerist*, A history of medicine, Vol. II, S. 299, formuliert dies eindrucksvoll: „This is why weak infants were destroyed, and not only in Sparta. There never was any organized care for cripples or the blind. The sick man had to recover his health in order to be restored to his full status in society. But if his condition was hopeless, his disease incurable, the physician would not touch him."

[161] *Lichtenthaeler*, Geschichte der Medizin, S. 135; vgl. *Lukowsky*, Philosophie des Arzttums, S. 34.

[162] *Eberhardt*, Selbstbestimmungsrecht des Patienten und ärztliche Aufklärungspflicht im Zivilrecht Frankreichs und Deutschland, S. 153; anders: *Maio*, Mittelpunkt Mensch, S. 103, der davon ausgeht, das „[…] die Schmerzlinderung schon in der Antike […] zum ärztlichen Tun gehörte."

C. Mittelalter

„After Galen there is a thousand years of darkness, and both medicine and biology almost cease to have a history. Men were interested rather in the will and purpose of God than in natural phenomena."[163]

Mit diesen Worten beschreibt Singer (1876 – 1960) das Ende der antiken Zeitrechnung und den Beginn der vierten großen Medizinentwicklungsstufe.[164] Das Zitat lässt erahnen, dass nach der medizinischen Hochphase in der Antike ein Rückschritt in der Qualität der ärztlichen Leistung erwartet wird. Ferner erscheint es so, als würde die frisch begründete Rationalität innerhalb der Medizin durch das (Wieder-)Aufkommen von Religion und Magie bedroht werden.[165] Fraglich bleibt, ob der in Aussicht gestellte „Rückzug der Wissenschaft" neben negativen Qualitätsunterschieden nicht auch positive Auswirkungen auf die Arzt-Patienten-Beziehung hatte.

Nach dem Untergang des weströmischen Reichs im 5. Jahrhundert n. Chr. kam es zu einer Zersplitterung von bedeutenden Gesellschafts- und Kulturstrukturen auf dem betroffenen Teil des europäischen Kontinents.[166] Diese Entwicklung führte unter anderem auch zu einem Bildungsverlust auf dem Gebiet der Medizin.[167] Die herausragenden Errungenschaften der Antike wurden zum Teil wieder vergessen. Einordnen lässt sich das Mittelalter als eine 1000 Jahre (um 500 – 1500 n. Chr.) während Entwicklung, die bedeutend durch die Manifestation des Christentums als Weltreligion gekennzeichnet ist. Wird eine engere Differenzierung versucht, kann diese durch eine Aufspaltung in die frühmittelalterliche Phase der monastischen Medizin oder auch Mönchsmedizin (500 – 1100 n. Chr.) und die sich anschließende, dem Hoch- und Spätmittelalter zuzurechnende scholastische Medizinphase (1100 – 1500 n. Chr.) erreicht werden.[168]

I. Monastische Medizin

In der Phase der Mönchsmedizin kehrte die medizinische Tätigkeit wieder in die Hände der Geistlichen zurück.[169] Einem ähnlichen Gedanken wie im alten Ägypten

---

[163] *Singer*, A Short History of Science to the Nineteenth Century, S. 93.

[164] Nach der magisch-primitiven, der archaischen und der abendländischen Medizin.

[165] *Kaba/Sooriakumaran*, International Journal of Surgery 2007, 57 (58 f.).

[166] *Baas*, Die Geschichtliche Entwicklung des ärztlichen Standes und der medicinischen Wissenschaften, S. 127.

[167] *Harig/Schneck*, Geschichte der Medizin, S. 78.

[168] Ackerknecht/*Murken*, Geschichte der Medizin, S. 56 ff.; *Leven*, Geschichte der Medizin, S. 29; *Lichtenthaeler*, Geschichte der Medizin, S. 270, mit leicht anderen Jahreszahlen; *Pollak*, Die Jünger des Hippokrates, S. 188, 195.

[169] Ackerknecht/*Murken*, Geschichte der Medizin, S. 56.

folgend gab es dabei für jedes Leiden einen eigenen Heiligen.[170] Die Krankheit wurde als Zeichen Gottes gewertet: entweder als Strafe für eigene Sünden oder als Folge von Besessenheit oder Hexerei. Eine Heilung konnte dementsprechend nur durch Gebete und Buße erreicht werden und galt als Wunder.[171] Im Hinblick auf die Qualität der ärztlichen Leistungen konnten in den Klöstern jedoch nur spärliche Überreste der antiken Heilkunst gewahrt werden.[172] Sofern die griechische und römische Medizin als zeitgemäße Schulmedizin verstanden wird, erreichte sie während der monastischen Medizin ihren Tiefpunkt.[173] Die Mönchsärzte beschränkten sich auf eine Kräuterheilkunde, deren Anwendung der kirchlichen Mission untergeordnet war.[174] Es galt nicht Neues zu schaffen, sondern Altes zu bewahren. Dies zeigte sich dadurch, dass Mönchsärzte überwiegend antike Schriften übersetzten.[175]

Das Ende der Mönchsmedizin wurde im Jahr 1130 n. Chr. durch das Konzil von Clermont eingeläutet. Es beinhaltete ein Verbot für die Geistlichen, gewerbsmäßig ärztlich tätig zu werden. Begründet wurde diese kirchliche Entscheidung damit, dass gerade die Ausübung der inneren Medizin starke weltliche Berührungspunkte mit dem Streben nach Gewinn aufwies. Die Chirurgie sollte dagegen vermieden werden, um bei dem Tod eines Patienten keine Verbindung mit dem Klerus herstellen zu können.[176]

II. Scholastische Medizin

Auch wenn das römische Reich zerbrach, führte dies nicht zu einem vollständigen Untergang der griechischen Heilkunst. Stattdessen lebte diese wie im byzantinischen Reich auch im arabischen Raum wieder auf. Zwar wird es der Bedeutung der arabischen Medizinkultur nicht gerecht, jedoch soll in aller Kürze festgestellt werden, dass erst die Araber die Ideen des Hippokrates und Galens mit circa 900-jähriger

---

[170] *Porter*, Die Kunst des Heilens, S. 112.

[171] Ackerknecht/*Murken*, Geschichte der Medizin, S. 57; *Laib*, Das Bild des Arztes und sein Auftrag in der Gesellschaft von 1949 bis zur Gegenwart im Spiegel des deutschen Ärzteblattes, S. 52; *Pollak*, Die Jünger des Hippokrates, S. 216; *Schimmelpfeng-Schütte*, MedR 2002, 286 (286).

[172] Vgl. Ackerknecht/*Murken*, Geschichte der Medizin, S. 61; *Eckart*, Geschichte, Theorie und Ethik der Medizin, S. 50; *Lichtenthaeler*, Geschichte der Medizin, S. 292.

[173] *Lichtenthaeler*, Geschichte der Medizin, S. 296.

[174] Ackerknecht/*Murken*, Geschichte der Medizin, S. 57.

[175] *Eckart*, Geschichte, Theorie und Ethik der Medizin, S. 52 ff.; *Laib*, Das Bild des Arztes und sein Auftrag in der Gesellschaft von 1949 bis zur Gegenwart im Spiegel des deutschen Ärzteblattes, S. 53.

[176] Ackerknecht/*Murken*, Geschichte der Medizin, S. 57; *Eckart*, Geschichte, Theorie und Ethik der Medizin, S. 53; *Lichtenthaeler*, Geschichte der Medizin, S. 310 f; *Pollak*, Die Jünger des Hippokrates, S. 215.

Verspätung wieder in das mittelalterliche Europa brachten.[177] Neben dem Christentum hatte daher auch der sich ab 622 n. Chr. von Mekka ausbreitende Islam eine nicht zu unterschätzende Wirkung auf die mittelalterliche Arzt-Patienten-Beziehung.

Das Charakteristikum der scholastischen Phase war die endgültige Verwissenschaftlichung der Medizin.[178] Maßgeblich war zunächst, dass die Ausbildung zum Arzt nicht mehr in Klöstern, sondern in sogenannten Medizinschulen, den späteren Universitäten, stattfand.[179] Besondere Bedeutung erlangte die „Ärzteschule von Salerno", in der bereits ab dem 9. Jahrhundert weltliche und kirchliche Ärzte zusammen wirkten und gemeinsam lehrten.[180] Zu Beginn des 13. Jahrhunderts wurde zudem in Montpellier die erste medizinische Fakultät gegründet.[181] Rechtliche Bedeutung erlangten die Universitäten spätestens mit den Medizinalstatuten von Kaiser Friedrich II (1194 – 1250 n. Chr.), die die Ausübung der ärztlichen Tätigkeit im Königreich von Sizilien von dem erfolgreichen Abschluss eines Medizinstudiums abhängig machten.[182] Zunächst blieben universitäre Abschlüsse jedoch die Seltenheit.[183] Dies war ein Grund, weshalb sich anfangs nur Fürsten einen universitär gebildeten Arzt leisten konnten.[184] Dennoch wurde die Medizin im Mittelalter alltagstauglich. Das „Massenphänomen der Krankheit" wurde begründet. Zudem verfestigte sich die hohe Stellung des akademischen Arztes. Diese ist noch heute Hintergrund der Redewendung „Ärzte sind bzw. führen sich auf wie Halbgötter in Weiß".

---

[177] Ackerknecht/*Murken*, Geschichte der Medizin, S. 58 ff.; *Harig/Schneck*, Geschichte der Medizin, S. 72 f.; *Laib*, Das Bild des Arztes und sein Auftrag in der Gesellschaft von 1949 bis zur Gegenwart im Spiegel des deutschen Ärzteblattes, S. 53 f.; *Singer*, A Short History of Science to the Nineteenth Century, S. 129 ff.

[178] *Lichtenthaeler*, Geschichte der Medizin, S. 317.

[179] Ackerknecht/*Murken*, Geschichte der Medizin, S. 58; *Harig/Schneck*, Geschichte der Medizin, S. 85 f.; *Laib*, Das Bild des Arztes und sein Auftrag in der Gesellschaft von 1949 bis zur Gegenwart im Spiegel des deutschen Ärzteblattes, S. 53; *Porter*, Die Kunst des Heilens, S. 114 f.

[180] *Lichtenthaeler*, Geschichte der Medizin, S. 306.

[181] *Lichtenthaeler*, Geschichte der Medizin, S. 320.

[182] *Eckart*, Geschichte, Theorie und Ethik der Medizin, S. 55; *Inglis*, Geschichte der Medizin, S. 90 f.; *Laib*, Das Bild des Arztes und sein Auftrag in der Gesellschaft von 1949 bis zur Gegenwart im Spiegel des deutschen Ärzteblattes, S. 54; *Schumann*, De medicis et aegrotis – Arztrecht im Frühmittelalter, in: Ahrens/von Bar/Fischer/Spickhoff/Taupitz (Hrsg.), Festschrift für Erwin Deutsch (80), S. 545 (549).

[183] *Porter*, Die Kunst des Heilens, S. 115, „Von Studentenmassen konnte nicht die Rede sein: Bologna verlieh zwischen 1419 und 1434 ganze 65 medizinische Grade und einen der Chirurgie; in Turin gab es zwischen 1426 und 1462 nur 13 Abschlüsse. Die einzige große Lehrstätte und herausragendes Zentrum war Padua, wo die Medizinstudenten ein Zehntel der Studentenschaft stellten. Die dortige medizinische Fakultät war ungewöhnlich groß. Im Jahre 1436 gehörten ihr 16 Ärzte an – in Oxford lehrte nur ein einziger Doktor der Medizin."

[184] *Pollak*, Die Jünger des Hippokrates, S. 212.

Persönlich hervorgehoben werden kann Constantinus Africanus (um 1020 – um 1087 n. Chr.), der durch seine arabisch-lateinischen Übersetzungen entscheidend den Übergang von der Mönchsmedizin zur scholastischen Medizin mitgeprägt hat.[185] Die Folge der neuen Medizin war ein weniger religiös ausgestalteter Lehrort. Gleichwohl ist nicht von einem geringeren kirchlichen Einfluss auf die Entwicklung der Medizin zu sprechen. Gerade die Lehrtätigkeit blieb noch lange nach dem Konzil von Clermont in geistlicher Hand.[186] Daher ist es nicht verwunderlich, dass die „Verschulung" der Medizin nicht mit einem Anstieg an rationalen Denkweisen gleichgesetzt werden kann. Ganz im Gegenteil: Der Einfluss des Übernatürlichen wuchs mit dem Wiederendecken der griechischen Erkenntnisse weiter an.[187] Die scholastische Medizinphase kann auch als „sklavische Nachahmung der Antike" verstanden werden, in der die alten Erkenntnisse religiös aufgeladen wurden.[188]

III. Arzt-Patienten-Beziehung im Mittelalter

Das mittelalterliche Arzt-Patienten-Verhältnis wurde wesentlich von dem sich ausbreitenden Christentum beeinflusst. Der christliche Glaube hatte dabei im Hinblick auf zwei zentrale Punkte einen unmittelbaren Einfluss auf die Entwicklung der Medizin. Zum einen wurde dem rationalen Denken eine geringere Bedeutung beigemessen. Es dominierte der Glaube an Gott. Das naturwissenschaftlich geprägte antike Wissen wurde dagegen in den Hintergrund gedrängt.[189] Sofern bei der Bewertung der Arzt-Patienten-Beziehung auch die Komplexität und die Wirksamkeit der ärztlichen Leistungen mitberücksichtigt werden, ist aufgrund der Renaissance von geistlichen Behandlungsmethoden wie dem „Tempelschlaf" und exorzistischen oder astrologischen Therapien eine rückläufige Entwicklung anzunehmen.[190] Zum anderen fand der Solidaritätsgedanke durch das Christentum Einzug in die Arzt-Patienten-Beziehung.[191] Erstmals stand die Krankenpflege uneingeschränkt auch den Armen und Todkranken zu.[192] Es kann daher auch von dem Ursprung der Pallia-

---

[185] Ackerknecht/*Murken*, Geschichte der Medizin, S. 60; *Eckart*, Geschichte, Theorie und Ethik der Medizin, S. 54; *Lichtenthaeler*, Geschichte der Medizin, S. 307.

[186] *Pollak*, Die Jünger des Hippokrates, S. 215.

[187] Ackerknecht/*Murken*, Geschichte der Medizin, S. 56.

[188] Ackerknecht/*Murken*, Geschichte der Medizin, S. 61.

[189] *Harig/Schneck*, Geschichte der Medizin, S. 69.

[190] Beispiele in: *Inglis*, Geschichte der Medizin, S. 72; *Lichtenthaeler*, Geschichte der Medizin, S. 242.

[191] *Diurni*, Die Arzthaftung von gestern und das Medizinrecht von heute in rechtsvergleichender Perspektive, in: Ahrens/von Bar/Fischer/Spickhoff/Taupitz (Hrsg.), Festschrift für Erwin Deutsch (80), S. 85 (87), spricht davon, dass der Solidaritätsgedanke „auf die römische Tradition zurückgeht und dann in die christliche Ideologie übernommen wurde; *Harig/Schneck*, Geschichte der Medizin, S. 69 f.

[192] Eine besondere Rolle nahmen dabei sogenannte „Siechenhäuser" ein, die als Vorgänger der heutigen Krankenhäuser gelten, siehe dazu: Huster/Kaltenborn/*Friedrich/Leber*, Kran-

tivmedizin gesprochen werden. Der Umstand, dass die Medizin nicht mehr primär auf die Oberschicht ausgerichtet war, führte zu einem gestiegenen Bedarf an ärztlichen Behandlungsstätten. Diese Problematik wurde mit dem aufkommenden Krankenhauswesen begegnet.[193]

Der christliche Glaube hatte sämtliche Gesellschaftsstrukturen durchdrungen. Dies führte dazu, dass die Theologie mit dem ärztlichen Gewissen gleichgesetzt werden konnte.[194] Bemerkenswert erscheint, dass die Behandlung von Sterbenden einer Christenpflicht entsprach. Da eine Heilung als Wunder Gottes verstanden wurde, galt diese Christenpflicht auch dann, wenn der Patient eine Behandlung nicht mehr wünschte. Eine derartige Entscheidung konnte aufgrund der überragenden Bedeutung eines sichtbaren göttlichen Eingriffs nicht dem Patienten überlassen werden. Demnach war eine Behandlung gegen den Willen des Patienten nicht nur zulässig, sondern nach christlichem Glauben auch zwingend erforderlich.[195] Ob diese Machtbefugnisse die Stellung der mittelalterlichen christlichen Ärzte stärkte, ist jedoch durchaus zweifelhaft. Die ärztliche Therapiefreiheit enthält als eine der drei Ausformungen das Recht, darüber zu entscheiden, ob die Behandlung übernommen werden soll.[196] Die durch das Christentum ermöglichte Zwangsbehandlung sicherte dieses Ärzterecht in rigoroser Art und Weise ab. Es könnte daher von einer Betonung der Therapiefreiheit gesprochen werden. Im Ergebnis überzeugt dies jedoch nicht. Sobald das Recht, jemanden gegen seinen Willen zu behandeln, in eine Pflicht umschlägt, wird die ärztliche Therapiefreiheit dadurch nicht positiv erweitert, sondern vielmehr negativ beschränkt. Bei dem ausgeprägten Solidaritätsgedanken des christlichen Glaubens handelte es sich daher um eine Verringerung der ärztlichen Entscheidungsbefugnisse.

Unter heutigen Gesichtspunkten gilt die Therapiefreiheit unter anderem als notwendig, um dem Arzt die Möglichkeit zu eröffnen, an dem medizinischen

---

kenhausrecht, § 18, Rdnr. 11; allgemein: *Hillebrand*, Das Arztbild im Wandel, in: Gellner/Schmöller (Hrsg.), Neue Patienten – Neue Ärzte? Ärztliches Selbstverständnis und Arzt-Patienten-Beziehung im Wandel, S. 61 (82); *Inglis*, Geschichte der Medizin, S. 76 f.; *Pollak*, Die Jünger des Hippokrates, S. 216.

[193] *Engelhardt*, D., Die Arzt-Patient-Beziehung – gestern, heute, morgen, in: Lang/Arnold (Hrsg.), Die Arzt-Patient-Beziehung im Wandel, S. 19 (29); allgemein zum Krankenhauswesen: Ackerknecht/*Murken*, Geschichte der Medizin, S. 64 ff.; *Eckart*, Geschichte, Theorie und Ethik der Medizin, S. 66 ff.; *Laib*, Das Bild des Arztes und sein Auftrag in der Gesellschaft von 1949 bis zur Gegenwart im Spiegel des deutschen Ärzteblattes, S. 53; *Porter*, Die Kunst des Heilens, S. 114; *Probst*, Das Hospitalwesen im hohen und späten Mittelalter und die geistliche und gesellschaftliche Stellung des Kranken, in: Baader/Keil (Hrsg.), Medizin im mittelalterlichen Abendland, S. 260 (260 ff.); vgl. auch: *Singer*, A Short History of Science to the Nineteenth Century, S. 111, der den Ursprung des Krankenhauswesens im Römischen Reich verortet.

[194] *Pollak*, Die Jünger des Hippokrates, S. 214.

[195] *Pollak*, Die Jünger des Hippokrates, S. 216.

[196] Siehe dazu Erster Teil Kapitel A. III. 1.

Fortschritt teilzuhaben bzw. diesen selbst voranzutreiben.[197] Der mittelalterliche christliche Arzt war dagegen an die bestehenden Traditionen der ärztlichen Heilkunst gebunden. Ihm wurde durch kirchliche Erlässe untersagt, sein Wissen durch ein freies Forschen oder Operieren zu erweitern.[198] Wenn ein Arzt unmittelbar an einem Patienten forscht und er dabei das Feld der bekannten Medizin verlässt, entstehen Risiken. Sofern der christliche Glaube eine Forschung zulasten der Patienten verbot, darf dies zunächst nicht als Schwächung der Arzt-Patienten-Beziehung eingeordnet werden. Dies gilt erst recht, wenn die entsprechenden Patienten der bisher mit der Krankenpflege nur bedingt in Berührung gekommenen Unterschicht zuzuordnen waren. Unter Bezugnahme auf die antiken Menschenversuche kann an dieser Stelle mit einer besonderen Schutzbedürftigkeit argumentiert werden. Gleichwohl bietet eine umfangreiche Methodenwahlfreiheit auch immer neue Chancen für die Patienten. Da eine dem Fortschritt offen gegenüberstehende Medizin auf lange Sicht positive Auswirkungen auf die Qualität der ärztlichen Leistung und somit auf die Arzt-Patienten-Beziehung hat, wurde die ärztliche Therapiefreiheit durch das Christentum eher beschränkt als gestärkt. Es handelte sich um eine ethische Beschränkung der ärztlichen Freiheit, die aufgrund der überragenden Bedeutung des christlichen Glaubens jedoch mit normativen Einschnitten komparabel war.[199]

Die Entwicklung des mittelalterlichen Arzt-Patienten-Verhältnisses ist als rückläufig zu bewerten. Sowohl der Arzt als auch der Patient mussten ihre Freiheit der Bedeutung des christlichen Glaubens unterordnen. Es kann insoweit von einer *trialen* Arzt-Patienten-Beziehung gesprochen werden, in der die Kirche als eine dritte Partei auftrat. Während der Arzt und der Patient Beschränkungen ihrer Rechte hinnehmen mussten, wurde die Position der Kirche gestärkt. Diese gewann aufgrund der ihr obliegenden Auslegung des christlichen Glaubens einen unmittelbaren Einfluss auf die öffentliche Krankenpflege. Die Institution Kirche stellte jedoch keinen direkten Bestandteil der Arzt-Patienten-Beziehung dar. Bereits deshalb konnte sich das Verhältnis von Arzt und Patient unter dem Christentum nur schwer entwickeln. Die gestiegenen Machtbefugnisse eines Dritten (der Kirche) sind daher als Hemmnis und nicht als weiterer Schritt hin zu mehr Gleichberechtigung zu werten. Das Chris-

---

[197] Siehe dazu Erster Teil Kapitel A. IV. 2.

[198] *Hillebrand*, Das Arztbild im Wandel, in: Gellner/Schmöller (Hrsg.), Neue Patienten – Neue Ärzte? Ärztliches Selbstverständnis und Arzt-Patienten-Beziehung im Wandel, S. 61 (66), spricht davon, dass es französischen Zisterziensermönchen untersagt war, andere Heilmittel außer dem Gebet zu verwenden. Die Autorin führt jedoch auch aus, dass es den Johannitern gestattet war, sich aktiver mit antiken Schriften auseinanderzusetzen; *Pollak*, Die Jünger des Hippokrates, S. 216.

[199] Heutzutage kann das Wirken des Christentums mit der Arbeit des Deutschen Ethikrats verglichen werden. Gemäß § 2 Abs. 1 EthRG hat der Deutsche Ethikrat die Aufgabe, die ethischen, gesellschaftlichen, naturwissenschaftlichen und rechtlichen Fragen sowie die voraussichtlichen Folgen für Individuum und Gesellschaft, die sich im Zusammenhang mit der Forschung und den Entwicklungen insbesondere auf dem Gebiet der Lebenswissenschaften und ihrer Anwendung auf den Menschen ergeben, zu bewerten. Es handelt sich also ebenfalls um eine Institution, die das Arzt-Patienten-Verhältnis aus einer ethisch-kollektiven Sichtweise heraus analysiert und durch Stellungnahmen Einfluss ausübt.

tentum hat allenfalls die Stellung der vermögenslosen und schwerkranken Patienten faktisch verbessert. Diese galten als Auserwählte Gottes, wodurch der Dienst an den Kranken zum Dienst am Herrn mutierte.[200] Gleichwohl ist Lichtenthaeler nicht zuzustimmen, wenn er den christlichen Arzt als „Diener seiner Patienten" bezeichnet.[201] Aufgrund der Beschränkungen der ärztlichen Therapiefreiheit war der mittelalterliche Arzt eher als „Diener der Kirche" zu bezeichnen. Der Patient war weiter rechtlos. Ihm kam die Rolle eines auf die Barmherzigkeit Gottes angewiesenen Objektes zu, wobei dem christlichen Gott sowohl die Macht über das Leben als auch über den Tod zugesprochen wurde. Ähnlich wie in der Antike schuldete der Arzt den Eintritt eines Heilerfolgs. Da dem Patienten weiterhin die nachträgliche Bewertung der ärztlichen Tätigkeit oblag, konnte er zumindest auf diesem Wege seine Patienteninteressen ansatzweise vorbringen.[202]

Das mittelalterliche Arzt-Patienten-Verhältnis entwickelte sich unter dem Christentum zu einer *Objekt-Objekt-Beziehung*, in der beide Parteien in einer im Einzelfall auch sehr ausgeprägten Abhängigkeit zur Kirche auftraten.[203] In den nachfolgenden Unterpunkten wird die Arzt-Patienten-Beziehung auf die Besonderheiten der monastischen und scholastischen Medizin hin untersucht.

1. Frühmittelalterliche Mönchsarzt-Patienten-Beziehung

Die Mönchsmedizin war genauso wie die hippokratische Medizin durch ein ausgeprägtes Maß an Intimität gekennzeichnet. Unterschieden haben sich die Medizinepochen dagegen bei der Komplexität der ärztlichen Leistung und im Hinblick auf die Bewertung der medizinischen Forschung. Ersteres hängt damit zusammen, dass zur Zeit des frühen Mittelalters zwischen dem Behandelnden und dem Patienten nur ein geringer Unterschied im geistigen Niveau bestand.[204] Ein intensives fachli-

---

[200] *Engelhardt*, D., Die Arzt-Patient-Beziehung – gestern, heute, morgen, in: Lang/Arnold (Hrsg.), Die Arzt-Patient-Beziehung im Wandel, S. 19 (29), „[…] hinter jedem Arzt steht die Figur von Christus medicus wie hinter jedem Kranken das Bild der Passio Christi."; *Probst*, Das Hospitalwesen im hohen und späten Mittelalter und die geistliche und gesellschaftliche Stellung des Kranken, in: Baader/Keil (Hrsg.), Medizin im mittelalterlichen Abendland, S. 260 (265 f.).

[201] *Lichtenthaeler*, Geschichte der Medizin, S. 220.

[202] *Diurni*, Die Arzthaftung von gestern und das Medizinrecht von heute in rechtsvergleichender Perspektive, in: Ahrens/von Bar/Fischer/Spickhoff/Taupitz (Hrsg.), Festschrift für Erwin Deutsch (80), S. 85 (86 f.); *Schumann*, De medicis et aegrotis – Arztrecht im Frühmittelalter, in: Ahrens/von Bar/Fischer/Spickhoff/Taupitz (Hrsg.), Festschrift für Erwin Deutsch (80), S. 545 (556).

[203] *Kaba/Sooriakumaran*, International Journal of Surgery 2007, 57 (59), beschreiben die mittelalterliche Arzt-Patienten-Beziehung sehr anschaulich als das Aufeinandertreffen eines mit magischen Kräften ausgestatteten Arztes mit einem Patienten, der als hilfloser Säugling agierte; vgl. auch: *Illhardt*, Wandel des Berufsbildes: ethische und historische Hintergründe, in: Jütte (Hrsg.), Die Zukunft der Individualmedizin, S. 25 (31), der die Frage aufwirft, ob ein Patient mit einem Kind gleichgesetzt werden kann.

[204] *Lichtenthaeler*, Geschichte der Medizin, S. 300.

ches Aufklärungsgespräch war aufgrund des fehlenden Wissensvorsprungs des Mönchsarztes nicht möglich. Dennoch galt die angewandte Heilkunst als effektiv. Die Anforderungen an die Behandlung und damit die Sicht des Patienten auf den Arzt wurde von den allgemein niedrigen Lebensstandards beeinflusst. Somit wurde die Qualität der Arzt-Patienten-Beziehung durch die weniger komplexe, jedoch durchaus zeitgemäße Behandlung nicht negativ berührt.[205] Es lässt sich sogar die These aufstellen, dass die Arzt-Patienten-Beziehung zur Zeit der monastischen Medizin ihren Höhepunkt an Persönlichkeit erreichte. Sowohl der Mönch durch seinen Kirchenauftrag und der umfassenden Wirkung des Christentums als auch der Patient mit seinem Wunsch nach seelischem Beistand trafen auf einer Ebene von Gleichrangigkeit und persönlichem Vertrauen aufeinander. Eine derartige Ausprägung an persönlichen Berührungspunkten zwischen Arzt und Patient ist zumindest bei Massenbehandlungen in Krankenhäusern heute nur schwer vorstellbar.[206]

Da das Christentum der fortschrittlichen Medizin insgesamt eher kritisch gegenüberstand, ist es nicht verwunderlich, dass dies insbesondere auf den frühmittelalterlichen Mönchsarzt und dessen primitive Kräuterkunde zutraf.[207] Hierin kann zwar grundsätzlich eine Beschränkung der Methodenwahlfreiheit gesehen werden, gleichwohl darf dies nicht mit einem Bedeutungsverlust der ärztlichen Therapiefreiheit gleichgesetzt werden. Es lässt sich vielmehr eine Rückbesinnung auf den ärztlichen Heilauftrag erkennen: also auf den Gedanken, der bereits unter den fortschrittlich agierenden antiken Ärzten als das Kernelement einer funktionierenden Arzt-Patienten-Beziehung angesehen wurde.[208] Folglich stand die Behandlung des individuellen Patienten im Mittelpunkt und nicht das Denken an die Zukunft oder das Streben nach Fortschritt. Dass dem Patienten keine Entscheidungsgewalt über die Art und Weise der Behandlung zustand, war auch auf die begrenzten Möglichkeiten der monastischen Kräuterheilkunde zurückzuführen.[209] Gleichwohl konnte sich der Patient sicher sein, dass ihm allein die Aufmerksamkeit des Mönchsarztes galt und er nicht von diesem als Forschungsobjekt betrachtet wurde. Die Objekt-Objekt-Beziehung, die sich unter dem Christentum entwickelte, kann daher im Hinblick auf das frühmittelalterliche Mönchsarzt-Patienten-Verhältnis zu einer Beziehung zwischen einem *individualisierten* Arzt und einem ebenfalls *individualisierten* Patienten modifiziert werden.

---

[205] Vgl. *Katz*, The silent world of doctor and patient, S. 3; *Lichtenthaeler*, Geschichte der Medizin, S. 299.

[206] Vgl. *Lichtenthaeler*, Geschichte der Medizin, S. 300 f.

[207] *Lichtenthaeler*, Geschichte der Medizin, S. 300.

[208] Siehe dazu Zweiter Teil Kapitel B. V. 1.

[209] Vgl. *Peintinger*, Therapeutische Partnerschaft, S. 43 f.

2. Hoch- und spätmittelalterliche Arzt-Patienten-Beziehung

Nicht nur im Vergleich zur Antike, sondern auch während des Mittelalters ist ein Wandel in der Arzt-Patienten-Beziehung erkennbar. Die Wiederentdeckung der antiken Heilkunst gelang durch das Studium von Buchwissen und die darin hervorgehobene Bedeutung des freien Forschens. So wurde es auch den hoch- und spätmittelalterlichen Ärzten möglich, mit der hippokratischen Medizin vergleichbare komplexe ärztliche Leistungen zu erbringen. Dennoch ist die Arzt-Patienten-Beziehung der scholastischen Medizinepoche als deutlich distanzierter einzuschätzen. Das Wissen aus Büchern wurde über das Interesse an dem konkret erkrankten Patienten gestellt. Als Mittelpunkt des ärztlichen Wirkens und der Ausbildung galten daher die Räumlichkeiten der Bibliothek und nicht die der Labore oder Krankenhäuser.[210] Die intime Beziehung zwischen Mönchsarzt und Patient wandelte sich in ein durch Distanz geprägtes Arzt-Patienten-Verhältnis. Der Arzt entfernte sich von dem Patienten, wodurch sich dessen Objektposition wieder verfestigte. Diese negativen Auswirkungen auf die Arzt-Patienten-Beziehung beschrieb der persische Arzt Abū Bakr Muḥammad ibn Zakariyyā ar-Rāzī (865 – 925 n. Chr., latinisiert: Rhazes) passend mit den Worten: „Die Heilkunst, wie sie in den Büchern aufgezeichnet ist, ist der praktischen Erfahrung eines befähigten und aufmerksamen Arztes weit unterlegen.“[211]

Es spricht daher viel dafür, dass der persönlichen Gesprächsführung, die während der monastischen Epoche noch den Kern der Arzt-Patienten-Beziehung ausmachte, auch aufgrund der Wiederentdeckung des abstrakten Wissens weniger Bedeutung beigemessen wurde. Die Rückbesinnung auf die Antike führte daher auch zu dem erneuten Entstehen einer Informations-asymmetrie zwischen dem *wieder* gebildeten Arzt und dem *weiterhin* unwissenden Patienten. Fraglich ist daher, inwieweit der Arzt den Patienten über seine Situation aufklären musste. Im Gegensatz zur hippokratischen Medizin sah eine mittelalterliche Behandlung als ersten Schritt die Beichte vor. Eine Auseinandersetzung mit Gott war aufgrund des angenommenen göttlichen Ursprungs der Krankheiten unabdingbar. Um dem Patienten eine Loslösung von seinen Sünden zu ermöglichen, galt es deshalb als erforderlich, dass dieser über sein Leiden Bescheid wusste. Der hoch- und spätmittelalterliche Arzt musste dem Patienten daher die Krankensituation schonungslos schildern.[212] Die Aufklärungspflicht galt jedoch weder dem Schutz des Patienten noch war sie erforderlich, um die Behandlung durchzuführen.[213] Vielmehr hatte der Arzt den Pa-

---

[210] Ackerknecht/*Murken*, Geschichte der Medizin, S. 61; *Lichtenthaeler*, Geschichte der Medizin, S. 330.

[211] Abgedruckt in: *Inglis*, Geschichte der Medizin, S. 59.

[212] *Engelhardt*, D., Die Arzt-Patient-Beziehung – gestern, heute, morgen, in: Lang/Arnold (Hrsg.), Die Arzt-Patient-Beziehung im Wandel, S. 19 (33); *Hillebrand*, Das Arztbild im Wandel, in: Gellner/Schmöller (Hrsg.), Neue Patienten – Neue Ärzte? Ärztliches Selbstverständnis und Arzt-Patienten-Beziehung im Wandel, S. 61 (82, 88); *Pollak*, Die Jünger des Hippokrates, S. 216 f.

[213] Vgl. *Vollmann*, Patientenselbstbestimmung und Selbstbestimmungsfähigkeit, S. 26.

tienten aufzuklären, um diesen über das offene Gespräch mit Gott auf die eigentliche Behandlung bzw. den oftmals unausweichlichen Tod vorzubereiten.

Bei der hoch- und spätmittelalterlichen Arzt-Patienten-Beziehung handelte es sich aufgrund der fortwährenden „betäubenden" Wirkung des Christentums weiterhin um eine Objekt-Objekt-Beziehung, in der beide unmittelbar an der Behandlung beteiligten Parteien aus einer *individualisierten* Position heraus agierten. Aufgrund des anwachsenden ärztlichen Wissens sowie der einsetzenden Hinterfragung des christlichen Glaubens kann jedoch der Stellung des Arztes erste subjektive Tendenzen beigemessen werden. Diese sind Gegenstand der im Folgenden begutachteten Neuzeit.

D. Neuzeit

„Disclosure in medicine has served the function of getting patients to ‚consent' to what physicians wanted them to agree to in the first place. ‚Good' patients follow doctor's orders without question. Therefore, disclosure becomes relevant only with recalcitrant patients."[214]

Katz (1922 – 2008) beschreibt mit dieser Aussage das angespannte Kommunikationsverhältnis von Arzt und Patient in der Neuzeit.[215] Das Zitat verdeutlicht das gestiegene ärztliche Selbstbewusstsein und das damit verbundene veränderte Rollenbildnis des neuzeitlichen Arztes. In der nun folgenden Medizinepoche der Neuzeit (fünfte Hauptphase) werden die Entwicklungen vom Ende des Mittelalters bis zur Gegenwart beleuchtet, wobei das Hauptaugenmerk auf dem 19. und 20. Jahrhundert liegt.

I. Paternalismus

Dem Mittelalter schloss sich eine Zeit des Umschwungs an. Während der Einfluss der Kirche auf die Gesellschaft sank, projizierten sich die Wünsche der Patienten zunehmend auf die Naturwissenschaften und die Medizin.[216] Sowohl sprunghafte

---

[214] *Katz*, The silent world of doctor and patient, S. 1.

[215] Sehr ähnlich liest sich der nachfolgende Auszug aus dem „Eid des Maimonides". Dieser stammt erwiesenermaßen nicht von dem andalusisch-nordafrikanischen Arzt Maimonides (um 1135 – 1204), sondern von dem Berliner Arzt Marcus Herz (1747 – 1803). „Lass im Leiden mich stets nur den Menschen sehen; möge mein Geist am Lager des Kranken stets Herr seiner selbst bleiben und kein fremder Gedanke ihn zerstreuen, damit alles, was Erfahrung und Forschung ihn lehrten, ihm stets gegenwärtig sein, denn groß und selig ist die sinnende Forschung in der Stille, die der Geschöpfe wohl erhalten soll. Verleihe meinen Kranken Zutrauen zu mir und meiner Kunst sowie Befolgung meiner Vorschriften und Weisungen"; siehe: *Schipperges*, Krankheit und Gesundheit bei Maimonides, S. 94 f.

[216] *Engelhardt*, D., Die Arzt-Patient-Beziehung – gestern, heute, morgen, in: Lang/Arnold (Hrsg.), Die Arzt-Patient-Beziehung im Wandel, S. 19 (21).

medizinische Fortschritte, wie das Entdecken der Pharmazie und der damit verbundene Kontrollgewinn über eine Vielzahl von Infektionskrankheiten, als auch medizintechnische Entwicklungen in Form von Mikroskopen, Stethoskopen und Röntgenstrahlen verliehen dem Arzt dabei eine natürliche Autorität.[217] Da nur ein Arzt in der Lage war, das Zusammenspiel von medizinischem Wissen und technischem Fortschritt für die Behandlung nutzbar zu machen, hatte dieser von nun an die dominierende Rolle im Rahmen der Arzt-Patienten-Beziehung inne.[218] Es entwickelte sich ein Arztbild, das heute als paternalistisch bezeichnet wird.[219] Der Begriff „Paternalismus" ist als eine väterlich-fürsorgliche Haltung und Einstellung des Arztes gegenüber seinen Patienten zu definieren.[220]

1. Paternalistisches Medizinverständnis

Das frühe neuzeitliche Arztbild war dadurch geprägt, dass das Patientenwohl (salus aegroti suprema lex) über den Patientenwillen (volutas aegroti suprema lex) gestellt wurde. Daneben galt für den paternalistischen Arzt auch die bereits aus der Antike bekannte Nicht-Schadens-Doktrin (nihil nocere) als maßgeblich.[221] Im Gegensatz zum Mittelalter lässt sich zudem ein verändertes Krankheitsbewusstsein erkennen. Während früher den subjektiven Empfindungen des Patienten ein erhöhtes Maß an Aufmerksamkeit entgegengebracht wurde, galt mit den Technikfortschritten das objektive Symptom als maßgeblich.[222] Neben der Verdrängung des Laienarztes

---

[217] *Laufs*, MedR 1986, 163 (165); *Miranowicz*, MedR 2018, 131 (131); *Shorter*, Das Arzt-Patient-Verhältnis in der Geschichte und heute, S. 27, zählt den Tollwut-, Diphtherie- und Pocken-Impfstoff als große Fortschritte der neuzeitlichen Medizin auf; *Wolf-Braun*, Die Arzt-Patient-Beziehung im Kontext der naturwissenschaftlichen Medizin der Jahre 1850–1900, in: Deter (Hrsg.), Die Arzt-Patient-Beziehung in der modernen Medizin, S. 86 (86, 91), spricht eher davon, dass der Grundstein gelegt wurde, „eine wirksame Therapie gegen die meisten Erreger wurde jedoch erst viele Jahrzehnte später entwickelt; [...]."

[218] *Hillebrand*, Das Arztbild im Wandel, in: Gellner/Schmöller (Hrsg.), Neue Patienten – Neue Ärzte? Ärztliches Selbstverständnis und Arzt-Patienten-Beziehung im Wandel, S. 61 (78, 83, 88).

[219] *Brüggemeier*, Deliktsrecht, Rdnr. 619; *Miranowicz*, MedR 2018, 131 (131).

[220] *Härle*, FPR 2007, 47 (47); *Hellín*, Haemophilia 2002, 450 (450); *Peintinger*, Therapeutische Partnerschaft, S. 50 f.; für eine vergleichbare Definition siehe auch jeweils: *Illhardt*, Wandel des Berufsbildes: ethische und historische Hintergründe, in: Jütte (Hrsg.), Die Zukunft der Individualmedizin, S. 25 (30), der ein paternalistisches Verhalten in einem ärztlichen Auftreten sieht, in dem der Arzt nicht den Patienten, sondern sich selbst dahingehend befragt, was für den Patienten „gut" ist; *Maio*, Mittelpunkt Mensch, S. 214, der unter dem Begriff Paternalismus „[...] das absichtliche Übergehen der Präferenzen einer Person mit dem Ziel, zum Wohle dieser Person zu handeln."

[221] *Becker*, P., Patientenautonomie und informierte Einwilligung, S. 13; *Vollmann*, Patientenselbstbestimmung und Selbstbestimmungsfähigkeit, S. 13 f.

[222] *Hillebrand*, Das Arztbild im Wandel, in: Gellner/Schmöller (Hrsg.), Neue Patienten – Neue Ärzte? Ärztliches Selbstverständnis und Arzt-Patienten-Beziehung im Wandel, S. 61 (88); *Kaba/Sooriakumaran*, International Journal of Surgery 2007, 57 (59); *Katzenmeier*, Arzthaftung, S. 15; Murrhardter Kreis/*Arnold et al.*, Das Arztbild der Zukunft, S. 41; *Wolf-*

führte auch das Aufkommen von Versicherungen auf Patientenseite[223] und die Bildung von Gruppierungen auf Ärzteseite (z. B. der Hartmann-Bund) zu einer neuen Interpretation der Arzt-Patienten-Beziehung.[224] Die umfassende Spannweite der gesetzlichen Krankenversicherung führte dazu, dass der akademische Arzt für den einfachen Bürger erreichbar wurde. Während im Mittelalter der Arzt zum Teil noch auf den monetär besser aufgestellten Patienten angewiesen war, entwickelten sich durch das Versicherungswesen nun auch finanziell gesicherte Rechtsbeziehungen zwischen der Unterschicht und der sozial höhergestellten Ärzteschaft.[225]

Für das steigende ärztliche Selbstverständnis entscheidend war ferner die Änderung im Haftungsrecht. Die Verantwortlichkeit des Arztes richtete sich nicht mehr nach dem Eintreten eines Heilerfolgs, sondern danach, ob die angewandten Heilmethoden den traditionellen Heilungsstandards entsprachen. Folglich hatte die entsprechende Behörde und nicht mehr der Patient über den Erfolg oder Misserfolg einer Behandlung zu urteilen.[226] Der haftungsrechtliche Wandel vom Werk- zum Dienstvertrag beendete die den Arzt einschränkende Erfolgshaftung. Etwaige Heilverträge galten ab Mitte des 17. Jahrhundert aufgrund der Zufallsabhängigkeit und den Unwägbarkeiten des menschlichen Organismus als nichtig.[227]

2. Paternalistische Arzt-Patienten-Beziehung

In der paternalistischen Arzt-Patienten-Beziehung sank der Einfluss des Patienten. Dieser wurde in eine reine Zuschauerrolle zurückgedrängt. Der Patient war dem Arzt medizinisch ausgeliefert.[228] Aufgrund des medizinischen Fortschritts und der damit einhergehenden „Herrschaft der Medikamente" war der neuzeitliche Arzt

---

Braun, Die Arzt-Patient-Beziehung im Kontext der naturwissenschaftlichen Medizin der Jahre 1850–1900, in: Deter (Hrsg.), Die Arzt-Patient-Beziehung in der modernen Medizin, S. 86 (86).

[223] Siehe dazu Fünfter Teil Kapitel A.

[224] *Laib*, Das Bild des Arztes und sein Auftrag in der Gesellschaft von 1949 bis zur Gegenwart im Spiegel des deutschen Ärzteblattes, S. 55 ff.

[225] *Hillebrand*, Das Arztbild im Wandel, in: Gellner/Schmöller (Hrsg.), Neue Patienten – Neue Ärzte? Ärztliches Selbstverständnis und Arzt-Patienten-Beziehung im Wandel, S. 61 (74, 82 f.); *Wolf-Braun*, Die Arzt-Patient-Beziehung im Kontext der naturwissenschaftlichen Medizin der Jahre 1850–1900, in: Deter (Hrsg.), Die Arzt-Patient-Beziehung in der modernen Medizin, S. 86 (91).

[226] Zusammenfassend: *Diurni*, Die Arzthaftung von gestern und das Medizinrecht von heute in rechtsvergleichender Perspektive, in: Ahrens/von Bar/Fischer/Spickhoff/Taupitz (Hrsg.), Festschrift für Erwin Deutsch (80), S. 85 (86 f.).

[227] *Diurni*, Die Arzthaftung von gestern und das Medizinrecht von heute in rechtsvergleichender Perspektive, in: Ahrens/von Bar/Fischer/Spickhoff/Taupitz (Hrsg.), Festschrift für Erwin Deutsch (80), S. 85 (88); im Hinblick auf die Einordnung als Schuldverhältnis siehe auch: *Brüggemeier*, Deliktsrecht, Rdnr. 618.

[228] Murrhardter Kreis/*Arnold et al.*, Das Arztbild der Zukunft, S. 41, „Der Patient wird zum passiven Träger objektiver Zeichen degradiert."

nicht mehr so stark auf eine physische Untersuchung mit anschließender psychologischer Therapie angewiesen. Während zuvor das „Händeauflegen" als symbolischer Akt der Zuwendung und Betreuung verstanden wurde, konnte der Arzt sich nun auf das Verschreiben von Medikamenten beschränken.[229] Als weitere Folge der ärztlichen Dominanz sah eine zeitgenössische Behandlung weder eine Aufklärung noch eine sonstige Einbeziehung des Betroffenen vor. Die Reichweite der Patientenmitwirkung war daher von der Kommunikationsfreudigkeit des Arztes abhängig.[230] Zum Teil sah es die Ärzteschaft sogar als Berufspflicht an, dem Patienten die ganze Wahrheit über seine Krankensituation vorzuenthalten.[231] Statt Kommunikation wurde – paradoxerweise – auf die „heilende Kraft des Vertrauensverhältnisses zwischen Arzt und Patient"[232] verwiesen. Selbst wenn eine Heilung ausgeschlossen war, wurde den sterbenden oder schwerkranken Patienten die Informationen über ihre Diagnose vorenthalten, um ihren Lebensmut nicht zusätzlich durch die Macht von negativen Worten zu beeinträchtigen.[233] Die Ärzteschaft begründete ihre Hoheitsposition damit, dass die Leidenden ihrer Situation im Hinblick auf die medizinische Exaktheit regelmäßig ignorant gegenüberstanden. Zudem galt die Urteilskraft der Betroffenen aufgrund des pathologischen Zustandes als getrübt.[234] Gleichwohl hatte der Gedanke der Aufklärung erste Auswirkungen auf die Arzt-Patienten-Beziehung. Sofern ein aufgeklärter Patient auf einen aufgeklärten Arzt traf, war eine tiefgreifendere Kommunikation nicht mehr fernliegend. Galt der Patient dagegen in dieser Richtung als ungebildet, konnte sich der Arzt problemlos auf die paternalistische Behandlungsweise beschränken.[235]

---

[229] *Shorter*, Das Arzt-Patient-Verhältnis in der Geschichte und heute, S. 38 ff., 51 ff.

[230] *Wolf-Braun*, Die Arzt-Patient-Beziehung im Kontext der naturwissenschaftlichen Medizin der Jahre 1850–1900, in: Deter (Hrsg.), Die Arzt-Patient-Beziehung in der modernen Medizin, S. 86 (94).

[231] *Becker*, P., Patientenautonomie und informierte Einwilligung, S. 13 f.; *Katz*, The silent world of doctor and patient, S. 2; *Miranowicz*, MedR 2018, 131 (131); *Peintinger*, Therapeutische Partnerschaft, S. 48, es entwickelte sich eine Haltung, „die darin bestand, keine über ein paar Floskeln hinausgehenden Gespräche mit dem kranken Menschen zu führen."; *Schmöller*, Neue Patienten – Neue Ärzte? Selbst- und Rollenverständnis niedergelassener Ärzte in Deutschland, in: Gellner/Schmöller (Hrsg.), Neue Patienten – Neue Ärzte? Ärztliches Selbstverständnis und Arzt-Patienten-Beziehung im Wandel, S. 15 (22); *Steuer/Zimmermann*, GreifR 2016, 79 (80); *Vollmann*, Patientenselbstbestimmung und Selbstbestimmungsfähigkeit, S. 14.

[232] *Vollmann*, Patientenselbstbestimmung und Selbstbestimmungsfähigkeit, S. 14.

[233] *Becker*, P., Patientenautonomie und informierte Einwilligung, S. 13; *Vollmann*, Patientenselbstbestimmung und Selbstbestimmungsfähigkeit, S. 14.

[234] *Eberhardt*, Selbstbestimmungsrecht des Patienten und ärztliche Aufklärungspflicht im Zivilrecht Frankreichs und Deutschland, S. 62.

[235] *Hillebrand*, Das Arztbild im Wandel, in: Gellner/Schmöller (Hrsg.), Neue Patienten – Neue Ärzte? Ärztliches Selbstverständnis und Arzt-Patienten-Beziehung im Wandel, S. 61 (83), spricht insoweit davon, dass sich „die Dominanz des Arztes […] besonders im Umgang mit Armen und Arbeitern bemerkbar [machte], in der freien Praxis und insbesondere bei der Behandlung wohlhabender Patienten musste er [der Arzt] sich zunächst weiterhin der Wi-

Bei der paternalistischen Arzt-Patienten-Beziehung handelt es sich um das Zusammenwirken eines *subjektivierten* Arztes mit einem *individualisierten* Patienten. Da Letzterer weiterhin aus einer Objekt-Rolle heraus agierte, lässt sich ein *Subjekt-Objekt-Verhältnis* konstruieren. Im Vergleich zum Mittelalter war der Patient nicht mehr Gott, sondern dem einzelnen Arzt ausgeliefert. Der sinkende Einfluss der Kirche auf die Medizin führte dazu, dass der neuzeitliche Arzt sich nicht mehr dem christlichen Glauben unterordnen musste. Dadurch war er in der Lage, seine Stellung als „Diener Gottes" abzulegen. In der nun wieder vorliegenden *dualen* Arzt-Patienten-Beziehung war der Arzt dem Patienten aufgrund seines Wissensvorsprungs überlegen. Der Patient wurde zwar als Individuum wahrgenommen, er war jedoch weiterhin nicht in einer (Mit-)Entscheider-Position. Dem marginal vorhandenen Selbstbestimmungsgedanken wurde allenfalls eine untergeordnete Rolle beigemessen.[236] In dem Verhältnis zu dem Patienten hatte der Arzt die Stellung Gottes übernommen. Daher ist es nicht verwunderlich, dass der paternalistische Arzt als der Prototyp des „Halbgotts in Weiß" bezeichnet wird.[237]

II. Entwicklung des Selbstbestimmungsrechts des Patienten

Die Entwicklung des Selbstbestimmungsrechts des Patienten kann nicht unmittelbar an ein Datum, ein Urteil oder an ein geschichtliches Ereignis gekoppelt werden. Stattdessen trug über einen Zeitraum von knapp 120 Jahren eine Vielzahl an Vorkommnissen dazu bei, dass das Zusammentreffen von Arzt und Patient heutzu-

---

dersetzlichkeit seiner Patienten auseinandersetzen."; *Katz*, The silent world of doctor and patient, S. 16.

[236] *Härle*, FPR 2007, 47 (47); neben dem fehlenden Anspruch auf Information hatte der Patient auch im Übrigen wenig Einflussmöglichkeiten auf die Behandlungssituation. Vielmehr wurden Regelungen erlassen, die die bereits niedrige Position des Patienten weiter verfestigten. Hervorzuheben ist die preußische Krankenhausordnung von 1911, die unter anderem festlegte, dass „ein Kranker, der [...] durch [...] unberechtigte Äußerungen der Unzufriedenheit [...] die Ruhe und Ordnung in der Anstalt gefährdet, [...] sofort entlassen werden [kann], falls die Ausweisung seinen Zustand nicht ernstlich gefährdet. [...] Auch hat der Leitende Arzt die Befugnis, Disziplinarstrafen, wie die zeitweilige Entziehung warmer Kost [und/oder] dauernde Bettlage, [...] zu verhängen". Generell gesehen, war die Krankenhauspflege durch autoritäre Mechanismen gekennzeichnet. Patienten hatten eine einheitliche Anstaltskleidung zu tragen, die mit einem vertikal gestreiften Oberteil stark an Häftlingskleidung erinnerte. Doch auch die Ärzte waren unter der „totalen Institution" Krankenhaus gesellschaftlich gebunden. Dies zeigt sich beispielsweise in einem Heiratsverbot für Assistenzärzte oder der erzwungenen Unterkunft für das gesamte medizinisches Personal auf dem Klinikgelände; vgl. *Wolf-Braun*, Die Arzt-Patient-Beziehung im Kontext der naturwissenschaftlichen Medizin der Jahre 1850–1900, in: Deter (Hrsg.), Die Arzt-Patient-Beziehung in der modernen Medizin, S. 86 (92 f.).

[237] *Hillebrand*, Das Arztbild im Wandel, in: Gellner/Schmöller (Hrsg.), Neue Patienten – Neue Ärzte? Ärztliches Selbstverständnis und Arzt-Patienten-Beziehung im Wandel, S. 61 (66, 88); *Schmöller*, Neue Patienten – Neue Ärzte? Selbst- und Rollenverständnis niedergelassener Ärzte in Deutschland, in: Gellner/Schmöller (Hrsg.), Neue Patienten – Neue Ärzte? Ärztliches Selbstverständnis und Arzt-Patienten-Beziehung im Wandel, S. 15 (22).

tage in der Öffentlichkeit häufig als eine Konfrontation von ärztlicher Therapiefreiheit und Patientenselbstbestimmungsrecht angesehen wird.[238] Nachfolgend werden die wichtigsten Ereignisse, die den (vorläufigen) Untergang des Paternalismus in der Medizin zur Folge hatten, dargestellt.[239]

1. Reichsgerichtsentscheidung RGSt 25, 375

Einen ersten fundamentalen Einschnitt erfuhr die paternalistische Arzt-Patienten-Beziehung durch die berühmt gewordene Entscheidung des Reichsgerichts aus dem Jahr 1894.[240] Die Richter hatten einen Fall zu entscheiden, in dem ein Arzt, entgegen des ausdrücklichen Willens des Vaters, den Fuß seiner Tochter amputierte, um eine Ausbreitung der Tuberkulose zu verhindern. Die Operation hatte Erfolg. Daher merkte das Gericht an, dass „nach der Amputation des Fußes […] tuberkulose Erscheinungen nicht wieder aufgetreten [sind], die Kräfte haben zugenommen, und das Kind hat sich bisher normal weiterentwickelt."[241]

Unter Berücksichtigung des damals herrschenden paternalistischen Arztverständnisses hätte der Arzt freigesprochen werden müssen.[242] Die Operation entsprach schließlich dem Patientenwohl. Der entgegenstehende Willen des Vaters – das Kind war erst sieben Jahre alt – war für den Arzt der Neuzeit bis zu diesem Zeitpunkt nebensächlich. Das Gericht entschied jedoch anders. Es machte zunächst deutlich, „daß die Norm des § 223 StGB rechtswidriges Handeln voraussetzt, [und es] freilich gewiß [ist], […], dass eine nicht rechtwidrig zugefügte Körperverletzung keine strafbare Mißhandlung [sei]. Unhaltbar aber ist es, das ‚nicht rechtswidrige' darin sehen zu wollen, dass der Zweck oder gar der Erfolg der Körperverletzung sich als dem Verletzten heilsam, als vernünftig darstelle."[243] Im Folgenden erteilte das Reichsgericht dem bisher geltenden Über-Unterordnungsverhältnis zwischen Patientenwohl und Patientenwillen an mehreren Stellen eine deutliche Absage.[244] Die

---

[238] Siehe dazu Dritter Teil Kapitel A.; der Umstand, dass das bekannte Lexikon des Arztrechts von Hans-Jürgen Rieger (Erscheinungsjahr: 1984) zwar den Begriff der „Therapiefreiheit", nicht jedoch die Begriffe „Selbstbestimmungsrecht" oder „Patientenautonomie" beinhaltet, zeigt die Aktualität der Reformbestrebungen ebenfalls auf.

[239] Für den noch heute eingeforderten Paternalismus siehe Zweiter Teil Kapitel E. II. 6.

[240] RGSt 25, 375 (375 ff.).

[241] RGSt 25, 375 (377).

[242] Vgl. *Laufs*, MedR 1986, 163 (168 f.).

[243] RGSt 25, 375 (378).

[244] Neben der im Fließtext wiedergegeben Stelle, macht das Reichsgericht auch mit den folgenden Formulierungen seinen neuen Standpunkt deutlich: „[…] daß unter allen Umständen diese freien Rechte ihre Schranke in dem entgegengesetzten Willen des verfügungsfähigen Kranken, dessen Angehörigen oder sonstigen rechtlichen Repräsentanten finden." (RGSt 25, 375 (380)); „[…] daß Inhalt und Umfang der dem Arzte solchergestalt eingeräumten Befugnisse in Anwendung aller Mittel seiner Zunft sich nicht minder regeln muß durch den Rechtswillen des Kranken." (RGSt 25, 375 (381)); „Und mit dem Moment solcher Weigerung des zurechnungsfähigen Kranken oder seiner gesetzlichen Willensvertreter erlischt auch die

sich anschließende Passage ist dabei aufgrund ihrer Klarheit besonders dazu geeignet, die neue Position des Reichsgerichts aufzuzeigen. Die Richter formulierten wie folgt: „Daß jemand nach eigener Überzeugung oder nach dem Urteile seiner Berufsgenossen die Fähigkeit besitzt, das wahre Interesse seines Nächsten besser zu verstehen, als dieser selbst, dessen körperliches oder geistiges Wohl durch geschickt und intelligent angewendete Mittel vernünftiger fördern zu können, als dieser es vermag, gewährt jenem entfernt nicht irgend eine rechtliche Befugnis, nunmehr nach eigenem Ermessen in die Rechtssphäre des Anderen einzugreifen, diesem Gewalt anzutun und dessen Körper willkürlich zum Gegenstande gutgemeinter Heilversuche zu benutzen."[245]

Im Ergebnis ordnete das Reichsgericht den ärztlichen Heileingriff erstmals als tatbestandliche Körperverletzung ein.[246] Wollte der Arzt einer Strafbarkeit entgehen, musste er zwingend die Einwilligung des Patienten bzw. dessen gesetzlichen Vertreters einholen.[247] Rechtlich gesehen ging es den Richtern zuvörderst um eine Verhinderung von eigenmächtigen Heilbehandlungen. Gleichwohl hatte die Entscheidung auch Einfluss auf die bisherige Arzt-Patienten-Beziehung. Die Mediziner behandelten fortan nicht mehr ausschließlich aus einer paternalistischen Gesinnung heraus. Stattdessen waren sie – der Wille nach Straflosigkeit vorausgesetzt – auf eine Einwilligung des Patienten und damit auf ein aktives Mitwirken angewiesen.[248] Sofern es sich nicht um eine Zwangstherapie handelte, musste jedoch bereits der Patient der Frühzeit faktisch gesehen in die Behandlung einwilligen. Der maßgebliche Unterschied lag vielmehr in dem Charakter der Patientenhandlung. Die durch die Reichsgerichtsentscheidung als erforderlich angesehene Einwilligung hob die Teilnahme des Patienten zum ersten Mal auch auf eine rechtliche Ebene. Das vor-

---

Befugnis des Arztes zur Behandlung und Mißhandlung einer bestimmten Person für Heilzwecke." (RGSt 25, 375 (382)).

[245] RGSt 25, 375 (378).

[246] Dies entspricht bis heute der ständigen Rechtsprechung. Beispiele für neuere Entscheidungen wären: BGH NStZ 1996, 34 (34); BGH NStZ 2004, 442 (442); BGH NStZ-RR 2007, 340 (341); BGH NJW 2011, 1088 (1089); BGH NJW 2016, 3523 (3524); OLG Köln MedR 2012, 121 (122); allgemein: *Deutsch*, VersR 1981, 293 (293); *Geiß/Greiner*, Arzthaftpflichtrecht, Kap. C, Rdnr. 1; *Katzenmeier*, Ärztliche Aufklärung, in: Wiesemann/Simon (Hrsg.), Patientenautonomie, S. 91 (91); *Schaffer*, VersR 1993, 1458 (1458 f.); generell zur umstrittenen Einordnung des ärztlichen Heileingriffs: Schönke/Schröder/*Sternberg-Lieben*, § 223 StGB, Rdnrn. 29 ff.; Spickhoff/*Knauer/Brose*, § 223 StGB, Rdnrn. 16 ff. Für die ablehnende Ansicht beispielhaft: *Ankermann*, Sterben zulassen – Selbstbestimmung und ärztliche Hilfe am Ende des Lebens, S. 54, der sich einen eigenständigen Straftatbestand nach österreichischem Vorbild wünscht. § 110 öStGB beinhaltet eine Strafbarkeit des Arztes für eigenmächtige Heilbehandlungen; *Eberhardt*, Selbstbestimmungsrecht des Patienten und ärztliche Aufklärungspflicht im Zivilrecht Frankreichs und Deutschland, S. 25, 54 f., der allenfalls eine Strafbarkeit wegen der Verletzung der Freiheit und der Würde des Patienten für möglich erachtet. Solch eine Strafnorm gebe es aber bisher nicht.

[247] RGSt 25, 375 (377 ff.); RG JW 1932, 3328 (3329); BGH NJW 2016, 3523 (3524); Spickhoff/*Knauer/Brose*, Medizinrecht, § 223 StGB, Rdnr. 16.

[248] *Katzenmeier*, Ärztliche Aufklärung, in: Wiesemann/Simon (Hrsg.), Patientenautonomie, S. 91 (91).

gestellte strafrechtliche Urteil ist daher als Wegbereiter der rechtlichen Gleichstellung von Arzt und Patient anzusehen.

2. Arzt im Nationalsozialismus

Die Machtübernahme durch die Nationalsozialisten ab dem Jahr 1933 hatte unmittelbare Auswirkungen auf die Stellung des Arztes in der Gesellschaft. Auch wenn noch heute die Frage unterschiedlich beantwortet wird, ob es sich um eine Kollektivschuld der deutschen Ärzteschaft oder um die Verfehlungen Einzelner gehandelt hat, werden auch zukünftig nationalsozialistische Gräueltaten wie Zwangssterilisationen, Menschenversuche sowie Euthanasiebestrebungen mit dem Arztberuf verbunden bleiben.[249] Da knapp 45 % der Ärzte Mitglieder der NSDAP waren und generell der Widerstand gering ausfiel,[250] beziehen sich die folgenden Ausführungen auf Ärzte, die den nationalsozialistischen Ideen offen gegenüberstanden. Gleichwohl darf nicht unterschlagen werden, dass es auch einen von derartigen Verblendungen freien ärztlichen Alltag gegeben hat.[251]

a) Nationalsozialistisches Medizinverständnis

Insbesondere die von den Nationalsozialisten propagierte Rassenideologie berührte den ärztlichen Tätigkeitsbereich erheblich. Dazu hieß es in § 19 der Reichsärzteordnung: „Die deutsche Ärzteschaft ist berufen, zum Wohl von Volk und Reich für die Erhaltung und Hebung der Gesundheit, des Erbgutes und der Rasse des deutschen Volkes zu wirken." Es fällt auf, dass sich der Schwerpunkt der ärztlichen Tätigkeit von der Behandlung des Einzelnen zu einer Behandlung des Volkes wandelte. Ähnlich wie in der Frühzeit behandelten die nationalsozialistischen Ärzte nicht die individuellen Patienten, stattdessen waren sie an dem Überleben des deutschen Volkes interessiert. Die Behandlung diente primär dem Ziel, den Patienten wieder arbeitsfähig zu machen. Erst sekundär wurde eine vollständige Genesung bei individueller Fürsorge angestrebt.[252] Hier lassen sich Parallelen zu der Sklaven-,

---

[249] Vgl. *Methfessel/Scholz*, DtÄb 2006, A-1064 (A-1064); *Möhrle*, DtÄb 1996, A-2766 (A-2766).

[250] *Laib*, Das Bild des Arztes und sein Auftrag in der Gesellschaft von 1949 bis zur Gegenwart im Spiegel des deutschen Ärzteblattes, S. 69; *Methfessel/Scholz*, DtÄb 2006, A-1064 (A-1064 f.); *Rüther*, Ärztliches Standeswesen im Nationalsozialismus 1933–1945, in: Jütte (Hrsg.), Geschichte der deutschen Ärzteschaft, S. 143 (147 f., 166, 176, 180).

[251] *Lukowsky*, Philosophie des Arzttums, S. 43, spricht insoweit davon, dass die Freiheit des Arztes auch in totalitären Staaten unberührt geblieben ist. Der Arzt wurde allenfalls vom Staat daran gehindert den Missliebigen zu behandeln. Die Freiheit im Einzelfall war jedoch niemals betroffen; *Möhrle*, DtÄb 1996, A-2766 (A-2773 f.).

[252] *Möhrle*, DtÄb 1996, A-2766 (A-2768) lässt diese Entwicklung bereits auf den 1. Weltkrieg zurückführen; *Rüther*, Ärztliches Standeswesen im Nationalsozialismus 1933–1945, in: Jütte (Hrsg.), Geschichte der deutschen Ärzteschaft, S. 143 (169 ff.).

Armen- und insbesondere der Soldatentherapie der Antike erkennen.[253] In beiden Zeitepochen wurde die ärztliche Tätigkeit zur „Funktionalisierung des Patienten für Kriegszwecke"[254] missbraucht. Eine mit dem heutigen Grundrecht auf körperliche Unversehrtheit aus Art. 2 Abs. 2 GG vergleichbare Sicherheit gab es für den Patienten nicht.[255] Für Bockhacker (1893 – unbekannt), den Leiter des DAF-Amtes für Volksgesundheit, galt als Ziel des ärztlichen Handelns, dass „[...] der Zeitpunkt des allmählichen Kräfteschwundes kurz vor Eintritt des physiologischen Todes liegt und der endgültige Kräfteverfall mit ihm zusammenfällt."[256] Der Zeitraum, in dem ein Patient nur krank, aber noch nicht tot war, sollte von den nationalsozialistischen Ärzten also so kurz wie möglich gehalten werden. Im nationalsozialistischen Medizinverständnis war ein erkrankter Mensch, der nicht arbeiten konnte, genauso viel wert wie ein toter Mensch, nämlich nichts.

Die soziale Stellung des deutschen-nationalsozialistischen Arztes wurde in der Zeit ab 1933 weiter aufgewertet. Während jüdische und politisch andersdenkende Ärzte frühzeitig ausgeschaltet wurden, stiegen die für den Nationalsozialismus empfänglichen Ärzte zu „Gesundheitsführern" und „Volkserziehern" auf.[257] Dieser Teil der Ärzteschaft war nicht mehr nur medizinisch, sondern zum Teil auch politisch tätig. Neben der bereits angesprochenen Koordinierung der Arbeitskräfte wurde auch die Bewertung von Menschenleben der ärztlichen Tätigkeit zugerechnet.[258] Als zwei der unzähligen negativen Höhepunkte zur Zeit des Nationalsozialismus gelten die Euthanasieaktionen T4 und 14f13, bei denen insgesamt knapp über 120.000 Menschen, zumeist psychisch Kranke, als Folge von medizinischen Entscheidungen ermordet wurden.[259] Das Mantra des christlichen Arztes, der gerade den schwerkranken bzw. todgeweihten Patienten Hilfe anbot, galt für den Arzt im Dritten Reich nicht mehr. Heilbares wurde versucht zu heilen, Nichtheilbares galt es dagegen zu vernichten.[260] Als weiteren Rückfall in historisch vergangene Zeitepochen können

---

[253] Siehe dazu Zweiter Teil Kapitel B. V. 2.

[254] *Möhrle*, DtÄb 1996, A-2766 (A-2768).

[255] *Rüther*, Ärztliches Standeswesen im Nationalsozialismus 1933–1945, in: Jütte (Hrsg.), Geschichte der deutschen Ärzteschaft, S. 143 (169).

[256] Abgedruckt in: *Rüther*, Ärztliches Standeswesen im Nationalsozialismus 1933–1945, in: Jütte (Hrsg.), Geschichte der deutschen Ärzteschaft, S. 143 (171).

[257] *Laib*, Das Bild des Arztes und sein Auftrag in der Gesellschaft von 1949 bis zur Gegenwart im Spiegel des deutschen Ärzteblattes, S. 69; *Rüther*, Ärztliches Standeswesen im Nationalsozialismus 1933–1945, in: Jütte (Hrsg.), Geschichte der deutschen Ärzteschaft, S. 143 (148, 153, 170).

[258] *Laib*, Das Bild des Arztes und sein Auftrag in der Gesellschaft von 1949 bis zur Gegenwart im Spiegel des deutschen Ärzteblattes, S. 69; *Möhrle*, DtÄb 1996, A-2766 (A-2770).

[259] *Möhrle*, DtÄb 1996, A-2766 (A-2772), spricht von knapp 90000; *Weindling*, Gerechtigkeit aus der Perspektive der Medizingeschichte: Euthanasie im Nürnberger Ärzteprozeß, in: Frewer/Neumann (Hrsg.), Medizingeschichte und Medizinethik, S. 311 (318), nennt 120000 als Zahl.

[260] *Rüther*, Ärztliches Standeswesen im Nationalsozialismus 1933–1945, in: Jütte (Hrsg.), Geschichte der deutschen Ärzteschaft, S. 143 (151).

die Menschenversuche von Josef Mengele (1911 – 1979) in Auschwitz bezeichnet werden. Ähnlich wie bei den Vivisektionen in Alexandria trat die ärztliche Therapiefreiheit mit ihrem Fokus auf der Heilbehandlung hinter einem ungebremsten Forscherdrang zurück. „Das Kernstück der ärztlichen Profession"[261] wurde unter dem Deckmantel der Medizin durch einen Mordauftrag ersetzt.[262]

Das Selbstbestimmungsrecht des Patienten verlor im Vergleich zum späten Mittelalter sowie im Hinblick auf die angesprochene Reichsgerichtsentscheidung aus dem Jahr 1894 erheblich an Bedeutung. Ein erkrankter Mensch, der sich mit der Hoffnung auf individuelle Fürsorge an einen Arzt wandte, musste damit rechnen, lediglich „fit gespritzt" zu werden, um schnellstmöglich für den Dienst an der Gemeinschaft wieder zur Verfügung zu stehen. Mit staatlichen Parolen wie „Gesund sein und gesund bleiben ist nicht deine Privatsache, sondern [...] deine Pflicht" oder „Jeder Schaden an Leben und Gesundheit, den du erleidest oder anrichtest, ist ein Schaden für Deutschland" wurde weiterer Druck auf die Patienten aufgebaut.[263] Diese Nichtbeachtung des Individuums auf Patientenseite kann auch mit einer Gegenüberstellung der Reichsärzteordnung mit der heutigen BÄO bzw. der MBO-Ä anschaulich dargestellt werden. Während erstere in § 19 lediglich das „deutsche Volk" als Empfänger der ärztlichen Leistungen benennt, beziehen sich sowohl § 1 Abs. 1 BÄO als auch § 1 Abs. 1 S. 1 MBO-Ä auf die gesamte Bevölkerung und speziell auch auf den individuellen Patienten.[264]

---

[261] *Laufs*, NJW 1997, 1609 (1609); vgl. auch *ders.*, Zur Freiheit des Arztberufs, in: Ahrens/ von Bar/Fischer/Spickhoff/Taupitz (Hrsg.), Festschrift für Erwin Deutsch (70), S. 625 (628).

[262] Ein weiteres Beispiel für ein nationalsozialistisches Humanexperiment bei gleichzeitiger Nichtberücksichtigung der Patienteneinwilligung ist die Behandlung von verwundeten Wehrmachtsoldaten mit dem radioaktiven Kontrastmittel Thorotrast. Im Jahr 1956 urteilte der BGH hinsichtlich eines 1941 geschehenen Sachverhalts wie folgt: „Diese Maßnahme [die Verlegung in das Teillazarett bei der Chirurgischen Universitätsklinik in Heidelberg] war nicht nur geleitet von dem Gedanken, für die erkrankten oder verwundeten Soldaten und im ausschließlichen Interesse ihrer Heilung die besonderen Einrichtungen, Erfahrungen und personellen Kräfte, über die das Lazarett verfügte, nutzbar zu machen. Vielmehr spielte dabei nach den Feststellungen des BerGer. eine besondere Rolle der Gedanke, auf diese Weise dem Dr. Ph. – den der Leiter des Lazarettes und der Klinik, Prof. Dr. K., für einen außerordentlich befähigten Wissenschaftler hielt und dem er infolgedessen in der Klinik eine der eines Oberarztes vergleichbare überragende Stellung eingeräumt hatte – das für seine besonderen Forschungsarbeiten auf dem Gebiete der Arteriographien unter Verwendung von Thorotrast benötigte umfangreiche Material von Patienten zu bieten, dessen anderweite Beschaffung wegen der sonst erforderlichen Zustimmung der Patienten zu der besonderen Behandlungsmethode Schwierigkeiten bereitet haben würde. Bei dem Kl. war es also nicht so, daß die Verwendung des hier in Rede stehenden Kontrastmittels erfolgt wäre wegen der besonderen Vorzüge dieses Mittels im Blick auf die Heilung des Kl. Vielmehr war es der Forschungszweck, der bei der Behandlung des Kl. gerade mit Thorotrast im Vordergrund stand und ihr das entscheidende Gepräge gab", BGHZ 20, 61 (65 f.).

[263] Zitate siehe: *Rüther*, Ärztliches Standeswesen im Nationalsozialismus 1933–1945, in: Jütte (Hrsg.), Geschichte der deutschen Ärzteschaft, S. 143 (170).

[264] Neben § 19 RÄO ist bei der Bewertung der Patientenrechte im Dritten Reich auch auf § 13 RÄO einzugehen. Gemäß Abs. 1 dieser Norm war dem Arzt untersagt, ein fremdes Geheimnis, das ihm bei Ausübung seines Berufs anvertraut oder zugänglich gemacht wurde,

b) Nationalsozialistische Arzt-Patienten-Beziehung

Das Arzt-Patienten-Verhältnis zur Zeit des Nationalsozialismus muss trotz der zuvor ergangenen Reichsgerichtsentscheidung als *Subjekt-Objekt-Beziehung* eingeordnet werden. Auch wenn man annimmt, dass der nationalsozialistische Arzt zumindest zum Teil nur als bloßes Glied innerhalb einer Befehlskette agierte, darf dem bewusst handelnden Arzt nicht ermöglicht werden, sich hinter einer Objektsstellung zu verstecken.[265] Es wäre daher komplett verfehlt, dem Nationalsozialismus eine ähnlich „betäubende" Wirkung wie dem Christentum im Mittelalter beizumessen. Der nationalsozialistische Arzt handelte aus einer verblendeten, jedoch zugleich *subjektivierten* Position heraus. Dem Patienten kam im Gegenzug die Rolle eines *anonymen* Objekts zu. Durch diese auf niedrigster Ebene einzuordnende Patientenstellung ist zu erkennen, dass die menschenverachtenden Ideologien des Dritten Reichs die Weiterentwicklung der Arzt-Patienten-Beziehung nicht nur gestoppt, sondern zum Teil auf den Stand der Urmedizin zurückgeworfen hat. Dies zeigt sich insbesondere in der überragenden Bedeutung der Volksgesundheit und der Fokussierung auf die Wiederherstellung bzw. Erhaltung der Arbeitsfähigkeit der Patienten.

3. Nürnberger Ärzteprozesse und Nürnberger Kodex

Im Rahmen der Nürnberger Ärzteprozesse (09.12.1946 – 20.08.1947) wurden die Verbrechen der NS-Medizin teilweise juristisch aufgearbeitet. Die Anklage fokussierte sich zwar auf die medizinische Forschung an Kriegsgefangenen, gleichwohl waren auch die Euthanasieaktionen und damit das Aufeinandertreffen von Arzt und Patient Bestandteil der Prozesse.[266] Mit der judikativen Gewalt sollten ethische Standards bei der Durchführung von Menschenversuchen etabliert werden. Insbesondere kriminelle Humanexperimente galt es zukünftig zu verhindern.[267]

---

unbefugt zu offenbaren. Im Grundsatz unterlag daher auch der nationalsozialistische Arzt einer Schweigepflicht. Diese galt jedoch nur beschränkt, wodurch die Patientenseite weiter geschwächt wurde. Nach § 13 Abs. 3 RÄO war der Arzt unter anderem bereits straffrei, wenn er ein Geheimnis zu einem „nach gesundem Volksempfinden berechtigten Zweck offenbart". Maßgeblich war daher wieder die Gemeinschaft und nicht der individuelle Patient; vgl. dazu auch: *Opitz*, DtÄb 1997, A-2183 (A-2183).

[265] Vgl. *Jachertz*, DtÄb 2019, A-888 (A-888 f.).

[266] *Schmidt/Frewer*, Nuremberg Code of Medical Ethics: Geschichte und Ethik des Ärzteprozesses, in: Frewer/Schmidt (Hrsg.), Standards der Forschung, S. 37 (43), hält fest, dass medizinische Verbrechen vor 1939 (vorallem Zwangssterilisationen) kein Bestandteil der Prozesse war, da sich dieser auf das NS-Regime beschränkte; *Weindling*, Gerechtigkeit aus der Perspektive der Medizingeschichte: Euthanasie im Nürnberger Ärzteprozeß, in: Frewer/Neumann (Hrsg.), Medizingeschichte und Medizinethik, S. 311 (316 ff.).

[267] *Schmidt/Frewer*, Nuremberg Code of Medical Ethics: Geschichte und Ethik des Ärzteprozesses, in: Frewer/Schmidt (Hrsg.), Standards der Forschung, S. 37 (42).

Das Ergebnis der Nürnberger Ärzteprozesse waren nicht nur Todesurteile, Haftstrafen und Freisprüche, sondern auch die Entwicklung des Nürnberger Kodex. Hierbei handelt es sich um Grundsätze, die ähnlich wie das Genfer Gelöbnis, die ärztliche Tätigkeit ethisch begrenzen. Der Unterschied besteht darin, dass sich das Genfer Gelöbnis auf die heilende Tätigkeit bezieht, während der Nürnberger Kodex die ärztliche Forschung an dem Menschen zum Gegenstand hat. Letzterem ist durch die Implementierung von originären Probandenrechten auch juristische Bedeutung beizumessen.[268] Im Allgemeinen legt der Kodex für die Position des Probanden fest, dass die Wahrung der Rechte sowie die Integrität des Forschungssubjekts oberste Priorität genießen.[269] Der Schutz der Probanden sollte insbesondere über die zwingende Einwilligung nach erfolgter Aufklärung erreicht werden.[270] Des Weiteren beinhaltet der Kodex das Recht des Probanden, den Versuch jederzeit zu beenden.[271]

Die Nürnberger Ärzteprozesse fokussierten sich auf die experimentellen Menschenversuche der Nationalsozialisten. Welche Bedeutung der dabei entwickelte Kodex für die Begründung von originären Patientenrechten hat, ist daher nicht sofort erkennbar. Zuvörderst ging es um die Stärkung der Autonomie von etwaigen Probanden in medizinischen Experimenten und nicht um die Entwicklung von Patientenrechten im Rahmen von ärztlichen Heilbehandlungen. Als übergeordnetes Ziel sollten Grundsätze entwickelt werden, die eine Forschung am Menschen zu nichtkriminellen Zwecken bzw. in humanitärer Art und Weise auch in Zukunft ermöglichen.[272] Gleichwohl hatte der Nürnberger Kodex durch die Betonung des Einwilligungs-Aufklärungs-Konzepts im experimentellen Bereich auch einen nicht zu unterschätzenden Einfluss auf die am Heilauftrag orientierte Arzt-Patienten-Beziehung.[273] Die ärztliche Therapiefreiheit kann in den besonderen Fällen des Heilversuchs oder des Humanexperiments auch auf der Wissenschaftsfreiheit beruhen und damit ihren Geltungsbereich auch auf experimentelle Heilbehandlungen ausweiten.[274] Im Nürnberger Kodex wird zudem der Gedanke der Gleichrangigkeit von Proband und Forscher zum Ausdruck gebracht. Das simultane Gewähren von Pro-

---

[268] *Schmidt/Frewer*, Nuremberg Code of Medical Ethics: Geschichte und Ethik des Ärzteprozesses, in: Frewer/Schmidt (Hrsg.), Standards der Forschung, S. 37 (61).

[269] *Schmidt*, Der Ärzteprozeß als moralische Instanz? Der Nürnberger Kodex und das Problem zeitloser Medizinethik, in: Frewer/Neumann (Hrsg.), Medizingeschichte und Medizinethik, S. 334 (358); *Schmidt/Frewer*, Nuremberg Code of Medical Ethics: Geschichte und Ethik des Ärzteprozesses, in: Frewer/Schmidt (Hrsg.), Standards der Forschung, S. 37 (60).

[270] *Möhrle*, DtÄb 1996, A-2766 (A-2774); *Schmidt/Frewer*, Nuremberg Code of Medical Ethics: Geschichte und Ethik des Ärzteprozesses, in: Frewer/Schmidt (Hrsg.), Standards der Forschung, S. 37 (60).

[271] *Schmidt/Frewer*, Nuremberg Code of Medical Ethics: Geschichte und Ethik des Ärzteprozesses, in: Frewer/Schmidt (Hrsg.), Standards der Forschung, S. 37 (61), der gesamte Kodex ist zudem auf S. 257 f. abgedruckt.

[272] *Schmidt/Frewer*, Nuremberg Code of Medical Ethics: Geschichte und Ethik des Ärzteprozesses, in: Frewer/Schmidt (Hrsg.), Standards der Forschung, S. 37 (44 f.).

[273] Vgl. *Damm*, MedR 2002, 375 (377).

[274] Siehe dazu Erster Teil Kapitel A. I. 1. b).

bandenschutz und der Appell an ein verantwortungsvolles Ärztehandeln ist als Vorbote einer Arzt-Patienten-Beziehung anzusehen, in der sich zwei Subjekte gegenüberstehen.[275]

Die Nürnberger Ärzteprozesse haben zusammen mit dem Nürnberger Kodex mittelbar dazu beigetragen, die Entwicklung der Patientenrechte weiter voranzutreiben. Durch die Prozesse setzte eine öffentlichkeitswirksame Auseinandersetzung mit den Schattenseiten der ärztlichen Tätigkeit im Dritten Reich ein. Hierdurch konnte sich auch in der Gesellschaft eine Kommunikationsbereitschaft hinsichtlich eines ansteigenden Einflusses des Patienten auf die Arzt-Patienten-Beziehung herausbilden.[276] Gleichwohl ist zu berücksichtigen, dass die Auswirkungen des Nürnberger Kodex durch die erste Deklaration von Helsinki zum Teil relativiert wurden.[277] In den 1964 vom Weltärztebund erlassenen Richtlinien kam es zu einer rückläufigen Entwicklung im Hinblick auf Probandenrechte. Der Schutz der Teilnehmer sollte erneut durch ein paternalistisches Arztverständnis sichergestellt werden.[278]

4. Deutsche Demokratische Republik

Der zeitgenössische Richter Becker beschrieb den Arzt und den Patienten als „[...] gleichberechtigte Mitglieder der sich entwickelnden sozialistischen Gesellschaft". Weiter heißt es in seinem Werk, dass das Verhältnis der Beteiligten weder durch Macht, Standesbewusstsein oder durch materielle Interessen getrübt wird.[279] Nachfolgend wird untersucht, inwieweit es sich bei Aussagen dieser Art um eine realitätsnahe Beschreibung oder vielmehr um sozialistisches Gedankengut gehandelt hat. Aufgrund der zeitlichen Nähe wird an einigen Stellen auch ein Vergleich mit dem Arzt im Dritten Reich sowie mit dem Medizinrechtsverständnis der Bundesrepublik Deutschland angestrebt.

---

[275] *Schmidt/Frewer*, Nuremberg Code of Medical Ethics: Geschichte und Ethik des Ärzteprozesses, in: Frewer/Schmidt (Hrsg.), Standards der Forschung, S. 37 (62).

[276] Vgl. *Beleites*, Ist der Wandel des Arzt-Patienten-Verhältnisses Folge des medizinischen Fortschrittes?, in: Schumpelick/Vogel (Hrsg), Arzt und Patient, eine Beziehung im Wandel, S. 81 (84).

[277] *Fritz*, Die Therapie mit einem innovativen Medikament vor seiner Zulassung, S. 79 f.

[278] *Schmidt/Frewer*, Nuremberg Code of Medical Ethics: Geschichte und Ethik des Ärzteprozesses, in: Frewer/Schmidt (Hrsg.), Standards der Forschung, S. 37 (62 f.); in der heutigen Fassung vom Oktober 2013 heißt es dagegen unter anderem in § 9, dass der Arzt das Selbstbestimmungsrecht der Versuchsteilnehmer zu schützen hat.

[279] Jeweils *Becker*, G., Arzt und Patient im sozialistischen Recht, S. 16; ähnlich: *Franke*, Das Recht im Alltag des Haus- und Betriebsarztes, S. 88, der von einer Partnerschaft zwischen Arzt und Patient spricht.

a) Sozialistisches Medizinverständnis

aa) Berücksichtigung der Individualität des Patienten

Aus der Sicht eines sozialistischen Arztes kam der Individualität des Patienten bei der Behandlung nur eine untergeordnete Bedeutung zu. Statt des erkrankten Körpers einschließlich der betroffenen Persönlichkeit stand das Interesse der Volksgemeinschaft im Mittelpunkt der Behandlung.[280] Die sozialistische Medizin sollte daher primär eine schnelle Wiedereingliederung der Gesundeten in die Arbeitsgemeinschaft ermöglichen.[281] Hiermit korrespondierte auch der verschobene Wirkungsbereich des sozialistischen Arztes. Der Fokus lag nicht mehr auf dem Heilauftrag, sondern auf einer vorbeugenden Prophylaxe.[282] Aufgrund der Fokussierung auf die Gemeinschaft sowie der zuvörderst verfolgten Sicherung der Arbeitsfähigkeit sind an dieser Stelle, ähnlich wie im Dritten Reich, Parallelen zu der Frühzeit bzw. der Antike erkennbar.

Das geringe Ausmaß an Intimität innerhalb der Arzt-Patienten-Beziehung wurde zudem durch die Organisation der ambulanten Behandlung weiter gefördert. In der DDR wurde die Idee der Poliklinik neu aufgegriffen. Hierbei handelt es sich um eine Klinik oder die einer Klinik angegliederten Abteilung zur ambulanten Krankenbehandlung.[283] Die sozialistische Ärzteschaft war überwiegend als Kollektiv organisiert, folglich waren die wenigsten Ärzte als Einzelperson mit eigener Praxis und eigenem Patientenstamm tätig.[284] Hieraus ergaben sich einige medizinisch relevante Vorteile, wie beispielsweise kurze Wege für die Patienten, die vergleichsweise schnelle Kommunikation unter den Ärzten oder auch das Vorhandensein von modernster Medizintechnik. Ungeachtet dessen überwogen im Hinblick auf die Kategorisierung der Arzt-Patienten-Beziehung die negativen Auswirkungen. Zum einen war der im Kollektiv eingespannte ambulant tätige Arzt nicht nur im organisatorischen Sinne, sondern auch bei der Behandlung der Patienten an die Weisungen seines Chef- oder Oberarztes gebunden.[285] Zum anderen wurde das Recht auf freie Arztwahl beschränkt. Dieses bestand zwar grundsätzlich auch in der DDR, gleichwohl konnte

---

[280] *Beleites*, Ist der Wandel des Arzt-Patienten-Verhältnisses Folge des medizinischen Fortschrittes?, in: Schumpelick/Vogel (Hrsg), Arzt und Patient, eine Beziehung im Wandel, S. 81 (82 f.); *Opitz*, DtÄb 1997, A-2183 (A-2183).

[281] *Hansen/Vetterlein*, Ärztliches Handeln – Rechtliche Pflichten, S. 45.

[282] *Hansen/Vetterlein*, Ärztliches Handeln – Rechtliche Pflichten, S. 16; vgl. auch: *Rüther*, Ärztliches Standeswesen im Nationalsozialismus 1933–1945, in: Jütte (Hrsg.), Geschichte der deutschen Ärzteschaft, S. 143 (170), der ähnliches über den nationalsozialistischen Arzt verfasst hat.

[283] *Rieger*, Lexikon des Arztrechts, „Poliklinik", Rdnr. 1369.

[284] *Günther*, Das Arztrecht in der DDR und seine Beziehung zur ärztlichen Ethik. Erfahrungen aus dem Umgang mit ärztlichen Fehlleistungen, in: Bettin/Gadebusch Bondio (Hrsg.), Medizinische Ethik in der DDR, Erfahrungswert oder Altlast?, S. 86 (86); *Hansen/Vetterlein*, Ärztliches Handeln – Rechtliche Pflichten, S. 13, 47.

[285] *Franke*, Das Recht im Alltag des Haus- und Betriebsarztes, S. 90.

der Patient lediglich frei zwischen den führenden Einrichtungen des staatlichen Gesundheitswesens und den wenigen niedergelassenen Ärzten wählen.[286] Innerhalb der Poliklinik musste sich der Patient dann mit dem jeweils diensthabenden Arzt zufriedengeben. Der daraus resultierende Austausch des behandelnden Arztes im Rahmen von länger andauernden Behandlungen behinderte die Entwicklung einer Vertrauensbeziehung, so dass kein durch Individualität und Intimität geprägtes Arzt-Patienten-Verhältnis entstehen konnte.[287] Dies dürfte in kleineren Städten bzw. in kleineren Polikliniken abgemildert gegolten haben, allerdings war die dann entstandene Intimität auf die geringe Anzahl an Auswahlmöglichkeiten und nicht auf das Prinzip „Poliklinik" zurückzuführen.

bb) Einordnung des ärztlichen Heileingriffs

Ein weiterer die Position des Patienten in der DDR und in der Bundesrepublik betreffender Unterschied lag in der Akzeptanz des Reichsgerichtsurteils aus dem Jahr 1894. Während in der Bundesrepublik Deutschland jeder ärztliche Heileingriff als tatbestandliche Körperverletzung eingeordnet wurde, galt dies in der DDR nur im Hinblick auf medizinisch nicht indizierte Maßnahmen.[288] Der Hintergrund der unterschiedlichen Wertung lag in dem jeweils verfolgten Straftatbegriff.[289] § 1 Abs. 1 des Strafgesetzbuchs der DDR legte fest, dass Straftaten schuldhaft begangene gesellschaftswidrige oder gesellschaftsgefährliche Handlungen sind. Eine solche die Individualität des Geschehens vernachlässigende Gesellschaftslehre war der Bundesrepublik dagegen fremd.[290] In Westdeutschland galt ein deutlich abstrakter gehaltenes Strafverständnis. Als eine Straftat wurde eine Handlung eingeordnet, sobald sie tatbestandsmäßig, rechtwidrig und schuldhaft war.[291]

Die Folge war, dass der Patientenwillen eines DDR-Bürgers bei medizinisch indizierten Maßnahmen strafrechtlich nicht beachtet wurde. Dies führte im Ergebnis nicht nur zu einer Herabwürdigung des Patienten, sondern auch zu einer Werteverschiebung innerhalb der Körperverletzungsdelikte. In der DDR stand gemäß § 115 Abs. 1 StGB-DDR die Gesundheitsschädigung und die körperliche Misshandlung unter Strafe. Als zentrales Schutzgut galt die körperliche Unversehrtheit. Durch das Reichsgerichtsurteil sollte ein Einwilligungserfordernis in die straf-

---

[286] Vgl. *Franke*, Das Recht im Alltag des Haus- und Betriebsarztes, S. 91.

[287] Vgl. MDR-Zeitreise Artikel vom 14.08.2020, abrufbar unter https://www.mdr.de/zeitrei se/stoebern/damals/gesundheit300.html (Zugriff: 05.02.2022).

[288] *Franke*, Das Recht im Alltag des Haus- und Betriebsarztes, S. 110, „keine strafrechtliche Verantwortung des Arztes, sofern der Heilzweck gegeben ist"; *Hansen/Vetterlein*, Ärztliches Handeln – Rechtliche Pflichten, S. 74; *Lohmann*, Gesundheit und Soziales, S. 112, 115, 121, auch wenn es keine strafrechtlichen Folgen für den Arzt gab, wurde dieser doch zumindest disziplinarisch im Rahmen des Arbeitsverhältnisses zur Verantwortung gezogen.

[289] *Lohmann*, Gesundheit und Soziales, S. 112.

[290] *Lohmann*, Gesundheit und Soziales, S. 112.

[291] Münchner Kommentar/*Freund*, Vorbem. zu § 13 StGB, Rdnrn. 5 ff.

rechtliche Bewertung eines ärztlichen Heileingriffs eingeführt werden. Das Ziel war also, dass neben dem objektiv ausgestalteten staatlichen Anspruch auf die Sicherstellung der körperlichen Unversehrtheit mit dem Autonomiegedanken des Patienten auch ein subjektiv geprägtes Schutzgut mitberücksichtigt wird. Da in der DDR das Urteil zum Teil ignoriert wurde, verlagerte sich der sekundäre Schutz des § 115 Abs. 1 StGB-DDR von dem richterlich angestrebten Selbstbestimmungsrecht des Patienten hin zu einer sozialistisch propagierten Zuschaustellung der Effektivität des Gesundheitswesens. Zugleich wurde der Patientenwille der Entscheidungsmacht des Arztes untergeordnet.[292]

cc) Bedeutung des Patientengesprächs

Die paternalistische Grundüberzeugung des sozialistischen Arztes ist auch an der Bedeutung abzulesen, die dem allgemeinen Patientengespräch entgegengebracht wurde. Der Kerngedanke des Paternalismus liegt in der Dominanz des Patientenwohls gegenüber dem Patientenwillen.[293] Auch wenn an dieser Stelle dem Hintergedanken der Aufklärungspflicht nicht vorweggegriffen werden soll,[294] ist als Ausgangspunkt festzuhalten, dass sich ein intensives Gespräch mit dem Arzt in der Regel positiv auf den Entscheidungsprozess des Patienten über den Behandlungsverlauf auswirkt.

Grundsätzlich hatte auch der sozialistische Arzt dem Patienten Informationen über dessen Krankheitsbild zu verschaffen. Hierdurch sollte dem Erkrankten die Möglichkeit einer selbstbestimmten Mitwirkung an den geplanten Behandlungsschritten eröffnet werden.[295] Eine allgemeine Duldungspflicht für medizinische Eingriffe gab es auch im Arztrecht der DDR nicht.[296] Auf den ersten Blick brachen in der DDR die paternalistischen Strukturen also zunehmend auf. Diese Sichtweise überzeugt jedoch nicht mehr, sobald mitberücksichtigt wird, wie das Patientengespräch zu dem verfolgten Heilzweck gewichtet wurde. Der sozialistische Arzt zielte mit der angestrebten Kommunikation nicht auf die Begründung von Entscheidungsfreiheit aufseiten des Patienten ab. Es galt stattdessen die Devise, dass mit Hilfe einer geschickten Gesprächsführung die Einwilligung von unentschlossenen Patienten forciert werden sollte.[297] Dem paternalistischen Grundgedanken folgend, war

---

[292] Vgl. *Lohmann*, Gesundheit und Soziales, S. 121.

[293] Siehe dazu Zweiter Teil Kapitel D. I.

[294] Siehe dazu Zweiter Teil Kapitel E. I. 2.

[295] *Becker*, G., Arzt und Patient im sozialistischen Recht, S. 62 f.

[296] *Becker*, G., Arzt und Patient im sozialistischen Recht, S. 79 f.; *Franke*, Das Recht im Alltag des Haus- und Betriebsarztes, S. 109; *Lohmann*, Gesundheit und Soziales, S. 115.

[297] Vgl. *Franke*, Das Recht im Alltag des Haus- und Betriebsarztes, S. 109; *Günther*, Das Arztrecht in der DDR und seine Beziehung zur ärztlichen Ethik. Erfahrungen aus dem Umgang mit ärztlichen Fehlleistungen, in: Bettin/Gadebusch Bondio (Hrsg.), Medizinische Ethik in der DDR, Erfahrungswert oder Altlast?, S. 86 (89).

das Patientengespräch in der DDR dem Heilzweck untergeordnet.[298] Der Inhalt und Umfang der Kommunikation stand im pflichtgemäßen Ermessen des Arztes.[299] Folglich sollte der Dialog mit dem Patienten nicht die Selbstbestimmung des Patienten stärken. Mit differenzierter Überzeugung, aber dennoch passend, bezeichnet Franke den Gedanken hinter dem Arztgespräch als beabsichtigte „psychische Führung des Patienten".[300] Dem tatsächlichen Willen des Patienten in der DDR kam daher, trotz in Aussicht gestellter Gleichrangigkeit, nur eine untergeordnete Rolle zu.

Ein intensives Patientengespräch erfordert neben der körperlichen auch die geistige Anwesenheit der Beteiligten. Ist der Patient bewusstlos, kann ein Gespräch nicht stattfinden. Gleichwohl besteht auch bei der Behandlung von Bewusstlosen eine Möglichkeit, den Patientenwillen hinreichend zu berücksichtigen. § 630d Abs. 1 S. 4 BGB bestimmt, dass wenn eine Einwilligung bei einer unaufschiebbaren Maßnahme nicht rechtzeitig eingeholt werden kann, diese verzichtbar wird, sofern die Maßnahme dem mutmaßlichen Willen des Patienten entspricht. Wird der Wille des Patienten erforscht, ist auf dessen persönliche Wünsche, Interessen und Wertvorstellungen Rücksicht zu nehmen.[301] In der Bundesrepublik Deutschland und der DDR unterlag die Behandlung von Bewusstlosen unterschiedlichen Anforderungen. Während der westdeutsche Arzt den mutmaßlichen Willen des Patienten aktiv, d. h. unter anderem auch durch Befragungen der nahen Angehörigen ermitteln musste, konnte der ostdeutsche Arzt, ohne Nachforschungen betreiben zu müssen, das medizinisch Indizierte veranlassen. Das Einverständnis des Patienten wurde einfach unterstellt.[302] Eine intensive Auseinandersetzung mit dem Familienleben oder den persönlichen Beweggründen des Patienten, man denke beispielsweise an unerkannte Suizidversuche, war daher nicht erforderlich. Folglich zeigte sich auch an der Bewertung des mutmaßlichen Patientenwillens, dass das Selbstbestimmungsrecht des Patienten gegenüber der Entscheidungshoheit des Arztes als geringwertiger eingeschätzt wurde.

---

[298] *Becker*, G., Arzt und Patient im sozialistischen Recht, S. 60; *Franke*, Das Recht im Alltag des Haus- und Betriebsarztes, S. 108 ff.; *Günther*, Das Arztrecht in der DDR und seine Beziehung zur ärztlichen Ethik. Erfahrungen aus dem Umgang mit ärztlichen Fehlleistungen, in: Bettin/Gadebusch Bondio (Hrsg.), Medizinische Ethik in der DDR, Erfahrungswert oder Altlast?, S. 86 (90); *Hansen/Vetterlein*, Ärztliches Handeln – Rechtliche Pflichten, S. 71 f.

[299] *Becker*, G., Arzt und Patient im sozialistischen Recht, S. 63.

[300] *Franke*, Das Recht im Alltag des Haus- und Betriebsarztes, S. 108.

[301] BeckOK/*Katzenmeier*, § 630d BGB, Rdnr. 23; Münchner Kommentar/*Wagner*, § 630d BGB, Rdnr. 53.

[302] *Franke*, Das Recht im Alltag des Haus- und Betriebsarztes, S. 109, bei vitaler Indikation; *Günther*, Das Arztrecht in der DDR und seine Beziehung zur ärztlichen Ethik. Erfahrungen aus dem Umgang mit ärztlichen Fehlleistungen, in: Bettin/Gadebusch Bondio (Hrsg.), Medizinische Ethik in der DDR, Erfahrungswert oder Altlast?, S. 86 (90), spricht zudem davon, dass es DDR-Praxis war, die Angehörigen eines Schwerstkranken detaillierter aufzuklären als den unmittelbar Betroffenen selbst; *Lohmann*, Gesundheit und Soziales, S. 115.

dd) Einhaltung der Schweigepflicht

Die ärztliche Schweigepflicht stellt einen Grundpfeiler der auf Vertrauen aufbauenden Arzt-Patienten-Beziehung dar.[303] Bereits der hippokratische Eid hat die Ärzte ethisch dazu verpflichtet, nicht öffentlich über den persönlichen Kontext einer Behandlung zu sprechen bzw. den Inhalt nicht an staatliche Stellen weiterzugeben. Der Grundsatz der ärztlichen Schweigepflicht bestand auch in der DDR.[304] Gesetzlich normiert war dieser in § 136 StGB-DDR. Darin hieß es, durchaus mit dem heutigen § 203 StGB vergleichbar, dass es dem Arzt und seinen Mitarbeitern untersagt war, Tatsachen, die ihnen in ihrer beruflichen Tätigkeit anvertraut oder bekanntgeworden waren, zu offenbaren, ohne hierzu gesetzlich oder persönlich ermächtigt gewesen zu sein. Die Sichtweise auf die ärztliche Schweigepflicht in der DDR ist jedoch zwiegespalten. In der zeitgenössischen DDR-Literatur lassen sich keine Anzeichen einer Nichtbeachtung der Pflicht finden. Demgegenüber ist bei gegenwärtigen Autoren ein erhöhtes Maß an Kritik erkennbar.

Zum einen wird dabei auf Verfehlungen aus dem medizinischen Bereich abgestellt. Es wurde beispielsweise für selbstverständlich erachtet, wenn Patienteninformationen von Arzt zu Arzt bzw. von Einrichtung zu Einrichtung weitergegeben wurden. Auch die Installation des DDR-Krebsregisters kann an dieser Stelle genannt werden. Beide Beispiele sind dadurch gekennzeichnet, dass eine vorherige Zustimmung des Patienten für nicht erforderlich befunden wurde. Dem Patienten musste die Informationsweitergabe noch nicht einmal mitgeteilt werden. Im Hinblick auf das Krebsregister wird zudem kritisiert, dass die entsprechenden Daten nicht ausreichend anonymisiert, sondern weiter auf die Betroffenen rückführbar waren.[305]

Zum anderen muss die Einhaltung der Schweigepflicht auch unter Berücksichtigung der heutigen Kenntnisse über die Art und Weise der DDR-Staatsführung angezweifelt werden. Das DDR-Ministerium für Staatssicherheit (MfS) setzte sogenannte „Inoffizielle Mitarbeiter" (IM) ein, um eine geheime Überwachung der Gesellschaft zu ermöglichen. Hierbei wurden auffallend häufig auch Ärzte ausgewählt und eingesetzt.[306] Das Interesse des MfS galt hauptsächlich der Überwachung der Ärzteschaft von innen. Damit sollte verhindert werden, dass „Angehörige[n] der

---

[303] *Opitz*, DtÄb 1997, A-2183 (A-2183).

[304] *Becker*, G., Arzt und Patient im sozialistischen Recht, S. 65 ff.; *Franke*, Das Recht im Alltag des Haus- und Betriebsarztes, S. 110 ff.; *Hansen/Vetterlein*, Ärztliches Handeln – Rechtliche Pflichten, S. 74, 105 ff.

[305] *Günther*, Das Arztrecht in der DDR und seine Beziehung zur ärztlichen Ethik. Erfahrungen aus dem Umgang mit ärztlichen Fehlleistungen, in: Bettin/Gadebusch Bondio (Hrsg.), Medizinische Ethik in der DDR, Erfahrungswert oder Altlast?, S. 86 (90); *Jachertz*, DtÄb 2012, A-750 (A-751).

[306] Umfassend zum Thema Arzt als IM: *Weil*, DtÄb 2006, A-1594 (A-1594 ff.); *Weil*, Ärzte als inoffizielle Mitarbeiter des Ministeriums für Staatssicherheit der DDR, in: Frewer/Erices (Hrsg.), Medizinethik in der DDR, S. 29 (29 ff.).

medizinischen Intelligenz" die DDR illegal verlassen.[307] Ferner sollte auch die
Weitergabe von Patienteninformationen als Teil der internen Absprachen zwischen
dem Arzt und dem SED-Führungsoffizier ermöglicht werden.[308] Die Unvereinbarkeit
der staatlichen Spitzeltätigkeit mit der Gewährung eines intimen Arzt-Patienten-
Gesprächs wird anhand der überlieferten Kommunikation des IM-Arztes „Dieter
Speer"[309] mit seinem Führungsoffizier in einer paradoxen Art und Weise sehr
deutlich. Im Jahr 1977 beschwerte der Arzt sich zunächst über die zu dünn ge-
polsterten Sprechzimmertüren. Dadurch sei es möglich gewesen, dass die Patienten
im Wartezimmer das Gespräch hinter den Türen mitverfolgen konnten. Manche
Patienten hätten daher nur noch flüsternd geredet. Nach Ansicht von Herrn Speer
bargen die dünnen Türen die Gefahr, dass er mit dem Verdacht der Verletzung der
Schweigepflicht hätte konfrontiert werden können. Ihm ging es mit seinem Anliegen – absurderweise – um die Gewährung einer vertrauensvollen Arzt-Patienten-
Beziehung.[310] Dass er mit der Weitergabe von Patienteninformationen selbst gegen
die Schweigepflicht verstößt, kam ihm dagegen nicht in den Sinn.

b) Sozialistische Arzt-Patienten-Beziehung

Unter Berücksichtigung der vorgestellten Kritikpunkte ist die eingangs von Be-
cker in den Raum gestellte Gleichberechtigung von Arzt und Patient zur Zeit der
DDR als überaus unwahrscheinlich zu bewerten. Es wird zwar auch einen von diesen
Aspekten unbeeinflussten ärztlichen Alltag gegeben haben, jedoch sollen bei der
Kategorisierung der Arzt-Patienten-Beziehung die damaligen Probleme im Mittel-
punkt stehen.

Aus heutiger Sicht weist die Arzt-Patienten-Beziehung zur Zeit der DDR neben
offensichtlichen Unterschieden auch einige Gemeinsamkeiten zum nationalsozialistischen Verhältnis zwischen Arzt und Patient auf. Unabhängig von dem ärztlichen
Alltagsgeschehen zeichneten sich die jeweiligen Arztmotive durch eine besondere
Nähe zum Staat und dessen Ideologien aus. Die Fokussierung auf das Kollektiv
anstatt auf das Individuum sowie die Geringschätzung der ärztlichen Schweigepflicht lassen eine Überhöhung des Arztes bei simultaner Unterordnung des Patienten erkennen.[311] Beide Regime waren dadurch gekennzeichnet, dass die herrschende politische Macht gegenüber ihren Bürgern rigoros durchgegriffen hat. So
wie die SED bzw. die NSDAP den Bürger dominierte, so dominierte der Arzt den

---

[307] Weil, DtÄb 2006, A-1594 (A-1594); Weil, Ärzte als inoffizielle Mitarbeiter des Ministeriums für Staatssicherheit der DDR, in: Frewer/Erices (Hrsg.), Medizinethik in der DDR,
S. 29 (31).

[308] Weil, DtÄb 2006, A-1594 (A-1596).

[309] Hierbei handelt es sich um einen Decknamen.

[310] Kommunkation abgedruckt in: Weil, DtÄb 2006, A-1594 (A-1598 f.); Weil, Ärzte als
inoffizielle Mitarbeiter des Ministeriums für Staatssicherheit der DDR, in: Frewer/Erices
(Hrsg.), Medizinethik in der DDR, S. 29 (29).

[311] Vgl. Opitz, DtÄb 1997, A-2183 (A-2183).

Patienten. Da der sozialistische Mediziner dabei nur selten als Betreuer des Behandelten auftrat, erscheint eine Bezeichnung als Beauftragter des Staates und der Gemeinschaft deutlich passender.[312] Ähnlich wie im Dritten Reich konnte die vom Reichsgericht in Bewegung gesetzte Rechtstendenz von der unterdrückten DDR-Gesellschaft nur bedingt aufgenommen, verarbeitet und weiterentwickelt werden. Daher ist die sozialistische Arzt-Patienten-Beziehung auch im Vergleich zu dem westdeutschen Arzt-Patienten-Verhältnis als rückständig einzuordnen. Während in der Bundesrepublik Deutschland die Behandlung auf subjektiv-autonomen Entscheidungen basierte, war die DDR-Medizin zentralisiert und damit paternalistisch.[313] Der Therapiefreiheit des sozialistischen Arztes wurde Vorrang vor der Entwicklung der Patientenselbstbestimmung eingeräumt. In der Praxis war der erweiterte rechtliche Handlungsspielraum des DDR-Arztes aufgrund von materiellen und personellen Mängelzuständen jedoch nur selten spürbar.[314]

Die Kategorisierung der sozialistischen Arzt-Patienten-Beziehung orientiert sich an der im Dritten Reich. Zwar ist das DDR-Medizinverständnis sowohl im Hinblick auf die kriminellen Menschenversuche als auch auf die allgemeine ärztliche Qualität als humaner und fortschrittlicher zu bewerten, gleichwohl blieb es bei einer *Subjekt-Objekt-Beziehung*. Der sozialistische Arzt konnte im Rahmen der allgemeinen DDR-Mangelgesellschaft frei und dementsprechend aus einer *subjektivierten* Position heraus behandeln. Da es sich nach dem sozialistischen Medizinverständnis um eine Kollektiv-Therapie gehandelt hat und der Individualität des Patienten daher keinen Raum gegeben wurde, war der DDR-Patient weiterhin auf eine *anonyme* Objektsstellung beschränkt. Auch wenn sich die medizinische Situation aufgrund des wissenschaftlichen und technischen Fortschritts gegenüber der Zeit von 1933 bis 1945 verbesserte, kann von einer signifikanten rechtlichen Aufwertung der Patientenposition nicht gesprochen werden.

5. Contergan-Prozesse und Studentenbewegung

Die Nürnberger Ärzteprozesse haben die Gesellschaft hinsichtlich medizinischen Fehlverhaltens und der damit einhergehenden Unterdrückung der Patientenposition aufgeweckt. Diese Bewusstseinsveränderung wurde durch die Contergan-Prozesse aus den Jahren 1967 bis 1970 intensiviert. Die Gerichte hatten sich mit den gesundheitlichen Folgen des Beruhigungsmittels Contergan zu beschäftigen. Der darin verwendete Wirkstoff Thalidomid war nachweislich ab 1957 für schwere Fehlbildungen bei neugeborenen Kindern verantwortlich, sofern das Medikament während

---

[312] Vgl. *Hansen/Vetterlein*, Ärztliches Handeln – Rechtliche Pflichten, S. 47.

[313] *Lohmann*, Gesundheit und Soziales, S. 112 f.

[314] *Günther*, Das Arztrecht in der DDR und seine Beziehung zur ärztlichen Ethik. Erfahrungen aus dem Umgang mit ärztlichen Fehlleistungen, in: Bettin/Gadebusch Bondio (Hrsg.), Medizinische Ethik in der DDR, Erfahrungswert oder Altlast?, S. 86 (87 f.).

der frühen Schwangerschaft von der Mutter eingenommen worden war.[315] Der Contergan-Skandal erschütterte das Vertrauen der Bevölkerung in die Pharmaindustrie. Mittelbar wurde auch die Unfehlbarkeit des Arztes im Rahmen der Arzt-Patienten-Beziehung weiter angezweifelt.[316] In der Folge begann sich die Bevölkerung gezielt mit den Gefahren von Medizinpräparaten auseinanderzusetzen. Zum einen hatte dies Auswirkungen auf den Arzt-Patienten-Kontakt. Dem Arzt wurde bei der Medikamentenverschreibung nicht mehr blind vertraut. Zum anderen galten die gesellschaftlichen Unruhen als Auslöser für die Verabschiedung des ersten Gesetzes über den Verkehr mit Arzneimitteln vom 16. 05. 1961.[317] Die Einführung einer Erlaubnispflicht für die Herstellung von Arzneimitteln sowie die bundeseinheitlichen Bestimmungen hinsichtlich der Produktion von Medikamenten verbesserten den Verbraucherschutz hierbei immens.[318]

Die Studentenbewegung der 68er Jahre richtete sich mit ihrer Kritik an Traditionen, Autoritäten und Institutionen gegen die festgefahrenen Gesellschaftsstrukturen der Bundesrepublik Deutschland. Da hiervon auch umfasst war, klassische Rollenbilder zu hinterfragen, sah sich die Ärzteschaft weiterem Erklärungsdruck ausgesetzt.[319]

In ihrer Gesamtheit haben sowohl die Contergan-Prozesse als auch die Studentenbewegung dazu beigetragen, dass die Position des Arztes als „Halbgott in Weiß" in der öffentlichen Wahrnehmung weiter an Rückhalt verloren hat. Daneben beschleunigte die mit dem technischen Fortschritt einhergehende Zunahme von Informationsmöglichkeiten die Emanzipierung des Patienten. Dieser begann erstmals den Wissensvorsprung des Arztes zu verringern, indem er zielgerichtet Informationen verlangte. Hierdurch rückte die Implementierung einer Subjektstellung auf der Patientenseite in greifbare Nähe.[320]

---

[315] *Friedrich*, Contergan – Zur Geschichte einer Arzneimittelkatastrophe, in: Zichner/Rauschmann/Thomann (Hrsg.), Die Contergankatastrophe – Eine Bilanz nach 40 Jahren, S. 3 (3); *Kirk*, Der Contergan-Fall, S. 44 ff.

[316] Allgemein: *Brüggemeier*, Deliktsrecht, Rdnr. 620; spezieller: *Härle*, FPR 2007, 47 (47); *Miranowicz*, MedR 2018, 131 (132).

[317] Bundesgesetzblatt 1961, Teil I, Nr. 33, S. 533 ff.; Dieners/Reese/*Dieners/Heil*, Handbuch des Pharmarechts, § 1, Rdnr. 20 f.; *Müller-Oerlinghausen*, Die Rolle der Ärzteschaft bei der Aufklärung der Contergannebenwirkungen und die Auswirkung auf die deutsche Arzneimittelgesetzgebung, in: Zichner/Rauschmann/Thomann (Hrsg.), Die Contergankatastrophe – Eine Bilanz nach 40 Jahren, S. 33 (34 ff.); *Rückeshäuser*, Off-Label-Use: Die rechtlichen Probleme des zulassungsüberschreitenden Einsatzes von Arzneimitteln, S. 9; *Weber*, Off-label use, S. 27.

[318] Andeutend: *Francke*, Ärztliche Berufsfreiheit und Patientenrechte, S. 195; ausdrücklich: *Kirk*, Der Contergan-Fall, S. 33.

[319] *Härle*, FPR 2007, 47 (47); *Miranowicz*, MedR 2018, 131 (132).

[320] BT-Drucksache 17/10488, S. 10; *Miranowicz*, MedR 2018, 131 (132); vgl. *Vollmann*, Patientenselbstbestimmung und Selbstbestimmungsfähigkeit, S. 17.

III. Arzt-Patienten-Beziehung in der Neuzeit

Das Urteil des Reichsgerichts aus dem Jahr 1894 gilt als die Geburtsstunde des Aufklärung-Einwilligung-Konzepts, das heute auch unter der Bezeichnung „Informed Consent" als das klassische Schutzelement der Patientenselbstbestimmung angesehen wird.[321] Dennoch ist nicht anzunehmen, dass sich die verfestigte paternalistische Arzt-Patienten-Beziehung unmittelbar durch die gerichtliche Entscheidung verändert hat. Vielmehr bedurfte es der beschriebenen medizinischen „Unruhen", um ein gesellschaftliches Selbstbewusstsein zu entwickeln, das die Grundlage der Erhebung des Patienten aus der unterwürfigen in eine einfordernde Position bildete.[322] Als juristische Folge entwickelte der BGH im Jahr 1955 das aus Art. 2 Abs. 1 i. V. m. Art. 1 Abs. 1 GG abgeleitete allgemeine Persönlichkeitsrecht.[323] Dieses Recht bildet nach der hier vertretenen Auffassung in bestimmten Situationen die verfassungsrechtliche Grundlage für das Selbstbestimmungsrecht des Patienten.[324] Auf medizinrechtlicher Ebene urteilte im Jahr 1957 der BGH, dass es zwar das vornehmste Recht und die Pflicht der Ärzteschaft sei, Menschen von ihren Leiden zu heilen, diese Aufgabe werde jedoch durch das Selbstbestimmungsrecht des Menschen begrenzt. Das Gericht führte ferner aus, dass der eigenverantwortliche Arzt rechtswidrig in die Freiheit und Würde der menschlichen Persönlichkeit eingreift, sofern er sich nicht zuvor die Einwilligung des Patienten zu eben jener konkreten Behandlungsmethode hat geben lassen.[325]

Das paternalistische Arztverständnis wurde in der Gesellschaft immer stärker kritisiert. Dies führte dazu, dass dem einzelnen Patienten, der jahrhundertelang auf eine Objektrolle beschränkt war, während der späten Neuzeit erstmals rechtliche Einflussmöglichkeiten auf die eigene Behandlung eröffnet wurden. In der Folge entwickelte die Arzt-Patienten-Beziehung immer stärker den Anspruch, durch Gleichrangigkeit bzw. Symmetrie geprägt zu sein. Während der Arzt früher – in Anlehnung an den hippokratischen Eid – allein an das Patientenwohl (*salus aegroti suprema lex*) gebunden war, hat er seit der verfassungsrechtlichen Aufwertung der Patientenselbstbestimmung auch den Patientenwillen (*volutas aegroti suprema lex*) zu beachten.[326] In diesem Zusammenhang kann von dem Beginn eines Paradigmenwechsels gesprochen werden.

Die Arzt-Patienten-Beziehung der Neuzeit lässt sich nur schwer in die bisher verwendeten Kategorien der Subjekt- und Objekt-Stellung einordnen. Stattdessen bietet es sich an, die neuzeitliche Medizinphase und vorallem das 19. und

---

[321] *Damm*, MedR 2002, 375 (377), *Höfling*, Der autonome Patient – Realität und Illusion, in: Schumpelick/Vogel (Hrsg), Arzt und Patient, eine Beziehung im Wandel, S. 390 (391 f.); *Miranowicz*, MedR 2018, 131 (131).

[322] *Miranowicz*, MedR 2018, 131 (131).

[323] BGHZ 13, 334 (338).

[324] Siehe dazu Erster Teil Kapitel B. I. 1. c).

[325] BGHSt 11, 111 (114).

[326] *Damm*, MedR 2002, 375 (375/378); *Miranowicz*, MedR 2018, 131 (132).

20. Jahrhundert als Entwicklungszeitraum zu betrachten. In dieser war vorwiegend die Position des Patienten, jedoch auch die des Arztes erheblichen Spannungen ausgesetzt. Bis zum Ende des 19. Jahrhunderts trat der Arzt noch als die dominierende Persönlichkeit auf. Dem Patienten kam dagegen allenfalls die Rolle des individualisierten Trägers einer Krankheit zu. In der paternalistischen Arzt-Patienten-Beziehung war der Wissens- und damit der Machtunterschied zwischen den Beteiligten so stark ausgeprägt wie niemals zuvor. Die nachfolgenden medizinischen „Unruhen" schwächten jedoch die Stellung des Arztes. Damit einhergehend konnte der Arzt nicht mehr als der „Alleinentscheider" auftreten.[327] Das sich entwickelnde Selbstbestimmungsrecht des Patienten fungiert insoweit als eine Art Gegenspieler zur ärztlichen Therapiefreiheit. Die Entwicklung der Arzt-Patienten-Beziehung in der Neuzeit lässt sich so zusammenfassen, dass die Freiheit des Arztes durch das verfassungsrechtlich verankerte Selbstbestimmungsrecht des Patienten beschränkt wurde. Es ist jedoch bereits an dieser Stelle darauf hinzuweisen, dass die Ausübung von therapeutischer Freiheit mit der Beachtung von Patientenrechten nicht zwingend in Widerspruch stehen muss.[328]

E. Gegenwart

„The patient is not just a group of symptoms, damaged organs and altered emotions. The patient is a human being, at the same time worried and hopeful, who is searching for relief, help and trust. The importance of an intimate relationship between patient and physician can never be overstated because in most cases an accurate diagnosis, as well as an effective treatment, relies directly on the quality of this relationship."[329]

Hellín hebt in ihrem Beitrag die Bedeutung von Intimität für den Zeitpunkt hervor, an dem Arzt und Patient aufeinandertreffen. Da der spätere Teil der Neuzeit als Annäherungsphase der Beteiligten verstanden wird, gilt es im Folgenden zu untersuchen, ob sich die heutige Arzt-Patienten-Beziehung dadurch auszeichnet, dass die Entwicklung fortgeführt oder gar abgeschlossen wird.

I. Patientenrechtegesetz

Die gegenwärtige Arzt-Patienten-Beziehung ist als Ergebnis des gesellschaftlichen Umdenkens, beginnend mit dem Reichsgerichtsurteil aus dem Jahr 1894 und endend mit der Eingliederung des Patientenrechtegesetzes in das BGB, anzusehen.

---

[327] Vgl. *Hoppe*, Die Patient-Arzt-Beziehung im 21. Jahrhundert, in: Katzenmeier/Bergdolt (Hrsg.) Das Bild des Arztes im 21. Jahrhundert, S. 1 (1), der anmerkt, dass in der „[...] Mitte der 80er Jahre der einzelne Patient als Individuum [angesehen wurde] und die Patient-Arzt-Beziehung als eine höchst individuelle Interaktion respektiert wurde."

[328] Siehe dazu Dritter Teil Kapitel A.

[329] *Hellín*, Haemophilia 2002, 450 (452).

Bis zum Anfang des Jahres 2013 richtete sich das rechtliche Konstrukt der Arzt-Patienten-Beziehung überwiegend nach dem Dienstvertragsrecht (vgl. §§ 611 ff. BGB).[330] Einige Rechte und Pflichten der Beteiligten ergaben sich zudem aus spezialgesetzlichen Normen (z.B. § 6 TFG im Hinblick auf die Aufklärung bei der Blutspende)[331] oder waren das Resultat von entsprechendem Richterrecht.[332] Mit dem „Gesetz zur Verbesserung der Rechte von Patientinnen und Patienten" vom 20.02.2013 sollten die judikativ entwickelten Grundsätze zum Arzthaftungs- und Behandlungsrecht einheitlich im BGB kodifiziert werden.[333]

1. Behandlungsvertrag

Die neu eingefügten §§ 630a–630h BGB enthalten die Vorschriften zum Behandlungsvertrag. Gemäß der Eingangsnorm § 630a Abs. 1 BGB wird dabei derjenige, der die medizinische Behandlung eines anderen zusagt (Behandelnder), zur Leistung der versprochenen Behandlung verpflichtet. Die andere Partei (Patient) trifft im Grundsatz unabhängig von einem etwaigen Dritten die mit der Behandlung korrespondierende Zahlungsverpflichtung.

Die Gesetzessystematik erinnert an einen typischen synallagmatischen Vertrag. Der Behandelnde, der in der Regel ein Arzt ist, steht seinem Patienten in einem ähnlichen Austauschverhältnis gegenüber, wie dies der Verkäufer/Werkunternehmer zu seinem Käufer/Besteller tut. Die Entscheidung des Gesetzgebers, das Arzt-Patienten-Verhältnis als vertragliche Beziehung auszugestalten und dabei eine bereits bekannte Austauschmethodik zu verwenden, kann daher als Versuch angesehen werden, auch die Arzt-Patienten-Beziehung als gleichrangiges Subjekt-Subjekt-Verhältnis zu werten.[334] Zumindest im Grundsatz sind Verträge durch Gleichrangigkeit gekennzeichnet. Dies zeigt auch die Gegenüberstellung von Verwaltungsakt (§ 35 VwVfG) und öffentlich-rechtlichen Vertrag (§§ 54 ff. VwVfG). Das Privat-

---

[330] Dieses Verständnis spiegelt sich in der heutigen Rechtslage in § 630b BGB wider; siehe hierzu allgemein: BeckOK/*Katzenmeier*, § 630b BGB, Rdnr. 1; bezüglich der Rechtslage vor 2013 siehe: BVerfG NJW 2005, 1103 (1104); *Katzenmeier*, Arzthaftung, S. 85 ff.; *Peter*, VW 1989, 1212 (1212); *Schaffer*, VersR 1993, 1458 (1458).

[331] Für weitere Beispiele siehe: *Burgert*, JA 2016, 246 (252); Laufs/*Katzenmeier*/Lipp, Arztrecht, Kap. V, Rdnr. 4.

[332] Eine ausführliche Übersicht über richterrechtlich entwickelte Rechte und Pflichten findet sich in: *Parzeller/Wenk/Zedler/Rothschild*, DtÄb cme kompakt 2009, 29a (29a ff. + Anlagen).

[333] Bundesgesetzblatt 2013, Teil I, Nr. 9, S. 277 ff.; BT-Drucksache 17/10488, S. 9; Beck-OK/*Katzenmeier*, § 630a BGB, Rdnr. 8.

[334] Rechtsvergleichend sei an dieser Stelle angemerkt, dass das National Health System in Großbritannien keine vertragliche Beziehung zwischen Arzt und Patient vorsieht. Sämtliche Haftungsprozesse sind deliktsrechtlich geprägt (action for negligence); vgl. dazu: *Diurni*, Die Arzthaftung von gestern und das Medizinrecht von heute in rechtsvergleichender Perspektive, in: Ahrens/von Bar/Fischer/Spickhoff/Taupitz (Hrsg.), Festschrift für Erwin Deutsch (80), S. 85 (93).

recht zeichnet sich prinzipiell dadurch aus, dass es im Gegensatz zum Öffentlichen Recht ein Über-Unter-Ordnungsverhältnis nicht vorsieht. Dennoch enthält das BGB Regelungen, die in ihrer Systematik an eine Fürsorge „von Oben nach Unten" angelehnt sind. Mögliche Beispiele wären das Vormundschaftsrecht aus §§ 1773-1895 BGB oder das Verhältnis der Eltern zu ihren minderjährigen Kindern. So heißt es in § 1793 Abs. 1 S. 1 BGB, dass der Vormund das Recht und die Pflicht hat, für die Person und das Vermögen des Mündels zu sorgen. Gemäß § 1627 S. 1 BGB ist zudem die elterliche Sorge stets an dem Wohl des Kindes auszurichten. Es ist daher festzuhalten, dass dem BGB paternalistische Regelungen nicht völlig fremd sind.

Die gesetzgeberische Entscheidung, die Arzt-Patienten-Beziehung als Vertrag auszugestalten, ist daher auch so zu verstehen, dass eine Über-Unter-Ordnung abgelehnt werden sollte.[335] Aus der Begründung zum Gesetzesentwurf der Bundesregierung vom 15.08.2012 ist zudem die endgültige Missbilligung eines paternalistischen Arztbildes ableitbar. Unter dem Punkt „Ziel des Gesetzesentwurfs" heißt es dazu: „richtig verstandene Patientenrechte setzen nicht auf rechtliche Bevormundung, sondern orientieren sich am Leitbild der mündigen Patientin, des mündigen Patienten."[336] Die Intention des Gesetzgebers war folglich darauf gerichtet, den Patienten aus der Objektrolle herauszulösen.

2. Aufklärungspflicht und Informationsrecht

Obgleich die heutige Arzt-Patienten-Beziehung als Vertrag ausgestaltet ist, handelt es sich um eine Konstellation, die im Ausgangspunkt weiterhin als asymmetrisch zu bezeichnen ist.[337] Zwar wurde der alte Leitsatz „Wissen ist Macht" durch die Aufwertung der Patientenrechte diskreditiert, das Aufeinandertreffen von Arzt und Patient ist jedoch weiterhin durch einen Wissensvorsprung seitens des Arztes gekennzeichnet. Moderne Informationsmöglichkeiten können diese Asymmetrie grundsätzlich mildern.[338] Gleichwohl lassen die Gefahren des Internets, wie beispielsweise unzureichende Quellenangaben oder nicht aussagekräftige Selbstexperimente,[339] das akademische Wissen als besonders wichtig erscheinen.[340]

Bei dem Selbstbestimmungsrecht des Patienten handelt es sich zunächst um eine „leere Hülle", die gesondert *aktiviert* werden muss. Treibende Kraft hinter der

---

[335] Vgl. *Höfling*, Der autonome Patient – Realität und Illusion, in: Schumpelick/Vogel (Hrsg), Arzt und Patient, eine Beziehung im Wandel, S. 390 (390 f.).

[336] BT-Drucksache 17/10488, S. 9.

[337] *Becker, P.*, Patientenautonomie und informierte Einwilligung, S. 14; *Härle*, FPR 2007, 47 (47).

[338] *Beleites*, Ist der Wandel des Arzt-Patienten-Verhältnisses Folge des medizinischen Fortschrittes?, in: Schumpelick/Vogel (Hrsg), Arzt und Patient, eine Beziehung im Wandel, S. 81 (85, 97); *Miranowicz*, MedR 2018, 131 (132).

[339] Siehe dazu Sechster Teil Kapitel C. I. 2.

[340] *Burgert*, JA 2016, 246 (251).

Verwirklichung des Rechts auf Selbstbestimmung ist die in § 630e BGB und § 8 MBO-Ä geregelte Selbstbestimmungsaufklärung. Diese ist von der Aufklärung über wirtschaftliche Folgen (wirtschaftliche Aufklärung, § 630c Abs. 3 S. 1 BGB) und der der Behandlung nachfolgenden Informationspflicht über nun notwendige Einschränkungen (therapeutische Sicherungsaufklärung, § 630c Abs. 2 S. 1 BGB) zu unterscheiden.[341] Aus einem historischen Blickwinkel betrachtet wurde die Selbstbestimmungsaufklärung zwar erst durch das Patientenrechtegesetz in das BGB eingeführt, die judikative Entwicklung lässt sich jedoch bis in die erste Hälfte des 20. Jahrhunderts zurückverfolgen.[342] Mit dem Reichsgerichtsurteil aus dem Jahr 1894 wurde der ärztliche Heileingriff erstmals als tatbestandliche Köperverletzung eingeordnet. Die in der Regel gewünschte Straflosigkeit des Arztes erforderte eine Einwilligung vonseiten des Patienten.[343] Eine dieser Einwilligung vorausgehende Aufklärung wurde jedoch noch nicht für nötig erachtet.[344]

Die ersten Ansätze einer ärztlichen Aufklärungs- oder Beratungspflicht können dagegen bis zu mehreren Urteilen des Reichsgerichts aus den 1930er Jahren zurückverfolgt werden.[345] Am 19.05.1931 formulierten die Richter – wenngleich sehr

---

[341] Allgemein zu den unterschiedlichen Arten der Aufklärung und deren Abgrenzung siehe: Laufs/*Katzenmeier*/Lipp, Arztrecht, Kap. V, Rdnrn. 14 ff.; Laufs/*Kern*/Rehborn, Handbuch des Arztrechts, § 64, Rdnr. 2; *Quaas*/Zuck/Clemens, Medizinrecht, § 14, Rdnr. 88.

[342] *Deutsch*, VersR 1981, 293 (293), gibt Gedanken von Bismarck wieder, in denen er von einer geplanten Operation des Thronfolgers, den nachmaligen Kaiser Friedrich III., berichtet. Diesem sollte der Kehlkopf ohne Einwilligung entfernt werden. Der Kaiser habe die Operation, ohne die Einwilligung seines Sohnes verboten; vgl. auch *Peintinger*, Therapeutische Partnerschaft, S. 47, Fn. 164.

[343] Siehe dazu Zweiter Teil Kapitel D. II. 1.

[344] *Becker*, G., Arzt und Patient im sozialistischen Recht, S. 61; *Beppel*, Ärztliche Aufklärung in der Rechtsprechung, S. 22; *Burgert*, JA 2016, 246 (247); Laufs/*Katzenmeier*/Lipp, Arztrecht, Kap. V, Rdnr. 2; vgl. auch: *Laufs*, MedR 1986, 163 (169), „Das Leitbild vom Heileingriff als Körperverletzung hat die Entwicklung der ärztlichen Aufklärungspflicht begünstigt."

[345] In einem Rechtsvergleich zu Großbritannien fällt auf, dass die deutsche Rechtsprechung die Notwendigkeit einer aufgeklärten Einwilligung früher anerkannte. Die historische Entwicklung der Aufklärungspflicht in Großbritannien wurde maßgeblich durch zwei Urteile beeinflusst. In *Bolam v Friern Hospital Management Committee* [1957] 1 W.L.R. 582, wurde der sogenannte „Bolam-Test" begründet. Dieser Grundsatz besagt, dass sich ein Arzt nicht fahrlässig verhält, sofern er ein Verfahren anwendet, das, wenn auch nur von einem Teil der medizinischen Praxis, als angemessen eingestuft wird. Dies gilt unabhängig davon, ob andere Experten dem gewählten Verfahren negativ gegenüberstehen. Richter *McNair* formulierte dies wie folgt: „[…] that a doctor who had acted in accordance with a practice accepted at the time as proper by a responsible body of medical opinion skilled in the particular form of treatment in question was not guilty of negligence merely because there was a body of competent professional opinion which might adopt a different technique." Maßgeblich für die Aufklärung war daher, ob es dem Standard entsprach, dem Patienten die Informationen zu übermitteln oder diese für sich zu behalten. In dem Urteil heißt es dazu im Original: „That in determining whether or not the plaintiff was entitled to succeed on his allegation of failure to warn, the material considerations were, first, whether or not the defendants, in not warning him of the risks involved in the treatment, had fallen below a standard of practice recognized as proper by a

vage – dass es „[...] die Pflicht eines gewissenhaften Arztes sein [kann], den Patienten vor Ausführung der Operation dahin zu belehren, daß der Eingriff nicht unbedingt den gewünschten Erfolg verspreche oder daß er gewisse Nebenwirkungen nicht ausschließe."[346] Diese ärztliche Pflicht galt erst dann als erfüllt, wenn der Patient, für den Arzt erkennbar, seine Entscheidung über die Vornahme der Behandlung von den möglicherweise eintretenden Folgen abhängig gemacht hat.[347] Darauf aufbauend urteilte das Reichsgericht am 30.06.1939, dass „Äußerungen des Arztes, die bei den Patienten unzutreffende Vorstellungen über das Maß der Gefährlichkeit einer Operation erwecken oder nähren, [...] unter besonderen Umständen eine schuldhafte Pflichtverletzung des Arztes darstellen [können]."[348] Wenig später, am 08.12.1939 thematisierten die Richter den Umfang des Arzt-Patienten-Gesprächs. Dabei wurde der ärztliche Paternalismus betont, indem es hieß, „[...] von einem Arzt [kann] nicht verlangt werden [...], daß er den Kranken eingehend über den Eingriff und dessen wahrscheinlichen Verlauf unterrichte, [...]." Eine ärztliche Kommunikationspflicht wurde nur angenommen, wenn die Schwere des Eingriffs für den Patienten nicht vorhersehbar war und zugleich ein hohes Risiko für schwere Gesundheitsfolgen drohte.[349] Erst in einem Reichsgerichtsurteil vom 03.12.1941 wurde die Aufklärungspflicht dann mit Nachdruck für erforderlich gehalten. Die Richter schrieben explizit, dass „der Arzt [...] grundsätzlich verpflichtet [ist], bevor er einen Kranken um die Einwilligung zu einer Behandlungsart ersucht, die mit besonderen Gefahren für die Gesundheit verbunden ist, diesen darüber zu unterrichten."[350] Es ist daher festzustellen, dass die beteiligten Richter des Reichsgerichts die Wirksamkeit der Einwilligung erstmals von einem vorgelagerten Informationsaustausch abhängig gemacht hatten.[351]

Die damals vorherrschende paternalistische Arzt-Patienten-Beziehung sah zwar keine umfangreiche Aufklärung vor, gleichwohl wurde erstmals richterlich gefordert, dass der Patient im Hinblick auf die primär spürbaren Gefahren des ärztlichen Eingriffs nicht im Dunkeln gelassen wird. In den folgenden Jahren entwickelte sich

---

competent body of professional opinion [...]." Der „Bolam-Test" fand bis ins Jahr 2015 Anwendung. Erst in *Montgomery v Lanarkshire Health Board* [2015] 2 W.L.R. 768, wurde die allgemeine Pflicht der Aufklärung über Risiken der Behandlung von der Rechtsprechung anerkannt. Das Originalzitat dazu lautet: „An adult person of sound mind is entitled to decide which, if any, of the available forms of treatment to undergo, and her consent must be obtained before treatment interfering with her bodily integrity is undertaken. The doctor is therefore under a duty to take reasonable care to ensure that the patient is aware of any material risks involved in any recommended treatment, and of any reasonable alternative or variant treatments."

[346] RG JW 1932, 3328 (3329).

[347] RG JW 1932, 3328 (3329).

[348] RG DR 1939, 2161 (2161).

[349] RG DR 1940, 506 (506).

[350] RGZ 168, 206 (213).

[351] *Beppel*, Ärztliche Aufklärung in der Rechtsprechung, S. 22; *Burgert*, JA 2016, 246 (247).

die Aufklärungspflicht synchron zum Selbstbestimmungsrecht. Während anfangs der Arzt noch selbstständig den Grad der Kommunikationstiefe steuern konnte, wandelte sich dies spätestens durch das Elektroschockurteil II vom 09. 12. 1958 in eine richterliche Aufgabe.[352] Nachfolgend beschäftigte sich die Rechtsprechung gezielt mit dem Inhalt und dem Umfang der Aufklärungspflicht.[353] Die judikativ entwickelten Grundsätze wurden anschließend überwiegend mit dem Patienten-rechtegesetz in das BGB aufgenommen. Sie bilden daher die gegenwärtige Rechtslage ab.[354] Als vorläufiger Höhepunkt des Kommunikationsgedankens ist zudem die Anerkennung der Aufklärungspflicht als ärztliche Hauptpflicht zu ver-stehen.[355]

Die Aufklärungspflicht soll zwar den Patienten schützen, sie richtet sich jedoch primär an den Arzt. Um der vertraglichen Ausgestaltung des Arzt-Patienten-Ver-hältnisses gerecht zu werden, bedarf es daher eines mit der Aufklärungspflicht korrespondierenden Rechtsanspruchs des Patienten. Nur so kann der Bogen von dem Selbstbestimmungsrecht des Patienten über das Aktivwerden des Arztes bis hin zur Patienteneinwilligung erfolgreich geschlagen werden. Auf den Punkt gebracht, beinhaltet die Patientenselbstbestimmung einen Anspruch des Patienten gegen den Arzt auf Offenlegung von Informationen über die Tragweite, die Chancen und die Gefahren der medizinischen Maßnahme.[356]

3. Dokumentationspflicht und Einsichtsrecht

Als eng mit der Aufklärungspflicht verknüpft, gilt die in § 630f BGB normierte Dokumentationspflicht des Arztes.[357] Während die Aufklärung in Verbindung mit dem Informationsrecht als aktive bzw. verbale Form der Kommunikation zwischen

---

[352] BGHZ 29, 46 (57) „Soweit die Ärzte für sich die alleinige Entscheidung darüber in Anspruch nehmen, ob und in welchem Umfang der Kranke im Einzelfall aufzuklären ist, kann dies nicht gebilligt werden, wenn damit gesagt werden soll, daß dem Richter jede Nachprüfung der ärztlichen Entscheidung untersagt sei. Die Frage, ob der Kranke im Einzelfall ausreichend aufgeklärt worden ist, berührt das rechtliche Gebiet, denn von ihr hängt die Beurteilung der vom Richter zu entscheidenden Rechtsfrage ab, ob der Patient rechtswirksam in die Behandlung eingewilligt hat."; *Burgert*, JA 2016, 246 (247 f.).

[353] Allgemein dazu siehe jeweils: *Beppel*, Ärztliche Aufklärung in der Rechtsprechung, S. 22 ff.; *Burgert*, JA 2016, 246 (248 ff.).

[354] *Burgert*, JA 2016, 246 (246); Laufs/*Katzenmeier*/Lipp, Arztrecht, Kap. V, Rdnr. 4; allgemein zur ärztlichen Aufklärungspflicht vor 2013 siehe: *Bochnik/Gärtner/Richtberg*, VersR 1981, 793 (793 ff.); *Kunz-Schmidt*, NJ 2010, 441 (442 ff.); *Peter*, VW 1989, 1212 (1212 ff.).

[355] Vor der Implementierung des Patientenrechtegesetzes im Jahr 2013 wurde die Kate-gorisierung der Aufklärungspflicht unterschiedlich bewertet. Teilweise wurde diese als Ne-benpflicht eingeordnet, siehe etwa: BGH NJW 2005, 1718 (1718), *Harmann*, NJOZ 2010, 819 (819); teilweise jedoch auch als Hauptpflicht, siehe etwa: *Bittner*, V., Die virtuelle Patien-tenakte, S. 10; *Hollmann*, NJW 1973, 1393 (1394); als Hauptpflicht dagegen heute: *Burgert*, JA 2016, 246 (246); Laufs/Katzenmeier/*Lipp*, Arztrecht, Kap. III, Rdnrn. 35, 42.

[356] BGHZ 106, 146 (148); BT-Drucksache 17/10488, S. 24; *Damm*, JZ 1998, 926 (928).

[357] *Damm*, JZ 1998, 926 (928).

Arzt und Patient bezeichnet werden kann, gilt die Dokumentation der Behandlung als passive bzw. nonverbale Kommunikationsform. Im Vergleich zur ärztlichen Aufklärungspflicht wurde die Pflicht zur Dokumentation der Behandlung erst knapp 50 Jahre später von den Gerichten anerkannt. Am 06.11.1962 lehnte der BGH mit Hinweis auf das fehlende Patientenwissen und auf die Gefahr von möglicherweise irreführenden Verdachtsbefunden eine Herausgabe von Röntgenaufnahmen an den entsprechenden Patienten noch ab.[358] Zudem galt die Dokumentation nicht als verpflichtend. Sie sollte allenfalls als Gedächtnisstütze für den Arzt dienen.[359] Auch wenn die Herausgabe von Diagnosematerial über die bloße Einsichtnahme in den Behandlungsstand hinausgeht, wurde die alleinige Datenhoheit weiter dem Arzt zugeschrieben. Erst am 27.06.1978 urteilte der BGH, dass „[...] die Führung ordnungsgemäßer Krankenunterlagen als eine dem Arzt dem Patienten gegenüber obliegende Pflicht [...]"[360] einzuordnen ist. Ähnlich wie die Aufklärungspflicht soll auch die Dokumentationspflicht den Patienten schützen.[361] Ein mögliches Beispiel wäre die schnelle Weitergabe von Behandlungsinformationen und der damit einhergehende Schutz vor doppelten Untersuchungen bei möglichen Arztwechseln.[362] Gleichwohl gilt als Adressat der Dokumentationspflicht der Arzt. Dem Patienten stand lange Zeit keine Möglichkeit der Einsichtnahme zu. Eine dahingehende Änderung fand erst am 23.11.1983 statt. In einem weiteren Grundsatzurteil entschied der BGH, dass „[...] sich der Arzt dem ernstlichen Verlangen des Patienten nicht widersetzen darf, in die objektiven Feststellungen über seine körperliche Befindlichkeit und die Aufzeichnungen über die Umstände und den Verlauf der ihm zuteil gewordenen Behandlung Einsicht zu erlangen."[363] Die Änderung in der Rechtsprechung beruhte auf dem gestiegenen Bewusstsein hinsichtlich des Selbstbestimmungsrechts, das auch im Hinblick auf die nonverbale Kommunikation einen patienteneigenen Anspruch forderte. Erst das mit der Dokumentation korrespondierende Einsichtsrecht (vgl. § 630g BGB) lässt die gewünschte *Subjektivierung* aller an der Behandlung Beteiligten als möglich erscheinen.[364]

---

[358] BGH NJW 1963, 389 (389).

[359] BGH, Entscheidung vom 04.12.1962 – VI ZR 101/62 – juris; negativ formuliert in: BGHZ 72, 132 (137); *Quaas*/Zuck/Clemens, Medizinrecht, § 13, Rdnr. 67; vgl. auch § 10 Abs. 1 S. 2 MBO-Ä, der deutlich macht, dass die Dokumentation auch heute noch zum Teil als Gedächtnisstütze dienen soll; zusammenfassend auch: *Bittner*, V., Die virtuelle Patientenakte, S. 22 f.

[360] BGHZ 72, 132 (137).

[361] Die Dokumentation soll therapeutischen Zwecken dienen; eine Beweissicherung wird nicht angestrebt: BGHZ 72, 137 (139); *Groß*, VersR 1996, 657 (663).

[362] Bergmann/Pauge/Steinmeyer/*Glanzmann*, § 630f BGB, Rdnr. 3; Münchner Kommentar/*Wagner*, § 630 f. BGB, Rdnr. 3.

[363] BGHZ 85, 327 (332); vgl. auch: BVerfG NJW 1999, 1777 (1777); BVerfG NJW 2005, 1103 (1104).

[364] Münchner Kommentar/*Wagner*, § 630 g BGB, Rdnr. 3.

II. Arzt-Patienten-Beziehung der Gegenwart

1. Therapeutische Partnerschaft

„Wissen ist Macht."[365] Diese als paternalistisch zu bewertende Redewendung stand bis zum Ende des 20. Jahrhunderts sinnbildlich für das ärztliche Selbstverständnis. Der Arzt war der überlegene Experte, der Patient das ihm ausgelieferte Behandlungsobjekt. Eine durch Gleichheit geprägte Beziehung konnte sich daher zwischen den Beteiligten nicht entwickeln. Die neuzeitliche Entwicklung des Selbstbestimmungsrechts stellte dann eine Besonderheit dar. Heutzutage wird vertreten, dass es sich bei der gegenwärtigen Arzt-Patienten-Beziehung um eine *therapeutische Partnerschaft* handelt.[366] Der Arzt und der Patient gelten erstmals als gleichberechtigte Beteiligte einer medizinischen Behandlung.[367]

Bei diesem Verständnis ist zu beachten, dass eine „Partnerschaft" nicht automatisch entsteht. Die „Partnerschaft" kann daher nicht als Ausgangspunkt der heutigen Arzt-Patienten-Beziehung angesehen werden. Begibt sich ein Patient in die Obhut eines Arztes, entsteht weiterhin ein asymmetrisches Grundverhältnis. Da zum einen der Arzt auf überlegene medizinische Kenntnisse zurückgreifen kann und zum anderen der Patient physisch oder psychisch leidet und damit besonders verletzlich ist, sollte im Ergebnis sogar von einer doppelten Asymmetrie gesprochen werden.[368] Eine gleichberechtigte Partnerschaft ist zu diesem frühen Zeitpunkt der Behandlung noch fernliegend.

---

[365] Zurückgehend auf den englischen Philosophen Francis Bacon (1561 – 1626), vgl. *Duttge*, DuD 2010, 34 (34, Fn. 1).

[366] Ebenfalls verwendet wird der Ausdruck „therapeutisches Arbeitsbündnis", vgl. *Dickhaut/Luban-Plozza*, Arzt-Patient-Beziehung, in: Eser/von Lutterotti/Sporken (Hrsg.), Lexikon Medizin Ethik Recht, S. 122 (125 ff.); *Katzenmeier*, MedR 2018, 367 (373).

[367] Hierbei handelt es sich um eine rechtswissenschaftliche Betrachtungsweise: *Burgert*, JA 2016, 246 (251); *Hellín*, Haemophilia 2002, 450 (453); *Katzenmeier*, Arzthaftung, S. 57 ff.; *Steuer/Zimmermann*, GreifR 2016, 79 (80); bezüglich einer medizinisch-ärztlichen Sichtweise siehe: *Schmöller*, Neue Patienten – Neue Ärzte? Selbst- und Rollenverständnis niedergelassener Ärzte in Deutschland, in: Gellner/Schmöller (Hrsg.), Neue Patienten – Neue Ärzte? Ärztliches Selbstverständnis und Arzt-Patienten-Beziehung im Wandel, S. 15 (21 ff.), der bei einer Umfrage unter 687 niedergelassenen Ärzte herausgefunden hat, dass noch im Jahr 2008 knapp 24 % der Ärzte von einem paternalistischen Verhältnis ausgehen.

[368] *Becker*, P., Patientenautonomie und informierte Einwilligung, S. 14; *Panagopoulou-Koutnatzi*, Die Selbstbestimmung des Patienten, S. 25 f.; *Tautz*, E-Health und seine Folgen, S. 55; noch ausführlicher: *Francke*, Ärztliche Berufsfreiheit und Patientenrechte, S. 41, der von einer vierfachen Asymmetrie spricht. Neben den bekannten Kompetenzgefällen hinsichtlich des Wissens über die Krankheit und der emotionalen Instabilität des Patienten zählt Francke noch eine durch das Berufsbild des Arztes implizierte rechtliche Entscheidungsmacht und andere soziokulturelle Unterschiede als asymmetrische Bezugspunkte der Arzt-Patienten-Beziehung auf; darauf bezugnehmend auch: *Schwill*, Aufklärungsverzicht und Patientenautonomie, S. 147 f.; allgemeiner dagegen: *Duttge*, Patientenautonomie und Einwilligungsfähigkeit, in: Wiesemann/Simon (Hrsg.), Patientenautonomie, S. 77 (77); *Katzenmeier*, Arzthaftung, S. 9.

Des Weiteren wird argumentiert, dass sich bei gewissenhafter Durchführung der Aufklärung und Dokumentation die Rolle des Patienten endgültig von dem Objekt ärztlicher Fürsorge hin zum (Mit-)Entscheidungs*subjekt* wandeln kann.[369] Da die ärztliche Therapiefreiheit dem heutigen Arzt ebenfalls umfassende Freiheiten gewährt,[370] würde das Prinzip der therapeutischen Partnerschaft letztendlich eine *Subjekt-Subjekt-Beziehung* zur Folge haben. Auch die Bundesregierung betonte in ihrer Gesetzesbegründung zum Patientenrechtegesetz, dass die §§ 630a ff. BGB den Anspruch verfolgen, die „Patientinnen und Patienten und die Behandelnde[n] auf Augenhöhe [zu]bringen".[371] Weiter heißt es in der Stellungnahme zu § 630d BGB, der die Einwilligung regelt, „der Patient darf nicht Objekt der Behandlung sein, sondern muss als eigenverantwortliches Subjekt über die Durchführung der Behandlung entscheiden können."[372] Der Gedanke der therapeutischen Partnerschaft wird zudem in den Ausführungen zu § 630c BGB angesprochen. Danach liegt der Hintergrund dieses Gesetzes in dem „[...] Partnerschaftsgedanke[n] zwischen dem Behandelnden und dem Patienten."[373]

2. Kritik

Ob es sich bei dem heutigen Arzt-Patienten-Verhältnis tatsächlich um eine durch Gleichrangigkeit geprägte Subjekt-Subjekt-Beziehung handelt, muss jedoch bezweifelt werden. Auch wenn, in Anlehnung an die bisherige Systematisierung, von einer Beziehung zwischen einem *individualisierten* Arzt und einem *individualisierten* Patienten ausgegangen werden kann, bedarf die Position des Patienten weiterer Erörterung.

Die Einordnung der Aufklärungspflicht als ärztliche Hauptpflicht lässt darauf schließen, dass der Kommunikationsaspekt im Rahmen von ärztlichen Behandlungen eine gewisse Wertschätzung erlangt hat. Zunächst spricht daher viel dafür, dass in einem ersten Gedankenschritt zumindest die theoretische Möglichkeit geschaffen wurde, den Patienten als Subjekt anzuerkennen. Bei näherer Auseinandersetzung mit dem Begriff „Partnerschaft" ist jedoch ein gegenteiliges Ergebnis naheliegender. Bochnik, Gärtner und Richtberg definieren „Partnerschaft" als die „Einbeziehung des Patienten [...] in das Abwägen und Entscheiden über diagnostische und therapeutische Alternativen [...] und die Mitwirkung im therapeutischen Prozeß".[374] Möglich ist es auch, eine Definition von „Partnerschaft" mit Hilfe einer Synonymsuche zu bestimmen. Der Begriff „Partnerschaft" bildet eine Alternative zu den

---

[369] *Damm*, MedR 2002, 375 /378), *Miranowicz*, MedR 2018, 131 (132); *Peter*, VW 1989, 1212 (1212 ff.); vgl. *Quaas*/Zuck/Clemens, Medizinrecht, § 14, Rdnr. 82.

[370] Siehe dazu Erster Teil Kapitel A. III.

[371] BT-Drucksache 17/10488, S. 9; so auch bereits *Härle*, FPR 2007, 47 (47).

[372] BT-Drucksache 17/10488, S. 23.

[373] BT-Drucksache 17/10488, S. 21.

[374] *Bochnik/Gärtner/Richtberg*, VersR 1981, 793 (793).

Wörtern „Familie", „Verbundenheit" oder auch „Miteinander". Diese Assoziationen sind durch das Fehlen von Zwangsmitteln gekennzeichnet. Zwar kann man sich die Familie nicht aussuchen, gleichwohl ist einer Familiengründung regelmäßig eine auf Freiwilligkeit beruhende Lebensgemeinschaft vorangestellt. Ein funktionierendes Miteinander erfordert jeweils ein gehobenes Maß an Kommunikationsfähigkeit und Kommunikationsbereitschaft. Das Streben nach Kommunikation ist daher auch als Grundgedanke von Partnerschaft zu verstehen.[375] Hierbei ist jedoch zu betonen, dass es sich bei einer partnerschaftlichen Kommunikation um einen humanitären Akt und nicht um eine forcierte Maßnahme handelt. Sobald die Aufklärungspflicht zur Aufklärungslast wird, ist von einer Partnerschaft nicht mehr die Rede.[376]

Mit diesem Hintergedanken ergibt sich für die gegenwärtige Aufklärungspflicht eine Doppelfunktion. Zum einen dient sie der Übertragung von entscheidungsrelevanten Informationen an den Patienten. Zum anderen wird mit ihr jedoch auch der Zweck verfolgt, den Arzt zu einer Kommunikation zu zwingen, die er in einer funktionierenden familiären Partnerschaft ohnehin anstreben würde. Daher handelt es sich bei der ärztlichen Kommunikation lediglich um ein rechtlich forciertes humanitäres Verhalten, das überspitzt formuliert, als Folge einer angemessenen Erziehung selbstverständlich sein sollte.[377] Da sich Menschen jedoch zu einem großen Teil über Dominanz definieren und zudem die „immer höher, immer weiter"-Mentalität gerade in sozial und finanziell gut angesehenen Berufen weit verbreitet ist, findet eine partnerschaftliche Kommunikation in der gegenwärtigen Arzt-Patienten-Beziehung nicht statt. Die Entscheidung über die Einbeziehung des Patienten darf daher nicht davon abhängig gemacht werden, ob Kommunikation in der konkreten Situation als humanes Verhalten angesehen wird.[378] Stattdessen ist zu betonen, dass eine freie Kommunikation gerade den humanen Bestandteil einer Partnerschaft ausmacht.[379]

---

[375] Vgl. *Deutsch*, VersR 1981, 293 (294), der in diesem Zusammenhang davon spricht, dass das Nichtgetäuscht werden ein „Grundwert des menschlichen Zusammenlebens" darstelle; siehe auch: *Frahm et al.*, MedR 2018, 447 (448), die die Bedeutung einer verbalen und nonverbalen Kommunikation für den Erfolg einer Behandlung hervorheben.

[376] Vgl. *Deutsch*, VersR 1981, 293 (293); vgl. zudem auch: *Duttge*, DuD 2010, 34 (34), der davon schreibt, dass die Medizin erst durch das Recht dazu gezwungen werden musste, ihre paternalistische Grundhaltung aufzugeben; kritisch dagegen: *Maio*, Mittelpunkt Mensch, S. 202, der die Aufklärung nicht als „rechtlicher Ballast, sondern vielmehr [als] eine Chance" versteht. Weiter führt Maio jedoch aus, dass es sich bei der Aufklärung nicht nur um eine rechtliche, sondern auch um eine moralische Verpflichtung handelt.

[377] Vgl. OLG Celle VersR 1981, 1184 (1185), mit einem abgedruckten Zitat: „Mit Recht hat der Chirurg Prof. Dr. H. W. Schreiber hierzu einmal ausgeführt [...]: ‚Aufklärung ist obligater Teil ärztlicher Diagnose und Therapie. Sie ist ein Brückenteil ärztlichen Verbundes sowie Spiegelbild menschlichen Respekts und damit Fundament eines tragfähigen Vertrauens. Aufklärung erfolgt nicht unter dem Druck haftpflichtrechtlicher Konsequenzen, sondern aus dem Selbstverständnis ärztlicher Arbeit [...]'."

[378] So aber: *Bochnik/Gärtner/Richtberg*, VersR 1981, 793 (793).

[379] Vgl. *Jaspers*, Der Arzt im technischen Zeitalter, in: Autrum (Hrsg.), Von der Naturforschung zur Naturwissenschaft, S. 545 (546), „Der Arzt gründete seinen Beruf außer auf die

Der Patient ist darauf angewiesen, dass der Arzt aktiv wird. Dies gilt sowohl bei der Aufklärung als auch bei der Dokumentation. Das patientenbezogene Informations- bzw. Einsichtsrecht läuft ansonsten leer.[380] Es liegt also weiterhin am Arzt, die Gleichheit im Vertragsverhältnis herbeizuführen. Nur dann besteht zumindest die Möglichkeit, das Wissensgefälle auszugleichen. Die darüber hinaus bestehende emotionale Unterlegenheit des Patienten kann dagegen nicht über rechtliche Vorschriften beseitigt werden. Hierfür wird Intimität benötigt, die nicht über das Recht erzwungen werden kann.[381] Ein entsprechendes rechtliches Druckmittel würde dem Prinzip der gleichrangigen Partnerschaft zuwiderlaufen. Das in § 630e Abs. 2 S. 1 BGB normierte Mündlichkeitsprinzip fördert das zwanglose Entstehen von Intimität und ist daher als positive Entwicklung hervorzuheben.

Im Ergebnis muss eine durch Gleichrangigkeit geprägte Subjekt-Subjekt-Beziehung abgelehnt werden. Eine solche Partnerschaft kann erst dann entstehen, wenn weder der Arzt noch der Patient zum Kommunizieren verpflichtet wird. Die so verstandene therapeutische Partnerschaft kann daher nur als Idealszenario eingeordnet werden. Es sollte daher von einem *in der Zukunft zu verfolgendem Leitbild* gesprochen werden.[382] Erst bei einer zwanglosen, jedoch gleichfalls gewissenhaften Durchführung von Aufklärung und Dokumentation kann der in der Neuzeit eingeschlagene Paradigmenwechsel von „Wissen ist Macht" zu „Wissen beider Partner als unverzichtbare Voraussetzung für eine eigenständige Entscheidung" abgeschlossen werden.[383] An dieser Stelle ist zu betonen, dass es sich vorliegend nicht um eine Kritik an der Aufklärung als solche handelt. Gesellschaftlich betrachtet bieten die heutigen Rechtspflichten die aussichtsreichste Möglichkeit, den Arzt zur Kommunikation zu veranlassen. Gleichwohl darf dadurch nicht der Blick auf das Wesen der Arzt-Patienten-Beziehung getrübt werden. Die vorgetragenen kritischen Gedanken beschränken sich im Ergebnis darauf, dass sich das gegenwärtige Aufeinandertreffen

---

Naturwissenschaft nur auf seine Humanität, die jedem Menschen in körperlichen Leiden, unabhängig von Glauben, Weltanschauung, Politik, von Herkunft und Rasse, zu helfen bereit ist."

[380] Vgl. *Damm*, JZ 1998, 926 (928).

[381] Vgl. *Maio*, Mittelpunkt Mensch, S. 225.

[382] *Duttge*, medstra 2016, 129 (130) hebt in seinem Statement „Ärztliche Schweigepflicht als Sicherheitsrisiko" den wunschgedanklichen Charakter der therapeutischen Partnerschaft hervor. Es heißt: „Und was bliebe am Ende per saldo noch übrig von der hehren Idee, dass eine vertrauensvolle therapeutische Partnerschaft zu den ‚Grundvoraussetzungen ärztlichen Wirkens' (BVerfGE 32, 373 (379)) zählt?"; ähnlich: *Steuer/Zimmermann*, GreifR 2016, 79 (80), die davon sprechen, dass der Patient in einem „Idealvorstellung" als gleichberechtigter Partner auftreten kann; vgl. auch: *Welti*, GesR 2006, 1 (1), der formuliert, dass „das Leitbild des ärztlichen Berufs […] die einvernehmlich mit dem Patienten entwickelte und durchgeführte Therapie" sei.

[383] *Peintinger*, Therapeutische Partnerschaft, S. 208.

von Arzt und Patient trotz oder auch gerade wegen der gesetzlich vorgegeben Pflichten nicht durch Gleichrangigkeit auszeichnet.[384]

Im Folgenden werden zwei, im Laufe der Untersuchung entstandene Partnerschaftsmodelle präsentiert, die besser geeignet sind, die gegenwärtige Arzt-Patienten-Beziehung darzustellen. Der Vorteil liegt darin, dass sie zwar jeweils auf dem Gedanken der gleichrangigen therapeutischen Partnerschaft aufbauen, diese jedoch ausdrücklich als Ziel und nicht als Ausgangspunkt verstehen. Hierbei handelt es sich jeweils um Gedankenspiele, die nicht den Anspruch haben, die therapeutische Partnerschaft als aktuelles rechtliches Verständnis abzulösen, sondern stattdessen auf eine Bewusstseinsschärfung hinsichtlich etwaiger gesellschaftlicher Schwächen abzielen.

3. Modell der einseitig bedingten Partnerschaft

Zunächst soll der Begriff der „einseitig bedingten Gleichrangigkeit" Eingang in die Diskussion finden. Das Leitbild der therapeutischen Partnerschaft ist dadurch gekennzeichnet, dass der Arzt das Wissensdefizit des Patienten ausgleicht. Als Bedingung kann daher die vorzunehmende Kommunikation zwischen Arzt und Patient verstanden werden. Da der Erfolg des Miteinanders primär von der überlegenden Partei beeinflusst werden kann, ist die Einordnung als einseitige Bedingung naheliegend. In Anlehnung an die Systematik des § 158 Abs. 1 BGB kann diese auch als aufschiebende „Potestativbedingung" bezeichnet werden. Eine solche ist dadurch gekennzeichnet, dass der Eintritt des Ereignisses von einem Willensentschluss eines Beteiligten abhängig gemacht wird. Dabei darf die Entscheidung jedoch nicht willkürlich getroffen werden.[385] Im Grundsatz kann davon ausgegangen werden, dass ein Arzt der Behandlung eines Patienten offen gegenübersteht und sich dabei dem Heilauftrag verpflichtet fühlt. Da die Aufnahme der Kommunikation auch die Basis einer ärztlich gewünschten Patientenreaktion bildet, ist der Arzt auch ohne Zwang, also ohne gesetzliche Verpflichtung, an einer Informationsweitergabe interessiert. Sofern nun der Arzt *von sich aus* in eine Kommunikationsbeziehung mit dem Patienten eintritt und dadurch die Bedingung erfüllt, entsteht ein durch Gleichrangigkeit geprägtes Arzt-Patienten-Verhältnis.

Der Nachteil dieses Modells liegt darin, dass der Charakter der Aufklärung als Prozess nicht ausreichend betont wird. Stattdessen wird diese eher als „Umschalthebel" verstanden. Dem kann jedoch entgegengehalten werden, dass eine Einwilligung, die lediglich auf einer partiellen Aufklärung beruht, die Rechtswidrigkeit der

---

[384] Ähnliche Gedanken, wenngleich im Hinblick auf den medizinischen Fortschritt formuliert auch: *Lesinski-Schiedat*, MedR 2007, 345 (347), „Sicherlich wird es niemals, gerade auch angesichts der rasanten medizinischen Entwicklung, ein Verhältnis zwischen Arzt und Patient auf gleicher Augenhöhe geben können."

[385] BeckOGK/*Reymann*, § 158 BGB, Rdnr. 29; Münchner Kommentar/*Westermann*, § 158 BGB, Rdnr. 19.

Behandlung auch nicht etwa beschränkt entfallen lässt. Aus der Charakterisierung der Einwilligung als „nicht teilbar" folgt, dass eine Behandlung bei lediglich teilweise erfolgter Aufklärung im Ergebnis rechtswidrig bleibt.[386] Um die weiter bestehende Entscheidungshoheit des Arztes hervorzuheben, bietet es sich daher an, dass heutige Arzt-Patienten-Verhältnis als eine *einseitig bedingte Partnerschaft* anzusehen.

4. Modell der einseitig aleatorischen Partnerschaft

Als weitere Möglichkeit einer detaillierten Beschreibung der gegenwärtigen Arzt-Patienten-Beziehung wird im Folgenden ein sich an dem aleatorischen Vertrag orientierendes Modell vorgestellt.[387] Bei einem aleatorischen Vertrag handelt es sich um ein Rechtsgeschäft, dessen Wirksamkeit oder Erfüllung von einem ungewissen Ereignis oder vom Zufall abhängig ist.[388] Ob sich der Arzt zur Kommunikation entscheidet, gilt weder als ungewiss noch als zufällig. Zunächst lässt sich argumentieren, dass der Patient auf das Aktivwerden des Arztes angewiesen ist und es sich daher aus seiner Sicht um eine zufällige Entwicklung handelt. Gleichwohl ist der Patient in der Lage, bewusst auf den Arzt zuzugehen und somit dessen Reaktion zumindest bedingt zu beeinflussen. Dass der Arzt vollumfänglich abblockt, dürfte unwahrscheinlich sein, da dieser nicht an einem Arzthaftungsprozess mit von ihm zu widerlegenden Aufklärungsdefiziten interessiert ist, vgl. § 630h Abs. 2 S. 1 BGB. Die Informationsweitergabe beruht auf einer Willensentscheidung. Daher ist die Aufnahme der Kommunikation nicht vom Zufall abhängig. Folglich scheidet das Entstehen einer Kommunikationsbeziehung als ungewisses oder zufallsabhängiges Ereignis aus. Es bedarf eines neuen Ansatzpunktes. Möglich wäre es, die gesellschaftliche Entwicklung hin zu einer zwanglosen Partnerschaft als ungewisses Ereignis anzuerkennen.[389] Auch wenn es sich hierbei um ein rein theoretisches Gedankenspiel handelt, kommt eine aleatorische Partnerschaft dem heutigen Arzt-Patienten-Verhältnis sehr nahe. Die Einseitigkeit lässt sich damit begründen, dass das gesellschaftliche Umdenken primär innerhalb der Ärzteschaft vonstattengehen muss. Während die Gesellschaft im Laufe der letzten 120 Jahre ihr Verständnis hinsichtlich einer Patientenselbstbestimmung angepasst hat, gilt die gegenläufige

---

[386] RGZ 168, 206 (213); zumindest eine Grundaufklärung sei essentiell: BGH NJW 2019, 2320 (2321); BeckOK/*Katzenmeier*, § 630e BGB, Rdnr. 67.

[387] Vgl. *Diurni*, Die Arzthaftung von gestern und das Medizinrecht von heute in rechtsvergleichender Perspektive, in: Ahrens/von Bar/Fischer/Spickhoff/Taupitz (Hrsg.), Festschrift für Erwin Deutsch (80), S. 85 (89).

[388] Münchner Kommentar/*Habersack*, § 762 BGB, Rdnr. 4 mit weiteren Nachweisen.

[389] Vgl. *Bergdolt*, Das Kontinuum des Ärztlichen, in: Katzenmeier/Bergdolt (Hrsg.), Das Bild des Arztes im 21. Jahrhundert, S. 105 (115), „Es bleibt Aufgabe der Gesellschaft, die Rahmenbedingungen festzulegen, auf deren Grundlage der Arzt ethisch und human handeln kann. Diese hängen auch von gewachsenen Werten, historischen Erfahrungen, weltanschaulichen Bindungen, religiösen und antireligiösen Einflüssen sowie zahlreichen subjektiven Kriterien ab."

Entwicklung aufseiten der Ärzte zumindest als noch nicht abgeschlossen.[390] Die *einseitig aleatorische Partnerschaft* kann daher als aktuelle Vorstufe einer zukünftigen zwanglosen therapeutischen Partnerschaft angesehen werden.

5. Renaissance des Paternalismus in der Praxis

Bei dem Leitbild der therapeutischen Partnerschaft handelt es sich um die rechtliche Konstruktion, in der – hypothetisch gesehen – der Arzt und der Patient aus einer Subjektrolle heraus agieren können. Das in einer funktionierenden Arzt-Patienten-Beziehung enthaltene Wechselspiel von Therapiefreiheit und Selbstbestimmungsrecht wurde bisher ausschließlich von einem theoretischen Standpunkt heraus beleuchtet. Den Mittelpunkt der Patientenbetrachtung bildete dabei eine Person, die sich durch Wissbegier auszeichnete. Es wurde bislang immer von einem Patienten ausgegangen, der an der Wahrnehmung der eigenen Selbstbestimmung interessiert war. Da sich die Unwägbarkeiten des menschlichen Organismus nicht nur auf die Physis beschränken, sondern darüber hinaus auch die Psyche umfassen, gilt auch an dieser Stelle: Kein Mensch ist gleich. Ein wissbegieriger Patient ist trotz zum Teil existenzieller Probleme und Sorgen dazu bereit, sich aktiv mit dem eigenen Krankheitsfall auseinanderzusetzen. In der Lebenswirklichkeit ist es jedoch nicht so, dass jede Person den Grad an mentaler Stärke aufweist, der erforderlich ist, um den Punkt des „Bestimmenwollens" zu erreichen. Sowohl im Praxisalltag als auch im Krankenhaus wird der Arzt nicht ausschließlich auf derart psychisch starke Patienten treffen. Durchaus wahrscheinlicher ist es, dass jeder Patient, abhängig von beispielsweise Alter, Krankheitsbild oder familiärer Vorprägung, jeweils ein unterschiedliches Maß an Selbstbestimmung einfordert.[391] Nachfolgend wird untersucht,

---

[390] Vgl. Murrhardter Kreis/*Arnold et al.*, Das Arztbild der Zukunft, S. 107; *Schmöller*, Neue Patienten – Neue Ärzte? Selbst- und Rollenverständnis niedergelassener Ärzte in Deutschland, in: Gellner/Schmöller (Hrsg.), Neue Patienten – Neue Ärzte? Ärztliches Selbstverständnis und Arzt-Patienten-Beziehung im Wandel, S. 15 (21 ff.), der bei einer Umfrage unter 687 niedergelassenen Ärzte herausgefunden hat, dass noch im Jahr 2008 knapp 24 % der Ärzte von einem paternalistischen Verhältnis ausgehen.

[391] Vgl. *Hübner*, Der Patient als Partner – Geteilte Verantwortung, in: Bartmann/Hübner (Hrsg.), Patientenselbstbestimmung, S. 132 (137 ff.), die zwei idealisierte Patiententypen beschreibt. Patient A ist ein anfangs unsicherer Patient, dessen Selbstbewusstsein im Laufe der Behandlung jedoch derart gestärkt wird, dass er selbstständig Strategien zur Bewältigung seiner gesundheitlichen Probleme entwickelt. Patient B dagegen fühlt sich seinem Leiden hoffnungslos ausgeliefert. Er möchte unkomplizierte Hilfe und therapeutische Zuneigung; vgl. auch: *Jaspers*, Der Arzt im technischen Zeitalter, in: Autrum (Hrsg.), Von der Naturforschung zur Naturwissenschaft, S. 545 (558 f.), der zwei Arten von Patienten im Rahmen von psychotherapeutischen Behandlungen beschreibt. Patient A möchte persönlich aus der Behandlung herausgehalten werden. Sein Leiden soll abstrakt behandelt werden. Patient B dagegen möchte als Individuum wahrgenommen werden. Seine Behandlung besteht aus „existenzielle[r] Kommunikation". Der Arzt und der Patient stellen sich gegenseitig in Frage, um das „Erwachen der Existenz im Patienten" zu erreichen; *Miranowicz*, MedR 2018, 131 (132); ähnliche Gedanken auch: *Schmöller*, Neue Patienten – Neue Ärzte? Selbst- und Rollenverständnis nie-

inwieweit das Leitbild der therapeutischen Partnerschaft auf den ärztlichen Alltag übertragen werden kann. Hierbei gilt es herauszufinden, ob die darin angestrebte Subjekt-Subjekt-Beziehung nicht nur vom Arzt rechtlich verlangt, sondern auch von den Patienten tatsächlich eingefordert wird.

a) Einzelfallbezogene Bewertung

In der vorliegenden Untersuchung wurde regelmäßig der Ausdruck „individuelle Arzt-Patienten-Beziehung" verwendet. Unter Berücksichtigung der Hintergründe der ärztlichen Therapiefreiheit und der des Selbstbestimmungsrechts des Patienten wird zudem deutlich, dass die Einzigartigkeit des Behandlungsgeschehens und die darin verwurzelte Vertrauensbeziehung von Arzt und Patient eine besondere Bedeutung für das zu verfolgende Leitbild der therapeutischen Partnerschaft aufweist. Es bietet sich daher an, die Arzt-Patienten-Beziehung auch tatsächlich einmal im Hinblick auf eine konkrete Krankheitsgeschichte zu untersuchen. Für diesen Zweck wurde während der Recherchearbeiten ein schriftliches Interview mit einer Patientin geführt, bei der im Alter von 59 Jahren Brustkrebs diagnostiziert wurde.

aa) Auszüge aus einem Patienteninterview

[...]

Wenn Sie an Ihre Beziehung mit den Ärzten denken, haben Sie das Gefühl, dass es sich um ein individuelles Verhältnis gehandelt hat?

„Zu meinem Gynäkologen habe ich viel Vertrauen, ich bin schon seit 2005 bei ihm in Behandlung. Die engere Beziehung und absolutes Vertrauen habe ich allerdings zu meinem Hausarzt, der mich auch schon seit 2005 begleitet und mich sehr gut kennt. [...]"

Hatten Ihre Ärzte neben dem medizinischen Auftrag auch eine seelsorgerische und unterstützende Funktion für Sie in Ihrer Behandlungssituation?

„Ja, mein Hausarzt. Er war meine 1. Anlaufstelle, sofort nachdem ich die Diagnose [Brustkrebs, Mammakarzinom rechts, keine Metastasen] bekommen hatte. Er rief mich z. B. auch zuhause an, in der Zeit, als ich auf das Ergebnis der Stanzbiopsie wartete (‚Wie geht es? Was machen die Nerven?') und später auch in der Klinik nach der OP. Mit ihm konnte ich immer ausführlich und ohne Zeitbegrenzung alle Fragen und Sorgen besprechen."

Oft wird berichtet, dass ein Patient/eine Patientin und sein/ihr Arzt/Ärztin ein Teamgefühl entwickeln („Wir gegen die Krankheit"). Haben Sie sich und Ihre Ärzte als Team empfunden?

---

dergelassener Ärzte in Deutschland, in: Gellner/Schmöller (Hrsg.), Neue Patienten – Neue Ärzte? Ärztliches Selbstverständnis und Arzt-Patienten-Beziehung im Wandel, S. 15 (54 ff.).

„Mein Hausarzt unterstützte mich sehr in meinem Wunsch, keine Chemotherapie zu machen, verstand aber auch, dass ich mich sicherheitshalber für Bestrahlungen entschied, obwohl er es nicht für nötig hielt. In ihm hatte ich einen starken, kompetenten Verbündeten, nicht nur gegen die Krankheit, sondern auch gegen alle, die mich zu einer anderen Behandlung überreden wollten. Mein Gynäkologe dagegen wollte unbedingt, dass ich eine Chemotherapie mache (‚Wenn Sie meine Frau wären, ich würde Sie fesseln und hintragen.‘). Aber er akzeptierte schließlich auch meine Entscheidung gegen die Chemo. Ich habe ihn gefragt, ob er mich trotzdem weiter behandelt. – ‚Ja‘.“

Inwiefern hatten Sie das Gefühl, dass Sie über die Behandlungsschritte mitverfügen? Wie stark war ihr Interesse darüber mitzubestimmen? Wer traf die letztendlichen Entscheidungen in Bezug auf Ihre Behandlung?

„Einerseits wollte ich keine Chemotherapie machen, weil eine gute Freundin von mir (mit zwei kleinen Kindern) jung Krebs bekam und jahrelang Chemotherapien machen musste, unter denen sie jedes Mal sehr litt. Trotzdem ging es ihr immer schlechter und sie starb am Ende. (Am Krebs? Oder an den Folgen der Chemotherapien?) Andererseits wollte ich starke, kompetente Ärzte haben, die mir sagen können, was ich nach dieser Diagnose tun muss. Und ich hatte zwei tolle Ärzte (und habe sie zum Glück immer noch), die aber leider genau entgegengesetzte Behandlungen vorhatten. So musste ich als medizinischer Laie letztlich selbst entscheiden. Ich habe mir dafür Zeit gelassen, bin mit meinem Mann in mehrere renommierte Kliniken gefahren und habe die Chefärzte konsultiert. Alle waren für eine Chemotherapie. Schließlich traf ich auf eine Ärztin, die meinte, in meinem Fall könne es auch ohne gehen. (‚Sie dürfen sich nur später, falls Sie einen Rückfall bekommen, keine Vorwürfe machen. Einen Rückfall können Sie mit und ohne Chemotherapie bekommen.‘) Da war ich mir sicher: Keine Chemo! Es war am Ende keine Kopf-, sondern eine Bauchentscheidung. Rückblickend war die Last dieser Entscheidung schlimmer als die Krebsdiagnose selbst.“

Wollten Sie in der Situation eher Verantwortung übernehmen oder abgeben?

„Ambivalent, siehe oben. Gerne hätte ich auch mehr Verantwortung abgegeben, aber an wen? Letztendlich wollte ich selbst über mich bestimmen.“

[…]

Wie entwickelte sich Ihr Bedürfnis nach Mitbestimmung im Verlauf der Krankheit? (Nahm es ab, nahm es zu oder blieb es gleich?) Können Sie sich vorstellen, warum es geringer/stärker wurde bzw. gleich blieb?

„Am Anfang musste ich allein entscheiden, welche Behandlung ich wollte. Das war zwar eine schwere Entscheidung, aber heute bin ich sehr froh darüber. Später gab es dann noch eine andere Situation, in der meine beiden Ärzte (voller Überzeugung) zwei verschiedene Medikamente verschreiben wollten (Tamoxifen oder Arimidex). Da wollte ich überhaupt nicht mehr mitentscheiden und habe darauf bestanden, dass beide miteinander telefonieren, sich einigen und mir sagen, was ich einnehmen soll. Hat schließlich auch geklappt."

[...]

Inwiefern hat sich Ihr Bedürfnis nach Mitbestimmung während der Krebsbe-handlung von anderen Behandlungen (z. B. Routinearztbesuche) unterschieden? Schätzen Sie Ihr Bedürfnis nach Mitbestimmung immer gleich ein? Warum, glauben Sie, gibt es da Unterschiede?

„Immer noch möchte ich genau erklärt bekommen, was ich machen soll und warum. Aber ich recherchiere nicht mehr selbst, sondern vertraue, wenn mir die Behandlung einleuchtet, meinen Ärzten. Sonst frage ich genau nach und wenn ich etwas nicht möchte, lehne ich es ab. Denn ich will ja die Verantwortung für mich selbst übernehmen."

bb) Auswertung der Patientenaussagen

Mit der nachfolgenden Auswertung des Interviews wird nicht der Anspruch verfolgt, eine allgemein gültige Rechtsauffassung zu entwickeln. Durch die Be-trachtung eines Einzelfalles soll vielmehr aufgezeigt werden, dass eine funktio-nierende Arzt-Patienten-Beziehung nicht zwangsläufig eine zwischen den Betei-ligten halbierte Entscheidungsfindung beinhaltet. Zudem bietet die Auswertung eines Einzelinterviews die Möglichkeit, die Individualität des Behandlungsge-schehens sowie den Willen des Patienten als Hintergründe der ärztlichen Thera-piefreiheit an einem konkreten Beispiel zu untersuchen.[392]

Das Interview zeigt deutlich, dass sich die Patientin in einem Zwiespalt zwischen einem aktiven „Mitbestimmen" und einem passiven „Bestimmenlassen" befand. Diese Einstellung kann auf zwei Aspekte zurückgeführt werden. Zum einen darauf, dass die Behandlung von zwei Ärzten mit zum Teil unterschiedlichen Ansichten gesteuert und begleitet wurde. Aufgrund der jeweils längeren Behandlungshistorie stand die Patientin zu beiden Ärzten in einer auf Vertrauen basierten Beziehung. Zwar wurde dem Hausarzt ein noch stärkeres Vertrauen entgegengebracht, gleich-wohl kann ausgeschlossen werden, dass einer der beiden Ärzte durch einen gra-vierenden Vertrauensbonus einen stärkeren Einfluss auf die Patientin ausüben konnte. Zum anderen wird deutlich, dass sich trotz des generellen Interesses an Informationen über die Krankheit, der Wunsch nach Selbstbestimmung nicht linear durch das Behandlungsgeschehen zog. Während sich die Patientin, trotz anders-lautender Einschätzung ihres Gynäkologen, gegen eine Chemotherapie entschied und dabei sowohl auf ihre eigenen Erfahrungen als auch auf die Expertise ihres Hausarztes vertraute, verlagerte sie die Entscheidung über das einzunehmende Medikament vollständig in die Obhut ihrer Ärzte. Das anfänglich stark ausgeprägte Bedürfnis nach Selbstbestimmung wurde mit fortschreitender Zeit von einer ge-

---

[392] Siehe dazu Erster Teil Kapitel A. IV.

wissen Krankheitsmüdigkeit abgelöst bzw. teilweise verdrängt. Es ist auffällig, dass durch eine gute Kommunikation unter den beteiligten Ärzten das Gefühl der Unsicherheit und Hilflosigkeit, das mit Erhalt der Diagnose aufgetreten ist, merklich gemindert wurde. Zusammengefasst kann die Patientin nur bedingt unter den Prototypen des „wissbegierigen" Patienten subsumiert werden.

Die Patientin wurde von zwei Ärzten gleichzeitig behandelt. Es bietet sich daher an, die Arzt-Patienten-Beziehung jeweils im Hinblick auf einen Arzt zu untersuchen. Das Verhältnis der Patientin zu ihrem Gynäkologen kommt dem Leitbild der therapeutischen Partnerschaft sehr nahe. Beide Parteien sehen den jeweils anderen in einer Mitentscheidungsposition. Bei der Frage, ob eine Chemotherapie durchgeführt werden soll, variierten die Ansichten von Patientin und Arzt. Wird die Entschlussfindung auf einer Zeitachse betrachtet, steht nach der von ärztlicher Therapiefreiheit und Selbstbestimmungsrecht des Patienten getragenen Zustimmung über die Aufnahme der Behandlung die Entscheidung über die durchzuführende Therapie. Der Gynäkologe kam im Rahmen einer Bewertung der ihm bekannten Therapieformen, also durch die Ausübung seiner Methodenwahlfreiheit, zu dem Schluss, dass für die Patientin eine Chemotherapie die am besten geeignetste Behandlungsform war. Die in dem Interview geschilderte Aussage des Gynäkologen, „wenn Sie meine Frau wären, ich würde Sie fesseln und hintragen", lässt zudem eine Entschlossenheit des Arztes erkennen, die an eine paternalistische Grundhaltung erinnert. Da die Patientin dem ärztlichen Vorschlag jedoch nicht zustimmte, fand die ärztliche Therapiefreiheit in dem Selbstbestimmungsrecht der Patientin ihre Grenze. Die Gynäkologe-Patientin-Beziehung kommt dem Leitbild der therapeutischen Partnerschaft auch deshalb so nahe, da im Folgenden trotz der unterschiedlichen Ansichten an der Fortsetzung der gemeinsamen Behandlung festgehalten wurde.

Die Beziehung zwischen dem Hausarzt und der Patientin orientiert sich sogar noch stärker an dem Leitbild der therapeutischen Partnerschaft. Auffällig ist, dass der Arzt selbst die Kommunikation gesucht hat. In Anlehnung an das Modell der *einseitig bedingten Partnerschaft* kann daher angenommen werden, dass der Bedingungseintritt in Form der nicht erzwungenen Kommunikation kurz bevorsteht. Es spricht zudem viel dafür, dass der Hausarzt zumindest in dem konkreten Einzelfall sämtliche paternalistischen Überlegungen aus seinem Handeln entfernt hat. Daher kann auch im Hinblick auf die als Vorstufe zur therapeutischen Partnerschaft entwickelte *einseitig aleatorische Partnerschaft* vertreten werden, dass im Einzelfall der Schritt zu einer zwanglosen Partnerschaft geringer sein kann, als zunächst angenommen wurde.

b) Generalisierende Bewertung

Das Leitbild der therapeutischen Partnerschaft entspricht der vom Gesetzgeber gewünschten Beziehung zwischen Arzt und Patient.[393] Da deutsche Gesetze und

---

[393] Vgl. BT-Drucksache 17/10488, S. 21.

damit auch die §§ 630a ff. BGB einer abstrakt-generellen Wirkungsweise verpflichtet sind,[394] kann die therapeutische Partnerschaft auch lediglich ein Leitbild, bezogen auf den rechtlich verpflichtenden Ausgangspunkt des Aufeinandertreffens von Arzt und Patient abbilden. An dieser Stelle setzen die ärztliche Therapiefreiheit und das Selbstbestimmungsrecht des Patienten an, um aus der abstrakten Rechtsbeziehung ein durch Individualität geprägtes Arzt-Patienten-Verhältnis zu entwickeln. Folglich handelt es sich auch bei der angestrebten Subjekt-Subjekt-Konstruktion lediglich um den Ausgangspunkt einer sich im Anschluss entwickelnden Arzt-Patienten-Beziehung.

Die Individualität des Behandlungsgeschehens beginnt bei den beteiligten Personen. Auch wenn das Gesetz die Entstehung einer Partnerschaft einfordert, ändert dies nichts daran, dass auf einer soziologischen Ebene der Arzt und der Patient als Menschen zu betrachten sind. Mehreren Untersuchungen zufolge gilt zwar das Prinzip der Patientenselbstbestimmung unter der Ärzteschaft als anerkannt, gleichwohl ordnen sich gewichtige Teile der Behandelnden weiterhin einer paternalistischen Grundströmung zu.[395] Nach Schmöller gaben im Jahr 2006 knapp 25 % von 687 befragten Ärzten an, dass sie ein paternalistisches Arzt-Patienten-Verhältnis bevorzugen würden.[396] Doch nicht nur die Ärzteschaft steht einer einseitig verstärkten Entscheidungsbefugnis teilweise offen gegenüber. Aussagen von Palliativmedizinern und kurativ tätigen Ärzten, die einem medizinischen Bereich zuzuordnen sind, der im Hinblick auf das Diagnosespektrum Berührungspunkte zu der Palliativmedizin aufweist, lassen darauf schließen, dass das Autonomieverlangen der Patienten bei fortschreitender Krankheit und dabei einsetzender Hoffnungslosigkeit eher ab- als zunimmt.[397] Eine derartige Entwicklung ist auch deshalb bemerkenswert, da sich gerade die Palliativmedizin für eine Verwirklichung der therapeutischen Partnerschaft anbietet. Sobald nicht mehr kurativ behandelt wird und damit der Tod des Patienten für alle, die an der Therapie beteiligt sind, klar und eindeutig in den Mittelpunkt rückt, besteht kein Bedürfnis an einem *ärztlich begründeten* Paternalismus. Mangels verfügbarer Heilmethoden fehlt es an Möglichkeiten, mit denen sich ein palliativmedizinisch tätiger Arzt gegenüber seinen Patienten profilieren kann.

---

[394] Vgl. *Kischel*, Rechtsvergleichung, § 6, Rdnr. 62.

[395] *Krones/Willis/Steinau/Schumeplick*, Der Arzt in der Wahrnehmung des Patienten, Chirurg 2006, 718 (723); *Woydack*, Autonomie zwischen Ideal und Realität, S. 73.

[396] *Schmöller*, Neue Patienten – Neue Ärzte? Selbst- und Rollenverständnis niedergelassener Ärzte in Deutschland, in: Gellner/Schmöller (Hrsg.), Neue Patienten – Neue Ärzte? Ärztliches Selbstverständnis und Arzt-Patienten-Beziehung im Wandel, S. 15 (19, 21 ff.).

[397] *Woydack*, Autonomie zwischen Ideal und Realität, S. 73 f.; *Woydack/Inthorn*, Das Autonomieprinzip in der Palliativmedizin in Theorie und Praxis, in: Anselm/Körtner/Kaelin/Körtner (Hrsg.), Autonomie und Macht, S. 171 (175 f.); deutlich allgemeiner: *Peintinger*, Therapeutische Partnerschaft, S. 190 f., der davon ausgeht, dass Patienten ein Wissensgefälle gegenüber ihrem Arzt regelrecht erwarten. Ansonsten würden sie sich nicht in ärztliche Behandlung begeben. Der Autor hebt ferner hervor, dass das Wissensgefälle notwendig ist, um eine Arzt-Patienten-Kommunikation entstehen zu lassen.

Es ist festzustellen, dass ein gleichrangiges Verständnis von Seiten der Patienten nicht immer gewollt ist.[398] Die Variabilität der Fallkonstellationen, in denen Reibungen zwischen der ärztlichen Therapiefreiheit und dem Selbstbestimmungsrecht des Patienten entstehen, dürfte grenzenlos ausfallen.[399] Gleichwohl spricht viel dafür, dass gerade bei schwerwiegenden oder lebensbedrohlichen Krankheiten, also in Situationen, in denen den Patienten aufgrund der existenziellen Situation ein erhöhtes Maß an Selbstbestimmung zukommen sollte, die Nachfrage nach Autonomie geringer ausfällt.[400] Es kann daher nicht davon ausgegangen werden, dass alle Patienten derart entscheidungsfreudig sind, wie der Gedanke einer therapeutischen Partnerschaft suggeriert. Hiervon unbeeindruckt wird jedoch an dieser Stelle der Grundsatz vertreten, dass eine therapeutische Partnerschaft als Ausgangspunkt einer jeden Arzt-Patienten-Beziehung anzustreben ist. Wie sich diese anschließend entwickelt, ob das Verhältnis von Arzt und Patient paternalistische Züge annimmt oder doch eine durchgehende Gleichrangigkeit vom Patienten gewünscht wird, ist dann jeweils der Individualität des Behandlungsgeschehens einschließlich der beteiligten Personen geschuldet. Entscheidend für die Zukunft der therapeutischen Partnerschaft und damit für die Gleichrangigkeit von ärztlicher Therapiefreiheit und Selbstbestimmungsrecht des Patienten ist, dass die von Damm aufgeworfene Gefahr einer drohenden „Re-Paternalisierung" oder „neopaternalistischen Revolte" ernst genommen wird.[401] Auch unter Berücksichtigung der in einem gesonderten Teil zu begutachtenden Unwägbarkeiten, die mit der Digitalisierung des Gesundheitswesens einhergehen,[402] muss gewährleistet werden, dass dem Patienten die Möglichkeit eröffnet wird, sich aktiv an dem Entscheidungsprozess zu beteiligen. Entscheidet sich der Patient dafür, seine Einflussmöglichkeiten abzugeben und entsteht dadurch ein paternalistisches Arzt-Patienten-Verhältnis, ist trotzdem davon zu sprechen, dass eine jeweils durch Individualität geprägte Subjekt-Subjekt-Beziehung verfolgt wird. Die Gefahr liegt darin, dass ein *selbstbestimmtes* Abgeben von Kontrolle nicht mit dem *fremdbestimmten* Drängen in eine Objektrolle gleichgesetzt werden darf. Der von Ärzten eingeforderte Paternalismus als Ausgangpunkt der Arzt-Patienten-Beziehung ist mit der heutigen Rechtslage nicht mehr vereinbar. Auf ethischer Ebene kann dieser aber dem Patientenwunsch und damit dem ausgeübten Selbstbestim-

---

[398] Beispielhaft auch: BGHZ 29, 46 (54) „Er will daher eigentlich nicht wissen, sondern gehorchen."

[399] Siehe dazu Dritter Teil Kapitel B.

[400] Vgl. *Braun/Marstedt*, Der informierte Patient: Wunsch und Wirklichkeit, in: Hoefert/ Klotter (Hrsg.), Wandel der Patientenrolle, S. 47 (51); Ähnlich: *Damm*, JZ 1998, 926 (929), der davon spricht, dass je stärker der experimentelle Charakter einer Behandlung ausfällt, desto eher begnügt sich der Patient mit einem Objektsstatus. Damm impliziert damit, dass der Patient seine Selbstbestimmung zugunsten der verfolgten Forschung aufgibt. Da die Forschungsbedürftigkeit gerade bei (noch) hoffnungslosen Krankheiten sehr hoch ist, spricht dies ebenfalls dafür, dass die Nachfrage nach Autonomie in lebensbedrohlichen Situationen aber ab- als zunimmt.

[401] *Damm*, MedR 2002, 375 (381).

[402] Siehe dazu Sechster Teil.

mungsrecht entsprechen. Daraus kann geschlussfolgert werden, dass das Praxisgeschehen noch stärker von der Individualität des Patienten geprägt ist, als dies das in
der Theorie angesiedelte System der therapeutischen Partnerschaft vermuten lässt.

6. Sonderfall: Wunschmedizin

Wenn Arzt und Patient aufeinandertreffen, ist dies nicht ausschließlich einer
durch Leid geprägten Patientensituation geschuldet. Liegt bei dem Patienten kein
pathologischer Zustand vor, der ärztliches Handeln erfordert, ist die Arzt-Patienten-
Beziehung nicht mehr dem Bereich der Heilbehandlungen, sondern dem der
Wunschmedizin zuzuordnen.[403] In diesen Fällen zielt die medizinische Maßnahme
auf eine Verbesserung, Veränderung oder Erhaltung von Form, Funktion, kognitiven
oder emotionalen Befindlichkeiten ab.[404] Das bekannteste Beispiel dürfte sicherlich
die Schönheitsoperation sein.[405] Fehlt der pathologische Zustand, hat dies sowohl
Auswirkungen auf die Rolle des Arztes als auch auf das Verhältnis von ärztlicher
Therapiefreiheit und Selbstbestimmungsrecht des Patienten. Fraglich bleibt zudem,
ob sich dadurch auch die Haftung des Arztes für Aufklärungsmängel ändern kann.

Während schwer erkrankte Patienten in ihrem Arzt einen Helfer in der Not sehen,
nehmen leicht erkrankte und chronisch kranke Patienten ihren Arzt als beratenen
Partner wahr.[406] Für beide Konstellationen gilt zudem, dass nur mithilfe einer ausgeprägten Vertrauensbeziehung die Asymmetrien im Arzt-Patienten-Verhältnis
ausgeglichen werden können. Handelt es sich also um eine Heilbehandlung und steht
damit der Heilauftrag im Mittelpunkt des Aufeinandertreffens, ist darauf zu achten,
dass die Arzt-Patienten-Beziehung nicht zu einem reinen Vertragsverhältnis reduziert wird.[407] Eine solche Entwicklung hätte zur Folge, dass der Blick auf die Personen, einschließlich ihrer Fähigkeit zur emotionalen Kommunikation verloren geht.
Nicht mehr das für die Genesung sehr bedeutsame Vertrauen, sondern das synal-
lagmatische Verständnis „Geld gegen Leistung" würde die Arzt-Patienten-Beziehung dominieren. In einer reinen Vertragsbeziehung wird der Patient mit seinem Leid
allein gelassen. Dies ist weder mit dem historisch gewachsenen Selbstbild des Arztes
als „Helfer und Heiler" noch mit dem Gedanken einer therapeutischen Partnerschaft
vereinbar.

Im Bereich der Wunschmedizin ist dies anders zu bewerten. Fehlt es an einem
pathologischen Zustand, d. h. der Patient befindet sich nicht in einer physischen und/
oder psychischen Zwangslage, beschränkt sich die Asymmetrie im Arzt-Patienten-

---

[403] *Stock*, MedR 2019, 872 (872); für eine Definition von Wunschmedizin siehe auch: *ders.*,
Die Indikation in der Wunschmedizin, S. 39 ff.

[404] *Stock*, MedR 2019, 872 (872).

[405] Siehe dazu umfangreich: *Lorz*, Arzthaftung bei Schönheitsoperationen, S. 23 ff.

[406] *Hoppe*, Die Patient-Arzt-Beziehung im 21. Jahrhundert, in: Katzenmeier/Bergdolt
(Hrsg.) Das Bild des Arztes im 21. Jahrhundert, S. 1 (7).

[407] *Maio*, Mittelpunkt Mensch, S. 225.

Verhältnis auf das fachliche Wissensdefizit des Patienten. Um diesem effektiv zu begegnen, bedarf es jedoch keiner intensiven Vertrauensbeziehung. Hier reicht stattdessen eine bloße Informationsweitergabe aus, die sich im Hinblick auf die Anforderungen an die emotionale Kommunikation nicht von einem „normalen" Dienstvertrag, wie z. B. einer Beratung im Bankensektor, unterscheidet. Handelt es sich also um eine wunschmedizinische Maßnahme, bei der Arzt und Patient nicht durch einen gemeinsam verfolgten Heilauftrag miteinander verbunden sind, spricht viel dafür, dass die entsprechende Arzt-Patienten-Beziehung in einem reinen Vertragsverhältnis abgebildet werden kann. Die Wissensasymmetrie ist dabei nicht hinderlich, da diese immer entsteht, wenn ein Laie auf einen Experten trifft. Hierbei handelt es sich jedoch nicht um ein Alleinstellungsmerkmal der Arzt-Patienten-Beziehung. Auch der Bankmitarbeiter weiß mehr über Kapitalanlagen o. ä. als der Bankkunde. Im Bereich der Wunschmedizin spielt das Vertrauen lediglich eine untergeordnete Rolle, da der Erfolg der Behandlung nicht psychisch mitbeeinflusst wird. In der Folge wird regelmäßig vertreten, dass der Arzt als Dienstleister und der Patient als Klient oder Kunde auftritt.[408]

Trotz fehlenden Heilauftrags wird auch bei wunschmedizinischen Maßnahmen ein Behandlungsvertrag abgeschlossen.[409] Da dieser strukturtechnisch dem Dienstvertrag zuzuordnen ist, gilt auch im Bereich der Wunschmedizin, dass kein Erfolg, sondern eine Tätigkeit geschuldet wird, die der ärztlichen Kunst entspricht.[410] Ob nun eine Arzt-Patienten-Beziehung als Vertrauensbeziehung oder als reine Vertragsbeziehung eingeordnet wird, könnte Auswirkungen auf die Legitimationswirkung des Selbstbestimmungsrechts des Patienten haben. Bei einer Heilbehandlung bedarf der Patient aufgrund der emotionalen Zwangslage eines besonderen Schutzes. Dieser wird erreicht, indem die ärztliche Leistung nur dann durch das Selbstbestimmungsrecht des Patienten legitimiert werden kann, wenn der Patient zuvor umfangreich und vor allem *mündlich* aufgeklärt wurde. Im Bereich der Wunschmedizin fehlt die emotionale Zwangslage. Der Patient muss zwar auch geschützt werden, denn schließlich wird ebenfalls in seine körperliche Integrität eingegriffen, der Unterschied könnte jedoch in der Form der Aufklärung liegen.

Im Bereich der Wunschmedizin handelt der Patient ohne Druck von außen. Er entscheidet sich freiwillig, d. h. in Ausübung seines Selbstbestimmungsrechts für einen medizinischen Eingriff.[411] Hierbei spielt die emotionale Kommunikation keine besondere Rolle. Der Arzt muss den Patienten zwar besonders intensiv über die

---

[408] *Hoppe*, Die Patient-Arzt-Beziehung im 21. Jahrhundert, in: Katzenmeier/Bergdolt (Hrsg.) Das Bild des Arztes im 21. Jahrhundert, S. 1 (7); *Magnus*, Patientenautonomie im Strafrecht, S. 18 ff.; *Stock*, MedR 2019, 872 (872); *Tautz*, E-Health und seine Folgen, S. 45 f.

[409] *Bergmann*/Pauge/Steinmeyer/*Middendorf*, § 630a BGB, Rdnr. 11; Grüneberg/*Weidenkaff*, Vorbem. zu § 630a BGB, Rdnr. 2; Spickhoff/*Spickhoff*, Medizinrecht, § 630a BGB, Rdnr. 9; a. A. Münchner Kommmentar/*Busche*, § 631 BGB, Rdnr. 124.

[410] Im Hinblick auf Schönheitsoperationen siehe: *Lorz*, Arzthaftung bei Schönheitsoperationen, S. 79; allgemein: *Stock*, Die Indikation in der Wunschmedizin, S. 326 ff.

[411] *Stock*, Die Indikation in der Wunschmedizin, S. 151.

Gefahren der wunschmedizinischen Maßnahme aufklären,[412] die Anforderungen an das Arzt-Patienten-Gespräch sollten jedoch gegenüber denen bei einer Heilbehandlung eher herabgesetzt werden. Hier ist an den Einsatz von Aufklärungsbögen zu denken. Durch diese könnte, ähnlich wie ein Übergabeprotokoll bei einer Wohnungsübergabe oder einem Gebrauchtwagenkauf, der Status quo vor der wunschmedizinischen Maßnahme festgehalten werden. So könnte auch die Beweisdarstellung vereinheitlicht werden. Im Gegensatz zur Aufklärung bei Heilbehandlungen bedarf es keiner intensiven mündlichen Kommunikation zwischen Arzt und Patient, da nicht die „Hilfe in der Not", sondern die „blanke" Wissensweitergabe im Mittelpunkt des Gesprächs steht. Dem Selbstbestimmungsrecht wird dabei Genüge getan, wenn dem Patienten alle Informationen über den Eingriff offenstehen und er die Möglichkeit zur Nachfrage hat.[413] Aufgrund der gefestigten emotionalen Ausgangssituation für den Patienten sollte der Arzt im Bereich der Wunschmedizin stärker auf die Eigeninitiative des Patienten vertrauen dürfen. Ein *vertrauensvolles Arzt-Patienten-Gespräch* ist daher nicht zwingend notwendig und muss erst recht nicht vom Arzt initiiert werden. Im Rahmen einer reinen Vertragsbeziehung können Arzt und Patienten ihre eigenen Interessen verfolgen. Da weder Arzt und Patient ausdrücklich noch Letzterer konkludent durch Schmerzen o. ä. zur Vornahme einer wunschmedizinischen Maßnahme gezwungen werden, steht dem jedoch auch nichts entgegen.

III. Exkurs: Code of American Medical Association

Die bisherigen Ausführungen zu der historischen Entwicklung des Arzt-Patienten-Verhältnisses beschränken sich auf die Frage, inwieweit die heutzutage in Deutschland bestehenden Rechtsbeziehungen zwischen Arzt und Patient mit denen aus der Vergangenheit vergleichbar sind. Nachfolgend wird anhand der neueren amerikanischen Medizingeschichte untersucht, ob es sich bei der gewandelten Gewichtung vom „Patientenwohl" zum „Patientenwillen" bzw. vom Paternalismus zum „Informed Consent"-Modell um einen typisch deutschen oder auch um einen US-amerikanischen Entwicklungsschritt gehandelt hat. Hierfür werden die medizinethischen Grundprinzipien der American Medical Association (sog. Code of American Medical Association) in der Grundversion von 1847 mit den heute geltenden Standards verglichen. Bei den Grundprinzipien handelt es sich nicht um Gesetze, sondern um Verhaltensregelungen, die das Miteinander von Arzt und Pa-

---

[412] Im Hinblick auf Schönheitsoperationen siehe: Deutsch/*Spickhoff*, Medizinrecht, Rdnr. 462; *Janda*, Medizinrecht, S. 139; allgemein: *Katzenmeier*, Arzthaftung, S. 328; *Stock*, Die Indikation in der Wunschmedizin, S. 306.

[413] Kritisch im Hinblick auf Schönheitsoperationen: *Lorz*, Arzthaftung bei Schönheitsoperationen, S. 150.

tient ethisch bewerten.[414] Durch den gegebenen Einfluss der American Medical Association auf die Entscheidungsfindung des US-Supreme Courts ist jedoch auch eine rechtliche Beeinflussung der Arzt-Patienten-Beziehung anzunehmen.[415] Die zu begutachtenden Grundsätze gehen auf den englischen Arzt und Philosophen Percival (1740 – 1804) zurück und wurden im Rahmen der konstituierenden Sitzung der American Medical Association in Philadelphia im Jahr 1957 erstmals als Code verfasst.[416]

1. Grundfassung von 1847

Die ursprüngliche Version des Codes geht auf eine Zeit zurück, die auch im amerikanischen Raum stark von einem paternalistischen Arztverständnis geprägt war. Der Gedanke eines gemeinsamen Entscheidungsprozesses von Arzt und Patient lässt sich weder in den einzelnen Paragrafen erkennen noch war dieser von den Verfassern gewünscht.[417] Stattdessen wurde an einigen Stellen deutlich gemacht, dass für eine erfolgreiche Behandlung der Arzt dominierend und der Patient unterwürfig auftreten muss. Maßgeblich für das zeitgenössische Arzt-Patienten-Verhältnis war das erste Kapitel, das mit *„Of the duties of physicians to their patients, and of the obligations of patients to their physicians"* überschrieben war. In Art. 1 § 1 S. 4 hieß es über die Sinnhaftigkeit des ärztlichen Handelns: *„They should study, also in their deportment, so to unite tenderness with firmness, and condescension with authority, as to inspire the minds of their patients with gratitude, respect and confidence."* Art. 1 § 4 enthielt Ausführungen über die Pflicht des Arztes zur Aufklärung. Diese wurde in ihrer Gesamtheit als untergeordnete Aufgabe verstanden, die regelmäßig an *„any other person of sufficient judgement and delicacy"* delegiert werden konnte. Einen Ärztezwang gab es nicht. Der Patient selbst sollte gemäß Art. 1 § 4 S. 2 nur Adressat der Aufklärung sein, wenn dies absolut notwendig war. Darüber hinaus war in Art. 1 § 4 S. 5 und S. 6 festgehalten, dass es eine *„sacred duty"* des Arztes sei, einer kranken Person sämtliche Informationen vorzuenthalten, die dessen Lebensmut negativ beeinflussen könnte.

Der Code of American Medical Association von 1847 wies dem Patienten eine eindeutige Objektstellung zu. Die Dominanz der Ärzte wurde nicht nur durch die

---

[414] Preface of Code of Medical Ethics, abrufbar unter https://www.ama-assn.org/sites/ama-assn.org/files/corp/media-browser/preface-and-preamble-to-opinions.pdf   (Zugriff: 05.02. 2022).

[415] Unter anderem: *AMA v. Azar,* 389 F.Supp.3d 898 (2020); *Doe v. Cochran*, 332 Conn. 325 (2019).

[416] *Riddick*, Ochsner Journal 2003, 6 (6); im Hinblick auf die Rolle von Percival siehe auch: *Bergdolt*, Das Kontinuum des Ärztlichen, in: Katzenmeier/Bergdolt (Hrsg.), Das Bild des Arztes im 21. Jahrhundert, S. 105 (114), der hervorhebt, dass Percival als erster von „medical ethics" sprach. Ferner entsprach es mach Percival der Aufgabe des Arztes den individuellen Patienten gegen die Sparbeschlüsse und Wirtschaftsplanungen des Staates zu beschützen.

[417] *Katz*, The silent world of doctor and patient, S. 21.

fehlenden Patientenrechte, sondern auch durch eine vergleichsweise herablassende Sprachauswahl deutlich. In Art. 2 § 4 S. 1 hieß es zunächst noch harmlos, dass Patienten *„faithfully and unreservedly"* mit ihrem Arzt über die Ursachen der Krankheit kommunizieren sollten. Wesentlich stringenter formuliert war in Art. 2 § 6 S. 1 und S. 2 die Pflicht des Patienten, den Verschreibungen des Arztes Folge zu leisten. Der Patient hatte *„prompt and implicit"* zu reagieren und dabei seine eigenen *„crude opinions"* um jeden Preis hintenanzustellen. Ein Recht auf freie Ärztewahl stand dem Patienten um 1847 ebenfalls nicht zu. Stattdessen legte Art. 2 § 8 fest, dass dieser seine Gründe für einen gewünschten Arztwechsel offenlegen musste. Das größtmögliche Ausmaß an ärztlicher Dominanz beinhaltete Art. 2 § 9. Der zweite Satz dieses Paragrafen sollte den Patienten dazu anhalten, den ärztlichen Kontakt in den Stunden *„devoted to meals and sleep"* zu vermeiden. Auf den ersten Blick handelte es sich hierbei aufgrund der Vergleichbarkeit mit heutigen Sprechstunden um eine legitime Beschränkung. In dem folgenden Satz hieß es dann jedoch an-maßend: *„They (die Patienten) should always be in readiness to receive the visits of their physicians, as the detention of a few minutes is often of serious inconvenience to him."*

Zusammengefasst zeigte die Version des Codes of American Medical Association von 1847 eine Arzt-Patienten-Beziehung, die mit dem deutschen paternalistischen Medizinverständnis vor der Reichsgerichtsentscheidung aus dem Jahr 1894 über-einstimmte. Der Patient hatte sich dem Arzt unterzuordnen. Dabei war er auf dessen Wohlwollen im Hinblick auf ein Mindestmaß an Kommunikation angewiesen.

2. Entwicklung bis 1980

In den folgenden Jahren wurde der Code kontinuierlich überarbeitet und gekürzt. Während die 1847er Version noch ungefähr 5600 Wörter aufwies, verringerte sich diese Zahl bis 1980 auf knapp 250.[418] Die den Kernbereich des Codes ausmachenden *„Principles"* beinhalteten dadurch auch deutlich weniger Ausführungen über die Arzt-Patienten-Beziehung. Auch die Rechte und Pflichten der beteiligten Personen wurden weniger ausführlich adressiert.[419] Dennoch war gleichlaufend mit den Ent-wicklungen in Deutschland eine steigende Bedeutung der Patientenrechte erkennbar.

Ähnlich wie mit der Reichsgerichtsentscheidung aus dem Jahr 1894[420] begann der Schutz des amerikanischen Patienten auf der strafrechtlichen Ebene. In *Schoendorff v. Society of New York Hospital (1914)*, einer der bekanntesten Präzedenzfälle,[421] urteilte der Richter Cardozo vom Court of Appeals of New York mit dem markanten Ausspruch: *„Every human being of adult years and sound mind has a right to de-*

---

[418] *Katz*, The silent world of doctor and patient, S. 22, die Entwicklung erfolgte schritt-weise: 1903 auf circa 4000 Wörter, 1912 auf circa 3000, 1957 auf circa 500.

[419] *Katz*, The silent world of doctor and patient, S. 22.

[420] RGSt 25, 375 (375 ff.).

[421] Ein anderer wäre: *Pratt v. Davis,* 118 Ill.App. 161 (1905).

termine what shall be done with his own body; and a surgeon who performs an operation without his patient's consent commits an assault [...]."[422] Der Anlass der Gerichtsentscheidung war ein Fall, bei der ein Arzt den Tumor einer Patientin operativ entfernte, obwohl diese lediglich in eine Narkoseuntersuchung, nicht jedoch in eine Operation eingewilligt hatte. Im Ergebnis wurde durch diesen Fall die Strafbarkeit eigenmächtiger Heilbehandlungen im amerikanischen Raum begründet. Doch genauso wenig wie den deutschen Reichsrichtern ging es dem amerikanischen Gericht um die Begründung von Patientenrechten. Eine Pflicht zur Aufklärung wurde nicht festgehalten. Vielmehr beschränkte sich die Erkenntnis darauf, dass den Ärzten aufgetragen wurde, den Patienten von nun an ihren Behandlungsplan mitzuteilen. Etwaige Einflussmöglichkeiten bzw. Alternativen mussten jedoch nicht besprochen werden.[423]

Dieser erste Ansatz einer aufgewerteten Patientenposition fand anschließend auch Niederschlag in den ethischen Verhaltensregelungen der American Medical Association. Section I der 1957er Version[424] sprach erstmals davon, dass die ärztliche Profession ein Dienst an der „*humanity with full respect to the dignity of man*" darstellte. Eine Pflicht zur Aufklärung bzw. Kommunikation mit dem Patienten war jedoch auch in der 1957er Fassung weiterhin nicht enthalten. Stattdessen konnte das der ärztlichen Therapiefreiheit zuzuordnende Recht auf Zurückweisung eines Patienten aus Section V abgelesen werden.

Die „*Principles*" der Codefassung aus dem Jahr 1980[425] ließen die Rechte des Patienten dann bereits deutlicher hervortreten. In Section IV wurde erstmals mit „*a physician shall respect the rights of patients [...]*" das Wort „Patientenrecht" unmittelbar verwendet. Ferner wurde im Vergleich zu der 1957er Version die Pflicht des Arztes, relevante Informationen mit dem Patienten zu teilen, in Section V festgehalten. Das „Informed Consent"-Modell fand zwar keinen unmittelbaren Niederschlag in den „*Principles*", jedoch befand sich in den parallel veröffentlichten „*Current Opinions of the Judicial Council*" das folgende Statement: „*The patient's right of self-decision can be effectively exercised only if the patient possesses enough information to enable an intelligent choice. The patient should make his own determination on treatment.*"[426] Auch wenn weiterhin nicht geklärt war, in welchem Umfang die Informationen dem Patienten zur Verfügung gestellt werden sollten, bildeten die „*Opinions*" der 1980er Fassung die Basis einer auf Gleichberechtigung ausgelegten Arzt-Patienten-Beziehung im amerikanischen Raum.[427]

---

[422] *Schoendorff v. Society of New York Hospital*, 211 N.Y. 125 (1914).

[423] *Katz*, The silent world of doctor and patient, S. 52.

[424] Die gesamte Fassung aus dem Jahr 1957 ist abgedruckt in: *Riddick*, Ochsner Journal 2003, 6 (8).

[425] Die gesamte Fassung aus dem Jahr 1980 ist abgedruckt in: *Riddick*, Ochsner Journal 2003, 6 (9).

[426] Abgedruckt in: *Katz*, The silent world of doctor and patient, S. 23.

[427] Vgl. *Katz*, The silent world of doctor and patient, S. 23.

3. Stand ab 2001

Im Jahr 2001[428] wurden die „*Principles*" letztmalig angepasst. Größere inhaltliche Änderungen sind nicht erkennbar. Gleichwohl fällt auf, dass in der den Grundsätzen vorangestellten Präambel die Intimität der Arzt-Patienten-Beziehung noch stärker betont wurde. Im Jahr 1980 hieß es dort noch: „*A physician must recognize responsibility not only to patients, but also to society, to other health professionals, and to self.*" Es wurde also insbesondere von einer Gleichrangigkeit des individuellen Patienten zur abstrakten Gesellschaft ausgegangen. Heute lautet die Passage wie folgt: „*A physician must recognize responsibility to patients first and foremost, as well as to society, to other health professionals, and to self.*" Die hervorgehobene Position des Patienten spiegelt den Siegeszug der Patientenselbstbestimmung wider. Dazu parallel enthalten die aktuellen „*Opinions*" auch detaillierte Ausführungen über die nun erwartete Kommunikation mit dem Patienten. Diesem soll die Diagnose, die Natur und der Zweck von möglichen Eingriffen sowie die Chancen und Risiken der unterschiedlichen Möglichkeiten bzw. des Verzichts einer Behandlung aufgezeigt werden.[429] Erst dadurch kann der erforderliche „Informed Consent" erreicht werden. Im Ergebnis ähnelt der im Jahr 2020 geltende Code sehr stark den deutschen Anforderungen an das Patientengespräch, wie sie in § 630e Abs. 1 BGB festgeschrieben sind. Daher ist der These zuzustimmen, dass auch im amerikanischen Rechtsraum eine Wandlung vom Paternalismus zur Partnerschaftlichkeit begonnen hat.[430]

---

[428] Die gesamte Fassung aus dem Jahr 2001 ist abgedruckt in: *Riddick*, Ochsner Journal 2003, 6 (9 f.).

[429] Code of Medical Ethics Opinion 2.1.1., abrufbar unter https://www.ama-assn.org/delive ring-care/ethics/informed-consent (Zugriff: 05.02.2022).

[430] Vgl. *Steinhart*, Haemophilia 2002, 441 (441).

3. *Teil*

Therapiefreiheit versus Selbstbestimmungsrecht

Der Bedeutungsanstieg des Selbstbestimmungsrechts veränderte das Arzt-Patienten-Verhältnis maßgeblich. Es stellt sich daher die Frage, in welchen Rollen die Beteiligten in dem neuen System auftreten. Die gewählte Überschrift des Abschnitts suggeriert durch das Wort „versus", dass zwischen der Rechtsposition des Arztes und der des Patienten ein Gegensatz besteht.[1] Auf der einen Seite agiert ein Arzt, der auf Grundlage der ärztlichen Therapiefreiheit den konkreten Ablauf der Behandlung vorgeben möchte. Auf der anderen Seite tritt ein gestärkter Patient auf, der von nun an als Subjekt wahrgenommen werden möchte.

A. Theoretisches Modell:
Gegeneinander oder Miteinander?

Im Rahmen einer „entweder-oder" Betrachtung kann wie folgt argumentiert werden: Wird die Therapiefreiheit vollumfänglich gewährleistet, fördert dies den Fortbestand eines paternalistischen Medizinverständnisses. Dem Patienten bleibt dabei nichts anderes übrig, als eine passive Rolle zu akzeptieren. Im Gegensatz könnte jedoch auch angenommen werden, dass Patienten, die ihre Selbstbestimmung exzessiv ausleben, die Ärzte zu bloßen Erfüllungsgehilfen bei ihren patienteneigenen Zielen degradieren würden. In dieser Konstellation kommt dem Arzt eine objektive Rolle zu.[2] Um die Frage zu klären, ob eine der beiden Positionen dominiert, werden nachfolgend die ärztliche Therapiefreiheit und das Selbstbestimmungsrecht des Patienten im Hinblick auf ihre Zielrichtungen in die Arzt-Patienten-Beziehung eingeordnet.

---

[1] Duden online, abrufbar unter https://www.duden.de/rechtschreibung/versus (Zugriff: 05.02.2022).

[2] Vgl. *Eberhardt*, Selbstbestimmungsrecht des Patienten und ärztliche Aufklärungspflicht im Zivilrecht Frankreichs und Deutschland, S. 62; *Peintinger*, Therapeutische Partnerschaft, S. 52; Quaas/*Zuck*/Clemens, Medizinrecht, § 2, Rdnr. 54.

I. Zielrichtung der ärztlichen Therapiefreiheit

Der Beruf des Arztes wird überwiegend mit dem in § 1 Abs. 1 BÄO und § 1 Abs. 1 S. 1 MBO-Ä verankerten Heilauftrag verbunden.[3] Hiernach liegt der Kerngedanke der ärztlichen Tätigkeit darin, anderen Menschen medizinisch zu dienen. Bezogen auf den Arzt gewährleistet die Therapiefreiheit dabei, dass die Entscheidung über die Aufnahme der Behandlung sowie die Art und Weise des Dienens in der Ermessenskompetenz des Arztes verbleibt.[4] Gleichwohl kommt der Therapiefreiheit auch eine patientenbezogene Relation zu. Denn schließlich kann der Arzt die Behandlung nur dann individuell an den Patienten anpassen, wenn ihm ein Beurteilungsspielraum gewährt wird.[5] Die Freiheit des Arztes kann sich also auch positiv auf den Patienten auswirken. Im Idealfall wird diesem eine konkret auf seine Bedürfnisse ausgerichtete Therapiemöglichkeit durch den Arzt präsentiert.

Folglich hält Laufs auch eine Bezeichnung als „berufsspezifisches Privileg" für unangebracht. Vielmehr soll es sich bei der ärztlichen Ungebundenheit um ein sogenanntes „fremdnütziges Recht" handeln.[6] Rixen dagegen lehnt den Begriff „fremdnützig" ab. Er argumentiert, dass der Gewährleistungsanspruch eines Grundrechts, hier Art. 12 Abs. 1 GG, nicht durch die faktischen Adressaten der Grundrechtsausübung, also durch die Patienten, mitbestimmt werden darf. Stattdessen soll es sich um eine originäre Freiheit des Arztes handeln, die sich jedoch an den Interessen der Patienten orientiert.[7] Eine weitere Sichtweise bietet Bauer, der der ärztlichen Therapiefreiheit einen „besonderen Drittbezug" zuschreibt.[8]

Im Ergebnis ist festzuhalten, dass die Wirkrichtung der ärztlichen Therapiefreiheit nicht auf Einseitigkeit beschränkt ist. Dennoch kann den vorgebrachten Ansichten nur bedingt zugestimmt werden. Der Begriff „fremdnütziges Recht" suggeriert, dass es sich bei der Therapiefreiheit um eine Berechtigung des Arztes handelt, mit der dieser gegenüber dem Patienten tätig werden darf. Die Art und Weise des Aktivwerdens wird dabei durch den Patienten bestimmt, schließlich hat die Behandlung diesem „zu nutzen". Ob jemand etwas als nützlich empfindet, ist dabei jedoch einer subjektiven Betrachtung unterworfen. Dies wiederum ist nur schwer mit der der Therapiefreiheit immanenten Abwehrfunktion vereinbar. Der Arzt muss sich

---

[3] Allgemein: *Stock*, MedR 2019, 872 (872), „[...] der ärztliche Heilauftrag [bildet] von alters her den Kern des Arztberufs."

[4] Siehe dazu Erster Teil Kapitel A. III.

[5] Vgl. *Buchborn*, MedR 1993, 328 (330), der davon spricht, dass Therapiefreiheit wie Ermessensspielraum [...] sowohl zum Schutz des Kranken wie auch des Arztes erforderlich [sind], um beide nicht einen Standard zu unterwerfen, der immer nur am statistischen Typ orientiert ist, [...]."

[6] *Laufs*, NJW 1997, 1609 (1609); zustimmend: *Hollenbach*, Grundrechtsschutz im Arzt-Patienten-Verhältnis, S. 140; *Katzenmeier*, Arzthaftung, S. 309; Laufs/*Katzenmeier*/Lipp, Arztrecht, Kap. X, Rdnr. 93; Laufs/*Kern*/Rehborn, Handbuch des Arztrechts, § 3, Rdnr. 23; *Miranowicz*, MedR 2018, 131 (136).

[7] *Rixen*, Sozialrecht als öffentliches Wirtschaftsrecht, S. 253 und Fn. 243.

[8] *Bauer*, S., Indikationserfordernis und ärztliche Therapiefreiheit, S. 15.

gerade nicht den Empfindungen des Patienten beugen, er kann vielmehr Behandlungsvorschläge ablehnen. Der Bezeichnung „Freiheit im Interesse des Patienten"[9] kann zudem ein nicht mehr erwünschter paternalistischer Einschlag entgegengehalten werden. In Anlehnung an das bei der Behandlung von Bewusstlosen anwendbare Recht der GoA spricht nämlich viel dafür, dass das Interesse des Patienten dann objektiv zu bestimmen wäre.[10] Eine derartige Fremdbestimmung steht mit dem Leitbild der therapeutischen Partnerschaft in Widerspruch. Im Hinblick auf den von Bauer eingebrachten „Drittbezug" ist bereits fraglich, wer denn der Dritte sein soll. Es ist schwer verständlich, weshalb einerseits die Notwendigkeit einer intimen Arzt-Patienten-Beziehung, also ein Zwei-Personen-Verhältnis gefordert wird, andererseits jedoch „Dritte" mit in die Therapiefreiheit einbezogen werden sollen. Das für den Erfolg einer Behandlung erforderliche Vertrauen müsste vielmehr auf einen Schutz gegenüber Dritten hinauslaufen. Die Therapiefreiheit dient dem Schutz der Individualität des Patienten, also dem „Zweiten". Interessen Dritter sollen dabei gerade auf ein Minimum beschränkt werden.

Bei der Therapiefreiheit handelt es sich nur im Grundsatz um die Rechtsposition des Arztes. Dieser setzt die Behandlung mit seinem medizinischen Wissen in Gang. Daher kann es keine Therapiefreiheit ohne Arzt geben. Gleichwohl ist der Wirkungsradius der eingeräumten Freiheit nicht auf den Arzt beschränkt. Wird ein Sphärenmodell herangezogen, ist die Therapiefreiheit neben dem Herrschaftskreis des Arztes auch dem des Patienten zuzurechnen. Die Therapiefreiheit verbindet den Arzt und den Patienten. Hierbei nimmt sie eine Art Vermittlungsfunktion zwischen den ärztlichen und den patientenbezogenen Interessen ein.[11] Man kann von einer „allseitig wirkenden Freiheit" sprechen. Dem Arzt wird im Bereich des Heilauftrags ein Beurteilungsspielraum eröffnet, um einerseits dem Patienten zu helfen und andererseits um sich selbst zu verwirklichen. Die fehlende Einseitigkeit wird weiter deutlich, wenn man die Therapiefreiheit nicht ausschließlich als Recht, sondern zugleich als Pflicht auffasst. Ein Arzt ist nicht nur berechtigt, zwischen bestimmten Therapieformen zu wählen oder Patientenwünsche abzulehnen; er ist gleichzeitig verpflichtet, das Interesse des Patienten, sofern es mit seinem eigenen Gewissen vereinbar ist, gegen externe Zwänge, wie beispielsweise die Abrechnungskataloge der Krankenkassen, zu verteidigen.[12]

---

[9] *Rixen*, Sozialrecht als öffentliches Wirtschaftsrecht, S. 253.

[10] BeckOGK/*Thole*, § 683 BGB, Rdnr. 7; BeckOK/*Gehrlein*, § 683 BGB, Rdnr. 3; Münchner Kommentar/*Schäfer*, § 683 BGB, Rdnr. 9.

[11] Vgl. *Panagopoulou-Koutnatzi*, Die Selbstbestimmung des Patienten, S. 94, mit „die Therapiefreiheit des Arztes geht mit der Therapiefreiheit des Patienten einher"; *Vogeler*, MedR 2008, 697 (700); *Welti*, GesR 2006, 1 (1), der die Therapiefreiheit als eine „[…] gemeinsame Freiheit von Kranken, Ärzten und anderen Leistungserbringern" bezeichnet. Weiter formuliert *Welti*, dass die Therapiefreiheit „[…] kein absolutes Individualrecht […]" darstellt.

[12] *Zuck*, Grundrechtsschutz und Grundrechtsentfaltung im Gesundheitswesen, S. 40 f.

II. Zielrichtung des Selbstbestimmungsrechts des Patienten

Das Selbstbestimmungsrecht des Patienten lässt sich auf den ersten Blick als strenges Abwehrrecht gegenüber der ärztlichen Tätigkeit charakterisieren.[13] Der Arzt soll nur so tätig werden dürfen, wie es der Patient wünscht. Im Hinblick auf die historische Entwicklung der Arzt-Patienten-Beziehung, speziell auf den Widerstand gegen das aufgezwungene paternalistische Arztverständnis, dürfte es sich hierbei auch um die Primärfunktion des Selbstbestimmungsrechts handeln.[14] Dennoch ist zu beachten, dass eine verstärkte Kontrolle durch die Patienten auch dazu führen kann, dass diese den ärztlichen Vorschlägen konsequenter Folge leisten.[15] Darüber hinaus ermöglicht die Übertragung von Verantwortung auch eine Entlastung der Ärzteschaft, die nicht mehr für die Letztentscheidung, sondern lediglich für die Wissensangleichung im Rahmen der Aufklärung verantwortlich ist.[16] Im Ausgangspunkt handelt es sich bei dem Selbstbestimmungsrecht um die Rechtsposition des Patienten. Gleichwohl kommt auch dieser eine allseitige Zielrichtung zu. Genau wie die Therapiefreiheit nimmt das Selbstbestimmungsrecht eine vermittelnde Funktion innerhalb der Arzt-Patienten-Beziehung ein.

III. Einordnung in die Arzt-Patienten-Beziehung

In einer heutigen Arzt-Patienten-Beziehung wird das Leitbild der therapeutischen Partnerschaft verfolgt. Wird der Begriff „Partnerschaft" in diesem Zusammenhang ernstgenommen, ist die Beantwortung der Frage, ob es sich bei Therapiefreiheit und Selbstbestimmungsrecht um einen Gegensatz handelt, bereits vorgezeichnet. Die Partnerschaft zwischen Arzt und Patient ist jedoch nicht einseitig dahingehend zu verstehen, dass der Arzt ausschließlich als Partner des Patienten auftritt und diesem bei der Bewältigung der Leidenssituation zur Seite steht; stattdessen muss auch der Patient bei der Selbstverwirklichung des Arztes als dessen Partner verstanden

---

[13] *Peintinger*, Therapeutische Partnerschaft, S. 42, 116.

[14] Vgl. *Maio*, Mittelpunkt Mensch, S. 222.

[15] *Brüggemeier*, Deliktsrecht, Rdnr. 620; *Illhardt*, Wandel des Berufsbildes: ethische und historische Hintergründe, in: Jütte (Hrsg.), Die Zukunft der Individualmedizin, S. 25 (35); *Steuer/Zimmermann*, GreifR 2016, 79 (80); zudem andeutend: *Peintinger*, Therapeutische Partnerschaft, S. 163, „je mehr die autonome Position des Patienten vorab gefördert und gefestigt werden kann, desto erfolgreicher werden sich die späteren spezifischen kommunikationstechnischen Einzelschritte erweisen."

[16] OLG Celle VersR 1981, 1184 (1185), mit einem abgedruckten Zitat: „Mit Recht hat der Chirurg Prof. Dr. H. W. Schreiber hierzu einmal ausgeführt [...] ‚Aufklärung muß auch als ein dem Arzt zustehendes Recht verstanden werden; es ermöglicht ihm, die Verantwortung mit den Kranken zu teilen.'"; *Ankermann*, Sterben zulassen – Selbstbestimmung und ärztliche Hilfe am Ende des Lebens, S. 90; *Duttge*, DuD 2010, 34 (34); *Jung*, ZStW 1985, 47 (54); *Lübbe*, Von der paternalistischen zur partnerschaftlichen Arzt-Patienten-Beziehung, in: Geiger (Hrsg.), Hauptsache gesund? S. 165 (165).

werden.[17] Wird eine therapeutische Partnerschaft angestrebt, schließen Arzt und Patient einen Behandlungsvertrag im Sinne des § 630a BGB. Beide Beteiligte nehmen hierbei ihre verfassungsrechtlich verankerte Privatautonomie in Anspruch. Die Rechtspositionen „Therapiefreiheit" und „Selbstbestimmungsrecht" stellen dabei Ausprägungen der Vertragsfreiheit dar.[18] Die Vertragsfreiheit ermöglicht den Parteien, sofern sie sich einig sind, über grundsätzlich jeden Sachverhalt einen Vertrag abschließen zu können. Entscheidend ist, dass Arzt und Patient im Hinblick auf das übergeordnete Ziel des gemeinsamen Handelns konform gehen. Die Position des Patienten ist dadurch gekennzeichnet, dass sich dieser Hilfe vonseiten des Arztes erhofft. Hierbei ist er auf die Zustimmung des Arztes im Hinblick auf die gewünschte Behandlungsform angewiesen. Steht für den Arzt auch der Heilauftrag im Mittelpunkt, ist für ihn zugleich die Zustimmung des Patienten zu der von ihm vorgeschlagenen Therapie unabdingbar. Zusammengefasst kann weder der Arzt dem Patienten noch der Patient dem Arzt eine Therapie vorschreiben.[19] Daher beinhaltet weder die ärztliche Therapiefreiheit noch das Selbstbestimmungsrecht des Patienten eine typische Anspruchsgrundlage auf die Durchführung einer bestimmten medizinischen Maßnahme.[20]

Im Bereich des Heilauftrags kann unter Berücksichtigung der dargelegten Wirkungsrichtungen der Rechtspositionen von einem *Modell des Miteinanders* anstelle eines Gegeneinanders gesprochen werden. Hierbei dominiert weder der Arzt über ein paternalistisches Auftreten noch der Patient, indem er seine Autonomie so durchsetzt, dass er den Behandelnden zu einem Objekt degradiert. Es gilt stattdessen das Prinzip des „Shared-decision-making".[21] Wird sich von beiden Seiten auf den Heilauftrag fokussiert, handelt es sich nicht um eine Kollision von konträren Rechten, sondern um eine Kooperation von allseitig wirkenden Rechtskreisen.[22]

---

[17] Vgl. *Neitzke*, Aspekte ärztlicher Autonomie, in: Bartmann/Hübner (Hrsg.), Patientenselbstbestimmung, S. 107 (108 f., 126), stellt in seinen Überlegungen jedoch nicht auf die Therapiefreiheit, also auf die Selbstbestimmung im Hinblick auf fachlich-medizinische Fragen, sondern auf das moralische Selbstbestimmungsrecht der Ärzte ab.

[18] Vgl. *Miranowicz*, MedR 2018, 131 (135), die davon schreibt, dass sich die Selbstbestimmung des Patienten in seiner Patientenautonomie und die Selbstbestimmung des Arztes in seiner Therapiefreiheit zeigt.

[19] *Welti*, GesR 2006, 1 (3); vgl. auch: Spickhoff/*Deutsch*/*Spickhoff*, Medizinrecht, Einleitung, Rdnr. 17 f.

[20] Im Hinblick auf das Selbstbestimmungsrecht siehe: *Lorz*, ZfL 2020, 170 (175).

[21] Für eine Gegenüberstellung der Beziehungsideale „Paternalismus", „Autonomie" und „Shared-decision-making" siehe: *Illhardt*, Wandel des Berufsbildes: ethische und historische Hintergründe, in: Jütte (Hrsg.), Die Zukunft der Individualmedizin, S. 25 (30 ff.); allgemein zum „Shared-decision-making" siehe: *Braun*/*Marstedt*, Der informierte Patient: Wunsch und Wirklichkeit, in: Hoefert/Klotter (Hrsg.), Wandel der Patientenrolle, S. 47 (50 f.).

[22] Laufs/*Katzenmeier*/Lipp, Arztrecht, Kap. X, Rdnr. 93; *Katzenmeier*, MedR 2012, 576 (583); im Hinblick auf die Patientenautonomie siehe auch: *Magnus*, Patientenautonomie im Strafrecht, S. 18; *Maio*, Mittelpunkt Mensch, S. 225; kritisch dagegen: Spickhoff/*Scholz*, Medizinrecht, § 7 MBO-Ä 1997, Rdnr. 6, der das Selbstbestimmungsrecht des Patienten dort enden lässt, wo die ärztliche Therapiefreiheit beginnt.

Darüber hinaus bilden die Therapiefreiheit und das Selbstbestimmungsrecht nicht nur eine rechtliche Symbiose, sie bedingen sich sogar gegenseitig.[23] Ein Arzt kann seinen therapeutischen Beurteilungsspielraum nicht ausüben, ohne auch das Selbstbestimmungsrecht des Patienten in Anspruch zu nehmen. Damit korrespondiert, dass auch ein Patient, ohne die ärztliche Freiheit anzuerkennen, keine Einflussnahme auf die Behandlung fordern kann. Dies wird noch deutlicher, wenn bedacht wird, dass sich die Therapiefreiheit nicht in der Arbeit mit dem Patienten erschöpft, sondern zugleich Ausdruck der ärztlichen Selbstbestimmung ist.[24]

B. Ausgewählte praxisrelevante Spannungsfelder

Eine Partnerschaft von zwei Personen, die jeweils für sich den Status eines Subjektes einfordern, kommt nicht ohne Reibungen aus. Um den Heilauftrag zu erfüllen, müssen Kompromisse eingegangen werden. Hierbei handelt es sich zugleich um den Kerngedanken einer funktionierenden Partnerschaft. Nachfolgend werden mit dem Therapeutischen Privileg, der Ausübung der Methodenwahlfreiheit und dem Off-label-Use drei Bereiche der ärztlichen Tätigkeit genauer betrachtet, in denen das Spannungsfeld von ärztlicher Therapiefreiheit und Selbstbestimmungsrecht des Patienten besonders ausgeprägt ist. Es wird untersucht, inwieweit das *Modell des Miteinanders* bzw. der Gedanke der rechtlichen Symbiose auch im Praxisalltag bestehen kann.

I. Therapeutisches Privileg/Humanitäres Prinzip

Die Aufklärung dient der Wissensangleichung von Arzt und Patient. Letzterer soll in die Lage versetzt werden, als *selbstbestimmtes* Subjekt an der Behandlung teilzunehmen. Im Mittelpunkt der Kommunikation steht dabei das physische oder psychische Leid des Patienten. Ein Aspekt, der im Zweifel geeignet ist, jede andere positive Lebensentwicklung, sei es im Beruf oder in der Familie, in den Hintergrund zu rücken. Der Arzt steht daher vor dem juristisch-ethischen Dilemma, dass er zwar einerseits dazu verpflichtet ist, den Patienten umfassend über seine Situation aufzuklären, er jedoch andererseits mit Informationen haushalten muss, die in gravierenden Fällen dazu geeignet sind, ein fremdes Leben in seinen Grundfesten zu erschüttern. Es besteht folglich ein Spannungsfeld zwischen der ärztlichen Fürsor-

---

[23] Vgl. *Katzenmeier*, Arzthaftung, S. 309; *Lukowsky*, Philosophie des Arzttums, S. 48, der davon spricht, dass sich die für eine erfolgreiche Behandlung erforderliche ärztliche Autorität und das entgegengebrachte Vertrauen des Patienten gegenseitig bedingen; *Miranowicz*, MedR 2018, 131 (135); andeutend zudem: *Peintinger*, Therapeutische Partnerschaft, S. 167, 209.

[24] Siehe dazu Erster Teil Kapitel A. I. 1. c).

gepflicht und dem Selbstbestimmungsrecht des Patienten.[25] Während Erstere durch eine streng paternalistische Handhabung der Therapiefreiheit gewährt werden könnte, würde Letzteres eine umfassende Aufklärung des Patienten erfordern, um diesem die Entscheidungshoheit zu übertragen.

Die Therapiefreiheit des Arztes ist unter anderem notwendig, um die Einzigartigkeit des Behandlungsgeschehens ausreichend zu berücksichtigen.[26] Aufgrund der Unwägbarkeiten des menschlichen Organismus reagiert jeder Mensch zu einem gewissen Maß unterschiedlich auf spezielle Behandlungsformen. Darüber hinaus ist auch die Aufnahme von Informationen und deren Verarbeitung von der Individualität des Patienten abhängig. Der Arzt hat daher bei jeder Interaktion mit dem Patienten und somit auch im Rahmen des Aufklärungsgesprächs dessen persönliche Situation hinreichend zu achten. Unter Berücksichtigung der negativen Reaktionen, die bei einer schonungslosen Darlegung der Krankensituation bei dem Patienten möglicherweise auslöst werden könnten, haben sich die Begriffe des *therapeutischen Privilegs*[27] bzw. des *humanitären Prinzips*[28] herausgebildet.[29] Der gemeinsame Rechtsgedanke liegt darin, dass es dem Arzt in bestimmten Situationen offenstehen soll, die gesamte Aufklärung zu unterlassen oder zumindest einzelne Aspekte von aufklärungspflichtigen Informationen dem Patienten vorzuenthalten.[30]

Der Gesetzgeber hat das therapeutische Privileg im Jahr 2013 nicht explizit in die §§ 630a ff. BGB mit aufgenommen.[31] In § 630e Abs. 3 BGB heißt es nur allgemein, dass es der Aufklärung des Patienten nicht bedarf, soweit diese ausnahmsweise

---

[25] Vgl. die Formulierung in BGHZ 106, 146 (150) „Denn hier steht der sich auf dem Selbstbestimmungsrecht des Patienten gründende Informationsanspruch in einem Spannungsverhältnis zu der aus der gleichen Wurzel stammenden Pflicht des Arztes bzw. des Krankenhauses, dem Patienten Hilfe zu leisten"; *Eberhardt*, Selbstbestimmungsrecht des Patienten und ärztliche Aufklärungspflicht im Zivilrecht Frankreichs und Deutschland, S. 118; *Steuer/Zimmermann*, GreifR 2016, 79 (82).

[26] Siehe dazu Erster Teil Kapitel A. IV. 1.

[27] Dem generellen Rechtsgedanken zustimmend, die Bezeichnung jedoch ablehnend: BGHZ 85, 327 (333); ausdrücklich: *Deutsch*, NJW 1980, 1305 (1305 ff.); *Zuck*, Grundrechtsschutz und Grundrechtsentfaltung im Gesundheitswesen, S. 34 f.

[28] Deutsch/*Spickhoff*, Medizinrecht, Rdnr. 502 ff.; *Katzenmeier*, Arzthaftung, S. 335; Laufs/*Katzenmeier*/Lipp, Arztrecht, Kap. V, Rdnr. 44.

[29] Auch wenn der Rechtsgedanke nicht ausdrücklich als „therapeutisches Privileg" bezeichnet wurde, galt die untergeordnete Stellung der Aufklärung gegenüber dem Heilzweck als Charakteristikum der Arzt-Patienten-Beziehung zur Zeit der DDR; siehe dazu: *Becker*, G., Arzt und Patient im sozialistischen Recht, S. 62 ff.; *Hansen/Vetterlein*, Ärztliches Handeln – Rechtliche Pflichten, S. 71 ff.

[30] Allgemein: *Dettmeyer*, Medizin & Recht, S. 39 f.; Laufs/*Kern*/Rehborn, Handbuch des Arztrechts, § 68, Rdnr. 11, die in diesem Zusammenhang auch von einer kontraindizierten Aufklärung sprechen; vgl. *Janda*, Medizinrecht, S. 139, wonach eine Aufklärung im Einzelfall aufgrund von therapeutischen Gründen unzumutbar sein kann.

[31] Auf Seite 7 des Referentenentwurfs zum Patientenrechtegesetz hieß es dagegen noch ausdrücklich in § 630e Abs. 3 Nr. 2, dass es eine Aufklärung nicht bedarf, soweit erhebliche therapeutische Gründe dieser entgegenstehen.

aufgrund besonderer Umstände entbehrlich ist. Aus den Gesetzesmaterialen zu § 630e Abs. 3 BGB wird aber deutlich, dass eine Aufklärung dann unterbleiben kann, wenn erhebliche therapeutische Gründe dieser entgegenstehen. Das Selbstbestimmungsrecht des Patienten gebietet es jedoch, dass hohe Anforderungen an die vorgebrachten Gründe zu stellen sind. Nach Ansicht des Gesetzgebers ist notwendig, dass die Aufklärung das Leben oder die Gesundheit des Betroffenen ernstlich gefährdet. Die bloße Möglichkeit, dass der Patient eine medizinisch unvernünftige Entscheidung trifft, reicht dagegen nicht aus.[32]

1. Fallgruppen

Die Befürworter der Möglichkeit einer unterlassenen oder beschränkten Aufklärung unterscheiden dabei zwischen vier Fallgruppen:

Zunächst hat der BGH im Jahr 1958 geurteilt, dass eine restlose Aufklärung dann nicht forciert werden soll, „[…] wenn durch sie das Leben oder die Gesundheit des Patienten ernstlich gefährdet würde".[33] Circa einen Monat später formulierte das Gericht, dass von einer umfassenden Aufklärung abgesehen werden kann, wenn sie „[…] zu einer ernsten und nicht behebbaren Gesundheitsschädigung des Patienten führen würde […]."[34] Beide Formulierungen wurden von einigen Literaturstimmen als zu eng bewertet. Stattdessen soll es ausreichend sein, dass eine erhebliche Störung vorliegt. Ob diese behebbar oder von Dauer ist, spielt keine Rolle mehr. Die Erheblichkeit einer Störung kann sich dabei aus der besonderen Tiefe des Leidens, seiner Dauer oder den Auswirkungen auf Dritte ergeben.[35]

Als zweite Fallgruppe gilt die Situation, in der das Risiko erhöht wird, dass durch ein umfangreiches und nicht gesteuertes Aufklärungsgespräch eine weitere medi-

---

[32] BT-Drucksache 17/10488, S. 25; vgl. auch: *Janda*, Medizinrecht, S. 139, die eine gedrückte Stimmung und Allgemeinbefinden für nicht ausreichend erachtet; ähnlich auch: *Künnell*, VersR 1980, 502 (506); *Schaffer*, VersR 1993, 1458 (1463), wonach es generell „nicht ausreichend ist, daß der Patient nur beunruhigt oder in seiner Gemütslage depressiv beeinträchtigt würde".

[33] BGHZ 29, 46 (56).

[34] BGHZ 29, 176 (185); allein psychische Reaktionen sind dagegen nicht ausreichend: BGHZ 107, 222 (226) „Die durch näheren Sachvortrag nicht belegte Vorstellung des Erstbeklagten, der Kläger werde wegen seiner ‚psychischen Labilität' die Eröffnung der Diagnose einer Krebserkrankung nicht verkraften, berechtigten den Erstbeklagten nicht, nur mit dessen Vater und Ehefrau statt mit dem Kläger selbst zu reden. […] Nichts berechtigte ihn […], über den Kopf des Klägers hinweg mit seinen Angehörigen über die Krankheit und die nunmehr vorzunehmenden diagnostischen und therapeutischen Maßnahmen zu sprechen und es ihnen zu überlassen, den Kläger über die Dringlichkeit weiterer Untersuchungen zu unterrichten. Auf diesem Wege darf sich der Arzt nicht seiner Aufgabe, den Patienten therapeutisch aufzuklären, entledigen."

[35] Deutsch/*Spickhoff*, Medizinrecht, Rdnr. 504; noch weitergehend jeweils: *Deutsch*, NJW 1980, 1305 (1306), der bereits das Befürchten einer erheblichen Störung für ausreichend erachtet; *Kleinewefers*, VersR 1981, 99 (101), es muss beachtet werden, dass gerade die „Auswirkungen auf Dritte" auch von der dritten Fallgruppe umfasst sind.

zinische Folge eintritt. Dadurch soll verhindert werden, dass bereits die Mitteilung von möglichen Behandlungsrisiken zu gesundheitlichen Schäden führt.[36] Man spricht in diesem Zusammenhang auch von der Gefahr der „sich selbst verwirklichenden Prophezeiung".[37]

Eine weitere Fallgruppe stellt die Gefährdung Dritter dar. Bei der Bewertung der Arzt-Patienten-Beziehung wird davon ausgegangen, dass diese aus zwei Individuen, dem Arzt und dem Patienten besteht. Zuvörderst sind die Parteien daran interessiert, ihre jeweiligen Rechtspositionen gegeneinander zu verteidigen bzw. bei Übereinkunft ihrer Zielvorstellungen jeweils zu stärken. Werden die entsprechenden Rechte im Zwei-Personen-Verhältnis durchgesetzt, kann jedoch auch eine dritte Person konkret betroffen sein. Die Grenze der Inanspruchnahme von Individualrechten wird regelmäßig in der Gefährdung Dritter gesehen. Daher soll von einer umfassenden Aufklärung auch dann Abstand genommen werden, wenn die ungefilterte Wahrheit den Patienten derart verstören könnte, dass dieser zu einer Gefahr für andere Personen wird. In diesem Fall handelt es sich um eine Nichtaufklärung zugunsten Dritter.[38]

Die letzte Fallgruppe betrifft Konstellationen, in denen die Gefahr besteht, dass sich ein Patient bei umfassender Kenntnis der möglichen Risiken von einer medizinisch dringend notwendigen Behandlung distanziert. Da dem Patienten über das Selbstbestimmungsrecht auch von den Befürwortern des therapeutischen Privilegs die Entschlusskompetenz im Hinblick auf das Treffen von medizinisch unvernünftigen Entscheidungen nicht abgesprochen werden soll, ist der Anwendungsbereich dieser Fallgruppe beschränkt. Neben dem zeitlichen Aspekt der dringenden Behandlung ist zudem erforderlich, dass der Patient „krankhaft ängstlich" ist, sodass diesem nicht zugetraut wird, die mögliche Risikoverwirklichung mit den Erfolgsaussichten der Therapie abzuwägen.[39] Der maßgebliche Unterschied zu der ersten Fallgruppe liegt darin, dass sich bei dieser auf die Nichtmitteilung der Diagnose beschränkt wird, während mit der letzten Fallgruppe die Vorbereitung und anschließende Durchführung von Heilmaßnahmen ermöglicht werden soll.[40]

---

[36] *Brüggemeier*, Deliktsrecht, Rdnr. 733; Deutsch/*Spickhoff*, Medizinrecht, Rdnr. 506; *Deutsch*, NJW 1980, 1305 (1306 f.); in den beiden letzten Quellen wird diese Fallgruppe mit dem folgenden Beispiel beschrieben: „Wenn etwa ein an den Herzkranzgefäßen vorgeschädigter Patient eine Kontrastmitteldarstellung benötigt und man ihm mitteilt, dass es mit geringster Wahrscheinlichkeit zu einem tödlichen Ausgang kommen kann, so mag er sich deswegen derart aufregen, dass er einen Herzanfall erleidet."

[37] *Schaffer*, VersR 1993, 1458 (1463).

[38] Deutsch/*Spickhoff*, Medizinrecht, Rdnr. 507; *Deutsch*, NJW 1980, 1305 (1307); *Franzki*, Der Behandlungsvertrag, S. 141, kritisch dagegen: *Kleinewefers*, VersR 1981, 99 (101).

[39] Allgemein gehalten: BGH NJW 1972, 335 (337); expliziter: *Brüggemeier*, Deliktsrecht, Rdnr. 733; Deutsch/*Spickhoff*, Medizinrecht, Rdnr. 508; *Deutsch*, NJW 1980, 1305 (1307); *Franzki*, Der Behandlungsvertrag, S. 141; Laufs/*Katzenmeier*/Lipp, Arztrecht, Kap. V, Rdnr. 44; *Rohde*, VersR 1995, 391 (392).

[40] Vgl. Münchner Kommentar/*Wagner*, § 630e BGB, Rdnr. 68.

2. Kritik

Unter Berücksichtigung des heutigen Arzt-Patienten-Verhältnisses muss bezweifelt werden, ob dem Arzt ein therapeutisches Privileg zugestanden werden darf. In einer durch Subjektivität geprägten Beziehung gilt es, dem Kommunikationsaspekt eine überragende Rolle einzuräumen. Sobald jedoch dem Arzt die Möglichkeit eröffnet wird, Behandlungsmaßnahmen an einem Patienten durchzuführen, ohne zuvor dessen selbstbestimmte Einwilligung eingeholt zu haben, entfernt sich die Behandlungssituation von dem Leitbild der therapeutischen Partnerschaft. Grundsätzlich ließe es sich argumentieren, dass es sich hierbei um eine „Nichtaufklärung zugunsten des Patienten"[41] und somit um einen Ausfluss des suggerierten „Fremdnützigkeitcharakters" der ärztlichen Therapiefreiheit handelt. Im Ergebnis würde dies jedoch einer – wenn auch gut gemeinten – Degradierung des Patienten vom (zumindest angestrebten) Subjekt zum Objekt der Behandlungsmaßnahme gleichkommen.[42]

Katzenmeier lehnt die Bezeichnung *therapeutisches Privileg* mit der Begründung ab, dass es sich hierbei nicht um ein Vorrecht des Arztes handelt. Stattdessen soll der verfolgte Schutz des Patienten mit dem Ausdruck *humanitäres Prinzip* besser zur Geltung kommen.[43] Es ist bedenklich, wenn argumentiert wird, dass ein Patient gerade dadurch geschützt werden soll, dass er in den lebensgefährdenden Situationen, bei denen über eine Nichtaufklärung zugunsten des Patienten diskutiert wird, mit dem gesamten Ausmaß seines ihn individuell bedrohenden Krankheitsbildes „im Dunkeln gelassen wird". Gleiches gilt, wenn dem Arzt ein höchsteigenes Recht zu Notlüge eingeräumt werden soll.[44] In Umkehrung des Sprichworts „Reden ist Silber, Schweigen ist Gold" müsste ein humanitäres Behandeln dadurch gekennzeichnet sein, dass der vom Tod oder einer schweren Gesundheitsschädigung des Patienten allenfalls mittelbar betroffene Arzt explizit zur Kommunikation mit diesem angehalten wird. Es wäre paradox, einerseits eine auf Vertrauen aufbauende Partnerschaft als Leitbild anzustreben, aber andererseits zu befürworten, dass der Arzt den Patienten in seinem Leid allein lässt oder gar täuscht.

---

[41] *Deutsch*, NJW 1980, 1305 (1305).

[42] BeckOGK/*Walter*, § 630e BGB, Rdnr. 47, spricht davon, dass „der Patient [...] die Chance erhalten [muss], auch einer unangenehmen medizinischen Wahrheit ins Auge zu sehen"; *Duttge*, DuD 2010, 34 (37), „Bedenklich sind jedoch jene Fälle, in denen allein aus paternalistischen Gründen ‚zum besten Wohle' des Patienten verfahren wird, ohne dem hiervon Betroffenen die Wahl zu überlassen"; vgl. auch: *Katzenmeier*, MedR 2018, 367 (372), der sich mit dem Aufklärungsdilemma bei der Placebobehandlung beschäftigt. Auch hier wurde zum Schluss gekommen, dass eine fehlende Aufklärung zwar dem Patienten dienen soll, „[...] letzten Endes handelt es sich [jedoch] um neo-paternalistische Ansätze."

[43] Laufs/*Katzenmeier*/Lipp, Arztrecht, Kap. V, Rdnr. 44; ähnlich auch: *Hansen/Vetterlein*, Ärztliches Handeln – Rechtliche Pflichten, S. 72, der davon spricht, dass sich die Humanität der ärztlichen Tätigkeit nicht immer mit der nackten Wahrheit verträgt.

[44] *Hansen/Vetterlein*, Ärztliches Handeln – Rechtliche Pflichten, S. 72.

Ein vorgebrachtes Argument für das therapeutische Privileg ist regelmäßig, dass der Patient nicht in der Lage ist, die umfassende Wahrheit über seinen gesundheitlichen Zustand zu verarbeiten. Dabei ist nicht zwingend der Patient derjenige, der die Wahrheit nicht ertragen kann, vielmehr ist zu berücksichtigen, dass es durchaus auch den Ärzten Schwierigkeiten bereiten kann, über pathologische Entwicklungen zu sprechen.[45] Dies dürfte insbesondere dann gelten, wenn die Ärzte mit ihrem Können an die Grenze des medizinisch Machbaren gestoßen sind. Werden Informationen zurückgehalten, dient dies nicht mehr dem Schutz des Patienten, sondern soll unter gleichzeitiger Aufrechterhaltung eines „Unfehlbarkeitsgedankens" die eigenen Schwächen verdecken. Ein Arzt, der keinen den Erfolg einer Heilbehandlung beeinflussenden Wissensvorsprung gegenüber dem Patienten besitzt, ist weniger an einer kommunikativen Partnerschaft interessiert, als derjenige, der mit dem Wissen über mehrere Therapiealternativen einen unmittelbaren Einfluss auf das Gelingen der Behandlung hat.[46] In diesen Fällen würde mit dem therapeutischen Privileg dem Arzt die Möglichkeit eröffnet werden, sich hinter seiner eigenen Unwissenheit zu verstecken und dadurch den propagierten Schutzgedanken nicht nur zu verkennen, sondern diesen zugleich in ein eigenes Schutzschild umzuwandeln.

Der Gedanke der therapeutischen Partnerschaft darf sich nicht darin erschöpfen, dass das medizinisch Machbare zwischen den Beteiligten diskutiert wird. Stattdessen gilt es, intime Arzt-Patienten-Beziehungen aufzubauen, in denen auch ein Gespräch über die Grenzen des Machbaren bzw. über das Nichtmachbare möglich ist.[47] Grundsätzliche Anerkennung gebührt der Aussage von Neukirch, dass ein Arzt nicht nur den Körper, sondern zugleich die Seele des Patienten behandelt.[48] Gleichwohl würde es einen Rückschritt in den Paternalismus gleichkommen, darin ein explizites Täuschungsrecht zu sehen.[49] Die steigende Aussichtslosigkeit einer medizinischen Situation darf nicht dazu führen, dass sich der Arzt aus der Beziehung zurückzieht, indem er schweigt oder gar lügt. Ganz im Gegenteil, je aussichtsloser die Situation, desto wichtiger wird die Kommunikation. Der Arzt, der dem Patienten nicht mehr medizinisch helfen kann, ist schließlich weiterhin in der Lage, Trost und Aufmerksamkeit zu spenden.[50] Auch so kann dem ärztlichen Doppelauftrag, Körper und Seele zu behandeln, hinreichend Rechnung getragen werden. Im Ergebnis muss eine

---

[45] *Katz*, The silent world of doctor and patient, S. 19.

[46] Vgl. *Steinhart*, Haemophilia 2002, 441 (443).

[47] Vgl. *Lübbe*, Von der paternalistischen zur partnerschaftlichen Arzt-Patienten-Beziehung, in: Geiger (Hrsg.), Hauptsache gesund? S. 165 (165 f.).

[48] RG JW 1932, 3328 (3329) mit Anmerkung *Neukirch*.

[49] So aber: RG JW 1932, 3328 (3329) mit Anmerkung *Neukirch*.

[50] *Ankermann*, Sterben zulassen – Selbstbestimmung und ärztliche Hilfe am Ende des Lebens, S. 56 f.; *Damm*, MedR 2002, 375 (384); *Dettmeyer*, Medizin & Recht, S. 40; *Dickhaut/ Luban-Plozza*, Arzt-Patient-Beziehung, in: Eser/von Lutterotti/Sporken (Hrsg.), Lexikon Medizin Ethik Recht, S. 122 (128); sehr allgemein: *Peintinger*, Therapeutische Partnerschaft, S. 212, der das Gespräch mit dem Patienten als Zentrum des gesamten Heilungsprozesses versteht.

dem Arzt zuzuordnende und als Erweiterung dessen Rechte geltende Sonderposition zum Schutz des Selbstbestimmungsrechts des Patienten abgelehnt werden.

3. Alternative: Recht auf Nichtwissen

Die Untersuchung hat bereits betont, dass der wissbegierige Patient nicht als der einzige Patiententyp bei der Bewertung der Arzt-Patienten-Beziehung herangezogen werden darf.[51] Ein Patient kann, muss jedoch nicht „wissen" wollen; er kann, muss jedoch nicht Einfluss auf die Behandlung nehmen wollen. Gleichwohl galt das Selbstbestimmungsrecht des Patienten bisher ausschließlich als Grundlage für ein „Recht auf Wissen".[52]

Das therapeutische Privileg ermöglicht dem Arzt, einseitig zu verhindern, dass der Wissensstand des Patienten an den des Arztes angeglichen wird. Der Arzt verfügt schließlich über umfangreiche Erfahrungssätze, die eine vorteilhafte Fremdeinschätzung der Situation legitimieren soll. Ein „Erfahrungswert" zeichnet sich, im Unterschied zum naturwissenschaftlichen Gesetz, jedoch gerade auch dadurch aus, dass Ausnahmesituationen auftreten können.[53] Gleichwohl wird in vielen Bereichen des gesellschaftlichen Lebens auf das Fachwissen von externen Experten vertraut. Dies hängt damit zusammen, dass es nicht immer möglich ist, die unmittelbar betroffenen Personen persönlich zu kontaktieren. Liegt dies jedoch im Bereich des Machbaren, sind deren Aussagen als Primärquellen der Äußerung des Experten überlegen.

a) Möglichkeit des Aufklärungsverzichts

Da der Patient eine Primärquelle darstellt, erscheint die durch das therapeutische Privileg entstehende Asymmetrie eher als gerechtfertigt, wenn nicht der Arzt, sondern der persönlich Betroffene über seine Aufnahmefähigkeit zu entscheiden hat.[54] Gemäß § 630e Abs. 3 BGB kann ein Patient auf eine vollumfängliche Aufklärung verzichten. Der Aufklärungsverzicht stammt aus der Sphäre des Betroffenen und kann von diesem gezielt eingesetzt werden, um eine Wissensangleichung zu vermeiden. Während das Aufklärungsbegehren als Ausdruck des „Rechts auf Wissen" einzuordnen ist, kann der Verzicht darauf als Ausfluss eines „Rechts auf Nichtwissen" verstanden werden. Dieser bisher ausschließlich im Bereich der Gendia-

---

[51] Siehe dazu Zweiter Teil Kapitel E. II. 5.

[52] Die nachfolgenden Gedanken sind durch die vom BGH entwickelte Rechtsfigur des „verständigen Patienten" inspiriert: BGHZ 29, 46 (46, Leitsatz); umfassend dazu auch: *Schwill*, Aufklärungsverzicht und Patientenautonomie, S. 52 ff. mit weiteren Nachweisen.

[53] *Duttge*, MedR 2016, 664 (667).

[54] *Duttge*, MedR 2016, 664 (667); andeutend auch: *Schwill*, Aufklärungsverzicht und Patientenautonomie, S. 154.

gnostik[55] einfachgesetzlich verankerte Rechtsgedanke wird überwiegend aus der komplementären Seite des Rechts auf informationelle Selbstbestimmung abgeleitet und besitzt daher, genau wie das Selbstbestimmungsrecht des Patienten, seinen verfassungsrechtlichen Ursprung in dem allgemeinen Persönlichkeitsrecht aus Art. 2 Abs. 1 i. V. m. 1 Abs. 1 GG.[56] Es besteht somit ein systematischer Zusammenhang zwischen dem „Recht auf Wissen" und dem „Recht auf Nichtwissen".[57] Während der Arzt bei der Ausübung des therapeutischen Privilegs seine Machtposition ohne Kommunikation einseitig erweitert, wird durch den patienteneigenen Aufklärungsverzicht dessen eigener Einflussbereich bewusst verkleinert. Bei einer Fokussierung auf den Patienten wird der Wissensausgleich nicht fremdbestimmt, sondern vielmehr in Ausübung eines selbstbestimmungsrechtlichen Privilegs eigenverantwortlich verhindert.[58] Der Patient, der auf die Aufklärung verzichtet, kann sich genauso auf sein Selbstbestimmungsrecht berufen, wie derjenige, der explizit aufgeklärt werden möchte.[59] Im Umkehrschluss bedeutet dies jedoch auch, dass es mit dem Selbstbestimmungsrecht des Patienten nicht vereinbar ist, wenn das therapeutische Privileg so ausgeübt wird, dass dem Patienten der Verzicht aufgezwungen wird. Das „Recht auf Nichtwissen" dient dem Schutz des Patienten vor nicht gewünschten Informationen. Es muss jedoch verhindert werden, dass dieser Schutzgedanke dahingehend missbraucht wird, dass er von den Ärzten als Legitimation für die Fremdentscheidung über das Ausmaß des zumutbaren Wissens in Anspruch genommen wird. Es bedarf stattdessen einer Diskussion über die Bedeutung des „Rechts auf Nichtwissen" als individuelles Entscheidungsrecht auf Patientenseite.[60]

---

[55] Insbesondere § 8 Abs. 1 S. 2 und § 9 Abs. 2 Nr. 5 GenDG.

[56] BGHZ 201, 263 (269 f.); *Duttge*, MedR 2016, 664 (666); Düring/Herzog/Scholz/ *Di Fabio*, Art. 2 GG, Rdnr. 192; *Hahn*, MedR 2019, 197 (199 f.); *Harmann*, NJOZ 2010, 819 (822); *Koppernock*, Das Grundrecht auf bioethische Selbstbestimmung, S. 89 f., der das Recht auf Nichtwissen als Ergänzung und nicht als Unterfalls des Rechts auf informationelle Selbstbestimmung bezeichnet; allgemein: Spickhoff/*Spickhoff*, Medizinrecht, § 630e BGB, Rdnr. 11; *Taupitz*, Das Recht auf Nichtwissen, in: Hanau/Lorenz/Matthes (Hrsg.), Festschrift für Günther Wiese, S. 583 (592).

[57] *Harmann*, NJOZ 2010, 819 (822 f.); kritischer: *Taupitz*, Das Recht auf Nichtwissen, in: Hanau/Lorenz/Matthes (Hrsg.), Festschrift für Günther Wiese, S. 583 (598 f.), der das Recht auf Nichtwissen jedenfalls nicht als Kehrseite des Rechts auf Wissen versteht.

[58] Für den Begriff „selbstbestimmungsrechtliches Privileg" siehe: *Rohde*, VersR 1995, 391 (393).

[59] *Brüggemeier*, Deliktsrecht, Rdnr. 742; *Francke*, Ärztliches Berufsrecht und Patientenrechte, S. 182; *Lohmann*, Gesundheit und Soziales S. 384; *Schwill*, Aufklärungsverzicht und Patientenautonomie, S. 104, 322; *Taupitz*, Das Recht auf Nichtwissen, in: Hanau/Lorenz/ Matthes (Hrsg.), Festschrift für Günther Wiese, S. 583 (598).

[60] *Duttge*, MedR 2016, 664 (666).

b) Gesetzliche Anforderungen an einen wirksamen Aufklärungsverzicht

Die Entscheidung des Gesetzgebers, den Aufklärungsverzicht mit in das BGB aufzunehmen, ist grundsätzlich positiv zu bewerten. Gleichwohl sind der Umfang und die Notwendigkeit der zu erfüllenden Anforderungen zu hinterfragen. Zum einen legt § 630e Abs. 3 BGB fest, dass der Verzicht ausdrücklich von dem Patienten erklärt werden muss. Zum anderen ist es notwendig, dass der Patient „die Erforderlichkeit der Behandlung sowie deren Chancen und Risiken zutreffend erkannt hat."[61] Da das „Recht auf Nichtwissen" verfassungsrechtlich in dem Selbstbestimmungsrecht verankert ist, besteht die Gefahr, dass der Schutzgehalt durch das einfache Recht unterlaufen wird. Um dies zu verhindern, dürfen die Anforderungen an einen wirksamen Aufklärungsverzichts nicht zu streng verstanden werden.[62] Wird das Leitbild der therapeutischen Partnerschaft ernsthaft verfolgt, besteht hierfür jedoch auch keine Veranlassung.

aa) Problematik der Ausdrücklichkeit des Aufklärungsverzichts

Laut Gesetzestext hat der Patient dem Arzt ausdrücklich mitzuteilen, dass er auf die Aufklärung verzichtet. Dies soll notwendig sein, da bei der übereiligen Annahme eines konkludenten Verzichts die Aufklärungspflicht unterlaufen werden könnte.[63] Ferner ist ein stillschweigender Verzicht schwerer dem Beweis zugänglich.[64] Der Ausdrücklichkeitsaspekt dient also primär der Sicherung der Aufklärungspflicht, die wiederum das Selbstbestimmungsrecht des Patienten einfachgesetzlich abbildet.[65] Hierbei wird jedoch verkannt, dass das Selbstbestimmungsrecht mit dem „Recht auf Wissen" nicht nur eine positive Seite, sondern mit dem „Recht auf Nichtwissen" auch eine negative Seite besitzt. Dem Patienten die Pflicht aufzuerlegen, sich ausdrücklich dahingehend zu äußern, dass er auf die Aufklärung verzichtet, würde dem „Recht auf Nichtwissen" nicht gerecht werden. Das Selbstbestimmungsrecht enthält den Anspruch auf eine umfassende Aufklärung und damit auf komplementärer Ebene auch den Anspruch, sich nicht äußern zu müssen. Im Rahmen der therapeutischen Partnerschaft gelten sowohl der Arzt als auch der Patient als gleichberechtigte Subjekte. Wird nun, wie bereits vorgeschlagen, der Pflichtcharakter der Aufklärung aus der Arzt-Patienten-Beziehung entfernt,[66] besteht bei gegenseitigem Vertrauen eine ausreichende Grundlage für eine „Gesprächsstunde", in der dem Patienten primär das

---

[61] BT-Drucksache 17/10488, S. 22 f.; zustimmend: u.a. Bergmann/Pauge/Steinmeyer/ *Wever*, § 630e BGB, Rdnr. 57; *Katzenmeier*, Arzthaftung, S. 334; Laufs/*Kern*/Rehborn, Handbuch des Arztrechts, § 68, Rdnr. 9.

[62] Kritisch hinterfragend: *Franzki*, Der Behandlungsvertrag, S. 140; *Spickhoff*, VersR 2013, 267 (274); Spickhoff/*Spickhoff*, Medizinrecht, § 630e BGB, Rdnr. 11.

[63] Spickhoff/*Spickhoff*, Medizinrecht, § 630e BGB, Rdnr. 11.

[64] *Spickhoff*, VersR 2013, 267 (274 f.).

[65] Vgl. Münchner Kommentar/*Wagner*, § 630e BGB, Rdnr. 63.

[66] Siehe dazu Zweiter Teil Kapitel E. II. 2.

Gefühl vermittelt werden kann, sich frei zu äußern, in der jedoch sekundär betrachtet, auch konkludente Äußerungen als ausreichende Manifestierung des Verzichtswillens angesehen werden können.[67] Die Gefahr eines Blankoverzichts besteht zudem nicht, da ein umfassendes Patientengespräch weiter erforderlich bleibt.[68]

bb) Problematik des „aufgeklärten" Aufklärungsverzichts

Ein wissbegieriger Patient kann mit Hilfe seines Selbstbestimmungsrechts erst dann Einfluss auf die Behandlung nehmen, wenn er zuvor aufgeklärt worden ist. Die Ausübung des Selbstbestimmungsrechts ist folglich der ärztlichen Aktivität nachgeschaltet. Erst die Aufklärung „lädt" das Selbstbestimmungsrecht auf. Wenn nun ein nicht wissbegieriger Patient sein Selbstbestimmungsrecht dahingehend ausüben möchte, dass er durch die Ablehnung von Informationen keinen Einfluss auf die Behandlung nehmen möchte, stellt sich die Frage, ob dies wiederum einer zeitlich vorgelagerten ärztlichen Aktivität bedarf. Es eröffnet sich daher die paradoxe Problemstellung, dass der Arzt den Patienten erst aufklären muss, damit dieser selbstbestimmt auf die Aufklärung verzichten kann.[69] Sehr passend formuliert dies Taupitz: „Das Grundproblem des ‚Rechts auf Nichtwissen' besteht darin, dass eine autonome Entscheidung, bestimmte Informationen nicht erhalten zu wollen, Kenntnis von der Möglichkeit der Kenntnisnahme voraussetzt."[70]

Die Problematik des „aufgeklärten Aufklärungsverzichts" ergibt sich nur dann, wenn die Aufklärung als einseitige Verpflichtung des Arztes, im Sinne von „der Arzt redet, der Patient hört zu" verstanden wird. Das Problem wird zudem deutlich, wenn

---

[67] Für einen konkludenten Aufklärungsverzicht stimmend: *Francke*, Ärztliches Berufsrecht und Patientenrechte, S. 182; *Harmann*, NJOZ 2010, 819 (823); *Katzenmeier*, Arzthaftung, S. 334; *Künnell*, VersR 1980, 502 (507); Laufs/*Kern*/Rehborn, Handbuch des Arztrechts, § 68, Rdnr. 9; *Roßner*, NJW 1990, 2291 (2294); *Schwill*, Aufklärungsverzicht und Patientenautonomie, S. 129; beachtenswert ist zudem: *Kreße*, MedR 2015, 91 (91), der davon ausgeht, dass eine Patientenverfügung ohne vorherige ausdrückliche Aufklärung gleichwohl wirksam ist, da die Ausdrücklichkeit nicht vom Verfassungsrecht gefordert wird und zugleich, ein konkludenter Aufklärungsverzicht in der zeitlich vorgelagerten Auseinandersetzung mit den medizinischen Maßnahmen gegeben ist; die Möglichkeit eines konkludenten Aufklärungsverzichts ablehnend: BGH NJW 1971, 1887 (1887); OLG Frankfurt am Main NJW 1971, 1415 (1416); *Brüggemeier*, Deliktsrecht, Rdnr. 742; *Duttge*, DuD 2010, 34 (37); *Hollmann*, NJW 1973, 1393 (1395).

[68] Ein Blankoverzicht wird allgemein abgelehnt: BeckOGK/*Walter*, § 630e BGB, Rdnr. 43; Bergmann/Pauge/Steinmeyer/*Wever*, § 630e BGB, Rdnr. 57; *Eberhardt*, Selbstbestimmungsrecht des Patienten und ärztliche Aufklärungspflicht im Zivilrecht Frankreichs und Deutschland, S. 64; *Harmann*, NJOZ 2010, 819 (824); Laufs/*Kern*/Rehborn, Handbuch des Arztrechts, § 68, Rdnr. 9; *Roßner*, NJW 1990, 2291 (2294); kritisch dagegen: Deutsch/*Spickhoff*, Medizinrecht, Rdnr. 500.

[69] Das Problem aufwerfend: *Duttge*, MedR 2016, 664 (666); *Franzki*, Der Behandlungsvertrag, S. 140; *Schwill*, Aufklärungsverzicht und Patientenautonomie, S. 55, 95, 318 ff.; *Steuer*/Zimmermann, GreifR 2016, 79 (85).

[70] *Taupitz*, Das Recht auf Nichtwissen, in: Hanau/Lorenz/Matthes (Hrsg.), Festschrift für Günther Wiese, S. 583 (597).

man bedenkt, dass es „Sprechstunde" und nicht „Gesprächsstunde" heißt.[71] Zwar ist dem Arzt aufgrund des ihm zugeordneten Wissensvorsprungs eine aktivere Rolle beizumessen, gleichwohl würde ein strenger ärztlicher Monolog dem Leitbild der therapeutischen Partnerschaft nicht gerecht werden. Eine gute Aufklärung bedeutet nicht, dass der Patient mit Informationen „überschüttet" wird, um diesem die Einwilligung zu der vom Arzt bevorzugten Therapieform zu entlocken. Es ist vielmehr ein intimes Arzt-Patienten-Gespräch anzustreben, das ermöglicht und zugleich einfordert, dass der Arzt die Wünsche und Bedürfnisse des Kranken hinreichend mitberücksichtigt.[72]

Als Ziel ist auszugeben, dass der Arzt und der Patient in eine Gesprächssituation eintreten, die dadurch gekennzeichnet ist, dass beide Parteien reden können, aber auch gleichzeitig zuhören müssen.[73] Während dieses Gesprächs hat der Arzt auszuforschen, wie detailliert der Patient über die Krankheit informiert werden möchte.[74] Der Umfang der weitergegebenen Informationen ist folglich in einem Gemeinschaftsakt zwischen Arzt und Patient zu bestimmen.[75] Als Ausgangspunkt sollte ein Gespräch über das Kranksein und nicht über die Krankheit gewählt werden. So kann verhindert werden, dass der Arzt vorschnell auf die konkrete Thematik zu sprechen kommt und dadurch dem Patienten die Möglichkeit nimmt, selbstbestimmt über das Ausmaß der Informationen zu entscheiden.[76] Im Rahmen des Gesprächs ist dem Patienten zum einen die „abstrakte Kenntnis […] von dem fraglichen Wissensbereich"[77] zu vermitteln, um ihm so sein Recht auf eine vollumfängliche Aufklärung aufzuzeigen, zum anderen ist ihm jedoch auch die Möglichkeit darzulegen, sein Recht auf einen Aufklärungsverzicht in Anspruch zu nehmen.[78] Die Tätigkeit

---

[71] Vgl. *Neitzke*, Aspekte ärztlicher Autonomie, in: Bartmann/Hübner (Hrsg.), Patientenselbstbestimmung, S. 107 (127).

[72] *Vollmann*, Patientenselbstbestimmung und Selbstbestimmungsfähigkeit, S. 19.

[73] Die Bedeutung des ärztlichen Gesprächs hervorhebend: *Hollmann*, NJW 1973, 1393 (1396 ff.).

[74] Bezüglich der Anforderungen an ein ideales Arzt-Patienten-Gespräch aus medizinischer Sicht siehe: *Woydack*, Autonomie zwischen Ideal und Realität, S. 79 ff.

[75] *Deutsch*, VersR 1981, 293 (297).

[76] Diese Sichtweise lässt sich im amerikanischen Recht wiederfinden. In den Anmerkungen zu dem Code of American Medical Association (siehe dazu Zweiter Teil Kapitel E. III.) heißt es dazu passend: „Withholding medical information from patients without their knowledge or consent is ethically unacceptable. Physicians should encourage patients to specify their preferences regarding communication of their medical information, preferably before the information becomes available. Moreover, physicians should honor patient requests not to be informed of certain medical information or to convey the information to a designated proxy, provided these requests appear to genuinely represent the patient's own wishes." (Opinion 8.082 – Witholding information from patients).

[77] *Taupitz*, Das Recht auf Nichtwissen, in: Hanau/Lorenz/Matthes (Hrsg.), Festschrift für Günther Wiese, S. 583 (598).

[78] *Roßner*, NJW 1990, 2291 (2295); *Schwill*, Aufklärungsverzicht und Patientenautonomie, S. 132, 150, 323.

des Arztes beschränkt sich dabei auf das Eröffnen der unterschiedlichen Optionen.[79] Es ist als paternalistisches Relikt mit dem Selbstbestimmungsrecht des Patienten nicht vereinbar, wenn der Arzt aggressiv auf die Entscheidung des Patienten einwirkt. Die Letztentscheidungsgewalt über die Intensität der Aufklärung, aber auch über den Umfang des Aufklärungsverzichts muss allein dem Patienten als persönlich Betroffenem zukommen.[80] Die dadurch erreichte Dualität der Gesprächswirkung versetzt den Patienten in die Lage, persönliche oder finanzielle Angelegenheiten für die Zukunft zu bewerten und entscheiden zu können, ohne sich mit ungewollten medizinischen Details belasten zu müssen.[81] Um zu verhindern, dass das „Recht auf Nichtwissen" leerläuft, ist im Ergebnis keine „vollinformierte Verweigerung" erforderlich.[82] Da die Art der erforderlichen Gesprächsführung ein hohes Maß an sozialer Kompatibilität und Empathie bedarf, wäre es stattdessen erforderlich, die Ärzteausbildung in dieser Hinsicht neu zu gestalten.[83] Um es mit den Worten von

---

[79] *Schwill*, Aufklärungsverzicht und Patientenautonomie, S. 149; kritisch: OLG Stuttgart NJW 1958, 262 (263); *Roßner*, NJW 1990, 2291 (2295).

[80] Vgl. *Buchborn*, MedR 1993, 328 (330); *Katzenmeier*, Arzthaftung, S. 373; *Roßner*, NJW 1990, 2291 (2295).

[81] Abgeleitet aus dem sozialistischen Arztrecht der DDR. In diesen Konstellationen wurde trotz generellem Anerkennen des therapeutischen Privilegs eine umfassende Aufklärung für notwendig erachtet: *Becker*, G., Arzt und Patient im sozialistischen Recht, S. 64; *Hansen/ Vetterlein*, Ärztliches Handeln – Rechtliche Pflichten, S. 73; vgl. auch: *Ankermann*, Sterben zulassen – Selbstbestimmung und ärztliche Hilfe am Ende des Lebens, S. 56 f.

[82] *Taupitz*, Das Recht auf Nichtwissen, in: Hanau/Lorenz/Matthes (Hrsg.), Festschrift für Günther Wiese, S. 583 (598).

[83] Vgl. dazu: „Masterplan Medizinstudium 2020", abrufbar unter https://msagd.rlp.de/filead min/msagd/Presse/Presse_Dokumente/Masterplan_Endfassung_31_03_17.pdf (Zugriff: 05.02. 2022). Dieses Konzeptpapier wurde am 31.03.2017 vom Bundesministerium für Wissenschaft und Forschung, dem Bundesministerium für Gesundheit, der Kultusministerkonferenz und der Gesundheitsministerkonferenz sowie von Vertreterinnen und Vertreter der Koalitionsfraktionen des Deutschen Bundestages verabschiedet. Neben dem Umgang mit der fortschreitenden Digitalisierung soll insbesondere die Kommunikationsfähigkeit der angehenden Mediziner stärker gefördert werden. Dazu heißt es auf S. 4: „Ein besonderes Augenmerk des Masterplanes gilt auch der Arzt-Patienten-Kommunikation, die maßgeblich die Arzt-Patienten-Beziehung, den Behandlungserfolg und das Wohlbefinden der Patientinnen und Patienten beeinflusst. Im Studium müssen daher die Grundlagen für eine gute ärztliche Gesprächsführung als zentrales Element in der ärztlichen Tätigkeit gelegt werden. Entsprechende kommunikative Kompetenzen können nachweislich verbessert werden, wenn sie möglichst früh ausgebildet und dann kontinuierlich weiterentwickelt werden."; vgl. Bertelsmann-Stiftung „Gemeinsam entscheiden im Klinikalltag – 2018", Kernaussage 6 – Kommunikation, S. 35, „Der Qualifizierungsbedarf für eine gelungene Arzt-Patient-Kommunikation scheint derzeit nicht ausreichend gedeckt. Die meisten Ärzte berichteten, im Studium lediglich in der Theorie etwas von gemeinsamer Entscheidungsfindung gehört zu haben. Nur wenige hätten an praktischen Übungen teilnehmen können, um einschlägige Techniken mit Simulationspatienten zu trainieren. Kritisiert wurde zudem, dass die in den Schulungen unterstellten Arbeitsbedingungen – insbesondere der für eine Aufklärung zur Verfügung stehende Zeitrahmen – mit der klinischen Realität nicht übereinstimmten. In der Folge gelingt es den jungen Ärzten nach eigenen Angaben nicht, die erlernten Interaktionsmodelle auf die Praxis zu übertragen, sodass die angewendeten Techniken vor allem auf Erfahrungslernen basieren."; vgl. zudem: *Ankermann*, Sterben zulassen –

Lübbe zu sagen: „Verhandeln erfordert eine höhere kommunikative Kompetenz als Entscheiden und erlernt sich in der immer noch von Hierarchien und Standesdünkel geprägten Medizinerwelt nicht von selbst."[84]

4. Sonderfall: Einsichtnahme in die Patientenakte

Von dem therapeutischen Privileg im Sinne eines „Eingriffsprivilegs" ist die Verweigerung des Arztes, dem Patienten Einsicht in die Patientenakte zu gewähren, zu trennen. Während es in § 630e Abs. 3 BGB nur allgemein heißt, dass es der Aufklärung nicht bedarf, soweit diese ausnahmsweise aufgrund von besonderen Umständen entbehrlich ist, legt § 630g Abs. 1 S. 1 BGB im Umkehrschluss ausdrücklich fest, dass die Einsichtnahme verweigert werden darf, sobald erhebliche therapeutische Gründen dem entgegenstehen.[85] Es handelt sich hierbei also um ein normativ konstituiertes therapeutisches Privileg.[86] Für Deutsch ist dieses notwendig, um das von ihm vertretene Schweigerecht nicht dadurch zu unterlaufen, dass der Patient Einsicht in die Krankenpapiere nimmt. Daher soll der Arzt zur Anfertigung von Alternativunterlagen oder sogar zu „gnädigen Lügen" berechtigt sein.[87]

Diese Sichtweise ist mit der heutigen Rechtslage nicht vereinbar. Im Grundsatz steht dem Patienten ein schrankenloses Einsichtsrecht zu (vgl. § 630g Abs. 1 S. 1 BGB). Nur bei der substantiierten Annahme einer erheblichen Gefährdung der psychischen oder physischen Gesundheit des Patienten kann dieses beschränkt werden.[88] Paternalistische Erwägungen reichen genauso wenig aus, als wenn lediglich vorgeschoben wird, dass der Patient die Ausführungen nicht verstehe oder dass etwaige ärztliche Urheber- und Eigentumsrechte an den Unterlagen zu beachten seien.[89] Während anfangs eine Beschränkung auf objektivierbare Befunde und pa-

---

Selbstbestimmung und ärztliche Hilfe am Ende des Lebens, S. 57 ff.; *Neitzke*, Aspekte ärztlicher Autonomie, in: Bartmann/Hübner (Hrsg.), Patientenselbstbestimmung, S. 107 (127).

[84] *Lübbe*, Von der paternalistischen zur partnerschaftlichen Arzt-Patienten-Beziehung, in: Geiger (Hrsg.), Hauptsache gesund? S. 165 (166).

[85] Der Arzt kann daneben aufgrund von entgegenstehender Rechte Dritter die Einsichtnahme verweigern, vgl. § 630 g Abs. 1 S. 1 BGB. In diesen Konstellationen handelt es sich nicht mehr um ein Spannungsverhältnis zwischen der ärztlichen Therapiefreiheit und dem Selbstbestimmungsrecht des Patienten, stattdessen sind die Rechte der Dritten gegen das Selbstbestimmungsrecht des Patienten abzuwägen; vgl. BT-Drucksache 17/10488, S. 27.

[86] Laufs/*Kern*/*Rehborn*, Handbuch des Arztrechts, § 62, Rdnr. 5.

[87] *Deutsch*, NJW 1980, 1305 (1308).

[88] Gerade bei psychischen Erkrankungen ist der therapeutische Vorbehalt von der Rechtsprechung anerkannt: BGHZ 85, 339 (344); 106, 146 (148); LG Münster NJW-RR 2008, 441 (441 f.); allgemein: Münchner Kommentar/*Wagner*, § 630 g BGB, Rdnr. 18.

[89] BGHZ 85, 327 (334); allgemeiner: BeckOK/*Katzenmeier*, § 630 g BGB, Rdnr. 8; Münchner Kommentar/*Wagner*, § 630 g BGB, Rdnr. 18; Spickhoff/*Spickhoff*, Medizinrecht, § 630 g BGB, Rdnr. 5.

tientenbezogene Behandlungsfakten für angemessen erachtet wurde,[90] sind heutzutage auch die subjektiven Notizen des Arztes Gegenstand der Diskussion.[91] Auch wenn § 630g Abs. 1 S. 1 BGB dahingehend eindeutig formuliert ist und einen Anspruch auf Einsichtnahme in die „vollständige" Patientenakte statuiert, besteht ein Spannungsfeld zwischen dem allgemeinen Persönlichkeitsrecht des Arztes und der informationellen Selbstbestimmung des Patienten. Überwiegend wird vertreten, dass das Informationsinteresse des Betroffenen dem Geheimhaltungsinteresse des Behandelnden vorgeht.[92] Andere argumentieren, dass gerade der Tätigkeitsbereich der Psychiatrie und Psychotherapie durch sehr persönliche ärztliche Beschreibungen der Individualität des Patienten und dessen Krankheitsverlaufs gekennzeichnet ist. Unter Berücksichtigung des Einzelfalles soll aber dabei nicht ausgeschlossen werden, dass das Persönlichkeitsinteresse des Arztes es rechtfertigen kann, die Patientenakte teilweise zu schwärzen oder einzelne Passagen abzudecken.[93] Unabhängig von der Frage nach dem Umfang des Einsichtsrechts ist der Arzt dazu verpflichtet, das Informationsinteresse des Patienten in größtmöglichen Umfang zu befriedigen. Zuvörderst hat der Arzt dafür zu sorgen, dass bei der Einsichtnahme eine dem Patienten vertraute Person hinzugezogen wird. Erst als *ultima ratio* soll dem Patienten die Kenntnisnahme der sensiblen Informationen verweigert werden können.[94]

Das allgemeine Persönlichkeitsrecht des Arztes aus Art. 2 Abs. 1 i. V. m. Art. 1 Abs. 1 GG stellt eine der verfassungsrechtlichen Rechtsgrundlagen der Therapiefreiheit dar.[95] Ein Arzt, der sämtliche Unterlagen, einschließlich subjektiver Empfindungen, gegenüber dem Patienten offenlegen muss, ist daher in seiner Therapiefreiheit berührt. Er könnte sich folglich dazu angehalten fühlen, spezielle Ausdrücke oder Formulierungen nicht zu verwenden, da er davon ausgehen muss, dass der Patient Einsicht in die Unterlagen nehmen könnte. Es besteht zumindest die Gefahr, dass ein weiterführender Arzt aufgrund der unter Umständen geschönten

---

[90] Bis zum 115. Deutschen Ärztetag 2015 in Frankfurt am Main lautete § 10 Abs. 2 S. 1 der MBO-Ä wie folgt: „Ärztinnen und Ärzte haben Patientinnen und Patienten auf deren Verlangen grundsätzlich in die sie betreffenden Krankenunterlagen Einsicht zu gewähren; ausgenommen sind diejenigen Teile, welche subjektive Eindrücke oder Wahrnehmungen der Ärztin oder des Arztes enthalten." Heutzutage orientiert sich die Formulierung an § 630 g Abs. 1 S. 1 BGB.

[91] Umfassend: BeckOK/*Katzenmeier*, § 630 g BGB, Rdnrn. 5 ff.

[92] BT-Drucksache 17/10488, S. 27; BeckOK/*Katzenmeier*, § 630 g BGB, Rdnr. 10; allgemein: *Hinne*, NJW 2005, 2270 (2271 f.); *Kensy*, MedR 2013, 767 (771); *Müller-Peltzer/Nguyen*, DuD 2012, 117 (119).

[93] Vgl. BGHZ 106, 146 (149 f.); Laufs/*Kern/Rehborn*, Handbuch des Arztrechts, § 62, Rdnr. 4.

[94] Nach LG Münster NJW-RR 2008, 441 (442) soll es auch genügen, dass der Erstbehandler die Krankenunterlagen an den Nachbehandler herausgibt. In diesen Fällen hat der Nachbehandler in eigener Verantwortung über die Kenntnisnahme durch den Patienten zu entscheiden; allgemein: BT-Drucksache 17/10488, S. 27; BeckOK/*Katzenmeier*, § 630 g BGB, Rdnr. 8; *Kensy*, MedR 2013, 767 (771 f.); *Müller-Peltzer/Nguyen*, DuD 2012, 117 (121); Münchner Kommentar/*Wagner*, § 630 g BGB, Rdnr. 19; Spickhoff/*Spickhoff*, Medizinrecht, § 630 g BGB, Rdnr. 5.

[95] Siehe dazu Erster Teil Kapitel A. I. 1. c).

Ausführungen nicht das Bild des Patienten erhält, das für eine erfolgreiche Weiterbehandlung notwendig ist. Der Zweck der Dokumentation liegt in der Koordinierung der Behandlung und nicht darin, Beweismittel für etwaige Arzthaftungsprozesse zu sichern. Daher sind Aufzeichnungen, die medizinisch nicht erforderlich sind, zugleich rechtlich nicht geboten.[96]

Die verfolgte Zielrichtung der Dokumentation ändert jedoch nichts daran, dass Patienten in Vorbereitung auf einen Arzthaftungsprozess gezielt auf die Behandlungsakte zurückgreifen. Spätestens ab dem Zeitpunkt, an dem der Patient seinen Einsichtsanspruch geltend macht, ist das Arzt-Patienten-Verhälts daher häufig gestört. Eine Lösung könnte darin liegen, das negative Image der Patientenakte zu bekämpfen. Der BGH hält in seiner Grundsatzentscheidung aus dem Jahr 1988 „die uneingeschränkte – d. h. ohne ärztliche Erläuterung stattfindende – Freigabe dieser Erkenntnisse [also der Informationen aus der Patientenakte] […] aus therapeutischen Gründen [für] nicht vertretbar."[97] Dem ist zuzustimmen. Im Rahmen der therapeutischen Partnerschaft hat der Arzt daher als Begleitperson des Patienten aufzutreten. Dabei muss er sicherstellen, dass der Patient bei der Einsichtnahme in die Patientenakte nicht allein gelassen wird. Insgesamt wäre es von Vorteil, wenn die Behandlungsunterlagen eine viel zentralere Rolle im Arzt-Patienten-Gespräch einnehmen würden. Dadurch könnte erreicht werden, dass die Geltendmachung des Patientenanspruchs nicht mit einer Konfrontation des Arztes in Verbindung gebracht wird. Der Arzt sollte die Behandlungsdokumente aktiv in das Patientengespräch einbeziehen, um so dem Patienten die Angst vor den sensiblen Informationen in Textform zu nehmen. Möchte der Patient jedoch die Unterlagen einsehen, dann ist ihm dies genauso wenig über ein therapeutisches Privileg zu versagen, wie dies bei mündlichen Informationen der Fall ist.[98] Dem Patienten ist zudem ein umfassendes und damit auch ungefiltertes Einsichtsrecht zuzusprechen. Schließlich wäre die für den Behandlungserfolg maßgebliche Vertrauensbeziehung nachhaltig geschädigt, wenn der Patient eine Schwärzung oder Abdeckung erkennt. Unabhängig von den medizinischen Aspekten sollte nicht vergessen werden, dass der Arzt die Informationen überhaupt nur mithilfe des Patienten erheben konnte. Dessen Selbstbestimmungsrecht und personale Würde erfordern daher, dass er auch verfügungsbefugt über die Informationen bleibt.[99] Alles andere würde „[…] die apokryphe Vorstellung vom Arzt als einer quasi gottgleichen moralischen Instanz, die in Befolgung des hippokratischen Eides das Recht hat, selbst abzuwägen, was dem Patienten (auch rechtlich) gut tut oder nicht"[100] weiter unterstützen.

---

[96] Laufs/*Kern/Rehborn*, Handbuch des Arztrechts, § 61, Rdnrn. 10 f.; *Müller-Peltzer/Nguyen*, DuD 2012, 117 (118).

[97] BGHZ 106, 146 (152 f.).

[98] *Francke*, Ärztliches Berufsrecht und Patientenrechte, S. 176.

[99] BGHZ 85, 327 (332), *Hinne*, NJW 2005, 2270 (2272).

[100] *Hinne*, NJW 2005, 2270 (2272).

5. Auflösung des Spannungsfelds

Das Spannungsfeld von ärztlicher Therapiefreiheit und Selbstbestimmungsrecht des Patienten kann mit Hilfe des „Rechts auf Nichtwissen" und einer erleichterten Inanspruchnahme des Aufklärungsverzichts erfolgreich aufgelöst werden. Notwendig hierfür ist, dass das Arzt-Patienten-Gespräch aufgewertet wird.[101] Das Verständnis von Aufklärung als einseitige Verpflichtung des Arztes steht dem bisher entgegen. So kann auch in Situationen, in denen dem „Wissen" mehr Schaden als Nutzen beigemessen wird, dem *Modell des Miteinanders* von Therapiefreiheit und Selbstbestimmungsrecht ausreichend Rechnung getragen werden. Die Möglichkeit eines therapeutischen Privilegs muss dabei entschieden abgelehnt werden. Ansonsten besteht die Gefahr, dass trotz Fokussierung auf den verbindenden Heilauftrag der Gedanke der rechtlichen Symbiose missachtet wird.

II. Ausübung der Methodenwahlfreiheit

1. Anwendung von Methoden, die außerhalb des medizinischen Standards liegen

Die ärztliche Therapiefreiheit stellt den Ausgangspunkt der Überlegung dar, dass der behandelnde Arzt von dem gemäß § 630a Abs. 2 BGB geschuldeten medizinischen Standard abweichen kann. Hierbei handelt es sich jedoch nicht um ein einseitiges Recht. Vielmehr verdeutlicht die Formulierung des Gesetzes, dass das Abweichen einer dahingehenden Vereinbarung von Arzt und Patient bedarf. Folglich ist zu klären, in welcher Weise das Selbstbestimmungsrecht des Patienten mit der Entscheidung des Arztes, keine schulmedizinische Standardbehandlung vornehmen zu wollen, korrespondiert.

Ohne eine zuvor durchgeführte Aufklärung, es sei denn auf diese wurde wirksam verzichtet, ist jede medizinische Behandlung rechtswidrig. Dies gilt auch dann, wenn schulmedizinisch-standardisiert behandelt wird. Sobald ein Arzt den Bereich der allgemein anerkannten Medizin verlassen möchte, weitet sich das Informationsgefälle zwischen Arzt und Patient derart aus, dass dieses nicht mehr mit der standardmäßig vorzunehmenden Aufklärungsintensität angeglichen werden kann. Der behandelnde Arzt hat daher explizit darauf hinzuweisen, dass er zum einen von dem medizinischen Standard abweichen möchte und dass zum anderen der Eintritt von bisher unbekannten Risiken nicht ausgeschlossen werden kann.[102] Die Ausübung der

---

[101] Vgl. *Katzenmeier*, MedR 2018, 367 (373), der die Bedeutung des Arzt-Patienten-Gesprächs für eine erfolgreiche Placebobehandlung hervorhebt.

[102] BGHZ 172, 254 (260); BGH NJW 2020, 1358 (1360); *Bodenburg*, NJOZ 2009, 2823 (2828); *Jung*, ZStW 1985, 47 (58); Laufs/*Katzenmeier*/Lipp, Arztrecht, Kap. V, Rdnr. 36; Laufs/*Kern*/Rehborn, Handbuch des Arztrechts, § 66, Rdnr. 35; *Müller*, Ge., Ärztliche Kompetenz und Patientenautonomie, in: Katzenmeier/Bergdolt (Hrsg.), Das Bild des Arztes im 21. Jahrhundert, S. 75 (80).

Therapiefreiheit steht daher mit der Aufklärungspflicht in Wechselwirkung: Je stärker von dem schulmedizinisch geprägten Standard abgewichen werden soll, desto umfassender werden die Aufklärungspflichten.[103] Zu beachten bleibt, dass gemäß § 630a Abs. 2 BGB der Patient davon ausgehen kann, dass er dem aktuellen medizinischen Standard entsprechend behandelt wird. Die Wahrung des Selbstbestimmungsrechts erfordert daher, dass der Patient in eine Lage versetzt wird, in der er frei entscheiden kann, ob die Standardmethode angewandt oder ob diese unterlassen werden soll. Um dies zu gewährleisten, muss der Arzt – trotz präferierter schulmedizinischer Außenseitermethode, alternativmedizinischer Methode oder gar Neulandmethode – auch über die Standardbehandlung Bescheid wissen, um dahingehend aufklären zu können.[104]

Etwas anderes gilt auch dann nicht, wenn der Patient bewusst einen schulmedizinischen Außenseiter- oder gar alternativmedizinischen Arzt aufgesucht hat. Zwar ließe sich einerseits argumentieren, dass bereits in der Auswahl des Arztes eine Ausübung von Selbstbestimmungsrechten zu sehen ist.[105] Der bewussten Entscheidung des Patienten würde dann eine die ärztliche Therapiefreiheit erweiternde Funktion zukommen. Andererseits ist aber eine bewusste Arztwahl nicht ausreichend, um das beim Patienten bestehende, jeweils von dem spezifischen Einzelfall abhängige, Wissensgefälle anzugleichen. Der Patient kann daher vor erfolgter Aufklärung sein Selbstbestimmungsrecht noch nicht in einer seinem Schutz dienenden Art und Weise ausüben.[106] Da in einer solchen Situation der Arzt kein aus seiner Sicht berechtigtes Interesse an einer Informationszurückhaltung hat, handelt es sich bei dem vertretenen Zwang zur vorgeschalteten Aufklärung nicht um einen Widerspruch zu der Problematik des „aufgeklärten" Aufklärungsverzichts.[107]

2. Aufklärung über Behandlungsalternativen

Der Krankheitszustand eines Patienten erweist sich häufig als vielschichtig. Es ist daher im Grunde ausgeschlossen, dass der medizinische Standard für den handelnden Mediziner aus lediglich einer möglichen Behandlungsmethode besteht.[108] Im Ein-

---

[103] *Bodenburg*, NJOZ 2009, 2823 (2829); *Katzenmeier*, Arzthaftung, S. 312; *Rumler-Detzel*, VersR 1989, 1008 (1009); *Siebert*, MedR 1983, 216 (220).

[104] Sehr überzeugend: *Laufs*, MedR 1986, 163 (170), „Die Kenntnis der Schulmedizin muß sogar so weit gehen, daß der Arzt zu wissen hat, wie diese den Kranken im konkreten Einzelfall behandelte"; siehe auch: *Dettmeyer*, Medizin & Recht, S. 145; *Jung*, ZStW 1985, 47 (58); *Katzenmeier*, Arzthaftung, S. 310; Laufs/*Kern*/Rehborn, Handbuch des Arztrechts, § 66, Rdnr. 35, 40, *Siebert*, MedR 1983, 216 (219 f.); *Schumacher*, Alternativmedizin, S. 120; *ders.*, MedR 2019, 786 (791).

[105] Bejahend: *Jung*, ZStW 1985, 47 (58 f.); ablehnend: *Müller/Raschke*, NJW 2013, 428 (432).

[106] So im Ergebnis auch: *Tamm*, Die Zulässigkeit von Außenseitermethoden und die dabei zu beachtenden Sorgfaltspflichten, S. 162.

[107] Siehe dazu Dritter Teil Kapitel B. I. 3. b) bb).

[108] *Jung*, ZStW 1985, 47 (54).

zelfall wird der Arzt sowohl auf weitere Verfahren aus der Schulmedizin als auch auf das Feld der Alternativmedizin oder gar auf Neulandmethoden zurückgreifen können.

a) Aufklärung über alternative Standardverfahren

Ein Arzt hat gemäß § 630a Abs. 2 BGB seine Tätigkeit grundsätzlich an dem medizinischen Standard auszurichten. Solange die von ihm ausgewählte Therapieform innerhalb des schulmedizinisch geprägten Standards liegt, muss der Arzt dem Patienten, sofern dieser nicht explizit nachfragt, keine Auskünfte über andere in Betracht kommende Behandlungsmethoden erteilen.[109] Von diesem Grundsatz, der seit 2013 auch in § 630e Abs. 1 S. 3 BGB gesetzlich verankert ist, soll erst dann eine Ausnahme gemacht werden, wenn die unterschiedlichen Behandlungsmöglichkeiten bezogen auf Belastungen, Risiken und Heilungschancen wesentlich differieren.[110] Um das Selbstbestimmungsrecht gegen die ärztliche Auswahlentscheidung korrespondierend in Position bringen zu können, muss dem Patient daher eine echte Wahlmöglichkeit bezogen auf die Behandlungsalternativen zukommen.[111]

Erweiterte Aufklärungspflichten erscheinen erst dann als gerechtfertigt, wenn die durch die Aufklärung für den Patienten realisierbar gewordenen Alternativen jeweils unterschiedliche Auswirkungen nach sich ziehen würden. Anderenfalls erschöpft sich die Rechtsposition des Patienten in der Zustimmung bzw. Ablehnung der vorgeschlagenen Methode, wofür keine ausgedehnte Aufklärung erforderlich ist.[112] Dies birgt zwar die Gefahr, dass persönliche Erfahrungen oder Wünsche des Patienten übergangen werden, andererseits besteht bei Gleichrangigkeit der Methoden kein auf das Selbstbestimmungsrecht zurückzuführendes Interesse an einer weitreichenden Aufklärung. Darüber hinaus würde eine alle Alternativen abdeckende Aufklärung den Praxisbetrieb hemmen und somit andere Patienteninteressen beeinträchtigen. Des Weiteren droht bei einer ausführlichen Aufklärung über Behandlungsalterna-

---

[109] BGH NJW 1982, 2121 (2122); OLG Koblenz VersR 2014, 1133 (1134); Geiß/*Greiner*, Arzthaftpflichtrecht, Kap. C, Rdnr. 22; *Kunz-Schmidt*, NJ 2010, 441 (444); *Schelling/Erlinger*, MedR 2003, 331 (331); *Schumacher*, Alternativmedizin, S. 40.

[110] Für den Rechtsstand vor Einführung des Patientenrechtegesetzes siehe: BGH NJW 2005, 1718 (1718); NJW 1982, 2121 (2122); *Eberhardt*, Selbstbestimmungsrecht des Patienten und ärztliche Aufklärungspflicht im Zivilrecht Frankreichs und Deutschland, S. 112; *Katzenmeier*, Arzthaftung, S. 331; *Kunz-Schmidt*, NJ 2010, 441 (444); *Schelling/Erlinger*, MedR 2003, 331 (331); *Wemhöner/Frehse*, DMW 2004, 327 (329).

[111] Unter anderem: OLG Koblenz VersR 2014, 1133 (1134); OLG Hamm (26. Zivilsenat) Urteil vom 17. 12. 2013, 26 U 54/13 – juris; BGH NJW 2005, 1718 (1718); OLG Frankfurt am Main NJW-RR 2005, 173 (174); BGH NJW 1988, 765 (766); 1984, 1810 (1810 f.); 1982, 2121 (2122); Clausen/Schroeder-Printzen/*Terbille/Feifel*, Münchener Anwaltshandbuch Medizinrecht, § 1, Rdnr. 364; *Damm*, JZ 1998, 926 (930); Laufs/*Katzenmeier*/Lipp, Arztrecht, Kap. V, Rdnr. 34. Laufs/*Kern*/Rehborn, Handbuch des Arztrechts, § 66, Rdnr. 34; *Müller/Raschke*, NJW 2013, 428 (431); *Schwill*, Aufklärungsverzicht und Patientenautonomie, S. 65.

[112] Vgl. Deutsch/*Spickhoff*, Medizinrecht, Rdnrn. 439 f.; *Schumacher*, Alternativmedizin, S. 40.

tiven, die in dem konkreten Einzelfall keine signifikanten Unterschiede aufweisen, eine unnötige Belastung des emotional angegriffenen Patienten mit für seine Situation entbehrlichen medizinischen Details.[113]

Hieran lässt sich kritisieren, dass das Selbstbestimmungsrecht des Patienten einen umfassenden Anspruch auf Informationen beinhaltet. Eine mögliche „Nichtaufklärung zugunsten des Patienten", also die Dominanz der ärztlichen Therapiefreiheit in Form eines therapeutischen Privilegs wurde folglich abgelehnt. Um den Vorwurf eines Widerspruchs zu vermeiden, ist darauf hinzuweisen, dass die beschränkte Aufklärung über Behandlungsalternativen nicht die essenzielle Weitergabe der Informationen über die zugrunde liegende Krankensituation berührt. Anders formuliert, besteht in der Konstellation des therapeutischen Privilegs immer eine echte Wahlmöglichkeit für den Patienten. Das Selbstbestimmungsrecht kann nur gewahrt werden, wenn der Patient zwischen umfassenden Informationen (Aufklärung) und gewollter Unkenntnis (Aufklärungsverzicht) frei *wählen* kann.[114] Der Patient hat zudem ein Interesse an diesem Auswahlrecht, da die Entscheidung für den weiteren Krankheitsverlauf auf subjektiver Ebene spürbar ist. Handelt es sich dagegen allein um die Wahl zwischen technischen, chemischen oder physikalischen Abläufen, die alle zu einem vergleichbaren Ergebnis führen, kann das Patienteninteresse lediglich mit einem gesteigerten Bedürfnis nach abstraktem medizinischem Wissen erklärt werden. In Abwägung mit den Interessen des Arztes und den Anliegen der anderen Patienten stellt aber die eigene Behandlung für den Wunsch nach Wissensmehrung weder den richtigen Ort noch die richtige Zeit dar. Der Patient hat daher ausschließlich ein schützenswertes Interesse an der Wahl zwischen Therapieformen, die sich in den Auswirkungen auf seinen Gesundheitszustand hinreichend unterscheiden.[115] Folglich erschöpft sich der Schutz des Selbstbestimmungsrechts in dem Wunsch nach Gesundung oder Leidminderung, nicht jedoch in dem allgemeinen Interesse an medizinischen Abläufen. Im Ergebnis ist daher in dem Spannungsfeld zwischen der ärztlichen Therapiefreiheit und dem Selbstbestimmungsrecht des Patienten bei gleichrangigen schulmedizinisch geprägten Standardmethoden zugunsten des Arztes zu entscheiden.[116]

b) Aufklärung über alternative schulmedizinische Außenseitermethoden und Verfahren aus der Alternativmedizin

Das Selbstbestimmungsrecht des Patienten bietet auch die Legitimationsgrundlage für die Anwendung von Behandlungsmethoden, die außerhalb des allgemein anerkannten fachlichen Standards liegen. Es stellt sich jedoch die Frage, ob in umgekehrter Situation das Selbstbestimmungsrecht es auch erfordert, dass der Arzt

---

[113] *Schelling/Erlinger*, MedR 2003, 331 (334).
[114] Siehe dazu Dritter Teil B. I. 3.
[115] *Katz*, The silent world of doctor and patient, S. 27.
[116] Vgl. BT-Drucksache 17/10488, S. 19.

neben der von ihm ausgewählten schuldmedizinischen Standardmaßnahme auch über schulmedizinische Außenseitermethoden oder alternativmedizinische Verfahren aufklären muss. Unter Bezugnahme auf § 630e Abs. 1 S. 3 BGB müsste dies abgelehnt werden, schließlich sind die in Frage stehenden Therapiemöglichkeiten gerade dadurch gekennzeichnet, dass sie nicht dem allgemein anerkannten fachlichen Standard entsprechen.[117] Zudem wäre es widersprüchlich, wenn der Arzt zwar nicht über gleichzeitig in Betracht kommende Standardmaßnahmen aufklären müsste, gleichwohl jedoch verpflichtet wäre, den Patienten über Maßnahmen außerhalb des medizinischen Standards zu unterrichten.

Hierbei würde jedoch verkannt werden, dass schulmedizinische Außenseitermethoden oder alternativmedizinische Verfahren unter Umständen die letzte Überlebenschance des Patienten darstellen. Es spricht daher viel dafür, dem Arzt aufgrund des dem Selbstbestimmungsrecht zuzuordnenden Patientenschutzes die Pflicht aufzuerlegen, unter existenziellen Umständen bereits bei dem Vorliegen von ernsthaften medizinwissenschaftlichen Stimmen auch über schulmedizinische Außenseitermethoden oder Maßnahmen aus dem Gebiet der Alternativmedizin aufzuklären.[118] In einer lebensbedrohlichen Situation verschiebt sich das Interesse des Patienten weg von einer nicht schützenswerten medizinischen Fortbildung hin zu dem vom Selbstbestimmungsrecht umfassten Wunsch nach Genesung bzw. Leidminderung. Besteht keine Lebensgefahr ist dagegen zu differenzieren: Weist eine schulmedizinische Außenseitermethode ein gegenüber der Standardbehandlung geringeres Risiko auf, kann dem Selbstbestimmungsrecht des Patienten bereits durch eine bloße Hinweispflicht, die sich in einem Nennen der Außenseitermethode erschöpfen kann, ausreichend Rechnung getragen werden. Dies lässt sich damit begründen, dass die schulmedizinischen Außenseitermethoden aufgrund des jeweiligen naturwissenschaftlichen Hintergrunds eine deutlich stärkere Verbindung zum medizinischen Standard aufweisen, als dies bei dem gesamten Feld der Alternativmedizin der Fall ist. Fehlt es jedoch an dem geringeren Risiko, besteht keine Notwendigkeit für den Arzt, auf die schulmedizinische Außenseitermethode einzugehen. Da in diesen Fällen auch nicht ungefragt auf etwaige Standardmaßnahmen hingewiesen werden müsste, verbietet die ärztliche Therapiefreiheit die Implementierung einer Pflicht zu Aufklärung sowohl über schulmedizinische Außenseitermethoden als auch im Hinblick auf alternativmedizinische Verfahren.

---

[117] *Müller/Raschke*, NJW 2013, 428 (432) im Hinblick auf das Verhältnis von Schulmedizin zu homöopathischen Alternativbehandlungen; allgemein: *Schumacher*, MedR 2019, 786 (791) mit weiteren Nachweisen; *Siebert*, MedR 1983, 216 (220).

[118] Vgl. BGH NJW 1996, 776 (777); vgl. auch: *Schumacher*, MedR 2019, 786 (791) die bereits „bei schweren Erkrankungen, die schulmedizinisch (jedenfalls noch) nicht behandelbar sind oder in Fällen, in denen der Patient nach der Schulmedizin als austherapiert gilt, [...] es durchaus [für] zumutbar, [aber somit auch für ausreichend hält,] dass Ärzte ihre Patienten auf die generelle Möglichkeit der Inanspruchnahme von Alternativmedizin in dem eigenen Fachgebiet hinweisen."

Der Unterschied zwischen Hinweispflicht und Aufklärungspflicht ist in der Rechtsfolge zu sehen. Während bei einer unterlassenen Aufklärung die Einwilligung rechtswidrig wird und damit eine Haftung wegen eines Behandlungsfehlers oder einer Körperverletzung in Betracht kommt, bleibt bei einem unterlassenen Hinweis die gegebene Einwilligung wirksam. Es bietet sich stattdessen an, die verletzte Hinweispflicht als bloße Nebenpflichtverletzung einzuordnen, die bei finanzieller Ungleichheit von gewählter und verschwiegener Methode einen Schadensersatzanspruch zur Folge haben kann.[119]

c) Aufklärung über alternative Neulandmethoden

Möglich wäre es zudem, dass sich der Arzt für eine Standardbehandlung entscheidet, obwohl auf dem konkreten Gebiet auch eine Neulandmethode zur Verfügung steht. In diesen Situationen ist fraglich, ob das Selbstbestimmungsrecht des Patienten es erfordert, dass der Arzt über das neuartige Behandlungsverfahren aufklärt. In dem Gesetzesentwurf zu dem Patientenrechtegesetz heißt es dazu vergleichsweise deutlich: „Über therapeutische Verfahren, die sich erst in der Erprobung befinden und damit noch nicht zum medizinischen Standard rechnen, muss der Behandelnde den Patienten allerdings nicht ungefragt aufklären, selbst wenn sie an sich als Therapiealternativen in Betracht kämen."[120] Als Hintergrund dient zum einen die Annahme, dass ein synchrones Schritthalten mit dem medizinischen Fortschritt in der Praxis utopisch erscheint,[121] zum anderen kann so einer Überlastung der Gerichte mit Aufklärungsrügen entgegengewirkt werden.[122]

Unter Besinnung auf das Merkmal der „echten Wahlmöglichkeit" überzeugt diese Standardaussage jedoch nicht. Maßgeblich muss auch in dieser Konstellation der Einzelfall sein. Grundsätzlich kann der aufgesuchte Arzt davon ausgehen, dass der Patient im „Hier und Jetzt" behandelt werden möchte.[123] Will der Patient dagegen nur medizinische Informationen einholen, unterfällt dies nicht mehr dem Spannungsfeld von Therapiefreiheit und Patientenselbstbestimmung. Daher ist abzuwägen, ob die theoretisch in Betracht kommende Neulandmethode für den individuellen Patienten in der konkreten Situation eine echte Option darstellt. Für diese Entscheidung sind die „Belastungen, Risiken und Heilungschancen" (vgl. § 630e Abs. 1 S. 3 BGB) der Standardbehandlung mit denen der neuartigen Therapieform zu vergleichen. Da sich eine Neulandmethode gerade dadurch auszeichnet, dass es noch keine ausreichende

---

[119] Eine vergleichbare Argumentation findet sich auch beim Off-label Use, siehe dazu Dritter Teil Kapitel B. III. 3.

[120] BT-Drucksache 17/10488, S. 24; vgl. auch: BGHZ 102, 17 (23); OLG Nürnberg MedR 2002, 29 (30 f.); Geiß/*Greiner*, Arzthaftpflichtrecht, Kap. C, Rdnr. 23; Laufs/*Katzenmeier*/Lipp, Arztrecht, Kap. V, Rdnr. 35.

[121] *Schelling/Erlinger*, MedR 2003, 331 (334).

[122] *Schwill*, Aufklärungsverzicht und Patientenautonomie, S. 65.

[123] BGH NJW 1984, 1810 (1811).

Datentiefe gibt, fehlt es bereits an der Grundvoraussetzung einer Wahlmöglichkeit.[124] Ein Patient kann schließlich nur dann zwischen zwei Behandlungsalternativen selbstbestimmt wählen, wenn erstens beide Optionen für ihn faktisch erreichbar sind und zweitens, wenn über beide Möglichkeiten ein abstrakt vergleichbarer Informationsstand verfügbar ist. Folglich besteht zwischen einer Standard- und einer Neulandmethode in der Regel keine echte Wahlmöglichkeit und damit keine Aufklärungspflicht.

Ähnlich wie bei den schulmedizinischen Außenseitermethoden oder alternativmedizinischen Behandlungsformen sind Krankheitsfälle denkbar, bei denen die in Betracht kommende Neulandmethode eine „letzte Überlebenschance" verspricht. In diesen Situationen gebietet der Patientenschutz eine Informationsweitergabe bereits dann, wenn ein wissenschaftlicher Diskurs ernsthaft eröffnet wurde.[125] Sofern jedoch die neuartige Behandlungsmethode realistisch gesehen unerreichbar ist, beispielsweise weil es dem Patienten an der Transportfähigkeit fehlt, gilt die Begründung einer Aufklärungspflicht mit dem Leitgedanken der therapeutischen Partnerschaft als nicht vereinbar. Es würde dem Patienten schließlich nur das leidverstärkende Gefühl vermittelt werden, dass er zur falschen Zeit am falschen Ort ist. Obendrein kann mangels Verfügbarkeit nicht von einer „Wahlmöglichkeit" bzw. nicht von einer „echten" Wahlmöglichkeit gesprochen werden. Besteht keine Lebensgefahr, ist wieder zu differenzieren. In der Regel handelt es sich bei Neulandmethoden um Verfahren, die im Hinblick auf ihre Funktions- und Wirkungsweise der schulmedizinischen Therapierichtung zuzuordnen sind. Sofern bedeutsame wissenschaftliche Stimmen von einem gegenüber der Standardbehandlung geringerem Risiko für den Patienten ausgehen, kann dem Schutzgedanken des Selbstbestimmungsrechts mit einer Hinweispflicht ausreichend Rechnung getragen werden. In Anlehnung an das zu den ersatzweise in Betracht kommenden schulmedizinischen Außenseiter- und alternativmedizinischen Methoden Gesagte ist eine solche Hinweispflicht auf alternativmedizinische Neulandmethoden abzulehnen. Hierbei dürfte es sich zudem nur um ein theoretisches Problemfeld handeln, da es in der Alternativmedizin aufgrund ihrer zum Teil Jahrhunderte andauernden Entwicklung zumindest aus heutiger Sicht keine Neulandmethoden gibt.

3. Auflösung des Spannungsfelds

Das *Modell des Miteinanders* wird bei der Auswahl der Behandlungsmethode auf eine harte Probe gestellt. Gleichwohl zeigt sich bei der Ausübung der Methodenwahlfreiheit die Korrespondenz von Selbstbestimmungsrecht und Therapiefreiheit sehr deutlich. Durch das Wechselspiel von Aufklärungsumfang und ermöglichter Abweichung von dem in § 630a Abs. 2 BGB geforderten Standard können die Interessen beider Parteien ausreichend gewürdigt werden. Es handelt sich dabei um ein

---

[124] *Schelling/Erlinger*, MedR 2003, 331 (334).
[125] *Schelling/Erlinger*, MedR 2003, 331 (334).

dynamisches Spannungsfeld, das von einem berechtigten Alleingang des Arztes bis hin zu einer „Informed Consent"-Entscheidung reichen kann.

Sofern der Arzt sich für eine medizinische Standardmethode entscheidet, ist sein Interesse an einer schnellen und reibungslosen Behandlung schützenswert. Es handelt sich jedoch nicht um einen Vorrang der Therapiefreiheit vor dem Selbstbestimmungsrecht des Patienten, da dieser weiterhin über die Gefahren der ausgewählten Methode aufgeklärt werden muss (vgl. § 630a Abs. 1 S. 2 BGB). Ein schützenswertes Patienteninteresse an Information im Hinblick auf Alternativen zu der gewählten Behandlungsform ist erst ab dem Abweichen von § 630a Abs. 2 BGB anzunehmen. Dann wiederum stellt die gesteigerte Aufklärung und die damit verbundene Wissensangleichung die Grundlage einer selbstbestimmten Entscheidung des Patienten dar. Auch hier handelt es sich jedoch nicht um einen Vorrang des Selbstbestimmungsrechts vor der ärztlichen Therapiefreiheit, da die erwirkte Einwilligung des Patienten zugleich auch als Legitimation der ärztlichen Freiheitsentscheidung und der darin enthaltenen Selbstverwirklichung des Arztes gilt. Somit wird auch bei der Ausübung der Methodenwahlfreiheit die rechtliche Symbiose von ärztlicher Therapiefreiheit und dem Selbstbestimmungsrecht des Patienten gewahrt.

III. Off-label-Use

Ein weiteres Spannungsfeld von Therapiefreiheit und Patientenselbstbestimmung besteht bei dem Einsatz von Medikamenten. Der Standardfall sieht vor, dass der Arzt ausschließlich Arzneimittel zur Behandlung des Patienten in Betracht zieht, die zuvor ein nationales oder europäisches Zulassungsverfahren durchlaufen haben.[126] Gleichwohl gibt es mit dem Off-label-Use[127] einen Bereich, in dem Medikamente außerhalb der konkret überprüften medizinischen Indikation angewendet werden. Als Off-label-Use bezeichnet man also den zulassungsüberschreitenden Gebrauch eines Fertigarzneimittels.[128]

---

[126] Bezüglich der unterschiedlichen Zulassungsverfahren siehe umfassend: *Rückeshäuser*, Off-Label-Use: Die rechtlichen Probleme des zulassungsüberschreitenden Einsatzes von Arzneimitteln, S. 22 ff.; *Weber*, Off-label use, S. 22 ff.

[127] Davon abzugrenzen ist der Begriff des Unlicensed Use. Hiervon sind Situationen umfasst, bei denen ein bisher nicht in Deutschland oder in der Europäischen Union zugelassenes Medikament trotz bestehender Zulassungspflicht angewendet wird, siehe dazu: *Clemens*, GesR 2011, 397 (397, 400); Dieners/Reese/*Dierks/Finn*, Handbuch des Pharmarechts, § 7, Rdnr. 19; *Weber*, Off-label use, S. 47, 51.

[128] Becker/Kingreen/*Axer*, § 31 SGB V, Rdnr. 33; *Clemens*, GesR 2011, 397 (397, 400); *Deutsch*, VersR 2014, 1038 (1038); Dieners/Reese/*Dierks/Finn*, Handbuch des Pharmarechts, § 7, Rdnr. 16; *Eger*, Off-label Use, S. 3; *Janda*, Medizinrecht, S. 271; Krauskopf/Wagner/Knittel/*Dettling-Kuchler*, § 35c SGB V, Rdnr. 4; *Rückeshäuser*, Off-Label-Use: Die rechtlichen Probleme des zulassungsüberschreitenden Einsatzes von Arzneimitteln, S. 1; *Walter*, NZS 2011, 361 (363); *Weber*, Off-label use, S. 51; *Wemhöner/Frehse*, DMW 2004, 327 (328).

Die Pharmaunternehmen beantragen eine Zulassung primär für die medizinischen Indikationen, die den größten wirtschaftlichen Erfolg versprechen. Zum Teil stellt sich jedoch erst im ärztlichen Alltag heraus, dass ein Medikament auch im Hinblick auf andere Krankheitsbilder positive Auswirkungen haben kann. Im besonderen Maße verbreitet sind Off-label-Verordnungen auf dem Gebiet der Pädiatrie und Onkologie.[129] Ein konkretes Beispiel für eine Off-label-Therapie ist die Anwendung von Betablockern bei der Behandlung von Herzinsuffizienz im Kindesalter.[130] Doch auch im Praxisalltag finden Off-label-Therapien statt. Beispielhaft sei auf den Einsatz von Valproinsäure bei der Migräneprophylaxe im Erwachsenenalter verwiesen. Hierbei handelt es sich um einen Off-label-Use, da die arzneimittelrechtliche Zulassung von Valproinsäure auf die Behandlung von Epilepsie und bipolaren Störungen beschränkt ist.[131] Die Gründe für einen Off-label-Sonderweg liegen in der Unwirtschaftlichkeit von klinischen Studien im Verhältnis zu der zukünftig erwarteten Absatzstärke, in der rechtlichen Einwilligungsproblematik bei minderjährigen Probanden und in dem weiterhin begrenzten Wissen über maligne Tumorerkrankungen.[132] Auch die Angst vor „schlechter Presse", die sich entwickeln kann, wenn bei sensiblen Personengruppen wie Kindern oder Schwangeren Nebenwirkungen auftreten, hemmt das Zulassungsinteresse der Pharmaunternehmen.[133]

1. Zulässigkeit von Off-label-Medikamenten

Die Wahl der Behandlungsmethode ist „primär Sache des Arztes".[134] Im Grundsatz bedeutet dies, dass der Arzt zwischen allen in Betracht kommenden Therapieverfahren frei wählen kann. Die ärztliche Therapiefreiheit umfasst hierbei auch die Entscheidung über die Auswahl und Anwendung eines Medikaments.[135] Der Mediziner ist daher in der Benennung der Arzneimittel grundsätzlich frei. In

---

[129] *Clemens*, GesR 2011, 397 (400); *Rückeshäuser*, Off-Label-Use: Die rechtlichen Probleme des zulassungsüberschreitenden Einsatzes von Arzneimitteln, S. 142; *Stumpf*, PharmR 2003, 421 (421); vgl. auch allgemein zum Gebrauch von Arzneimitteln im Kindes- und Jugendalter: *Mühlbauer/Janhsen/Pichler/Schoettler*, DtÄb 2009, 25 (25 ff.).

[130] *Alabed/Sabouni/Al Dakhoul/Bdaiwi*, Cochrane Database of Systematic Reviews 2020, Issue 7, Art. Nr. CD007037.

[131] Richtlinie des GBA zur Verordnungsfähigkeit von zugelassenen Arzneimitteln in nicht zugelassenen Anwendungsgebieten (sog. Off-Label-Use), Anlage VI zum Abschnitt K, S. 9, abrufbar unter https://www.g-ba.de/downloads/83-691-711/AM-RL-VI-Off-label-2021-12-22.pdf (Zugriff. 05.02.2022).

[132] *Clemens*, GesR 2011, 397 (400).

[133] *Rückeshäuser*, Off-Label-Use: Die rechtlichen Probleme des zulassungsüberschreitenden Einsatzes von Arzneimitteln, S. 2.

[134] U.a. BGH NJW 2020, 1358 (1359); 2014, 1529 (1530); BGH NJOZ 2012, 986 (987); BGHZ 172, 254 (257); 168, 103 (107); 106, 153 (157); BGH NJW 1988, 765 (766); BGHZ 102, 17 (22); BGH NJW 1982, 2121 (2122).

[135] Glaeske/Schefold/*Woggan*, Positivliste für Arzneimittel, S. 111; *Walter*, NZS 2011, 361 (361 f.); *Weber*, Off-label use, S. 90; *Wemhöner/Frehse*, DMW 2004, 327 (327).

Rechtsprechung und Literatur ist anerkannt, dass der Arzt, sofern er dies für medizinisch geboten hält, ein Medikament auch gegen Krankheiten einsetzen kann, für die dieses nicht explizit zugelassen ist.[136] Entscheidet sich der Arzt für eine derartige Therapie, läuft er jedoch Gefahr, sich bei Eintritt eines Schadens uneingeschränkt straf- und haftungsrechtlich verantwortlich zu machen.[137]

Handelt es sich bei dem Off-label-Medikament um die praktizierte Standardmethode, besteht nach einem Urteil des OLG Köln nicht nur das Recht, sondern auch die Pflicht des Arztes, das Arzneimittel anzuwenden. Unterlässt er dies, kann ihm ein grober Behandlungsfehler angelastet werden, der bereits vor der Einführung des § 630h Abs. 5 S. 1 BGB im Jahr 2013 eine Beweislastumkehr zur Folge hatte.[138] Mit dieser gerichtlichen Entscheidung kann jedoch keine Stärkung von Patientenrechten verknüpft werden, da anderenfalls verkannt wird, dass der Arzt allgemein dazu verpflichtet ist, die zum Zeitpunkt der Behandlung bestehenden, allgemein anerkannten fachlichen Standards zu wahren.[139] Wenn sich der Arzt für eine Off-label-Behandlung entscheidet, die diesem Standard entspricht, dann maßt sich der Arzt nicht an, mithilfe seiner Therapiefreiheit über die vertraglich geschuldeten Anforderungen hinauszugehen. Im Umkehrschluss bedeutet dies auch, dass die Verpflichtung zur Off-label-Standardbehandlung keine Beschränkung der Therapiefreiheit darstellt. Der Arzt wird ausschließlich dazu verpflichtet, die auch ohne gesonderte Patientenaktivität bestehenden Standards aus dem Behandlungsvertrag zu erfüllen.[140] Wendet der Arzt dagegen ein Off-label-Medikament an, das nicht den medizinischen Standards entspricht, unternimmt er einen Heilversuch. In diesen Fällen hat der Arzt zwingend eine besondere Aufklärung zu leisten. Tut er dies, steht es ihm jedoch grundsätzlich frei, auch außerhalb des medizinischen Standards befindliche Arzneimittel anzuwenden.[141]

2. Beeinträchtigung der Arzt-Patienten-Beziehung durch das AMG

Die ärztliche Therapiefreiheit wird nicht schrankenlos gewährleistet. Neben dem Selbstbestimmungsrecht des Patienten könnte auch das AMG als Grenze fungieren.

---

[136] OLG Köln NJW-RR 1991, 800 (801); BGH NJW 1996, 1593 (1597); BSGE 85, 36 (50); *Eger*, Off-label Use, S. 12; *Rückeshäuser*; Off-Label-Use: Die rechtlichen Probleme des zulassungsüberschreitenden Einsatzes von Arzneimitteln, S. 229 f.; *Stumpf*, PharmR 2003, 421 (422 f.), der darauf abstellt, dass der Arzt durch den Aspekt der arzneimittelrechtlichen Zulassung nur in peripherer Weise berührt ist; *Wemhöner/Frehse*, DMW 2004, 327 (328); Quaas/ *Zuck*/Clemens, Medizinrecht, § 2 Rdnr. 52.

[137] Quaas/*Zuck*/Clemens, Medizinrecht, § 2 Rdnr. 52.

[138] OLG Köln NJW-RR 1991, 800 (802).

[139] Heute ergibt sich dies aus § 630a Abs. 2 BGB. Für die Rechtslage vor 2013 siehe: BGH NJW 1991, 2350 (2350); BGH NJW-RR 2009, 681 (682); *Reuter/Hahn*, VuR 2012, 247 (248 f.).

[140] Vgl. Dieners/Reese/*Dierks*/Finn, Handbuch des Pharmarechts, § 7, Rdnr. 47.

[141] Siehe dazu Erster Teil Kapitel A. III. 2. d).

Gemäß § 96 Nr. 5 1. Var. AMG wird mit Freiheitsstrafe von bis zu einem Jahr oder mit Geldstrafe bestraft, wer entgegen § 21 Abs. 1 AMG Fertigarzneimittel ohne Zulassung oder ohne Genehmigung der Europäischen Gemeinschaft oder der Europäischen Union in den Verkehr bringt.[142] Fraglich ist daher, ob sich die Entscheidungshoheit des Arztes auf Arzneimittel beschränkt, die im Hinblick auf konkrete medizinische Indikationen national oder europäisch zugelassen sind.

a) Tatbestand von § 96 Nr. 5 AMG

aa) Adressateneigenschaft des Arztes

Für eine Strafbarkeit nach § 96 Nr. 5 AMG ist zunächst erforderlich, dass der Arzt als möglicher Täter vom AMG adressiert wird. Einige Autoren stehen bereits diesem Gedanken kritisch gegenüber. Sie argumentieren, dass die Therapiefreiheit des Arztes durch das Selbstbestimmungsrecht des Patienten, nicht jedoch durch das an den Arzneimittelhersteller gerichtete AMG begrenzt wird.[143] Eine ansonsten für möglich gehaltene Strafbarkeit des Arztes ist mit der patientenorientierten Therapiefreiheit nicht vereinbar. Sofern der Arzt also eine Heilbehandlung vornimmt, ist zugunsten des besonderen Vertrauenscharakters der Arzt-Patienten-Beziehung ein Inverkehrbringen abzulehnen.[144]

Die umfassende Ausklammerung des Arztes als Adressat des AMG überzeugt jedoch nicht. Zum einen mangelt es bei der rein ergebnisorientierten Annahme, eine Strafbarkeit stehe mit der Therapiefreiheit im Widerspruch, an einer juristischen Begründung.[145] Gerade die Rechtsprechung zum ärztlichen Heileingriff zeigt deutlich, dass über die Vorreiterstellung des Strafrechts die ärztliche Therapiefreiheit maßgeblich beschränkt werden kann.[146] Zum anderen muss bei der Bestimmung des Adressatenkreises der dem gesamten AMG zugrundeliegende Gesetzeszweck mitberücksichtigt werden. Gemäß § 1 AMG soll das Gesetz die Sicherheit im Verkehr mit Arzneimitteln gewährleisten. Der Gesetzgeber hat den Arzt dabei nicht explizit von den Vorschriften des AMG ausgenommen. Für eine Adressateneigenschaft des Arztes spricht ferner, dass aus Sicht der zu schützenden Patienten eine Zugriffsmöglichkeit des Arztes auf Arzneimittel nicht ausgeschlossen ist.[147] Von einem geringeren Gefahrenpotenzial im Rahmen einer konkreten Arzt-Patienten-Bezie-

---

[142] Der Begriff „Fertigarzneimittel" ist in § 4 Abs. 1 AMG legal definiert.

[143] BSG NZS 2002, 646 (648); OLG Köln JR 1991, 460 (464) mit Anmerkung *Giesen*; ähnlich auch: *Hart*, MedR 1994, 94 (103); *Rückeshäuser*, Off-Label-Use: Die rechtlichen Probleme des zulassungsüberschreitenden Einsatzes von Arzneimitteln, S. 58, 229.

[144] *Wolz*, Bedenkliche Arzneimittel als Rechtsbegriff, S. 46 ff.

[145] *Weber*, Off-label use, S. 94 f.

[146] Siehe dazu Zweiter Teil D. II. 1.

[147] Umfassend zur Adressateneigenschaft des Arztes im Hinblick auf das AMG siehe: *Weber*, Off-label use, S. 92 ff., 114.

hung kann daher nicht gesprochen werden.[148] Hier gilt, dass primär der Arzt die Verantwortung für die individuelle Behandlung des Patienten mit Arzneimitteln zu tragen hat. Sofern nun Hart dem Arzt eine „therapeutische Produkt- und Marktbeobachtungspflicht" auferlegt,[149] so spricht viel dafür, dass die dem AMG zugrundeliegende Arzneimittelsicherheit auch in der individuellen Arzt-Patienten-Beziehung hinreichend berücksichtigt werden muss.[150]

bb) Ärztliche Tätigkeiten als taugliche Tathandlung

Neben der Adressateneigenschaft bedarf es einer tauglichen Tathandlung. § 96 Nr. 5 AMG knüpft die Strafbarkeit an ein „Inverkehrbringen" der fraglichen Fertigarzneimittel. Als Inverkehrbringen bezeichnet man dabei das Vorrätighalten zum Verkauf oder zur sonstigen Abgabe, das Feilhalten, das Feilbieten und die Abgabe an andere (§ 4 Abs. 17 AMG). Fraglich ist, ob Ausprägungen der ärztlichen Behandlung eine „Abgabe an andere" darstellen kann. Der „Andere" wäre in dem Fall der Patient.

Die unmittelbare Anwendung eines Medikaments, beispielsweise im Rahmen einer Injektion durch den Arzt oder durch dessen Hilfskräfte unterfällt nach heute einhelliger Ansicht nicht dem Straftatbestand.[151] Es fehlt an der für die Abgabe erforderliche Übertragung der Verfügungsgewalt über das Medikament.[152] Ebenso mangelt es bei einer vom Arzt beaufsichtigten Selbstanwendung an dem Inverkehrbringen und somit an der erforderlichen Tathandlung.[153] Auch die Systematik des AMG spricht dafür, das Inverkehrbringen von Arzneimitteln und die Anwendung an dem Menschen differenziert zu betrachten. Im Rahmen des § 5 Abs. 1 AMG und der korrespondierenden Strafnorm aus § 95 Abs. 1 Nr. 1 AMG stehen sich beide Handlungen als Alternativen gegenüber. Durchaus umstritten sind jedoch die folgenden zwei Konstellationen.

Zunächst kommt eine Strafbarkeit des Arztes nach § 96 Nr. 5 1. Var. AMG in Betracht, wenn er Ärztemuster zum „Off-label-Hausgebrauch" an den Patienten

---

[148] Anders: *Wolz*, Bedenkliche Arzneimittel als Rechtsbegriff, S. 48.

[149] *Hart*, MedR 1991, 300 (308).

[150] *Hart*, MedR 2007, 631 (631), der hervorhebt, dass die Patientenschutznormen des AMG nicht nur Verkehrsrecht für Pharmaunternehmen sind, sondern auch den Arzt binden.

[151] Bereits der Gesetzgeber ging, wenn auch im Hinblick auf § 10 Abs. 1 AMG (heute § 13 Abs. 1 AMG) davon aus, dass die unmittelbare Anwendung durch den Arzt keine „Abgabe" sei; vgl. BT-Drucksache 3/654, S. 20.

[152] Das OVG Münster bejahte im Jahr 1987 noch eine Abgabe von Arzneimitteln, sofern sie unmittelbar an dem Patienten angewandt werden, OVG Münster NJW 1989, 792 (792); diese Haltung wurde jedoch wieder aufgegeben, OVG Münster NJW 1998, 847 (847); allgemein: Bergmann/Pauge/Steinmeyer/*Brixius*, § 4 AMG, Rdnr. 9; Kügel/Müller/Hofmann/*Krüger*, § 4 AMG, Rdnr. 147; *Loose*, Strafrechtliche Grenzen ärztlicher Behandlung und Forschung, S. 102; Münchner Kommentar/*Freund*, § 4 AMG, Rdnr. 33 f.; Rehmann/*Rehmann*, § 4 AMG, Rdnr. 19; *Stumpf*, PharmR 2003, 421 (422); *Weber*/Kornprobst/Maier, § 4 AMG, Rdnrn. 61 f., 72; *Weber*, Off-label use, S. 100 ff., 114; ablehnend: *Güdden*, MedR 1991, 124 (127).

[153] *Weber*/Kornprobst/Maier, § 4 AMG, Rdnr. 72; *Weber*, Off-label use, S. 102, 114.

aushändigt. Einige Vertreter aus der Literatur verneinen auch hier die für § 96 Nr. 5
1. Var. AMG erforderliche Tathandlung. Begründet wird dies jedoch lediglich abstrakt damit, dass es nicht Sinn und Zweck des AMG sein soll, den konkreten Gebrauch von Arzneimitteln durch den „Anwender" Arzt zu beschränken.[154] Dieser
Ansicht ist entgegenzuhalten, dass bereits der Gesetzgeber das Mitgeben von Arzneimitteln zur späteren Selbstanwendung durch den Patienten als „Abgabe" im Sinne
des früheren § 10 Abs. 1 AMG qualifiziert hat.[155] Auch wenn es sich hierbei um eine
Norm gehandelt hat, die sich mit der Herstellung von Medikamenten beschäftigte,
kann aus systematisch-historischer Perspektive eine Übertragung auf § 4 Abs. 17
AMG nicht ausgeschlossen werden. Gerade einige neuere Stimmen in der Literatur
gehen daher auch davon aus, dass ein „Inverkehrbringen" durch den Arzt aufgrund
des tatsächlich vorgenommenen Wechsels in der Verfügungsgewalt über das Arzneimittel anzunehmen ist.[156] Als Konsequenz muss, sofern auch vorsätzlich gehandelt wurde, zumindest die tatbestandliche Strafbarkeit des Arztes bejaht werden.[157]

Neben der Aushändigung von Ärztemustern könnte sich der Arzt auch dann nach
§ 96 Nr. 5 AMG strafbar machen, wenn er „Off-label-Rezepte" verschreibt. Da in
dieser Konstellation die unmittelbare Abgabe erst durch den Apotheker erfolgt,
kommt jedoch allenfalls ein Fall der Mittäterschaft nach § 25 Abs. 2 StGB in Betracht. Dies wird teilweise mit der Begründung abgelehnt, dass mit der zeitlich
vorgelagerten Tätigkeit des Arztes lediglich eine Ursache gesetzt wird, die nicht
dieselbe täterschaftliche Qualität aufweist als die zeitlich nachgelagerte und für den
§ 4 Abs. 17 AMG entscheidende Übergabe durch den Apotheker.[158] Dem wird – zu
Recht – entgegen gehalten, dass sich das Instrument der Mittäterschaft gerade auch
durch die Zurechnung von zeitlich und qualitativ unterschiedlich gelagerten Tat-
beiträgen auszeichnet.[159] Sowohl die Tätigkeit des Arztes, das Ausstellen des Re-
zepts, als auch die Handlung des Apothekers, die faktische Übergabe des Medika-

---

[154] *Fritz*, Die Therapie mit einem innovativen Medikament vor seiner Zulassung, S. 71
(ohne Begründung); *Loose*, Strafrechtliche Grenzen ärztlicher Behandlung und Forschung,
S. 102; *Schmidt-Elsaeßer*, Medizinische Forschung an Kindern und Geisteskranken, S. 146,
Fn. 102; unklar, aber dem wohl zustimmend zudem: *Weber*/Kornprobst/Maier, § 4 AMG,
Rdnrn. 72 f.

[155] BT-Drucksache 3/654, S. 20.

[156] Kügel/Müller/Hofmann/*Krüger*, § 4 AMG, Rdnr. 150; Münchner Kommentar/*Freund*,
§ 4 AMG, Rdnr. 34; Rehmann/*Rehmann*, § 4 AMG, Rdnr. 19; *Weber*, Off-label use, S. 104 ff.,
114.

[157] Zu berücksichtigen ist anschließend eine Rechtfertigung, siehe: *Weber*, Off-label use,
S. 105, 109 ff.

[158] *Horn*, NJW 1977, 2329 (2334, Fn. 76); im Ergebnis auch ablehnend: *Rückeshäuser*, Off-
Label-Use: Die rechtlichen Probleme des zulassungsüberschreitenden Einsatzes von Arzneimitteln, S. 260; *Weber*/Kornprobst/Maier, § 4 AMG, Rdnr. 73, der sich jedoch auf Rezepturarzneimittel und nicht auf Fertigarzneimittel bezieht.

[159] Allgemein zu den Anforderungen an eine täterschaftliche Mitwirkung im Vorberei-
tungsstadium: Münchner Kommentar/*Joecks/Scheinfeld*, § 25 StGB, Rdnrn. 196 ff.; Schönke/
Schröder/*Heine/Weißer*, § 25 StGB, Rdnrn. 67 ff.

ments, bedingen sich gegenseitig und sind qualitativ im Hinblick auf das Gefahrenpotenzial als gleichrangig einzuschätzen. Sofern beide Beteiligte es nur für möglich halten und es billigend in Kauf nehmen (dolus eventualis), dass der vom Arzt angedachte Medikamentengebrauch nicht der arzneimittelrechtlichen Zulassung entspricht, muss im Ergebnis von einem gemeinschaftlichen Inverkehrbringen im Sinne des § 96 Nr. 5 AMG i. V. m. § 25 Abs. 2 StGB ausgegangen werden.[160] Zusammenfassend ist daher anzunehmen, dass auch ein Arzt Medikamente strafrechtlich relevant in den Verkehr bringen kann.

b) Straflosigkeit durch Rechtfertigung

Dem dreistufigen Deliktsaufbau folgend, ist anschließend zu prüfen, ob der Arzt in seinem Handeln gerechtfertigt sein könnte. Neben den spezialgesetzlichen Rechtfertigungsgründen aus § 21 Nr. 2 und Nr. 6 AMG kommt der in § 34 StGB normierte Rechtfertigende Notstand in Betracht.[161] Während der Anwendungsbereich der erstgenannten Normen auf die Teilnahme an klinischen Studien (Nr. 2) oder auf die Behandlung von lebensbedrohlichen respektive zu schweren Behinderungen führenden Erkrankungen (Nr. 6; sog. „Compassionate Use") beschränkt ist, bietet § 34 StGB eine Möglichkeit, den Arzt auch im alltäglichen Praxisgeschehen strafrechtlich zu entlasten. Das „Inverkehrbringen" des Medikaments erfolgt als ärztliche Reaktion auf die akut bedrohte Gesundheit des Patienten. Eine gegenwärtige Gefahr für ein schützenswertes Erhaltungsgut liegt mithin vor. Als weitere Voraussetzung muss es sich bei dem „Inverkehrbringen" um eine taugliche Notstandshandlung handeln, also um eine solche, die im konkreten Einzelfall nicht durch ein milderes und weniger belastendes Abwehrmittel ersetzt werden kann. Im Rahmen der anschließend vorzunehmenden Interessenabwägung muss das geschützte Interesse das beeinträchtigte wesentlich überwiegen. Bezogen auf den Off-label-Use ist daher zu prüfen, ob die zu schützende Gesundheit des einzelnen Patienten schwerer als die hinter dem AMG stehende Arzneimittelsicherheit zu gewichten ist. Ferner muss es sich bei dem Gebrauch von nicht zugelassenen Medikamenten um eine *ultima ratio* Entscheidung handeln.[162]

Weber ist der Ansicht, dass der Einsatz von Off-label-Behandlungen bereits dann nicht notwendig ist, wenn ein anderes, auf dem entsprechenden Fachgebiet zugelassenes Arzneimittel zur Verfügung steht.[163] Ferner soll auch der Verzicht auf

---

[160] Vgl. *Deutsch*, VersR 2014, 1038 (1042); Münchner Kommentar/*Freund*, § 4 AMG, Rdnr. 35, der sich jedoch auf Rezepturarzneimittel und nicht auf Fertigarzneimittel bezieht, ausdrücklich: *Weber*, Off-label use, S. 106 ff., 114.

[161] Vgl. *Hart*, MedR 2007, 631 (631 f.); umfassend: *Weber*, Off-label use, S. 109 ff.

[162] *Weber*, Off-label use, S. 111 f.

[163] *Weber*, Off-label use, S. 112; ähnlich, wenn gleich nicht ganz so streng: *Hart*, MedR 1991, 300 (307), der die Verordnung eines Arzneimittels mit fraglicher Wirksamkeit grundsätzlich als behandlungsfehlerhaft bezeichnet, sofern es im Indikationsbereich wirksame

jegliche medikamentöse Behandlung bzw. der Gebrauch von Hausmitteln als mildere Abwehrmittel denkbar sein. Die Einweisung in ein Krankenhaus oder die Einnahme des Medikaments in der Arztpraxis wird dagegen nicht als vorzugswürdigere Alternative angesehen. In beiden Situationen werde die Arzneimittelsicherheit vergleichbar mit einem unkontrollierten Eigengebrauch gefährdet. Eine Rechtfertigung soll jeweils vom Einzelfall abhängen. Nach Weber ist die Geltendmachung von § 34 StGB durch den Arzt daher mit Rechtsunsicherheiten behaftet.[164]

Grundsätzlich ist Weber beizupflichten, dass für die Beantwortung der Rechtfertigung eine Einzelfallbewertung vorzunehmen ist. Der Arzt schuldet gemäß § 630a Abs. 2 BGB eine Behandlung, die dem anerkannten fachlichen Standard entspricht. Wenn also § 96 Nr. 5 AMG das „Inverkehrbringen" von nicht zugelassenen Arzneimitteln allgemein unter Strafe stellt, kann dem nicht zugestimmt werden. Entscheidend muss sein, ob die Medikamentengabe dem medizinischen Standard entspricht. Zwar kann vermutet werden, dass noch nicht zugelassene oder lediglich in anderen Indikationen zugelassene Medikamente nicht dem medizinischen Standard entsprechen, jedoch zeigen gerade die Pädiatrie und Onkologie, dass dies nicht immer der Fall ist.[165] Die Therapiefreiheit ermöglicht dem Arzt, die Individualität des Patienten hinreichend zu berücksichtigen. Um dies nicht auf Behandlungen im Rahmen von klinischen Studien oder bei der Gefahr von schweren Behinderungen oder lebensbedrohlichen Erkrankungen zu beschränken, bedarf es eine das gesamte Gebiet der ärztlichen Tätigkeit abdeckende Schutznorm. § 34 StGB bietet hierfür einen begrüßenswerten Ansatz. Der Aussage von Weber, dass Off-label-Behandlungen bereits dann nicht mehr zulässig sind, wenn ein zugelassenes Medikament zur Verfügung steht, überzeugt jedoch nicht. Sofern es sich bei der Behandlung mit einem nicht zugelassenen Arzneimittel um eine dem medizinischen Standard entsprechende Therapieform handelt, liegt keine die Patientensicherheit gefährdende Situation vor. Eine Beschränkung der ärztlichen Therapiefreiheit kann dann nicht gerechtfertigt werden. Dies ist zugleich völlig unabhängig von einem zugelassenen Alternativverfahren.[166]

Ebenfalls kritisch hinterfragt werden muss der vorgeschlagene Verzicht auf eine Off-label-Behandlung zugunsten einer Nichtbehandlung bzw. den Verweis auf den Hausmittelgebrauch. Es ist auszuschließen, dass die Spannbreite des medizinischen Standards sowohl die Einnahme eines Off-label-Medikaments als auch den Verzicht auf jegliche medikamentöse Behandlung beinhaltet. Auch Hausmittel, die regel-

---

Arzneimittel gibt. Gleichwohl hält Hart eine Ausnahme bei beispielsweise individueller Unverträglichkeit für sinnvoll.

[164] Umfassend: *Weber*, Off-label use, S. 112.

[165] *Walter*, NZS 2011, 361 (362) spricht insoweit von einem etablierten Off-label use.

[166] Von der Frage der Strafbarkeit nach § 96 Nr. 5 AMG zu trennen, ist das Problem der Abrechnungsfähigkeit zulasten der gesetzlichen Krankenversicherung, sofern sowohl eine Off- als auch eine On-label Behandlung dem medizinischen Standard entspricht, siehe dazu: *Rückeshäuser*, Off-Label-Use: Die rechtlichen Probleme des zulassungsüberschreitenden Einsatzes von Arzneimitteln, S. 144 ff.

mäßig der Alternativmedizin angehören, sind mit dem naturwissenschaftlich geprägten medizinischen Standard nicht in Einklang zu bringen. Sollte jedoch eine Nichtbehandlung oder der Gebrauch von Hausmitteln in der konkreten Situation, d. h. unter Abwägung aller den Patienten betreffenden Umstände medizinisch indiziert sein, würde dem § 96 Nr. 5 AMG keine die ärztliche Therapiefreiheit beschränkende, sondern lediglich eine deklaratorisch-ausfüllende Funktion zukommen. Die in Ausübung der ärztlichen Therapiefreiheit vorzunehmende Abwägung verbietet dann per se eine Verwendung des in Frage stehenden Medikaments. Dies gilt unabhängig von der Zulassungsproblematik

c) Stellungnahme zu einer möglichen Strafbarkeit des Arztes nach § 96 Nr. 5 AMG

Es wäre inkonsequent zu behaupten, dass dem Arzt zwar über die Therapiefreiheit die Möglichkeit offensteht, bei der Behandlung auch Off-label-Medikamente zu berücksichtigen, er jedoch zugleich bei ausgewählten ärztlichen Tätigkeiten mit einer Strafbarkeit nach § 96 Nr. 5 AMG rechnen muss.

Die ärztliche Therapiefreiheit kann strafrechtlich begrenzt werden. Dies geschieht entweder konkret durch den Patienten und dessen Einwilligung oder abstrakt über demokratisch legitimierte Überzeugungen. Ein Beispiel für letzteres ist das Verständnis der guten Sitten aus § 228 StGB. Der maßgebliche Anknüpfungspunkt ist jeweils der Schutz des Patienten. Die Einschränkung der Therapiefreiheit wird folglich von einem patientenbezogenen Faktor abhängig gemacht. Bei der in § 96 Nr. 5 AMG normierten Strafbarkeit für das Inverkehrbringen von nicht bzw. nicht für die jeweilige medizinische Indikation zugelassenen Medikamenten ist dies problematisch. Die Intimität der Arzt-Patienten-Beziehung erfordert auch in dieser Hinsicht eine Evaluierung der Patientengefahr. Diese ist zunächst davon abhängig, ob es sich um eine Off-label-Standardbehandlung oder um einen Off-label-Heilversuch handelt.

aa) Off-label-Standardbehandlung

Sofern eine Off-label-Standardbehandlung einschlägig ist, beschränkt sich die Patientengefahr auf die hinzunehmende Größe, die auch bei einer On-label Standardbehandlung nicht ausgeschlossen werden kann. Verbleibt es dennoch bei einer Strafbarkeit nach § 96 Nr. 5 AMG, beruht diese ausschließlich auf dem patientenfernen Faktor der fehlenden Zulassung. Wird der medizinische Standard erreicht, erschöpft sich die fehlende Zulassung in einem rein formalen Akt, der keinen Bezugspunkt zu der konkreten Arzt-Patienten-Beziehung aufweist. Es ist daher anzustreben, dass eine aus Kostengründen bisher unterbliebene Zulassung allein die Absatzfähigkeit des Medikaments und somit unmittelbar die Pharmaunternehmen trifft. Auswirkungen auf die Arzt-Patienten-Beziehung gilt es dagegen zu vermeiden. Die aus der geringeren Verfügbarkeit folgende faktische Beeinträchtigung des Arztes ist zwar kritisch zu beurteilen, eine darüber hinausgehende rechtliche Beschränkung würde jedoch mit der im Rahmen des Heilauftrags dem Patient zugutekommenden individuellen Entscheidungsbefugnis im Widerspruch stehen. Eine an die fehlende Zulassung anknüpfende arzneimittelrechtliche Strafbarkeit, ist mit der den Patienten schützenden Zielrichtung der ärztlichen Therapiefreiheit nicht vereinbar.

Etwaige Strafbarkeitslücken im Hinblick auf mögliche Gefahren im Umgang mit Arzneimitteln würden gleichwohl nicht unberücksichtigt bleiben. Mit § 95 Abs. 1 Nr. 1 AMG besteht eine Strafnorm, die im Gegensatz zu § 96 Nr. 5 AMG die Gefahr des zulassungsüberschreitenden Einsatzes von Arzneimitteln mit der konkreten Patientengefährdung vereint. Gemäß § 95 Abs. 1 Nr. 1 AMG wird mit Freiheitsstrafe bis zu 3 Jahren oder mit Geldstrafe bestraft, wer entgegen § 5 Abs. 1 AMG ein bedenkliches Arzneimittel in den Verkehr bringt oder bei einem anderen Menschen anwendet.[167] Ein bedenkliches Medikament liegt nach § 5 Abs. 2 AMG dann vor, wenn nach dem jeweiligen Stand der wissenschaftlichen Erkenntnisse der begründete Verdacht besteht, dass die Medikamente bei bestimmungsgemäßem Gebrauch schädliche Wirkungen haben, die über ein nach den Erkenntnissen der medizinischen Wissenschaft vertretbares Maß hinausgehen. Vor dem Hintergrund der Legaldefinition ist fraglich, ob es sich bei dem zulassungsüberschreitenden Einsatz von Arzneimitteln um deren bestimmungsgemäßen Gebrauch handeln kann. Dieser kann grundsätzlich angenommen werden, wenn der Einsatz den vom Hersteller angegebenen Gebrauchsinformationen entspricht oder wenn das Arzneimittel für einen bestimmten Adressatenkreis eingeführt und diesem verabreicht wird.[168]

Umstritten ist dagegen, ob der Off-label-Use einen bestimmungsgemäßen Gebrauch von vorherein ausschließt. Nach der Auffassung von einigen Autoren ist der bestimmungsgemäße Gebrauch durch den von der Zulassung vorgegebenen Rahmen beschränkt.[169] Andere Autoren berufen sich auf den Sinn und Zweck von Arzneimitteln. Diese sind gemäß § 2 Abs. 1 Nr. 1 AMG auf die Heilung, Linderung und Verhütung von Krankheiten ausgerichtet. Der bestimmungsgemäße Gebrauch von Medikamenten ist folglich an dem aktuellen Stand der medizinischen Wissenschaft zu messen.[170] Der letztgenannten Ansicht ist zu folgen. Die Arzt-Patienten-Beziehung wird maßgeblich durch den medizinischen Standard bestimmt. Entscheidend für den bestimmungsgemäßen Gebrauch ist daher, dass ein wissenschaftlich fundierter Erfolg angestrebt wird und nicht, dass es sich hierbei um einen zulassungskonformen Einsatz handelt. Zudem fällt auf, dass die ablehnenden Vertreter nicht im

---

[167] Das Verbot richtet sich unstreitig auch an den Arzt: Bergmann/Pauge/Steinmeyer/*Brixius*, § 5 AMG, Rdnr. 1; Rehmann/*Rehmann*, § 5 AMG, Rdnr. 1.

[168] Kügel/Müller/Hoffmann/*Raum*, § 95 AMG, Rdnr. 15.

[169] Dieners/Reese/*Voit*, Handbuch des Pharmarechts, § 13, Rdnr. 13; Rehmann/*Rehmann*, § 5 AMG, Rdnr. 3; ähnlich auch: *Wolz*, Bedenkliche Arzneimittel als Rechtsbegriff, S. 59 ff.; vgl. auch BeckOGK/*Franzki*, § 84 AMG, Rdnrn. 74 ff.; neuerdings kritisch: Münchner Kommentar/*Freund*, § 5 AMG, Rdnrn. 7 ff.

[170] Kügel/Müller/*Hofmann*, § 5 AMG, Rdnr. 21; Bergmann/Pauge/Steinmeyer/*Brixius*, § 5 AMG, Rdnr. 5.

Hinblick auf den Arzt, sondern im Hinblick auf die Pharmaunternehmen argumentieren. Der Arzt hat sich jedoch, gerade auch aufgrund seiner allgemeinen
Fortbildungspflicht, stets an dem aktuellen medizinischen Standard zu orientieren.
Zwar würde die ablehnende Ansicht den Arzt insoweit schützen, dass der Off-label-
Use arzneimittelstrafrechtlich nicht erfasst wäre, die Zielrichtung der Therapiefreiheit beinhaltet jedoch keinen abstrakten Schutz des Arztes, sondern die Gewährleistung einer individuellen Entscheidungssituation. Die mögliche Strafbarkeit
für das Inverkehrbringen von bedenklichen Medikamenten aus § 95 Abs. 1 Nr. 1
AMG trägt diesem Verständnis ausreichend Rechnung.

bb) Off-label-Heilversuch

Handelt es sich um einen Off-label-Heilversuch ist eine Patientengefährdung
dagegen nicht ausgeschlossen. Gleichwohl wäre es verfehlt, auf diese Gefahr mit
einer Strafbarkeit zu reagieren, die von dem außerhalb der Arzt-Patienten-Beziehung
liegenden Aspekt der Zulassung abhängig gemacht wird. Gerade bei einem Off-
label-Heilversuch, also in einer Situation, die maßgeblich davon geprägt ist, dass es
zum einen keine standardisierte Antwort auf ein spezielles Leiden gibt und zum
anderen noch nicht einmal ein zugelassenes Medikament auf dem Markt ist, muss der
Individualität des Behandlungsgeschehens Vorrang vor der abstrakten Begegnung
mit Arzneimittelgefahren eingeräumt werden. Je aussichtsloser die Situation, desto
stärker ist der patientenbezogene Faktor der Einwilligung und desto geringer der
patientenferne Faktor der Zulassung zu berücksichtigen. Die an die Zulassung anknüpfende Strafbarkeit aus § 96 Nr. 1 AMG ist mit der Zielrichtung der ärztlichen
Therapiefreiheit nicht vereinbar. Auch eine Strafbarkeit nach § 95 Abs. 1 Nr. 1 AMG
scheidet mangels bestimmungsgemäßen Gebrauchs aus. Letztendlich kann aufgrund
der bei einem Heilversuch erhöhten Aufklärungsanforderungen und der generellen
Seltenheit von Off-label-Heilversuchen auf die Strafbarkeit nach § 223 StGB verwiesen werden. Der Einzigartigkeit der Behandlungssituation kann ausreichend
Rechnung getragen werden, wenn die strafrechtliche Verantwortung des Arztes allein von der individuellen Einwilligung des Patienten und losgelöst von den abstrakt
formulierten gesetzgeberischen Motiven beurteilt wird.

3. Aufklärung über den Aspekt der fehlenden Zulassung

Mit der therapeutischen Partnerschaft soll eine Subjekt-Subjekt-Beziehung angestrebt werden. Die Therapiefreiheit stellt dabei unter anderem sicher, dass der Arzt
nicht durch arzneimittelrechtliche Vorgaben in seinem Behandlungswunsch eingeschränkt wird. Das Selbstbestimmungsrecht des Patienten soll demgegenüber gewährleisten, dass der Empfänger der medizinischen Leistung nicht zum Objekt der
Behandlung degradiert wird. Als Voraussetzung hierfür dient die ärztliche Aufklärungspflicht. Fraglich bleibt, ob das Selbstbestimmungsrecht des Patienten auch
fordert, dass der Arzt den Patienten darauf hinweist, dass die in dem konkreten

Einzelfall beabsichtigte Medikamentenanwendung nicht der arzneimittelrechtlichen Zulassung entspricht.

In einer Grundsatzentscheidung aus dem Jahr 1995 entschied der BGH, dass bereits der fehlende Hinweis auf die bisher nicht erfolgte Zulassung einen Aufklärungsfehler begründet. Im Detail formulierte der BGH dabei wie folgt: „Der Aufklärung über Behandlungsalternativen bedarf es nämlich grundsätzlich auch dann, wenn sich diese durch die Verwendung verschiedener Interponate unterscheiden und es sich bei dem vom Arzt verwendeten Interponat […] um ein zulassungspflichtiges, aber nicht zugelassenes Arzneimittel handelt […] Unter diesen Umständen fehlt dem eingesetzten Interponat, mag seine Verwendung auch einem international anerkannten Standard genügen, gleichsam ein Gütesiegel, das – unabhängig von dessen tatsächlicher Qualität oder Sicherheit – für die Entscheidung des einzelnen Patienten […] wesentlich sein kann, über das er mithin auch informiert sein muß."[171]

Das Urteil wurde in der Literatur unterschiedlich aufgefasst und zum Teil stark kritisiert. Einige Autoren begrüßten die Entscheidung, häufig jedoch ohne dies näher zu erläutern.[172] Auch neuere Literaturstimmen halten eine Aufklärung über die fehlende Zulassung als unabdingbar, gleichwohl fehlt auch hier eine entsprechende Begründung.[173] Diese wird, soweit ersichtlich, ausschließlich von Gegnern der gerichtlichen Entscheidung aufgezeigt.[174]

Unter Berücksichtigung der Rechtsprechung zu der Aufklärung über Behandlungsalternativen wird deutlich, dass der BGH die Einhaltung des medizinischen Standards für weniger bedeutsam erachtet, wenn der formelle Aspekt der Zulassung unterblieben ist. Dies kann aus den nachfolgenden Gründen nicht überzeugen. Als Ausgangspunkt der Argumentation dient § 630a Abs. 2 BGB. Hiernach schuldet der Arzt dem Patienten eine Behandlung, die dem allgemein anerkannten fachlichen Standard entspricht. Erst in Kooperation von ärztlicher Therapiefreiheit und Selbstbestimmungsrecht des Patienten entsteht die rechtlich abgesicherte Möglichkeit, den Bereich der medizinischen Standardbehandlung zu verlassen. Das Fundament der Kooperation auf Augenhöhe ist dabei das Aufklärungsgespräch. Gemäß § 630e Abs. 1 S. 3 BGB hat der Arzt dabei nur über Behandlungsalternativen aufzuklären, sofern sich diese im Hinblick auf Belastungen, Risiken und Heilungschancen wesentlich unterscheiden. Fehlt es dagegen an wesentlichen Unterschieden, ist dem Patienten keine rechtlich schützenswerte Wahlmöglichkeit ein-

---

[171] BGH NStZ 1996, 34 (34); vgl. auch die bestätigende Entscheidung: BGHZ 172, 1 (13).

[172] *Eger*, Off-label Use, S. 14; Laufs/*Katzenmeier*/Lipp, Arztrecht, Kap. V, Rdnr. 36; *Rückeshäuser*, Off-Label-Use: Die rechtlichen Probleme des zulassungsüberschreitenden Einsatzes von Arzneimitteln, S. 9, 237 ff.; *Ulsenheimer*, NStZ 1996, 132 (132 f.); umfassend dagegen: *Weber*, Off-label use, S. 127 ff.

[173] *Andreas*, ArztR 2007, 288 (291); *Deutsch*, VersR 2014, 1038 (1040); *Katzenmeier*, MedR 2018, 367 (370); *Walter*, NZS 2011, 361 (362 f.).

[174] Allgemein: BGH JR 1996, 69 (72 ff.) mit Anmerkung *Rigizahn*; BGH JR 1997, 32 (32 f.) mit Anmerkung *Jordan*; Spickhoff/*Knauer*/Brose, Medizinrecht, § 223 StGB, Rdnr. 44; *Weißauer/Biermann*, Der Anaesthesist 1998, 609.

zuräumen. Die Entscheidung über die Auswahl der Behandlungsform unterliegt dann ausschließlich dem Arzt. Anschließend hat der Arzt den Patienten lediglich, wenngleich umfassend, über die Gefahren der ausgewählten Methode zu unterrichten.

Wird dieser Rechtsmechanismus auf den Off-label-Use übertragen, muss auch hier entscheidend sein, ob der zulassungsüberschreitende Einsatz von Medikamenten gegenüber anderen Behandlungsmöglichkeiten unterschiedliche Belastungen, Risiken und Heilungschancen aufweist. Sofern dies nicht der Fall ist, was bei einer Off-label-Standardbehandlung zutreffen dürfte, beschränkt sich die Aufklärungspflicht des Arztes bei der Auswahl einer Off-label-Behandlung auf die Erläuterung der medizinischen Risiken. Das Selbstbestimmungsrecht des Patienten erfordert dabei die Weitergabe von Informationen, die die tatsächliche und einzelfallbezogene Anwendung des Medikaments betreffen. Maßgeblich für den Patienten ist also das Wissen, das im Zusammenhang mit dem medizinischen Standardbegriff steht und sich dabei unmittelbar auf das gegenwärtige Behandlungsgeschehen erstreckt. Der formelle Aspekt der Zulassung betrifft dagegen ausschließlich die abstrakte Verkehrsfähigkeit des Medikaments und unterfällt folglich nicht dem rechtlich schützenswerten Informationsbegehren des Patienten.[175]

An dem Urteil des BGH ist zudem zu kritisieren, dass der formelle Aspekt einer deutschen oder europäischen Zulassung in Anbetracht der global agierenden Pharmaindustrie stärker bewertet wird als der Umstand, dass die Therapie einem internationalen medizinischen Standard entspricht.[176] Sofern dies der Fall ist, würde eine Aufklärung über ein fehlendes Gütesiegel den Patienten unnötig verunsichern.[177] Dem Vorwurf einer paternalistischen Beschränkung des Arzt-Patienten-Gesprächs kann der Schutzzweck der Selbstbestimmungsaufklärung entgegengehalten werden. Diese soll sicherstellen, dass sich der Patient selbstbestimmt zwischen den infrage kommenden Behandlungsformen mit den jeweils unterschiedlichen Beeinträchti-

---

[175] Vgl. BGH JR 1996, 69 (72) mit Anmerkung *Rigizahn*; vgl. Spickhoff/*Knauer/Brose*, Medizinrecht, § 223 StGB, Rdnr. 44; nicht ganz so weitreichend dagegen: *Weißauer/Biermann*, Der Anaesthesist 1998, 609, die eine Aufklärung nur dann für entbehrlich halten, sofern die Off-label-Behandlung dem medizinischen Standard entspricht und zugleich den etablierten Verfahren „überlegen" ist. Bei bloßer Gleichwertigkeit soll es, [entgegen des Wortlauts von § 630e Abs. 1 S. 3 BGB] gleichwohl bei einem schützenswerten Wahlrecht verbleiben; ablehnend dagegen: *Müller*, H., Die Rechtsproblematik des Off-Label-Use, S. 81, die jedoch ohne Begründung ausführt: „Im Bereich des Off-Label-Use ist schließlich auch eine Aufklärung über die fehlende Zulassung als ‚Gütesiegel' in dem einschlägigen Bereich zu fordern und zwar unabhängig davon, ob dieser bereits dem medizinischen Standard entspricht oder nicht."; auch *Weber;* Off-label use, S. 135 f., hält den Unterschied von Heilversuch und Standardbehandlung für nicht entscheidend. Selbst wenn eine Alternative zu der Off-label-Behandlung fehlt, soll nach der Meinung von Weber über die problematische Zulassung aufgeklärt werden. Der psychologische Aspekt soll nicht unterschätzt werden.

[176] Dies gilt nur, wenn der internationale Standard von Ländern entwickelt wurde, die gleichwertige medizinische Versorgung wie Deutschland anbieten; vgl. *Walter*, NZS 2011, 361 (365).

[177] BGH JR 1996, 69 (72) mit Anmerkung *Rigizahn*.

gungen seiner körperlichen Integrität entscheiden kann. Darüber hinaus gehende ideelle Motive, wie z. B. die Vereinbarkeit mit religiösen Vorstellungen, sind für die Selbstbestimmungsaufklärung dagegen unbeachtlich. Zwar muss der Arzt akzeptieren, wenn ein Patient aufgrund von religiösen Vorstellungen eine Behandlung ablehnt, der Arzt selbst hat jedoch nicht darüber aufzuklären, dass die in Aussicht gestellte Behandlung religiös bedenklich ist. Sofern die Off-label-Behandlung einem anerkannten internationalen medizinischen Standard entspricht und folglich die Wirksamkeit nicht mehr bestritten wird, handelt es sich bei dem formellen Aspekt der Zulassung ebenfalls nur noch um ein, jedenfalls von der Selbstbestimmungsaufklärung nicht mehr umfasstes, ideelles Motiv.[178]

Die zulassungsüberschreitende Anwendung betrifft also nicht die Selbstbestimmungsaufklärung. Gleichwohl ist es nicht völlig irrelevant, wenn der Arzt verschweigt, dass er bei der Behandlung über die Zulassung hinaus gehen möchte. Der Off-label-Use begründet nicht zu unterschätzende finanzielle Abrechnungsprobleme, insbesondere im Bereich der gesetzlichen Krankenversicherung. Diese betreffen jedoch die von der Selbstbestimmungsaufklärung zu trennende wirtschaftliche Aufklärung.[179] Der Unterschied liegt in der Rechtsfolge. Während die Einwilligung des Patienten bei einer fehlerhaften Selbstbestimmungsaufklärung unwirksam wird und somit eventuell eine Körperverletzung bejaht werden kann, sollen durch die wirtschaftliche Aufklärung ausschließlich die Vermögensinteressen des Patienten geschützt werden. Handelt der Arzt auf diesem Gebiet regelwidrig, verletzt er zwar eine vertragliche Nebenpflicht, im Ergebnis macht sich der Arzt jedoch nur schadensersatzpflichtig.[180]

4. Auflösung des Spannungsfelds

Die Bewertung des Spannungsfelds von ärztlicher Therapiefreiheit und Selbstbestimmungsrecht des Patienten in der Konstellation des Off-label-Use orientiert sich an der Problematik der ausgeübten Methodenwahlfreiheit. Für den Umfang der Aufklärungspflicht und damit für das Selbstbestimmungsrecht des Patienten ist entscheidend, ob es sich bei dem Off-label-Use um eine Standardbehandlung handelt. Je stärker von § 630a Abs. 2 BGB abgewichen werden soll, desto detaillierter hat der Arzt aufzuklären. Gleichwohl ist zu berücksichtigen, dass das Selbstbestimmungsrecht des Patienten diesen davor bewahren soll, zum Spielball der ärztlichen Entscheidung zu werden. Das *Modell des Miteinanders* ist folglich allein auf das konkrete Arzt-Patienten-Verhältnis anzuwenden. Darüber hinaus gehende, die

---

[178] BGH JR 1997, 32 (33) mit Anmerkung *Jordan*.

[179] *Hart*, MedR 1991, 300 (307); *Janda*, Medizinrecht, S. 138; *Kunz-Schmidt*, NJ 2010, 441 (448); *Schelling*, MedR 2004, 422 (426).

[180] *Quaas/Zuck/Clemens*, Medizinrecht, §14, Rdnr. 95; *Rückeshäuser*, Off-Label-Use: Die rechtlichen Probleme des zulassungsüberschreitenden Einsatzes von Arzneimitteln, S. 239 f.; *Schelling*, MedR 2004, 422 (426); Spickhoff/*Greiner*, Medizinrecht, §§ 823–839 BGB, Rdnr. 207.

finanzielle Rücksicherung des Patienten durch die gesetzliche Krankenversicherung betreffende Aspekte sind daher nicht zu berücksichtigen. Im Ergebnis ist das Selbstbestimmungsrecht des Patienten nur dann über die Selbstbestimmungsaufklärung zu schützen, wenn die Entscheidung des Arztes das Medikament in seinem medizinischen und nicht ausschließlich in seinem formellen Status berührt.

4. Teil

Vertragsfreiheit in der Arzt-Patienten-Beziehung

Sind sich der Arzt und der Patient über eine zukünftige Zusammenarbeit einig, schließen sie einen Behandlungsvertrag im Sinne des § 630a Abs. 1 S. 1 BGB. Die Möglichkeit, Verträge abzuschließen, ergibt sich aus dem Grundsatz der Vertragsfreiheit. Dieser ist einfachgesetzlich in § 311 Abs. 1 BGB und verfassungsrechtlich in Art. 2 Abs. 1 GG verankert.[1] Unterschieden wird hierbei zwischen der Vertragsbegründungsfreiheit, der Kontrahentenwahlfreiheit, der Formfreiheit, der Abänderungs- und Endigungsfreiheit sowie der Freiheit, die die individuelle Gestaltungsfreiheit sichern soll.[2] Im Grundsatz gilt die Vertragsfreiheit auch im Arzt-Patienten-Verhältnis.[3]

A. Verhältnis von Therapiefreiheit und ärztlichem Kontrahierungszwang

Die Ausformungen der ärztlichen Therapiefreiheit[4] lassen sich den unterschiedlichen Teilbereichen der Vertragsfreiheit wie folgt zuordnen: Sowohl die Vertragsbegründungsfreiheit als auch die Kontrahentenwahlfreiheit entsprechen der positivrechtlichen Freiheit, über die generelle Aufnahme der Behandlung entscheiden zu können. Die Gestaltungsfreiheit bildet dagegen die ebenfalls als positivrechtlich einzuordnende Methodenwahlfreiheit ab. Die negativrechtliche Freiheit, nicht zu einer seinem Gewissen zuwiderlaufenden Handlung gezwungen werden zu

---

[1] *Looschelders*, Schuldrecht AT, § 3, Rdnr. 2; Münchner Kommentar/*Wagner*, § 630a BGB, Rdnr. 46; allgemein zur verfassungsrechtlichen Verankerung der Vertragsfreiheit: Münchner Kommentar/*Busche*, Vorbem. zu § 145 BGB, Rdnr. 3; vgl. auch: *Höfling*, Der autonome Patient – Realität und Illusion, in: Schumpelick/Vogel (Hrsg), Arzt und Patient, eine Beziehung im Wandel, S. 390 (391), der die Bedeutung der Vertragsfreiheit als „[…] emanzipatorisches Chiffre, […] als Freiheitsparadigma schlechthin […]" hervorhebt.

[2] *Busche*, Privatautonomie und Kontrahierungszwang, S. 67 ff.; Münchner Kommentar/ *Busche*, Vorbem. zu § 145 BGB, Rdnr. 2; bereits *Nipperdey*, Kontrahierungszwang und diktierter Vertrag, S. 3 f. sprach von der Freiheit über die inhaltliche Gestaltung und der Abschlussfreiheit.

[3] *Francke*, Ärztliche Berufsfreiheit und Patientenrechte, S. 167; Laufs/Katzenmeier/*Lipp*, Arztrecht, Kap. III, Rdnr. 29; Laufs/*Kern*/*Rehborn*, Handbuch des Arztrechts, § 44, Rdnr. 12.

[4] Siehe dazu Erster Teil Kapitel A. III.

können, kann durch die Abänderungs- bzw. bei schwerwiegenderen Missständen durch die Endigungsfreiheit geltend gemacht werden.

Historisch betrachtet ist die Ablehnung von erkrankten Menschen dem deutschen Recht nicht fremd. Für eine Fahrt in einem Omnibus legte § 9 eine Polizeiverordnung von Dresden vom 15. August 1861 fest, dass „solange noch Platz im Wagen vorhanden ist, muß jedermann, der die Mitfahrt begehrt, aufgenommen werden; nur offenbar Betrunkene, Kranke … usw. dürfen zurückgewiesen werden." Auch Mitarbeiter der Hoch- und Untergrundbahn in Berlin durften gemäß § 4 einer Polizeiverordnung vom 29. Juli 1916 „Personen, die die Ordnung stören, den Anstand verletzen, durch ekelerregende Krankheit, durch unreinliches Äußeres […]" auffielen, von der Mit- oder Weiterfahrt ausschließen.[5]

Unter Berücksichtigung der heutigen Rechtslage ist aber zweifelhaft, ob der Arzt in seiner Entscheidung über die Aufnahme einer Behandlung tatsächlich frei ist. Möglich wäre auch, dass der Arzt über das Rechtsinstitut des Kontrahierungszwanges zum Abschluss eines Behandlungsvertrages verpflichtet werden kann. Der Kontrahierungszwang wird definiert als „[…] die auf Grund einer Norm der Rechtsordnung einem Rechtssubjekt ohne seine Willensbildung im Interesse eines Begünstigten auferlegte Verpflichtung, mit diesem einen Vertrag bestimmten oder von unparteiischer Seite zu bestimmenden Inhalts abzuschließen."[6] Wird ein Kontrahierungszwang angenommen, haftet der Arzt gemäß § 630a Abs. 2 BGB für die Einhaltung der zum Zeitpunkt der Behandlung bestehenden, allgemein anerkannten fachlichen Standards. Bleibt es dagegen bei der unbeschränkten Vertragsfreiheit, kann der Arzt das Entstehen eines Behandlungsvertrags verhindern. Die Verantwortung des Arztes richtet sich dann allenfalls nach nach den Vorschriften über die Geschäftsführung ohne Auftrag (§§ 677 ff. BGB).[7] Wobei gemäß § 680 BGB die Haftung des Geschäftsführers bei einer möglichen Notfallsituation auf Vorsatz und grobe Fahrlässigkeit beschränkt ist. Nicht einheitlich beantwortet wird die Frage, ob § 680 BGB auch auf professionelle Nothelfer, wie beispielsweise Notärzte, anzuwenden ist.[8] Dies wird überwiegend – und auch zu Recht – mit dem Argument abgelehnt, dass eine Haftungsbeschränkung bei Personen, die bewusst und gewollt mit medizinischen Notfällen konfrontiert werden, im Ergebnis aufgrund der Re-

---

[5] Jeweils: *Nipperdey*, Kontrahierungszwang und diktierter Vertrag, S. 43.

[6] *Nipperdey*, Kontrahierungszwang und diktierter Vertrag, S. 7.

[7] *Klose/Straub*, MedR 2017, 935 (941 f.); vgl. auch: OLG München NJW 2006, 1883 (1884), die bei Übernahme der Hilfeleistung in Einvernehmen mit den Angehörigen – die Behandelte war bewusstlos – einen Behandlungsvertrag ablehnen und von einem unentgeltlichen Auftrag ausgehen. Dem beauftragten Geschäftsführer kommt die Haftungsprivilegierung analog § 680 BGB zugute; vgl. OLG München NJW 2006, 1883 (1885); Grüneberg/*Sprau*, § 662 BGB, Rdnr. 11; Münchner Kommentar/*Schäfer*, § 662 BGB, Rdnr. 77, § 680 BGB, Rdnr. 4.

[8] *Katzenmeier*, Arzthaftung, S. 110 mit weiteren Nachweisen; Staudinger/*Bergmann*, § 680 BGB, Rdnr. 15.

gelmäßigkeit und der dafür erlangten Bezahlung unangebracht ist.[9] Sofern ein Arzt jedoch kein Notarzt ist, kann sich dieser, wie jeder andere auch, auf die Haftungsbeschränkung berufen.[10]

Nachfolgend werden einige mögliche Grundlagen eines Kontrahierungszwanges näher beleuchtet. Der Fokus liegt dabei auf der privatrechtlichen Arzt-Patienten-Beziehung. Etwaige sozialrechtliche Besonderheiten werden in einem nachfolgenden Teil der Untersuchung angesprochen.[11]

I. Approbation

In Deutschland ist neben dem Abschluss eines medizinischen Studiums auch eine staatliche Zulassung (§ 2 Abs. 1 BÄO), die sogenannte Approbation, erforderlich, um als Arzt praktizieren zu können.[12] Durch die Approbation wird der Hochschulabsolvent befähigt, den Arztberuf auch tatsächlich auszuüben. Die Verpflichtung, aktiv tätig zu werden, beispielsweise durch die Aufnahme von Patienten und das Abschließen von Behandlungsverträgen, ist der Approbation dagegen nicht zu entnehmen.[13] Bereits das Reichsgericht führte aus, dass „die ‚Approbation‘, wie sie § 29 der Gewerbeordnung regelt, [...] wohl die Befugnis, den Titel ‚Arzt‘ u. dgl. zu führen [gewährt]. [...] bezüglich der Berufsrechte und Berufspflichten unterscheidet sich im übrigen der approbierte Arzt in nichts von dem nicht approbierten Arzte. In jedem Falle ist nicht abzusehen, wie die sogenannte ‚Approbation‘ die Kraft besitzen könnte, ursprünglich und ohne weiteres irgend ein konkretes Rechtsverhältnis zwischen dem Arzte [...] und dem Patienten [...] zu begründen, [...].“[14] Kurz gesagt, ergibt sich aus der Approbation das Recht, nicht jedoch die Pflicht, Menschen medizinisch zu behandeln. Ein Zwang zur rechtsgeschäftlichen Bindung ist folglich nicht aus § 3 Abs. 1 S. 1 BÄO zu entnehmen.

---

[9] OLG München NJW 2006, 1883 (1885), vgl. auch: BVerwGE 27, 303 (305 ff.); Staudinger/*Rieble*, § 680 BGB, Rdnr. 15, kritisch: Münchner Kommentar/*Schäfer*, § 680 BGB, Rdnr. 9.

[10] OLG München NJW 2006, 1883 (1885); *Bittner*, V., Die virtuelle Patientenakte, S. 7 f.; Spickhoff/*Spickhoff*, Medizinrecht, § 680 BGB, Rdnr. 8.

[11] Siehe dazu Fünfter Teil Kapitel B.

[12] Der erfolgreiche Abschluss eines Medizinstudiums stellt lediglich eine der vier Voraussetzungen dar (vgl. § 3 Abs. 1 S. 1 BÄO). Daneben darf sich der die Approbation begehrende Antragsteller nicht eines Verhaltens schuldig gemacht haben, aus dem sich eine Unwürdigkeit oder Unzuverlässigkeit bezüglich des angestrebten Arztberufs ableiten ließe. Weiter muss der Antragsteller die erforderlichen Deutschkenntnisse aufweisen und gesundheitlich in der Lage sein, den Arztberuf auszuüben.

[13] *Klose/Straub*, MedR 2017, 935 (938); *Nipperdey*, Kontrahierungszwang und diktierter Vertrag, S. 45 f., 48 f.

[14] RGSt 25, 375 (380).

II. Berufsethos

„Als Mitglied der ärztlichen Profession gelobe ich feierlich, mein Leben in den Dienst der Menschlichkeit zu stellen. Die Gesundheit und das Wohlergehen meiner Patientin oder meines Patienten werden mein oberstes Anliegen sein." Mit diesen Worten beginnt die vom Weltärztebund verabschiedete Deklaration von Genf, die wiederum als Präambel der deutschen MBO-Ä vorangestellt ist.[15] Der Kerngedanke des Genfer Gelöbnis kann dahingehend zusammengefasst werden, dass die Tätigkeit des Arztes darauf ausgerichtet ist, dem Menschen zu helfen und dessen Schmerzen zu lindern.[16] Fraglich bleibt dagegen, ob diesem Selbstverständnis auch eine Pflicht zur Aufnahme von Patienten bzw. zum Abschluss von Behandlungsverträgen zu entnehmen ist. Das BVerfG hat sich in einem Beschluss vom 25.07.1979 positiv zu einer diese Frage bejahenden Ansicht aus der Literatur positioniert.[17] Schmidt statuierte bereits 1950, dass „die Standesethik des Arztes [...] nicht isoliert neben dem Recht [steht]. Sie wirkt in die rechtlichen Beziehungen des Arztes zum Patienten hinein. Was die Standesethik vom Arzte fordert, übernimmt das Recht zugleich als rechtliche Pflicht. Weit mehr als sonst in sozialen Beziehungen zwischen Menschen fließt im ärztlichen Berufsbereich das Ethische mit dem Rechtlichen zusammen."[18] Um der vorangestellten Definition des Kontrahierungszwangs gerecht zu werden, kann zudem auf den Wortlaut von § 1 Abs. 1 BÄO und § 1 Abs. 1 S. 1 MBO-Ä verwiesen werden. Beide Normen lassen sich dahingehend zusammenfassen, dass der Arzt der Gesundheit des Einzelnen sowie der gesamten Bevölkerung zu dienen hat.

Gleichwohl ist zweifelhaft, ob ein Kontrahierungszwang als die richtige Schlussfolgerung anzusehen ist. Die ärztliche Tätigkeit manifestiert sich in vielen Handlungsweisen. Eine Vertragsbegründung ist dabei aufgrund der Vertrauensanforderungen als eine intime Form der Kooperation zu verstehen. Dem Selbstverständnis des Arztes, seine Arbeit in den Dienst der Menschheit zu stellen, auch die Pflicht zu entnehmen, dies gerade durch die vertragliche Ausgestaltung der Arzt-Patienten-Beziehung zu erreichen, kommt einer starken Beschränkung der durch die Einordnung als „freier Beruf" aufgebauten Entscheidungsfreiheit gleich. Ärzte sind dazu angehalten zu helfen. Eine Verpflichtung, wie dies juristisch aufgebaut und durchgeführt werden soll, kann jedoch weder der Deklaration von Genf noch den § 1 Abs. 1 BÄO oder § 1 Abs. 1 S. 1 MBO-Ä entnommen werden. Vielmehr soll durch

---

[15] Allgemein zum zersplitterten Berufsrecht der Ärzte siehe: *Janda*, Medizinrecht, S. 95 ff.

[16] *Klose/Straub*, MedR 2017, 935 (938); *Lukowsky*, Philosophie des Arzttums, S. 17, 19; für eine eindrucksvolle Beschreibung des ärztlichen Berufethos siehe auch: Spickhoff/*Schelling*, Medizinrecht, § 1 BÄO, Rdnr. 3.

[17] BVerfGE 52, 131 (170) mit dem Ausdruck „Dies gilt heute ebenso wie ehedem."

[18] *Schmidt*, E., Ärztliches Strafrecht; in: Ponsold (Hrsg.), Lehrbuch der Gerichtlichen Medizin, S. 1 (2); zustimmend: *Laufs/Katzenmeier*/Lipp, Arztrecht, Kap. I, Rdnr. 17.

alle drei Rechtsquellen der ärztliche Wirkungskreis ausgestaltet werden. Ein Abschlusszwang wird dabei jedoch nicht begründet.[19]

III. Allgemeines Gleichbehandlungsgesetz

Ein Kontrahierungszwang könnte die Rechtsfolge der Verletzung des Allgemeinen Gleichbehandlungsgesetzes sein. Als Ausgangspunkt müsste eine diskriminierende und dem Arzt zuzurechnende Ablehnung eines Patienten vorliegen. Gemäß § 21 Abs. 1 S. 1 AGG kann der Benachteiligte, also der Patient, bei einem Verstoß gegen ein Benachteiligungsverbot die Beseitigung der Benachteiligung verlangen. Als mögliche Beseitigungsform kommt der Vertragsschluss als *actus contrarius* zur Vertragsverweigerung in Betracht.[20] Der sachliche Anwendungsbereich des Gesetzes ist für privatrechtliche Behandlungsverträge mit Ärzten gemäß § 2 Abs. 1 Nr. 5 AGG eröffnet, es handelt sich um einen Vertrag über Gesundheitsdienste.[21]

1. Diskriminierungsverbot aus § 19 Abs. 1 Nr. 1 Alt. 1 AGG

Ein potenzielles Diskriminierungsverbot ist in § 19 Abs. 1 Nr. 1 Alt. 1 AGG geregelt. Danach ist eine Benachteiligung aus Gründen der Rasse oder wegen der ethnischen Herkunft, wegen des Geschlechts, der Religion, einer Behinderung, des Alters oder der sexuellen Identität bei der Begründung, Durchführung und Beendigung zivilrechtlicher Schuldverhältnisse, die typischerweise ohne Ansehen der Person zu vergleichbaren Bedingungen in einer Vielzahl von Fällen zustande kommen (Massengeschäft), unzulässig.

Hierbei ist umstritten, ob der Abschluss von Behandlungsverträgen unter das Merkmal des Massengeschäfts subsumiert werden kann. Dies wird zum Teil mit dem Argument bejaht, dass die Individualität des Behandlungsgeschehens zwar bei der konkreten ärztlichen Tätigkeit eine Rolle spielt, nicht jedoch bei dem Abschluss des Vertrages, der der Behandlung zeitlich vorgelagert ist.[22] Dieser Sichtweise kann im Ergebnis jedoch nicht zugestimmt werden.[23] Der Wortlaut von § 19 Abs. 1 Nr. 1 Alt. 1 AGG „ohne Ansehen der Person" legt nahe, dass Massengeschäfte durch

---

[19] *Klose/Straub*, MedR 2017, 935 (938) sowie Fn. 55.

[20] *Thüsing/von Hoff*, NJW 2007, 21 (22).

[21] BT-Drucksache 16/1780, S. 31 f; BeckOGK/*Baumgärtner*, § 2 AGG, Rdnr. 57; BeckOK/*Horcher*, § 2 AGG, Rdnr. 22; BeckOK/*Wendtland*, § 19 AGG, Rdnr. 12; Däubler/Beck/*Franke*, § 2 AGG, Rdnr. 49; Gaier/*Wendtland*, § 2 AGG, Rdnr. 32; Laufs/Katzenmeier/*Lipp*, Arztrecht, Kap. III, Rdnr. 23; Münchner Kommentar/*Thüsing*, § 2 AGG, Rdnr. 23.

[22] Däubler/Beck/*Franke/Schlichtmann*, § 19 AGG, Rdnr. 39; in dieselbe Richtung gehend: *Elsuni*, Ist das Diskriminierung?, S. 31 f.; *Franke/Kluge*, NJ 2015, 457 (459 f.).

[23] Im Ergebnis ebenfalls ablehnend: BeckOGK/*Mörsdorf*, § 19 AGG, Rdnr. 35; Münchner Kommentar/*Thüsing*, § 2 AGG, Rdnr. 23.

Anonymität gekennzeichnet sind. Der Behandlungsvertrag kann jedoch erst das für eine funktionierende Arzt-Patienten-Beziehung erforderliche Maß an Intensität erreichen, wenn die beteiligten Personen als Individuen anerkannt werden. Anders ist dies beispielsweise bei Verträgen über die Nutzung von Freizeiteinrichtungen oder in der Konsumgüterwirtschaft.[24] Gemäß §§ 630b, 613 S. 1 BGB hat der Arzt die Behandlung im Zweifel in Person zu erbringen. Die Leistung erhält dabei nicht nur eine persönliche Note aufseiten des Arztes, vielmehr ist der Behandlungsvorgang aufgrund der Unwägbarkeiten des menschlichen Organismus auch im Hinblick auf den Patienten als personifiziert anzusehen. Es ist zudem zu berücksichtigen, dass die Individualität des Behandlungsgeschehens – als Gegenwert zur Anonymität von Massengeschäften – von der konkreten ärztlichen Tätigkeit abhängig ist.[25] Bei der Frage, ob das „Ansehen der Person" bereits bei der Entscheidung des Arztes über das Zustandekommen des Vertrages eine Rolle spielt, ist zwischen einem Heilauftrag und Behandlungen im Rahmen der Wunschmedizin zu unterscheiden.

Wird eine Heilbehandlung durchgeführt, beispielweise bei einem HIV-Infizierten, hat der Arzt bereits vor Vertragsschluss ein berechtigtes Interesse an der Individualität des Patienten.[26] Dies folgt daraus, dass der Arzt eine Entscheidung dahingehend treffen muss, ob er sich bereit fühlt, den Patienten mit seinen vorhandenen Fähigkeiten und Kenntnissen zu behandeln. Ein Erst-Recht-Schluss ist anzunehmen, wenn sich der Arzt bereits durch die Übernahme der Behandlung eigenen gesundheitlichen Gefahren aussetzt. Als häufig banales, jedoch zugleich alltägliches Beispiel gilt die durch Tröpfcheninfektion übertragbare Grippe. Selbstverständlich muss berücksichtigt werden, dass die Möglichkeit einer Grippeinfektion auch zum allgemeinen Lebensrisiko gehört, das im entsprechenden Berufsalltag sogar gesteigert hinzunehmen ist. Gleichwohl soll über die viel propagierte „Freiheit" des Arztberufes verhindert werden, dass die Heilbehandlung als Massengeschäft eingeordnet wird.

Anders ist dies im Bereich der Wunschmedizin, also beispielsweise bei einer geplanten Brustvergrößerung zu beurteilen. In diesen Fällen ist der Ablauf der Behandlung bereits vor Aufnahme der Patientin bis ins Detail durchstrukturiert. Die Individualität der Patientin spielt allenfalls im Rahmen der konkreten Vornahme der benötigten Operationsschritte eine zu beachtende Rolle, nicht jedoch bei dem Abschluss des Vertrages.[27] Zu Recht wurde daher an anderer Stelle bereits darauf verwiesen, dass der Arzt im Bereich der Wunschmedizin als Dienstleister und der

---

[24] AG Wipperfürth, Urteil vom 25.09.2014, 9 C 379/13 – juris.

[25] In diese Richtung gehend: *Bauer/Krieger/Günther*, § 19 AGG, Rdnr. 9a.

[26] Problematisch war in diesem Zusammenhang jeweils die Frage, ob eine HIV – Infektion eine Behinderung im Sinne des § 19 I Nr. 1 Alt. 1 AGG darstellt: bejahend: BAGE 147, 60 (77 f.) = SRa 2014, 205 (211); bei AG Wipperfürth, Urteil vom 25.09.2014, 9 C 379/13 – juris wurde diese Frage mangels Entscheidungserheblichkeit nicht beantwortet.

[27] *Franke/Kluge*, NJ 2015, 457 (459) stellen darauf ab, dass es sich bei einem Massengeschäft „[...] um einen Vertrag handelt, bei dem vor Vertragsschluss keine Auswahl des Vertragspartners erfolgt."

Patient als bloßer Kunde auftritt.[28] In diesen Konstellationen ist ein Massengeschäft im Sinne des § 19 Abs. 1 Nr. 1 Alt. 1 AGG anzunehmen.

Möglich wäre es zudem, dass sich eine HIV-infizierte Frau einer Brustvergrößerung unterziehen möchte. In solchen Kombinationsfällen ist jeweils im Einzelfall zu prüfen, ob die Individualität des Heilauftrags, einschließlich der sich abzeichnenden Gefahren für den Arzt, gegenüber der Strukturiertheit und Anonymität einer wunschmedizinischen Behandlung überwiegt. Sollte dies der Fall sein, ist ein Massengeschäft abzulehnen.

2. Erweitertes Diskriminierungsverbot aus § 19 Abs. 2 AGG

Wird ein Massengeschäft verneint, greift das erweiterte Diskriminierungsverbot aus § 19 Abs. 2 AGG ein. Hiernach ist bei der Begründung, Durchführung und Beendigung von sonstigen zivilrechtlichen Schuldverhältnissen im Sinne des § 2 Abs. 1 Nr. 5 bis 8 AGG eine Benachteiligung aus Gründen der Rasse oder wegen der ethnischen Herkunft unzulässig. § 19 Abs. 2 AGG ist vorliegend einschlägig, da es sich bei dem Behandlungsvertrag nach § 630a BGB um einen Vertrag über Gesundheitsdienste nach § 2 Abs. 1 Nr. 5 AGG handelt.[29]

3. Ausnahmeregelung aus § 19 Abs. 5 S. 1 AGG

Gemäß § 19 Abs. 5 S. 1 AGG sind Schuldverhältnisse, bei denen ein besonderes Nähe- oder Vertrauensverhältnis der Parteien oder ihrer Angehörigen begründet wird, von den Vorschriften des dritten Abschnitts, also dem Schutz vor Benachteiligungen im Zivilverkehr (§§ 19–21 AGG) ausgenommen. Folglich würden auch die Diskriminierungsverbote aus § 19 Abs. 1, 2 AGG nicht zur Anwendung kommen.

Der Heilauftrag ist durch eine Einzelfallbetrachtung gekennzeichnet. Diese könnte die Anwendbarkeit der Ausnahmeregelung begründen. Selbst wenn ein Massengeschäft angenommen wird, spricht viel dafür, dass der „anonymen" Vertragsbegründung eine intime Arzt-Patienten-Beziehung nachfolgt. Anders formuliert kann die Frage nach dem „Ob" der Behandlung zwar einen Massengeschäftscharakter aufweisen; das „Wie" der Behandlung dagegen bietet aufgrund der individuellen Ausführung und der Berücksichtigung der Einzigartigkeit des menschlichen Körpers stets Raum für die Entwicklung einer Nähe- bzw. Vertrauensbeziehung.[30] Nicht umsonst hat auch die Rechtsprechung das in der Arzt-

---

[28] Siehe dazu Zweiter Teil Kapitel E. II. 6.

[29] Siehe dazu Vierter Teil Kapitel A. III.

[30] Daher eine Anwendbarkeit von § 19 V S. 1 AGG auf Verträge über ärztliche Dienstleistungen bejahend: Münchner Kommentar/*Wagner*, § 630a BGB, Rdnr. 46.

Patienten-Beziehung bestehende „[…] besonders ausgeprägte Vertrauensverhältnis [...]" stets betont.[31]

Dem ist entgegenzuhalten, dass § 19 Abs. 5 S. 1 AGG nach der ihm zugrunde liegenden europäischen Richtlinie auszulegen ist. Dies bedeutet, dass die Diskriminierung zwingend dem Schutz der Privatsphäre oder des Familienlebens dienen muss.[32] Die maßgebliche Person dabei ist die des Anbieters und nicht die des Kunden.[33] Mithin ist auf den Arzt und nicht auf den Patienten abzustellen. Die ärztliche Therapiefreiheit beruht zwar auch auf dem allgemeinen Persönlichkeitsrecht des Arztes, der damit angesprochene Schutzgedanke beschränkt sich jedoch auf den beruflichen Bereich.[34] Unter Berücksichtigung des aus § 823 Abs. 1 BGB bekannten Sphärenmodells kann zudem vertreten werden, dass die Behandlung von Patienten den Arzt ausschließlich in seiner Öffentlichkeitssphäre bzw. Sozialsphäre betrifft. Dieser Bereich zeichnet sich durch die Entfaltung von Persönlichkeitsmerkmalen mithilfe von offenen Interaktionen mit der Umwelt aus.[35] Die Sozialsphäre verdient auch im deliktsrechtlichen Kontext gegenüber der sich anschließenden Privat- und Intimsphäre den geringsten Schutz.[36] Aufgrund der europarechtlichen Auslegung ist dagegen unbeachtlich, dass der einzelne Patient durch die seinen Körper betreffende Behandlung wohl in seiner Privatsphäre,[37] wenn nicht sogar, z.B. bei detaillierter öffentlicher Beschreibung oder Stigmatisierung, in seiner Intimsphäre betroffen ist.[38] Die Anerkennung eines erweiterten ärztlichen Entscheidungsspielraums vor Vertragsschluss läuft mit dem Schutzgedanken der EG-Richtlinie konträr. Im Ergebnis stehen Ärzte, genau wie beispielsweise Rechtsanwälte, nicht in einem besonderen Vertrauensverhältnis zu ihren Patienten bzw. Mandanten.[39] Die Ausnahmeregelung des § 19 Abs. 5 S. 1 AGG ist daher im Arzt-Patienten-Verhältnis nicht anwendbar.

---

[31] Wenngleich ohne Bezugspunkte zum AGG: BGHZ 29, 46 (53); OLG Karlsruhe NJW 2001, 2804 (2805).

[32] Vgl. RL 2000/43/EG, Erwägungsgrund 4; BeckOGK/*Mörsdorf*, § 19 AGG, Rdnr. 59; sogar eine grundsätzliche Europarechtswidrigkeit von § 19 Abs. V S. 1 GG annehmend: Münchner Kommentar/*Thüsing*, § 19 AGG, Rdnrn. 100 f.

[33] Däubler/Beck/*Franke/Schlichtmann*, § 19 AGG, Rdnr. 67; Münchner Kommentar/*Thüsing*, § 19 AGG, Rdnr. 109.

[34] Siehe dazu Erster Teil Kapitel A. I. 1. c).

[35] Allgemein zur Sozialsphäre: BVerfGE 6, 389 (433); BeckOGK/*Specht-Riemenschneider*, § 823 BGB, Rdnrn. 1420 ff.

[36] BeckOGK/*Specht-Riemenschneider*, § 823 BGB, Rdnr. 1420.

[37] So etwa: BVerfGE 32, 373 (379) im Hinblick auf die Beschlagnahmung von ärztlichen Karteikarten (Krankenblätter); siehe auch: BGH GRUR 2013, 91 (92 f.); BGH NJW 2009, 754 (756); BVerfGE 101, 361 (382); allgemein: BeckOGK/*Specht-Riemenschneider*, § 823 BGB, Rdnrn. 1417 ff.

[38] BeckOGK/*Specht-Riemenschneider*, § 823 BGB, Rdnr. 1413.

[39] *Elsuni*, Ist das Diskriminierung?, S. 33; *Klose/Straub*, MedR 2017, 935 (938); Münchner Kommentar/*Thüsing*, § 19 AGG, Rdnr. 109.

4. Kontrahierungszwang als mögliche Rechtsfolge
von § 21 Abs. 1 S. 1 AGG

Abschließend muss beurteilt werden, ob der Verstoß gegen eines der Diskriminierungsverbote zu der ärztlichen Verpflichtung führen kann, einen Vertrag mit dem betroffenen Patienten eingehen zu müssen. Die Befürworter eines Kontrahierungszwanges verweisen regelmäßig auf einen Umkehrschluss aus § 15 Abs. 6 AGG, § 611a Abs. 2 2. HS BGB a.F., § 81 Abs. 2 Nr. 2 SGB IX a.F.[40] Alle drei Normen verneinen den Anspruch auf Begründung eines Arbeitsverhältnisses bei Verstößen gegen arbeitsrechtliche Benachteiligungsverbote. Da bei den zivilrechtlichen Benachteiligungsverboten aus § 19 Abs. 1, 2 AGG und der sich anschließenden Anspruchsnorm aus § 21 Abs. 1 S. 1 AGG ein derartiger Ausschluss fehlt, wird argumentiert, dass ein Kontrahierungszwang als mögliche Rechtsfolge in Betracht zu ziehen ist.[41] Dem wird entgegen gehalten, dass § 15 Abs. 6 AGG lediglich einen bereits bestehenden Rechtszustand klarstellen soll.[42] Zudem gilt es als methodisch fragwürdig, wenn ein Rückschluss von dem speziell berufsrechtlichen zweiten Abschnitt (§§ 6–18 AGG) auf den dritten Abschnitt gezogen wird, der Normen enthält, die den gesamten Zivilrechtsverkehr betreffen.[43] Ebenfalls gegen die Annahme eines Kontrahierungszwanges aus dem Umkehrschluss des § 15 Abs. 6 AGG spricht, dass der dahingehend positiv formulierte § 22 Abs. 2 S. 1 ADG-E, „Im Falle einer Vertragsverweigerung kann der Benachteiligte den Abschluss eines Vertrages nur verlangen, wenn dieser ohne Verstoß gegen das Benachteiligungsverbot erfolgt wäre"[44] schlussendlich nicht Bestandteil des aus dem ADG-E entwickelten AGG geworden ist.[45]

Zum Teil wird vertreten, dass ein effektiver Schutz für den Benachteiligten sich am ehesten mit einem erzwungenen Vertragsabschluss erreichen lässt.[46] Dieser Aussage kann jedoch aus mehreren Gründen nicht zugestimmt werden. Zunächst ist das besondere Vertrauensverhältnis der Arzt-Patienten-Beziehung zu berücksichtigen. Der Versuch, ein solches mit Zwang herbeizuführen, dürfte von Beginn an zum

---

[40] Beide Normen waren jeweils in Kraft bis zum 17.08.2006.

[41] *Bauer/Krieger/Günther*, § 21 AGG, Rdnr. 6; BeckOGK/*Mörsdorf*, § 21 AGG, Rdnr. 32; Däubler/Beck/*Deinert*, § 21 AGG, Rdnrn. 28, 85 ff.; *Janda*, Medizinrecht, S. 126; Münchner Kommentar/*Thüsing*, § 21 AGG, Rdnr. 18; Münchner Kommentar/*Wagner*, § 826 BGB, Rdnr. 217; *Thüsing/von Hoff*, NJW 2007, 21 (22).

[42] *Armbrüster*, NJW 2007, 1494 (1496).

[43] *Klose/Straub*, MedR 2017, 935 (939).

[44] BT-Drucksache 15/4538, S. 9 (ADG-E); BT-Drucksache 16/1780, S. 11 (ADG-E).

[45] *Maier-Reimer*, NJW 2006, 2577 (2582); Münchner Kommentar/*Busche*, Vorbem. zu § 145 BGB, Rdnr. 17; kritisch: BeckOK/*Wendtland*, § 21 AGG, Rdnrn. 13 ff.

[46] *Bauer/Krieger/Günther*, § 21 AGG, Rdnr. 6 spricht von „vielen Fällen [in denen sich] eine Beseitigung der Benachteiligung nur dadurch erreichen [lässt], dass der Benachteiligte einen Anspruch auf den Vertragsschluss erhält."

Scheitern verurteilt sein.[47] Hierbei wird wiederum deutlich, dass die ärztliche Dienstleistung gerade nicht mit dem Besuch z. B. eines Friseurs vergleichbar ist. Daher lässt sich die auf das Beispiel eines einfachen Haarschnitts bezogene Aussage von Heese, „würde man nun die begehrte ‚Beseitigung' der Diskriminierung durch Kontrahierungszwang verneinen, würde in Fällen wie dem vorliegenden, in denen es nach einem Verstoß gegen das zivilrechtliche Benachteiligungsverbot zu keinem Vertragsschluss kommt, schlechterdings keine Sanktion greifen"[48] auch nicht auf den vom Arzt verweigerten Vertragsschluss übertragen. Wird der Abschluss eines Behandlungsvertrages erzwungen, besteht von vornherein ein erhöhtes Konfliktpotenzial, das nicht dadurch abgemildert werden kann, dass die beteiligten Personen ausgetauscht werden.[49] Die Folge eines „Zwangsvertrags" wäre, dass der „gezwungene" Arzt, aber unter Umständen auch der „sich aufdrängende" Patient alles daran setzten würde, das Rechtsverhältnis so schnell wie möglich wieder zu beenden.[50] Der Kontrahierungszwang ist daher im Rahmen einer Mittel-Zweck-Relation nicht geeignet, eine Vertrauensbeziehung aufzubauen.

Neben dem problematischen Vertrauensverhältnis ist zudem die Frage zu erörtern, ob nicht der in § 21 Abs. 2 AGG geregelte Ersatzanspruch für immaterielle Schäden eine gegenüber dem Kontrahierungszwang passendere Sanktionsmöglichkeit darstellt. Heese hat in seinem Friseurbeispiel die Konstruktion eines immateriellen Schadensersatzes aufgrund von „geringe[r] sozialethische[r] Vorwerfbarkeit solcher und vergleichbarer Diskriminierungshandlungen [als] schwerlich plausibel"[51] bezeichnet. Diese Sichtweise erfordert eine kritische Hinterfragung. Primär muss die Bedeutung der Diskriminierungsgründe hervorgehoben werden. § 19 Abs 1 und 2 AGG finden schließlich über Art. 3 Abs. 3 GG auch verfassungsrechtlich Berücksichtigung. Bei Berührung dieser Punkte lediglich von geringen sozialethischen Auswirkungen zu sprechen, kann daher nicht überzeugen. Ferner bietet speziell das Arzt-Patienten-Verhältnis mit der Nähe zu den Rechtsgütern „Leben" und „Gesundheit" einen weiteren Grund, Diskriminierungen in diesem Bereich als sozialethisch schwerwiegend einzuordnen. Gerade die Fälle, in denen sich ein Arzt gegen die Aufnahme eines unter Umständen „leidenden" Patienten entscheidet, sind als sozialethisch aufgeladen zu bezeichnen. Auch wenn das Berufsethos keinen Kontrahierungszwang begründet, kann der Rechtsgedanke des Ärztegelöbnisses als Auslegungshilfe hinsichtlich der Sozialethik der Arzt-Patien-

---

[47] Vgl. *Maio*, Mittelpunkt Mensch, S. 225; zumindest andeutend: BeckOGK/*Mörsdorf*, § 19 AGG, Rdnr. 41.

[48] *Heese*, NJW 2012, 572 (572 ff.), hierbei ging es um die Frage, ob ein einfacher Haarschnitt mit und ohne vergleichbaren Arbeitsaufwand für Männer nur die Hälfte kosten kann; das Zitat: *Heese*, NJW 2012, 572 (575).

[49] Anders wäre dies bei Diskriminierungsfällen in Großunternehmen zu beurteilen; vgl. *Armbrüster*, VersR 2006, 1297 (1304); *ders.*, KritV 2005, 41 (47); vgl. *Thüsing/von Hoff*, NJW 2007, 21 (25).

[50] *Armbrüster*, NJW 2007, 1495 (1497 f.); *ders.*, KritV 2005, 41 (47).

[51] *Heese*, NJW 2012, 572 (575).

ten-Interaktion herangezogen werden. Durchaus passend ist daher, dass ein Schadensersatzanspruch den diskriminierenden Arzt aufgrund des verlorenen Gewinn-
potenzials, das auch einem erzwungenen Vertrag nachfolgen würde, besonders hart
trifft.[52]

Schlussendlich kann auch mit dem Schutzgedanken des AGG argumentiert
werden. Dieser zielt gemäß § 1 AGG darauf ab, Benachteiligungen aufgrund der
genannten Gründe zu verhindern oder zu beseitigen. Maßgeblich ist daher die persönliche Herabwürdigung des Patienten, die der Arzt durch seine diskriminierende
Entscheidung vornimmt und nicht die sich bloß an diese Handlung anschließende
und im Praxisalltag erkennbare Verweigerung des Vertragsschlusses.[53] Die die
Persönlichkeit betreffenden Nachteile lassen sich anschließend am besten über das
dafür entwickelte Instrument des immateriellen Schadensersatzes ausgleichen.[54]

Als Ergebnis ist festzuhalten, dass ein Kontrahierungszwang als Rechtsfolge des
Anspruchs aus § 21 Abs. 1 S. 1 AGG abgelehnt werden muss. Dadurch kann letzten
Endes verhindert werden, dass die nach § 19 Abs. 1, 2 AGG diskriminierten Patienten gegenüber anderen, „normal" abgelehnten Patienten bessergestellt werden.[55]
Dem Recht auf eine freie Arztwahl – also dem Selbstbestimmungsrecht des Patienten – einen Gewährleistungsanspruch auf abschlussbereite Ärzte zuzubilligen,
kommt einer der Intention des AGG zuwiderlaufenden Herabwürdigung des Arztes
zu einem Medizinroboter gleich. Daher ist zu betonen, dass die in Art. 2 Abs. 1 GG
verfassungsrechtlich verankerte negative Abschlussfreiheit des Arztes gegenüber der
positiven Abschlussfreiheit des Patienten Vorrang genießt.[56]

IV. Unterlassene Hilfeleistung aus § 323c StGB

Als weitere Rechtsquelle für einen Kontrahierungszwang kommt das Strafrecht,
speziell der Tatbestand der Unterlassenen Hilfeleistung aus § 323c StGB in Betracht.[57] Unter Anbetracht der der Norm zugrunde liegenden Systematik lässt sich ein
Kontrahierungszwang jedoch nur schwer vertreten. Als Ausgangspunkt gilt, dass

---

[52] Vgl. *Armbrüster*, VersR 2006, 1297 (1304); ablehnend: *Thüsing/von Hoff*, NJW 2007, 21
(25), wonach gerade deshalb der Kontrahierungszwang als milderes Mittel zur Anwendung
kommen soll.

[53] *Armbrüster*, NJW 2007, 1495 (1496 f.); Münchner Kommentar/*Busche*, Vorbem. zu
§ 145 BGB, Rdnr. 17; *Klose/Straub*, MedR 2007, 935 (938).

[54] So auch: *Armbrüster*, VersR 2006, 1297 (1304).

[55] *Armbrüster*, NJW 2007, 1495 (1497); vgl. auch: *Busche*, Privatautonomie und Kontrahierungszwang, S. 229, der argumentiert, dass die Herbeiführung eines positiven Vertragsschlusses qualitativ nicht mit dem bloßen Unterlassen einer Handlung vergleichbar ist.

[56] *Armbrüster*, NJW 2007, 1495 (1496 f.).

[57] So andeutend: BeckOK/*Katzenmeier*, § 630a BGB, Rdnr. 41; *Esser/Schmidt*, Schuldrecht Band I Allgemeiner Teil Teilband 1, S. 167; *Laufs*, NJW 1995, 1590 (1594); *Quaas/Zuck/
Clemens*, Medizinrecht, § 14, Rdnr. 16.

§ 323c StGB eine allgemeine Hilfeleistungspflicht und keine ärztebezogene Sonderverpflichtung begründet.[58] Dies liegt zum einen aufgrund des allgemein gehaltenen Wortlauts der aktuellen Fassung des § 323c StGB nahe. Zum anderen lässt sich dies auch aus einem historischen Vergleich zu zwei Normen herleiten, die sich mit der Stellung des Arztes gesondert beschäftigt haben. Der heute geltende § 323c StGB geht auf den am 05. Juli 1935 bekanntgegebenen § 330c RStGB zurück.[59] Zwar war zu diesem Zeitpunkt der § 200 des preußischen StGB bereits nicht mehr in Kraft, gleichwohl kann davon ausgegangen werden, dass der Normtext dem damaligen Gesetzgeber bekannt war. Inhaltlich sah § 200 des preußischen StGB eine spezielle Strafbarkeit für „Medizinalpersonen" vor, die in Fällen einer dringenden Gefahr ohne hinreichende Ursache ihre Hilfe verweigerten.[60] Daneben hob § 144 S. 2 GewO hervor,[61] dass „[…] die für Medizinalpersonen geltenden besonderen Bestimmungen, welche ihnen unter Androhung von Strafen einen Zwang zur ärztlichen Hilfe auferlegen" aufgehoben werden. Hätte der Gesetzgeber also gewollt, dass sich aus § 330c RStGB respektive aus § 323c StGB ein Sonderrecht für Ärzte ergibt, hätte er dies, die Kenntnis der älteren Normen vorausgesetzt, deutlich machen müssen.[62]

Im Hinblick auf den Normtext von § 323c StGB ist zudem fraglich, ob es sich bei einer Krankheit überhaupt um einen Unglücksfall handelt.[63] Überwiegend wird hierunter ein plötzlich eintretendes Ereignis verstanden, das erhebliche Gefahren für Personen (oder Sachwerte) mit sich bringt oder zu bringen droht.[64] Daher dürfte schon zweifelhaft sein, ob der Patient, der erst einmal abwartet und alle Hausmittel ausprobiert und anschließend die Praxis eines Arztes aufsucht, mit seiner Krankheit das Merkmal der Plötzlichkeit erfüllt. Sich langsam entwickelnde Krankheiten stellen daher keine Unglücksfälle dar. Im Ergebnis bejaht werden muss ein Unglücksfall jedoch bei unmittelbar auftretenden Schmerzen, rasanten Wendungen im

---

[58] RGSt 75, 68 (72 f.) zur Vorgängernorm § 330c RStGB; BGHSt 2, 296 (299); OLG München NJW 2006, 1883 (1884); Laufs/Katzenmeier/*Lipp*, Arztrecht, Kap. IV, Rdnr. 12; Laufs/Kern/Rehborn/*Ulsenheimer*, Handbuch des Arztrechts, § 151, Rdnr. 7; Schönke/Schröder/*Hecker*, § 323c StGB, Rdnr. 23.

[59] Reichsgesetzblatt 1935, Teil I, Nr. 70, S. 842.

[60] Preußisches Strafgesetzbuch von 1851, abrufbar unter http://www.koeblergerhard.de/Fontes/StrafgesetzbuchPreussen1851.pdf (Zugriff: 05.02.2022).

[61] Gewerbeordnung für das Deutsche Reich vom 21. Juni 1869, abrufbar unter https://reader.digitale-sammlungen.de/de/fs1/object/display/bsb11174892_00094.html (Zugriff: 05.02.2022).

[62] So auch: RGSt 75, 68 (73) zur Vorgängernorm § 330c RStGB.

[63] Die Tatbestandsvarianten „gemeine Gefahr" und „gemeine Not" kommen schon deshalb nicht in Betracht, da sie Gefährdungen für größere Menschenmengen betreffen. Beispiele sind Erdbeben oder ein längerer Stromausfall. Siehe dazu: Lackner/*Kühl*/Heger, § 323c StGB, Rdnr. 3; Münchner Kommentar/*Freund*, § 323c StGB, Rdnrn. 70 ff.

[64] RGSt 75, 68 (70); 75, 160 (162); BGHSt 6, 147 (152); BGH NJW 1983, 350 (351); Lackner/*Kühl*/Heger, § 323c StGB, Rdnr. 2; Schönke/Schröder/*Hecker*, § 323c StGB, Rdnr. 5.

Krankheitsverlauf oder bei Unfällen.[65] Neben dem Begriff des Unglücksfalles bietet auch die gemäß § 323c StGB geschuldete Reaktion der um Hilfe gebetenen Person keine Grundlage für die Konstruktion eines Vertragsabschlusszwangs. Der Begriff „Hilfe" wird als Tätigkeit, die auf Abwehr drohender Schäden gerichtet ist, definiert.[66] Dem vom Patienten aufgesuchten Arzt wird daher, wie jeder anderen Person auch, lediglich die Pflicht zum Tätigwerden auferlegt. Diese ist bei Ärzten zwar an deren erhöhter Leistungsfähigkeit zu messen,[67] gleichwohl bleibt es bei einer Pflicht zum tatsächlichen Handeln. Eine rechtsgeschäftliche Auseinandersetzung mit dem Patienten würde über den Norminhalt hinausgehen. Auch rein praktisch gesehen dürfte der „verunglückte" Patient ein erhöhtes Interesse daran haben, tatsächliche Handlungen in Anspruch zu nehmen. Besteht die Wahl, einen Behandlungsvertrag abzuschließen oder sich einen die Blutung stillenden Verband umlegen zu lassen, wird eher letzteres im Sinne des Verunglückten sein.[68] Ähnlich wie bei der persönlichen Herabwürdigung des Patienten im Sinne des AGG würde ein Kontrahierungszwang den Normzweck des § 323c StGB verfehlen. Die im Raum stehende Strafbarkeit nach § 323c StGB fordert daher allein die Übernahme der Behandlung im Einzelfall. Diese findet mit Beendigung der Notfalllage ihren Abschluss, eine Pflicht zur Weiterbehandlung wird dabei nicht begründet.[69]

V. Behandlungsgrundsätze und Verhaltensregeln aus § 7 Abs. 2 S. 2 MBO-Ä

Dem Vorbild des § 323c StGB folgend, wenngleich auch deutlich arztspezifischer, statuiert § 7 Abs. 2 S. 2 MBO-Ä, dass der Arzt in bestimmten Situationen nicht untätig bleiben darf. Die MBO-Ä enthält jedoch keine Aussage dahingehend, wie das

---

[65] RGSt 75, 68 (70 f.); 75, 160 (162); BGHSt 6, 147 (152 f.); OLG Hamm NJW 1975, 604 (605); OLG Karlsruhe NJW 1979, 2360 (2360 f.); BGH NJW 1983, 350 (351); Bergmann/Pauge/Steinmeyer/*Gaidzik*, § 323c StGB, Rdnr. 3; *Bockelmann*, Das Strafrecht des Arztes; in: Ponsold (Hrsg.), Lehrbuch der Gerichtlichen Medizin, S. 1 (3); Lackner/*Kühl*/Heger, § 323c StGB, Rdnr. 2; Laufs/Katzenmeier/*Lipp*, Arztrecht, Kap. IV, Rdnr. 13; Schönke/Schröder/*Hecker*, § 323c StGB, Rdnr. 6; für eine umfangreiche Übersicht über Beispiele aus der Rechtsprechung siehe auch: Laufs/Kern/Rehborn/*Ulsenheimer*, Handbuch des Arztrechts, § 151, Rdnr. 17.

[66] Münchner Kommentar/*Freund*, § 323c StGB, Rdnr. 75; Schönke/Schröder/*Hecker*, § 323c StGB, Rdnr. 12.

[67] RGSt 75, 68 (73); Lackner/*Kühl*/Heger, § 323c StGB, Rdnr. 6; Laufs/Katzenmeier/*Lipp*, Arztrecht, Kap. IV, Rdnr. 12; Schönke/Schröder/*Hecker*, § 323c StGB, Rdnr. 23; Spickhoff/*Schuhr*, Medizinrecht, § 323c StGB, Rdnr. 25; anders: *Moll*, Ärztliche Ethik, S. 34, der von einer Trennung der Hilfeleistung von Arzt und Mensch ausgeht.

[68] Vgl. *Klose/Straub*, MedR 2017, 935 (939).

[69] Vgl. OLG München NJW 2006, 1883 (1884); *Janda*, Medizinrecht, S. 126; *Klose/Straub*, MedR 2017, 935 (939); Münchner Kommentar/*Wagner*, §630a BGB, Rdnr. 48; ähnlich auch: Spickhoff/*Scholz*, Medizinrecht, § 7 MBO-Ä 1997, Rdnr. 10, der von einer „Behandlungspflicht", nicht jedoch von einem „Kontrahierungszwang" spricht.

Arzt-Patienten-Verhältnis rechtsgeschäftlich ausgestaltet sein soll. Das Standesrecht beschränkt sich auf die Wiedergabe von Verhaltensweisen.[70] Ein Kontrahierungszwang kann folglich auch nicht aus § 7 Abs. 2 S. 2 MBO-Ä abgeleitet werden.[71]

VI. Allgemeiner Kontrahierungszwang

Die dargestellte Definition von Kontrahierungszwang baut darauf auf, dass sich dieser aus „[…] einer Norm der Rechtsordnung […]"[72] ergibt. Dennoch wird zum Teil vertreten, dass ein allgemeiner, d. h. ein von geschriebenen Normen unabhängiger Zwang zum Abschließen von Verträgen bestehen kann. Als Voraussetzung gilt, dass die nachfragende Person auf die Leistung des Anbieters angewiesen ist und diesem die Vertragsabschlusspflicht zugemutet werden kann.[73] Andere wiederum stützen sich auf § 826 BGB und nehmen einen allgemeinen Kontrahierungszwang an, wenn sich die Vertragsablehnung als vorsätzliche sittenwidrige Schädigung einordnen lässt.[74] Zum Teil wird auch angeführt, dass die Ärzte durch die Betonung ihrer humanitären Arbeit den Anschein von bestehenden Ansprüchen zurechenbar verursacht haben.[75]

Es kann angenommen werden, dass aufgrund der Bedeutung von ärztlichen Leistungen für die Bevölkerung ein Abschlusszwang für Ärzte bestehen soll[76] oder dass ein Arzt bei seiner ablehnenden Entscheidung zumindest nicht unsachlich oder willkürlich verfahren darf.[77] Mögliche Beispiele für eine sachliche Ablehnung wären die Überlastung des Arztes, ein den ärztlichen Empfehlungen widersprechendes Patientenverhalten oder Situationen, in denen Patienten Behandlungen einfordern, die außerhalb des jeweiligen Fachgebiets liegen.[78] Looschelders ist zudem der Ansicht, dass es mit der Rechtsordnung nicht im Einklang steht, wenn der Betroffene sich der sittenwidrigen Diskriminierung beugen müsste, um anschließend auf den Ersatz eines immateriellen Schadens verwiesen zu werden. Der Schadensersatzanspruch soll unabhängig von der dem Patienten eröffneten Entscheidung sein, den

---

[70] *Klose/Straub*, MedR 2017, 935 (939); Spickhoff/*Scholz*, Medizinrecht, § 7 MBO-Ä 1997, Rdnrn. 9 f.

[71] Laufs/Katzenmeier/*Lipp*, Arztrecht, Kap. III, Rdnr. 22; *Klose/Straub*, MedR 2017, 935 (939); Spickhoff/*Scholz*, Medizinrecht, § 7 MBO-Ä 1997, Rdnr. 9.

[72] *Nipperdey*, Kontrahierungszwang und diktierter Vertrag, S. 7.

[73] *Klose/Straub*, MedR 2017, 935 (940).

[74] BeckOK/*Eckert*, § 145 BGB, Rdnrn. 18 f.; *Looschelders*, Schuldrecht AT, § 6, Rdnr. 6; *ders.*, JZ 2012, 105 (111); *Nipperdey*, Kontrahierungszwang und diktierter Vertrag, S. 53 ff.

[75] Vgl. *Moll*, Ärztliche Ethik, S. 33 f.

[76] So im Ergebnis: *Klose/Straub*, MedR 2017, 935 (943).

[77] BeckOK/*Katzenmeier*, § 630a BGB, Rdnr. 41; Laufs/*Kern/Rehborn*, Handbuch des Arztrechts, § 44, Rdnr. 12.

[78] Prütting/*Rehborn*, § 7 MBO-Ä, Rdnr. 7.

Vertragsschluss zu forcieren oder die Leistung bei einem anderen, willigen Anbieter in Anspruch zu nehmen.[79]

Im Ergebnis jedoch widerspricht jegliche Ausprägung eines Kontrahierungszwangs der das gesamte Privatrecht und daher auch das Arztrecht durchdringenden Privatautonomie und ist daher abzulehnen.[80] Im Rahmen der Arzt-Patienten-Beziehung wird regelmäßig allein die schwächere Position des Patienten betont. Bei diesem wird – sicherlich zu Recht – aufgrund der Lebenssituation ein besonderes Maß an Schutzwürdigkeit gefordert. Gleichwohl muss auch dem Arzt die Gleichheit des Vertragsgeschehens zugutekommen. Schließlich soll gerade durch die negative Seite der Therapiefreiheit verhindert werden, dass medizinische Leistungserbringer ausgenutzt werden. Um eine mit der Patientenseite vergleichbare Schutzintensität aufrechtzuerhalten, bedarf es der konsequenten Durchsetzung von Gleichheit. Die Folge ist eine auch auf ärztlicher Seite von einer Begründungspflicht losgelöste Vertragsfreiheit.[81] Bereits die Annahme eines geringfügig ausgeprägten Kontrahierungszwangs läuft auf ein negatives Sonderrecht für Ärzte hinaus, das die am Anfang der Untersuchung erwähnte Kritik an dem ärzteeignen Gestaltungsspielraum zu einem Teil ad absurdum führen würde.[82] Schließlich würde so die Stellung des Arztes gegenüber beispielsweise der eines Rechtsanwalts geschwächt werden, da dieser zwar auch einen „freien Beruf" ausübt (§ 2 Abs. 1 BRAO, § 1 Abs. 1 BORA), jedoch nicht zum Abschluss eines Mandantenvertrages gezwungen werden kann. Dies gilt unabhängig davon, dass ein Rechtsanwalt genau wie ein Arzt mit sensiblen Informationen der anderen Partei umgehen muss.

VII. Schlussfolgerung

Es ist festzuhalten, dass ein Arzt, wie jeder andere auch, über § 323c StGB zur Behandlungsübernahme verpflichtet ist. Hierbei handelt es sich jedoch allein um eine Pflicht zur tatsächlichen Handlung und nicht um die Anweisung, einen Vertrag abschließen zu müssen.[83] Anders formuliert beschränkt sich die Verpflichtung des Arztes auf die Vornahme der im Rahmen des § 323c StGB erforderlichen Maßnahmen. Eine Willenserklärung abgeben zu müssen, ist davon nicht umfasst. In der Pflicht zum Tätigwerden einen faktischen Kontrahierungszwang zu erkennen,[84] läuft

---

[79] *Looschelders*, JZ 2012, 105 (111).

[80] So auch andeutend: *Moll*, Ärztliche Ethik, S. 33; Münchner Kommentar/*Wagner*, § 630a BGB, Rdnr. 46; *Quaas*/Zuck/Clemens, Medizinrecht, § 14, Rdnr. 16.

[81] Auch *Klose*/Straub, MedR 2017, 935 (939) sprechen in ihrem Zwischenfazit davon, dass Ärzte im Allgemeinen einen Vertragsschluss sanktionslos ablehnen können; rigoros: *Krieger*, MedR 1999, 519 (519).

[82] Siehe dazu Erster Teil Kapitel A. II.

[83] Grüneberg/*Weidenkaff*, § 630a BGB, Rdnr. 6, es „[…] ist […] zu prüfen, ob ein Vertragsschluss oder eine Hilfeleistung [nach] § 323c StGB vorliegt."

[84] Vgl. *Brennecke*, Ärztliche Geschäftsführung ohne Auftrag, S. 79.

zwar praktisch gesehen auf ein erstrebenswertes Ergebnis hinaus, dogmatisch betrachtet ist jedoch weiter zwischen Realakten und Willenserklärungen zu unterscheiden. Schlussendlich bedeutet dies, dass die positivrechtliche Seite der Therapiefreiheit den Arzt vor einem nicht gewollten rechtsgeschäftlichen Tätigwerden schützt. Denn erst eine rigorose Wahrung der Vertragsfreiheit ermöglicht dem Arzt, sein eigenes Recht auf Selbstbestimmung auch auf der Ebene des einfachen Rechts hinreichend durchzusetzen. Nur dadurch kann ein Grundwert der Rechtsordnung gewahrt werden.[85]

B. Verhältnis von Selbstbestimmungsrecht und Vertragsfreiheit

Der zwischen Arzt und Patient geschlossene Behandlungsvertrag enthält die Rechte und Pflichten der Beteiligten und bietet daher die Möglichkeit, das Parteienverhältnis individuell auszugestalten. Obwohl die Aufklärungspflicht des Arztes in §§ 630d, e BGB gesetzlich geregelt ist, kann auch der der Privatautonomie zugrundeliegende Gedanke der Gleichheit im Vertragsverhältnis als hinreichende Grundlage für die Notwendigkeit der Aufklärung verstanden werden.[86] Deutsch äußerte sich bereits 1991 dahingehend, dass die „Rechte des Patienten auf freie Arztwahl, Aufklärung und Selbstbestimmung […] am besten im Rahmen einer zivilrechtlichen Vertragsbeziehung [gedeihen]."[87] Durch die bewusste Auswahl eines horizontal ausgestalteten Rechtsinstituts kann der Abbau der durch das Wissensdefizit in das Arzt-Patienten-Verhältnis eingeführten Asymmetrie weiter gefördert werden.[88]

Eine grundlegende Bedeutung für das Verhältnis von Selbstbestimmungsrecht und Vertragsfreiheit kommt dem in § 7 Abs. 2 S. 1 MBO-Ä geregelten Recht auf freie Arztwahl zu. Dieses Recht bildet auf der Ebene des Kammersatzungsrechts sowohl die Vertragsbegründungsfreiheit als auch die Kontrahentenwahlfreiheit ab. Daneben stellt das der Vertragsgestaltung immanente Antrag-Annahme-Konzept gemäß §§ 145 ff. BGB den Bereich der individuellen Gestaltungsfreiheit dar. Das

---

[85] Allgemein: *Looschelders*, Schuldrecht AT, § 3 Rdnr. 2.

[86] Bereits vor der einfachgesetzlichen Normierung der Aufklärungspflicht wurde angenommen, dass diese durch die verfassungsrechtlichen Bestimmungen, also dem Selbstbestimmungsrecht erzwungen wird und daher eine Hauptpflicht im Behandlungsvertrag darstellt; vgl. *Höfling/Lang*, Das Selbstbestimmungsrecht. Normativer Bezugspunkt im Arzt-Patienten-Verhältnis, in: Feuerstein/Kuhlmann (Hrsg.), Neopaternalistische Medizin: der Mythos der Selbstbestimmung im Arzt-Patient-Verhältnis, S. 17 (21).

[87] *Deutsch*, Arztrecht und Arzneimittelrecht, S. 25; ebenfalls abgedruckt in: Deutsch/ *Spickhoff*, Medizinrecht, Rdnr. 101; *Schneider*, MedR 2000, 497 (499).

[88] *Höfling/Lang*, Das Selbstbestimmungsrecht. Normativer Bezugspunkt im Arzt-Patienten-Verhältnis, in: Feuerstein/Kuhlmann (Hrsg.), Neopaternalistische Medizin: der Mythos der Selbstbestimmung im Arzt-Patient-Verhältnis, S. 17 (18).

Selbstbestimmungsrecht des Patienten ist daher auch im allgemeinen Grundsatz der Vertragsfreiheit verankert.

Als eng mit der Privatautonomie verbunden gilt zudem die Doktrin der Dispositionsfreiheit. Dieser Grundsatz besagt, dass jeder über den Umgang mit seinen eigenen Rechten und Rechtsgütern frei entscheiden kann. Laut Gesetzgeber sollte mit der Einführung des § 630a Abs. 2 BGB der Dispositionsfreiheit der beteiligten Parteien Rechnung getragen werden.[89] Über das dort einfachgesetzlich abgebildete Selbstbestimmungsrecht kann der Patient seine im Rahmen einer medizinischen Behandlung berührten Rechtsgüter „Leben", „Gesundheit", „körperliche Unversehrtheit" oder in Bezugnahme auf das Recht zur Einsichtnahme in die Patientenakte das „Rechtsgut der informationellen Selbstbestimmung" vor eigenmächtigen Maßnahmen vonseiten des Arztes schützen. Die Möglichkeit, frei über seine Rechtsgüter zu disponieren, beinhaltet im Ergebnis nichts anderes als ein *selbstbestimmtes* Auftreten im Rahmen einer Behandlungssituation. Im Ergebnis ist daher neben der Vertragsfreiheit auch die Dispositionsfreiheit als Legitimationsbasis für das Selbstbestimmungsrecht des Patienten anzuerkennen.[90]

---

[89] BT-Drucksache 17/10488, S. 20.
[90] Bezüglich der Bedeutung der Vertragsfreiheit siehe: *Schneider*, MedR 2000, 497 (499).

5. Teil

Vertragsarztrecht

Sobald der Patient auf den Arzt trifft, sind nur auf den ersten Blick lediglich zwei Parteien beteiligt. Zwar wird im Endeffekt der eine Patient von dem einen konkreten Arzt behandelt, gleichwohl spielt neben dem Willen der Beteiligten auch die Frage der Finanzierbarkeit eine nicht zu unterschätzende Rolle. Gemäß § 630a Abs. 1 BGB ist grundsätzlich der Patient für die vereinbarte Vergütung in Anspruch zu nehmen. Dies gilt jedoch nur, soweit nicht ein Dritter zur Zahlung verpflichtet ist (§ 630a Abs. 1 a. E. BGB). Dieser Dritte ist in Deutschland regelmäßig eine gesetzliche Krankenversicherung.[1]

A. Notwendigkeit der Untersuchung

Als Geburtsstunde der gesetzlichen Krankenversicherung gilt das von Otto von Bismarck auf den Weg gebrachte „Gesetz, betreffend die Krankenversicherung der Arbeiter". Dieses trat am 15. Juni 1883 in Kraft. Obwohl das eingeführte System teilweise an bereits vorhandene Strukturen im gewerblichen Krankenkassenwesen anknüpfte, wurde mit dem eingeführten Zwangsversicherungsprinzip wichtiges Neuland betreten.[2] Während im Jahr 1874 lediglich 5 %[3] der Bevölkerung in einer Kasse versichert waren, stieg diese Zahl bereits zum Jahr 1913 auf 62 %[4] an.[5] Heute

---

[1] Vgl. BT-Drucksache 17/10488, S. 18 f.

[2] *Schaumberg*, Sozialrecht – Einführung, § 1, Rdnrn. 17 ff.; *Stolleis*, Geschichte des Sozialrechts in Deutschland, S. 78; *Waltermann*, Sozialrecht, § 3, Rdnr. 60; allgemein zur historischen Entwicklung des Sozialversicherungswesens siehe: *Wannagat*, Lehrbuch des Sozialversicherungsrechts, S. 40 ff.

[3] Ausgehend von einer Bevölkerung von 45,2 Mio. im Jahr 1880 siehe: Statistisches Bundesamt, Statistisches Jahrbuch Deutschland und Internationales, S. 26.

[4] Ausgehend von einer Bevölkerung von 64,9 Mio. im Jahr 1910 siehe: Statistisches Bundesamt, Statistisches Jahrbuch Deutschland und Internationales, S. 26.

[5] *Stolleis*, Geschichte des Sozialrechts in Deutschland, S. 77, 79; ähnliche Zahlen: Murrhardter Kreis/*Arnold et al.*, Das Arztbild der Zukunft, S. 42; *Wolf-Braun*, Die Arzt-Patient-Beziehung im Kontext der naturwissenschaftlichen Medizin der Jahre 1850–1900, in: Deter (Hrsg.), Die Arzt-Patient-Beziehung in der modernen Medizin, S. 86 (89).

beläuft sich der prozentuale Versicherungsschnitt bei der gesetzlichen Kranken-versicherung auf circa 88 %.[6]

Dabei stellt die Krankenversicherung neben der Pflege-, Unfall-, Renten- und Arbeitslosenversicherung lediglich eine der fünf Säulen der Sozialversicherung dar.[7] Nach Wannagat ist eine Sozialversicherung „[…] eine staatlich organisierte, nach den Grundsätzen der Selbstverwaltung aufgebaute öffentlich-rechtliche, vorwiegend auf Zwang beruhende Versicherung großer Teile der arbeitenden Bevölkerung für den Fall der Beeinträchtigung der Erwerbsfähigkeit (und des Todes) sowie des Eintritts der Arbeitslosigkeit […]".[8] Anders formuliert werden in der Krankenver-sicherung Personen, die gleichermaßen gefährdet sind, zu einer Gefahrengemein-schaft zusammengeschlossen.[9]

Ein umfassender Schutz gegen Krankheiten ist nur bedingt möglich. Um eine funktionierende Versicherung aufrechtzuerhalten, ist daher notwendig, dass der Versicherungsfall nicht bei jedem Versicherten eintritt. Hierbei handelt es sich jedoch um einen nicht beeinflussbaren Umstand. Anders sieht es dagegen bei der Finan-zierung der Leistungen aus. In § 12 Abs. 1 S. 1 SGB V heißt es, dass Leistungen von Ärzten ausreichend, zweckmäßig und wirtschaftlich sein müssen. § 12 Abs. 1 S. 2 SGB V stellt zudem heraus, dass Leistungen, die nicht unter diese Merkmale sub-sumiert werden können, weder von den Versicherten verlangt noch von den Leis-tungserbringern erbracht oder von den Krankenkassen bewilligt werden dürfen. Der Aspekt der Wirtschaftlichkeit zielt mithin darauf ab, die Kosten für die Kranken-versicherung in einem erschwinglichen Rahmen zu halten.

Das Sozialversicherungswesen hat die Bedeutung der Finanzkraft des Patienten geschmälert und diesen Aspekt aus der individuellen Arzt-Patienten-Beziehung auf eine übergeordnete Ebene verschoben. Möglich wäre es daher, dass das Verhältnis von Arzt und Patient mangels finanzieller Ungereimtheiten ebenfalls eine höhere Intimitätsstufe erreicht hat. Als Antithese ist jedoch auch in Betracht zu ziehen, dass eine subtile Berücksichtigung der finanziellen Rahmenbedingungen weiterhin stattfindet, indem der Arzt seine Behandlung strikt an dem Leistungskatalog aus-richtet. Es besteht daher auch die Gefahr, dass das Arzt-Patienten-Verhältnis nicht

---

[6] Ausgehend von einer Bevölkerung von 83,2 Mio. zum Stichtag 31.09.2021, abrufbar unter https://www.destatis.de/DE/Themen/Gesellschaft-Umwelt/Bevoelkerung/Bevoelkerungs stand/Tabellen/liste-zensus-geschlecht-staatsangehoerigkeit.html und den Daten aus der Mit-gliederstatistik der gesetzlichen Krankenversicherung von Januar 2022, die von 73,1 Mio. Versicherten ausgehen, abrufbar unter https://www.bundesgesundheitsministerium.de/filead min/Dateien/3_Downloads/Statistiken/GKV/Mitglieder_Versicherte/Januar_2022_bf.pdf (Zu-griff jeweils: 05.02.2022).

[7] *Kokemoor*, Sozialrecht, Rdnr. 6; *Waltermann*, Sozialrecht, § 7, Rdnrn. 111 f.; allgemein: *Wannagat*, Lehrbuch des Sozialversicherungsrechts, S. 36 ff.

[8] *Wannagat*, Lehrbuch des Sozialversicherungsrechts, S. 25; vgl. auch: *Schaumberg*, So-zialrecht – Einführung, § 9, Rdnr. 134; vgl. auch: *Waltermann*, Sozialrecht, § 7, Rdnr. 114.

[9] *Waltermann*, Sozialrecht, § 7, Rdnr. 114; *Wannagat*, Lehrbuch des Sozialversiche-rungsrechts, S. 2 f.

intimer wird, sondern sich unter dem Deckmantel des Sozialrechts zu einer stärker durch Distanz geprägten Beziehung entwickelt. Gerade unter Berücksichtigung des heutigen Versicherungsvolumens ist daher zu untersuchen, ob die ärztliche Therapiefreiheit durch das Recht der gesetzlichen Krankenversicherung unzulässig beschränkt wird.

B. Spezialgesetzlicher Kontrahierungszwang bei Vertragsärzten

Nach heute wohl unstrittiger Ansicht ist das Arzt-Patienten-Verhältnis, unabhängig von einer möglichen sozialrechtlichen Einkleidung, durch einen privatrechtlichen Charakter gekennzeichnet.[10] Daher ist es nicht verwunderlich, dass die Schutzwirkungen der ärztlichen Therapiefreiheit auch dem Vertragsarzt, also dem nach §§ 95 ff. SGB V i. V. m. der Ärzte-ZV zur vertragsärztlichen Versorgung zugelassenen Arzt offenstehen.[11] Folglich sind auch die im Vierten Teil dieser Untersuchung getätigten Ausführungen über das Verhältnis von Vertragsfreiheit und Therapiefreiheit auf den Vertragsarzt zu übertragen.[12] Gleichwohl wird nachfolgend untersucht, ob der Vertragsarzt aufgrund von vertragsärztlichen Sonderregelungen zum Abschluss eines Behandlungsvertrages gezwungen werden kann oder ob die ärztliche Therapiefreiheit dies auch im Vertragsarztrecht vollumfänglich verhindert.

I. Kontrahierungszwang aus § 95 Abs. 3 S. 1 SGB V

Im Geltungsbereich der gesetzlichen Krankenversicherung folgt aus der Zulassung zur vertragsärztlichen Versorgung, die als öffentlich-rechtliche Berechtigung zu verstehen ist, das Recht, aber auch die Pflicht zur Teilnahme an dem Versorgungsauftrag (§ 95 Abs. 3 S. 1 SGB V).[13] Hieraus wird zum Teil abgeleitet, dass die sozialrechtliche Einkleidung des Vertragsarztes einen Kontrahierungszwang gegenüber gesetzlich versicherten Patienten zur Folge hat.[14] Dieser Ansatz kann jedoch im

---

[10] Siehe dazu Erster Teil Kapitel B. I. 2. a).

[11] Heidelberger Kommentar/*Dahm*, Kap. 5090, Rdnr. 14; vgl. *Kluth*, MedR 2005, 65 (69); *Laufs*, NJW 1995, 1590 (1594); Laufs/*Kern*/Rehborn, Handbuch des Arztrechts, § 3, Rdnr. 17; *Lukowsky*, Philosphie des Arzttums, S. 43; *Schimmelpfeng-Schütte*, MedR 2002, 286 (289).

[12] Gemäß § 13 Abs. 7 S. 1 BMV-Ä ist ein Vertragsarzt sogar ausdrücklich zur Ablehnung einer Behandlung eines über 18-jährigen Versicherten berechtigt, wenn dieser seine elektronische Gesundheitskarte nicht vorlegen kann.

[13] Vgl. BSGE 86, 121 (123); Becker/Kingreen/*Joussen*, § 95 SGB V, Rdnr. 2.

[14] *Brennecke*, Ärztliche Geschäftsführung ohne Auftrag, S. 79 äußert sich ziemlich eindeutig: „Auch wenn kaum zweifelhaft ist, dass dies [Bezugnahme auf § 95 Abs. 3 S. 2 SGB V] als echter, das heißt ausdrücklicher und direkter Kontrahierungszwang zu klassifizieren ist, erzeugt dieses Normprogramm zumindest einen faktischen, den Großteil der Bevölkerung

Ergebnis nicht überzeugen, sofern das auf „Horizontalität" ausgelegte Privatrechtsverhältnis zwischen Arzt und Patient gewahrt werden soll.[15] Die Beziehung zwischen Vertragsarzt und Kassenpatient unterscheidet sich nur insoweit von der zwischen Privatarzt und Privatpatient, als dass beide Parteien sozialrechtlich in die jeweilige Interessengemeinschaft eingebunden sind. Mögliche Zwangswirkungen können daher auch allein in dem durch „Vertikalität" geprägten Verhältnis zur Krankenkasse bzw. zur Kassenärztlichen Vereinigung entstehen. Die den Vertragsarzt treffende Obliegenheit zur Erfüllung des Sicherstellungsauftrages (§ 72 Abs. 1 S. 1 SGB V) verpflichtet diesen folglich nur gegenüber seiner Kassenärztlichen Vereinigung, nicht jedoch gegenüber dem einzelnen Patienten.[16]

Hierfür spricht zudem der Wortlaut von § 81 Abs. 5 S. 1 SGB V, der den Kassenärztlichen Vereinigungen aufträgt, die Voraussetzungen und das Verfahren von Disziplinarmaßnahmen bei Verstößen gegen den vertragsärztlichen Versorgungsauftrag in ihren Satzungen zu regeln. Ein Direktanspruch des Patienten gegen den Arzt, einen Vertrag mit ihm einzugehen, könnte sich allenfalls daraus ergeben, dass durch die Zulassung ein Vertrag zugunsten Dritter (§ 328 Abs. 1 BGB) in dem Verhältnis der Kassenärztlichen Vereinigung zum Vertragsarzt mit dem Patienten als Dritten konstruiert wird. Schließlich kann der Leistungsgegenstand von § 328 Abs. 1 BGB auch in der Verpflichtung zu sehen sein, einen Vertrag mit dem begünstigten Dritten abzuschließen.[17] Notwendige Voraussetzung dafür wäre, dass aus der Willensübereinkunft der Beteiligten die Begründung einer unmittelbaren und originären Berechtigung des Dritten ableitbar ist.[18] Dies ist bereits aus organisatorischen

---

begünstigenden Zwang zur Vornahme einer erbetenen Behandlung."; *Fehn/Lechleuthner*, MedR 2000, 114 (115) formulieren sehr ungenau: „der Arzt ist kraft seiner Zulassung öffentlich-rechtlich verpflichtet, den Patienten zu behandeln, wenn dieser ihn darum bittet. Insofern besteht ein Kontrahierungszwang", gleichwohl geht es eher um den KV-Notdienst; andeutend: *Krieger*, MedR 1999, 519 (520 f); Laufs/*Kern/Rehborn*, Handbuch des Arztrechts, § 44, Rdnr. 13 sprechen von einem „gewissen Kontrahierungszwang"; Ratzel/Lippert/*Prütting*, § 7 MBO-Ä, Rdnr. 20 lassen offen, ob die Pflicht zur Behandlung gegenüber der Kassenärztlichen Vereinigung oder gegenüber dem Patienten besteht; Schnapp/*Wigge*, Handbuch des Vertragsarztrechts, § 2, Rdnr. 2 merken an, dass der Vertragsarzt „grundsätzlich verpflichtet" sei sozialversicherte Patienten zu behandeln; *Schnapp/Düring*, NJW 1989, 2913 (2916 f.) lässt erkennen, dass für den Vertragszahnarzt, „[...] außer in Fällen begründeter und begründungsbedürftiger Ablehnung der Behandlung [...] keine Abschlußfreiheit [...]" herrscht.

[15] Im Ergebnis einen Kontrahierungszwang ablehnend: BeckOK/*Katzenmeier*, § 630a BGB, Rdnr. 42; *Francke*, Ärztliche Berufsfreiheit und Patientenrechte, S. 167, Fn. 32; *Klose/ Straub*, MedR 2017, 935 (940); Laufs/Katzenmeier/*Lipp*, Arztrecht, Kap. III, Rdnr. 22; Münchner Kommentar/*Wagner*, § 630a BGB, Rdnr. 47; *Quaas*/Zuck/Clemens, Medizinrecht, § 14, Rdnr. 17.

[16] *Klose/Straub*, MedR 2017, 935 (939 f.); Münchner Kommentar/*Wagner*, § 630a BGB, Rdnr. 47.

[17] *Esser/Schmidt*, Schuldrecht Band I Allgemeiner Teil Teilband 2, S. 296; *Schmalzel*, AcP 164 (1964), 446 (446); vgl. auch: *Spann*, Ärztliche Rechts- und Standeskunde, in: Ponsold (Hrsg.), Lehrbuch der Gerichtlichen Medizin, S. 48 (49), der davon ausgeht, dass zwischen dem Arzt und der Kasse ein Vertrag zugunsten eines Dritten (Patienten) besteht.

[18] Staudinger/*Klumpp*, § 328 BGB, Rdnr. 29.

Gründen abzulehnen. Ein Arzt kann aufgrund von begrenzten Kapazitäten nicht alle gesetzlich versicherten Patienten behandeln. Der beantragten Zulassung einen solchen Willen zu unterstellen, überzeugt daher nicht.[19] Ferner erscheint es nicht nachvollziehbar, inwieweit aus dem Zwangseintritt in die Kassenärztliche Vereinigung (vgl. § 77 Abs. 2 S. 1 SGB V) darauf geschlossen werden kann, dass der Vertragsarzt sich vertraglich an ihm unbekannte Versicherte binden möchte.[20]

Sollte ein Vertragsarzt die Behandlung eines gesetzlich versicherten Patienten ablehnen, kann er nicht dazu verpflichtet werden, einen Behandlungsvertrag abzuschließen. Stattdessen ist er darauf zu verweisen, dass er in Zukunft für die gegenüber der Kassenärztlichen Vereinigung geschuldete Versorgungstätigkeit nicht mehr in Frage kommt. Im Innenverhältnis mit der Kassenärztlichen Vereinigung steht es der ärztlichen Therapiefreiheit nicht entgegen, wenn dem vom Arzt vorgetragenen Ablehnungswunsch eines Patienten nur dann entsprochen wird, wenn der Arzt seine Entscheidung entsprechend begründen kann (vgl. § 13 Abs. 7 BMV-Ä).[21] Dies ist auch gerechtfertigt, da die den Arzt treffende Disziplinarmaßnahme in einer Wechselbeziehung zu der Inanspruchnahme von entsprechenden Vorteilen steht. So muss z. B. ein Vertragsarzt, der von einer planbaren Honorarverteilung (Kalkulationssicherheit) profitieren möchte,[22] im Gegenzug alle gesetzlich versicherten Patienten entsprechend dem Leistungskatalog behandeln. Mit dem abgelehnten Kontrahierungszwang im Außenverhältnis, also im Verhältnis zum Patienten, kann zudem das privatrechtliche Grundverständnis der Vertragsarzt-Kassenpatienten-Beziehung betont werden.

Ferner gilt, dass „[...] die Zulassung als Vertragsarzt [...] zum Zweck der selbstständigen Ausübung eines freien Berufs [erfolgt].“[23] Dieser Zielrichtung kann nur dann hinreichend Rechnung getragen werden, wenn auch der Vertragsarzt den

---

[19] Ablehnend ebenfalls: *Klose/Straub*, MedR 2017, 935 (940).

[20] LSG Nordrhein-Westfalen, MDR 1999, 238 (238), passend dazu hat das LSG Nordrhein-Westfalen in einem Beschluss vom 21. Oktober 1998, bezogen auf die Möglichkeit der Privatvergütung von Kassenpatienten, sich wie folgt geäußert: „Sollte ein Vertragsarzt [zur Erfüllung des Sicherstellungsauftrages seiner KV] persönlich, organisatorisch, kalkulatorisch, betriebswirtschaftlich usw. nicht in der Lage sein, diese [...] Leistungen kostendeckend in seiner Praxis als Sachleistung anzubieten und zu erbringen, ist er als Vertragsarzt nicht geeignet. Denn die Zulassung als Vertragsarzt erfolgt zum Zweck der selbstständigen Ausübung eines freien Berufs." Insbesondere der letzte Satz verdeutlicht, dass das Mittel der Zulassung den Arzt nicht in der Ausübung seines Berufs einschränken soll. Sowohl die generelle Annahme eines Kontrahierungszwangs wie auch die Konstruktion eines Vertrags zugunsten Dritter müsste jedoch als eine solche Beschränkung angesehen werden. Der Kontrahierungszwang gilt schließlich nicht umsonst als eine sehr weitreichende Beschränkung der Privatautonomie, vgl. *Klose/Straub*, MedR 2017, 935 (935 f.); *Looschelders*, JZ 2012, 105 (111).

[21] Teilweise wird dies auch im Außenverhältnis gefordert, so jedenfalls andeutend: Laufs/ *Kern/Rehborn*, Handbuch des Arztrechts, § 44, Rdnr. 13; *Quaas*/Zuck/Clemens, Medizinrecht, § 14, Rdnr. 17.

[22] Allgemein dazu: Laufs/Kern/Rehborn/*Clemens*, Handbuch des Arztrechts, § 38, Rdnrn. 17 ff.

[23] LSG Nordrhein-Westfalen, MDR 1999, 238 (238).

Abschluss eines Behandlungsvertrages ohne Begründung gegenüber dem Patienten verweigern darf. Die Freiheit des Arztberufs wird nur dann bewahrt, wenn die ärztliche Therapiefreiheit auch den Vertragsarzt vor einem ungewollten Vertragsabschluss schützt. Etwaige interne Disziplinarmaßnahmen stehen dem nicht entgegen. Da die Zulassung die Freiheit des Arztberufs gewährleisten soll, ist auch eine an das Vorbringen von Gründen orientierte Abschlussfreiheit als widersprüchlich zu bewerten.

II. Kontrahierungszwang aus § 13 Abs. 7 S. 3 BMV-Ä

Der Bundesmantelvertrag ist nach § 82 Abs. 1 S. 2 SGB V Bestandteil der zwischen den Kassenärztlichen Vereinigungen und den Krankenkassen geschlossenen Gesamtverträge. Er enthält Regelungen, die für den einzelnen Vertragsarzt verbindlich sind (vgl. § 95 Abs. 3 S. 3 SGB V). Gemäß § 13 Abs. 7 S. 3 BMV-Ä ist die Möglichkeit, eine Behandlung eines Versicherten abzulehnen, auf begründete Einzelfälle zu beschränken. Hierin könnte die Implementierung eines Kontrahierungszwanges zu sehen sein.[24] Der Bundesmantelvertrag enthält in seinem sechsten Abschnitt, zu dem auch § 13 BMV-Ä gehört, Vorschriften über allgemeine Grundsätze der vertragsärztlichen Versorgung, mithin auch Regelungen über die Rechte und Pflichten des Vertragsarztes.[25] Gemäß § 1 Abs. 1 S. 2 BMV-Ä erstreckt sich der Geltungsbereich des Vertrages dabei auf das SGB V. Da § 95 Abs. 3 S. 3 SGB V keinen Kontrahierungszwang gegenüber den versicherten Patienten, sondern allenfalls eine interne Verpflichtung des Arztes gegenüber der Kassenärztlichen Vereinigung enthält, ist im Ergebnis eine Beschränkung der Abschlussfreiheit aus § 13 Abs. 7 S. 3 BMV-Ä ebenfalls abzulehnen.[26]

C. Beschränkung der Methodenwahlfreiheit durch das Vertragsarztrecht

Das Vertragsarztrecht beinhaltet eine Vielzahl von Beurteilungsprogrammen und anderen Systemen, die den Wirkungsbereich der ärztlichen Tätigkeit zumindest auf den ersten Blick einschränken. Nachfolgend werden einige dieser Mechanismen aufgeführt und erklärt. Anschließend wird beurteilt, ob und inwieweit die ärztliche Therapiefreiheit in unzulässiger Weise beschränkt wird. Maßgeblich ist dabei die Frage, ob die Entscheidung des Arztes durch das Vertragsarztrecht dermaßen gesetzlich festgelegt ist, dass dem Patienten die positiven Auswirkungen der Metho-

---

[24] So andeutend: Prütting/*Rehborn*, § 7 MBO-Ä, Rdnr. 8.

[25] Schnapp/Wigge/*Berner*, Handbuch des Vertragsarztrechts, § 8, Rdnr. 14.

[26] *Klose/Straub*, MedR 2017, 935 (940).

denwahlfreiheit versperrt bleiben oder ob dem Arzt ein ausreichender Gestaltungsspielraum bei der Auswahl der Behandlungsmethode verbleibt.

I. Abrechnungssystem der gesetzlichen Krankenkassen

Dem Vertragsarzt wird rechtlich nicht die Möglichkeit genommen, Leistungen anzubieten, die über die gesetzliche Krankenversicherung nicht abrechnungsfähig sind. Der Umstand allein, dass eine Tätigkeit nicht vergütet wird, begrenzt den ärztlichen Leistungshorizont lediglich auf einer zweiten Ebene. Ein Arzt, der nur aufgrund des Umstandes der fehlenden Abrechnungsfähigkeit davon Abstand nimmt, eine bestimmte Behandlung anzubieten, tut dies freiwillig.[27] Im Grundsatz ist daher die sich bloß sekundär auswirkende Folge des begrenzten Leistungskatalogs als unbeachtlich zu betrachten. Etwas anderes gilt erst dann, wenn die faktische Begrenzung als so tiefgreifend einzuordnen ist, dass sich die strenge Ablehnung durch die gesetzlichen Krankenkassen zu einer rechtlich beachtenswerten Beeinträchtigung der ärztlichen Therapiefreiheit entwickelt. In diesen Fällen sollte eine Überarbeitung des Leistungskatalogs angestrebt werden.[28]

Über die Frage, welche Leistungen abrechnungsfähig sind, entscheidet der Gemeinsame Bundesausschuss (kurz: GBA) nach § 92 Abs. 1 SGB V. Die genauen Kosten ergeben sich anschließend aus dem Einheitlichen Bewertungsmaßstab für ärztliche Leistungen (vgl. § 87 Abs. 1 S. 1 SGB V). Dieser ist gemäß § 87 Abs. 5b S. 1 SGB V fortlaufend an Änderungen vonseiten des GBA anzupassen. Ein Arzt, der auf die Behandlung von Kassenpatienten angewiesen ist, was unter Berücksichtigung des Absicherungsvolumens der gesetzlichen Krankenversicherung von 88 % der Bevölkerung der Regelfall sein dürfte,[29] kann daher im Ausgangspunkt nur solche medizinischen Leistungen anbieten, deren Abrechnung zuvor extern legiti-

---

[27] Vgl. *Welti*, GesR 2006, 1 (1), der den Einfluss des Sozialrechts wie folgt beschreibt: „[Das Sozialrecht] verbietet keine Therapie, aber es kann sie außerhalb des Finanzierungssystems stellen."

[28] Es ist beispielweise an eine stärker einzelfallbezogene Bewertung von umstrittenen Behandlungsformen zu denken. Die nach der Richtlinie des GBA zu Untersuchungs- und Behandlungsmethoden der vertragsärztlichen Versorgung, Anlage II, abrufbar unter https://www.g-ba.de/downloads/62-492-2624/MVV-RL_2021-07-15_iK-2021-10-05.pdf (Zugriff: 05.02.2022) ausgeschlossene Behandlungsform der autohomologen Immuntherapie hat in einer Studie aus dem Jahr 2007 auch positive Ergebnisse erzielt, vgl. *Kief*, Akt Dermatol 2007, 216 (216 ff.). Zudem ist an eine einzelfallabhängige Aufnahme von Schmerzmitteln wie Acetylsalicylsäure zu denken, siehe dazu Fünfter Teil Kapitel C. I. 4.

[29] Ausgehend von einer Bevölkerung von 83,2 Mio. zum Stichtag 31.09.2021, abrufbar unter https://www.destatis.de/DE/Themen/Gesellschaft-Umwelt/Bevoelkerung/Bevoelkerungsstand/Tabellen/liste-zensus-geschlecht-staatsangehoerigkeit.html und den Daten aus der Mitgliederstatistik der gesetzlichen Krankenversicherung von Januar 2022, die von 73,1 Mio. Versicherten ausgehen, abrufbar unter https://www.bundesgesundheitsministerium.de/filead min/Dateien/3_Downloads/Statistiken/GKV/Mitglieder_Versicherte/Januar_2022_bf.pdf (Zugriff jeweils: 05.02.2022).

miert wurde. Auf kurze Sicht kann die ärztliche Therapiefreiheit durch den begrenzten Leistungskatalog daher als beschränkt angesehen werden.[30] Im Endeffekt entscheidend ist jedoch, ob in konkreten Fallkonstellationen eine Beschränkung vorliegt und ob diese eventuell durch hinreichende Gründe gerechtfertigt ist.

1. Individuelle Gesundheitsleistungen

Der Anspruch der Versicherten auf eine ambulante Krankenversorgung ergibt sich aus § 27 Abs. 1 S. 1 SGB V. Dieser Leistungsanspruch ist dabei auf das vom GBA festgelegte Leistungsspektrum beschränkt.[31] Hieraus kann jedoch nicht abgeleitet werden, dass eine vom Patienten gewünschte Behandlungsmethode, die sich nicht im Leistungskatalog der gesetzlichen Krankenversicherung befindet, generell nicht erbracht werden darf. Stattdessen existieren sowohl im ambulanten als auch im gesondert zu begutachtenden stationären Bereich[32] Optionen, mit denen dem Patienten auch außerhalb des Leistungskataloges befindliche Behandlungsmethoden ermöglicht werden können. Auf ambulanter Ebene wird in diesem Zusammenhang von *Individuellen Gesundheitsleistungen* (kurz: IGeL) gesprochen. Nach der Definition der Bundesärztekammer handelt es sich bei IGeL um ärztliche Leistungen, die generell oder im Einzelfall nicht der Leistungspflicht der gesetzlichen Krankenversicherung unterliegen, die jedoch aus ärztlicher Sicht erforderlich oder empfehlenswert, zumindest jedoch vertretbar sind und die von Patientinnen und Patienten ausdrücklich gewünscht werden.[33] Ausweislich des von der Kassenärztlichen Bundesvereinigung zusammen mit der Bundesärztekammer und dem Deutschen Netzwerk Evidenzbasierter Medizin e. V. herausgegebenen IGeL-Ratgebers können beispielsweise bestimmte Früherkennungsverfahren, medizinische Maßnahmen im Freizeit-, Urlaubs- oder Sportbereich, medizinisch-kosmetische Behandlungen oder einige Laboruntersuchungen dem Bereich der nicht abrechnungsfähigen Sonderleistungen unterfallen.[34] Die Kosten für diese Art der Behandlungen trägt der Patient selbst.[35]

Das Prinzip der IGeL begründet die Gefahr, dass ein Arzt, der auf wirtschaftliche Sicherheit seiner Patienten bedacht ist und daher nur über die gesetzliche Kran-

---

[30] Ziemlich entschieden dagegen: *Lesinski-Schiedat*, MedR 2007, 345 (345); ebenfalls kritisch: Heidelberger Kommentar/*Steinhilper/Schiller*, Kap. 2595, Rdnr. 25.

[31] Vgl. *Heil*, MPR 2013, 109 (115).

[32] Siehe dazu Fünfter Teil Kapitel C. I. 2.

[33] Dokumentation des 109. Deutscher Ärztetags, DtÄb 2006, A-1540 (A-1540); Heidelberger Kommentar/*Steinhilper/Schiller*, Kap. 2595, Rdnr. 15.

[34] BÄK/KBV/ebm Netzwerk, Selbst zahlen? Ein Ratgeber zu individuellen Gesundheitsleistungen (IGel) für Patientinnen und Patienten sowie Ärztinnen und Ärzte, S. 27 ff.; konkrete Beispiele sind die Entfernung einer Tätowierung oder die Ausstellung eines sportlichen Tauglichkeitszertifikats, siehe dazu: *Voigt*, Individuelle Gesundheitsleistungen (IGeL), S. 8.

[35] *Clausen*/Schroeder-Printzen, Münchner Anwaltshandbuch Medizinrecht, § 8, Rdnr. 351; *Schuldzinski*, VuR 2007, 428 (428).

kenversicherung abrechnungsfähige Behandlungsmethoden anbietet, durch den Leistungskatalog in seiner Methodenwahlfreiheit beschränkt wird. Da es sich hierbei jedoch lediglich um eine finanzielle Beeinträchtigung handelt, bleibt es zunächst bei dem anfangs aufgestellten Grundsatz, dass eine Beschränkung der ärztlichen Freiheit abzulehnen ist. Ob die finanzielle Beeinträchtigung auf die rechtliche Ebene durchbricht, hängt von einer genaueren Einordnung der IGeL ab.

a) Anwendung auf IGeL ohne Bezugspunkt zur Heilbehandlung

Zunächst sind solche IGeL zu bewerten, die keinen Bezugspunkt zur Heilbehandlung aufweisen. Diese „klassischen Selbstzahlerleistungen" dienen der Gesundheitserhaltung, -verbesserung oder allgemein der individuell beeinflussbaren Lebensgestaltung und werden dabei häufig von Gesunden in Anspruch genommen. „Klassische Selbstzahlerleistungen" gelten zwar zum Teil als ärztlich sinnvoll, sind jedoch nicht zwingend notwendig, um am alltäglichen Leben teilnehmen zu können.[36] Wenn ein Arzt eine reisemedizinische Beratung anbietet, wird er weiterhin im medizinischen Sektor tätig, sein Tun unterscheidet sich jedoch in der Intensität nicht mehr von der eines „normalen" Dienstleisters, wie dies bei Heilbehandlungen der Fall ist. Der Arzt stellt vielmehr lediglich sein erworbenes Wissen in Form von Serviceleistungen bereit. Die „klassischen Selbstzahlerleistungen" sind dadurch gekennzeichnet, dass sie losgelöst von einem konkreten Einzelfall präsentiert und angewandt werden können. In diesen Fällen fehlt der Zusammenhang zu dem Gedanken des Heilauftrages, der als zentrale Prämisse der ärztlichen Therapiefreiheit geschützt werden soll. Stattdessen gleicht die Tätigkeit des Arztes der einer „normalen" Servicekraft. Richtigerweise werden diese IGeL durch krankenversicherungsrechtliche Solidargemeinschaft nicht erstattet. Im Hinblick auf die ärztliche Therapiefreiheit handelt es sich zwar um eine finanzielle, nicht jedoch um eine rechtliche Beeinträchtigung.

b) Anwendung auf IGeL mit Bezugspunkt zur Heilbehandlung

Für einen möglichen Konflikt mit der ärztlichen Therapiefreiheit weitaus interessanter sind dagegen die IGeL, die zwar Bezugspunkte zu einer Heilbehandlung aufweisen, bei denen jedoch das konkrete Behandlungsverfahren nicht von dem Leistungsspektrum der gesetzlichen Krankenversicherung umfasst ist. Grob betrachtet lassen sich diese den Bereichen Prävention, Früherkennung und Krankenbehandlung zuzuordnenden Leistungen in drei Kategorien einteilen: Erstens könnte der GBA die Leistungen explizit wegen fehlender wissenschaftlicher Anerkennung, mangelnder medizinischer Notwendigkeit oder aufgrund von wirtschaftlichen Aspekten ausgeschlossen haben.[37] Zweitens ist es möglich, dass der GBA über neu-

---

[36] *Schuldzinski*, VuR 2007, 428 (428 f.); *Voigt*, Individuelle Gesundheitsleistungen, S. 9.

[37] Beispiele finden sich in der Richtlinie des GBA zu Untersuchungs- und Behandlungsmethoden der vertragsärztlichen Versorgung, Anlage II, abrufbar unter https://www.g-ba.de/

artige Behandlungsmethoden noch nicht abschließend beraten hat.[38] Die dritte Gruppe[39] umfasst Leistungen, die grundsätzlich abgerechnet werden können, die jedoch im konkreten Einzelfall mangels Wirtschaftlichkeit nach § 12 Abs. 1 S. 2 SGB V ausgeschlossen sind.[40]

Die Therapiefreiheit soll sicherstellen, dass der Arzt seinem Patienten einen einzelfallbezogenen Behandlungsplan anbieten kann. Mit dieser Zielrichtung korrespondiert die Arbeitsweise des GBA jedoch nur bedingt. Der GBA bewertet die in Frage stehenden medizinischen Verfahren mit Blickrichtung auf die gesamte Solidargemeinschaft. Dabei bleibt unberücksichtigt, ob im konkret-individuellen Einzelfall die Behandlung mit einer Therapieform entgegen der zuvor abstrakt-generell und negativ ausgefallenen Entscheidung dennoch angebracht wäre. Dass Verfahren, bei denen aus wissenschaftlicher Sicht eine zweifelsfreie Wirksamkeit nicht festgestellt wurde, aufgrund von Gefahrminimierungsgedanken nicht berücksichtigt werden, ist als richtig einzuordnen. Beschränken sich die Experteneinschätzungen jedoch auf einen fehlenden Konsens, muss ein lediglich auf ökonomisch-kollektiven Beweggründen beruhender Ausschluss durch den GBA als unvereinbar mit der Therapiefreiheit gewertet werden. Dem Arzt, der sich auf den Heilauftrag fokussiert, darf nicht die Möglichkeit genommen werden, ein für ihn subjektiv geeignetes Behandlungsverfahren zu verwenden. Darüber hinaus ist es für die Arzt-Patienten-Beziehung nicht förderlich, wenn dem Patienten Informationen über eventuell nützliche Behandlungsoptionen allein aus dem Grund vorenthalten werden, weil sie nicht über die gesetzliche Krankenversicherung abrechnungsfähig sind.[41] Zusammengefasst handelt es sich bei der Nichtübernahme von IGeL mit Bezugspunkt zur Heilbehandlung um eine finanzielle wie auch rechtliche Beeinträchtigung.

c) Berücksichtigung von ökonomischen Interessen der Ärzteschaft

Auch wenn die zentrale Aufgabe und Bestimmung des Arztes darin liegt, Krankheiten zu heilen und Schmerzen zu lindern, ist laut Bundesärztekammer auch ökonomisch geprägtes Verhalten bis zu einem gewissen Umfang schützenswert. „Es kann Ärztinnen und Ärzten nicht grundsätzlich verwehrt werden, diesem Verlangen nach einer aus Sicht der Patienten wünschenswerten Behandlung Rechnung zu tragen. Das gilt auch dann, wenn Leistungen ohne Zusammenhang mit einer Heil-

---

downloads/62-492-2624/MVV-RL_2021-07-15_iK-2021-10-05.pdf (Zugriff: 05.02.2022); vgl. auch: *Voigt*, Individuelle Gesundheitsleistungen (IGeL), S. 8.

[38] Siehe dazu Fünfter Teil Kapitel C. I. 3.

[39] Zum Teil wird bei dieser Gruppe auch von Wunschbehandlungen statt IGeL-Leistungen gesprochen, Heidelberger Kommentar/*Steinhilper/Schiller*, Kap. 2595, Rdnr. 41.

[40] Allgemein zur Einteilung: *Voigt*, Individuelle Gesundheitsleistungen (IGeL), S. 8; Beispiele für die dritte Kategorie: Hausbesuch aus Bequemlichkeit, Beweissicherung nach Fremdschädigung.

[41] *Frahm et al.*, MedR 2018, 447 (457).

behandlung nachgefragt oder erbracht werden. In einem zunehmend von der Ökonomie geprägten Gesundheitssystem muss es Ärztinnen und Ärzten erlaubt sein, auf eine solche Nachfrage zu reagieren und insoweit auch ökonomisch zu handeln, um ihre freiberufliche Tätigkeit und Existenz zu sichern."[42] Aus dieser Erklärung ist abzuleiten, dass die Ärzteschaft ermutigt werden soll, dem wachsenden Markt von medizinischen Leistungen offen gegenüberzustehen und sich im Rahmen ihrer Fachgebiete entsprechend zu präsentieren. Dennoch verbleibt es auch an dieser Stelle bei dem anfangs aufgestellten Grundsatz, dass der bloße Verweis auf den privaten Abrechnungsweg keine Beschränkung der ärztlichen Therapiefreiheit darstellt.

Ein beachtlicher Konflikt entsteht erst dann, wenn für einen Arzt, der dazu bereit ist, nicht abrechnungsfähige, jedoch mit dem Heilauftrag verbundene Behandlungsmethoden anzubieten, die Bereitstellung der Leistung und der damit verbundene finanzielle Erfolg wirtschaftlich gesehen völlig unverhältnismäßig zu dem Aufwand, den speziellen Weiterbildungen oder der Anschaffung der benötigten Technik steht. In diesen Fällen spricht viel dafür, dass die der fehlenden Abrechnungsfähigkeit nachfolgende „Abschreckungswirkung" in unzulässiger Weise auf die Primärebene, also auf die der ärztlichen Therapiefreiheit immanenten Methoden*auswahl*freiheit durchschlägt. Auch wenn begrüßt wird, dass sich Ärzte ökonomisch betätigen, bleibt zu beachten, in welchem Verhältnis der wirtschaftliche Gedanke zum medizinischen Nutzen der ausgewählten IGeL steht. Die Therapiefreiheit schützt das Behandlungsgeschehen auch dann, wenn der Arzt außerhalb des Leistungskatalogs der gesetzlichen Krankenversicherung tätig werden möchte. Besondere Sicherheit durch die geforderte finanzielle Übernahme verdienen jedoch nur Leistungen, die sowohl vom Arzt als auch vom Patienten im Zusammenhang mit einer Heilbehandlung angeboten bzw. nachgefragt werden. Nicht schützenswert und daher nicht mehr vom Gedanken der ärztlichen Therapiefreiheit umfasst, sind dagegen die Leistungen, bei denen der medizinische Aspekt hinter dem ökonomischen Interesse zurücksteht. Dann bleibt es dabei, dass in dem Verweis auf einen privaten Abrechnungsweg keine Beeinträchtigung der ärztlichen Therapiefreiheit zu sehen ist. Diese Konstellationen liegen im Hinblick auf die Installation von IGeL-Beraterfirmen, der Veranstaltung von speziellen Kongressen oder der Publikation von IGeL-Zeitschriften durchaus im Bereich des Möglichen.[43] Die ärztliche Therapiefreiheit soll verhindern, dass den Patienten aufgrund von finanziellen Gründen für ihre Gesundheit nützliche Behandlungsmethoden vorenthalten werden. Massengeschäfte mit Gesunden, bei denen die Angst der „Patienten" gezielt ausgenutzt wird, sind damit jedoch nicht gemeint.[44]

---

[42] Abgedruckt in: Heidelberger Kommentar/*Steinhilper/Schiller*, Kap. 2595, Rdnr. 12.

[43] Vgl. *Schuldzinski*, VuR 2007, 428 (430).

[44] Vgl. *Schuldzinski*, VuR 2007, 428 (430).

2. Wahlleistungen

Im stationären Bereich besteht ein ähnliches Konfliktpotenzial bei den *Wahl-leistungen*. Der Patient hat gemäß § 39 Abs. 1 S. 3, § 12 SGB V i. V. m. § 2 Abs. 1 S. 1, Abs. 2 S. 1 KHEntgG einen Anspruch auf allgemeine Krankenhausleistungen. Hierbei handelt es sich um Leistungen, die unter Berücksichtigung der Leistungs-fähigkeit des Krankenhauses im Einzelfall nach Art und Schwere der Krankheit für die medizinisch zweckmäßige und ausreichende Versorgung des Patienten not-wendig sind (vgl. § 2 Abs. 2 S. 1 KHEntgG). Der Begriff der allgemeinen Kran-kenhausleistung gilt dabei als Synonym für eine Leistung, die vom Leistungskatalog des GBA umfasst ist.[45] Als Umkehrschluss daraus ergibt sich, dass Wahlleistungen diejenigen Leistungen sind, die über die allgemeinen Krankenhausleistungen hin-ausgehen.[46] Unterschieden wird dabei zwischen ärztlichen (z.B. die Chefarztbe-handlung oder spezielle Labortests) und nichtärztlichen Wahlleistungen (z.B. Ein-bett- oder Zweibettzimmer statt Mehrbettzimmer).[47]

Eine klare Abgrenzung von allgemeiner Krankenhausleistung und Wahlleistung findet dabei nur auf den ersten Blick statt. Im Gegensatz zu der Versorgung im ambulanten Bereich fehlt es im stationären Sektor an der einheitlichen und ver-bindlichen Definition von Behandlungsstandards.[48] Vielmehr ist aufgrund der Krankenhausausstattung und den regelmäßig schwerer wiegenden Krankheitsver-läufen zwingend eine Einzelfallentscheidung notwendig.[49] Die Frage, ob es sich um eine Wahlleistung oder um eine allgemeine Krankenhausleistung handelt, kann daher nicht abstrakt von der Krankenhausleitung entschieden werden. Vielmehr unterfällt es dem ärztlichen Ermessensspielraum zu entscheiden, ob der konkrete Krankheitsverlauf bei dem individuellen Patienten eine Chefarztbehandlung und/ oder eine anschließende Unterbringung in einem Einbettzimmer erfordert. Sind aus medizinischen Gründen die besonderen Fähigkeiten und Kenntnisse eines speziellen Arztes erforderlich oder sind besondere Labortests notwendig, ermöglicht es die Therapiefreiheit, die Tätigkeit als allgemeine Krankenhausleistung zu verbuchen.[50]

Obendrein ist zu beachten, dass die Verfügbarkeit von nichtärztlichen Wahl-leistungen häufig losgelöst von dem einzelnen Krankheitsfall entschieden wird. Sofern ein Krankenhaus standardmäßig mit Ein- oder Zweibettzimmern ausgestattet ist, stellt die Unterkunft in einem solchen Zimmer eine allgemeine Krankenhaus-

---

[45] *Heil*, MPR 2013, 109 (111).

[46] Bergmann/Pauge/Steinmeyer/*Ihle*, § 17 KHEntgG, Rdnr. 2; *Heil*, MPR 2013, 109 (111); Laufs/Kern/Rehborn/*Stollmann/Wollschläger*, Handbuch des Arztrechts, § 81, Rdnr. 127; Spickhoff/*Starzer*, Medizinrecht, § 17 KHEntgG, Rdnr. 1.

[47] Bergmann/Pauge/Steinmeyer/*Ihle*, § 17 KHEntgG, Rdnr. 3.

[48] VG Ansbach, Urteil vom 23.05.2007, AN 15 K 06.03484 – juris.

[49] Spickhoff/*Starzer*, Medizinrecht, § 17 KHEntgG, Rdnr. 1.

[50] Bergmann/Pauge/Steinmeyer/*Ihle*, § 17 KHEntgG, Rdnr. 3; Laufs/Kern/Rehborn/*Stoll-mann/Wollschläger*, Handbuch des Arztrechts, § 81, Rdnr. 127; *Quaas*/Zuck/Clemens, Medi-zinrecht, § 26, Rdnr. 312.

leistung dar und kann folglich auch nicht gesondert abgerechnet werden.[51] Im Ergebnis stellen Wahlleistungen aufgrund der jeweils vorgelagerten Einzelfallentscheidung keine Beschränkung der ärztlichen Therapiefreiheit dar. Liegt der Schwerpunkt der Sonderleistung auf Bequemlichkeitsaspekten oder fehlen medizinische Gründe für eine „Herabstufung" der ursprünglichen Wahlleistung auf das Level der allgemeinen Krankenhausleistung, bedarf weder die Tätigkeit des Arztes noch das Interesse des Patienten eines gesonderten Schutzes.

3. Einsatz von neuen Untersuchungs- und Behandlungsmethoden

Neben der Absicherung der konkreten Behandlung ist die Therapiefreiheit zudem notwendig, um den Fortschritt in der Medizin zu fördern und dem Arzt die Möglichkeit zu eröffnen, an diesem aktiv teilzunehmen.[52] Durch die Begrenzung des Leistungsspektrums könnte der Arzt daran gehindert sein, neuartige Behandlungsmethoden zu nutzen und die (Weiter-)Entwicklung dieser Verfahren voranzutreiben. Ferner könnte die Therapiefreiheit dadurch beschränkt sein, dass die Anforderungen an die ambulante und stationäre Behandlung derart voneinander abweichen, dass der Arzt dazu gezwungen wird, die jeweiligen Behandlungsabschnitte qualitativ unterschiedlich auszugestalten. Sowohl im ambulanten als auch im stationären Bereich liegt die Entscheidungskompetenz, ob neuartige Untersuchungs- und Behandlungsmethoden zugelassen werden, allein bei dem GBA. Wesentlich unterschieden wird jedoch bei der Prüfungsart und bei dem Prüfungsmechanismus.

a) Ambulanter Bereich

Für den ambulanten Bereich legt § 135 Abs. 1 S. 1 SGB V als Verbot mit Erlaubnisvorbehalt fest, dass neue Untersuchungs- und Behandlungsmethoden nur auf Kosten der gesetzlichen Krankenversicherung erbracht werden dürfen, wenn der GBA zuvor in Richtlinien positive Empfehlungen in Form von verbindlichen Regelungen abgegeben hat.[53] Maßgeblich ist dabei die Anerkennung des diagnostischen und therapeutischen Nutzens der neuen Methode nach dem jeweiligen Stand der Wissenschaft in dem konkreten Therapiegebiet (vgl. § 135 Abs. 1 S. 1 Nr. 1 SGB V).[54] Zwar kann der Arzt weiterhin jede neue Behandlungsmethode auswählen und anwenden, im Hinblick auf das Versicherungsvolumen der gesetzlichen Kran-

---

[51] Laufs/Kern/Rehborn/*Stollmann/Wollschläger*, Handbuch des Arztrechts, § 81, Rdnr. 127; *Quaas*/Zuck/Clemens, Medizinrecht, § 26, Rdnr. 311.

[52] Siehe dazu Erster Teil Kapitel A. IV. 2.

[53] *Felix*, MedR 2016, 93 (93); *Hauck*, NZS 2007, 461 (462 f.); Spickhoff/*Regelin*, Medizinrecht, § 135 SGB V, Rdnr. 2, 14.

[54] Darüber hinaus erfordert die Anerkennung durch den GBA positive Empfehlungen bezüglich der notwendigen Qualifikation der Ärzte, den apparativen Anforderungen, den Anforderungen an die Qualitätssicherung (§ 135 Abs. 1 S. 1 Nr. 2 SGB V) sowie den erforderlichen Aufzeichnungen (§ 135 Abs. 1 S. 1 Nr. 3 SGB V).

kenversicherung dürfte die tatsächliche Nachfrage jedoch gering ausfallen, wenn die Kosten nicht übernommen werden. Die Therapiefreiheit soll jedoch dem Arzt gerade auch die Möglichkeit eröffnen, unmittelbar bei seinen alltäglichen Behandlungen den medizinischen Fortschritt nutzen zu können. Durch die erforderliche Anerkennung vonseiten des GBA wird dem Arzt die Inanspruchnahme dieser Handlungsoption erschwert.

Dieser Grundsatz wird in drei Ausnahmefällen durchbrochen.[55] Dabei können jeweils Behandlungsmethoden abgerechnet werden, für die der GBA (noch) keine Empfehlungen abgegeben hat. Die erste Gruppe umfasst einzigartige, systematisch nicht erforschbare Krankheiten, die als schwerwiegend im Sinne von lebensbedrohlich bzw. die Lebensqualität auf Dauer nachteilig beeinflussend eingeordnet werden. In diesen notstandsähnlichen Situationen ist der abschließende Leistungskatalog des GBA nicht anwendbar.[56] Der zweite Ausnahmefall ist dadurch gekennzeichnet, dass eine Stellungnahme des GBA aus willkürlichen oder sachfremden Erwägungen nicht, nicht zeitgerecht oder nicht ordnungsgemäß erfolgt ist (sog. Systemversagen).[57] Bei dem dritten Ausnahmefall handelt es sich um den bekannten „Nikolausbeschluss" des BVerfG.[58] Das Gericht hat in seiner Entscheidung vom 06. 12. 2005 festgelegt, dass bei lebensbedrohlichen oder regelmäßig tödlich verlaufenden Krankheiten eine Leistungspflicht der gesetzlichen Krankenversicherung auch bei bisher nicht anerkannten Behandlungsmethoden bestehen kann. Notwendig ist dafür, dass eine allgemein anerkannte, dem medizinischen Standard entsprechende Behandlung nicht zur Verfügung steht und im Hinblick auf die außerhalb des anerkannten Standards liegende Methode eine nicht ganz fernliegende Aussicht auf Heilung bzw. auf eine spürbare positive Entwicklung besteht.[59]

---

[55] Ein möglicher vierter Ausnahmefall betrifft den Einsatz von ausgewählten digitalen Gesundheitsanwendungen (im Wesentlichen sog. Gesundheitsapps). Gemäß § 33a Abs. 1 S. 1 SGB V haben Versicherte einen Anspruch auf die Versorgung mit Medizinprodukten niedriger Risikoklasse, deren Hauptfunktion wesentlich auf digitalen Technologien beruht und die dazu bestimmt sind, bei den Versicherten oder in der Versorgung durch Leistungserbringer die Erkennung, Überwachung, Behandlung oder Linderung von Krankheiten oder die Erkennung, Behandlung, Linderung oder Kompensierung von Verletzungen oder Behinderungen zu unterstützen. Dieser Anspruch bedarf nach § 33a Abs. 1, 4 S. 2 i. V. m. § 135 Abs. 1 S. 1 SGB V keiner GBA-Richtlinie. Da der Arzt jedoch gemäß § 33a Abs. 1 S. 2 Nr. 1 SGB V auf eine positive Entscheidung des Bundesinstituts für Arzneimittel und Medizinprodukte (vgl. § 139e SGB V) angewiesen ist, handelt es sich im Ergebnis nicht um einen klassischen Ausnahmefall. Die dem Arzt vorgelagerte Entscheidungskompetenz ist lediglich von dem GBA auf das Bundesinstitut für Arzneimittel und Medizinprodukte gewechselt.

[56] Becker/Kingreen/*Lang*, § 27 SGB V, Rdnr. 72; Bergmann/Pauge/Steinmeyer/*Altmiks*, § 135 SGB V, Rdnr. 12; *Hauck*, NZS 2007, 461 (464).

[57] Becker/Kingreen/*Lang*, § 27 SGB V, Rdnr. 69; Bergmann/Pauge/Steinmeyer/*Altmiks*, § 135 SGB V, Rdnr. 11; *Hauck*, NZS 2007, 461 (464 f.).

[58] BVerfGE 115, 25 (25 ff.).

[59] BVerfGE 115, 25 (49); Becker/Kingreen/*Lang*, § 27 SGB V, Rdnr. 75 ff.; *Hauck*, NZS 2007, 461 (465); *Krauskopf*/Wagner/Knittel, § 2 SGB V, Rdnr. 7c.

Im Ausgangspunkt erweitern die Ausnahmefälle das zulässige ärztliche Handeln. Es bleibt zu hinterfragen, ob dies im Ergebnis ausreichend ist. Zunächst fällt auf, dass sich die Schutzwirkungen der Sonderkonstellationen auf gravierende Einzelfälle beschränken. Wird an die Intensität der Krankheit („Nikolausbeschluss" und Seltenheitsfälle) angeknüpft, kann dies zwar als medizinrechtlich relevant eingeordnet werden; schwerwiegende oder nicht erforschbare Krankheiten bilden jedoch nicht den Praxisalltag eines niedergelassenen Arztes ab. Darüber hinaus spielt auch das „Systemversagen" aufgrund der dafür notwendigen subjektiven Beweggründe der Mitglieder des GBA nur eine untergeordnete Rolle. Denn schließlich ist die Medizin als Erfahrungswissenschaft gerade nicht dadurch gekennzeichnet, dass es nur ein „richtig" oder „falsch" gibt.[60] Vielmehr kann ein wissenschaftlich fundierter Meinungsstreit über neue Behandlungsmethoden die Qualität der gesamten medizinischen Versorgung fördern. Temporäre Entscheidungsschwierigkeiten sind daher lediglich als Ergebnis der heterogen aufgestellten Ärzteschaft zu bewerten.[61] Für die ärztliche Therapiefreiheit problematisch ist, dass aufgrund der Vielschichtigkeit der medizinischen Behandlung und der gewünschten, wenngleich zeitintensiven Diskussion innerhalb des GBA die Gefahr entsteht, dass neue Untersuchungs- und Behandlungsmethoden trotz vorliegender partieller Akzeptanz nicht bzw. nicht sofort angewandt werden können. Die vorgelagerte Entscheidung des GBA bei neuen Untersuchungs- und Behandlungsmethoden im ambulanten Bereich ist mit der Methodenwahlfreiheit des Arztes nicht vereinbar. Der Vertragsarzt kann folglich nicht so am medizinischen Fortschritt teilnehmen, wie dies dem Privatarzt ermöglicht wird. Die unmittelbare Auswirkung auf jedes konkrete Arzt-Patienten-Verhältnis rechtfertigt dabei, die zunächst finanzielle Beeinträchtigung als rechtliche Beschränkung einzuordnen. Zwar wird durch die Ausnahmefälle die Gefahr abgeschwächt, dass ärztliche Handlungen extern vorentschieden werden, gleichwohl wird verkannt, dass die Therapiefreiheit des Arztes die Einzigartigkeit jeder Behandlung im Praxisalltag sicherstellen soll. Im Ergebnis stellen die Ausnahmefälle wichtige, jedoch im Hinblick auf die überschaubare Anzahl, zu vernachlässigende Einzelfälle dar.

b) Stationärer Bereich

Für den stationären Bereich gilt § 137c Abs. 1 S. 1, 2, Abs. 3 SGB V. Hiernach können neue Untersuchungs- und Behandlungsmethoden so lange angewandt werden, bis der GBA die Anwendung explizit ausgeschlossen hat. Es handelt sich folglich nicht um einen Anerkennungsvorbehalt, sondern um eine Ausschluss-

---

[60] BÄK, Beschluss des 111. Deutschen Ärztetages, Ulmer Papier, S. 4; *Lukowsky*, Philosophie des Arzttums, S. 40.

[61] Die Ärzteschaft wird als Teil der Leistungserbringer von fünf der dreizehn Mitglieder im GBA repräsentiert, siehe dazu: Krauskopf/Wagner/Knittel/*Sproll*, § 91 SGB V, Rdnr. 9.

kompetenz oder anders formuliert, um eine Erlaubnis mit Verbotsvorbehalt.[62]Als weiterer Unterschied zum ambulanten Sektor wird der GBA nur auf Antrag des Spitzenverbandes Bund der Krankenkassen, der Deutschen Krankenhausgesellschaft oder des Bundesverbandes der Krankenhausträger tätig. Nicht vorgesehen ist eine Antragsmöglichkeit „aus der Mitte des GBA", d. h. durch einen der unparteiischen Mitglieder, wie dies im Rahmen des § 135 Abs. 1 S. 1 SGB V möglich ist (vgl. § 91 Abs. 2 S. 1 SGB V).

Auf den ersten Blick wird die Ungebundenheit der ärztlichen Auswahlentscheidung durch das erst nachgeschaltete und zudem antragsgebundene Tätigwerden des GBA hinreichend berücksichtigt. Schließlich stehen dem Krankenhausarzt zunächst alle neuen Untersuchungs- und Behandlungsmethoden, sofern die technischen Voraussetzungen vorhanden sind, zur freien Verfügung. Die Methodenwahlfreiheit wird daher grundsätzlich gewahrt.

Für den Umfang der Therapiefreiheit interessant ist dennoch die Frage, ob der Arzt bei seiner Auswahlentscheidung an das allgemeine Qualitätsgebot aus § 2 Abs. 1 S. 3 SGB V gebunden ist. Dieses sieht vor, dass Qualität und Wirksamkeit der Leistungen – in diesem Fall von innovativen Leistungen – dem Stand der medizinischen Erkenntnisse entsprechen müssen. Möglich wäre es aber auch, dass § 137c Abs. 3 S. 1 SGB V eine entsprechende Sonderregelung enthält. Hiernach müsste die innovative Behandlungsmethode lediglich das Potential einer erfolgreichen Behandlungsalternative bieten und entsprechend den Regeln der ärztlichen Kunst angewandt werden. Die geringeren Anforderungen des § 137c Abs. 3 S. 1 SGB V hätten einen größeren ärztlichen Gestaltungsspielraum zur Folge.

aa) Sichtweise der Rechtsprechung

Die frühere Rechtsprechung ging von einem großen Gestaltungsspielraum für die Ärzte aus. Begründet wurde der Unterschied zur ambulanten Behandlung damit, dass in Krankenhäusern aufgrund von internen Kontrollmechanismen und der nachfolgend noch zu thematisierenden fallpauschalisierten Abrechnung die Gefahr für den Einsatz von zweifelhaften oder unwirksamen neuen Therapieformen geringer sein soll als bei einer parallelen Anwendung in der Praxis eines niedergelassenen Arztes.[63] Zwar galt das allgemeine Qualitätsgebot auch nach dieser Sichtweise, die Prüfungskompetenz lag jedoch nicht bei den Krankenkassen oder den Gerichten, sondern alleine beim GBA.[64] Ein weiteres Argument war zudem, dass gerade in größeren Kliniken moderne Technik vorhanden war und dadurch sowieso eine Behandlung

---

[62] *Becker*/Kingreen, § 137c SGB V, Rdnr. 1; Dettling/Gerlach/*Pütter*, § 137c SGB V, Rdnr. 8; *Hauck*, NZS 2007, 461 (465 f.); Heidelberger Kommentar/*Steinhilper/Schiller*, Kap. 2595, Rdnr. 36; Spickhoff/*Regelin*, Medizinrecht, § 137c SGB V, Rdnrn. 4 ff.

[63] BSGE 90, 289 (294); vgl. auch: *Stallberg*, NZS 2017, 332 (333); *Felix*, MedR 2014, 283 (285).

[64] BSGE 90, 289 (291), beachtet werden muss, dass das Urteil noch vom Vorgänger des GBA, dem „Ausschuss Krankenhaus" spricht.

nach Stand der aktuellen medizinischen Wissenschaft gewährleistet werden konnte.[65] Diese für den Krankenhausarzt vorteilhafte Rechtsprechung gab das BSG mit dem Urteil vom 28.07.2008 auf.[66] Seitdem geht die Rechtsprechung davon aus, dass neue Untersuchungs- und Behandlungsmethoden nicht schon dann vorbehaltlos erlaubt sind, wenn ein negatives Votum des GBA fehlt. Der Qualitätsgrundsatz des § 2 Abs. 1 S. 3 SGB V soll uneingeschränkt auch bei neuartigen Therapieformen gelten. Die dafür erforderliche Prüfungskompetenz liegt jedoch nicht mehr ausschließlich beim GBA. Vielmehr sind nun auch Gerichte und Krankenkassen in der Lage zu entscheiden, inwieweit medizinische Neulandmethoden abrechnungsfähig sind.[67]

bb) Sichtweise der Literatur und des Gesetzgebers

Teile der Literatur sind dagegen der Ansicht, dass es sich bei § 137c Abs. 3 S. 1 SGB V um eine sektorspezifische Modifizierung des allgemeinen Qualitätsgebots aus § 2 Abs. 1 S. 3 SGB V handelt.[68] Dem Wortlaut der Norm entsprechend, reicht es bei bisher fehlender Entscheidung durch den GBA aus, dass die neue Untersuchungsmethode das Potenzial einer erfolgreichen Behandlungsalternative bietet und ihre Anwendung nach den Regeln der ärztlichen Kunst erfolgt. Aus einer solchen lex-specialis-Konstellation würde resultieren, dass der für eine abrechnungsfähige Behandlungsmaßnahme erforderliche Evidenzmaßstab abgesenkt werden könnte. Dadurch würde es dem einzelnen Krankenhausarzt erleichtert, derartige Leistungen zur Verfügung zu stellen. Es müsste nicht mehr abgewartet werden, bis sich die Methode derart durchgesetzt hat, dass sie als aktueller Stand der Wissenschaft im Sinn des § 2 Abs. 1 S. 3 SGB V deklariert wird.[69]

cc) Stellungnahme

Die ärztliche Therapiefreiheit ist erforderlich, um den medizinischen Fortschritt zu ermöglichen, zu sichern und um diesen im Praxisalltag nutzen zu können. Wenn der dafür erforderliche Evidenzmaßstab herabgesetzt wird, verfügt der agierende Arzt über eine deutlich größere Variation von Behandlungsmethoden. Es ist daher grundsätzlich empfehlenswert, dass eine medizinische Maßnahme, die noch nicht dem Stand der Wissenschaft entspricht, jedoch nach Empfinden des Arztes in dem konkreten Einzelfall die passende Methode darstellt, durch den geringeren Evi-

---

[65] Dettling/Gerlach/*Pütter*, § 137c SGB V, Rdnr. 6.

[66] BSGE 101, 177 (191); vgl. auch: *Felix*, MedR 2016, 93 (95).

[67] Insbesondere: BSGE 101, 177 (191), zudem: BSGE 113, 167 (172 ff.); BSG, Beschluss vom 15.07.2015, B 1 KR 23/15 B – juris; BSGE 125, 76 (84); vgl. auch: *Stallberg*, NZS 2017, 332 (333 f.).

[68] *Felix*, MedR 2016, 93 (96); *Stallberg*, NZS 2017, 332 (335); zudem auch: BT-Drucksache 18/4095, S. 121.

[69] *Stallberg*, NZS 2017, 332 (335).

denzanspruch schlussendlich doch angewendet werden kann. Bleibt es dagegen bei der Bindung an das allgemeine Qualitätsgebot aus § 2 Abs. 1 S. 3 SGB V, darf der Arzt erst dann so behandeln, wie er es von Anfang an geplant hat, wenn die Behandlungsmethode eine gewisse Evidenzstufe erreicht hat. Beachtet werden muss zudem, dass die Entscheidung, ob bzw. ab wann eine Behandlungsmethode dem Stand der Wissenschaft entspricht, nicht vom einzelnen Arzt beeinflusst werden kann. Vielmehr sind in diesem Zusammenhang zeit- und kostenintensive Studien ausschlaggebend. Der konkrete Krankheitsfall muss dagegen regelmäßig sofort und auf individueller Entscheidungsbasis des Arztes behandelt werden. Dem Gesetzgeber ging es bei der Einführung des § 137c Abs. 3 S. 1 SGB V um einen schnelleren, von klinischen Studien losgelösten Zugang zu medizinischen Innovationen.[70] Wird von einem gewissenhaften und an der Gesundheit seiner Patienten interessierten Arzt ausgegangen, spricht viel dafür, dass die ärztliche Therapiefreiheit erst bei und gerade auch durch die geringeren Anforderungen an die Evidenz die Wirkung entfaltet, die eine einzelfallbezogene Behandlung erfordert. Der Qualitätsstandard der alltäglichen Arbeit des Arztes sollte niveaugleich zum medizinischen Fortschritt verlaufen. Dadurch würde erreicht werden, dass der Arzt mithilfe der neuen Entwicklungen fortschrittlich agieren kann und nicht auf ein „hilfloses" Reagieren beschränkt ist. Dem mit einer Absenkung des Evidenzmaßstabes einhergehende Aspekt der geringeren Patientensicherheit kann im stationären Sektor zudem gezielt entgegengewirkt werden. Im Vergleich zu dem auf eigene Rechnung tätig werdenden niedergelassenen Arzt besteht bei den angestellten Krankenhausärzten nicht die Gefahr, dass finanzielle Beweggründe die umfassend zu schützende Patientensicherheit in den Hintergrund drängen. Das Missbrauchspotenzial im stationären Bereich ist daher geringer als im ambulanten Sektor. Die ärztliche Therapiefreiheit kann nur dann die bestmögliche Behandlung im stationären Bereich gewährleisten, wenn der lex-specialis-Ansicht gefolgt wird.

4. OTC-Präparate

Das Abrechnungssystem der gesetzlichen Krankenversicherung hat nicht nur Auswirkungen auf die vom Arzt zu erbringenden Behandlungsmethoden, sondern wirkt sich auch auf die Verschreibung von Arzneimitteln aus. Die ärztliche Therapiefreiheit könnte durch die krankenversicherungsrechtliche Bewertung von OTC-Präparaten (englisch für over-the-counter) beeinträchtigt sein. Hierbei handelt es sich um Medikamente, die zwar apotheken-, nicht jedoch verschreibungspflichtig im Sinne des § 48 AMG sind.[71] Diese Arzneimittelgruppe ist seit dem Gesundheitsmodernisierungsgesetz von 2004 nicht mehr über die gesetzliche Krankenversicherung abrechnungsfähig (vgl. § 34 Abs. 1 S. 1 SGB V).[72] Als klasssische OTC-

---

[70] BT-Drucksache 18/5123, S. 135; *Stallberg*, NZS 2017, 332 (334).

[71] Kügel/Müller/*Hofmann*, § 43 AMG, Rdnr. 10; Knickrehm/Kreikebohm/Waltermann/ *Joussen*, § 34 SGB V, Rdnrn. 1 f.

[72] Bundesgesetzblatt 2003, Teil I, Nr. 55, S. 2194.

Präparate gelten Schmerzmedikamente mit den Wirkstoffen Acetylsalicylsäure (bis 500 mg pro Tablette), Paracetamol (bis 1000 mg pro Tablette), Ibuprofen (bis 400 mg pro Tablette), Naproxen (bis 250 mg pro Tablette) und Diclofenac (bis 25 mg pro Tablette).[73]

Da die ärztliche Therapiefreiheit auch die Methodenwahlfreiheit und somit die Auswahl der Medikamente umfasst, könnte es sich bei einem starren Abrechnungsverbot vonseiten des Gesetzgebers um eine nicht nur finanzielle, sondern zugleich um eine rechtliche Beeinträchtigung handeln. Nach dem Wortlaut des § 34 Abs. 1 S. 1 SGB V sind nicht verschreibungspflichtige Medikamente von der in § 31 SGB V geregelten Versorgung zulasten der gesetzlichen Krankenversicherung ausgeschlossen. Dieser Grundsatz wird jedoch durch mehrere Ausnahmetatbestände sowohl „nach oben", d.h. dass bestimmte verschreibungspflichtige Medikamente von der Versorgung ausgeschlossen sind, als auch „nach unten", d.h. dass bestimmte rezeptfreie Produkte zur Versorgung zugelassen sind, gezielt durchbrochen.[74]

Gemäß § 34 Abs. 1 S. 2 SGB V legt der GBA Richtlinien fest, die vorgeben, welche nicht verschreibungspflichtigen Arzneimittel, die bei der Behandlung schwerwiegender Erkrankungen als Therapiestandard gelten, in begründeten Einzelfällen ausnahmsweise vom Vertragsarzt zulasten der gesetzlichen Krankenversicherung verordnet werden können. Als Beispiel für diese Ausnahme „nach unten" gilt die Behandlung mit Acetylsalicylsäure und Paracetamol bei schweren Schmerzen in Co-Medikation mit Opioiden.[75] Weitere Ausnahmen sind in § 34 Abs. 1 S. 5 Nr. 1 und 2 SGB V geregelt. Hiernach können bei Kindern bis zum vollendeten 12. Lebensjahr sowie bei Jugendlichen mit Entwicklungsstörungen bis zur Vollendung des 18. Lebensjahres rezeptfreie Medikamente ebenfalls weiter abgerechnet werden. Ausnahmeregelungen „nach oben" befinden sich ebenfalls im § 34 Abs. 1 SGB V. Während § 34 Abs. 1 S. 6 SGB V den Ausschluss von bestimmten verschreibungspflichtigen Medikamenten bei Bagatellerkrankungen wie Erkältungskrankheiten oder grippalen Infekten vorsieht, werden von § 34 Abs. 1 S. 7 SGB V „Lifestyle-Präparate" umfasst, also Produkte, bei denen keine Krankenbehandlung, sondern eine Erhöhung der Lebensqualität im Vordergrund steht.[76] Der sich anschließende § 34 Abs. 1 S. 8 SGB V zählt einige Anwendungsbereiche von Arzneimitteln aus diesem Sektor auf. Beispielhaft genannt werden Arzneimittel zur Behandlung der erektilen Dysfunktion (beispielsweise VIAGRA), zur Anreizung

---

[73] Informationen über OTC-Präparate, abrufbar unter https://www.gesundheitsinformation.de/rezeptfreie-schmerzmittel-sicher-anwenden.html und https://www.apotheke-adhoc.de/nachrichten/detail/pta-live/fresh-up-otc-schmerzmittel-im-ueberblick-analgetika/ (Zugriff jeweils: 05.02.2022).

[74] Knickrehm/Kreikebohm/Waltermann/*Joussen*, § 34 SGB V, Rdnr. 2.

[75] Arzneimittelrichtlinie des GBA nach §§ 34 I S. 2, 92 I S. 2 Nr. 6 SGB V, Anlage I zum Abschnitt F, Nr. 3, abrufbar unter https://www.g-ba.de/downloads/83-691-654/AM-RL-I-OTC_2021-04-15.pdf (Zugriff: 05.02.2022).

[76] Knickrehm/Kreikebohm/Waltermann/*Joussen*, § 34 SGB V, Rdnrn. 6 f.

oder Steigerung der sexuellen Potenz sowie Mittel zur Rauchentwöhnung oder zur Zügelung des Appetits.[77]

Die fehlende Abrechnungsfähigkeit von OTC-Präparaten könnte dazu führen, dass Ärzte sich dazu angehalten fühlen, ein verschreibungspflichtiges Medikament zu verordnen, da sie wissen, dass nur dieses von der gesetzlichen Krankenversicherung übernommen wird. Die Folge dieses „Zwangs" wäre, dass Arzneimittel, die als Ergebnis der Methodenwahlfreiheit unter Abwägung von Chancen und Risiken als „die perfekte Wahl" anzusehen sind, im Ergebnis nicht verschrieben werden. Mögliche Hintergründe einer solchen Entscheidung sind neben dem unter Umständen gewollten finanziellen Schutz der Patienten auch die Minimierung von unerwünschten Diskussionen über die Frage, ob die Medikamente abrechnungsfähig sind oder gar die ärztliche Angst, dass Patienten zu anderen Ärzten wechseln könnten, wenn sie weiter OTC-Präparate verschreiben.[78]

Auffällig ist, dass die Grundregel des § 34 Abs. 1 S. 1 SGB V durch Ausnahmevorschriften durchbrochen wird, die sich konkret mit einzelnen Arzneimitteln bzw. Krankheitsbildern beschäftigen. Die Ausnahmen „nach unten" kommen der Methodenwahlfreiheit im Ergebnis zugute und sind daher nicht als Beschränkung anzusehen. Die Regelungen, die den Anwendungsbereich der beschränkenden Grundregel dagegen „nach oben" erweitern, schränken den Arzt in seiner Entscheidungsfindung zusätzlich ein. Berücksichtigt werden müssen jedoch noch zwei weitere Normen, die zumindest auf den ersten Blick Einfluss auf das aufgezeigte Problem nehmen.

Zunächst ist auf § 34 Abs. 1 S. 3 SGB V Bezug zu nehmen. Nach dieser Norm ist bei der Richtlinientätigkeit der therapeutischen Vielfalt Rechnung zu tragen. Hierdurch soll sichergestellt werden, dass neben den Standardmethoden auch besondere Therapierichtungen, wie beispielsweise Anthroposophie, Homöopathie oder Phytotherapie ausreichend berücksichtigt werden.[79] Es lässt sich argumentieren, dass der GBA durch den gesetzlich normierten „Sicherstellungsauftrag" dazu angehalten werden soll, nicht nur der Schulmedizin, sondern auch Bereichen der Alternativmedizin sowie der Implementierung neuartiger Behandlungsmethoden offen gegenüberzustehen und dadurch die Methodenwahlfreiheit zu fördern. Auch wenn § 34 Abs. 1 S. 3 SGB V keine konkreten Schutzmechanismen für die ärztliche Tätigkeit beinhaltet, ist festzustellen, dass das weite Aufmerksamkeitsspektrum, das dem GBA vorgegeben wird, die Bandbreite der abrechnungsfähigen Leistungen vergrößert und daher den Entscheidungsspielraum des Arztes positiv beeinflusst.

---

[77] Vgl. auch: Arzneimittelrichtlinie des GBA nach §§ 34 Abs. 1 S. 9, 92 Abs. 1 S. 2 Nr. 6 SGB V, Anlage II zum Abschnitt F, abrufbar unter https://www.g-ba.de/downloads/83-691-697/AM-RL-II-Life%20style-2020-09-01.pdf (Zugriff: 05.02.2022).

[78] Vgl. *Rabbata*, DtÄb 2008, A-616 (A-616).

[79] Knickrehm/Kreikebohm/Waltermann/*Joussen*, § 34 SGB V, Rdnr. 4; Krauskopf/Wagner/Knittel/*Dettling-Kuchler*, § 34 SGB V, Rdnr. 5.

Weiter ist auch auf § 31 Abs. 1 S. 4 SGB V einzugehen. Nach dem Wortlaut kann der Vertragsarzt in medizinisch indizierten Einzelfällen mit gesonderter Begründung auch Arzneimittel verordnen, die aufgrund der Richtlinie nach § 92 Abs. 1 S. 2 Nr. 6 SGB V von der Versorgung ausgeschlossen sind. Auf den ersten Blick scheint es, als würde dem Arzt die Möglichkeit gegeben werden, den Patienten in seiner Individualität umfänglich zu würdigen und schlussendlich das Arzneimittel zu verschreiben, das seiner Meinung nach am besten zur gewünschten Krankheitsentwicklung beiträgt.[80] Die erforderliche Begründung der Entscheidung dürfte unter dem Aspekt der gewollten finanziellen Stabilität der gesetzlichen Krankenversicherung als gerechtfertigt gelten. Dennoch ist zu berücksichtigen, dass sich § 31 Abs. 1 S. 4 SGB V lediglich auf Medikamente bezieht, die durch die Richtlinientätigkeit des GBA von der Versorgung ausgeschlossen sind. Von dieser Ausnahmeregelung sind dagegen Medikamente nicht umfasst, die schon gesetzlich nicht (mehr) vom Leistungsumfang der gesetzlichen Krankenversicherung gedeckt sind.[81] § 34 Abs. 1 S. 1 SGB V beinhaltet aber gerade eine solche gesetzliche Beschränkung des Leistungsrechts. Folglich bleibt der Arzt in seiner Entscheidungsfindung durch die faktisch-finanzielle Hürde der fehlenden Abrechnungsfähigkeit von OTC-Präparaten beschränkt.[82]

Dieses zunächst unbefriedigende Ergebnis kann zu einem gewissen Grad mit der vom Gesetzgeber intendierten finanziellen Sicherheit der gesetzlichen Krankenversicherung gerechtfertigt werden. Ferner ist zu berücksichtigen, dass diese Art von Medikamenten generell zur Behandlung von nicht lebensbedrohlichen Krankheiten eingesetzt wird und es zudem zu keinen großen finanziellen Einbußen bei den Patienten kommen wird.[83] Gleichwohl muss durch die ärztliche Therapiefreiheit die Intimität der Arzt-Patienten-Beziehung und die Individualität der Behandlung gewährleistet werden. Eine Abwägung dieser Aspekte mit der finanziellen Stabilität der gesetzlichen Krankenversicherung hinterlässt einen schalen Beigeschmack. Da eine Begrenzung des zivilrechtlichen Haftungsmaßstabes des Arztes durch das sozialrechtliche Wirtschaftlichkeitsgebot aus § 12 SGB V zu Recht abgelehnt wird,[84] handelt es sich bei der Verwehrung von Behandlungen aufgrund von finanziellen Erwägungen auch um ein rechtliches Problem. Folglich grenzt die beschränkte

---

[80] So auch leicht irreführend: Spickhoff/*Waschull*, Medizinrecht, § 48 SGB XII, Rdnr. 47.

[81] Krauskopf/*Wagner*/Knittel, § 31 SGB V, Rdnr. 19.

[82] Als letzter Ausweg kommen ferner die Rechtsauswirkungen des bereits angesprochenen „Nikolausbeschlusses" des BVerfG in Betracht. Es lässt sich zwar argumentieren, dass diese für die Inanspruchnahme von besonderen Behandlungsmethoden entwickelten Grundsätze auch auf Arzneimittel anzuwenden sind, die gesetzlich vom Leistungsumfang ausgeschlossen wurden. Im Endeffekt dürfte es jedoch keinen möglichen Anwendungsfall in der Praxis geben. OTC-Präparate sind mit an Sicherheit grenzender Wahrscheinlichkeit nicht letztendscheidend im Anwendungsbereich von lebensbedrohlichen respektive in der Regel tödlich verlaufenden Krankheiten.

[83] *Janda*, Medizinrecht, S. 269.

[84] *Makowsky*, VersR 2019, 983 (985) mit weiteren Nachweisen.

Abrechnungsfähigkeit von OTC-Präparaten die Methodenwahlfreiheit und damit die ärztliche Therapiefreiheit auch rechtlich ein.

II. Disease Management Programme

Unter den in § 137f SGB V geregelten Disease Management Programmen werden strukturierte Behandlungsprogramme für chronisch Kranke definiert, die den Behandlungsablauf und die Qualität der medizinischen Versorgung betreffen (vgl. § 137f Abs. 1 S. 1 SGB V). Es handelt sich hierbei um Behandlungspläne, die den Umgang mit den Patienten in Form von aufeinander abgestimmten und über institutionelle Grenzen (d. h. ambulante und stationäre Versorgung) hinweg wirkende Behandlungs- und Betreuungsprozesse konkret vorzeichnen, um so eine Unter-, Über- oder Fehlversorgung zu vermeiden.[85] Die Behandlungspläne werden auf Leitlinien gestützt, die aus klinischen Studien oder aus objektivierbaren klinischen Erfahrungssätzen entwickelt wurden. Disease Management Programme sind daher auch als evidenzbasierte Behandlungsleitfäden zu bezeichnen.[86]

§ 137f Abs. 1 S. 1 SGB V legt fest, dass der GBA die chronischen Krankheiten auswählt, die für die Entwicklung von Disease Management Programmen in Frage kommen. Bisher hat der GBA zu elf Erkrankungen (Asthma bronchiale, Brustkrebs, Chronische Herzinsuffizienz, Chronischer Rückenschmerz, Chronisch obstruktive Lungenerkrankung, Diabetes mellitus Typ 1, Diabetes mellitus Typ 2, Koronare Herzkrankheit, Depressionen, Osteoporose und rheumatoider Arthritis) Anforderungen erstellt, die bei der Entwicklung von entsprechenden Disease Management Programmen beachtet werden müssen (vgl. § 137f Abs. 2 S. 2 SGB V).[87] Sofern die Voraussetzungen des § 137g Abs. 1 S. 1 SGB V erfüllt sind, wozu insbesondere die nach § 137f Abs. 2 S. 1, 2 SGB V erlassenen Richtlinien des GBA zählen, hat das Bundesversicherungsamt auf Antrag von einer oder mehreren Krankenkassen oder eines Verbandes von Krankenkassen die entwickelten Programme zur Versorgung zuzulassen.[88]

---

[85] BT-Drucksache 14/6432, S. 11; *Gebhardt*, GuP 2013, 63 (64); *Nolte*, NZS 2018, 168 (168); Kasseler Kommentar/*Roters*, Vorbem. zu §§ 137f, g SGB V, Rdnr. 5; Hänlein/Schuler/ *Murawski*, § 137f SGB V, Rdnr. 3.

[86] *Preis*, MedR 2010, 139 (142); Kasseler Kommentar/*Roters*, Vorbem. zu §§ 137 f, g SGB V, Rdnr. 7.

[87] Das DMP zur rheumatoiden Arthritis wurde zwar bereits vom GBA beschlossen, bisher ist es jedoch noch nicht in Kraft getreten (Stand: 15.09.202); Kasseler Kommentar/*Roters*, Vorbem. zu §§ 137f, g SGB V, Rdnr. 14; Wallenfels, GBA macht Weg frei für eigenes Rheuma-DMP, Ärzte Zeitung, https://www.aerztezeitung.de/Wirtschaft/GBA-macht-Weg-frei-fuer-eige nes-Rheuma-DMP-418132.html, Zugriff: 05. 02. 2022.

[88] Vgl. Fuchs/Preis/Brose/*Greiner*, Sozialversicherungsrecht und SGB II, S. 394; *Nolte*, NZS 2018, 168 (170 f.).

1. Gefahren eines vorstrukturierten Behandlungsprogramms

Disease-Management-Programme bauen auf dem Gedanken auf, dass bei den ausgewählten Krankheiten die Reaktionen des menschlichen Körpers derart vorhersehbar sind, dass kein individueller Behandlungsplan mehr notwendig ist. Stattdessen wird davon ausgegangen, dass die entwickelten Programme die bestmögliche Therapie für alle gleich diagnostizierten Patienten darstellen. Ohne ein solches Programm entwickelt der Arzt zusammen mit dem Patienten, nachdem dessen physisches und psychisches Krankheitsbild analysiert wurde, einen individuellen Therapieplan. Elementarer Bestandteil der ärztlichen Therapiefreiheit ist dabei, dass dem Arzt ermöglicht wird, neben den objektiv-medizinischen Aspekten auch die subjektiv-sozialen Gegebenheiten des Patienten hinreichend zu würdigen.[89] Mögliche Abweichungen zu ärztlichen Zweitmeinungen liegen aufgrund der menschlichen Individualität in der Natur der Sache und zeugen allein davon, dass der Arztberuf nicht mit dem eines Kraftfahrzeugmechanikers vergleichbar ist.[90] Werden vorprogrammierte Behandlungspläne verwendet, besteht zum einen die Gefahr, dass die gewählte Therapieform nicht an den medizinischen Fortschritt angepasst ist und folglich veraltete Behandlungstechniken zur Anwendung kommen; zum anderen droht Konfliktpotenzial, wenn die nach abstrakten medizinisch-wissenschaftlichen Erkenntnissen als passend erscheinende ärztliche Behandlung mit der unmittelbar aus der ärztlichen Entscheidungsfreiheit herrührenden konkreten Therapiemöglichkeit nicht übereinstimmt.[91]

Um diesen Gefahren zu begegnen, hat der Gesetzgeber in die §§ 137f und 137g SGB V Kontrollmechanismen integriert. Gemäß § 137f Abs. 2 S. 6 SGB V hat der GBA seine Richtlinien, die die Anforderungen an die Behandlungsprogramme enthalten, regelmäßig zu überprüfen. Damit diese Aktualisierungspflicht im Ergebnis nicht leerläuft, legt § 137g Abs. 2 S. 1 SGB V fest, dass die Programme und die zu ihrer Durchführung abgeschlossenen Verträge an die Änderungen der GBA-Richtlinien unverzüglich, spätestens jedoch innerhalb eines Jahres anzupassen sind. Hierdurch soll sichergestellt werden, dass die den Standard festlegenden Behandlungstechniken auch tatsächlich dem aktuellen Stand der medizinischen Wissenschaft entsprechen.[92] Im Hinblick auf das zweite angedeutete Problem könnte man zunächst annehmen, dass dieses mit der Einführung des § 137f Abs. 2 S. 3 SGB V zum 28. 12. 2011 entschärft wurde.[93] Die eingefügte Norm soll gewährleisten, dass

---

[89] Siehe dazu Erster Teil Kapitel A. IV. 1.

[90] *Preis*, MedR 2010, 139 (142).

[91] Vgl. *Hoppe*, Selbstverständnis und Alltag der Ärzteschaft, in: Gellner/Schmöller (Hrsg.), Neue Patienten – Neue Ärzte? Ärztliches Selbstverständnis und Arzt-Patienten-Beziehung im Wandel, S. 135 (136); *ders.*, Die Patient-Arzt-Beziehung im 21. Jahrhundert, in: Katzenmeier/Bergdolt (Hrsg.) Das Bild des Arztes im 21. Jahrhundert, S. 1 (3); Kasseler Kommentar/*Roters*, Vorbem. zu §§ 137f, g SGB V, Rdnr. 5.

[92] *Gebhardt*, GuP 2013, 63 (69); *Nolte*, NZS 2018, 168 (171 f.).

[93] Bundesgesetzblatt 2011, Teil I, Nr. 70, S. 3005.

der ärztliche Behandlungsspielraum auch im Verhältnis zu den die Anforderungen an die Disease Management Programme festlegenden Richtlinien des GBA bestehen bleibt. Berücksichtigung finden muss dabei jedoch, dass § 137f Abs. 2 S. 3 SGB V den Behandlungsspielraum des Arztes lediglich bezogen auf die durch die Anforderungen betroffenen „Inhalte der ärztlichen Therapie" sicherstellen soll. Die generellen Vorgaben des Programms, beispielsweise in organisatorischer Hinsicht etc., stehen daher auch unter Berufung auf die ärztliche Therapiefreiheit nicht zur Disposition des behandelnden Arztes.[94] Daher bietet § 137f Abs. 2 S. 3 SGB V zwar die Grundlage für die intendierten individuellen Arzt-Patienten-Vereinbarungen, jedoch nur dann, wenn sich diese auch innerhalb der strukturierten Rahmenbedingungen bewegen.[95] Weitergehende Ausnahmen bestehen erst dann, wenn von dem Programm abgewichen werden soll, weil dies für eine ordnungsgemäße Behandlung aus anerkannten medizinischen Gründen erforderlich ist.[96] Für den einzelnen Arzt wird es jedoch schwierig sein, zu beweisen, dass sein Alleingang gerechtfertigt ist. Schließlich werden Behandlungsmethoden erst dann anerkannt, wenn sie ein gewisses Maß an professioneller Akzeptanz erfahren haben. Mit der also nur im Ansatz bestehenden Freiheit des Arztes korrespondiert, dass gemäß § 137f Abs. 3 S. 1 SGB V die Teilnahme an den Disease Management Programmen für die Patienten unter einem Freiwilligkeitsvorbehalt steht.

Die strukturierten Behandlungsprogramme dürfen nicht als einengende oder entscheidungsraubende Kontrollwerkzeuge der gesetzlichen Krankenversicherung verstanden werden. Stattdessen spricht viel dafür, den Koordinierungs- und Optimierungsansatz in den Vordergrund zu stellen.[97] Dem behandelnden Arzt wird die Kontrolle über den Behandlungsablauf nicht derart entzogen, dass seine Entscheidungen mit der Aufnahme eines Patienten in ein solches Programm bereits völlig vorentschieden sind. Verfehlt wäre es daher, den Vertragsarzt in diesen Behandlungssituationen als „gläsern" im Sinne von „vorhersehbar" zu bezeichnen oder durch die gegebenen Vorgaben die Etablierung einer „Kochbuchmedizin" zu bejahen.[98] Deutlich passender wäre es, die erreichte Transparenz und die generelle Verbesserung der Behandlungsqualität hervorzuheben.[99] Folglich kann aufgrund der gesetzlich festgeschriebenen Aktualisierungspflichten und der den ärztlichen Behandlungsspielraum begünstigenden Schutznorm des § 137f Abs. 2 S. 3 SGB V in

---

[94] Spickhoff/*Regelin*, Medizinrecht, § 137g SGB V, Rdnr. 5.

[95] Etwas missverständlich: Kasseler Kommentar/*Roters*, 104. Vorbem. zu §§ 137f, g SGB V, Rdnr. 9.

[96] Spickhoff/*Regelin*, Medizinrecht, § 137g SGB V, Rdnr. 5.

[97] *Gebhardt*, GuP 2013, 63 (64); Kasseler Kommentar/*Roters*, Vorbem. zu §§ 137f, g SGB V, Rdnr. 6.

[98] So auch: *Gebhardt*, GuP 2013, 63 (64).

[99] Allgemein: *Frenzel/Reuter*, MVF 05/2012, 40 (45); *Gebhardt*, GuP 2013, 63 (65); *Nolte*, NZS 2018, 168 (174); Studien: *Elkeles et al.*, G&S, 10 (17); kritisch bezüglich Diabetes: Robert Koch Institut, GBE Kompakt 03/2011, S. 5.

dem vorstrukturierten Behandlungsablauf keine unzulässige Beschränkung der ärztlichen Therapiefreiheit gesehen werden.

2. Möglichkeit des Abweichens vom vorstrukturierten Behandlungsprogramm

Darüber hinaus ist die Frage zu beantworten, welche Folgen es hat, wenn von dem vorstrukturierten Behandlungsplan abgewichen wird. Möglich ist sowohl, dass der Patient eine Aufnahme in ein solches Programm aufgrund von persönlichen Erwägungen verweigert (vgl. § 137f Abs. 3 S. 1 SGB V) als auch, dass der Arzt seinen Behandlungsspielraum so ausübt, dass der individuell entwickelte Behandlungsplan nicht mehr im Rahmen des vorgezeichneten Disease Management Programmes liegt.

Objektiv gesehen gibt es keine Gründe, weshalb ein Patient die Aufnahme in ein strukturiertes Behandlungsprogramm ablehnen sollte. Nimmt ein Patient an einem solchen Programm teil, ist dies durchaus mit einigen Vorteilen verbunden. Die Patienten erhalten nicht nur einen Therapieplan, der durch die vorgegebene Struktur als transparent einzuordnen ist, sondern es deutet auch viel daraufhin, dass in Disease Management Programmen vermehrt evidenzbasierte Versorgungselemente eingesetzt werden.[100] Zudem profitieren die Patienten von der geförderten Zusammenarbeit der einzelnen Leistungserbringer. Daher dürften ansonsten denkbare Doppeluntersuchungen auf ein Minimum beschränkt sein.[101] Als weitere Gründe für eine Teilnahme wurde von Patienten die verbesserte Beziehung zu ihrem Arzt sowie positive Auswirkungen auf die Behandlungsqualität bzw. Kontrolldichte genannt.[102] Einem monetären Anreiz wurde dagegen ein geringer Einfluss auf die Teilnahmeentscheidung beigemessen.[103] Dennoch beachtenswert ist, dass die Krankenkassen nach § 53 Abs. 3 S. 1 SGB V verpflichtet sind, den Teilnehmern von Disease Management Programmen besondere – gemeint sind günstigere – Tarifangebote zu übermitteln.[104] Gemäß § 53 Abs. 3 S. 2 SGB V können die Krankenkassen zudem Prämienzahlungen oder Zuzahlungsermäßigungen an eine Teilnahme knüpfen. Als weiteren positiven Aspekt kann auf die durch eine Teilnahme begünstigte Fixierung der Zuzahlungsbelastungsgrenze nach § 62 Abs. 1 S. 4 SGB V verwiesen werden.

Für den Arzt besteht die Möglichkeit, sich beispielsweise aus persönlichen Erfahrungen für eine Behandlungsmethode zu entscheiden, die nicht von dem vorgegebenen Therapieplan umfasst ist. In der Folge würde der Patient einen individuell angepassten Behandlungsplan erhalten. Da er jedoch bei einer Leitlinienabweichung auch seinen Status als *chronisch Kranker* und die damit verbundenen Vorteile

---

[100] *Szecsenyi*, ELSID-Studie zum Vergleich von DMP und Regelversorgung, S. 53.

[101] *Elkeles et al.*, G&S, 10 (16); Spickhoff/*Regelin*, Medizinrecht, § 137g SGB V, Rdnr. 8.

[102] *Elkeles et al.*, G&S, 10 (14 ff.).

[103] *Elkeles et al.*, G&S, 10 (16).

[104] Becker/Kingreen/*Huster*, § 137f SGB V, Rdnr. 11; *Janda*, Medizinrecht, S. 162 f.; Spickhoff/*Regelin*, Medizinrecht, § 137g SGB V, Rdnr. 8.

(Zuzahlungserleichterungen, Belastungsgrenze) verlieren würde, dürfte das Interesse des Patienten relativ überschaubar bleiben. Der Arzt wird daher vor die Wahl gestellt, ob er getreu der vorgegebenen Strukturen behandelt oder die Abwanderung von Patienten in Kauf nimmt.[105] Schließlich ist es nur verständlich, wenn Patienten für sie unmittelbar spürbare Vorteile höher bewerten als eine individuell abgestimmte Behandlung, deren möglicherweise erhöhter Nutzen für sie als Laien nicht sofort erkennbar ist. Die ärztliche Methodenwahlfreiheit wird folglich dahingehend eingeschränkt, dass der Arzt, auch um seinen eigenen finanziellen Interessen gerecht zu werden, eher dazu angehalten sein wird, leitliniengetreu zu behandeln, als seine ihm zugesicherte Freiheit vollumfänglich auszuüben.[106]

Ob es sich hierbei lediglich um ein dogmatisches Gedankenspiel handelt oder auch Praxisrelevanz besteht, wird sich noch zeigen. Mit Ausnahme der gestiegenen Bürokratie im Sinne von „Disease Management Programm =DMP =deutlich mehr Papier"[107] dürften auch die Ärzte den strukturierten Behandlungsprogrammen aufgrund deren evidenzbasierten Grundlagen positiv gegenüberstehen. Gleichwohl mag es sicherlich Sonderfälle geben, bei denen ein subjektiver Konflikt innerhalb der Ärzteschaft entstehen kann. Möglich wäre es, dass das Vertrauen auf die eigenen, individuell erworbenen und durch zahlreiche Weiterbildungen gestärkten Fähigkeiten von den Ärzten höher bewertet wird als eine extern vorgegebene Behandlungsstruktur. Schließlich lassen sich vorprogrammierte Behandlungspläne auch als Kritik an der Sachkompetenz der behandelnden Ärzte verstehen.[108] In Fällen, in denen anerkannte medizinische Gründe fehlen, die den Arzt dazu berechtigen würden von dem Programm abzuweichen, dürfte diese kritische Sicht jedoch auch regelmäßig gerechtfertigt sein. Gleichwohl gilt es die Fälle herauszufiltern, in denen ein Arzt „fruchtbares" medizinisches Neuland betritt und somit über seine Therapiefreiheit den Fortschritt in der Medizin fördern möchte. Hier würde es sich anbieten, einen Arzt, der meint, dass er eine bessere Behandlungsform entdeckt hat, schnell und unbürokratisch in den Dialog mit ausgewählten Experten zu bringen, um so die professionelle Akzeptanz zielgerichtet herzustellen bzw. die Behandlungsmethode ohne Verluste für den Patienten aus dem Verkehr zu ziehen.

III. Diagnosis Related Groups-Vergütungssystem

Kein Patient ist gleich und die Medizin unterliegt einem stetigen wissenschaftlichen Wandel. Das Idealbild einer fortschrittlichen ärztlichen Behandlung ist daher durch eine Einzelfallbewertung gekennzeichnet. In der Praxis dagegen scheint sich

---

[105] *Preis*, MedR 2010, 139 (142).

[106] Vgl. *Hoppe*, Die Patient-Arzt-Beziehung im 21. Jahrhundert, in: Katzenmeier/Bergdolt (Hrsg.) Das Bild des Arztes im 21. Jahrhundert, S. 1 (3), der von einer „Teilentmündigung" und einer „Entindividualisierung" der Arzt-Patienten-Beziehung spricht.

[107] *Preis*, MedR 2010, 139 (143).

[108] *Preis*, MedR 2010, 139 (142).

immer häufiger eine kollektive Begegnung mit Krankheiten durchzusetzen. Als Reaktion auf diese Entwicklung arbeiten die gesetzlichen Krankenversicherungen heutzutage gezielt mit dem Mittel der Pauschalisierung. Das Diagnosis Related Groups-Vergütungssystem (kurz: DRG-System) begründet eine fallpauschalisierte Abrechnung im stationären Bereich (vgl. § 17b KHG) und ist auf das Gesundheitsreformgesetz vom 22. 12. 1999 zurückzuführen.[109]

1. Entwicklung und Zielvorstellungen

Vor der endgültigen Umstellung auf das pauschalisierte Verfahren im Jahr 2004 wurde jeweils nach Tagessätzen abgerechnet.[110] Den Ursprung des DRG-Systems bildeten Überlegungen an der Yale-Universität zum Thema der betrieblichen Leistungssteuerung und Verbesserung des Qualitätsmanagements in Krankenhäusern.[111] Auf Deutschland bezogen wurden in langjährigen Verfahren die durchschnittlichen Kosten für typische Krankenhausbehandlungen auf Länderebene gesammelt, um diese anschließend auf Bundesebene miteinander abzugleichen.[112] Das DRG-System wurde daher sowohl aus ärztlichen als auch aus ökonomischen Komponenten entwickelt.[113] Das Ziel war es, homogene Krankheitsfälle einzugruppieren, um so eine Kategorisierung zu entwickeln, mit der Krankenhausleistungen sowie deren Vergütung verglichen werden konnten. Hierdurch sollte den Krankenhäusern eine bessere Vorausplanung ermöglicht werden. Zudem galt es die Erlös- und Kostentransparenz sowie die Qualitätssicherung zu fördern.[114] Aus diesen ökonomisch sinnvollen Zielvorstellungen ergeben sich jedoch auch rechtliche Probleme.

2. Kategorisierbarkeit von Krankheitsfällen

Das DRG-System setzt an dem Grundsatz an, dass die Behandlung von Patienten kategorisierbar ist. Davon ausgehend droht für den einzelnen Arzt die Gefahr, dass er aufgrund der Pauschalisierung in der Abrechnung auch bei der konkreten Behandlung den Blick für die Individualität des Patienten verlieren könnte.[115] Entscheidend ist daher, ob Krankheitsbilder so homogen sind, dass es möglich ist, diese zu Fallgruppen zusammenzufassen oder ob die Individualität des einzelnen Patienten derart weitreichend ist, dass diese eine Kategorisierung ausschließt. Neben der Einzigar-

---

[109] Bundesgesetzblatt 1999, Teil I, Nr. 59, S. 2649 f.

[110] *Flintrop*, DtÄb 2006, A-3082 (A-3082); *Sens*, DtÄb 2010, A-25 (A-25).

[111] *Askin*, Von der Selbstkostendeckung zu den „Diagnosis Related Groups" (DRGS), S. 70.

[112] *Kluth*, MedR 2005, 65 (68).

[113] *Askin*, Von der Selbstkostendeckung zu den „Diagnosis Related Groups" (DRGS), S. 74.

[114] *Askin*, Von der Selbstkostendeckung zu den „Diagnosis Related Groups" (DRGS), S. 70, *Kluth*, MedR 2005, 65 (68); Huster/Kaltenborn/*Wasem/Walendzig/Thomas*, Krankenhausrecht, § 1, Rdnrn. 66 f.

[115] Vgl. *Neumann*, Der Arzt, der Patient und die DRGs, in: Schumpelick/Vogel (Hrsg), Arzt und Patient, eine Beziehung im Wandel, S. 316 (332).

tigkeit des menschlichen Organismus spielt in diesem Zusammenhang auch die immer detailliertere Untergruppierung von Krankheiten (sog. Stratifizierung) eine nicht zu unterschätzende Rolle. Heutzutage wird nicht mehr Hepatitis-C oder Leukämie diagnostiziert; stattdessen sind bereits sechs respektive elf Subgruppen erforscht.[116] Sofern die Zuordnung der Behandlungsfallgruppen zu heterogen ausfällt, besteht das Risiko, dass sich innerhalb der Hauptgruppe mehrere Subgruppen bilden, die im Hinblick auf die wirtschaftlichen Anforderungen an eine Behandlung stark variieren. Im Ergebnis könnten die kostengünstigeren Untergruppen privilegiert behandelt werden, um so gegenüber der generellen Fallpauschale die größtmögliche Differenz zu erwirtschaften.[117] Bei einer zu groben Krankheitskategorisierung besteht zudem die Gefahr, dass Patienten speziell selektiert werden. Schließlich wäre es möglich, bereits bei der Aufnahme der Patienten, diejenigen „herauszupicken" (sog. „cream skimming"), die innerhalb einer Diagnosis Related Group prognostisch zu den kostengünstigeren Behandlungsfällen zählen.[118]

Entscheidend ist, in welchem Maße sich die Individualität des Patienten tatsächlich auf die medizinische Behandlung auswirkt. Die Einzigartigkeit des menschlichen Organismus hat zur Folge, dass die Reaktion des Körpers auf ein bestimmtes Medikament oder Behandlungsmethode nicht mit hundertprozentiger Wahrscheinlichkeit vorhergesagt werden kann. Dennoch kann nicht behauptet werden, dass jede Körperreaktion eine unbestimmbare Variable darstellt. Stattdessen ist davon auszugehen, dass die Effekte auf den menschlichen Körper zumindest zum Teil planbar sind bzw. dass sich diese in einem vorher klar eingrenzbaren Spektrum befinden. Obendrein bezieht sich die Individualität des Patienten neben dem medizinischen Bereich auch auf soziale Gegebenheiten. Beispiele wären die Familie, der Beruf oder allgemein die Frage, wie das Lebensumfeld auf das veränderte Gesundheitsbild des Betroffenen reagiert. Diese sozialen Aspekte können vom Arzt bei einem vertrauensvollen Behandlungsgespräch auch dann hinreichend berücksichtigt werden, wenn vorher die Behandlung in Fallgruppen eingeordnet wurde. Sofern die Kategorisierung der Krankheitsfälle darüber hinaus nicht so ausgestaltet ist, dass Behandlungssituationen, die sich außerhalb des begrenzten Spektrums befinden, mit solchen innerhalb des Spektrums zusammengemischt werden, sondern stattdessen der Einzugsbereich der Gruppierung sich auf einen kongruent verlaufenden Spiel-

---

[116] *Eberbach*, MedR 2019, 1 (1).

[117] Vgl. *Askin*, Von der Selbstkostendeckung zu den „Diagnosis Related Groups" (DRGS), S. 80 f.; vgl. *Engert*, Aufklärung und Einwilligung. Erfahrungen aus der ärztlichen Praxis, in: Feuerstein/Kuhlmann (Hrsg.), Neopaternalistische Medizin: der Mythos der Selbstbestimmung im Arzt-Patient-Verhältnis, S. 27 (31) wonach es vorkommen kann, dass gewisse Präparate, in diesem Fall eine Hüftgelenksendoprothese aus Billigmaterialien entwickelt wird, um diese speziell bei älteren Patienten einzusetzen, da es bei diesen aufgrund der geringeren Lebenserwartung nicht mehr ganz auf die Qualität ankomme. So kann im Ergebnis ein Extraprofit erzielt werden.

[118] *Askin*, Von der Selbstkostendeckung zu den „Diagnosis Related Groups" (DRGS), S. 93; *Flintrop*, DtÄb 2006, A-3082 (A-3084); Huster/Kaltenborn/*Wasem/Walendzig/Thomas*, Krankenhausrecht, § 1, Rdnr. 71.

raum des erwartbaren Spektrums beschränkt, besteht weiterhin die Möglichkeit für den Arzt, seine Entscheidungsfreiheit auch in dem medizinischen Bereich so aus- zuüben, dass er der Individualität des Patienten vollumfänglich Rechnung tragen kann.

3. Spannungsverhältnis zwischen medizinischen und ökonomischen Entscheidungsgründen

Weitere Probleme für die Methodenwahlfreiheit des Arztes ergeben sich aus dem zweispurigen Aufbau der DRG-Systeme, also dem Zusammenwirken von ärztlichen und ökonomischen Entscheidungsgründen. In der Theorie sollte ein Arzt bei der Auswahl der Behandlungsmethode frei von wirtschaftlichen Zwängen handeln dürfen. Seine Aufgabe besteht schließlich darin, das Leid des Patienten mit der am besten passenden Therapiemöglichkeit aufzuheben bzw. zu bekämpfen. Bessere Behandlungsmethoden kosten zwar nicht zwingend mehr Geld, dennoch besteht die Gefahr, dass bei der Methodenwahlfreiheit die ökonomischen Aspekte die medizi- nischen Entscheidungsgründe in den Hintergrund drängen könnten. Als Folge käme ein Qualitätsverlust der medizinischen Behandlung in Betracht. Dies stünde zu- mindest dann mit der ärztlichen Therapiefreiheit in Widerspruch, sofern die ei- gentliche medizinische Entscheidung bezüglich einer bestimmten Behandlungs- methode oder eines vom Arzt gewünschten Behandlungsablaufs aufgrund von ökonomisch bedingten Faktoren schlussendlich nicht zur Anwendung gekommen ist.[119]

Ein Beispiel wäre die zu frühzeitige Entlassung eines Patienten. Durch das hochfrequentierte Ein- und Ausweisen von Patienten werden zwangsläufig viele Fallzahlen produziert. Diese können positiv abgerechnet werden. Darüber hinaus besteht durch eine im Ergebnis zu frühe Entlassung (sog. „blutige" Entlassung) von Patienten die „Chance"[120] für die Krankenhäuser, dieselben Patienten wieder auf- zunehmen und somit mehrmals, d.h. mit mehreren Pauschalen abzurechnen.[121] Ebenfalls möglich wäre es, dass ein an sich einheitliches Behandlungsgeschehen, das vorzugsweise im Rahmen eines, wenngleich auch längeren Krankenhausaufenthalts abgehandelt werden sollte, auf mehrere kleine Eingriffe mit jeweils kürzeren Lie- gezeiten fragmentiert wird, um eine Vielzahl an Abrechnungsposten zu kreieren.

---

[119] Vgl. *Hoppe*, Die Patient-Arzt-Beziehung im 21. Jahrhundert, in: Katzenmeier/Bergdolt (Hrsg.) Das Bild des Arztes im 21. Jahrhundert, S. 1 (3).

[120] Es besteht lediglich eine Chance für Krankenhäuser, da diese auch bei der Vergütung durch Fallpauschalen nur Ansprüche gegen die Träger der gesetzlichen Krankenversicherung bezüglich „erforderlicher" Krankenhausbehandlungen haben, vgl. BSGE 104, 15 (18); 114, 199 (204). Schließlich ist es Krankenhäusern verwehrt, vorzeitige „blutige" Entlassungen aus be- triebswirtschaftlichem Eigeninteresse vorzunehmen, um z.B. durch ein planvolles, medizinisch überflüssiges Fallsplitting Zusatzeinnahmen zu erzielen, siehe: BSG (1. Senat), Urteil vom 10.03.2015, B 1 KR 3/15 R – juris, Rdnr. 20, 28.

[121] *Askin*, Von der Selbstkostendeckung zu den „Diagnosis Related Groups" (DRGS), S. 92; Huster/Kaltenborn/*Wasem/Walendzig/Thomas*, Krankenhausrecht, § 1, Rdnr. 71.

Daraus abgeleitet besteht die Gefahr, dass sich auf eine Hauptdiagnose fixiert wird und Nebenerkrankungen daher weniger ernst genommen bzw. deren Behandlung häufiger verschoben werden.[122]

Bei dem Leitbild der therapeutischen Partnerschaft handelt es sich um eine *subjektivierte Arzt-Patienten-Beziehung*, die sich durch Gleichheit und Vertrauen auszeichnet. Die ärztliche Therapiefreiheit und das Selbstbestimmungsrecht des Patienten können erst dann ihre ganze Kraft entfalten, wenn sie durch einen Heilauftrag verbunden werden.[123] Für eine erfolgreiche Behandlung ist dabei vor allem das individuelle Patientengespräch entscheidend. Ob dieses auch im Rahmen des DRG-Systems gewährleistet wird, ist jedoch fraglich. Das DRG-System dient zuvörderst der Leistungssteigerung der Krankenhäuser, wobei auch hier der altbekannte Grundsatz „Zeit ist Geld" Bedeutung findet. Das Ziel ist es daher, den Patienten so schnell wie möglich wieder aus dem Krankenhaus zu entlassen, um mit einer geringen Bettenanzahl so viele Patienten wie möglich behandeln zu können.[124] In Studien, die sich mit den Auswirkungen der DRG-Einführung auf die Patientenversorgung und dem Arbeitsalltag der Ärzte beschäftigt haben, konnte jedoch weder ein Qualitätsverlust noch eine Qualitätsverbesserung festgestellt werden.[125] Auch ein Anstieg der „blutigen Entlassungen" wurde genauso wenig nachgewiesen wie eine daraus resultierende Zunahme von Wiederaufnahmen.[126] Dies dürfte auch damit zusammenhängen, dass die Krankenhäuser finanzielle Abschläge bei der Berechnung der Fallpauschale hinnehmen müssen, sobald sie die durchschnittliche Patientenverweildauer unterschreiten.[127] Zudem deuten die Ergebnisse einiger Studien darauf hin, dass die Einführung des DRG-Systems zu keiner gesteigerten Gefahr der Patientenselektion geführt hat.[128]

Dennoch müssen im Hinblick auf die ärztliche Therapiefreiheit zwei Dinge berücksichtigt werden. Zum einem ist zu bedenken, dass nur aufgrund der Tatsache, dass die DRG-Einführung nicht zwingend mit einem Anstieg von zu frühzeitigen Entlassungen, gewollten Wiederaufnahmen und Patientenselektionen gleichgesetzt werden kann, die Gefahr solcher Handlungen gleichwohl besteht. Diese Möglichkeit steht mit dem Gedanken des Helfens, der der ärztlichen Therapiefreiheit immanent

---

[122] *Flintrop*, DtÄb 2006, A-3082 (A-3083).

[123] Siehe dazu Dritter Teil Kapitel A. III.

[124] Vgl. *Bergdolt*, Das Kontinuum des Ärztlichen, in: Katzenmeier/Bergdolt (Hrsg.), Das Bild des Arztes im 21. Jahrhundert, S. 105 (110); *Flintrop*, DtÄb 2006, Zitat Stationsleitung, A-3082 (A-3082).

[125] *Fürstenberg et al.*, G-DRG-Begleitforschung gemäß § 17b Abs. 8 KHG – Endbericht des dritten Forschungszyklus (2008 bis 2010), S. 474 ff.; *Sens et al.*, DRG-induzierte Veränderungen und ihre Auswirkungen auf die Organisationen, Professionals, Patienten und Qualität, S. 31; *Sens*, DtÄb 2010, A-25 (A-26 f.).

[126] *Sens et al.*, DRG-induzierte Veränderungen […], S. 42, 44.

[127] *Janda*, Medizinrecht, S. 235.

[128] *Fürstenberg et al.*, G-DRG-Begleitforschung […], S. 448 ff.; *Sens et al.*, DRG-induzierte Veränderungen […], S. 35.

ist, im Widerspruch. Schließlich werden Situationen vorsätzlich provoziert, in denen ökonomische Ziele stärker gewichtet werden als eine allein auf medizinischen Beweggründen basierende Behandlungsentscheidung. Zum anderen gilt es zu beachten, dass die Studien auch gezeigt haben, dass durch die vorgenommene Pauschalisierung der Krankheitsfälle die soziale Seite des Arzt-Patienten-Verhältnisses negativ beeinträchtigt wird. Die durch das DRG-System angestrengte Verbesserung des Zeitmanagements konnte nur auf Kosten der auf Vertrauen aufbauenden Arzt-Patienten-Beziehung gelingen.[129] Ärzte und auch das Pflegepersonal bemängeln, nicht mehr die Zeit mit dem einzelnen Patienten verbringen zu können, die ihrer Meinung nach für eine einzelfallbezogene und emotional bedeutsame Patientenbetreuung notwendig ist.[130] Stattdessen wird das ohnehin angespannte Zeitproblem durch die entstehenden Codierungsaufgaben weiter belastet.[131] Grundsätzlich lässt sich argumentieren, dass die Kategorisierung der Krankheiten so detailliert ausgestaltet ist, dass eine medizinische Einzelfallbewertung möglich bleibt. Selbst wenn man dem folgt, wäre jedoch die Annahme vermessen, dass der medizinischen Bewertung eine Einzelfallbehandlung nachfolgt. Hieran fehlt es schon deshalb, da die dafür notwendigen zwischenmenschlichen Interaktionen, wie intensive Patienten- und Angehörigengespräche, keine Abrechnungsgrößen besitzen.[132]

---

[129] *Bergdolt*, Das Kontinuum des Ärztlichen, in: Katzenmeier/Bergdolt (Hrsg.), Das Bild des Arztes im 21. Jahrhundert, S. 105 (111).

[130] *Manzeschke*, Diakonie und Ökonomie, S. 7; *Miranowicz*, MedR 2018, 131 (136); *Neitzke*, Aspekte ärztlicher Autonomie, in: Bartmann/Hübner (Hrsg.), Patientenselbstbestimmung, S. 107 (125 f.), hebt hervor, dass das angesprochene Zeitproblem auch aus der Sicht der Ärzte und deren eigenen Bedürfnissen am Arbeitsplatz nicht zu unterschätzen sei; *Neumann*, Der Arzt, der Patient und die DRGs, in: Schumpelick/Vogel (Hrsg), Arzt und Patient, eine Beziehung im Wandel, S. 316 (331 f.); *Sens et al.*, DRG-induzierte Veränderungen […], S. 26 f.; *Sens*, DtÄb 2010, A-25 (A-26); dagegen von gleichbleibender Patientenzufriedenheit sprechend: *Fürstenberg et al.*, G-DRG-Begleitforschung […], S. 483; vgl. auch: Marburger Bund, MB-Monitor 2017 Zusammenfassung, S. 6, 66 % der befragten 6200 Ärzte gaben an, dass sie die ihnen für den individuellen Patientenkontakt zur Verfügung stehende Zeit als nicht ausreichend empfinden, abrufbar unter https://www.marburger-bund.de/sites/default/files/files/2018-09/mb-monitor-2017-zusammenfassung.pdf (Zugriff: 05.02.2022).

[131] *Neumann*, Der Arzt, der Patient und die DRGs, in: Schumpelick/Vogel (Hrsg), Arzt und Patient, eine Beziehung im Wandel, S. 316 (334 ff.); vgl. Marburger Bund, MB-Monitor 2019 Zusammenfassung, S. 2, 35 % der befragten 6474 Ärzte gaben an, dass der Verwaltungsaufwand 4 Stunden pro Tag in Anspruch nehmen würde, (25 %/3 Stunden; 26 %/2 Stunden; 14 %/1 Stunde), abrufbar unter https://www.marburger-bund.de/sites/default/files/files/2020-01/MB-Monitor%202019_Zusammenfassung_Ergebnisse.pdf (Zugriff: 05.02.2022).

[132] Vgl. *Lübbe*, Von der paternalistischen zur partnerschaftlichen Arzt-Patienten-Beziehung, in: Geiger (Hrsg.), Hauptsache gesund? S. 165 (166), die eine finanzielle Aufwertung des Arzt-Patienten-Gesprächs fordert; *Miranowicz*, MedR 2018, 131 (136); *Neumann*, Der Arzt, der Patient und die DRGs, in: Schumpelick/Vogel (Hrsg), Arzt und Patient, eine Beziehung im Wandel, S. 316 (331); *Schmöller*, Neue Patienten – Neue Ärzte? Selbst- und Rollenverständnis niedergelassener Ärzte in Deutschland, in: Gellner/Schmöller (Hrsg.), Neue Patienten – Neue Ärzte? Ärztliches Selbstverständnis und Arzt-Patienten-Beziehung im Wandel, S. 15 (27); *Welti*, GesR 2006, 1 (9).

Es ist festzuhalten, dass der ökonomisch bedingte Druck auf Dauer dazu führen wird, dass die Patienten wieder mehr zu bloßen Zahlen im System werden. Inwieweit die Patienten als Kostenfaktoren richtig eingesetzt werden, zeigt sich letztendlich stärker bei der Bewertung des wirtschaftlichen Erfolgs des Krankenhauses als daran, ob medizinische Behandlungen gelingen.[133] Ferner wird durch die bereits vorgezeichnete Abrechnung die Mitbestimmung des Patienten faktisch auf ein Minimum beschränkt. Das DRG-System steht daher im Widerspruch zum Leitbild der therapeutischen Partnerschaft. Die Subjektstellung des Krankenhauspatienten rückt somit in weite Ferne. Es ist zwingend darauf zu achten, dass in Zukunft die Stimme des einzelnen Patienten wieder stärker wahrgenommen wird. Da die Qualität der Kommunikation den Erfolg einer Arzt-Patienten-Beziehung mitbestimmt, gilt es, die „sprechende Medizin" bei der Abrechnung von medizinischen Leistungen mitzuberücksichtigen.[134] Folglich sollte nicht nur abgerechnet werden können, wenn der Arzt eine Spritze setzt, sondern auch wenn sich zwischen Arzt und Patient ein zeitintensives Gespräch entwickelt. Darüber hinaus ist auch die Freiheit des Arztes kritisch zu hinterfragen. Durch die aufgetragenen nicht-medizinischen Tätigkeiten entsteht die Gefahr, dass auch dieser in dem ökonomisch geprägten System der Krankenhausführung als *stummes Instrument* gefangen wird. Um auch in Zukunft von einem „freien Beruf" sprechen zu können, gilt es zu verhindern, dass der *freie Heiler* von einem *gelenkten Datenverwalter* abgelöst wird.[135]

4. Gehemmter medizinischer Fortschritt

Die ärztliche Therapiefreiheit soll dem Arzt unter anderem ermöglichen, seine Tätigkeit an den medizinischen Fortschritt anzupassen bzw. diesen selbst zu gestalten.[136] Das DRG-System ist insoweit hinderlich, dass durch die vorgegebene Abrechnung die Entscheidungsfindung auf kostengünstige Behandlungsmethoden begrenzt wird. Für die Außenwahrnehmung eines Krankenhauses ist leider nicht der medizinische Fortschritt, sondern die finanzielle Sicherheit ausschlaggebend. Zwar gilt es immer zu berücksichtigen, dass die Funktionsfähigkeit der gesetzlichen Krankenversicherung nur durch finanzielle Abwägungen gewährleistet werden kann,

---

[133] Vgl. auch die Daten zu Abwägung von Wirtschaftlichkeit und medizinischer Notwendigkeit (*Klinke/Müller*, Auswirkungen der DRGs auf die Arbeitsbedingungen, das berufliche Selbstverständnis und die Versorgungsqualität aus der Sicht hessischer Krankenhausärzte, S. 51) und zur Rationierung von medizinisch notweniger Leistungen (*Klinke/Müller*, Auswirkungen der DRGs [...], S. 54); vgl. *Kluth*, MedR 2005, 65 (68); *Manzeschke*, Diakonie und Ökonomie, S. 8.

[134] Vgl. *Zöller*, Arzt und Patient: Was wird sich ändern?, in: Schumpelick/Vogel (Hrsg.), Medizin nach Maß, S. 356 (359).

[135] *Neitzke*, Aspekte ärztlicher Autonomie, in: Bartmann/Hübner (Hrsg.), Patientenselbstbestimmung, S. 107 (122); *Neumann*, Der Arzt, der Patient und die DRGs, in: Schumpelick/Vogel (Hrsg), Arzt und Patient, eine Beziehung im Wandel, S. 316 (334, 339). Siehe dazu auch Sechster Teil Kapitel C. II. 2. a) bb).

[136] Siehe dazu Erster Teil Kapitel A. IV. 2.

gleichwohl darf nicht der Blick für Neuerungen verschlossen werden. Auch an dieser Stelle gilt, dass „[…] manches, was praktisch erprobt, aber wissenschaftlich noch nicht begründet ist, [...] morgen schon wissenschaftlich gesicherter Besitz sein [kann]."[137] Das DRG-System hemmt den medizinischen Fortschritt, indem es die gegenwärtigen kostengünstigen Behandlungsmethoden besonders fördert und dadurch die Implementierung von neuartigen, in der Zukunft jedoch eventuell noch günstigeren Behandlungsmethoden verlangsamt. Auch wenn ein Behandlungsfehler erst dann angenommen werden kann, wenn die zur Verfügung stehenden Behandlungsmethoden nicht mehr dem Stand der medizinischen Wissenschaft entsprechen,[138] sollte bereits vorher auf die damit mittelbar in Verbindung stehende Patientengefährdung aufmerksam gemacht werden.

---

[137] *Lukowsky*, Philosophie des Arzttums, S. 24.
[138] *Kluth*, MedR 2005, 65 (68).

6. Teil

Einfluss der Digitalisierung
auf die Arzt-Patienten-Beziehung

In den vergangenen 50 Jahren haben die mit der Ausbreitung des Internets verbundenen Möglichkeiten der Datenverarbeitung und -übermittlung sämtliche Gesellschaftsstrukturen in Deutschland und der Welt durchdrungen.[1] Hiervon blieb auch das vom BGH im Jahr 1958 noch bildgewaltig als „[…] in starkem Maße in der menschlichen Beziehung wurzel[nde] […]"[2] Arzt-Patienten-Verhältnis nicht verschont. Speziell das 21. Jahrhundert wird dabei mit dem vielschichtigen Wort „Digitalisierung" in Verbindung gebracht. Der Begriff „Digitalisierung" steht dabei für die Darstellung und das Erfassen von Informationen in elektronischer Form.[3] Die Entwicklung und Verbesserung von Computern und deren Vernetzung mithilfe des Internets haben nicht nur die Wirtschaft, sondern auch den Gesundheitssektor maßgeblich beeinflusst. Spätestens seit der Jahrtausendwende dominieren die Termini „Telemedizin", „eHealth", „mHealth", „smart health", „Gesundheitstelematik", „big data", „smart data", „health telematics", „thick data" und ähnliche die Diskussionen rund um die Entwicklung der Arzt-Patienten-Beziehung.[4] Um einen Überblick über die Herausforderungen zu erlangen, die das Verhältnis von Arzt und

---

[1] Am 29.10.1969 gelang es dem Informatikstudenten Charles Kline von der University of California in Los Angeles eine elektronische Nachricht über eine Entfernung von 500 Kilometer an das Stanford Research Institute zu versenden. Die Übermittlung des Wortes „LOGIN" gilt heute als die Geburtsstunde des Internets, vgl. *Dernbach*, Am Anfang stand der Absturz, Spiegel-Artikel, https://www.spiegel.de/netzwelt/web/internet-wird-50-wie-alles-mit-zwei-buch staben-und-einem-absturz-anfing-a-1293668.html (Zugriff: 05.02.2022); umfassend zu Veränderungen in der Gesellschaft, die durch das Internet ausgelöst wurden, siehe: *Tautz*, E-Health und seine Folgen, S. 64 ff.

[2] BGHZ 29, 46 (53).

[3] *Katzenmeier*, MedR 2019, 259 (259, Fn. 1), der feststellt, dass eine allgemeingültige Definition für den Begriff „Digitalisierung" nicht existiert; vgl. auch: *Hilgendorf*, medstra 2017, 257 (257), der die Digitalisierung als „[…] die Darstellung beliebiger Informationen als eine Abfolge von Nullen und Einsen, so dass sie von Computern gespeichert, verarbeitet und übertragen werden […]" können definiert.

[4] In aller Kürze ist an dieser Stelle anzumerken, dass die Verbindung von Technik und Medizin nicht als ein ausschließliches Phänomen des 21. Jahrhunderts bewertet werden kann. Bereits 1905 gelang es Willem Einthoven die Herzströme eines Patienten mit einem Saiten-Galvanometer elektrographisch aufzuzeichnen und in sein 1,5 Kilometer entferntes Labor zu übermitteln, vgl. *Dierks*, MedR 2016, 405 (405); eine anschauliche Gegenüberstellung der Digitalisierung von heute und einer möglichen Digitalisierung in der Zukunft findet sich zudem in: *Jörg*, Digitalisierung in der Medizin, S. 3 ff.

Patient betreffen, bedarf es zunächst einer Abgrenzung der genannten Begrifflich-keiten. Der nachfolgenden Einordnung kommt selbstverständlich kein Anspruch auf Allgemeingültigkeit zu.[5] Diese dient vornehmlich der besseren Orientierung, da sowohl in der Literatur als auch in der folgenden Untersuchung einige Begriffe als Synonyme verwendet werden.

Die Begriffe „big data", „smart data" und „thick data" bezeichnen die großen Mengen an polystrukturierten Daten, die durch digitale Prozesse erhoben werden. Hierbei handelt es sich um Vorgänge, die nicht ausschließlich dem Gesundheits-sektor zuzuordnen sind. Sie können vielmehr sämtliche Bereiche des täglichen Lebens betreffen.[6] Die Verarbeitung der Datenmengen erfolgt über telematische Prozesse, die als kombinierter Einsatz von Telekommunikationstechnologien und Informatik definiert werden.[7] Eine Bezugnahme auf die Medizin gelingt mit den Begriffen „Gesundheitstelematik", „eHealth" und „health telematics", die regel-mäßig als Synonyme für die kombinierte Verwendung von Informations- und Te-lekommunikationstechnologien im Bereich des Gesundheitswesens verwendet werden.[8] Im Bereich von „mHealth", das für „mobile Gesundheit" steht, werden medizinische Daten durch Gesundheits-Apps oder mithilfe sogenannten Wearables, also beispielsweise Smartwatches, erhoben und ausgewertet.[9] Der in öffentlichen Diskussionen am häufigsten verwendete Begriff der „Telemedizin" umfasst dagegen die Erbringung und Unterstützung von medizinischen Leistungen durch telematische Anwendungen, Verfahren und Systeme im Hinblick auf eine konkrete Behandlung.[10]

---

[5] Für eine sehr umfangreiche Abgrenzung einiger der genannten Begriffe siehe: *Dochow*, Grundlagen und normativer Rahmen der Telematik im Gesundheitswesen, S. 58 ff. und speziell die grafische Darstellung auf S. 93.

[6] Gabler Wirtschaftslexikon online, abrufbar unter https://wirtschaftslexikon.gabler.de/defi nition/big-data-54101 (Zugriff: 05.02.2022); *Sachs*, G., MPR 2018, 24 (25); allgemein: *Aust*, Das Zeitalter der Daten, S. 9 ff.; *Lenzen*, Künstliche Intelligenz, S. 15 f.

[7] *Dochow*, Grundlagen und normativer Rahmen der Telematik im Gesundheitswesen, S. 58 f.

[8] Die Bezeichnung „Digitalisierung im Gesundheitswesen" steht daher auf einer gedank-lichen Ebene mit „Gesundheitstelematik", „eHealth" und „health telematics", vgl. *Dochow*, MedR 2019, 636 (637); *Haas*, Gesundheitstelematik, S. 7 f.; *Rosenberg*, Rechtsfragen der Telemedizin am Beispiel der Teleradiologie im Rahmen von E-Health, S. 28; zum Begriff „eHealth" siehe auch: *Tautz*, E-Health und die Folgen, S. 24 ff., der den Begriff „eHealth" nicht definiert, sondern ihn nutzt, um zu beschreiben, wie neue Technologien im Gesundheitswesen durch die Laienöffentlichkeit aufgenommen werden. Zudem führt der Autor mit „Cyberme-dizin", „Online Health" und „Internet Consumer Health Informatics" weitere Begriffe ein, die auf der gedanklichen Ebene von „eHealth" einzuordnen sind.

[9] *Dochow*, Grundlagen und normativer Rahmen der Telematik im Gesundheitswesen, S. 84; vgl. auch: *Specht*, Die 50 wichtigsten Themen der Digitalisierung, S. 283.

[10] *Dochow*, Grundlagen und normativer Rahmen der Telematik im Gesundheitswesen, S. 85 f.; eine umfassende Darstellung von mehreren Definitionsversuchen findet sich zudem in: *Rosenberg*, Rechtsfragen der Telemedizin am Beispiel der Teleradiologie im Rahmen von E-Health, S. 25 ff.

Telemedizinische Maßnahmen sind daher als Teilbereich der Gesundheitstelematik zu verstehen.[11]

A. Ausgangspunkt:
Leitbild der therapeutischen Partnerschaft

Mit dem in §§ 630d, e BGB normierten Aufklärungs-Einwilligungs-Konzept wird versucht, das Arzt-Patienten-Verhältnis zu einer therapeutischen Partnerschaft auszugestalten. Hierbei handelt es sich jedoch nicht um die Arzt-Patienten-Beziehung der Gegenwart, sondern um ein aktuell verfolgtes Leitbild. Mit diesem wird eine ideale Behandlung dargestellt, die sich insbesondere dadurch auszeichnet, dass sowohl die ärztliche Therapiefreiheit als auch das Selbstbestimmungsrecht des Patienten bestmöglich berücksichtigt werden. Der Kerngedanke der bislang hypothetischen Partnerschaft umfasst den Anspruch und das Recht beider an der Behandlung Beteiligter, als Subjekt aufzutreten und als solches anerkannt zu werden. Als verbindendes Element dient der Heilauftrag bzw. der von beiden Parteien getragene Heilgedanke. Da ein „Informed Consent" bisher nur durch eine erzwungene Wissensangleichung erreicht werden kann, ist noch nicht absehbar, ob eine therapeutische Partnerschaft real existieren wird.[12] Der kombinierte Einsatz von Informations- und Telekommunikationstechnologien ändert an dieser Einschätzung zunächst nichts. Ein digitalisiertes Gesundheitswesen ist nicht notwendig, um eine Arzt-Patienten-Beziehung zu erreichen, die durch beidseitige Subjektivität geprägt ist.[13]

Da es sich bei der Digitalisierung um einen Entwicklungsschritt handelt, der nicht auf den medizinischen Sektor beschränkt ist und damit nicht aufgehalten werden kann, wird es durch den Einsatz von entsprechenden Technologien zwangsläufig zu Veränderungen in der Arzt-Patienten-Beziehung kommen. Für die Zukunft der therapeutischen Partnerschaft wird daher entscheidend sein, ob die Bedeutung von Vertrauen, Intimität und Individualität auch im „digitalen Zeitalter"[14] gegenüber den Gefahren des technischen Fortschritts erfolgreich verteidigt werden kann. Das Ziel muss es sein, weiterhin ernsthaft das Leitbild der therapeutischen Partnerschaft zu verfolgen.

---

[11] *Dochow*, MedR 2019, 636 (637); *Rosenberg*, Rechtsfragen der Telemedizin am Beispiel der Teleradiologie im Rahmen von E-Health, S. 24, 28.

[12] Siehe dazu Zweiter Teil Kapitel E. II. 2. und Dritter Teil Kapitel A. III.

[13] Dies zeigt sich unter anderem an einem Vergleich zu der frühmittelalterlichen Mönchsarzt-Patienten-Beziehung. Nach der hier vertretenen Ansicht ist diese zwar aufgrund der überragenden Bedeutung des Christentums als Objekt-Objekt-Beziehung einzuordnen, da das medizinische Wissen jedoch auf beiden Seiten fehlte, kann zugleich auch eine besondere Form der Gleichrangigkeit geschlossen werden, siehe dazu auch Zweiter Teil Kapitel C. III. 1.

[14] *Bengsch*, 2002 begann das Digitalzeitalter, Welt-Artikel, https://www.welt.de/print/die_welt/wissen/article12506319/2002-begann-das-Digitalzeitalter.html (Zugriff: 05.02.2022); vgl. auch: *Katzenmeier*, MedR 2019, 259 (271), der vom „Zeitalter der Digitalisierung" schreibt.

B. Systematisierung der digitalen Gesundheitsanwendungen nach Dochow

Der Komplex „Digitalisierung im Gesundheitswesen" umfasst unzählige Anwendungsfelder. Es wird daher zunächst untersucht, welchen Themenbereichen Auswirkungen auf die Arzt-Patienten-Beziehung zukommen, die ferner auch durch das Wechselspiel von ärztlicher Therapiefreiheit und Selbstbestimmungsrecht des Patienten gekennzeichnet sind. Hierzu bedarf es zunächst einer Kategorisierung der digitalen Anwendungen. Die bisher in der Literatur vorgeschlagenen Einteilungen sind genauso facettenreich wie die am Anfang dieses Abschnitts aufgeführten Begriffe bezüglich der Verwendung von Technologien im Gesundheitswesen.[15] Als besonders geeignet hat sich die Einteilung nach Dochow erwiesen, da diese mit den verwendeten Kriterien der *Patientenorientierung*, der *Behandlungsbezogenheit* sowie der *Unmittelbarkeit der Auswirkungen* der digitalen Elemente direkte Bezugspunkte zur Arzt-Patienten-Beziehung und das hierbei immanente Zusammenwirken von ärztlicher Freiheit und patientenbezogener Einflussnahme aufweist.[16] Dem Verständnis von Dochow folgend, können die Anwendungsfelder von gesundheitstelematischen Maßnahmen in drei Kategorien untergliedert werden.[17]

Die erste Kategorie betrifft *nicht-patientenorientierte Anwendungen der Gesundheitstelematik*. Hiervon umfasst sind Themenbereiche, die sich vornehmlich mit der Forschung, der Qualitätssicherung, der Gesundheitsberichterstattung sowie der Gesundheitsstatistik beschäftigen. Technologien aus dieser Kategorie zeichnen sich durch die Sammlung und Auswertung von größeren, teils anonymisierten Datenmengen aus.[18] Ein Beispiel sind die während der Covid-19-Pandemie täglichen Zusammentragungen von Covid-19-Erkrankungen durch die Gesundheitsämter und die anschließende Meldung an das Robert-Koch-Institut.[19] Da die dieser Kategorie zuzuordnenden Technologien vor allem der Organisation des Gesundheitswesens dienen, sind die Kriterien der Patientenorientierung und der Behandlungsbezogen-

---

[15] Beispielhaft: *Dochow*, Grundlagen und normativer Rahmen der Telematik im Gesundheitswesen, S. 95 f. mit weiteren Nachweisen; *Haas*, Gesundheitstelematik, S. 15.

[16] Allgemein: *Dochow*, Grundlagen und normativer Rahmen der Telematik im Gesundheitswesen, S. 97 ff.

[17] Vgl. *Haas*, Gesundheitstelematik, S. 15, der eine ähnliche Systematisierung vorschlägt. Er unterteilt in Anwendungen zur Unterstützung von Forschung und Gesundheitsberichterstattung, Anwendungen der Informationsweitergabe und Anwendungen, die im direkten Zusammenhang zur Patientenbehandlung stehen.

[18] Umfassend zur ersten Kategorie: *Dochow*, Grundlagen und normativer Rahmen der Telematik im Gesundheitswesen, S. 110 ff.; zudem: *ders.*, MedR 2019, 636 (637); vgl. *Haas*, Gesundheitstelematik, S. 20.

[19] Kritisch bezüglich der anfänglich schleppenden Übertragung per Fax oder per Handschrift, siehe: *Gerlach*, ersatzkasse magazin 2021, 14 (14); weitere Beispiele wären Kompetenznetze, Register oder Fall- und Prozessdatenbanken, siehe dazu: *Haas*, Gesundheitstelematik, S. 21.

heit nicht ausgeprägt.[20] Daher sind derartige Themenbereiche sowohl für das Verhältnis der ärztlichen Therapiefreiheit zum Selbstbestimmungsrecht des Patienten als auch bei einer jeweils losgelösten Betrachtung der unterschiedlichen Rechtspositionen von lediglich untergeordneter Bedeutung. Es fehlt an der Bezugnahme auf die an der Arzt-Patienten-Beziehung beteiligten Personen. Weder die Individualität des Behandlungsgeschehens noch die Identität von Arzt und Patient spielen für die digitalen Elemente aus dieser Kategorie eine Rolle.

Eine größere Schnittmenge zur Arzt-Patienten-Beziehung weist die zweite Kategorie auf. Diese beinhaltet *patientenorientierte Anwendungen der Gesundheitstelematik ohne Behandlungsbezug.* Als Schwerpunkte gelten zum einen die über eine Internet- oder Telefonverbindung stattfindende Informationsbereitstellung für den Patienten (z. B. Ärzteverzeichnisse, Ernährungspläne etc.[21]) und zum anderen digitale Dienste, mithilfe derer Betroffene ihre gesundheitliche oder pflegerische Versorgung losgelöst von einer konkreten Behandlungssituation steuern und überwachen können (z. B. telemedizinisches Monitoring bei chronischen Erkrankungen, SMS-basierte Erinnerung an Medikamenteneinnahme etc.[22]).[23] Mit diesen Technologien soll der gesellschaftliche Umgang mit Gesundheit bzw. Krankheit aufgewertet werden. Die Arzt-Patienten-Beziehung als individuelles Behandlungsgeschehen ist hiervon jedoch lediglich mittelbar betroffen. Das Ziel dieser Anwendungen liegt ausschließlich darin, Prozesse, die dem Zusammentreffen von Arzt und Patient zeitlich vor- oder nachgelagert sind, zu optimieren. Da die Therapiefreiheit jedoch auch das Recht beinhaltet, eine Behandlung abzulehnen und das Selbstbestimmungsrecht des Patienten das Recht auf eine freie Arztwahl umfasst, sind dennoch Ausprägungen vorhanden, die zeitlich gesehen vor dem Abschluss eines Behandlungsvertrags zur Entfaltung kommen. Insgesamt bietet die zweite Kategorie einige Bezugspunkte zu den in dieser Untersuchung begutachteten Rechtspositionen.

Die dritte Kategorie bezeichnet Dochow als *patientenorientierte Anwendungen der Gesundheitstelematik mit Behandlungsbezug.* Den hierunter zu subsumierenden Technologien kommen aufgrund der jeweils dominierenden Parameter der Patientenorientierung und Behandlungsbezogenheit die größte Bedeutung für die individuelle Arzt-Patienten-Beziehung zu. Im Weiteren wird danach unterschieden, ob sich die eingesetzte Gesundheitstelematik durch einen unmittelbaren oder einen

---

[20] *Dochow*, Grundlagen und normativer Rahmen der Telematik im Gesundheitswesen, S. 111.

[21] Eine Vielzahl an weiteren Beispielen findet jeweils sich in: *Dochow*, Grundlagen und normativer Rahmen der Telematik im Gesundheitswesen, S. 116 f.; *Haas*, Gesundheitstelematik, S. 21.

[22] Eine Vielzahl an weiteren Beispielen findet sich in: *Dochow*, Grundlagen und normativer Rahmen der Telematik im Gesundheitswesen, S. 121 ff.

[23] Umfassend zur zweiten Kategorie: *Dochow*, Grundlagen und normativer Rahmen der Telematik im Gesundheitswesen, S. 116 ff.; zudem: *ders.*, MedR 2019, 636 (637); vgl. *Haas*, Gesundheitstelematik, S. 19 f.

mittelbaren Bezug zur Behandlung auszeichnet.[24] Ersteres ist anzunehmen, wenn die digitalen Anwendungen als neuer Bestandteil eines konkreten Therapieprozesses einzuordnen sind oder vorhandene Bestandteile einer analogen Behandlung substituieren. Einschlägige Beispiele sind die Telefon-Therapiestunde eines Psychotherapeuten, um gezielt das Gefühl von Anonymität zu erreichen oder auch die computerbasierte Auswahl einer Behandlungsmethode.[25] Von einem mittelbaren Bezug ist dagegen auszugehen, wenn die Patientenbehandlung durch die digitalen Elemente lediglich unterstützt wird.[26] Hierunter fallen Themengebiete, die sich mit der Telekommunikation (z.B. dem Austausch von Text-, Bild-, Audio- oder Videodateien),[27] der Teledokumentation (z.B. der elektronischen Patientenakte)[28] und der Telekooperation (z.B. der über das Internet stattfindenden Konsultation eines räumlich entfernten Experten durch den Primärarzt)[29] beschäftigen. Für die vorliegende Untersuchung nehmen die patientenorientierten Anwendungen mit Behandlungsbezug eine besondere Rolle ein, da aufgrund der Fokussierung auf das konkrete Therapiegeschehen sowohl eine losgelöste als auch eine abwägende Bewertung der ärztlichen Therapiefreiheit und des Selbstbestimmungsrechts des Patienten möglich ist.

Im Ergebnis ist festzustellen, dass der Komplex „Digitalisierung im Gesundheitswesen" zum Teil Technologien umfasst, die sich nicht auf das Verhältnis von ärztlicher Therapiefreiheit und Selbstbestimmungsrechts des Patienten auswirken. Mithilfe der Systematisierung nach Dochow kann der Prüfungsrahmen der nachfolgend begutachteten Konfliktfeldern sinnvoll eingegrenzt werden. Während die erste Kategorie zu vernachlässigen ist, umfassen die zweite und dritte Kategorie Technologien, die die Arzt-Patienten-Beziehung und somit das *Modell des Miteinanders* vor bisher unbekannte Probleme stellen.

---

[24] Umfassend zur dritten Kategorie: *Dochow*, Grundlagen und normativer Rahmen der Telematik im Gesundheitswesen, S. 131 ff.; zudem: *ders.*, MedR 2019, 636 (637); vgl. *Haas*, Gesundheitstelematik, S. 15 ff.

[25] *Dochow*, Grundlagen und normativer Rahmen der Telematik im Gesundheitswesen, S. 133.

[26] *Dochow*, Grundlagen und normativer Rahmen der Telematik im Gesundheitswesen, S. 131.

[27] *Dochow*, Grundlagen und normativer Rahmen der Telematik im Gesundheitswesen, S. 134; vgl. *Haas*, Gesundheitstelematik, S. 16 f., weitere Beispiele finden sich auf S. 21.

[28] *Dochow*, Grundlagen und normativer Rahmen der Telematik im Gesundheitswesen, S. 143 ff.; vgl. *Haas*, Gesundheitstelematik, S. 17, weitere Beispiele finden sich auf S. 21.

[29] *Dochow*, Grundlagen und normativer Rahmen der Telematik im Gesundheitswesen, S. 165; vgl. *Haas*, Gesundheitstelematik, S. 18 ff., weitere Beispiele finden sich auf S. 21.

C. Verhältnis von ärztlicher Therapiefreiheit und Selbstbestimmungsrecht des Patienten im digitalisierten Gesundheitswesen

Die Digitalisierung im Gesundheitswesen hat keine Auswirkungen auf die Zielrichtungen von ärztlicher Therapiefreiheit und Selbstbestimmungsrecht des Patienten. Daher ist das im Rahmen der Untersuchung entwickelte *Modell des Miteinanders* auch auf Spannungsfelder anwendbar, die dem Bereich der Gesundheitstelematik zuzuordnen sind. Kurz zusammengefasst beinhaltet das *Modell des Miteinanders* den Gedanken, dass sich der allseitig wirkende Schutzcharakter der jeweiligen Rechtsposition erst dann vollständig entfaltet, wenn Arzt und Patient durch einen gemeinsam verfolgten Heilauftrag miteinander verbunden sind.[30] Diese Situation gilt es herauszuarbeiten und gegen äußere Einflüsse zu sichern. Eine Anwendung auf ausgewählte Spannungsfelder, die keine Bezugspunkte zur Digitalisierung im Gesundheitswesen aufweisen, hat jedoch auch gezeigt, dass es Konstellationen gibt, in denen die korrespondierenden Rechtspositionen entweder dem Arzt oder dem Patienten besondere Ansprüche oder Rechte gewähren.[31]

Bei den gesundheitstelematischen Anwendungen ist eine abschließende Bewertung von einschlägigen Spannungsfeldern sowohl aufgrund der Vielzahl an existierenden Technologien als auch wegen des sich weiterhin rasant entwickelnden Gesundheitsmarktes nicht möglich. Daher beschränkt sich die Untersuchung auch an dieser Stelle auf ausgewählte Thematiken, die sich durch ein besonderes Konfliktpotenzial zwischen ärztlicher Therapiefreiheit und Selbstbestimmungsrecht des Patienten auszeichnen.

I. Internet als alternative Informationsquelle für den Patienten

Das Aufklärungsgespräch mit dem Arzt soll dem Patienten die Informationen vermitteln, die dieser benötigt, um sein Selbstbestimmungsrecht auszuüben. Fehlt es an einer entsprechenden Wissensweitergabe durch den Arzt, kann der Patient, sofern dieser nicht von sich aus auf die Informationen verzichtet hat (Aufklärungsverzicht), nicht als Subjekt der Behandlung anerkannt werden. Für das Leitbild der therapeutischen Partnerschaft ist entscheidend, dass der Arzt und der Patient zumindest am Anfang einer Behandlung auf einer Ebene zusammenwirken. Wie sich die Beziehung während der Behandlung weiterentwickelt, ist Ausdruck der Individualität von Arzt und Patient und damit elementarer Bestandteil einer funktionierenden Partnerschaft.[32]

---

[30] Siehe dazu Dritter Teil Kapitel A. III.
[31] Siehe dazu Dritter Teil Kapitel B.
[32] Siehe dazu Zweiter Teil Kapitel E. II. 5.

Das digitale Zeitalter zeichnet sich unter anderem dadurch aus, dass der Arzt nicht mehr als der alleinige Wissensvermittler auftritt. Neben dem Arzt als „menschliches Lexikon" greifen die Patienten immer häufiger auf das Internet als Informationsquelle zu.[33] Das Internet ermöglicht den Suchenden sowohl Informationen über Leistungserbringer als auch über ihre eigene gesundheitliche Konstitution bequem von zuhause aus zu erlangen. Da die digitale Informationssuche losgelöst von einer konkreten Behandlung stattfinden kann, handelt es sich um einen Problemkreis aus der Kategorie *patientenorientierte Anwendungen der Gesundheitstelematik ohne Behandlungsbezug.*

1. Informationen über Ärzte

Bevor der Patient einen Behandlungsvertrag abschließen kann, steht er regelmäßig vor der Entscheidung, welchem Arzt er sich anvertrauen möchte. Während es beispielsweise für einen Autokäufer in vielen Fällen irrelevant ist, von welchem Verkäufer er sein neues Fahrzeug erwirbt, nimmt diese Fragestellung bei der Begründung einer Arzt-Patienten-Beziehung eine überragende Rolle ein. Bei einem Autokauf steht das Fahrzeug und dessen Mangelfreiheit im Mittelpunkt der Verhandlungen; wird dagegen ein Behandlungsvertrag abgeschlossen, ist neben der Qualität der ärztlichen Leistung vor allem das Verhältnis der beteiligten Personen zueinander für den Erfolg und den Fortbestand der Vertragsbeziehung entscheidend. Gemäß § 7 Abs. 2 S. 1 MBO-Ä steht dem Patienten das Recht auf freie Arztwahl zu. Parallel zu der Einwilligung in eine Behandlungsmaßnahme bedarf es jedoch auch bei der Auswahl des Arztes einer entsprechenden Wissensgrundlage. Eine Studie der Bertelsmann Stiftung kommt zu dem Ergebnis, dass „jeder vierte Bundesbürger fürchtet, wegen fehlender Informationen nicht den passenden Haus- oder Facharzt zu finden."[34] Dieser Umstand ist auch deshalb besorgniserregend, da sich gerade die ambulante Versorgung durch die Person des Arztes und das damit verbundene Vertrauen des Patienten in die ärztliche Leistung auszeichnet.[35] Fehlen dem Patienten jedoch fundierte Informationen über die möglichen Anbieter von ärztlichen Leistungen, läuft das Selbstbestimmungsrecht leer. Das Recht des Patienten auf eine freie Arztwahl kann dann unmöglich ausgeübt werden. Der Patient benötigt also Informationen über verfügbare medizinische Leistungserbringer, um so sein Wahlrecht selbstbestimmt ausüben zu können. Es ist daher eine Art *Voraufklärung* notwendig, die sich nicht auf die Gesundheit des Patienten, sondern auf die Person des Arztes bezieht.

---

[33] Bertelsmann Stiftung, Spotlight Gesundheit, 02/2018, S. 2; *Bittner*, A., Informierte Patienten und unzureichend vorbereite Ärzte? – Studie der Bertelsmann Stiftung und Barmer GEK, Gesundheitsmonitor 02/2016, S. 1 ff.; *Hambrock*, Die Suche nach Gesundheitsinformationen – Studie der Bertelsmann Stiftung, S. 5.

[34] Bertelsmann Stiftung, Spotlight Gesundheit, 02/2020, S. 2.

[35] Bertelsmann Stiftung, Spotlight Gesundheit, 02/2020, S. 4.

Hierbei sind neben dem Informationsinteresse der Patienten auch die Rechtspositionen der Leistungserbringer zu berücksichtigen. Ein Spannungsfeld zu der ärztlichen Therapiefreiheit besteht im Hinblick auf zwei Aspekte. Zum einen könnte das auch die Therapiefreiheit abbildende allgemeine Persönlichkeitsrecht des Arztes einer ungewollten Präsentation im Internet entgegenstehen. Zum anderen weist die Freiheit des Arztes über Art. 12 GG Berührungspunkte zum Schutz von Betriebsgeheimnissen auf.

Das Internet bietet den technischen Rahmen für Online-Plattformen, mithilfe derer Suchende auf Informationen über örtlich verfügbare Ärzte zugreifen können.[36] Die derzeitigen Arztbewertungsportale wie jameda.de oder 116117.de sind in ihrer Auswahl an Angaben, die für eine selbstbestimmte Entscheidung notwendig sind, jedoch beschränkt.[37] Zwar sind die Stammdaten des Arztes (z. B. Name, Praxisanschrift, Geschlecht) und dessen Zusatzqualifikationen (z. B. Fremdsprachenkenntnisse, Schwerpunktkompetenzen, Barrierefreiheit) regelmäßig frei verfügbar, gleichwohl fehlen Ausführungen über tatsächlich erbrachte Leistungen. Während die Entscheidung des Patienten auf stationärer Versorgungsebene durch öffentlich einsehbare Qualitätsberichte der Kliniken erleichtert wird (vgl. § 136b Abs. 1 Nr. 3 SGB V), sind derartige Daten für den ambulanten Bereich nicht abrufbar.[38] Dieses Problem könnte durch mehr Transparenz im Umgang mit den Abrechnungs- und Leistungsdaten der niedergelassenen Ärzte gelöst werden.[39] Sofern die sowieso gemäß § 295 Abs. 2 SGB V erhobenen Daten im Hinblick auf den tatsächlich betroffenen Patienten hinreichend anonymisiert werden und anschließend für die Suchenden frei verfügbar wären, könnten sich diese über Ärzte informieren, die im besonderen Maße die medizinischen Leistungen anbieten, die sich der Patient für seine individuelle Behandlungssituation wünscht.[40]

---

[36] An dieser Stelle ist anzumerken, dass ein theoretisch verfügbarer Arzt als Person des Voraufklärenden nicht in Betracht kommt. Es bestünde ansonsten die Gefahr, dass der Arzt seine eigenen Fähigkeiten und Erfolge geschwollen in den Vordergrund stellt, um den Patienten für sich zu gewinnen. Stattdessen bietet es sich an, die Reichweite des Internets zu nutzen und eine objektiv geführte und jederzeit erreichbare Plattform zu errichten.

[37] In jüngerer Vergangenheit musste sich die Rechtsprechung regelmäßig mit dem kommerziell geführten Arztbewertungsportal jameda.de auseinandersetzen. Speziell das von der Plattform praktizierte Basis-Premium-Kunden-Prinzip war Gegenstand von ärztlichen Klagen, beispielsweise: OLG Köln MMR 2020, 186 (186 ff.); OLG Hamm MMR-Aktuell 2018/ 403012; vgl. zudem: *Braun/Marstedt*, Der informierte Patient: Wunsch und Wirklichkeit, in: Hoefert/Klotter (Hrsg.), Wandel der Patientenrolle, S. 47 (54), die anmerken, dass Arztverzeichnisse vermisst werden, „[…] die über den Informationsgehalt telefonischer Branchenverzeichnisse hinausgehen."

[38] Bertelsmann Stiftung, Spotlight Gesundheit, 03/2018, S. 2; *Kingreen/Kühling*, Rechtsfragen der externen Nutzung von Datensätzen aus der Leistungserbringung durch Vertragsärzte und Krankenhäuser, S. 44 f.

[39] Ein Rechtsvergleich zu den USA (medicare) und zu England (NHS choices) zeigt, dass die freie Verfügbarkeit von Leistungs- und Abrechnungsdaten bereits Praxis ist, vgl. Bertelsmann Stiftung, Spotlight Gesundheit, 03/2018, S. 3 ff.

[40] Bertelsmann Stiftung, Spotlight Gesundheit, 02/2020, S. 4 f.

Bei einer derartigen Lösung sind jedoch auch die Rechte der betroffenen Ärzte mit zu berücksichtigen. Werden die vorgestellten Daten zu Patienteninformationszwecken genutzt, hätte dies einen Eingriff sowohl in den Schutzbereich der informationellen Selbstbestimmung, die dem Allgemeinen Persönlichkeitsrecht zuzuordnen ist, als auch in den der Berufsfreiheit aus Art. 12 GG zur Folge.[41] Da in beiden Grundrechten auch die ärztliche Therapiefreiheit verankert ist, muss diese auf der Ebene der Rechtfertigung bei der Verhältnismäßigkeitskontrolle berücksichtigt werden.[42] Fraglich ist, ob die festgestellten Eingriffe durch entsprechende Gründe aufgewogen werden können. Die Wirkungsrichtung der ärztlichen Therapiefreiheit ist nach dem *Modell des Miteinanders* nicht auf einen ausschließlichen Schutz des Arztes beschränkt. Genau wie das Selbstbestimmungsrecht des Patienten kann die Therapiefreiheit sowohl für und gegen den Arzt als auch für und gegen den Patienten wirken. Für die Auflösung des Spannungsfeldes ist maßgeblich, welcher Partei unter dem verbindenden Gedanken des Heilauftrages ein schutzwürdiges Interesse an den Informationen zukommt. Die Ärztedaten sollen zum Zweck der Patienteninformation öffentlich zugänglich gemacht werden. Als primärer Adressat gilt nicht die breite Öffentlichkeit, sondern der *suchende* Patient. Da der Patient logischerweise nicht im Wettbewerb zu anderen Leistungserbringern steht, kommt dem über Art. 12 GG zu gewährleistenden Geheimnisschutz eine untergeordnete Rolle zu.[43] Der Umstand, dass auch andere Ärzte auf die Daten zugreifen könnten, kann mit dem ansonsten drohenden Leerlauf des Selbstbestimmungsrechts des Patienten gerechtfertigt werden. Es gilt zwingend zu verhindern, dass sich ein Patient einem Arzt „blind" anvertraut und anschließend trotz fehlender Zufriedenheit bei diesem bleibt. Der mögliche Beweggrund, dass der Patient es einmal in den Patientenstamm „geschafft hat" und nun nicht mehr auf der Suche sein möchte, ist mit dem *Modell des Miteinanders* nicht vereinbar. Dies gilt vor allem, wenn bedacht wird, dass die Wartezeit für einen Facharzttermin in 25 % der Fälle länger als einen Monat dauert.[44] Zwar spricht viel dafür, dass sich auch in Deutschland die Wartezeit bei einer

---

[41] Umfassend: *Kingreen/Kühling*, Rechtsfragen der externen Nutzung von Datensätzen aus der Leistungserbringung durch Vertragsärzte und Krankenhäuser, S. 11, die feststellen, dass aufgrund der Gefahr der Re-Anonymisierung primär das Recht auf informationelle Selbstbestimmung der Patienten betroffen ist. Ferner sind die Autoren jedoch auch der Ansicht, dass „der Vollständigkeit halber [...] darauf hinzuweisen [ist], dass es [...] nicht nur um den Schutz der Patienten und Patientinnen und ihrer Daten geht, sondern sich gegebenenfalls auch behandelnde bzw. involvierte Ärzte auf den Datenschutz berufen können, sofern es sich um auf sie referenzierbare Informationen handelt." Im Hinblick auf die Berufsfreiheit sind die Autoren der Ansicht, dass ein öffentliches Zurverfügungstellen der Daten einen Eingriff in Art. 12 GG begründen, vgl. dazu: *Kingreen/Kühling*, Rechtsfragen der externen Nutzung von Datensätzen aus der Leistungserbringung durch Vertragsärzte und Krankenhäuser, S. 20.

[42] Siehe dazu Erster Teil Kapitel A. I. 1. a) und c).

[43] *Kingreen/Kühling*, Rechtsfragen der externen Nutzung von Datensätzen aus der Leistungserbringung durch Vertragsärzte und Krankenhäuser, S. 45.

[44] OECD, Waiting Times for Health Services: Next in Line, S. 16.

schwerwiegenden Erkrankung verringert,[45] gleichwohl dürfen die psychischen Belastungen, die entstehen, wenn der Patient lange auf eine ärztliche Expertenmeinung warten muss, nicht vergessen werden. Sowohl die ärztliche Therapiefreiheit als auch das Selbstbestimmungsrecht des Patienten sollen die Individualität der Behandlung sicherstellen. Der Auswahl des subjektiv „richtigen" Arztes anhand von objektiv vergleichbaren Kriterien kommt dabei eine konstituierende Bedeutung zu.

Zusammengefasst ist festzustellen, dass der Mangel an aussagekräftigen Informationen über Ärzte das Selbstbestimmungsrecht des Patienten in einem erheblichen Maße beeinträchtigt. Dagegen würde die Therapiefreiheit durch die Verfügbarkeit von ärztlichen Leistungs- und Abrechnungsdaten nicht unzulässig beschränkt werden. In Zukunft sollten die digitalen Möglichkeiten daher weiter ausgeschöpft werden, um das Selbstbestimmungsrecht des Patienten auch im Hinblick auf das Recht auf freie Arztwahl „mit Leben zu füllen". Bis dahin kann § 7 Abs. 2 S. 1 MBO-Ä lediglich als dogmatische Rechtsgrundlage der Patientenselbstbestimmung bezeichnet werden.

2. Informationen über Krankheiten

Sowohl die Historie des Arztberufs als auch die Stellung des Patienten im Behandlungsgeschehen hat gezeigt, dass es sich in der Vergangenheit regelmäßig um die Zusammenkunft eines Hilfeanbietenden mit einem Hilfesuchenden gehandelt hat. Hierbei war der Patient dem Arzt im Hinblick auf Informationen über seine eigene medizinische Konstitution unterlegen. Zwar war es seit Erfindung des Buchdrucks grundsätzlich möglich, dass sich der Patient selbst in Bibliotheken über seinen Krankheitszustand informiert, eine solche Eigeninitiative war jedoch sowohl aufgrund der verwendeten Fachsprache als auch wegen der begrenzten Verfügbarkeit häufig zum Scheitern verurteilt. Der Arzt war für lange Zeit die einzige Informationsstelle, die dem Suchenden zur Verfügung stand.[46] Es galt daher der Grundsatz, dass medizinische Informationen ausschließlich der Institution „Arzt" vorbehalten waren. Da die Therapiefreiheit auch die Methodenwahlfreiheit beinhaltet und somit die Wahl der Behandlungsmethode zu einer „primär[en] Sache des Arztes" erklärt, könnte angenommen werden, dass die Freiheit des Arztes auch die Wissenshoheit über die medizinischen Informationen umfasst. Ein Spannungsfeld zum Selbstbestimmungsrecht des Patienten besteht dann insoweit, dass dieses ohne eine entsprechende Aufklärung leerläuft. Fehlten alternative Informationsquellen, blieb dem Hilfesuchenden nichts anderes übrig, als sich an einen Arzt zu wenden und diesem zu vertrauen. Neben der emotionalen Diskrepanz und dem medizinischen Wissensvorsprung stand der Patient daher auch in einem „informationsfaktischen" Abhän-

---

[45] Ohne konkrete Daten für Deutschland: OECD, Waiting Times for Health Services: Next in Line, S. 18.

[46] Vgl. *Tautz*, E-Health und seine Folgen, S. 65.

gigkeitsverhältnis zu seinem Arzt. Folglich konnte der doppelten Asymmetrie der Arzt-Patienten-Beziehung noch eine dritte Ebene zugesprochen werden.[47]

Die Digitalisierung im Gesundheitswesen hat das Verhältnis des Patienten zu verfügbaren medizinischen Informationen nachhaltig verändert. Heutzutage braucht der Patient nicht mehr auf ein Gespräch mit dem Arzt zu warten. Vielmehr steht es ihm offen, sich selbst im Internet sowohl auf kommerziell geführten als auch auf öffentlich finanzierten Plattformen über seinen Krankheitszustand zu informieren.[48] Das Angebot reicht von der allgemein gehaltenen Online-Enzyklopädie Wikipedia, über medizinverwandte Webseiten wie apotheken-umschau.de oder gesundheit.de bis zu Internetseiten wie beispielsweise krebsinformationsdienst.de, also solchen, die sich speziell mit einem Krankheitsbild beschäftigen.[49] Da die Onlinerecherche regelmäßig vor der eigentlichen Arzt-Patienten-Kommunikation stattfindet, handelt es sich im Grundsatz um eine *zeitlich vorgelagerte aufklärungsähnliche Informationsbereitstellung* durch das Internet.[50] Durch alternative Informationsquellen wird dem Patienten die Möglichkeit eröffnet, zumindest teilinformiert in die eigentliche Beziehung zum Arzt einzutreten.[51] Steht dem Laien leicht zugängliches und leicht verständliches Onlinewissen zur Verfügung, kann, wie Tautz anmerkt, die Exklusivität von medizinischen Informationen beendet werden.[52]

Um diese Entwicklung zu erreichen, ist es notwendig, dass der Patient auf eine qualitativ hochwertige Aufarbeitung von medizinischen Informationen zugreifen kann. Die digitale Suche nach Gesundheitsinformationen zeichnet sich jedoch durch Unübersichtlichkeit und mit einem damit einhergehenden Qualitätsproblem aus. Wird „Kopfschmerzen behandeln" bei Google eingegeben, bietet die Suchmaschine rund 9,4 Mio. Ergebnisse an.[53] Bei der Eingabe von „Sodbrennen behandeln" werden

---

[47] Siehe dazu Zweiter Teil Kapitel E. II. 1.

[48] Allgemein: *Beleites*, Ist der Wandel des Arzt-Patienten-Verhältnisses Folge des medizinischen Fortschrittes?, in: Schumpelick/Vogel (Hrsg), Arzt und Patient, eine Beziehung im Wandel, S. 81 (85), der neben dem Internet auch noch auf das Fernsehen, den Rundfunk und leicht verständliche Zeitschriften und Bücher verweist; siehe auch: *Vorberg/Kanschik*, MedR 2016, 411 (414).

[49] Weitere Beispiele finden sich in: *Bittner*, A., Informierte Patienten und unzureichend vorbereite Ärzte? – Studie der Bertelsmann Stiftung und Barmer GEK, Gesundheitsmonitor 02/2016, S. 6ff.

[50] Nach Ansicht der Bertelsmann Stiftung befragen 58 % der Patienten das Internet vor und 62 % nach einem Arztbesuch. Jeder Fünfte Patient informiert sich als vor und nach einem Arztbesuch im Internet, siehe dazu: Bertelsmann Stiftung, Spotlight Gesundheit 02/2018, S. 2 und 03/2019, S. 2; vgl. zudem: *Hambrock*, Die Suche nach Gesundheitsinformationen – Studie der Bertelsmann Stiftung, S. 16 f.

[51] Vgl. *Braun/Marstedt*, Der informierte Patient: Wunsch und Wirklichkeit, in: Hoefert/Klotter (Hrsg.), Wandel der Patientenrolle, S. 47 (49 f.), die anmerken, dass das Internet nicht als „[…] therapeutischer Ratgeber bei Gesundheitsproblemen oder [als] Beratungsinstanz bei akuten Erkrankungen, sondern eher als Enzyklopädie zur Befriedigung von Wissensbedürfnissen und Neugier in Bezug auf Gesundheitsthemen" genutzt wird.

[52] *Tautz*, E-Health und seine Folgen, S. 176.

[53] Google-Suche: „Kopfschmerzen behandeln" am 07.07.2021.

knapp 410.000 Vorschläge angezeigt.[54] Selbst wenn nach „Galaktosämie behandeln" und damit nach einer sogenannten seltenen Krankheit gesucht wird, kann der Internetkonzern noch immer mit circa 101.000 Einträgen dienen.[55] Bei dieser Vielzahl an Informationen ist es nur logisch, dass nicht alle verfügbaren Daten die gleichen Qualitätsstandards erfüllen. Die Folge ist, dass das Internet zum Teil voll von medizinischen Falschinformationen ist, die sich speziell in sozialen Netzwerken wie Facebook/Meta rasant und völlig unkontrolliert verbreiten.[56] Deutlich überschaubarer ist dagegen die Auswahl an evidenzbasierten Online-Informationsquellen.[57] Der Patient steht daher vor dem Dilemma, dass er sich einerseits über seinen Krankheitszustand informieren möchte, ihm jedoch andererseits das medizinische Wissen fehlt, um die nicht endende Flut an Informationen bewerten zu können.[58] Hierbei ist es nicht hilfreich, dass auch den Ärzten ein Überblick über vertrauenswürdige digitale Patienteninformationsquellen fehlt. Sobald die Online-Enzyklopädie Wikipedia, die von Jedermann bearbeitet werden kann, den Ärzten eher bekannt ist und von diesen als vertrauenswürdiger eingeschätzt wird als ein Gesundheitsportal wie krebsinformationsdienst.de, das den Anspruch verfolgt, eine wissenschaftlich fundierte Informationsquelle darzustellen, wird digitalen medizinischen Falschinformationen „Tür und Tor" geöffnet.[59] Um diesem Problemkreis effektiv zu begegnen, ist zukünftig darauf zu achten, dass die Gesundheitskompetenz des Patienten und die Onlinekompetenz des Arztes besonders ge-

---

[54] Google-Suche: „Sodbrennen behandeln" am 07.07.2021.

[55] Google-Suche: „Galaktosämie behandeln" am 07.07.2021, in der Europäischen Union gilt eine Erkrankung als selten, wenn nicht mehr als 5 von 10.000 Menschen betroffen sind, siehe: Bundesministerium für Gesundheit zum Thema „Seltene Erkrankungen", abrufbar unter https://www.bundesgesundheitsministerium.de/themen/praevention/gesundheitsgefahren/selte ne-erkrankungen.html (Zugriff: 05.02.2022).

[56] Zur Rolle von Facebook bei der Verbreitung von Falschnachrichten siehe: *Holznagel*, MMR 2018, 18 (19).

[57] *Braun/Marstedt*, Der informierte Patient: Wunsch und Wirklichkeit, in: Hoefert/Klotter (Hrsg.), Wandel der Patientenrolle, S. 47 (53 f.); *Eichenberg*, Internet und E-Patienten, in: Hoefert/Klotter (Hrsg.), Wandel der Patientenrolle, S. 67 (76); *ders.*, DtÄb 2017, 81 (81); umfassend siehe auch: *Sänger/Lang*, Evidenzbasierte Patienteninformationen, in: Hoefert/Klotter (Hrsg.), Wandel der Patientenrolle, S. 101 (104 ff.), die einige evidenzbasierte Gesundheitsinformationsquellen (national und international) auflisten.

[58] *Braun/Marstedt*, Der informierte Patient: Wunsch und Wirklichkeit, in: Hoefert/Klotter (Hrsg.), Wandel der Patientenrolle, S. 47 (51 ff.); *Eichenberg*, Internet und E-Patienten, in: Hoefert/Klotter (Hrsg.), Wandel der Patientenrolle, S. 67 (76); *Eysenbach/Diepgen*, DMW 1999, 1404 (1405).

[59] In einer Studie der Bertelsmann Stiftung und der Barmer GEK wurden 804 ambulant tätige Ärzte zu ihrem Verhältnis zum Internet als Informationsquelle befragt. 96% der Ärzte kannten die Online-Enzyklopädie Wikipedia. 60% wiederum schätzten diese als vertrauenswürdig ein. Im Vergleich dazu kannten lediglich knapp über 20% die vom Deutschen Krebsforschungszentrum betriebene Plattform krebsinformationsdienst.de. Immerhin 70% der kennenden Ärzte hielten diese auch für vertrauenswürdig. Für eine umfassende Darstellung und weiteren Beispielen siehe: *Bittner*, A., Informierte Patienten und unzureichend vorbereite Ärzte? – Studie der Bertelsmann Stiftung und Barmer GEK, Gesundheitsmonitor 02/2016, S. 6 ff.

fördert werden.[60] Eine hervorgehobene Rolle soll hierbei das im September 2020 veröffentlichte Nationale Gesundheitsportal gesund.bund.de einnehmen.[61] Das Problem auf den Punkt bringend äußerte sich der damalige Bundesgesundheitsminister Spahn auf der begleitenden Pressekonferenz: „Was nützt es Ihnen, wenn Sie die besten evidenzbasierten Informationen zusammenführen und auf ein Internetportal stellen, wenn das kein Mensch findet, sondern alle im Zweifel bei Informationen landen, die weniger evidenzbasiert sind?"[62] Entscheidend wird sein, dass dieses im Grundsatz zu begrüßende Ziel nicht an kartell- bzw. wettbewerbsrechtlichen Probleme scheitert. Die angestrengte Kooperation mit Google, die eine von anderen Anbietern hervorgehobene Darstellung der eigenen Beiträge zum Inhalt hatte, wurde bereits durch ein erstes Urteil vom LG München I vom 10.02.2021 untersagt.[63] Geklagt hatten Vertreter des werbefinanzierten Online-Gesundheitsportals netdoktor.de. Es bleibt zu hoffen, dass der staatlich geförderte Kampf gegen medizinische Fehlinformationen nicht unter dem Deckmantel der Pressefreiheit auf dem Rücken der Patienten ausgefochten wird.

Je mehr Informationsquellen dem Patienten zur Verfügung stehen, desto einfacher ist es für diesen, sein Selbstbestimmungsrecht im Rahmen einer Behandlung *selbstbestimmt* auszuüben. Die Aktualität, die Reichweite und die Einfachheit der Aufmachung von digitalen Gesundheitsinformationen tragen zu einer vom Arzt losgelösten Aktivierung des Selbstbestimmungsrechts des Patienten bei. Das Internet als Informationsquelle nimmt daher für den heutigen Patienten und dessen Autonomiegedanken eine überragend wichtige Position ein. Neben dem aufgezeigten Potenzial des Internets ist ergänzend zu berücksichtigen, dass auch die Nichtinformation durch den Patienten Ausdruck des Selbstbestimmungsrechts sein kann. Eine therapeutische Partnerschaft zeichnet sich schließlich unter anderem auch dadurch aus, dass der Patient sowohl selbstbestimmt Verantwortung übernehmen als auch Verantwortung abgeben kann.[64] Einen Zwang zur Onlinevorinformation darf es daher nicht geben.

Für die Rechtsposition des Arztes gilt, dass die ärztliche Therapiefreiheit nicht das Recht beinhaltet, die Wissenshoheit über medizinische Informationen einseitig einfordern zu können. Zwar soll die Therapiefreiheit unter anderem sicherstellen,

---

[60] *Gerlach et al.*, Digitalisierung im Dienste der Gesundheit – Sachverständigenrat zur Begutachtung der Entwicklung im Gesundheitswesen, Rdnr. 26; allgemein zur Notwendigkeit einer Reform des Medizinstudiums: *Kuhn*, DtÄb 2018, A-633 (A-633 ff.); für Vorschläge hinsichtlich Fortbildungen für Ärzte und Patientenschulungen siehe: *Tautz*, E-Health und seine Folgen, S. 184 ff.

[61] *Gerlach et al.*, Digitalisierung im Dienste der Gesundheit – Sachverständigenrat zur Begutachtung der Entwicklung im Gesundheitswesen, Rdnr. 26.

[62] Abgedruckt in: *Gerlof*, Nationales Gesundheitsportal wird bei Google ganz oben gerankt, Ärzte Zeitung, https://www.aerztezeitung.de/Wirtschaft/Nationales-Gesundheitsportal-wird-bei-Google-ganz-oben-gerankt-414516.html (Zugriff: 05.02.2022).

[63] LG München I, NZKart 2021, 193 (193 ff.).

[64] Vgl. jeweils: *Eysenbach/Diepgen*, DMW 1999, 1404 (1405); *Huss*, Künstliche Intelligenz, Robotik und Big Data in der Medizin, S. 21.

dass dem Arzt die Auswahl der Behandlungsmethode zukommt; hieraus einen Anspruch auf eine anfängliche Wissenshoheit abzuleiten, käme jedoch einem paternalistischen Rückschritt gleich. Der Arzt kann nicht verlangen, dass er besser informiert ist als der Patient. Die ärztliche Therapiefreiheit soll schließlich die individuelle Behandlung des Patienten und nicht die Wissensdominanz des Arztes gewährleisten.

3. Auswirkungen auf die Arzt-Patienten-Beziehung

Tritt das Internet als alternative Informationsquelle neben den Arzt, hat dies auch Auswirkungen auf die Dynamik der Arzt-Patienten-Beziehung. Da die Informationen über die Leistungserbringer für den Patienten zu einem Zeitpunkt interessant sind, der der Begründung der Arzt-Patienten-Beziehung vorgelagert ist, bietet es sich an, diesen Informationen einen mittelbaren Einfluss auf das Verhältnis zwischen Arzt und Patient zuzusprechen. Wird die Tätigkeit des Arztes für den Patienten transparenter, spricht viel dafür, dass auf längere Sicht die weiterhin paternalistisch aufgeladene Unnahbarkeit des Arztes an Bedeutung verlieren wird. Da Transparenz und Göttlichkeit nur schwer miteinander vereinbar sind, hätte eine objektive Onlinepräsenz des Arztes zur Folge, dass die Legitimität als „Halbgott in Weiß" aufzutreten weiter geschmälert wird.

Einen noch stärkeren Einfluss auf die Arzt-Patienten-Beziehung haben Informationen über Krankheiten. Werden solche mithilfe des Internets bereitgestellt, hat dies unmittelbare Auswirkungen auf die *dreifache* Asymmetrie der Arzt-Patienten-Beziehung. Zunächst fällt aufgrund der alternativen Datenquelle das „informationsfaktische" Abhängigkeitsverhältnis weg. Allein zu Auskunftszwecken ist es nicht mehr notwendig, sich an einen Arzt zu wenden. Ferner kann der Patient sein Wissensdefizit gezielt verkleinern, um so vom wissbegierigen Patienten zum vorinformierten Patienten zu werden. Da das Internet nicht nur Informationen bereithält, sondern über Online-Foren oder Online-Selbsthilfegruppen auch den Gedankenaustausch mit ebenfalls Betroffenen ermöglicht bzw. fördert, kann ebenfalls angenommen werden, dass es dem Patienten durch die digitalen Technologien erleichtert wird, emotional gestärkt in die Arzt-Patienten-Konversation einzusteigen.[65]

Die Digitalisierung im Gesundheitswesen bietet den Rahmen, um Informationsquellen zu schaffen, die neben den Arzt treten. Durch diese Entwicklung können

---

[65] Besonders im Hinblick auf schambesetzte Themen wie Sexualität bietet das zum Teil anonym nutzbare Internet Möglichkeiten für Betroffene einen ersten Überblick über ihre Situation zu erhalten. Derartige Informationen können das anschließenden Arztgespräch zumindest erleichtern, siehe dazu: *Eichenberg*, Internet und E-Patienten, in: Hoefert/Klotter (Hrsg.), Wandel der Patientenrolle, S. 67 (74); *Hambrock*, Die Suche nach Gesundheitsinformationen – Studie der Bertelsmann Stiftung, S. 25; *Specht*, Die 50 wichtigsten Themen der Digitalisierung, S. 274; *Tautz*, E-Health und seine Folgen, S. 94 f.; allgemein zu der Bedeutung von Online-Foren und Online-Selbsthilfegruppen: *Hambrock*, Die Suche nach Gesundheitsinformationen – Studie der Bertelsmann Stiftung, S. 19.

die Asymmetrien in der Arzt-Patienten-Beziehung schneller und gezielter abgebaut werden. Zum einen, da durch sie die Bedeutung der bisher erzwungenen ärztlichen Aufklärung geschmälert wird und zum anderen, da dem Patienten auf einer subjektiven Ebene eine stärkere Teilnahme an Entscheidungen im Rahmen ihrer Behandlungssituation ermöglicht wird.[66] Darüber hinaus treibt der technische Fortschritt den Gesellschaftswandel an, der notwendig ist, um die therapeutische Partnerschaft und somit eine tatsächliche Subjekt-Subjekt-Beziehung zu erreichen. Damit dient das Internet unmittelbar der Verwirklichung der therapeutischen Partnerschaft.[67] Während der Patient durch die Inanspruchnahme der digitalen Angebote zeigt, dass er das Internet als alternative Informationsquelle akzeptiert, ist es für den Erfolg der Arzt-Patienten-Beziehung notwendig, dass der Arzt den vorinformierten Patienten nicht als Bedrohung, sondern als Unterstützung einordnet.[68] Hierfür ist es hilfreich aufzuzeigen, dass eine aufklärungsähnliche Vorinformation weder mit einem vollständigen Bedeutungsverlust der Aufklärung noch mit einer Beschränkung der ärztlichen Therapiefreiheit gleichgesetzt werden darf. Durch das Internet als zusätzliche Informationsquelle wandelt sich die Rolle des Arztes. Zwar ist dieser dem Patienten im Hinblick auf das medizinische Fachwissen weiterhin überlegen, die für den Laien verständlichen Gesundheitsangaben im Internet führen jedoch dazu, dass zumindest eine gewisse Angleichung der Wissensstände im Voraus stattfinden kann. Der Arzt ist also nicht mehr vorrangig damit beschäftigt, das Wissensdefizit des Patienten auszugleichen. Das unüberschaubare Angebot und die angesprochene Qualitätsproblematik der frei verfügbaren Gesundheitsinformationen weisen dem Arzt stattdessen die Rolle eines *selektierenden Begleiters* zu.[69] Der Aufwand, der zum Teil notwendig ist, um medizinische Falschinformationen als solche aufzudecken und ein entsprechendes Bewusstsein bei dem Patienten zu wecken, darf dabei jedoch nicht unterschätzt werden.[70] Auch deshalb bedarf es einer

---

[66] *Eichenberg*, Internet und E-Patienten, in: Hoefert/Klotter (Hrsg.), Wandel der Patientenrolle, S. 67 (74); *Hambrock*, Die Suche nach Gesundheitsinformationen – Studie der Bertelsmann Stiftung, S. 15, der davon spricht, dass die Allwissenheit von Dr. Google zu einem gefühlten Machtgewinn des Patienten führt.

[67] *Tautz*, E-Health und seine Folgen, S. 126, formuliert insoweit sehr passend: „Diese Veränderung hin zu mehr Partizipation und mehr Selbstbestimmung strebt ein Teil der Patienten – vor allem der jüngere – in der realen Welt bereits seit geraumer Zeit an; durch das Internet wird dieses Bestreben nun effektiv möglich. Möglicherweise entwickelt sich die Arzt-Patient-Beziehung daher mit Hilfe des Internets zu einer Partnerschaft für die Gesundheit, die von der Partizipation des Patienten gekennzeichnet ist."

[68] Vgl. *Bittner*, A., Informierte Patienten und unzureichend vorbereitete Ärzte? – Studie der Bertelsmann Stiftung und Barmer GEK, Gesundheitsmonitor 02/2016, S. 2 ff., wonach von 804 befragten Ärzten circa 54 % den Einfluss des wachsenden Informationsangebotes und Interesses an Gesundheitsthemen auf das Arzt-Patienten-Verhältnis als teils positiv und teils negativ einschätzten. Circa 29 % waren der Ansicht, dass der Einfluss positiv ist. Einen negativen Einfluss sahen circa 19 %.

[69] *Baumgart*, DtÄb 2010, A-2554 (A-2556); *Eysenbach/Diepgen*, DMW 1999, 1404 (1405); *Tautz*, E-Health und seine Folgen, S. 176.

[70] *Hoppe*, Die Patient-Arzt-Beziehung im 21. Jahrhundert, in: Katzenmeier/Bergdolt (Hrsg.) Das Bild des Arztes im 21. Jahrhundert, S. 1 (4).

entsprechenden Vergütung, sobald der Arzt im Rahmen einer „sprechenden Medizin" tätig wird.[71]

Eine durch Subjektivität geprägte Arzt-Patienten-Beziehung kann nur funktionieren, wenn beide Parteien die herausragende Bedeutung einer freien und offenen Kommunikation anerkennen. Die Herausforderung sowohl für den Patienten als auch für den Arzt liegt also darin, die Vorinformationen gezielt zum Gegenstand des Arzt-Patienten-Gesprächs zu machen. Beide Parteien müssen sich dem Dreiecksverhältnis von Arzt, Patient und Internet bewusst sein.[72] Verschweigt der Patient eine Vorinformation oder lässt der Arzt jede Akzeptanz von alternativen Informationsquellen vermissen, schlägt das für die Arzt-Patienten-Beziehung notwendige Vertrauen in Misstrauen um.[73] Werden dagegen die Vorinformationen gemeinsam besprochen, erfolgt also ein partnerschaftliches Auswerten, kann die Intimität der Arzt-Patienten-Beziehung sogar weiter gestärkt werden.[74] Es ist zu betonen, dass die Wirkrichtung der Therapiefreiheit keine egoistische Fokussierung auf den Arzt selbst beinhaltet. Ein solches Verständnis ist weder mit dem *Modell des Miteinanders* noch mit dem Leitbild der therapeutischen Partnerschaft vereinbar. Sofern es jedoch gelingt, die Ärzte- und Gesundheitsinformationen aus dem Internet nicht als Bedrohung, sondern als Möglichkeit der Optimierung der Arzt-Patienten-Beziehung zu verstehen, ist ein wesentlicher Schritt zur Realisierung einer Subjekt-Subjekt-Beziehung getan.[75]

II. Verwendung von Big Data in der Medizin

In einem digitalisierten Gesundheitswesen kann der Arzt auf medizinische Daten zugreifen, die nicht mehr nur von den Institutionen der Leistungserbringer, sondern

---

[71] Siehe dazu Fünfter Teil Kapitel C. III. 3.

[72] Entscheidend wird auch sein, dass der Patient das Vertrauen in die Institution „Arzt" nicht verliert. Wird dem Massenmedium „Internet" stärker vertraut als dem Arzt, steckt die Arzt-Patienten-Beziehung in einer ernsthaften Krise, siehe: *Shorter*, Das Arzt-Patient-Verhältnis in der Geschichte und heute, S. 62.

[73] Vgl. *Baumgart*, DtÄb 2010, A-2554 (A-2555 f.).

[74] Vgl. *Eichenberg*, Internet und E-Patienten, in: Hoefert/Klotter (Hrsg.), Wandel der Patientenrolle, S. 67 (69), die davon spricht, dass es zwingend notwendig ist, die Kommunikationsfähigkeiten der Ärzte zu verbessern; siehe auch: *Hambrock*, Die Suche nach Gesundheitsinformationen – Studie der Bertelsmann Stiftung, S. 17, der formuliert, dass „[…] es kein naives Vertrauensverhältnis mehr zu den ‚Halbgöttern in Weiß' [gibt] – stattdessen ist ein taktisch-partnerschaftliches Gespräch auf Augenhöhe das Ziel der meisten Patienten"; *Tautz*, E-Health und seine Folgen, S. 184, der der Ansicht ist, dass die Informationssuche gefahrlos in die Hände des Patienten gelegt werden kann, wenn die Arzt-Patienten-Beziehung durch Vertrauen gekennzeichnet ist. Es ist „[…] ein Einverständnis darüber zu erzielen, dass die effektivste Behandlung nur im Miteinander zwischen Arzt und Patient zu erzielen ist."

[75] Im Hinblick auf das in dieser Untersuchung entwickelte Modell der *einseitig aleatorischen Partnerschaft* ist daher festzustellen, dass die Akzeptanz des Internets als alternative Informationsquelle zu einer steigenden Adaption der Patientenselbstbestimmung auch in der Ärzteschaft beitragen kann, siehe dazu Zweiter Teil Kapitel E. II. 4.

auch unmittelbar von dem Patienten erhoben wurden.[76] Die Herausforderung der modernen Medizin liegt darin, diese Daten zu nutzen, um zielgerichtet den Patienten mit seinen Eigenschaften und Besonderheiten in den Mittelpunkt zu stellen und nicht mehr nur die beste Therapie für eine bestimmte Diagnose zu entwickeln.[77] Da im Folgenden das behandlungsnahe Zusammenspiel von ärztlicher Therapiefreiheit und Selbstbestimmungsrecht des Patienten bei der Verwendung von Big Data untersucht wird, handelt es sich um einen Problemkreis aus der Kategorie *patientenorientierte Anwendungen der Gesundheitstelematik mit unmittelbaren Behandlungsbezug.*

1. Leitlinienorientierte Medizin

Der Arzt schuldet gemäß § 630a Abs. 2 BGB eine Behandlung, die, sofern nicht etwas anderes vereinbart wurde, den zum Zeitpunkt des Tätigwerdens bestehenden, allgemein anerkannten fachlichen Standards zu genügen hat. Da eine fortwährende Anpassung der eigenen Fähigkeiten und Kenntnisse für den einzelnen Arzt aufgrund des rasanten medizintechnischen wie wissenschaftlichen Fortschritts nicht mehr realisierbar ist, hat sich der Arzt bei der Auswahl der Behandlungsmethode an den von wissenschaftlichen Fachgesellschaften herausgegebenen medizinischen Leitlinien zu orientieren.[78] Die Digitalisierung im Gesundheitswesen hat bereits dazu geführt, dass sämtliche Leitlinien auf der Internet-Plattform der „Arbeitsgemeinschaft der Wissenschaftlichen Medizinischen Fachgesellschaften" frei verfügbar sind.[79] Zwar ist anzunehmen, dass die Erfolge der medizinischen Forschung durch diesen einfachen Digitalisierungsschritt schneller in die ärztliche Praxis übernommen werden können,[80] im Endeffekt beruhen medizinische Leitlinien jedoch auf einer Gesamtbetrachtung des wissenschaftlichen Konsens und sind daher nur bedingt geeignet, die Individualität des Behandlungsgeschehens hinreichend zu berücksichtigen.[81] Um diesem Problem zu begegnen, orientiert sich die moderne Medizin

---

[76] *Atay*, Zusammenhang von Digitalisierung, Big Data und KI in der medizinischen Diagnostik, in: Rebscher/Stoebel/Zerth (Hrsg.), Digitalisierungsprozesse, Prozessdigitalisierung, S. 111 (123); *Timm*, MedR 2016, 686 (688); *Vorberg/Kanschik*, MedR 2016, 411 (413 f.).

[77] *Laufs/Katzenmeier*/Lipp, Arztrecht, Kap. I, Rdnr. 48; für die Bedeutung des Patienten siehe auch: *Pfundner*, Digitalisierung in der Medizin: Im disruptiven Wandel wandelbar bleiben, in: Haring (Hrsg.), Gesundheit digital, S. 156.

[78] *Alscher*, Computermedizin: Chancen für eine IndividualMedizin, in: Jütte (Hrsg.), Die Zukunft der IndividualMedizin, S. 107 (107); *Haas*, Gesundheitstelematik, S. 206.

[79] Für eine Leitliniensuche siehe: Arbeitsgemeinschaft der Wissenschaftlichen Medizinischen Fachgesellschaften, abrufbar unter https://www.awmf.org/leitlinien/leitlinien-suche.html (Zugriff: 05.02.2022).

[80] *Haas*, Gesundheitstelematik, S. 207; an dieser Stelle soll kurz angemerkt werden, dass auch die den Arzt treffende Fortbildungspflicht zunehmend durch das Internet erleichtert wird. Der Wandel vom Fachlehrbuch über die Fachzeitschrift hin zur Online-Zeitschrift ist abgeschlossen, siehe dazu: *Epple*, Der Einsatz von EDV und die ärztliche Haftung, S. 68 f.

[81] *Alscher*, Computermedizin: Chancen für eine IndividualMedizin, in: Jütte (Hrsg.), Die Zukunft der IndividualMedizin, S. 107 (107); *Borck/Busch*, GuP 2018, 165 (165); *Frahm et al.*, MedR 2018, 447 (450); aus ethischer Perspektive: *Neitzke*, Aspekte ärztlicher Autonomie, in:

nicht mehr an Indikationen und darauf aufbauenden medizinischen Leitlinien; die Zukunft der Medizin baut vielmehr auf einer stärker personalisierten Grundlage auf.[82] Der dafür erforderliche Paradigmenwechsel wurde bereits eingeleitet.[83]

2. Personalisierte Medizin

Die Zukunft der Medizin wird regelmäßig mit der „personalisierten Medizin", der „individualisierten Medizin", der „stratifizierten Medizin" oder auch mit der „Präzisionsmedizin" in Verbindung gebracht. Wie diese Begrifflichkeiten zu definieren sind und in welchem Verhältnis diese zueinanderstehen, bereitet der Literatur jedoch Schwierigkeiten.[84]

Die personalisierte Medizin umfasst Verfahren, bei denen ausschließlich die biologischen Strukturen der Erkrankten analysiert werden, um dadurch maßgeschneiderte Therapien entwickeln zu können. Die philosophische und psychische Einstellung der Patienten wird dabei ausdrücklich nicht berücksichtigt.[85] Teile der Literatur verwenden die Ausdrücke der personalisierten Medizin und der indivi-

---

Bartmann/Hübner (Hrsg.), Patientenselbstbestimmung, S. 107 (112), der anmerkt, dass das „[…] Erstellen von Handlungsanweisungen […] den individuellen Gebrauch von praktischer Vernunft […] verhindert und so diese Befähigung dauerhaft schwächt. Regeln erzeugen eine bestimmte Moral, sie befördern aber nicht die Moralität, […]"; anschaulich auch: *Pfundner*, Digitalisierung in der Medizin: Im disruptiven Wandel wandelbar bleiben, in: Haring (Hrsg.), Gesundheit digital, S. 143 (144 f), „Lange Zeit setzte die pharmazeutische Forschung aber auf den ‚one size fits all'-Gedanken. In einem populationsbasierten Therapieansatz sollten Medikamente mit breiter Wirkung möglichst vielen Patienten zugutekommen. Man ging davon aus, dass Patienten mit gleicher Diagnose auch gleich oder zumindest ähnlich auf Therapeutika reagieren, ungeachtet der individuellen genetischen Grundlagen der Erkrankung oder des Einzelnen. Insbesondere Patienten, deren Erkrankungen hochindividuelle, genetische Ursachen zugrunde liegen, wie es etwa bei Krebs der Fall ist, profitierten von diesem Ansatz häufig nicht ausreichend"; *Taupitz*, AcP 2011, 352 (376 ff.); andere Ansicht: *Breithardt*, Individualisierte Medizin in der Kardiologie: Beispiel Vorhofflimmern in: Schumpelick/Vogel (Hrsg.), Medizin nach Maß, S. 69 (70 f.).

[82] Bundesministerium für Bildung und Forschung, Forschung und Innovationen für den Menschen – die Hightech-Strategie 2025, S. 18, *Katzenmeier*, MedR 2019, 259 (260); *Laufs/Katzenmeier/Lipp*, Arztrecht, Kap. I, Rdnr. 48; *Pfundner*, Digitalisierung in der Medizin: Im disruptiven Wandel wandelbar bleiben, in: Haring (Hrsg.), Gesundheit digital, S. 143 (144 ff.); *Woopen*, Vorwort, in: Deutscher Ethikrat (Hrsg.), Personalisierte Medizin – der Patient als Nutznießer oder Opfer?, S. 7 (7 ff.).

[83] *Bergdolt*, Individualisierte Medizin. Historische und aktuelle Aspekte, in: Schumpelick/Vogel (Hrsg.), Medizin nach Maß, S. 15 (23); *Laufs/Katzenmeier/Lipp*, Arztrecht, Kap. I, Rdnr. 48.

[84] Für einen Überblick siehe: *Damm*, MedR 2011, 7 (8); *Keil*, Rechtsfragen der individualisierten Medizin, S. 19 ff.; *Woopen*, Individualisierte Medizin als zukunftsweisendes Leitbild?, in: Schumpelick/Vogel (Hrsg.), Medizin nach Maß, S. 94 (95 ff.).

[85] So etwa: *Borck/Busch*, GuP 2018, 165 (165); *König/Junge*, GuP 2015, 132 (132).

dualisierten Medizin als Synonyme für diesen rein biologischen Ansatz.[86] Andere wiederum ordnen es der individualisierten Medizin zu, wenn gezielt mit den molekularen und genetischen Strukturen der Patienten gearbeitet wird.[87]

Mit *personalisierter* und *individualisierter* Medizin wird suggeriert, dass im Rahmen der Behandlung der Fokus auf der Person bzw. auf dem Individuum liegt. Werden die Medizinmodelle jedoch ausschließlich biologisch definiert, stellt sich die Frage, ob mit *Person* oder *Individuum* nicht mehr als *Genetik* oder *Moleküle* verbunden werden soll. Diesem Ansatz folgend, halten einige Literaturstimmen die bisher vorgestellten Ausdrücke für ungeeignet, um die aktuelle Entwicklung in der Medizin zu beschreiben. Es wird daher vorgeschlagen, sich auch bei der Begriffsbezeichnung an dem Kerngedanken der modernen Medizin zu orientieren. Die verfügbaren Big Data im Gesundheitswesen werden nicht genutzt, um ganzheitlich personalisierte oder individualisierte Therapiepläne zu erstellen, sondern um eine genetisch-molekulare Einteilung von Patienten in immer kleiner werdende Subgruppen vorzunehmen. Anstelle von personalisierter Medizin oder individualisierter Medizin wird daher auch von stratifizierter Medizin gesprochen.[88] Da es sich um keine neue Entwicklung in der Medizin handelt, wenn Patienten in Subgruppen eingeteilt werden, jedoch zugleich der oben genannten Kritik an den Ausdrücken personalisierter Medizin bzw. individualisierter Medizin zugestimmt wird, hat sich daneben auch die Bezeichnung als Präzisionsmedizin etabliert.[89]

---

[86] So etwa: *Bauer*, H., Individualisierte Medizin und ihre Folgen für die Ärzte, in: Schumpelick/Vogel (Hrsg.), Medizin nach Maß, S. 312 (313); *Bergdolt*, Individualisierte Medizin. Historische und aktuelle Aspekte, in: Schumpelick/Vogel (Hrsg.), Medizin nach Maß, S. 15 (18); *Damm*, MedR 2011, 7 (8); Münchner Kommentar/*Wagner*, § 630a BGB, Rdnr. 129; *Woopen*, Vorwort, in: Deutscher Ethikrat (Hrsg.), Personalisierte Medizin – der Patient als Nutznießer oder Opfer?, S. 7 (7 f.).

[87] *Eberbach*, MedR 2011, 757 (757); *Ernst*, Rechtsfragen der Systemmedizin, S. 8; *Kamps*, DtÄb 2010, A-2490; im Ergebnis auch: *Keil*, Rechtsfragen der individualisierten Medizin, S. 21.

[88] Eindrucksvoll: *Bauer*, A., Simultanmitschrift, in: Deutscher Ethikrat (Hrsg.), Die Medizin nimmt's persönlich, Forum Bioethik, S. 23, „Dieses, was hier als personalisierte Medizin ausgegeben werden soll, ist ja nun gerade das Gegenteil. Es geht überhaupt nicht mehr um die Person des Kranken, es geht wahrscheinlich noch nicht einmal um Individualisierung, sondern, [...] um Stratifizierung, das heißt um die Bestimmung von bestimmten Patientengruppen, die über bestimmte Rezeptoren verfügen. Das hat aber nun mit Personalität, mit Person nicht das Geringste zu tun"; *Dabrock/Braun/Ried*, FORUM 2012, 209 (210); *Pfundner*, Digitalisierung in der Medizin: Im disruptiven Wandel wandelbar bleiben, in: Haring (Hrsg.), Gesundheit digital, S. 152; *Woopen*, Vorwort, in: Deutscher Ethikrat (Hrsg.), Personalisierte Medizin – der Patient als Nutznießer oder Opfer?, S. 7 (8); *ders.*, Individualisierte Medizin als zukunftsweisendes Leitbild?, in: Schumpelick/Vogel (Hrsg.), Medizin nach Maß, S. 94 (95).

[89] *Siegmund-Schultze*, DtÄb 2015, A-1137 (A-1137 ff.). vgl. zudem: *Lindpaintner*, Simultanmitschrift, in: Deutscher Ethikrat (Hrsg.), Die Medizin nimmt's persönlich, Forum Bioethik, S. 13, 23, der den Ausdruck „präzise Medizin" vorschlägt; kritisch dazu: *Keil*, Rechtsfragen der individualisierten Medizin, S. 21.

In der folgenden Untersuchung werden die personalisierte Medizin und die individualisierte Medizin als Synonyme für eine ausschließlich an den biologischen Faktoren des konkreten Patienten ausgerichtete Medizin verstanden.[90]

a) Algorithmic Decision Making im Gesundheitswesen

Der Unterschied zwischen der leitlinienorientierten Medizin und der personalisierten Medizin liegt in der Frage, welche Bedeutung dem Einzelfall beigemessen wird. Während sich die leitlinienorientierte Medizin den Vorwurf einer „Kochbuchmedizin" gefallen lassen muss,[91] versucht die personalisierte Medizin verstärkt, den konkreten Patienten in den Mittelpunkt zu stellen. Durch die ärztliche Therapiefreiheit und das Selbstbestimmungsrecht des Patienten kann erreicht werden, dass sich rechtlich auf den Einzelfall fokussiert wird. Für eine entsprechende Betrachtung auf medizinischer Ebene bedarf es dagegen patientenbezogener Daten. Diese können zwar mithilfe von gesundheitstelematischen Anwendungen wie Smartwatches o. ä. erhoben werden, in einem traditionellen Arzt-Patienten-Verhältnis fehlt jedoch der Platz für ein derartiges Datenvolumen. Sowohl in Anbetracht der Zeitproblematik im ärztlichen Alltag als auch unter Berücksichtigung der notwendigen Datenmenge erscheint die angestrebte Fokussierung auf den Einzelfall ohne technische Unterstützung nicht realisierbar. Daher dürfte die personalisierte Medizin mit einem verstärkten Einsatz von Computern einschließlich algorithmusbasierter Entscheidungsprozesse verbunden sein.

Es ist zu klären, in welchem Umfang ein Algorithmus die Behandlung eines Patienten übernehmen darf oder ob anders formuliert, die Schutzwirkungen von ärztlicher Therapiefreiheit und Selbstbestimmungsrecht des Patienten eine menschliche Entscheidungsinstanz zwingend erforderlich machen.

aa) Technische Grundlagen von Algorithmen (Überblick)

„Die digitale Medizin kann Leben retten. Relevante Informationen, Forschungsergebnisse und Erfahrungswerte sollten für jede Ärztin und jeden Arzt auf Knopfdruck abrufbar sein, damit sie in die Therapieentscheidungen einfließen können. Die Analyse großer Datenmengen aus der biomedizinischen Forschung und Patientenversorgung ist eine wichtige Grundlage für eine präzise, auf die einzelne Person abgestimmte Prävention, Diagnostik und Therapie."[92] Diese Formulierung nutzt das Bundesministerium für Bildung und Forschung, um in ihrem Konzept-

---

[90] Vgl. *Woopen*, Individualisierte Medizin als zukunftsweisendes Leitbild?, in: Schumpelick/Vogel (Hrsg.), Medizin nach Maß, S. 94 (97), „Allen Begriffen und Individualisierungskonzepten gemeinsam bleibt die [...] Dominanz biologischer Betrachtung des Menschen und seiner gesundheitlichen Belange."

[91] Vgl. *Borck/Busch*, GuP 2018, 165 (169); *Frahm et al.*, MedR 2018, 447 (449).

[92] Bundesministerium für Bildung und Forschung, Forschung und Innovationen für den Menschen – die Hightech-Strategie 2025, S. 18.

papier „Forschung und Innovationen für den Menschen – Hightech-Strategie 2025" die Bedeutung der Digitalisierung im Gesundheitswesen hervorzuheben. Die gewünschte Abrufbarkeit per Knopfdruck ist aufgrund der für die personalisierte Medizin notwendigen Big Data nur mithilfe von algorithmenbasierten Unterstützungssystemen zu erreichen.

Hierbei nehmen sogenannte *machine rule based*-Algorithmen eine zentrale Rolle ein. Diese Art von Algorithmen zeichnen sich dadurch aus, dass die von ihnen gezogenen Schlussfolgerungen Ausdruck eines eigenen Modellierungssystems sind. Für die menschlichen Programmierer ist es bei diesen Algorithmen nicht bzw. nur sehr schwer möglich, die Entscheidungsfindungsprozesse abstrakt nachzuvollziehen.[93] Der Algorithmus lernt selbst und entwickelt sich weiter.[94] Bei dem Einsatz dieser Algorithmen wird daher auch von künstlicher Intelligenz (KI) oder der Funktionsweise einer „Blackbox" gesprochen.[95] Die *machine rule based*-Algorithmen sind von sogenannten *human rule based*-Algorithmen abzugrenzen.[96] Der Unterschied liegt darin, dass die vom *human rule based*-Algorithmus gezogenen Schlussfolgerungen für die hinter dem System stehenden Menschen weiter nachzuvollziehen sind. Es handelt sich daher bei dieser Art von Algorithmus auch um klassisch-determiniert programmierte Software. Da der Programmierer das System weiterhin kontrollieren kann, ist die Entscheidungsfindung durch einen *human rule based*-Algorithmus im Ergebnis nicht auf künstliche, sondern weiter auf menschliche Intelligenz zurückzuführen. Das für die KI charakteristische selbstständige Lernen findet bei dieser Art von Algorithmus nicht statt.[97]

Die Entwicklung von KI-basierten Algorithmen ist eng mit dem vom amerikanischen IT-Unternehmen IBM entwickelten Supercomputer „Watson" verbunden.[98] Anfang 2011 setzte sich dieser gegen zwei menschliche Kontrahenten in der US-

---

[93] *Dettling*, PharmaR 2019, 633 (635); *Klingel*, Gesund dank Algorithmen? – Studie der Bertelsmann Stiftung, S. 11; *Martini*, JZ 2017, 1017 (1019 f.).

[94] Allgemein zum Lernen von Algorithmen siehe: *Aust*, Das Zeitalter der Daten, S. 8, 34 ff.; *Lenzen*, Künstliche Intelligenz, S. 33 ff.; *Specht*, Die 50 wichtigsten Themen der Digitalisierung, S. 225 f.

[95] *Atay*, Zusammenhang von Digitalisierung, Big Data und KI in der medizinischen Diagnostik, in: Rebscher/Stoebel/Zerth (Hrsg.), Digitalisierungsprozesse, Prozessdigitalisierung, S. 111 (119 f.); *Dettling*, PharmaR 2019, 633 (635); *Hoffmann-Riem*, AöR 2017, 1 (29); *Katzenmeier*, Rechtsfragen der Digitalisierung des Gesundheitswesens, S. 47; *Lenzen*, Künstliche Intelligenz, S. 54; *Martini*, JZ 2017, 1017 (1017 ff.).

[96] Für einen detaillierteren Überblick über die unterschiedlichen Arten von Algorithmen siehe: *Friele/Jannes/Woopen*, Algorithmen in der digitalen Gesundheitsversorgung – Studie der Bertelsmann Stiftung, S. 7 ff.; vgl. auch: *Specht*, Die 50 wichtigsten Themen der Digitalisierung, S. 221 f.

[97] *Dettling*, PharmaR 2019, 633 (635).

[98] Allgemein zu den Meilensteinen künstlicher Intelligenz siehe: *Specht*, Die 50 wichtigsten Themen der Digitalisierung, S. 223 ff., bezüglich Watson siehe auch S. 285 f.

amerikanischen Quizshow „Jeopardy" durch.[99] Für den Spielsieg entscheidend war, dass „Watson" nicht nur auf enzyklopädisches Wissen zugreifen konnte, er musste auch verschiedene Wissensgebiete miteinander verbinden und dabei logische Schlussfolgerungen herleiten. Die Wissenschaftler bei IBM sahen in dem Einsatz von „Watson" in der Unterhaltungsbranche jedoch lediglich einen ersten werbewirksamen Schritt. Als eigentliches Ziel wurde die Revolutionierung des Gesundheitswesens ausgegeben.[100] Die Rechenleistung von „Watson" sollte dazu genutzt werden, die Big Data des Gesundheitswesens in Sekundenbruchteilen zu analysieren.[101] In der Praxis blieb der Erfolg jedoch zunächst aus. Die IBM-Projekte an der Universität Heidelberg und dem Universitätsklinikum Gießen-Marburg wurden aufgrund von Performance-Problemen vorzeitig abgebrochen.[102] Trotz derartiger Rückschläge wird auch heutzutage große Hoffnung in den Einsatz von KI im Gesundheitswesen gesetzt.[103] Erst Ende 2020 haben Wissenschaftler des Universitätsklinikums Heidelberg einen zweiten Versuch gestartet, bei dem es darum geht, KI-Technologie im Bereich der Medizin sinnvoll einzusetzen. Die Forscher gehen davon aus, dass es mithilfe eines intern entwickelten „Kognitiven medizinischen Assistenten" in zwei Jahren möglich sein wird, individuelle Risikoprofile für Patienten zu entwickeln. Bis dahin soll der selbst lernende Algorithmus mit Patientendaten trainiert werden.[104]

---

[99] Anfang 2016 besiegte die Deepmind-Software AlphaGo einen Großmeister in dem Brettspiel Go. Das Brettspiel Go gilt als überaus komplex. KI-Experten gingen davon aus, dass es noch Jahrzehnte dauern wird, bis ein Go-Großmeister von einem Computer geschlagen werden kann, siehe: *Timm*, MedR 2016, 686 (689).

[100] Zeit-Online Artikel, „Watson" weiß die Antwort, abrufbar unter https://www.zeit.de/digital/internet/supercomputer-watson-jeopardy/komplettansicht (Zugriff: 05.02.2022).

[101] *Krüger-Brand*, DtÄb-Praxis 2011, 3 (3).

[102] *Balzter*, Im Krankenhaus fällt die Wunderwaffe durch, FAZ-Artikel, https://www.faz.net/aktuell/wirtschaft/kuenstliche-intelligenz/computer-watson-scheitert-zu-oft-bei-datenanalyse-15619989.html?printPagedArticle=true#pageIndex_2 (Zugriff: 05.02.2022); *Honey*, Dr. Watson weiß nicht weiter, Thieme-Artikel, https://m.thieme.de/viamedici/klinik-faechersonstige-faecher-1548/a/dr-watson-weiss-nicht-weiter-35354.htm (Zugriff: 05.02.2022); *Koll*, Künstliche Intelligenz: Sieht Dr. Algorithmus tatsächlich mehr?, Medizin&Technik-Artikel, https://medizin-und-technik.industrie.de/digitalisierung/kuenstliche-intelligenz-in-der-medizin-sieht-dr-algorithmus-tatsaechlich-mehr/ (Zugriff: 05.02.2022).

[103] Beispielhaft: Bundesministerium für Bildung und Forschung, Forschung und Innovationen für den Menschen – die Hightech-Strategie 2025, S. 18; vgl. auch: *Huss*, Künstliche Intelligenz, Robotik und Big Data in der Medizin, S. 21 f., der das Problem der „ärztlichen Singularität" aufwirft. In Anlehnung an die „technologische Singularität" handelt es sich hierbei um den Zeitpunkt, an dem ein Computer einen besseren Arzt abbildet; vgl. auch: *Balzter*, Im Krankenhaus fällt die Wunderwaffe durch, FAZ-Artikel, https://www.faz.net/aktuell/wirtschaft/kuenstliche-intelligenz/computer-watson-scheitert-zu-oft-bei-datenanalyse-15619989.html?printPagedArticle=true#pageIndex_2 (Zugriff: 05.02.2022), es wird davon berichtet, dass trotz der Fehlschläge in Deutschland, IBM-Watson in 150 Krankenhäusern weltweit bereits eingesetzt wird.

[104] Universitätsklinikum Heidelberg, Künstliche Intelligenz soll zukünftig OP-Risiken mindern, Newsroom, https://www.klinikum.uni-heidelberg.de/newsroom/kuenstliche-intelligenz-soll-zukuenftig-op-risiken-mindern/ (Zugriff: 05.02.2022).

Während die KI im Gesundheitswesen noch in den Kinderschuhen steckt, hat die einfachere Programmierbarkeit sowie die höhere Transparenz der klassisch determinierten Software dazu geführt, dass *human rule based*-Algorithmen im Gesundheitswesen bereits vermehrt zum Einsatz gekommen sind.[105] Verwendet beispielsweise ein Diabetes-Patient zur Bestimmung der sich zuzuführenden Insulinmenge ein technisches Gerät, so greift er auf einen solchen Algorithmus zurück.[106] Weitere Anwendungsfelder finden sich in den von der Universität Heidelberg und der Universität Freiburg koordinierten Projekten „OP 4.1" und „RaVeNNA 4pi".[107] Während in Heidelberg mit „OP 4.1" bereits eine Software entwickelt wurde, mithilfe derer neueste medizinische Erkenntnisse schneller in den Klinikalltag integriert werden können, zielt das Freiburger Projekt „RaVeNNA 4pi" auf eine digitalisierte 3D-Darstellung der Harnblase aus Endoskopiebildern ab, um so in Zukunft eine schnellere und präzisere Vor- und Nachsorge von Blasenkrebsbehandlungen zu ermöglichen.[108]

bb) Vereinbarkeit mit der ärztlichen Methodenwahlfreiheit

Die ärztliche Therapiefreiheit soll gewährleisten, dass die Auswahl der Behandlungsmethode eine primäre Aufgabe des Arztes bleibt. Bevor diese Entscheidung vom Arzt getroffen werden kann, hat er den Patienten zu untersuchen. Hierbei berücksichtigt der Arzt eine Vielzahl an unterschiedlichen Daten. Er wendet sein erlerntes Wissen an, um sowohl die objektiven Quellen (z. B. eine Blutprobe) als auch die subjektiv geprägten Ausführungen des Patienten zu analysieren. Ein praktizierender Arzt verknüpft also abstraktes Wissen mit einem konkreten Einzelfall. Die ärztliche Entscheidungsfindung beruht daher auf der Anwendung von *menschlichen* Algorithmen, wobei als Rahmenbedingungen medizinische Leitlinien wirken.[109]

Die personalisierte Medizin zeichnet sich dadurch aus, dass der Arzt bei dem Behandlungsplan verstärkt auf die individuellen biologischen Merkmale des Patienten eingehen kann.[110] Die hierfür notwendige Analyse von Datenmengen ist für

---

[105] Für einen Überblick über Anwendungsfelder von Algorithmen im Gesundheitswesen siehe: *Friele/Jannes/Woopen*, Algorithmen in der digitalen Gesundheitsversorgung – Studie der Bertelsmann Stiftung, S. 17 ff.

[106] *Klingel*, Gesund dank Algorithmen? – Studie der Bertelsmann Stiftung, S. 11.

[107] *Wallenfels*, Digitale Helfer im Kampf gegen Krebs, Ärzte Zeitung, https://www.aerzte zeitung.de/Wirtschaft/Digitale-Helfer-im-Kampf-gegen-Krebs-228055.html (Zugriff: 05.02.2022).

[108] Universitätsklinikum Heidelberg, Erfolgreicher Abschluss Projekt „OP 4.1", Newsroom, https://www.klinikum.uni-heidelberg.de/newsroom/erfolgreicher-abschluss-projekt-op-41/ (Zugriff: 05.02.2022); Universität Freiburg, Projekt RaVeNNa 4pi, Institut für Nachhaltige Technische Systeme, https://www.inatech.uni-freiburg.de/de/professuren/mvg/projekte (Zugriff: 05.02.2022).

[109] *Hahn*, MedR 2019, 197 (197).

[110] *Woopen*, Vorwort, in: Deutscher Ethikrat (Hrsg.), Personalisierte Medizin – der Patient als Nutznießer oder Opfer?, S. 7 (7).

den Arzt nur mithilfe von algorithmusbasierten Computerprozessen möglich. Daher unterliegt die ärztliche Entscheidungsfindung in der personalisierten Medizin nicht mehr ausschließlich einem menschlichen, sondern zugleich einem *technischen* Algorithmus. Es bietet sich daher an, von einer dualen Entscheidungsfindung zu sprechen. Für die Frage, ob diese die ärztliche Methodenwahlfreiheit unzulässig beschränkt, ist zunächst die Art des verwendeten Algorithmus zu betrachten.

Unproblematisch ist der Einsatz von *human rule based*-Algorithmen. Für die Methodenwahlfreiheit des Arztes spielt es keine Rolle, ob dieser bei der Behandlung eines Patienten bestimmte Schritte, salopp gesagt „von Hand ausführt", oder ob er sich hierfür eines Algorithmus bedient. Ein Arzt könnte das Blut eines Diabetes-Patienten auch jeden Tag unter einem Mikroskop betrachten und anschließend eine Empfehlung über die notwendige Insulinmenge abgeben. Auch im Hinblick auf das „RaVeNNA 4pi"-Projekt ist anzumerken, dass Ärzte, wie bisher auch, in der Lage sind, aus einzelnen Endoskopiebildern ein Gesamtmodell der Harnblase herzustellen.[111] Der Mehrwert der klassisch-determiniert programmierten Software liegt also in der Möglichkeit, die begrenzte Zeit des Arztes zu berücksichtigen bzw. das Leben des Patienten zu erleichtern. Da die vom Algorithmus gezogenen Schlussfolgerungen weiter auf die geistigen Fähigkeiten und Kenntnisse des Arztes zurückzuführen sind, handelt es sich bei *human rule based*-Algorithmen um technische Hilfsprozesse, die die Freiheit des Arztes erweitern und nicht beschränken. Die Dualität der Entscheidungsfindung ist folglich nur eine scheinbare, da die Hoheit des Geschehens vollumfänglich beim Arzt verbleibt.[112]

Bei dem Einsatz von *machine rule based*-Algorithmen ergibt sich ein differenzierteres Bild. Tritt eine vom Arzt nicht durchschaubare KI in den Behandlungsprozess ein, so wird der subjektive Einfluss und damit die Methodenwahlfreiheit des menschlichen Diagnostikers durch die technische Entscheidungskompetenz beeinträchtigt.[113] Da die Therapiefreiheit auch die Selbstbestimmung des Arztes sichert, ist für die Annahme einer unzulässigen Beeinträchtigung maßgeblich, wie die duale Entscheidungsfindung im Einzelfall ausgestaltet ist. Wird der menschliche Algorithmus durch einen „blackbox"-artigen technischen Algorithmus vollständig ersetzt, hat der Arzt also keine Möglichkeit mehr, den Entscheidungsprozess selbstständig zu beeinflussen, so ist dies mit der ärztlichen Therapiefreiheit nicht vereinbar.[114] Es reicht auch nicht aus, dass der Arzt das Ergebnis des technischen Modellierungssystems vor der Anwendung am Patienten einsehen kann. Die Therapiefreiheit des Arztes soll, wie das Selbstbestimmungsrecht des Patienten auch, eine Herabwürdigung auf eine Objektposition verhindern. Sofern dem Arzt jedoch

---

[111] Vgl. *Wallenfels*, Digitale Helfer im Kampf gegen Krebs, Ärzte Zeitung, https://www.aerztezeitung.de/Wirtschaft/Digitale-Helfer-im-Kampf-gegen-Krebs-228055.html (Zugriff: 05.02. 2022).

[112] Vgl. *Epple*, Der Einsatz von EDV und die ärztliche Haftung, S. 134.

[113] Vgl. *Hahn*, MedR 2019, 197 (197).

[114] Andeutend: *Sachs G.*, MPR 2018, 24 (26).

keine Möglichkeit verbleibt, das Ergebnis der algorithmusbasierten Entscheidungsfindung nachzuvollziehen, wird die Herabstufung zur Realität.[115] Der Arzt
wäre nicht mehr als Mitentscheider und Partner, sondern ausschließlich als Hand-
werker oder Datenlieferant tätig.[116] Kommt es zu einer vollständigen Übernahme des
Diagnoseprozesses durch eine KI, so kann aufgrund der darin zum Ausdruck ge-
brachten technischen Dominanz weder von einer dualen Entscheidungsfindung noch
von einem „freien (ärztlichen) Beruf" im Sinne der § 1 Abs. 2 BÄO, § 1 Abs. 1 S. 3
MBO-Ä die Rede sein. Im Gegensatz zum empathiefähigen Arzt fehlt es der KI an
einem „ethischen Kompass".[117] Es ist daher festzuhalten, dass in einer solchen
Konstellation die ärztliche Therapiefreiheit in Form der Methodenwahlfreiheit unzulässig beeinträchtigt wird.[118] Der Einsatz von *machine rule based*-Algorithmen ist
jedoch nicht in jedem Fall mit einer unzulässigen Beeinträchtigung der ärztlichen
Methodenwahlfreiheit gleichzusetzen. Da ein Arzt geistig nicht in der Lage ist, die
für die personalisierte Medizin notwendigen Datenmengen erfolgversprechend
auszuwerten, darf das Bedürfnis nach technischer Entlastung nicht vernachlässigt
werden. Für eine im Ergebnis zulässige Beeinträchtigung der Methodenwahlfreiheit
ist daher entscheidend, dass die KI die ärztliche Entscheidungsfindung nicht ersetzt,
sondern diese lediglich unterstützt.[119] Es ist also zwischen einer zulässigen Emp-

---

[115] Bei einer vollautomatischen Entscheidungsfindung müsste zudem einen Verstoß gegen
Art. 22 DSGVO angenommen werden, siehe dazu: *Martini*, JZ 2017, 1017 (1019), „Algorithmen sollen Menschen nicht zu reinen Objekten der Entscheidung einer Softwareanwendung
herabwürdigen dürfen"; siehe ebenfalls: *Hoffmann-Riem*, AöR 2017, 1 (36), der anmerkt, dass
eine menschliche Kontrolle ohne Durchschaubarkeit des algorithmusbasierten Entscheidungsprozesses lediglich eine „leere Form" bleibt; *Schliesky*, NJW 2019, 3692 (3695).

[116] Vgl. *Bergdolt*, Das Kontinuum des Ärztlichen, in: Katzenmeier/Bergdolt (Hrsg.), Das
Bild des Arztes im 21. Jahrhundert, S. 105 (114 f.); *Hahn*, MedR 2019, 197 (198); siehe auch
Katzenmeier, Rechtsfragen der Digitalisierung des Gesundheitswesens, S. 51, der anmerkt,
dass unter anderem die Technisierung der Medizin den Arzt aus seiner Partnerrolle verdrängt.

[117] *Martini*, JZ 2017, 1017 (1018).

[118] Positiv zu bewerten sind daher die vom 124. Deutschen Ärztetag angeregten Neu-
überlegungen hinsichtlich der angestrebten Neuausrichtung der Notfallversorgung. Werden
Patienten im Krankenhaus allein aufgrund einer Algorithmus-Entscheidung abgelehnt, würde
dies nicht nur das Vertrauen der Patienten erschüttern, sondern zugleich die ärztliche Therapiefreiheit unzulässig beeinträchtigen. Siehe dazu: *Fricke/Hommel*, Notfallreform: Mehr Arzt,
weniger Algorithmus geplant, Ärzte Zeitung, https://www.aerztezeitung.de/Politik/Notfallre
form-Mehr-Arzt-weniger-Algorithmus-geplant-420297.html (Zugriff: 05.02.2022).

[119] So im Ergebnis auch: *Antes*, DtÄb 2018, A-18 (A-18); *Atay*, Zusammenhang von Digitalisierung, Big Data und KI in der medizinischen Diagnostik, in: Rebscher/Stoebel/Zerth
(Hrsg.), Digitalisierungsprozesse, Prozessdigitalisierung, S. 111 (123); *Epple*, Der Einsatz von
EDV und die ärztliche Haftung, S. 75; *Hahn*, MedR 2019, 197 (198); *Huss*, Künstliche Intelligenz, Robotik und Big Data in der Medizin, S. 25 ff.; *Katzenmeier*, MedR 2019, 257 (269);
ders., Rechtsfragen der Digitalisierung des Gesundheitswesens, S. 46; *Martini*, JZ 2017, 1017
(1019); *Werner*, F&L 2018, 680 (681); eine andere Entwicklung aufzeigend: *Cordes*, MedR
2019, 797 (797), der einen Vortrag von Hallensleben zusammenfasst. Nach Hallensleben wird
im Jahr 2035 die Technik die Diagnose von Krankheiten übernehmen, für den Arzt bleibt
dagegen die Auswahl der Therapie; rigoroser: *Thielscher*, DtÄb 2018, A-18 (A-19), der ausführt, dass Ärzte in Zukunft verstärkt Übersetzungs- und Steuerungsfunktionen übernehmen

fehlung und einer unzulässigen Entscheidung zu differenzieren.[120] Eine derart beschränkte KI hat zur Folge, dass der Arzt über seine eigenen menschlichen Algorithmen weiterhin Einfluss auf den Diagnoseprozess nehmen kann. Bei einer ausschließlich unterstützenden Wirkung der KI kann zudem sichergestellt werden, dass
ein Arzt weiterhin die Möglichkeit hat, besondere Fallkonstellationen zu identifi-
zieren und vollumfänglich an sich zu ziehen.[121] Ebenfalls positiv zu berücksichtigen
ist, dass ein unterstützender Einsatz von KI den Arzt entlastet und ihm somit eine
Fokussierung auf den Heilauftrag ermöglicht. Der Arzt kann sich folglich stärker der
Kommunikation mit dem Patienten widmen und damit die auf den ersten Blick von
der „kalten Technik" bedrohte zwischenmenschliche Ebene der Arzt-Patienten-
Beziehung intensiv pflegen.[122]

Zusammengefasst steht die duale Entscheidungsfindung der personalisierten
Medizin in keinem endgültigen Widerspruch zur ärztlichen Methodenwahlfreiheit.
Sofern sichergestellt ist, dass eine algorithmusbasierte Analyse von Gesundheitsdaten die medizinische Versorgung der Patienten tatsächlich und auf längere Sicht
verbessert, sollte in Zukunft der Einsatz von KI im Gesundheitswesen weiter gefördert werden.[123] Hierbei ist besonders darauf zu achten, dass die Inanspruchnahme
der Vorteile einer dualen Entscheidungsfindung nicht zulasten der mit der Therapiefreiheit verbundenen Subjektstellung des Arztes gehen darf. Die Betonung der
Therapiefreiheit hat nicht nur zur Folge, dass der Arzt weiter als Mitentscheider
auftreten kann, sie bietet auch einen Anknüpfungspunkt für eine Haftung bei etwaigen Behandlungsfehlern. Auch wenn die Diskussion um eine Teilrechtsfähigkeit
von selbstlernenden Algorithmen noch nicht abgeschlossen ist, kann durch die
Begrenzung der KI-Kompetenz auf eine unterstützende Wirkungsweise die Letzt-
verantwortlichkeit des Arztes hervorgehoben werden.[124] Hierdurch lässt sich eine
Debatte um ein Haftungsvakuum bei dem Einsatz von KI im Gesundheitswesen

---

werden. „Der ärztliche Einfluss auf die Steuerung der medizinischen Versorgung dürfte eher
abnehmen."

[120] *Friele/Jannes/Woopen*, Algorithmen in der digitalen Gesundheitsversorgung – Studie
der Bertelsmann Stiftung, S. 29.

[121] *Hahn*, MedR 2019, 197 (198); vgl. auch: *Huss*, Künstliche Intelligenz, Robotik und Big
Data in der Medizin, S. 25, der für die Bezeichnung als „Assistant Intelligence" eintritt.

[122] Vgl. *Huss*, Künstliche Intelligenz, Robotik und Big Data in der Medizin, S. 89 f.

[123] Hierzu kritisch: *Antes*, DtÄb 2016, A-712 (A-713), der anmerkt, dass mehr Daten auch
präzisere Fehler zur Folge haben kann; siehe auch: *Hahn*, MedR 2019, 197 (198), der das
Problem aufwirft, dass „[…] eine Vernetzung unterschiedlicher Akteure des Gesundheitswesens auch die faktische Möglichkeit von Patienten zur Geheimhaltung ihrer medizinischen Vita
immer […]" weiter reduziert; die Vorteile der KI hervorhebend: *Huss*, Künstliche Intelligenz,
Robotik und Big Data in der Medizin, S. 18.

[124] *Epple*, Der Einsatz von EDV und die ärztliche Haftung, S. 180; bezüglich der Problematik um die Rechtsfähigkeit von Robotern siehe statt vieler: *Wagner*, VersR 2020, 717
(738 ff.).

vermeiden.[125] Wird der unterstützende Einsatz von KI im Gesundheitswesen von den führenden wissenschaftlichen Fachgesellschaften anerkannt, hat dies zudem Auswirkungen auf die Festlegung des medizinischen Standards. In Zukunft wird der Arzt nach § 630a Abs. 2 BGB dazu verpflichtet sein, bei der Diagnosestellung auf die Empfehlung eines unterstützend wirkenden *machine rule based*-Algorithmus zurückzugreifen.[126]

Hier könnte zudem überlegt werden, ob sich ein Abstufungssystem entwickeln lässt, das das berechtigte Vertrauen in den algorithmusbasierten Behandlungsvorschlag im Verhältnis zum Grad der Krankheit berücksichtigt. Je geringer das Lebensrisiko bzw. das Risiko für den Eintritt von lebensverändernden Umständen, desto stärker darf dem Behandlungsvorschlag vertraut werden. Dabei darf nicht vergessen werden, dass die algorithmusbasierte Entscheidungsfindung auch der Minimierung von menschlichen Fehlern dient. Diese gilt es gerade bei schwerwiegenden Krankheitsfällen zu vermeiden. Daher sollte auch am oberen Ende der Krankheitsintensität-Skala der algorithmusbasierte Behandlungsvorschlag besondere Berücksichtigung finden. In der Fallpraxis könnte ein solches Abstufungssystem dann in die Verschuldensprüfung mit aufgenommen werden.

b) Auswirkungen auf die Arzt-Patienten-Beziehung

Für die Bewertung der Arzt-Patienten-Beziehung ist zunächst bedeutsam, dass die personalisierte Medizin ihren Fokus auf die Naturwissenschaft und damit auf die biologischen Faktoren des Patienten legt.[127] Nicht mehr die empirische Heilkunst, sondern die rationale molekulare Wissenschaft dominiert das Arzt-Patienten-Verhältnis.[128] Dies bedeutet, dass in der personalisierten bzw. individualisierten Medizin nicht, wie der Name suggeriert, die Person bzw. das Individuum, sondern die Krankheit im Mittelpunkt des Geschehens steht. Es handelt sich um einen Entwicklungsschritt, der bereits in der Neuzeit und damit im Zusammenhang mit dem paternalistisch ausgerichteten Arzt zu beobachten war. Während ab dem 17. Jahrhundert medizintechnische Geräte wie Mikroskope o. ä. den Arzt dazu befähigten,

---

[125] Bezüglich der problematischen Haftung bei dem Einsatz von KI siehe: *Jorzig/Sarangi*, Digitalisierung im Gesundheitswesen, S. 123 ff.; vgl. auch: *Sachs*, G., MPR 2018, 24 (26), der darauf aufmerksam macht, dass sich Ärzte bei der Abrechnung von Therapieformen, die auf eine vollständig automatisierte Diagnose zurückgehen, wegen Abrechnungsbetruges strafbar machen können.

[126] *Hahn*, MedR 2019, 197 (198); Allgemein zum Einsatz von EDV im Gesundheitswesen siehe: *Epple*, Der Einsatz von EDV und die ärztliche Haftung, S. 77 ff.; allgemein zum Einsatz einer personalisierten Medizin siehe: Münchner Kommentar/*Wagner*, § 630a BGB, Rdnr. 129; allgemein zum Einsatz von medizinischen Informationstechnologien siehe: *Taupitz*, AcP 2011, 352 (393); allgemein zum Einsatz von telemedizinischen Maßnahmen siehe: *Ulsenheimer/Heinemann*, MedR 1999, 197 (199).

[127] *Keil*, Rechtsfragen der individualisierten Medizin, S. 136.

[128] *Polonius*, Berufsbilder für die Medizin, in: Schumpelick/Vogel (Hrsg.), Medizin nach Maß, S. 86 (92).

die Krankheit des Patienten aus einem exklusiven Blickwinkel heraus zu betrachten,[129] hat die Digitalisierung im Gesundheitswesen, verbunden mit dem weiteren medizintechnischen Fortschritt dazu beigetragen, dass der moderne Arzt die Krankheit nun exklusiv auf einer genetisch-molekularen Ebene analysieren kann. Auch wenn die reale Möglichkeit besteht, dass hierdurch Erfolge in der medizinischen Versorgung erzielt werden können, ist zugleich zu hinterfragen, ob die personalisierte Medizin mit dem Gedanken einer durch Subjektivität geprägten Arzt-Patienten-Beziehung vereinbar ist. Die Entwicklung des Selbstbestimmungsrechts des Patienten hat schließlich gezeigt, dass das medizinisch Machbare seine Grenze stets in der rechtlichen Zulässigkeit findet. Aufgrund der krankheitsorientierten Ausrichtung der individualisierten Medizin besteht die Gefahr, dass zum einen der Patient nicht mehr als ein Individuum, bestehend aus Körper und Geist, anerkannt wird, und zum anderen, dass der Arzt seine Empathie und damit einen maßgeblichen Teilaspekt seiner freiberuflichen Tätigkeit einbüßt.[130]

Auf den ersten Blick scheint die personalisierte Medizin das Selbstbestimmungsrecht des Patienten zu stärken. Schließlich wird in Aussicht gestellt, dass kein Patient mehr nach standardisierten Therapieplänen behandelt werden muss. Da sich jedoch zugleich selbst der vorinformierte Patient mit einer Flut von medizinisch-biologischem Fachwissen konfrontiert sieht, ist davon auszugehen, dass die individualisierte Medizin die Expertenposition des Arztes wieder verfestigt.[131] Es droht damit ein Rückfall in paternalistische Denkmuster.[132] Damit die ausgeweitete Wissensasymmetrie die Arzt-Patienten-Beziehung nicht belastet, darf die personalisierte Medizin nur bei einer angepassten Aufklärung angewendet werden.[133] Für eine dem Leitbild der therapeutischen Partnerschaft entsprechenden Umsetzung der individualisierten Medizin gilt es daher die Kommunikation zwischen Arzt und Patient zu betonen.[134] Ferner ist zu berücksichtigen, dass die personalisierte Medizin auf der Verfügbarkeit von persönlichen Gesundheitsdaten aufbaut. Das Selbstbestim-

---

[129]   Siehe dazu Zweiter Teil Kapitel D. I.

[130]   Im Hinblick auf die Auswirkungen der naturwissenschaftlichen Medizin auf den Patienten siehe: *Francke*, Ärztliche Berufsfreiheit und Patientenrechte, S. 6; im Hinblick auf die Folgen für den Arzt siehe: *Polonius*, Berufsbilder für die Medizin, in: Schumpelick/Vogel (Hrsg.), Medizin nach Maß, S. 86 (93).

[131]   Im Hinblick auf die Verwissenschaftlichung der Medizin: *Katzenmeier*, Rechtsfragen der Digitalisierung des Gesundheitswesens, S. 51.

[132]   Umfassend: *Taupitz*, Individualisierte Medizin: Die internationalrechtliche Perspektive, in: Schumpelick/Vogel (Hrsg.), Medizin nach Maß, S. 219 (221 f.).

[133]   Bei der angepassten Aufklärung ist darauf zu achten, dass diese weiterhin für Patienten verständlich sein muss. Während der Patient die Vorteile der personalisierten Medizin genießen kann, trägt der Arzt die immer schwerer werdende Last einer entsprechenden Aufklärung; siehe dazu: *Eberbach*, MedR 2019, 111 (116).

[134]   Sehr passend: *Zöller*, Arzt und Patient: Was wird sich ändern?, in: Schumpelick/Vogel (Hrsg.), Medizin nach Maß, S. 356 (359), „Es ist daher von entscheidender Bedeutung, neben den Leistungen der individualisierten Medizin die ‚sprechende Medizin' nicht zu vernachlässigen."

mungsrecht des Patienten soll diesen jedoch auch davor bewahren, zum Datenobjekt der Behandlung degradiert zu werden.[135] Die personalisierte Medizin sieht sich daher der Herausforderung gegenüber, den „gläsernen Patienten" zu vermeiden und sicherzustellen, dass zum einen die Datenhoheit bei dem Patienten verbleibt[136] und zum anderen, dass das „Recht auf Nichtwissen" nicht untergraben wird.[137]

Mit der individualisierten Medizin wird sich auf die Krankheit fokussiert. Auch wenn dies medizinische Vorteile haben kann, geht doch der Blick auf die an dem gesamten Behandlungsgeschehen konkret betroffenen Personen verloren. Wird ausschließlich ein krankheitsorientierter Ansatz verfolgt, verkommt der Patient zum Datenlieferanten und kann daher nicht als Subjekt im Rahmen der Arzt-Patienten-Beziehung angesehen werden.[138] Im Hinblick auf die algorithmusbasierte Entscheidungsfindung besteht zudem die Gefahr, dass auch der Arzt um seine Subjektposition kämpfen muss. Es ist daher festzuhalten, dass die personalisierte Medizin den personalen Charakter der Arzt-Patienten-Beziehung bedroht.[139] Werden Big Data im Gesundheitswesen unkontrolliert verwendet, kann die therapeutische Partnerschaft nicht verwirklicht werden. Da es ein zweiseitiges Objekts-Verhältnis in Form einer Maschine-Datenobjekt-Beziehung zwingend zu verhindern gilt,[140] ist zu betonen, dass der Erfolg einer medizinischen Behandlung von einer umfassenden Berücksichtigung sowohl der physischen als auch psychischen Faktoren des Pati-

---

[135] Vgl. *Gerlach et al.*, Digitalisierung im Dienste der Gesundheit – Sachverständigenrat zur Begutachtung der Entwicklung im Gesundheitswesen, Rdnrn. 6, 20, die herausstellen, dass der Datenschutz Teil der Gesundheitsversorgung und dessen Gegenspieler ist. Der Datenschutz soll die sichere Nutzung für den Patienten gewährleisten. Ein Abwehrrecht ist damit nicht gemeint.

[136] Hierbei darf nicht vergessen werden, dass ein umfangreicher Datenschutz zugleich dem Anspruch des Patienten auf eine maßgeschneiderte Therapie zuwiderlaufen kann. Es wäre vermessen, zu erwarten, dass eine Behandlung auf den einzelnen Patienten angepasst wird, ohne im Gegenzug gewisse Daten von sich Preis zu geben. Das Selbstbestimmungsrecht, das die Individualität des Behandlungsgeschehens sichern soll, kann es daher auch erfordern, dass die eigenen Daten anonymisiert werden, um so genügend Forschungsmaterial zu schaffen, das für die eigene, aber auch für jede andere Behandlung verwendet werden kann. Siehe dazu: *Gerlach*, ersatzkasse magazin 2021, 14 (17).

[137] Vgl. *Berg*, MedR 2004, 411 (413), der anmerkt, dass es eine richtige Datenautonomie des Patienten nicht geben kann, da niemand sagen kann, welche Daten sich aus einer Ultraschall-, Röntgen- oder Blutuntersuchung ergeben werden; *Bergoldt*, Individualisierte Medizin, Historische und aktuelle Aspekte, in: Schumpelick/Vogel (Hrsg.), Medizin nach Maß, S. 15 (21 f.); *Taupitz*, Individualisierte Medizin: Die internationalrechtliche Perspektive, in: Schumpelick/Vogel (Hrsg.), Medizin nach Maß, S. 219 (222).

[138] Mit Bezug auf die naturwissenschaftliche Medizin siehe: *Francke*, Ärztliche Berufsfreiheit und Patientenrechte, S. 6; *Katzenmeier*, Arzthaftung, S. 16 f.

[139] Vgl. *Ernst*, Rechtsfragen der Systemmedizin, S. 123, die herausstellt, dass die vielen Facharztwechsel „[...] die personale Dimension der individuellen Arzt-Patienten-Beziehung [...]" beeinträchtigen.

[140] Vgl. *Schliesky*, NJW 2019, 3692 (3695), „Gerade die Fortschritte von Medizin- und Biotechnologie in Verbindung mit der Digitalisierung können zu einer zunehmenden Mensch-Maschine-Entgrenzung führen."

enten abhängig ist.[141] Das Ziel muss daher sein, neben den genetisch-biologischen Merkmalen auch die psychische Komplexität des Patienten hinreichend zu würdigen. Im Mittelpunkt der Medizin muss weiterhin der Patient als „Leib-Seele-Einheit"[142] bzw. der Kranke und nicht die Krankheit stehen.[143] Die krankheitsorientierte personalisierte Medizin ist daher durch eine *patientenorientierte* Medizin zu ergänzen.[144] Diesen Gedanken greift auch das Modell der Systemmedizin auf. Für die auch als 4P-Medizin (im Sinne von personalisiert, präventiv, prädiktiv und partizipierend) bezeichnete Medizin gilt im Unterschied zur personalisierten Medizin ein ganzheitlicher Ansatz als maßgeblich. Neben den genetisch-molekularen Merkmalen sollen auch psychosoziale Aspekte berücksichtigt werden.[145] Bei der Systemmedizin handelt es sich um ein medizinisches Modell der verstärkten Stratifizierung unter gleichzeitiger „[...] Rückbesinnung auf den Patienten als Subjekt und damit als Partner der Arzt-Patient-Beziehung [...]".[146] Mit der Systemmedizin wird der Versuch unternommen, den Körper wieder mit dem Geist zu verbinden.

Für die Therapiefreiheit ist entscheidend, dass der Arzt weiterhin als Mitentscheider und Partner auftreten kann. Gigerenzer hat ein Zukunftsszenario entgeworfen, indem ein „Roboarzt", der ständig Zeit hat und Gesundheitsstatistiken bis ins kleinste Detail analysieren kann, die Behandlung übernimmt.[147] Auch wenn dieser Gedanke durchaus patientennahe Vorteile bietet,[148] ist anzumerken, dass nur Menschen den bereits angesprochenen „ethischen Kompass"[149] besitzen, den es bedarf, um zwischenmenschliche Beziehungen führen zu können.[150] Die Aufgabe der ärztlichen Therapiefreiheit und des Selbstbestimmungsrechts des Patienten liegt

---

[141] *Katzenmeier*, Arzthaftung, S. 15 f.; *ders.*, MedR 2019, 259 (270 f.); *Keil*, Rechtsfragen der individualisierten Medizin, S. 136.

[142] Vgl. *Woopen*, Individualisierte Medizin als zukunftsweisendes Leitbild?, in: Schumpelick/Vogel (Hrsg.), Medizin nach Maß, S. 94 (107).

[143] Vgl. *Francke*, Ärztliche Berufsfreiheit und Patientenrechte, S. 6.

[144] *Engelhardt*, K., DMW 2010, 1618 (1620); ähnlich auch: *Woopen*, Individualisierte Medizin als zukunftsweisendes Leitbild?, in: Schumpelick/Vogel (Hrsg.), Medizin nach Maß, S. 94 (107 f.).

[145] *Ernst*, Rechtsfragen der Systemmedizin, S. 6; *Laufs/Katzenmeier*/Lipp, Arztrecht, Kap. I, Rdnr. 49.

[146] *Ernst*, Rechtsfragen der Systemmedizin, S. 123 f.

[147] *Gigerenzer*, Roboärzte, in: Brockman (Hrsg.), Was sollen wir von Künstlicher Intelligenz halten?, S. 382 (382 ff.).

[148] An dieser Stelle ist insbesondere die fehlende Profitorientierung der „Roboärzten" hervorzuheben. Zwar könnten diese profitorientiert programmiert werden, der große Unterschied liegt jedoch darin, dass Menschen einem „Roboarzt" nicht so vertrauen, wie sie es einem menschlichen Arzt gegenüber tun. Gigerenzer hebt hervor, dass der eigentliche Vorteil von „Roboärzten" darin zu sehen ist, dass der Menschen zum Denken angeregt wird. Der Patient soll das „ärztliche" Handeln hinterfragen, siehe: *Gigerenzer*, Roboärzte, in: Brockman (Hrsg.), Was sollen wir von Künstlicher Intelligenz halten?, S. 382 (384 f.).

[149] Vgl. *Martini*, JZ 2017, 1017 (1018).

[150] Vgl. *Enfield*, Maschinen kennen sich mit Beziehungen nicht aus, in: Brockman (Hrsg.), Was sollen wir von Künstlicher Intelligenz halten?, 467 (467 f.).

folglich auch darin, in einem Zusammenspiel die Vertrauensbeziehung zwischen Arzt und Patient vor dem emotionalen Absturz zu einer reinen Vertragsbeziehung zu bewahren.[151] Es ist also darauf zu achten, dass die personalisierte Medizin nicht zum Alleinstellungsmerkmal der modernen Medizin wird. Die Digitalisierung im Gesundheitswesen kann zwar den biologisch-personalisierten Bereich neu interpretieren, für die angestrebte therapeutische Partnerschaft ist jedoch entscheidend, dass neben der Technik zugleich ein Arzt mit seiner Persönlichkeit und seiner Empathie den Blick auf den Patienten aufrechterhält. Nur dann ist sichergestellt, dass sich Arzt und Patient von „Person zu Person" begegnen.[152]

Im Ergebnis ist festzuhalten, dass sowohl die ärztliche Therapiefreiheit als auch das Selbstbestimmungsrecht des Patienten einen Paradigmenwechsel von einer standardisierten leitlinien-orientierten Medizin hin zu einer patienten-, jedoch zugleich auch arztorientierten Medizin fordert. Die Zukunft der Medizin sollte daher in einer *triaden Beziehungsmedizin* zu sehen sein, in der Arzt, Patient und digitale Elemente zusammenwirken, um eine Therapie zu entwickeln, die zum einen neben den biologischen Faktoren auch die psychischen Gegebenheiten des Patienten mitumfasst und zum anderen die Freiheit des ärztlichen Denkens hinreichend berücksichtigt. Erst wenn dies gelingt, entspricht die moderne Medizin sowohl dem Verständnis des Patienten von einer tatsächlich personalisierten Medizin als auch dem ärztlichen Anspruch an die Ausübung eines „freien Berufs".[153]

III. Ausschließliche Fernbehandlung

Die Covid-19-Pandemie hat dazu geführt, dass Videokonferenzen zum absoluten Standard geworden sind. Darüber hinaus hat das Virus auch die öffentliche Wahrnehmung der ärztlichen Fernbehandlung neu definiert. Ohne Aussagen über die Zulässigkeit zu treffen, wird die Fernbehandlung in § 9 S. 1 HWG legal definiert. Darin heißt es, „unzulässig ist eine Werbung für die Erkennung und Behandlung von Krankheiten, Leiden, Körperschäden oder krankhaften Beschwerden, die nicht auf eigener Wahrnehmung an dem zu behandelnden Menschen [...] beruht (Fernbehandlung)" legal definiert.[154] Da aus traditioneller Sicht das erste Aufeinandertreffen von Arzt und Patient im Behandlungszimmer stattfindet, stellt sich die Frage, in

---

[151] Für die Bedeutung von Vertrauen in der Arzt-Patienten-Beziehung siehe statt vieler: *Katzenmeier*, Arzthaftung, S. 9 f.

[152] Vgl. *Woopen*, Individualisierte Medizin als zukunftsweisendes Leitbild?, in: Schumpelick/Vogel (Hrsg.), Medizin nach Maß, S. 94 (108).

[153] Bezüglich der Patientenverwirrung im Hinblick auf die Bezeichnungen „individualisierte" bzw. „personalisierte" Medizin siehe: *Polonius*, Berufsbilder für die Medizin, in: Schumpelick/Vogel (Hrsg.), Medizin nach Maß, S. 86 (93); für ein ausschließlich psychisches Verständnis des personalisierten Medizin siehe auch: *Eberbach*, MedR 2011, 757 (757), *Kamps*, DtÄb 2010, A-2490.

[154] Zusammenfassend zum Begriff der Fernbehandlung siehe auch: *Hahn*, Telemedizin – Das Recht der Fernbehandlung, S. 1.

welchem Verhältnis die digitalen Kommunikationsformen zu dem aktuell verfolgten Leitbild der therapeutischen Partnerschaft stehen. Hierbei ist zu hinterfragen, ob die Intimität der Arzt-Patienten-Beziehung mit der Möglichkeit der Fernbehandlung vereinbar ist oder ob die Schutzwirkungen der ärztlichen Therapiefreiheit und die des Selbstbestimmungsrechts des Patienten sich erst bei einem analogen vis-a-vis Gespräch vollumfänglich ausbreiten können.

Zwar ist die bestehende räumliche Distanz zum Teil sogar Voraussetzung für den Behandlungserfolg (z. B. die Telefon-Therapiestunde eines Psychotherapeuten, um gezielt das Gefühl von Anonymität zu erreichen), im Folgenden wird sich jedoch auf die Konstellation beschränkt, in denen die Fernbehandlung eine theoretisch mögliche analoge Behandlung ersetzt. Der Fokus liegt dabei auf dem audiovisuellen Gespräch mit dem Arzt über das Internet. Unter diesem Gesichtspunkt handelt es sich um eine Kategorie der *patientenorientierten Anwendungen der Gesundheitstelematik mit mittelbaren Behandlungsbezug.*

1. Entwicklung und rechtliche Rahmenbedingungen

Bis zur Jahrtausendwende galt der unmittelbare persönliche Kontakt zwischen Arzt und Patient als unerlässlich für den Erfolg einer medizinischen Behandlung. Dies hing vor allem damit zusammen, dass es keine technischen Möglichkeiten gab, eine qualitativ hochwertige medizinische Behandlung auf digitaler Ebene anzubieten. Der heutige Stand der medizinischen Wissenschaft, verbunden mit dem allgemeinen technischen Fortschritt lässt dagegen eine solche Fernbehandlung möglich erscheinen.[155]

Während die gegenwärtige Fernbehandlung mit dem Internet und im speziellen mit der Videotelefonie in Verbindung gebracht wird, reichen die Anfänge der Fernbehandlung bis zum Beginn des 20. Jahrhunderts zurück.[156] Im Jahr 1910 entdeckte Paul Ehrlich (1854–1915) den Wirkstoff Arsphenamin, der im Folgenden als Bestandteil des ersten antibiotischen Arzneimittels gegen Syphilis eingesetzt wurde. Da auch damals die Diagnose einer Geschlechtskrankheit als schamvoll empfunden wurde, entstand schnell das Bedürfnis nach einem anonymen Lieferweg ohne vorherigen Arztkontakt.[157] Um die zum Teil schwerwiegenden Nebenwirkungen des

---

[155] *Steinhilper/Schiller*, Digitalisierung im Gesundheitswesen – Zur Fernbehandlung in der ambulanten vertragsärztlichen Versorgung, in: Jacobs/Plagemann/Schafhausen/Ziegler (Hrsg.), Festschrift für Hermann Plagemann, S. 579 (582).

[156] Als Vorgänger der Fernbehandlung gilt die sogenannte „Briefkastenmedizin". Diese zeichnet sich dadurch aus, dass in Zeitschriften medizinische Fragen erörtert werden; vgl. dazu: *Locher*, Bay. ÄB 2017, 514 (515); siehe auch: *Siglmüller*, Rechtsfragen der Fernbehandlung, S. 57 f.

[157] Auch heute ist das Bedürfnis nach einer „diskreten Online-Behandlung" bei schambesetzten Themen wie Geschlechtskrankheiten hoch, siehe: *Leupold/Glossner/Peintinger*, eHealth: Rechtliche Rahmenbedingungen, Datenschutz und Datensicherheit, in: Fischer/Krämer (Hrsg.), eHealth in Deutschland, S. 47 (53).

Medikaments überwachen zu können und zugleich den Missbrauch von Arzneimitteln zu bekämpfen, erließ der Reichstag am 18.02.1927 das erste *Gesetz zur
Bekämpfung der Geschlechtskrankheiten*. In § 7 Abs. 1 S. 1 hieß es: „Die Behandlung von Geschlechtskrankheiten und Krankheiten oder Leiden der Geschlechts-
organe ist nur den für das Deutsche Reich approbierten Ärzten gestattet." Weiter
wurde formuliert, dass es „verboten ist, solche Krankheiten anders als auf Grund
eigener Wahrnehmung zu behandeln (Fernbehandlung) [...]".[158] Hierbei handelte es
sich sowohl um die erste Legaldefinition als auch um das erste gesetzliche Verbot
einer Fernbehandlung.[159]

Auch wenn das erste *Gesetz zur Bekämpfung der Geschlechtskrankheiten* im
Jahr 1953 außer Kraft trat, blieb der Gedanke des Verbots einer medizinischen
Behandlung ohne eigene Wahrnehmung durch den Arzt in der Rechtsordnung ver-
ankert.[160] Bis zum Änderungsbeschluss der Bundesärztekammer auf dem 121.
Deutschen Ärztetag am 14.12.2018 war den Ärzten gemäß § 7 Abs. 4 MBO-Ä a.F.
die ausschließliche Fernbehandlung berufsrechtlich untersagt.[161] Bereits zuvor zulässig und von der *ausschließlichen* Fernbehandlung zu trennen, ist die *ergänzende*
Fernbehandlung. Eine solche liegt vor, wenn es zu einem analogen Erstkontakt von
Arzt und Patient gekommen ist und im Folgenden die Behandlung über Telekommunikationsmitteln lediglich fortgesetzt bzw. unterstützt werden soll.[162] Das strenge
Verbot der ausschließlichen Fernbehandlung wurde damit begründet, dass eine dem
medizinischen Standard entsprechende ärztliche Behandlung des Patienten nur
möglich sein kann, wenn die ärztliche Tätigkeit auf eigenen Wahrnehmungen beruht.
Zudem galt es das Vertrauensverhältnis zwischen Arzt und Patient durch ein an-

---

[158] Reichsgesetzblatt 1927, Teil I, Nr. 9, S. 62.

[159] *Dierks*, MedR 2016, 405 (405 f.).

[160] *Dierks*, MedR 2016, 405 (406); allgemein zur historischen Entwicklung siehe auch:
Hahn, Telemedizin – Das Recht der Fernbehandlung, S. 2; *ders.*, MedR 2018, 384 (387), jeweils
mit weiteren Nachweisen.

[161] Wörtlich hieß es in § 7 Abs. 4 MBO-Ä a.F.: „Ärztinnen und Ärzte dürfen individuelle
ärztliche Behandlung, insbesondere auch Beratung, nicht ausschließlich über Print- und
Kommunikationsmedien durchführen. Auch bei telemedizinischen Verfahren ist zu gewährleisten, dass eine Ärztin oder ein Arzt die Patientin oder den Patienten unmittelbar behandelt."
Diese oder eine ähnliche Formulierung fand sich auch in den verbindlichen Berufsordnungen
der Länder. Beispielhaft sei hier § 7 Abs. 4 a.F. der Berufsordnung MV zitiert: „Der Arzt darf
individuelle ärztliche Behandlung, insbesondere auch Beratung, nicht ausschließlich über
Print- und Kommunikationsmedien durchführen. Dies gilt nicht für telemedizinische Verfahren, sofern gewährleistet ist, dass ein Arzt den Patienten unmittelbar behandelt."

[162] *Hahn*, Telemedizin – Das Recht der Fernbehandlung, S. 5 f.; *Leupold/Glossner/Pein-
tinger*, eHealth: Rechtliche Rahmenbedingungen, Datenschutz und Datensicherheit, in: Fi-
scher/Krämer (Hrsg.), eHealth in Deutschland, S. 47 (53); *Rosenberg*, Rechtsfragen der Telemedizin am Beispiel der Teleradiologie im Rahmen von E-Health, S. 200 ff.; Spickhoff/
Scholz, Medizinrecht, § 7 MBO-Ä 1997, Rdnr. 18; vgl. auch: BÄK, Hinweise und Erläuterungen zu § 7 Absatz 4 MBO-Ä a.F. (Fernbehandlung).

fängliches Vier-Augen-Gespräch zu sichern.[163] Die Digitalisierung im Gesundheitswesen und das sich in der Gesellschaft entwickelnde Bedürfnis nach einer rein medizinischen Beratung über das Internet haben jedoch dazu geführt, dass auf dem 121. Deutschen Ärztetag 2018 das berufsrechtliche Verbot der ausschließlichen Fernbehandlung deutlich gelockert wurde.[164] Gemäß des neugefassten § 7 Abs. 4 MBO-Ä ist Ärzten nun im Einzelfall erlaubt, eine Behandlung anzubieten, die exklusiv über Kommunikationsmedien abläuft. Hierfür ist erforderlich, dass die Entscheidung für eine derartige Fernbehandlung ärztlich vertretbar ist, der erforderlichen ärztlichen Sorgfalt genügt und zugleich der Patient über die Besonderheiten der ausschließlichen Beratung und Behandlung über Kommunikationsmedien aufgeklärt wurde.[165]

2. Chancen und Risiken

In vielen Bereichen der Medizin kommt eine Fernbehandlung von vornherein nicht in Betracht. Sofern es das klassische ärztliche Händeauflegen in Form von Abtasten, Drücken o. ä. bedarf oder sogar in die körperliche Integrität des Patienten eingegriffen werden soll (z. B. im Rahmen einer Operation oder beim Setzen einer Spritze), bleibt für die Anwendung von Telekommunikationsmitteln kein Raum.[166] Gleichwohl sind medizinische Konstellationen denkbar, bei denen auf die körperliche Wahrnehmung verzichtet werden kann, ohne dass der Erfolg einer medizinischen Behandlung gefährdet wird. Die „fünf Sinne" des Arztes sind nicht in jeder Fachdisziplin von entscheidender Bedeutung.[167] Für die Fernbehandlung interessant sind insbesondere leichtere Erkrankungen im Hausarztbereich (z. B. Husten, Schnupfen, Heiserkeit).[168]

---

[163] Spickhoff/*Scholz*, Medizinrecht, § 7 MBO-Ä 1997, Rdnr. 14; *Steinhilper/Schiller*, Digitalisierung im Gesundheitswesen – Zur Fernbehandlung in der ambulanten vertragsärztlichen Versorgung, in: Jacobs/Plagemann/Schafhausen/Ziegler (Hrsg.), Festschrift für Hermann Plagemann, S. 579 (580, Fn. 8); kritisch bezüglich der Auswirkungen auf das Vertrauensverhältnis: *Siglmüller*, Rechtsfragen der Fernbehandlung, S. 61.

[164] *Hahn*, Telemedizin – Das Recht der Fernbehandlung, S. 5; *Katzenmeier*, NJW 2019, 1769 (1769); *ders.*, MedR 2019, 259 (266).

[165] Mit Ausnahme der Landesärztekammer Brandenburg haben alle Landesärztekammern den Beschluss der BÄK in einer Neufassung der jeweilen Berufsordnungen berücksichtigt (Stand: 25.03.2021); vgl. *Katzenmeier*, NJW 2019, 1769 (1769).

[166] *Hahn*, MedR 2018, 384 (385); *Siglmüller*, Rechtsfragen der Fernbehandlung, S. 21 ff.; *Steinhilper/Schiller*, Digitalisierung im Gesundheitswesen – Zur Fernbehandlung in der ambulanten vertragsärztlichen Versorgung, in: Jacobs/Plagemann/Schafhausen/Ziegler (Hrsg.), Festschrift für Hermann Plagemann, S. 579 (583).

[167] *Dierks*, MedR 2016, 405 (410); *Hahn*, MedR 2018, 384 (385).

[168] *Siglmüller*, Rechtsfragen der Fernbehandlung, S. 90, spricht von „Bagatellerkrankungen".

Eine große Chance für die Fernbehandlung wird im Kampf gegen den Ärztemangel im strukturschwachen ländlichen Raum gesehen.[169] Zudem ist es problemlos möglich, bei schwerwiegenderen Fällen mehrere und weit entfernte Experten in die Behandlung mit einzubeziehen.[170] Niemand soll von einer körperlichen oder verkehrstechnischen Immobilität an einem Arztbesuch gehindert werden. Gleichwohl ist zu bezweifeln, ob sich gerade die ältere Bevölkerung auf so umfassende Neuerungen einlässt bzw. im Hinblick auf die notwendigen technischen Voraussetzungen und Kenntnisse einlassen kann.[171] Es besteht daher die Gefahr, dass eine für die Fernbehandlung prädestinierte Zielgruppe schlussendlich nicht von den dargestellten Vorteilen profitieren kann. Entscheidend ist daher, dass die Digitalisierung im Gesundheitswesen mit Informationsangeboten für die ältere Bevölkerung einhergeht. Anderenfalls droht das Angebot die Nachfrage nicht aufgrund mangelnden Interesses, sondern wegen politisch verschuldeter Wissensdefizite zu übersteigen. Weitere positive Aspekte liegen darin, dass schambesetzte Themen im digitalen Raum wohl eher offenbart werden und dass Behandlungsnotwendigkeiten durch den fehlenden Anreiseweg frühzeitiger erkannt werden könnten.[172] Ferner – und auch das hat die Covid-19-Pandemie gezeigt – kann durch digitale Behandlungen das Ansteckungsrisiko und die Wartezeit in Arztpraxen aufgehoben bzw. verringert werden.[173] Darüber hinaus wird eine verbesserte Behandlung von Strafgefangenen mit dem Ausbau der Fernbehandlung in Verbindung gebracht.[174]

Ausschließliche Fernbehandlungen haben jedoch nicht nur Chancen, sondern auch Risiken. Es kann bereits problematisch sein, die Identität von Arzt und Patient für die jeweils andere Seite verlässlich festzustellen. Hier wird beispielsweise eine Verifizierung über den Fingerabdruck vorgeschlagen.[175] Um der Gefahr eines

---

[169] *Jörg*, Digitalisierung in der Medizin, S. 130; *Katzenmeier*, NJW 2019, 1769 (1771); *Spickhoff*, NJW 2017, 1790 (1791).

[170] *Beleites*, Ist der Wandel des Arzt-Patienten-Verhältnisses Folge des medizinischen Fortschrittes?, in: Schumpelick/Vogel (Hrsg), Arzt und Patient, eine Beziehung im Wandel, S. 81 (94); *Katzenmeier*, NJW 2019, 1769 (1771).

[171] *Steinhilper/Schiller*, Digitalisierung im Gesundheitswesen – Zur Fernbehandlung in der ambulanten vertragsärztlichen Versorgung, in: Jacobs/Plagemann/Schafhausen/Ziegler (Hrsg.), Festschrift für Hermann Plagemann, S. 579 (582, 587).

[172] *Dierks*, MedR 2016, 405 (410); *Leupold/Glossner/Peintinger*, eHealth: Rechtliche Rahmenbedingungen, Datenschutz und Datensicherheit, in: Fischer/Krämer (Hrsg.), eHealth in Deutschland, S. 47 (53, 56); *Siglmüller*, Rechtsfragen der Fernbehandlung, S. 20.

[173] *Fehn*, Rechtliche Aspekte der Telemedizin, in: Marx/Rossaint/Marx (Hrsg.), Telemedizin, S. 9 (48 f.); *Hahn*, MedR 2018, 384 (384) mit weiteren Nachweisen; *Steinhilper/Schiller*, Digitalisierung im Gesundheitswesen – Zur Fernbehandlung in der ambulanten vertragsärztlichen Versorgung, in: Jacobs/Plagemann/Schafhausen/Ziegler (Hrsg.), Festschrift für Hermann Plagemann, S. 579 (587).

[174] *Steinhilper/Schiller*, Digitalisierung im Gesundheitswesen – Zur Fernbehandlung in der ambulanten vertragsärztlichen Versorgung, in: Jacobs/Plagemann/Schafhausen/Ziegler (Hrsg.), Festschrift für Hermann Plagemann, S. 579 (586).

[175] *Leupold/Glossner/Peintinger*, eHealth: Rechtliche Rahmenbedingungen, Datenschutz und Datensicherheit, in: Fischer/Krämer (Hrsg.), eHealth in Deutschland, S. 47 (54).

Identitätsmissbrauchs im Internet aktiv zu begegnen, könnte auch überlegt werden, eine zentrale Plattform für Fernbehandlungen durch Videotelefonie zu schaffen. Auf dieser könnte die elektronische Patientenakte (vgl. §§ 341 ff. SGB V) mit der Online-Ausweisfunktion des Personalausweises zu einem elektronischen Gesundheitsprofil zusammengeführt werden. In die zentrale Plattform könnte zudem ein eigener Leistungskatalog integriert werden, um so beispielsweise über ein Klicksystem die Abrechnung über die gesetzlichen Krankenkassen zu erleichtern. Neben der Identitätsproblematik muss sich der Arzt aufgrund der entfallenden physischen Untersuchung auch stärker auf die Aussagen des Patienten verlassen. Inwieweit hierdurch die Unsicherheit einer Diagnose gesteigert wird, ist zwar eine Einzelfallentscheidung, gleichwohl kann die Gefahr von falschen Behandlungsvorschlägen als Folge einer unzureichenden Untersuchung nicht von der Hand gewiesen werden.[176] Das Argument, es bestehe ein Risiko einer gefährlichen Selbstdiagnose als Folge einer bloß digital erteilten Auskunft, kann dagegen nicht überzeugen. Die Gefahr, dass sich der Patient nicht den Anweisungen des Arztes entsprechend verhält oder sich weiter auf gegebenenfalls unseriösen Internetseiten informiert, besteht unabhängig davon, ob ein analoges oder ein digitales Arzt-Patienten-Gespräch stattgefunden hat.[177]

3. Auswirkungen auf die Arzt-Patienten-Beziehung

Um die Arzt-Patienten-Beziehung bei Anwendung einer Fernbehandlung zu bewerten, ist zu klären, welche Bedeutung dem Behandlungszimmer beigemessen wird. Das Behandlungszimmer ist zuallererst der Raum, in dem der Arzt den Patienten körperlich untersucht. Hier werden Impfungen verabreicht, die Lunge abgehört oder der Puls gemessen. Neben der körperlichen Untersuchung wird dort jedoch auch das für die Arzt-Patienten-Beziehung so entscheidende Vertrauen aufgebaut, das dann im Rahmen eines persönlichen Arzt-Patienten-Gesprächs fortwährend gepflegt werden muss. Da für eine Fernbehandlung von vornherein nur Behandlungen in Betracht kommen, bei denen eine analoge körperliche Untersuchung nicht erforderlich ist, kommt der Qualität der psychologisch-digitalen Verbundenheit von Arzt und Patient die entscheidende Rolle bei der Bewertung der Arzt-Patienten-Beziehung zu.

a) Physische Präsenz als „Goldstandard ärztlichen Handelns"

In dem Beschlussprotokoll zum 121. Deutschen Ärztetag wird betont, dass grundsätzlich die „[...] ärztliche[n] Beratung und Behandlung im persönlichen Kontakt zwischen Arzt und Patient, d. h. unter physischer Präsenz der Ärztin oder des Arztes, zu erfolgen hat [...]." Trotz des geänderten § 7 Abs. 4 MBO-Ä sieht die

---

[176] *Siglmüller*, Rechtsfragen der Fernbehandlung, S. 61 f.; *Vorberg/Kanschik*, MedR 2016, 411 (414).

[177] *Siglmüller*, Rechtsfragen der Fernbehandlung, S. 59 f.

Bundesärztekammer den „Goldstandard ärztlichen Handelns" weiterhin im analogen Arzt-Patienten-Kontakt. Mit dieser Formulierung soll sichergestellt werden, dass unabhängig vom technisch Machbaren die Bedeutung eines vis-a-vis Gesprächs für eine „gute Arzt-Patienten-Kommunikation" nicht in den Hintergrund rückt.[178] Auch auf dem 122. Deutschen Ärztetag hat sich die Bundesärztekammer dafür ausgesprochen, dass die Möglichkeiten der Telemedizin genutzt und ausgebaut werden sollen. Zugleich wurde jedoch hervorgehoben, dass es sich hierbei lediglich um „[...] eine Ergänzung des bisherigen Zusammenspiels von Arzt und Patient [...]" handeln darf. Nach Ansicht der Bundesärztekammer beruht auch die Arzt-Patienten-Beziehung in einem digitalisierten Gesundheitswesen „[...] zwangsläufig auf einem persönlichen Kontakt und einer persönlichen Erstanamnese [...]".[179]

Der Standpunkt der Bundesärztekammer überzeugt jedoch nur bedingt. Zu begrüßen ist, dass die Bundesärztekammer die Bedeutung eines persönlichen Arzt-Patienten-Kontakts hervorhebt und diesen in unmittelbaren Zusammenhang zu einer guten Arzt-Patienten-Kommunikation stellt. Es ist jedoch nicht nachzuvollziehen, dass der persönliche Arzt-Patienten-Kontakt mit einem physischen, also analogen Arzt-Patienten-Kontakt gleichgesetzt wird. Für die Arzt-Patienten-Beziehung in Form der therapeutischen Partnerschaft ist schließlich nicht der analoge Kontakt, sondern die Intensität der Kommunikation entscheidend.[180] Hierbei ist zu berücksichtigen, dass sowohl verbale als auch nonverbale Kommunikation zumindest bei der Verwendung von kamera- und mikrofonunterstützten Kommunikationsmedien möglich ist. So kann der Arzt zwar bei einem Videotelefonat keine körperliche Nähe zu dem Patienten in Form von Händeauflegen o. ä. aufbauen, gleichwohl besteht die Möglichkeit, auch bei der audiovisuellen Übertragung über das Internet eine Interpretation von ausgetauschten Blicken sowie Mimik und Gestik von Arzt und Patient zu gewährleisten. Es kann daher nicht von vornherein ausgeschlossen werden, dass auch bei einer Fernbehandlung nonverbale Kommunikationsformen intensiv und variabel zum Einsatz kommen.[181] Anders ist dies bei dem Einsatz von E-Mails oder Chatportalen zu bewerten. Fehlt der audiovisuelle Kontakt, kann die für eine vertrauensvolle Arzt-Patienten-Beziehung notwendige Kommunikationsintensität nicht erreicht werden.[182] Der im Zuge der Covid-19-Pandemie aufgekommenen Offenheit gegenüber der Erstellung von Arbeitsunfähigkeitsscheinen bei Erkrankungen der oberen Atemwege nach lediglich telefonischer Anamnese ist daher nicht

---

[178] BÄK, Beschlussprotokoll vom 121. Deutschen Ärztetag, S. 289.

[179] BÄK, Beschlussprotokoll vom 122. Deutschen Ärztetag, S. 81.

[180] Vgl. *Huss*, Künstliche Intelligenz, Robotik und Big Data in der Medizin, S. 93, „Gute Medizin ist und bleibt das Ergebnis guter Kommunikation und Information."

[181] *Kaeding*, MedR 2019, 288 (289); *Stellpflug*, GesR 2019, 76 (79), mit Ausnahme von Gerüchen; kritisch dagegen: *Eberbach*, MedR 2019, 1 (4 f.); *Katzenmeier*, MedR 2019, 259 (267); *Kern*, MedR 2001, 495 (496).

[182] So im Ergebnis auch: *Stellpflug*, GesR 2019, 76 (79).

beizupflichten.[183] Zwar ergibt das Bedürfnis nach körperlicher Distanz durchaus Sinn, nicht nachzuvollziehen bleibt jedoch, weshalb die Möglichkeiten der Fernbehandlung nicht ausgeschöpft, sondern sich auf die lediglich audiobasierte Kommunikationsform beschränkt wurde.

Im Hinblick auf die Sichtweise der Bundesärztekammer ist darüber hinaus kritisch zu sehen, dass die Dynamik der Arzt-Patienten-Beziehung durch die abstrakte Einordnung einer Kommunikationsform als „Goldstandard" begrenzt wird. Dies gilt im Besonderen, wenn einerseits die Digitalisierung im Gesundheitswesen vorangetrieben werden soll, aber andererseits die Bewertung einer guten Arzt-Patienten-Beziehung aus einer historischen Betrachtungsweise heraus erfolgt.[184] Die Qualität der jeweils individuell festzustellenden psychologisch-digitalen Verbundenheit von Arzt und Patient ist gefährdet, wenn die anzuwendende Kommunikationsform abstrakt im Voraus festgelegt wird. Die Frage, was als „Goldstandard ärztlichen Handelns" und damit als Inbegriff einer guten Arzt-Patienten-Beziehung zu bezeichnen ist, sollte stattdessen einzelfallbezogen und unter Beachtung von ärztlicher Therapiefreiheit und Selbstbestimmungsrecht des Patienten beantwortet werden.

aa) Therapiefreiheit und die Entscheidung zur Fernbehandlung

Die ärztliche Therapiefreiheit ist notwendig, damit der Arzt bei der Gestaltung der Behandlung der Individualität des Behandlungsgeschehens, dem medizinischen Fortschritt und dem Willen des Patienten ausreichend Rechnung tragen kann.[185] Diese Aspekte werden dadurch umgesetzt, dass dem Arzt ein Gestaltungsspielraum zugesprochen wird, der diesen dazu befähigt, den medizinischen Einzelfall auch als einen solchen zu würdigen.[186] Während das Selbstbestimmungsrecht des Patienten gesondert betrachtet werden soll, lassen sich bereits bei der Individualität des Behandlungsgeschehens und der Teilhabe an dem medizinischen Fortschritt Bezugspunkte zur ausschließlichen Fernbehandlung erkennen. Zunächst ist festzustellen, dass die ärztliche Bewertung einer Krankensituation von den Beschwerden abhängig ist, die von dem Patienten geschildert werden und für den Arzt erkennbar sind. Da vorliegend davon ausgegangen wird, dass eine intensive Kommunikation auch über Telekommunikationsmedien möglich ist, spricht viel dafür, ebenfalls anzunehmen, dass die Freiheit des Arztes auch die Entscheidungs- und vor allem Wissenskompetenz umfasst, zu erkennen, welche Therapieformen die größtmöglichen Erfolge bei der geringsten Belastung erwarten lassen. Unter Berücksichtigung der Chancen und Risiken stellt daher auch die Durchführung einer ausschließlichen Fernbe-

---

[183] ArbG Berlin, Urteil vom 01.04.2021, 42 Ca 16289/20 – juris; siehe zudem: *Hahn*, MedR 2020, 370 (370 ff.).

[184] Vgl. *Hahn*, MedR 2018, 384 (387 f.).

[185] Siehe dazu Erster Teil Kapitel A. IV.

[186] Siehe dazu Erster Teil Kapitel A.

handlung ein mögliches Abwägungsergebnis dar.[187] Neben dem Einzelfallcharakter der Behandlung ist auch die Einordnung der Medizin als Erfahrungswissenschaft bei dem Verhältnis von Therapiefreiheit und Fernbehandlung zu berücksichtigen.[188] Sofern sich daher auf den medizinischen Fortschritt bezogen wird, ist zu beachten, dass dieser nicht auf die Naturwissenschaft beschränkt ist, sondern sich deutlich fächerübergreifender ausdrückt. Werden Telekommunikationsmedien gezielt im ärztlichen Alltag implementiert, bildet dies als medizin-technischer Fortschritt eine Teilmenge des allgemeinen medizinischen Fortschritts ab. Zusammengefasst ist festzuhalten, dass es auch Bestandteil der ärztlichen Therapiefreiheit ist, zu entscheiden, in welchen Konstellationen eine ausschließliche Fernbehandlung in Betracht kommt.

bb) Patientenselbstbestimmung und die Entscheidung zur Fernbehandlung

Das Selbstbestimmungsrecht des Patienten soll diesen davor bewahren, zum Objekt der Behandlung degradiert zu werden. Der Patient soll stattdessen selbst entscheiden können, wie er die Chancen und Risiken einer Behandlung bzw. einer Nichtbehandlung gewichtet.[189] Es stellt sich daher die Frage, ob das Selbstbestimmungsrecht des Patienten nicht auch das Recht beinhaltet, darüber zu entscheiden, in welcher Art und Weise er mit dem Arzt in Kontakt treten möchte. Auf den ersten Blick müsste dies angenommen werden, da eine Beschränkung auf einen analogen Erstkontakt dem Patienten sowohl bei der Entscheidung über die generelle Aufnahme einer Behandlung als auch bei der Auswahl des Arztes beeinträchtigt. Müsste sich der Patient bei einem Arzt zwingend in Person vorstellen, käme abhängig vom Wohnort und Mobilität des Patienten lediglich eine eingeschränkte Anzahl an Ärzten in Betracht. In strukturschwachen Gebieten könnte dies sogar dazu führen, dass mangels Alternativen schlussendlich gar kein Arzt oder ein geringqualifizierter Arzt die Behandlung übernimmt. Fraglich bleibt, ob ein Patient überhaupt darüber entscheiden kann, ob er auf einen analogen Erstkontakt verzichten möchte. Zwar birgt ein schlecht ausgeführter digitaler Erstkontakt die Gefahr, dass das Ausmaß einer Erkrankung und dem folgend die Notwendigkeit und Dringlichkeit weiterer Behandlungen nicht richtig erkannt wird, gleichwohl ist es inkonsequent, die Selbstbestimmung an dem Punkt zu beschränken, an dem es für den Patienten gefährlich wird. Dies gilt zum einen, weil nicht ausgeschlossen werden kann, dass auch im vis-a-vis-Gespräch Hintergründe einer Krankheit, beispielsweise in schambesetzten Kontexten, verschwiegen werden.[190] Zum anderen ist die dem Selbstbestimmungs-

---

[187] So im Ergebnis auch: *Hahn*, MedR 2018, 384 (388); *Dierks*, MedR 2016, 405 (410); *Vorberg/Kanschik*, MedR 2016, 411 (414).

[188] Siehe dazu Erster Teil Kapitel A. IV. 2.

[189] Siehe dazu Erster Teil Kapitel B. III.

[190] *Hahn*, MedR 2018, 384 (385); *Vorberg/Kanschik*, MedR 2016, 411 (414).

recht des Patienten immanente „Freiheit zur Krankheit" zu berücksichtigen.[191] Wenn die Patientenautonomie ein solches Recht auf unvernünftige Entscheidungen beinhaltet, dann muss dem mündigen Patienten auch das Recht auf einen digitalen Erstkontakt zugesprochen werden.[192] Es ist nicht nachvollziehbar, den Patienten davor zu schützen, sich überhaupt von einem Arzt behandeln lassen zu müssen; ihn jedoch gleichzeitig zu einem persönlichen Erstkontakt mit dem Arzt zu verpflichten. Das Selbstbestimmungsrecht des Patienten umfasst daher auch den Wunsch, eine ausschließliche Fernbehandlung als Idealszenario anzustreben.

Neben der Möglichkeit, sich aktiv für eine ausschließliche Fernbehandlung zu entscheiden, schützt das Selbstbestimmungsrecht den Patienten jedoch auch davor, auf die Wahl einer ausschließlichen Fernbehandlung beschränkt zu werden. Es steht mit dem Selbstbestimmungsrecht im Widerspruch, wenn dem Patienten verwehrt bleibt, einen Arzt in Person aufzusuchen, obwohl ein solcher Kontakt gewünscht ist.[193] Abgesehen von der bereits dann vorliegenden Objektivierung des Patienten besteht auch eine nicht zu unterschätzende Diskriminierungsgefahr. Es sind zwingend Situationen zu verhindern, in denen beispielsweise ein Arzt den analogen Empfang eines Patienten aus verschiedenen Gründen ablehnt, jedoch zugleich diesen als Geldquelle bei der Abrechnung von Videosprechstunden missbrauchen möchte. Steht der finanzielle Aspekt im Vordergrund, handelt es sich auch nicht mehr um den Bereich der Vertragsfreiheit, der über die ärztliche Therapiefreiheit geschützt werden soll. Anders könnte dies wiederum bei stark ansteckenden Krankheiten zu bewerten sein. Erfolgt der Verweis auf eine ausschließliche Fernbehandlung zum nachvollziehbaren Schutz des Arztes, kann darin keine Verletzung des Selbstbestimmungsrechts des Patienten gesehen werden. Eine Praxisrelevanz dürfte jedoch nur in seltenen Fällen bestehen, da in diesen Situationen in der Regel eine Behandlung in einem speziell ausgestatteten Krankenhaus angebracht sein wird. Ein Beispiel wäre jedoch der Verdacht oder die Behandlung einer mild verlaufenden Covid-19-Erkrankung.

b) Neudefinition von „Goldstandard"

Bei der auf dem 121. Deutschen Ärztetag beschlossenen Öffnung der Arzt-Patienten-Beziehung für die ausschließliche Fernbehandlung handelte es sich nicht um einen Entwicklungsschritt, der neu und seiner Zeit voraus war, sondern um eine längst überfällige Korrektur.[194] Mit der ausschließlichen Fernbehandlung soll zwar medienwirksam auf die fortschreitende Digitalisierung reagiert werden, schlussendlich handelt es sich jedoch nur um die logische Folge des Zusammenspiels von

---

[191] Siehe dazu Erster Teil Kapitel B. III.

[192] Ähnlich: *Dierks*, MedR 2016, 405 (410); *Hahn*, MedR 2018, 384 (385).

[193] Vgl. *Kaeding*, MedR 2019, 288 (289).

[194] *Fehn*, Rechtliche Aspekte der Telemedizin, in: Marx/Rossaint/Marx (Hrsg.), Telemedizin, S. 9 (49).

ärztlicher Therapiefreiheit und dem Selbstbestimmungsrecht des Patienten. Anders formuliert bedeutet dies, dass § 7 Abs. 4 MBO-Ä a. F. mit den Schutzwirkungen der ärztlichen Therapiefreiheit und denen des Selbstbestimmungsrechts des Patienten nicht vereinbar war. In dem veränderten Berufsrecht ist daher auch die zwingend notwendige Rückbesinnung auf die ärztliche Therapiefreiheit und auf das Selbstbestimmungsrecht des Patienten zu sehen.[195]

Über das *Modell des Miteinanders* muss eine ausschließliche Fernbehandlung ermöglicht werden, weil sie das Beste für den verfolgten Heilauftrag sein kann. Auch wenn in diesen Situationen der „Einzelfall" im Sinne des § 7 Abs. 4 S. 2 MBO-Ä sicherlich anzunehmen ist, überzeugt die von der Bundesärztekammer vertretene Grundsatz-Ausnahme-Systematik in Form einer Analog-Digital-Systematik nicht. Die damit implizierte Sonderstellung der ausschließlichen Fernbehandlung läuft dem Grundgedanken der therapeutischen Partnerschaft zuwider. Werden die ärztliche Therapiefreiheit und das Selbstbestimmungsrecht des Patienten hinreichend gewürdigt, ergibt sich zwar auch eine Fokussierung auf einen „Einzelfall", hierbei wird jedoch nicht im Grundsatz davon ausgegangen, dass ein analoger Erstkontakt notwendig ist. Stattdessen kann die Einzelfallabwägung auch eine telemedizinische Kontaktaufnahme für notwendig erscheinen lassen. Um den „Goldstandard ärztlichen Handelns" festzulegen, sollte daher nicht das analoge Arzt-Patienten-Gespräch, sondern der konkrete Heilauftrag als maßgebliches Kriterium herangezogen werden.

Zukünftig muss also darauf geachtet werden, dass der erstrebenswerte und zugleich notwendige *persönliche* Arzt-Patienten-Kontakt nicht mit einem *analogen*, sondern mit einem *intimen* Kontakt gleichgesetzt wird. Dabei ist nicht ausgeschlossen, dass das höchste Maß an Intimität in ausgewählten Arzt-Patienten-Beziehungen nur bei einer rein digitalen Kommunikation erreicht wird.[196] Eine Möglichkeit der Umsetzung könnte zudem darin zu sehen sein, dass die Grundsatz-Ausnahme-Systematik aus der MBO-Ä entfernt wird und stattdessen unter stärkerer Berücksichtigung von ärztlicher Therapiefreiheit und Selbstbestimmungsrecht des Patienten die Einzelfallentscheidung eine gleichberechtigte Wahl zwischen digitaler und analoger Kommunikation beinhaltet.[197]

c) Medizinischer Standard und Haftungsproblem

Wird angenommen, dass die ausschließliche Fernbehandlung die logische Folge des Zusammenspiels von ärztlicher Therapiefreiheit und Selbstbestimmungsrecht sein kann, bleibt zu bewerten, wie sich dies auf den nach § 630a Abs. 2 BGB geschuldeten medizinischen Standard auswirkt. Anfang des 21. Jahrhunderts wurde

---

[195] Vgl. *Ernst*, Rechtsfragen der Systemmedizin, S. 123 f.

[196] *Locher*, Bay. ÄB 2017, 514 (515).

[197] So im Ergebnis auch: *Fehn*, Rechtliche Aspekte der Telemedizin, in: Marx/Rossaint/ Marx (Hrsg.), Telemedizin, S. 9 (49); eher kritisch: *Siglmüller*, Rechtsfragen der Fernbehandlung, S. 95.

noch jede Form der Fernbehandlung als Standardunterschreitung qualifiziert. Der Verzicht auf eine analoge Untersuchung galt als grober Behandlungsfehler, der bereits vor Einführung der §§ 630a ff. BGB eine Beweislastumkehr zugunsten des Patienten zur Folge hatte.[198] Die fortschreitende Digitalisierung, die Akzeptanz in der Gesellschaft und die von der Ärzteschaft angestrengte Öffnung der MBO-Ä zeigen jedoch deutlich, dass von einer derart ablehnenden Haltung heutzutage nicht mehr ausgegangen werden kann.[199] Es bleibt die Aufgabe der medizinischen Wissenschaft, zu klären, welche medizinischen Qualitätsanforderungen eine Fernbehandlung erfüllen muss. Zeitgleich hat die Rechtswissenschaft die Frage zu entscheiden, in welchem Verhältnis die Aufklärung des Patienten zu der Haftung bei Behandlungsfehlern steht.

Wie bei einer analogen Behandlung auch, gehört es zum Aufgabenbereich des Arztes, die Behandlung und damit auch die gewählte Kommunikationsform im Hinblick auf die angestrebte Behandlungsentwicklung fortlaufend zu überwachen. Kommt der Arzt unter Anwendung seiner Therapiefreiheit zu dem Schluss, dass eine ausschließliche Fernbehandlung den Heilauftrag gefährdet, hat er die digitale Kommunikationsform sofort zu beenden und zugleich ein analoges Arzt-Patienten-Gespräch in die Wege zu leiten.[200] Unterlässt er dies, ist ein Behandlungsfehler zu bejahen, der, sofern ein Schaden vorliegt, eine vertragliche und deliktische Haftung nach sich ziehen würde.[201] Ferner trifft den Arzt auch die Pflicht, die von ihm für die Fernbehandlung verwendeten technischen Geräte regelmäßig auf ihre Funktionsfähigkeit hin zu überprüfen. Verhält sich der Arzt hier fahrlässig, kommt eine Beweislastumkehr für den Patienten aus der Kategorie des „voll beherrschbaren Risiko" im Sinne des § 630h Abs. 1 BGB in Betracht.[202] Darüber hinaus kann dem Arzt eine rechtswidrige Körperverletzung vorgeworfen werden, wenn er den Patienten nicht ordnungsgemäß aufgeklärt hat. Inhaltlich muss der Arzt neben den allgemeinen Informationen über die gestellte Diagnose, die geplante Therapie, einschließlich der Abwägung von Chancen und Risiken, den Patienten gemäß § 7 Abs. 4 S. 2 MBO-Ä auch über die Besonderheiten der ausschließlichen Beratung und Behandlung über Kommunikationsmedien aufklären. Hiervon umfasst ist insbesondere die Aussage, dass sich der Patient bewusst sein muss, dass er nur als 2-D-Modell auf dem Bildschirm des Arztes abgebildet wird.[203] Der Arzt muss also dem Patienten aktiv die

---

[198] Vgl. VG Frankfurt am Main, Urteil vom 19.10.2004 – 21 BG 1748/04 – juris, Rdnr. 98, „Jede Art der Fernbehandlung, welche durchgeführt wird, ohne dass der behandelnde Arzt den Patienten im Zusammenhang mit der konkreten Behandlung wenigstens einmal persönlich untersucht hat, wird als potenziell gesundheitsgefährdend angesehen.", allgemein: *Kern*, MedR 2001, 495 (497).

[199] Umfassend: *Stellpflug*, GesR 2019, 76 (77 ff.).

[200] *Braun*, MedR 2018, 563 (565).

[201] Vgl. *Siglmüller*, Rechtsfragen der Fernbehandlung, S. 90; allgemein zur Doppelhaftung aus Vertrag und Delikt im Medizinrecht siehe: Deutsch/*Spickhoff*, Medizinrecht, Rdnrn. 298 ff.

[202] *Bergmann*, MedR 2016, 497 (501); *Stellpflug*, GesR 2019, 76 (79).

[203] Die 2-D-Darstellung der Fernbehandlung wird mit Sicherheit nicht das Ende der technischen Entwicklung sein. In der Zukunft könnte sich die Fernbehandlung an den bisher an

Informationen vermitteln, die dieser benötigt, um seine Behandlungssituation am besten über die Kamera darstellen zu können. Die allgemeine Aufklärungspflicht aus §§ 630d Abs. 1, 630e Abs. 1 BGB ist folglich um eine telemedizinische Sonderaufklärungspflicht zu ergänzen.[204] Im Hinblick auf die Durchführungsform der Aufklärung ist festzuhalten, dass sich diese an der im Einzelfall zulässigen Behandlungsform orientiert. Erfordert das Zusammenspiel von ärztlicher Therapiefreiheit und Selbstbestimmungsrecht des Patienten eine analoge Behandlung, hat auch die Aufklärung in einem vis-a-vis Gespräch zu erfolgen. Kommt das *Modell des Miteinanders* dagegen zu dem Schluss, dass der Heilauftrag am ehesten bei der Durchführung einer Fernbehandlung erreicht werden kann, sollte auch die digitale Kommunikation als Aufklärungsform präferiert werden.[205]

Trotz derartiger Besonderheiten bei der Aufklärungspflicht wird zum Teil angenommen, dass es stets dem Prognose- und damit dem Haftungsrisiko des Arztes unterfällt, wenn bei einer ausschließlichen Fernbehandlung ein Schaden auftritt. Der Grund soll darin liegen, dass sich der Arzt bei seiner Entscheidung über die Aufnahme der ausschließlichen Fernbehandlung allein auf die durch Kommunikationsmedien übertragenen Daten verlässt. Tritt nun ein Schaden auf, wird es für den Arzt nur schwer nachzuweisen sein, dass der Schaden nicht auf der für verkürzt gehaltenen telemedizinischen Erstanamnese beruht, sondern auch bei einem analogen Arzt-Patienten-Kontakt aufgetreten wäre.[206] Inwieweit diese Schlussfolgerung mit der therapeutischen Partnerschaft im Einklang steht, wird im Folgenden hinterfragt.

Mit der Selbstbestimmungsaufklärung wird im Arzt-Patienten-Verhältnis die Legitimation ärztlichen Verhaltens mitbegründet.[207] Als Folge haftet der Arzt nicht mehr für Umstände, die auf die unwägbaren Besonderheiten des menschlichen Organismus zurückzuführen sind. Im Bereich der Fernbehandlung besteht die Gefahr, dass aufgrund des fehlenden physischen Kontakts eine Begrenzung dieser Legitimationswirkung angenommen wird. Die Folge wäre, dass die Öffnung der MBO-Ä für die ausschließliche Fernbehandlung durch ein ausuferndes Haftungsrecht ad absurdum geführt wird.[208] Selbst wenn der Arzt den Patienten über die Besonderheiten der telemedizinischen Behandlung aufklärt, müsste er bei dem

---

Flughäfen eingesetzten Körperscannern orientieren. Werden diese deutlich günstiger und im Hinblick auf medizinische Aspekte weiterentwickelt, könnte damit der Schritt zu einer 3-D-Fernbehandlung eingeläutet werden.

[204] *Bergmann*, MedR 2016, 497 (501); *Braun*, MedR 2018, 563 (565).

[205] *Siglmüller*, Rechtsfragen der Fernbehandlung, S. 146.

[206] Für die strenge Rechtsprechung siehe: OLG Düsseldorf GRUR-RS 2013, 11225; allgemein das Problem aufwerfend: *Katzenmeier*, MedR 2019, 259 (267 f); *ders.*, NJW 2019, 1769 (1772); weniger kritisch: *Stellpflug*, GesR 2019, 76 (77).

[207] *Laufs/Katzenmeier*/Lipp, Kap. I, Arztrecht, Rdnr. 40 mit weiteren Nachweisen.

[208] Vgl. *Katzenmeier*, MedR 2019, 259 (268), der davon ausgeht, dass „[...] das Haftungsrecht der Krankenbehandlung ohne persönlichen Kontakt [...] auch nach der Liberalisierung des Berufsrechts doch recht enge Grenzen" setzt.

Eintritt einer eben solchen telemedizinischen Besonderheit für etwaige Schäden haften. Dem kann nicht zugestimmt werden. Eine Subjekt-Subjekt-Beziehung bedeutet auch, dass den Beteiligten ein beidseitiger Entscheidungsspielraum eröffnet wird. Sofern das Arzt-Patienten-Gespräch auch die der Fernbehandlung immanenten abstrakten Gefahren beinhaltet, also den Umstand, dass z. B. zitternde Hände o. ä. für den Arzt unentdeckt bleiben können, sollte darin nicht eine Absenkung des medizinischen Standards,[209] sondern die Neudefinition eines besonderen telemedizinischen Standards gesehen werden.[210] Einigen sich Arzt und Patient also über die Aufnahme einer ausschließlichen Fernbehandlung, schuldet der Arzt gemäß § 630a Abs. 2 BGB eine Behandlung, die einem telemedizinischen Facharztstandard entspricht.[211] Ist ein entsprechender Standard bisher noch nicht entwickelt worden, hat sich die Behandlung an der größtmöglichen Schonung des Patienten zu orientieren,[212] wobei dies nicht mit einem generellen Ausschluss der ausschließlichen Fernbehandlung gleichgesetzt werden darf.

Um der einseitig drohenden Haftungsgefahr des Arztes effektiv zu begegnen, ist die Legitimationswirkung der selbstbestimmten Einwilligung zu erweitern. Dem Patienten, der sich aktiv für eine ausschließliche Fernbehandlung entscheidet, kann zugemutet werden, auch zu überblicken, wie er sich vor dem Bildschirm zu verhalten hat, um dem Arzt die bestmögliche Sicht auf seine Krankensituation zu vermitteln. Insbesondere die mit dem technischen Fortschritt aufwachsende Generation, die in Zukunft immer größer werden wird, sollte wissen, wie ein intimes Gesprächsklima in einem Videotelefonat erreicht werden kann. Insgesamt überzeugt es nicht, den Patienten über das Selbstbestimmungsrecht einerseits zum Subjekt der Behandlung aufzubauen zu wollen, ihm aber andererseits nicht zumuten zu wollen, zu erkennen, dass der Arzt ihn gerade nicht mit seinem Geruchssinn wahrnehmen kann.[213] Ein derartiger Umgang mit dem Selbstbestimmungsrecht des Patienten wirkt widersprüchlich und kommt im Ergebnis einer Degradierung zum Objekt gleich.[214]

Im Ergebnis sollte der Arzt für telemedizinische Besonderheiten nur haften, wenn er die Notwendigkeit einer analogen Behandlung grob fahrlässig verkannt hat oder

---

[209] Vgl. *Braun*, MedR 2018, 563 (565); *Siglmüller*, Rechtsfragen der Fernbehandlung, S. 90; *Spickhoff*, MedR 2018, 535 (535).

[210] Kritisch: *Siglmüller*, Rechtsfragen der Fernbehandlung, S. 147 ff.

[211] Dass die Entwicklung eines telemedizinischen Facharztstandards möglich ist, zeigt die telemedizinische Tätigkeit des Krankenhauses Cuxhaven. Seit 1931 werden von Cuxhaven aus, Seeleute auf der ganzen Welt telemedizinisch behandelt, siehe dazu: *Bergmann*, MedR 2016, 497 (500); *Fehn*, Rechtliche Aspekte der Telemedizin, in: Marx/Rossaint/Marx (Hrsg.), Telemedizin, S. 9 (32).

[212] *Katzenmeier*, NJW 2019, 1769 (1771).

[213] Nicht gefolgt werden kann daher auch dem Urteil des OLG Düsseldorf vom 04.05.2013. Die Richter sind davon ausgegangen, dass trotz des Satzes „Aus der Ferne kann ich natürlich keine Diagnose noch Therapieempfehlung geben", der Patient die folgenden Äußerungen als „ernstgemeinte seriöse ärztliche Diagnose" auffasst; vgl. OLG Düsseldorf GRUR-RS 2013, 11225.

[214] Ähnlich: *Dierks*, MedR 2016, 405 (410).

wenn auf seiner Seite bestehende technische Probleme den Ablauf der Fernbe-
handlung beeinträchtigt haben. Werden dagegen Symptome aufgrund der abstrakten
Gefahren einer Fernbehandlung nicht wahrgenommen, sollte dies als Unwägbarkeit
des menschlichen Organismus bewertet werden und damit bei der Frage der Haftung
des Arztes unberücksichtigt bleiben. Hierfür lässt sich auch anführen, dass die
Gefahren einer Nichtbehandlung stets höher einzuschätzen sind als die abstrakten
Risiken einer Fernbehandlung. Schlussendlich ist es Aufgabe des Gesetzgebers, den
Ärzten die Angst vor der Haftung zu nehmen. Es wird Zeit, die zu „Offlinebe-
handlungen"[215] entwickelten §§ 630a ff. BGB um telemedizinische Besonderheiten
zu ergänzen. Während die Telemedizin schon länger nicht mehr die Zukunft, sondern
die Gegenwart abbildet, zeigt das BGB nicht mehr die Gegenwart, sondern die
Vergangenheit. Zugestimmt werden soll daher Stellpflug, der die telemedizinische
Sonderaufklärung und den telemedizinischen Standard mit einem jeweils neu ge-
schaffenen Satz 2 in § 630e Abs. 3 BGB (Aufklärung) bzw. § 630a Abs. 2 BGB
(Standard) aufnehmen möchte.[216]

---

[215] Vgl. *Hahn*, MedR 2018 384 (385), der die Anpassung der „offline entwickelten Standards" in den Raum stellt.

[216] *Stellpflug*, GesR 2019, 76 (81).

Ergebnisse

Erster Teil: Begriffliche und rechtliche Grundlagen

1. Das Rechtsinstitut der ärztlichen Therapiefreiheit wird heutzutage sowohl von der Rechtsprechung als auch von der Literatur anerkannt. Sie beinhaltet einen Entscheidungsspielraum über die Aufnahme der Behandlung, die Auswahl der Behandlungsmethode sowie der Ablehnung von einzelnen Behandlungstechniken. Die Therapiefreiheit ermöglicht dem Arzt, den medizinischen Fortschritt zu verfolgen, von Standardbehandlungen abzuweichen und dabei jeden Patienten als individuellen Einzelfall wahrzunehmen.

2. Obwohl der Begriff „Therapiefreiheit" im Gesetz nicht verwendet wird, lässt sich der Gedanke der ärztlichen Freiheit auf eine Vielzahl von Rechtsgrundlagen zurückverfolgen. Wird ärztliches Handeln bewertet, ist neben der reinen Tätigkeit und den damit verbundenen Auswirkungen auf den Patienten auch die Persönlichkeit des Arztes zu berücksichtigen.

3. Das Selbstbestimmungsrecht des Patienten soll dem konstitutiv schwächeren Teil der Arzt-Patienten-Beziehung eine Mitentscheidungsposition sichern. Solange es sich um eine Eigenentscheidung des Patienten handelt, kann die Intensität der Mitbestimmung von einem aktiven Einbringen in die Behandlung bis zur reinen Akzeptanz von ärztlichen Vorschlägen reichen.

Zweiter Teil: Historische Entwicklung der Arzt-Patienten-Beziehung

4. Die historische Arzt-Patienten-Beziehung unterlag einem stetigen Wandel. Während der Anfang der ärztlichen Tätigkeit noch durch eine Behandlung der Gemeinschaft gekennzeichnet war, entwickelte sich die Arzt-Patienten-Beziehung über die Jahrhunderte zu einem Zwei-Personen-Verhältnis. Bedeutsam ist, dass die Individualität von Arzt und Patient immer dann unzureichend berücksichtigt wurde, wenn nicht die Medizin, sondern äußere Einflüsse wie die Magie, das Christentum, der Nationalsozialismus oder die DDR-Mangelgesellschaft die Beziehung von Arzt und Patient dominierten.

5. Die ärztliche Therapiefreiheit lässt sich bis in die Frühzeit zurückverfolgen. Dagegen wurde das Selbstbestimmungsrecht des Patienten erst in den vergangenen 120 Jahren entwickelt. Über viele Jahrhunderte hinweg war der Patient dem Arzt in medizinischen Fragestellungen ausgeliefert. Während der Arzt auch zu Zeit des Nationalsozialismus und der DDR aus einer privilegierten Subjektposition heraus agierte, blieb dem Patienten bis in das späte 20. Jahrhundert nichts anderes übrig, als sich mit einer teils anonymisierten Objektsstellung zufriedenzugeben.

6. Bei der therapeutischen Partnerschaft handelt es sich nicht um das gegenwärtige Abbild der Arzt-Patienten-Beziehung, sondern um das Idealszenario, bei dem sich Arzt und Patient als gleichberechtigte Subjekte gegenüberstehen. Um dieses erfolgreich auf die Rechtswirklichkeit zu übertragen, bedarf es eines gesellschaftlichen Umschwungs im Hinblick auf die Kommunikationsbereitschaft zwischen Arzt und Patient. Solange die Wissensdiskrepanz von Arzt und Patient nur zwanghaft über eine einseitig erfüllbare Aufklärungspflicht überwunden werden kann, wird es eine auf Gleichheit basierende Arzt-Patienten-Beziehung nicht geben.

7. Das Zusammenspiel von der ärztlichen Therapiefreiheit mit dem Selbstbestimmungsrecht des Patienten definiert im Einzelfall, welche Ausrichtung die Arzt-Patienten-Beziehung im Laufe der Behandlung einnimmt. Hierbei sind sowohl paternalistische als auch gleichberechtigte Grundströmungen denkbar. Entscheidend ist, dass am Anfang einer Behandlung die Auswahl für den Patienten besteht: *„Möchte ich mitbestimmen oder möchte ich die Entscheidung in die Hände meines Arztes legen?"*

8. Im Bereich der Wunschmedizin kann die Arzt-Patienten-Beziehung durch ein reines Vertragsverhältnis abgebildet werden. Fehlt es an einer physischen und/oder psychischen sowie emotionalen Zwangslage bei dem Patienten, sollten die Anforderungen an die Aufklärung herabgesenkt werden. Zwar muss der Arzt weiterhin und auch besonders intensiv über die Gefahren der wunschmedizinischen Maßnahme aufklären, hierbei darf er jedoch verstärkt auf eine Eigeninitiative des Patienten vertrauen. In der Praxis könnte dies dadurch verwirklicht werden, dass es für ausreichend erklärt wird, wenn der Arzt einen umfangreichen Aufklärungsbogen verwendet und der Patient daraufhin keine Rückfragen stellt.

Dritter Teil: Therapiefreiheit versus Selbstbestimmungsrecht

9. Bei der ärztlichen Therapiefreiheit und dem Selbstbestimmungsrecht des Patienten handelt es sich nicht um zwei Rechtspositionen, die von Arzt und Patient als reine Gegenspieler wahrgenommen werden. Stattdessen wird durch die jeweils allseitige Wirkung der Rechtspositionen eine Verbindung zwischen den Beteiligten aufgebaut. Die ärztliche Therapiefreiheit und das Selbstbestimmungsrecht des Patienten können im Einzelfall sowohl für und gegen den Arzt als auch für und gegen den Patienten wirken.

10. Die Therapiefreiheit beinhaltet nicht das ärztliche Recht, einseitig zu entscheiden, ob und wann dem Patienten Informationen über seine Krankensituation vorenthalten werden sollen. Ein derartiges therapeutisches Privileg ist abzulehnen. Inwieweit ein Patient Interesse an gegebenenfalls existenziellen Diagnosen zeigt, ist im Rahmen eines intimen Arzt-Patienten-Gesprächs zu ermitteln. Der Aufklärungsverzicht ermöglicht dem Patienten sein „Recht auf Nichtwissen" selbstbestimmt in Anspruch zu nehmen.

11. Der Umfang der ärztlichen Aufklärungspflicht orientiert sich an dem medizinischen Standard. Je stärker der Arzt seine Therapiefreiheit ausüben möchte, um

dadurch von dem medizinischen Standard abzuweichen, desto stärker erfordert das
Selbstbestimmungsrecht des Patienten eine umfassende Aufklärung. Über Be-
handlungsalternativen muss der Arzt dagegen nur aufklären, wenn sich für den
Patienten eine echte Wahlmöglichkeit im Hinblick auf Belastungen, Risiken oder
Heilungschancen bietet.

12. Die Ausführungen zur Aufklärung über Behandlungsalternativen sind auf den
Off-label-Use zu übertragen. Nicht das bei einer Off-label-Behandlung fehlende
Gütesiegel der Zulassung, sondern die Chancen und Risiken der Behandlung entscheiden über die Aufklärungspflicht. Die nicht erfolgte Zulassung hat nur Auswirkungen auf die wirtschaftliche Aufklärungspflicht. Diese ist jedoch in den Anforderungen und in der Rechtsfolge von der Selbstbestimmungsaufklärung zu
trennen.

Vierter Teil: Vertragsfreiheit in der Arzt-Patienten-Beziehung

13. Der Grundsatz der Privatautonomie besteht auch im Arzt-Patienten-Verhältnis. Sowohl die ärztliche Therapiefreiheit als auch das Selbstbestimmungsrecht
des Patienten ermöglichen den Beteiligten, frei über ihren Vertragspartner zu entscheiden.

14. Der Arzt unterliegt keinem Kontrahierungszwang. Zwar ist er unter Androhung einer Strafe gemäß § 323c StGB dazu angehalten, ärztliche Hilfe zu leisten.
Hierbei handelt es sich jedoch ausschließlich um die Pflicht, real tätig zu werden. Die
Therapiefreiheit bewahrt den Arzt vor der Verpflichtung, einen Behandlungsvertrag
eingehen zu müssen.

Fünfter Teil: Vertragsarztrecht

15. Das Recht der gesetzlichen Krankenversicherung schränkt die Privatauto-
nomie des Vertragsarztes nicht ein. Ein Kontrahierungszwang besteht folglich auch
im Sozialrecht nicht. Der Vertragsarzt ist lediglich im Innenverhältnis gegenüber der
Kassenärztlichen Vereinigung dazu verpflichtet, Behandlungsverträge mit den
Versicherten einzugehen. Im Außenverhältnis gegenüber den Patienten schützt die
Therapiefreiheit den Arzt vor einer solchen Verpflichtung.

16. Das Abrechnungssystem der gesetzlichen Krankenversicherung betrifft in
einem ersten Schritt lediglich die finanziellen Auswirkungen der ärztlichen Tätigkeit. Allein der Umstand, dass die Kostenübernahme für eine vom Arzt vorgeschlagene Behandlungsmethode von der Solidargemeinschaft abgelehnt wird,
schränkt die ärztliche Therapiefreiheit nicht ein. Erst in einem zweiten Schritt ist zu
prüfen, ob die nicht übernommene Behandlungsmethode in einem unmittelbaren
Zusammenhang zu einer Heilbehandlung steht. Ist dies der Fall, kann im Einzelfall
auch von einer rechtlichen Beeinträchtigung gesprochenen werden. Der Schutzgedanke der ärztlichen Therapiefreiheit erfordert dann eine Kostenübernahme durch
die gesetzliche Krankenversicherung.

17. Disease Management Programme stellen eine ernsthafte Bedrohung für die ärztliche Therapiefreiheit dar. Zwar müssen die Programme regelmäßig aktualisiert werden und sind daher generell geeignet, den aktuellen Stand der medizinischen Wissenschaft abzubilden; gleichwohl gilt es den Arzt zu schützen, der in der Verfolgung eines individuellen Behandlungsplanes von dem Programm abweichen möchte. Das Ziel liegt darin, so schnell wie möglich die Frage nach der professionellen Akzeptanz zu klären, um ohne Nachteile für den Patienten eine individuelle Behandlung zu ermöglichen.

18. Das Diagnosis Related Groups-Vergütungssystem steht in einem ernsthaften Widerspruch zum Leitbild der therapeutischen Partnerschaft. Sowohl der Arzt als auch der Patient sind in den finanziellen Zwängen der Krankenhauswirtschaft gefangen. Hier gilt es zwingend den Blick auf die individuelle Arzt-Patienten-Beziehung zu schärfen, um auch in Zukunft beide Parteien weiterhin als Menschen und nicht als bloße Kostenpositionen wahrnehmen zu können. Unter Belastung der Solidargemeinschaft wird es Zeit, der „sprechenden Medizin" eine feste Abrechnungsgröße einzuräumen. Nur so kann das Arzt-Patienten-Gespräch im Zeitalter der Kollektivbehandlungen gesichert werden.

Sechster Teil: Einfluss der Digitalisierung auf die Arzt-Patienten-Beziehung

19. Ein digitalisiertes Gesundheitswesen ist nicht notwendig, um eine therapeutische Partnerschaft zu erreichen. Stattdessen gilt es im Einzelfall abzuwägen, ob die Subjektstellungen von Arzt und Patient durch Technologien gefördert oder bedroht werden.

20. Mithilfe des Internets können die Asymmetrien in der Arzt-Patienten-Beziehung gezielt abgebaut werden. Alternative Informationsquellen neben dem Arzt fördern die Entwicklung einer therapeutischen Partnerschaft und sollten daher sowohl im Hinblick auf qualitätsgeprüfte Gesundheitsinformationen als auch bezüglich tatsächlich erbrachter Arztleistungen weiter ausgebaut werden.

21. Da falsche Gesundheitsinformationen im Internet nicht nur das Leben des Patienten gefährden, sondern zugleich die Vertrauensbeziehung zwischen Arzt und Patient bedrohen, wandelt sich die Rolle des Arztes von einem reinen Wissensvermittler zu einem selektierenden Begleiter. Hier gilt es sicherzustellen, dass beiden Parteien die Chancen und Risiken von digitalen Gesundheitsinformationen klar vor Augen geführt werden. Auch an dieser Stelle ist der „sprechenden Medizin" eine große Bedeutung beizumessen. Nur so kann das Internet als alternative Informationsquelle die Entwicklung der therapeutischen Partnerschaft gezielt fördern.

22. Die leitlinienorientierte Medizin fokussiert sich zu stark auf den Regelfall und steht damit im Widerspruch zur therapeutischen Partnerschaft. Nicht allgemeine Indikationen, sondern die Person des Kranken wird das Zentrum der modernen Medizin ausmachen.

23. Die personalisierte Medizin fördert die therapeutische Partnerschaft nur bedingt. Zwar kann durch sie der Patient biologisch exakt behandelt werden, dies gelingt jedoch nur zu Lasten der Subjektstellung von Arzt und Patient. Um zu verhindern, dass das zukünftige Arzt-Patienten-Verhältnis in einer Maschine-Datenobjekt-Beziehung zu sehen ist, gilt es, den Aufgabenbereich der KI auf eine den Arzt unterstützende und nicht ersetzende Tätigkeit zu begrenzen.

24. Die personalisierte Medizin fokussiert sich auf die Krankheit und verliert dabei den Blick für die Arzt-Patienten-Beziehung. Da für eine erfolgreiche medizinische Behandlung sowohl die Freiheit des Arztes als auch die physischen und psychischen Aspekte des Patienten zu berücksichtigen sind, ist die personalisierte Medizin durch eine arzt- und eine patientenorientierte Medizin zu ergänzen. Das medizinische Idealbild der therapeutischen Partnerschaft liegt daher in einer triaden Beziehungsmedizin, in der Patient, Arzt und Algorithmus durch den Heilauftrag verbunden sind.

25. Die Öffnung der MBO-Ä für die ausschließliche Fernbehandlung sollte nicht als neuer oder gar innovativer Schritt gefeiert werden. Es ist stattdessen zu betonen, dass es sich lediglich um die zwingend notwendige Rückbesinnung auf die ärztliche Therapiefreiheit und auf das Selbstbestimmungsrecht des Patienten handelt.

26. Der „Goldstandard ärztlichen Handelns" liegt in einem intimen Arzt-Patienten-Kontakt. Dieser darf jedoch nicht mit einem analogen Arzt-Patienten-Kontakt gleichgesetzt werden. Daher sollte die entsprechende Grundsatz-Ausnahme-Systematik aus der MBO-Ä entfernt werden. Die Therapiefreiheit des Arztes und das Selbstbestimmungsrecht des Patienten erfordern eine Einzelfallabwägung, die eine gleichberechtigte Wahl zwischen digitaler und analoger Kommunikation beinhaltet.

27. Die allgemeine Aufklärungspflicht aus §§ 630d Abs. 1, 630e Abs. 1 BGB ist um telemedizinische Besonderheiten zu ergänzen. Wird entsprechend aufgeklärt, umfasst die Legitimationswirkung der Selbstbestimmungsaufklärung auch die Durchführung einer ausschließlichen Fernbehandlung. In der Folge haftet der Arzt nicht pauschal für Schäden, die im Zusammenhang mit einer ausschließlichen Fernbehandlung auftreten. Das Haftungsrecht ist genau wie das BGB an die Digitalisierung im Gesundheitswesen anzupassen, um die Chancen der ausschließlichen Fernbehandlung nicht durch eine einseitige Haftung des Arztes zu gefährden.

Literaturverzeichnis

Ackerknecht, Erwin Heinz/*Murken*, Axel Hinrich: Geschichte der Medizin, 7. Aufl., Stuttgart 1992.

Alabed, Samer/*Sabouni*, Ammar/*Al Dakhoul*, Suleiman/*Bdaiwi*, Yamama: Beta-blockers for congestive heart failure in children, Cochrane Database of Systematic Reviews 2020, Issue 7, Art. Nr. CD007037.

Alscher, Mark: Computermedizin: Chancen für eine IndividualMedizin, in: Jütte, Robert (Hrsg.), Die Zukunft der IndividualMedizin, Köln 2009, S. 107.

Andreas, Manfred: Off-Label-Use, ArztR 2007, 288.

Ankermann, Ernst: Sterben zulassen – Selbstbestimmung und ärztliche Hilfe am Ende des Lebens, München 2004.

Antes, Gerd: Big Data und personalisierte Medizin, Goldene Zukunft oder leere Versprechungen?, DtÄb 2016, A-712.

– Der Arzt behält die Deutungshoheit trotz KI, DtÄb 2018, A-18.

Armbrüster, Christian: Sanktionen gegen Diskriminierung, KritV 2005, 41.

– Bedeutung des Allgemeinen Gleichbehandlungsgesetzes für private Versicherungsverträge, VersR 2006, 1297.

– Kontrahierungszwang im Allgemeinen Gleichbehandlungsgesetz, NJW 2007, 1494.

Askin, Basri: Von der Selbstkostendeckung zu den „Diagnosis Related Groups" (DRGS). Hintergründe, Grundlagen und Auswirkungen der DRG-Einführung in Deutschland ab 2003, Marburg 2002.

Atay, Ismail: Zusammenhang von Digitalisierung, Big Data und KI in der medizinischen Diagnostik, in: Digitalisierungsprozesse, Prozessdigitalisierung, Rebscher, Herbert/Stoebel, Jasmina/Zerth, Jürgen (Hrsg.), Heidelberg 2020, S. 111.

Aust, Holger: Das Zeitalter der Daten. Was Sie über Grundlagen, Algorithmen und Anwendungen wissen sollten, Berlin 2021.

Baas, Johann Hermann: Die Geschichtliche Entwicklung des ärztlichen Standes und der medicinischen Wissenschaften, Berlin 1896.

Balzter, Sebastian: Im Krankenhaus fällt die Wunderwaffe durch, FAZ-Artikel, online veröffentlicht am 03. 06. 2018, abrufbar unter https://www.faz.net/aktuell/wirtschaft/kuenstliche-in telligenz/computer-watson-scheitert-zu-oft-bei-datenanalyse-15619989.html?printPagedArti cle=true#pageIndex_2 (Zugriff 05. 02. 2022).

Bartels, Max: Medizin der Naturvölker, 2. Aufl., erweiterte Reprintauflage der Originalausgabe von 1893, Holzminden 2003.

Bauer, Axel: Simultanmitschrift, in: Deutscher Ethikrat (Hrsg.), Die Medizin nimmt's persönlich, Forum Bioethik, Berlin 2009.

Bauer, Hartwig: Individualisierte Medizin und ihre Folgen für die Ärzte: in: Schumpelick, Volker/Vogel, Bernhard (Hrsg.), Medizin nach Maß, Freiburg 2011, S. 312.

Bauer, Jobst-Hubertus/*Krieger*, Steffen/*Günther*, Jens: Kommentar zum Allgemeinen Gleichbehandlungsgesetz und Entgelttransparenzgesetz, 5. Aufl., München 2018.

Bauer, Stefan: Indikationserfordernis und ärztliche Therapiefreiheit. Berufsrechtlich festgelegte Indikationen als Beschränkung ärztlicher Berufsfreiheit? Dargestellt am Beispiel der Richtlinie zur assistierten Reproduktion, Halle/Wittenberg 2010.

Baumgart, Julia: Ärzte und informierte Patienten – Ambivalentes Verhältnis, DtÄb 2010, A-2554.

Becker, Günter: Arzt und Patient im sozialistischen Recht, 2. Aufl., Berlin 1978.

Becker, Pia: Patientenautonomie und informierte Einwilligung. Schlüssel und Barriere medizinischer Behandlungen, Bielefeld 2018.

Becker, Ulrich/*Kingreen*, Thorsten: Kommentar zum Sozialgesetzbuch V. Gesetzliche Krankenversicherung, 7. Aufl., München 2020.

Beleites, Eggert: Ist der Wandel des Arzt-Patienten-Verhältnisses Folge des medizinischen Fortschritts?, in: Schumpelick, Volker/Vogel, Bernhard (Hrsg.), Arzt und Patient, eine Beziehung im Wandel, Beiträge des Symposiums vom 15. bis 18. September 2005 in Cadenabbia, Freiburg 2006, S. 81.

Bengsch, Danielle: 2002 begann das Digitalzeitalter, Welt-Artikel, veröffentlicht am 11.02. 2011, abrufbar unter https://www.welt.de/print/die_welt/wissen/article12506319/2002-be gann-das-Digitalzeitalter.html (Zugriff: 05.02.2022).

Beppel, Antje: Ärztliche Aufklärung in der Rechtsprechung. Die Entwicklung der Rechtsprechung zur ärztlichen Aufklärung in Deutschland, Österreich und der Schweiz, Göttingen 2007.

Berg, Wilfried: Telemedizin und Datenschutz, MedR 2004, 411.

Bergdolt, Klaus: Das Kontinuum des Ärztlichen, in: Katzenmeier, Christian/Bergdolt, Klaus (Hrsg.), Das Bild des Arztes im 21. Jahrhundert, Berlin/Heidelberg 2009, S. 105.

– Individualisierte Medizin, Historische und aktuelle Aspekte, in: Schumpelick, Volker/Vogel, Bernhard (Hrsg.), Medizin nach Maß, Freiburg 2011, S. 15.

Bergmann, Karl Otto: Telemedizin und das neue E-Health-Gesetz – Überlegungen aus arzthaftungsrechtlicher Perspektive, MedR 2016, 497.

Bergmann, Karl Otto/*Pauge*, Burkhard/*Steinmeyer*, Heinz-Dietrich: Gesamtes Medizinrecht, 3. Aufl., Baden-Baden 2018.

Bertelsmann Stiftung (Hrsg.): Spotlight Gesundheit, 02/2018, Gesundheitsinfos.

– Spotlight Gesundheit 03/2018, Public Reporting über Arztpraxen.

– Spotlight Gesundheit 03/2019, Gefährliche Gesundheitsinfos.

– Spotlight Gesundheit 02/2020, Public Reporting im ambulanten Sektor.

Bittner, Anja: Informierte Patienten und unzureichend vorbereitet Ärzte? – Studie der Bertelsmann Stiftung und Barmer GEK, Gesundheitsmonitor 02/2016, 1.

Bittner, Volker: Die virtuelle Patientenakte. Eine Untersuchung über den Beweiswert der elektronischen Dokumentation des Arztes im Zivilprozess unter Berücksichtigung der Besonderheiten des Arzthaftungsrechts, Gießen 2001.

Bochnik, Hans-Joachim/*Gärtner*, Helmut/*Richtberg*, Werner: Ärztliche Aufklärung zwischen Vertrauen und Alibi – Einseitiges Rechtsdenken schädigt die Heilkunst, VersR 1981, 793.

Bockelmann, Paul: Das Strafrecht des Arztes, in: Ponsold, Albert (Hrsg.), Lehrbuch der gerichtlichen Medizin, 3. Aufl., Stuttgart 1967, S. 1.

Bodenburg, Reinhard: Alternative Medizin im Spannungsfeld von Heilungschancen und ärztlichen Risiko, NJOZ 2009, 2823.

Borck, Cornelius/*Busch*, Hauke: Personalisierte Medizin – unsere Gesundheit im Umbruch, GuP 2018, 165.

Braun, Bernard/*Marstedt*, Gerd: Der informierte Patient: Wunsch und Wirklichkeit, in: Hoefert, Hans-Wolfgang/Klotter, Christoph (Hrsg.), Wandel der Patientenrolle, Göttingen 2011, S. 47.

Braun, Julian: Die Zulässigkeit von ärztlichen Fernbehandlungsleistungen nach der Änderung des § 7 Abs. 4 MBO-Ä, MedR 2018, 563.

Breithardt, Günter: Individualisierte Medizin in der Kardiologie: Beispiel Vorhofflimmern, in: Schumpelick, Volker/Vogel, Bernhard (Hrsg.), Medizin nach Maß, Freiburg 2011, S. 69.

Brennecke, Philipp: Ärztliche Geschäftsführung ohne Auftrag, Berlin/Heidelberg 2010.

Brüggemeier, Gert: Deliktsrecht, Baden-Baden 1986.

Buchborn, Eberhard: Ärztlicher Standard: Begriff – Entwicklung – Anwendung, MedR 1993, 328.

Bundesärztekammer (Hrsg.): „Ulmer – Papier", Beschluss des 111. Deutschen Ärztetages 2008.

– Placebo in der Medizin, Köln 2010.

– Hinweise und Erläuterungen zu § 7 Abs. 4 MBO-Ä a.F. (Fernbehandlung), 2015, abrufbar unter https://www.bundesaerztekammer.de/fileadmin/user_upload/downloads/pdf-Ordner/Recht/2015-12-11_Hinweise_und_Erlaeuterungen_zur_Fernbehandlung.pdf (Zugriff: 05.02.2022).

– Beschlussprotokoll vom 121. Deutschen Ärztetag, 2018.

– Beschlussprotokoll vom 122. Deutschen Ärztetag, 2019.

Bundesärztekammer/Kassenärztliche Bundesvereinigung/ebm Netzwerk (Hrsg.): Selbst zahlen? Ein Ratgeber zu individuellen Gesundheitsleistungen (IGeL) für Patientinnen und Patienten sowie Ärztinnen und Ärzte, 2. Aufl., Berlin 2012.

Bundesministerium für Bildung und Forschung (Hrsg.): Forschung und Innovationen für den Menschen – die Hightech-Strategie 2025.

Burgert, Vincent: Die Entwicklung der ärztlichen Aufklärungspflicht im Lichte höchstrichterlicher Rechtsprechung, JA 2016, 246.

Busche, Jan: Privatautonomie und Kontrahierungszwang, Tübingen 1999.

Carstensen, Gert: Vom Heilversuch zum medizinischen Standard, DtÄb 1989, A-2431.

Clausen, Tilman/*Schroeder-Printzen*, Jörn: Münchener Anwaltshandbuch Medizinrecht, 3. Aufl., München 2020.

Clemens, Thomas: Zulässigkeit von Arzneiverordnungen und Kostenregresse gegen Ärzte – Off-label-Use und Unlicensed Use, GesR 2011, 397.

Cordes, Lars: Übernimmt der Algorithmus? (Tagungsbericht), MedR 2019, 797.

Dabrock, Peter/*Braun*, Matthias/*Ried*, Jens: Individualisierte Medizin – Ethische und gesellschaftliche Herausforderungen, FORUM 2012, 209.

Damm, Reinhard: Persönlichkeitsschutz und medizintechnische Entwicklung, JZ 1998, 926.

– Imperfekte Autonomie und Neopaternalismus, MedR 2002, 375.

– Personalisierte Medizin und Patientenrechte – Medizinische Optionen und medizinrechtliche Bewertung, MedR 2011, 7.

Däubler, Wolfgang/*Beck*, Thorsten (Hrsg.): Kommentar zum Allgemeinen Gleichbehandlungsgesetz. Mit Entgelttransparenzgesetz / Berliner LADG, 5. Aufl., Baden-Baden 2022.

Dernbach, Christoph: Am Anfang stand der Absturz, Spiegel-Artikel, online veröffentlicht am 28.10.2019, abrufbar unter https://www.spiegel.de/netzwelt/web/internet-wird-50-wie-alles-mit-zwei-buchstaben-und-einem-absturz-anfing-a-1293668.html (Zugriff: 05.02.2022).

Dettling, Heinz-Uwe: Künstliche Intelligenz und digitale Unterstützung ärztlicher Entscheidungen in Diagnostik und Therapie, PharmR 2019, 633.

Dettling, Heinz-Uwe/*Gerlach*, Alice: Kommentar zum Krankenhausrecht, 2. Aufl., München 2018.

Dettmeyer, Reinhard: Medizin & Recht, 2. Aufl., Heidelberg 2006.

Deutsch, Erwin: Das therapeutische Privileg des Arztes: Nichtaufklärung zugunsten des Patienten, NJW 1980, 1305.

– Theorie der Aufklärungspflicht des Arztes – Ethische und rechtliche Grundlagen der Information des Patienten, VersR 1981, 293.

– Arztrecht und Arzneimittelrecht, 2. Aufl., Berlin Heidelberg 1991.

– Off-Label-Use von Medikamenten als rechtliches Problem, VersR 2014, 1038.

Deutsch, Erwin/*Spickhoff*, Andreas: Medizinrecht, 7. Aufl., Berlin Heidelberg 2014.

Dickhaut, Hans/*Luban-Plozza*, Boris: Arzt-Patient-Beziehung, in: Eser, Albin/von Lutterotti, Markus/Sporken, Paul (Hrsg.), Lexikon Medizin Ethik Recht, Freiburg 1989, S. 122.

Dierks, Christian: Der Rechtsrahmen der Fernbehandlung in Deutschland und seine Weiterentwicklung, MedR 2016, 405.

Diurni, Amalia: Die Arzthaftung von gestern und das Medizinrecht von heute in rechtsvergleichender Perspektive, in: Ahrens, Hans-Jürgen/von Bar, Christian/Fischer, Gerfried/Spickhoff, Andreas/Taupitz, Jochen (Hrsg.), Festschrift für Erwin Deutsch zum 80. Geburtstag, Berlin/Heidelberg 2009, S. 85.

Dochow, Carsten: Grundlagen und normativer Rahmen der Telematik im Gesundheitswesen, Baden-Baden 2017.

– Telemedizin und Datenschutz, MedR 2019, 636.

Dreier, Horst (Hrsg.): Kommentar zum Grundgesetz, Band I, Präambel, Art. 1–19 GG, 3. Aufl., Tübingen 2013.

Duden online, abrufbar unter https://www.duden.de.

Dürig, Günter/*Herzog*, Roman/*Scholz*, Rupert (Begr.): Kommentar zum Grundgesetz, 95. Ergänzungslieferung, München 2021.

Duttge, Gunnar: Das Recht auf Nichtwissen in der Medizin, DuD 2010, 34.

– Patientenautonomie und Einwilligungsfähigkeit, in: Wiesemann, Claudia/Simon Alfred (Hrsg.), Patientenautonomie, Münster 2013, S. 77.

– Ärztliche Schweigepflicht als Sicherheitsrisiko, medstra 2016, 129.

Eberbach, Wolfram: Juristische Aspekte einer individualisierten Medizin, MedR 2011, 757.

– Wird die ärztliche Aufklärung zur Fiktion? (Teil 1), MedR 2019, 1.

– Wird die ärztliche Aufklärung zur Fiktion? (Teil 2), MedR 2019, 111.

Eberhardt, Dietrich: Selbstbestimmungsrecht des Patienten und ärztliche Aufklärungspflicht im Zivilrecht Frankreichs und Deutschlands, Karlsruhe 1968.

Eckert, Wolfgang: Geschichte, Theorie und Ethik der Medizin, 8. Aufl., Berlin 2017.

Eger, Katharina: Off-label Use. Eine Übersicht mit Beispielen aus dem Fachgebiet Neurologie, Halle 2011.

Eichenberg, Christiane: Internet und E-Patienten: Potenzielle Auswirkungen auf die Autonomie der Patienten und die Behandler-Patient-Beziehung, in: Hoefert, Hans-Wolfgang/Klotter, Christoph (Hrsg.), Wandel der Patientenrolle, Göttingen 2011, S. 67.

– Effekte von Onlineselbstdiagnosen, DtÄb 2017, 81.

Elkeles, Thomas/*Kirschner*, Wolf/*Graf*, Christian/*Kellermann-Mühlhoff*, Petra: Versorgungsunterschiede zwischen DMP und Nicht-DMP aus Sicht der Versicherten, G&S 2008, 10.

Elsuni, Sarah: Ist das Diskriminierung?. Rechtliche Facheinschätzungen für die AGG-Beratungspraxis II, Berlin 2013.

Enfield, Nick: Maschinen kennen sich mit Beziehungen nicht aus, in: Brockman, John (Hrsg.), Was sollen wir von künstlicher Intelligenz halten?, Frankfurt am Main 2017, S. 467.

Engelhardt, Dietrich von: Die Arzt-Patient-Beziehung – gestern, heute, morgen, in: Lang, Erich/Arnold, Klaus (Hrsg.), Die Arzt-Patient-Beziehung im Wandel, Stuttgart 1996, S. 19.

Engelhardt, Karlheinz: Patient-zentrierte Medizin: Eine ärztliche Herausforderung, DMW 2010, 1618.

Engert, Klaus: Aufklärung und Einwilligung. Erfahrungen aus der ärztlichen Praxis, in: Feuerstein, Günter/Kuhlmann, Ellen (Hrsg.), Neopaternalistische Medizin: der Mythos der Selbstbestimmung im Arzt-Patient-Verhältnis, Bern 1999, S. 27.

Epping, Volker/*Hillgruber*, Christian (Hrsg.): Beck-Onlinekommentar zum Grundgesetz, 49. Edition 2021, Online-Kommentar.

Epple, Gerald: Der Einsatz von EDV und die ärztliche Haftung. Haftungsfolgen aus unterlassenem oder fehlerbehaftetem EDV-Einsatz bei Diagnose, Therapie und Dokumentation, Heidelberg 1994.

Ernst, Anna Maria: Rechtsfragen der Systemmedizin, Berlin 2020.

Esser, Josef/*Schmidt*, Eike: Schuldrecht, Band I Allgemeiner Teil, Teilband 1, 8. Aufl., Heidelberg 1995.

– Schuldrecht, Band I Allgemeiner Teil, Teilband 2, 8. Aufl., Heidelberg 1993.

Eysenbach, Gunther/*Diepgen*, Thomas, Das Internet: Bedeutung für Prävention, Gesundheitsförderung und Evidenz-basierte Medizin, DMW 1999, 1404.

Fehn, Karsten: Rechtliche Aspekte der Telemedizin, in: Marx, Gernot/Rossaint, Rolf/Marx, Nikolaus (Hrsg.), Telemedizin, Berlin 2021, S. 9.

Fehn, Karsten/*Lechleuthner*, Alexander: Amtshaftung bei notärztlichem Behandlungsfehler, MedR 2000, 114.

Felix, Dagmar: Innovation im Krankenhaus – wer entscheidet?, MedR 2014, 283.

– Methodenbewertung im Krankenhaus, MedR 2016, 93.

Finger, Thorsten/*Müller*, Philipp: „Körperwelten" im Spannungsfeld von Wissenschaftsfreiheit und Menschenwürde, NJW 2004, 1073.

Flintrop, Jens: Auswirkungen der DRG-Einführung, Die ökonomische Logik wird zum Maß der Dinge, DtÄb 2006, A-3082.

Frahm, Wolfgang/*Jansen*, Christoph/*Katzenmeier*, Christian/*Kienzle*, Hans-Friedrich/*Kingreen*, Thorsten/*Lungstras*, Anne Barbara/*Saeger*, Hans-Detlev/*Schmitz-Luhn*, Björn/*Woopen*, Christiane: Medizin und Standard – Verwerfungen und Perspektiven, MedR 2018, 447.

Frahm, Wolfgang/*Walter*, Alexander: Arzthaftungsrecht. Leitfaden für die Praxis, 7. Aufl., Karlsruhe 2020.

Francke, Robert: Ärztliche Berufsfreiheit und Patientenrechte. Eine Untersuchung zu den verfassungsrechtlichen Grundlagen des ärztlichen Berufsrechts und des Patientenschutzes, Stuttgart 1994.

Franke, Bernhard/*Kluge*, Isabella: Der Schutz vor Diskriminierung im Gesundheitswesen, NJ 2015, 457.

Franke, Konrad: Das Recht im Alltag des Haus- und Betriebsarztes, 2. Aufl., Berlin 1976.

Franzki, Dominik: Der Behandlungsvertrag. Ein neuer Vertragstypus im Bürgerlichen Gesetzbuch, Göttingen 2014.

Frenzel, Alexander/*Reuter*, Annette: Lernen aus Disease Management Programmen, MVF 05/2012, eRelation AG – Content in Health, 40.

Fricke, Anno/*Hommel*, Thomas: Notfallreform: Mehr Arzt, weniger Algorithmus geplant, Ärzte Zeitung, online veröffentlicht am 09.06.2021, abrufbar unter https://www.aerztezeitung.de/Politik/Notfallreform-Mehr-Arzt-weniger-Algorithmus-geplant-420297.html (Zugriff: 05.02.2022).

Friedrich, Christoph: Contergan – Zur Geschichte einer Arzneimittelkatastrophe, in: Zichner, Ludwig/Rauschmann, Michael A./Thomann, Klaus-Dieter (Hrsg.), Die Contergankatastrophe – Eine Bilanz nach 40 Jahren, Deutsches Orthopädisches Geschichts- und Forschungsmuseum Jahrbuch Band 6, Darmstadt 2005, S. 3.

Fritz, Caroline: Die Therapie mit einem innovativen Medikament vor seiner Zulassung. Arzneimittel- und arztrechtliche Beurteilung von individuellen Arzneimittelversuchen, Aachen 1999.

Fuchs, Maximilian/*Preis*, Ulrich/*Brose*, Wiebke: Sozialversicherungsrecht und SGB II. Lehrbuch für Studium und Praxis, 3. Aufl., Berlin 2020.

Fürstenberg, Torsten/*Laschat*, Mareike/*Zich*, Karsten/*Klein*, Silvia/*Gierling*, Patrick/*Nolting*, Hans-Dieter/*Schmidt*, Torsten: G-DRG-Begleitforschung gemäß § 17b Abs. 8 KHG, Endbericht des dritten Forschungszyklus (2008 bis 2010), Untersuchung im Auftrag des deutschen DRG-Instituts (InEK), Siegburg 2013.

Gabler Wirtschaftslexikon, abrufbar unter https://wirtschaftslexikon.gabler.de/.

Gaier, Reinhard/*Wendtland*, Holger: Allgemeines Gleichbehandlungsgesetz – AGG, München 2006.

Gebhardt, Jörg: Disease Management Programme (DMP) in Zeiten des Umbruchs, GuP 2013, 63.

Geier, Artur: Anspruch des Patienten auf eine Behandlung contra legem, MedR 2017, 293.

Geiß, Karlmann/*Greiner*, Hans-Peter: Arzthaftpflichtrecht, 7. Aufl., München 2014.

Gerlach, Ferdinand: „Digitalisierung dient dem Patientenwohl" – Interview, ersatzkasse magazin 2021, 14.

Gerlach, Ferdinand/*Greiner*, Wolfgang/*Jochimsen*, Beate/*von Kalle*, Christof/*Meyer*, Gabriele/*Schreyögg*, Jonas/*Thürmann*, Petra: Digitalisierung im Dienste der Gesundheit – Sachverständigenrat zur Begutachtung der Entwicklung im Gesundheitswesen, 24.03.2021.

Gerlof, Hauke: Nationales Gesundheitsportal wird bei Google ganz oben gerankt, Ärzte Zeitung, online veröffentlicht am 10.11.2020, abrufbar unter https://www.aerztezeitung.de/Wirtschaft/Nationales-Gesundheitsportal-wird-bei-Google-ganz-oben-gerankt-414516.html (Zugriff: 05.02.2022).

Giesen, Dieter: Anmerkung zu: OLG Köln, Urteil vom 30.5.1990 – 27 U 169/89, JR 1991, 460.

– Arzthaftungsrecht, 4. Aufl., Tübingen 1995.

Gigerenzer, Gerd: Roboärzte, in: Brockman, John (Hrsg.), Was sollen wir von künstlicher Intelligenz halten?, Frankfurt am Main 2017, S. 382.

Glaeske, Gerd/*Schefold*, Dian (Hrsg.): Positivliste für Arzneimittel. Projektergebnisse unter Berücksichtigung pharmakologischer, juristischer und ökonomischer Aspekte, Baden-Baden 1988.

Groß, Werner: Die Entwicklung der höchstrichterlichen Rechtsprechung im Haftungs- und Schadensrecht, VersR 1996, 657.

Grüneberg, Christian (Begr.): Bürgerliches Gesetzbuch, 81. Aufl., München 2022.

Gsell, Beate/*Krüger*, Wolfgang/*Lorenz*, Stephan/*Reymann*, Christoph (Gesamtherausgeber für das Zivilrecht): Beck-Online-Großkommentar zum Bürgerlichen Gesetzbuch (Stand: 01.12.2021) zum Arzneimittelgesetz (Stand: 01.02.2022) und zum Allgemeinen Gleichbehandlungsgesetz (Stand: 15.01.2022), München.

Güdden, Ulrich: Bedenkliche Rezepturarzneien – Zugleich ein Beitrag zur Abgrenzung der Verantwortlichkeiten zwischen Arzt und Apotheker, MedR 1991, 124.

Günther, Ernst: Das Arztrecht in der DDR und seine Beziehung zur ärztlichen Ethik. Erfahrungen aus dem Umgang mit ärztlichen Fehlleistungen, in: Bettin, Hartmut/Gadebusch Bondio, Mariacarla (Hrsg.), Medizinische Ethik in der DDR, Erfahrungswert oder Altlast?, Lengerich 2010, S. 86.

Haas, Peter: Gesundheitstelematik. Grundlagen Anwendungen Potenziale, Berlin/Heidelberg 2006.

Hahn, Erik: Telemedizin und Fernbehandlungsverbot – Eine Bestandsaufnahme zur aktuellen Entwicklung, MedR 2018, 384.

– Das „Recht auf Nichtwissen" des Patienten bei algorithmengesteuerter Auswertung von Big Data, MedR 2019, 197.

– Telemedizin – Das Recht der Fernbehandlung. Ein Überblick für Ärzte, Zahnärzte, Psychotherapeuten, Heilpraktiker und Juristen, Wiesbaden 2019.

– AU-Schein nach Fernuntersuchung, MedR 2020, 370.

Hambrock, Uwe: Die Suche nach Gesundheitsinformationen – Studie der Bertelsmann Stiftung, Gütersloh 2018.

Hänlein, Andreas/*Schuler*, Rolf (Hrsg.): Lehr- und Praxiskommentar zum Sozialgesetzbuch V. Gesetzliche Krankenversicherung, 5. Aufl., Baden-Baden 2016.

Hansen, Gerhard/*Vetterlein*, Herbert: Ärztliches Handeln – Rechtliche Pflichten in der Deutschen Demokratischen Republik, 5. Aufl., Leipzig 1973.

Harig, Georg/*Schneck*, Peter: Geschichte der Medizin, Berlin 1990.

Harke, Jan Dirk: Das Sanktionensystem des Codex Hammurapi, Würzburg 2007.

Härle, Wilfried: Patienten„autonomie" aus ethischer Sicht – Zur Aufhebung des Widerspruchs zwischen Selbstbestimmung und Fürsorge, FPR 2007, 47.

Harmann, Lena: Das Recht des Patienten auf Aufklärungsverzicht, NJOZ 2010, 819.

Hart, Dieter: Arzthaftung und Arzneimitteltherapie, MedR 1991, 300.

– Heilversuch, Entwicklung therapeutischer Strategien, klinische Prüfung und Humanexperiment, MedR 1994, 94.

– Rechtliche Grenzen der „Ökonomisierung", MedR 1996, 60.

– Ärztliche Leitlinien – Definitionen, Funktionen, rechtliche Bewertungen, MedR 1998, 8.

– Arzthaftung wegen Behandlungs- und Aufklärungsfehlern im Zusammenhang mit einem Heilversuch mit einem neuen, erst im Laufe der Behandlung zugelassenen Arzneimittel, MedR 2007, 631.

– Heilversuch und klinische Prüfung, MedR 2015, 766.

Hau, Wolfgang/*Poseck*, Roman (Hrsg.): Beck-Onlinekommentar zum Bürgerlichen Gesetzbuch, 60. Edition 2021, Online-Kommentar.

Hauck, Ernst: Medizinischer Fortschritt im Dreieck IQWIG, GBA und Fachgesellschaften: Wann wird eine innovative Therapie zur notwendigen medizinischen Maßnahme? Rechtsgrundlagen und Rechtsprechung, NZS 2007, 461.

Heese, Michael: Offene Preisdiskriminierung und zivilrechtliches Benachteiligungsverbot, NJW 2012, 572.

Heil, Maria: Abrechnung von innovativen Medizinprodukten als Wahlleistungen oder IGeL, MPR 2013, 109.

Hellín, Teresa: The physician-patient relationship: recent developments and changes, Haemophilia 2002, 450.

Hessler, Gerhard: Das Ende des Selbstbestimmungsrechts?, MedR 2003, 13.

Hilgendorf, Eric: Digitalisierung in der Medizin – Statement, medstra 2017, 257.

Hillebrand, Julia: Das Arztbild im Wandel, in: Gellner, Winand/Schmöller, Michael (Hrsg.), Neue Patienten – Neue Ärzte? Ärztliches Selbstverständnis und Arzt-Patienten-Beziehung im Wandel, Baden-Baden 2008, S. 61.

Hinne, Dirk: Das Einsichtsrecht in Patientenakten, NJW 2005, 2270.

Hoffmann-Riem, Wolfgang: Verhaltenssteuerung durch Algorithmen – Eine Herausforderung für das Recht, AöR 2017, 1.

Höfling, Wolfram: „Sterbehilfe" zwischen Selbstbestimmung und Integritätsschutz, JuS 2000, 111.

– Der autonome Patient – Realität und Illusion, in: Schumpelick, Volker/Vogel, Bernhard (Hrsg.), Arzt und Patient, eine Beziehung im Wandel, Beiträge des Symposiums vom 15. bis 18. September 2005 in Cadenabbia, Freiburg 2006, S. 390.

Höfling, Wolfram/*Lang*, Heinrich: Das Selbstbestimmungsrecht. Normativer Bezugspunkt im Arzt-Patienten-Verhältnis, in: Feuerstein, Günter/Kuhlmann, Ellen (Hrsg.), Neopaternalistische Medizin: der Mythos der Selbstbestimmung im Arzt-Patienten-Verhältnis, Bern 1999, S. 18.

Hollenbach, Axel: Grundrechtsschutz im Arzt-Patienten-Verhältnis. Eine Untersuchung zur Umsetzung verfassungsrechtlicher Vorgaben im einfachen Recht, Berlin 2003.

Hollmann, Angela: Das ärztliche Gespräch mit dem Patienten, NJW 1973, 1393.

Holznagel, Bernd: Phänomen „Fake-News" – Was ist zu tun? Ausmaß und Durchschlagskraft von Desinformationskampagnen, MMR 2018, 18.

Honey, Christian: Dr. Watson weiß nicht weiter, Thieme-Artikel, online veröffentlicht am 19.03.2019, abrufbar unter https://m.thieme.de/viamedici/klinik-faecher-sonstige-faecher-1 548/a/dr-watson-weiss-nicht-weiter-35354.htm (Zugriff: 05.02.2022).

Hoppe, Jörg-Dietrich: Selbstverständnis und Alltag der Ärzteschaft, in: Gellner, Winand/Schmöller, Michael (Hrsg.), Neue Patienten – Neue Ärzte? Ärztliches Selbstverständnis und Arzt-Patienten-Beziehung im Wandel, Baden-Baden 2008, S. 135.

– Die Patient-Arzt-Beziehung im 21. Jahrhundert, in: Katzenmeier, Christian/Bergdolt, Klaus (Hrsg.), Das Bild des Arztes im 21. Jahrhundert, Berlin/Heidelberg 2009, S. 1.

Horn, Eckhard: Das „Inverkehrbringen" als Zentralbegriff des Nebenstrafrechts, NJW 1977, 2329.

Hübner, Karin: Der Patient als Partner – Geteilte Verantwortung, in: Bartmann, Peter/Hübner, Ingolf (Hrsg.), Patientenselbstbestimmung, Neukirchen-Vluyn 2002, S. 132.

Hufen, Friedhelm: In dubio pro dignitate – Selbstbestimmung und Grundrechtsschutz am Ende des Lebens, NJW 2001, 849.

– Verfassungsrechtliche Grenzen des Richterrechts – zum neuen Sterbehilfe-Beschluss des BGH, ZPR 2003, 248.

Huss, Ralf: Künstliche Intelligenz, Robotik und Big Data in der Medizin, Berlin 2019.

Huster, Stefan/*Kaltenborn*, Markus: Krankenhausrecht – Praxishandbuch zum Recht des Krankenhauswesens, 2. Aufl., München 2017.

Ihle, Judith: Ärztliche Leitlinien, Standards und Sozialrecht, Baden-Baden 2007.

Illhardt, Franz Josef: Wandel im Berufsbild: ethische und historische Hintergründe, in: Jütte, Robert (Hrsg.), Die Zukunft der Individualmedizin, Köln 2009, S. 25.

Inglis, Brian: Geschichte der Medizin, Bern/München 1966.

Jachertz, Norbert: Krebsregister, Ostdeutscher Sonderweg, DtÄb 2012, A-750.

– Medizin im Nationalsozialismus, Auf der Suche nach Tätertypen, DtÄb 2019, A-888.

Janda, Constanze: Medizinrecht, 4. Aufl., München 2019.

Jaspers, Karl: Der Arzt im technischen Zeitalter, in: Autrum, Hansjochem (Hrsg.), Von der Naturforschung zur Naturwissenschaft, Heidelberg 1987, S. 545.

Joecks, Wolfgang/*Miebach*, Klaus (Hrsg.): Münchner Kommentar zum Strafgesetzbuch, München,

– Band 1: §§ 1–37 StGB (4. Aufl. 2020).

– Band 5: §§ 263–358 StGB (3. Aufl. 2019).

– Band 7: Nebenstrafrecht I (4. Aufl. 2022).

Jordan, Adolf-Dietrich: Anmerkung zu: BGH, Urteil vom 29.06.1995–4 StR 760/94, JR 1997, 32.

Jörg, Johannes: Digitalisierung in der Medizin. Wie Gesundheits-Apps, Telemedizin, künstliche Intelligenz und Robotik das Gesundheitswesen revolutionieren, Berlin 2018.

Jorzig, Alexandra/*Sarangi*, Frank: Digitalisierung im Gesundheitswesen. Ein kompakter Streifzug durch Recht, Technik und Ethik, Berlin 2020.

Jütte, Robert/*Thürmann*, Petra: Placebo, Wirkungen sind messbar, DtÄb 2014, A-936.

Kaba, Riyaz/*Sooriakumaran*, Prasanna: The evolution of the doctor-patient relationship, International Journal of Surgery 2007, 57.

Kaeding, Nadja: Medizinische Behandlung als Distanzgeschäft, MedR 2019, 288.

Kamps, Harald: Der wichtige Unterschied zwischen Individuum und Person, DtÄb 2010, A-2490.

Katz, Jay: The silent world of doctor and patient, New York 1986.

Katzenmeier, Christian: Arzthaftung, Tübingen 2002.

– Aufklärung über neue medizinische Behandlungsmethoden – „Robodoc", NJW 2006, 2738.

- Die Rahmenbedingungen der Patientenautonomie, MedR 2012, 576.
- Ärztliche Aufklärung, in: Wiesemann, Claudia/Simon Alfred (Hrsg.), Patientenautonomie, Münster 2013, S. 91.
- Rechtsfragen der Placebobehandlung, MedR 2018, 367.
- Big Data, E-Health, M-Health, KI und Robotik in der Medizin, MedR 2019, 259.
- Rechtsfragen der Digitalisierung des Gesundheitswesens, Köln 2019.
- Haftungsrechtliche Grenzen ärztlicher Fernbehandlung, NJW 2019, 1769.

Keil, Miriam: Rechtsfragen der individualisierten Medizin, Berlin/Heidelberg 2015.

Kensy, Steven: Das zivilrechtliche Einsichtsrecht in Krankenunterlagen nach der Neuregelung, MedR 2013, 767.

Kern, Bernd-Rüdiger: Zur Zulässigkeit der ärztlichen Behandlung im Internet, MedR 2001, 495.

Kief, Horst: Prospektive, randomisierte Studie zur Wirksamkeit und Verträglichkeit modifizierter Eigenblutbehandlung AHIT – und konventioneller Eigenblutbehandlung bei Neurodermitis, Akt Dermatol 2007, 216.

Kingreen, Thorsten/*Kühling*, Jürgen: Rechtsfragen der externen Nutzung von Datensätzen aus der Leistungserbringung durch Vertragsärzte und Krankenhäuser, Rechtsgutachten erstellt im Auftrag der Bertelsmann Stiftung, Regensburg 2017.

Kirk, Beate: Der Contergan-Fall. Eine unvermeidbare Arzneimittelkatastrophe? Zur Geschichte des Arzneistoffs Thalidomid, Stuttgart 1999.

Kischel, Uwe: Rechtsvergleichung, München 2019.

Kleinewefers, Herbert: Zur Aufklärung des Patienten, VersR 1981, 99.

Klingel, Anita: Gesund dank Algorithmen – Studie der Bertelsmann Stiftung, 2019.

Klinke, Sebastian/*Müller*, Rolf: Auswirkungen der DRGs auf die Arbeitsbedingungen, das berufliche Selbstverständnis und die Versorgungsqualität aus Sicht hessischer Krankenhausärzte, Bremen 2008.

Klose, Martin/*Straub*, Marvin: Kontrahierungszwang im Arztvertragsrecht, MedR 2017, 935.

Kluth, Winfried: Ärztliche Berufsfreiheit unter Wirtschaftsvorbehalt?, MedR 2005, 65.

Knickrehm, Sabine/*Kreikebohm*, Rolf/*Waltermann*, Raimund: Kommentar zum Sozialrecht, 7. Aufl., München 2021.

Kokemoor, Axel: Sozialrecht, 9. Aufl., München 2020.

Koll, Sabine: Künstliche Intelligenz: Sieht Dr. Algorithmus tatsächlich mehr?, Medizin&Technik-Artikel, online veröffentlicht am 13.06.2019, abrufbar unter https://medizin-und-technik.industrie.de/digitalisierung/kuenstliche-intelligenz-in-der-medizin-sieht-dr-algorithmus-tatsaechlich-mehr/ (Zugriff: 05.02.2022).

König, Marco/*Junge*, Oliver Jürgen: Personalisierte Medizin – Überblick über aktuelle Rechtsfragen und Voraussetzungen der Kostentragung in der Gesetzlichen Krankenversicherung, GuP 2015, 132.

Koppernock, Martin: Das Grundrecht auf bioethische Selbstbestimmung. Zur Rekonstruktion des allgemeinen Persönlichkeitsrechts, Baden-Baden 1997.

Körner, Anne/*Mutschler*, Bernd/*Leitherer*, Stephan/*Rolfs*, Christian (Hrsg.): Kasseler Kommentar zum Sozialversicherungsrecht, SGB I, SGB IV, SGB V, SGB VI, SGB VII, SGB X, SGB XI, 114. Ergänzungslieferung, München 2021.

Krauskopf, Dieter/*Wagner*, Regine/*Knittel*, Stefan (Hrsg.): Kommentar zur sozialen Krankenversicherung, Pflegeversicherung, 112. Ergänzungslieferung, München 2021.

Kreße, Bernhard: Ärztliche Behandlungsfehler durch wirtschaftlich motiviertes Unterlassen, MedR 2007, 393.

– Aufklärung und Einwilligung beim Vertrag über die ärztliche Behandlung einwilligungsunfähiger Patienten, MedR 2015, 91.

Krieger, Gerd: Die Behandlungsverweigerung bei Kassenpatienten, insbesondere wegen unzureichender Honorierung, MedR 1999, 519.

Krones, Carsten Johannes/*Willis*, Stefan/*Steinau*, Gerhard/*Schumpelick*, Volker: Der Arzt in der Wahrnehmung des Patienten, Chirurg 2006, 718.

Krüger-Brand, Heike: Supercomputer Watson soll im Gesundheitswesen eingesetzt werden, DtÄb – Praxis 2011, 3.

Kügel, J. Wilfried/*Müller*, Rolf-Georg/*Hofmann*, Hans-Peter: Kommentar zum Arzneimittelgesetz, 3. Aufl., München 2022.

Kuhn, Sebastian: Transformation durch Bildung, DtÄb 2018, A-633.

Kullmann, Hans Josef: Übereinstimmungen und Unterschiede im medizinischen, haftungsrechtlichen und sozialversicherungsrechtlichen Begriff des medizinischen Standards, VersR 1997, 529.

Künnel, Erich: Die Ersatzansprüche beim Vorliegen eines ärztlichen Kunstfehlers, VersR 1980, 502.

Kunz-Schmidt, Susanne: Die ärztliche Aufklärungspflicht, NJ 2010, 441.

Lackner, Karl/*Kühl*, Kristian/*Heger*, Martin: Kommentar zum Strafgesetzbuch, 29. Aufl., München 2018.

Laib, Chandra Maria Sobeide: Das Bild des Arztes und sein Auftrag in der Gesellschaft von 1949 bis zur Gegenwart im Spiegel des deutschen Ärzteblattes, Tübingen 2017.

Lange, Wolfgang: Das Patientenverfügungsgesetz – Überblick und kritische Würdigung, ZEV 2009, 537.

Laufs, Adolf: Arzt und Recht im Wandel der Zeit, MedR 1986, 163.

– Arzt und Recht im Umbruch der Zeit, NJW 1995, 1590.

– Entwicklungslinien des Medizinrechts, NJW 1997, 1609.

– Zur Freiheit des Arztberufs, in: Ahrens, Hans-Jürgen/von Bar, Christian/Fischer, Gerfried/ Spickhoff, Andreas/Taupitz, Jochen (Hrsg.), Festschrift für Erwin Deutsch zum 70. Geburtstag, Köln/Berlin/Bonn/München 1999, S. 625.

Laufs, Adolf/*Katzenmeier*, Christian/*Lipp*, Volker: Arztrecht, 8. Aufl., München 2021.

Laufs, Adolf/*Kern*, Bernd-Rüdiger/*Rehborn*, Martin: Handbuch des Arztrechts, 5. Aufl., München 2019.

Lenzen, Manuela: Künstliche Intelligenz. Fakten, Chancen, Risiken, München 2020.

Lesinski-Schiedat, Anke: Sparzwang contra Heilauftrag aus ärztlicher Sicht, MedR 2007, 345.

Leupold, Andreas/*Glossner*, Silke/*Peintinger*, Stefan: eHealth: Rechtliche Rahmenbedingun-gen, Datenschutz und Datensicherheit, in: Fischer, Florian/Krämer, Alexander (Hrsg.), eHealth in Deutschland, Berlin/Heidelberg 2016, S. 47.

Leven, Karl-Heinz: Geschichte der Medizin, 2. Aufl., München 2017.

– Der Arzt: ein „Diener der Kunst", DtÄb 2018, A-1164.

Lichtenthaeler, Charles: Geschichte der Medizin, 4. Aufl., Köln 1987.

Lindpaintner, Klaus: Simultanmitschrift, in: Deutscher Ethikrat (Hrsg.), Die Medizin nimmt's persönlich, Forum Bioethik, Berlin 2009.

Locher, Wolfgang Gerhard: Fernbehandlung Gestern und Heute, Von der Briefkastenmedizin zur Telemedizin, Bay. ÄB 2017, 514.

Looschelders, Dirk: Diskriminierung und Schutz vor Diskriminierung im Privatrecht, JZ 2012, 105.

– Schuldrecht Allgemeiner Teil, 18. Aufl., München 2020.

Loose, Andrea: Strafrechtliche Grenzen ärztlicher Behandlung und Forschung, Berlin 2003.

Lorz, Sigrid: Arzthaftung bei Schönheitsoperationen, Berlin 2007.

– Lebensverlängerung durch lebenserhaltende Maßnahmen als Schadensquelle, ZfL 2020, 170.

Lübbe, Anna: Von der paternalistischen zur partnerschaftlichen Arzt-Patient-Beziehung, in: Geiger, Helmut (Hrsg.), Hauptsache gesund?, Dokumentation einer Tagung der Evangeli-schen Akademie Bad Boll 10. bis 12. Oktober 2003, Bad Boll 2004, S. 165.

Lukowsky, Arthur: Philosophie des Arzttums. Ein Versuch, Köln/Berlin 1966.

Magnus, Dorothea: Patientenautonomie im Strafrecht, Tübingen 2015.

Maier-Reimer, Georg: Das Allgemeine Gleichbehandlungsgesetz im Zivilrechtsverkehr, NJW 2006, 2577.

Maio, Giovanni: Mittelpunkt Mensch. Lehrbuch der Ethik in der Medizin – mit einer Ein-führung in die Ethik der Pflege, 2. Aufl., Stuttgart 2017.

Makowsky, Mark: Zivilrechtlicher Behandlungsstandard und (sozialrechtliches) Wirtschaft-lichkeitsgebot, VersR 2019, 983.

Manzeschke, Arne: Diakonie und Ökonomie, Hannover 2006.

Marburger Bund (Hrsg.): MB-Monitor 2017 Zusammenfassung, abrufbar unter https://www.marburger-bund.de/sites/default/files/files/2018-09/mb-monitor-2017-zusammenfassung.pdf (Zugriff: 05.02.2022).

– MB-Monitor 2019 Zusammenfassung, abrufbar unter https://www.marburger-bund.de/sites/default/files/files/2020-01/MB-Monitor%202019_Zusammenfassung_Ergebnisse.pdf (Zu-griff: 05.02.2022).

Martini, Mario: Algorithmen als Herausforderungen für die Rechtsordnung, JZ 2017, 1017.

Methfessel, Birgit/*Scholz*, Albrecht: Ärzte in der NSDAP – Regionale Unterschiede, DtÄb 2006, A-1064.

Meyer-Steineg, Theodor/*Sudhoff*, Karl: Geschichte der Medizin, 4. Aufl., Jena 1950.

Miranowicz, Elisa: Die Entwicklung des Arzt-Patienten-Verhältnisses und seine Bedeutung für die Patientenautonomie, MedR 2018, 131.

Möhrle, Alfred: Der Weg zum Nürnberger Ärzteprozeß und die Folgerungen daraus, DtÄb 1996, A-2766.

Moll, Albert: Ärztliche Ethik. Die Pflichten des Arztes in allen Beziehungen seiner Thätigkeit, Stuttgart 1902.

Müller, Gabriele: Die Patientenverfügung nach dem 3. Betreuungsrechtsänderungsgesetz: alles geregelt und vieles ungeklärt, DNotZ 2010, 169.

Müller, Gerda: Ärztliche Kompetenz und Patientenautonomie, in: Katzenmeier, Christian/ Bergdolt, Klaus (Hrsg.), Das Bild des Arztes im 21. Jahrhundert, Berlin/Heidelberg 2009, S. 75.

Müller, Heike: Die Rechtsproblematik des Off-Label-Use. Das Spannungsfeld zwischen Haftungs-, Versicherungs- und Werberecht, Münster 2009.

Müller, Sebastian/*Raschke*, Andreas: Homöopathie durch Ärzte und die Einhaltung des medizinischen Standards, NJW 2013, 428.

Müller-Oerlinghausen, Bruno: Die Rolle der Ärzteschaft bei der Aufklärung der Contergannebenwirkungen und die Auswirkung auf die deutsche Arzneimittelgesetzgebung, in: Zichner, Ludwig/Rauschmann, Michael A./Thomann, Klaus-Dieter (Hrsg.), Die Contergankatastrophe – Eine Bilanz nach 40 Jahren, Deutsches Orthopädisches Geschichts- und Forschungsmuseum Jahrbuch Band 6, Darmstadt 2005, S. 33.

Murrhardter Kreis – Arbeitskreis Medizinerausbildung der Robert Bosch Stiftung (Hrsg.): Das Arztbild der Zukunft, 3. Aufl., Gerlingen 1995.

N. A. Semaschko-Institut: Geschichte der Medizin, deutsche verkürzte Ausgabe, Berlin 1957.

Neitzke, Gerald: Aspekte ärztlicher Autonomie, in: Bartmann, Peter/Hübner Ingolf (Hrsg.), Patientenselbstbestimmung, Neukirchen-Vluyn 2002, S. 107.

Neukirch, Carl: Anmerkung zu: RG, Urteil vom 19. 05. 1931 – III 202/30, JW 1932, 3328.

Neumann, Herbert: Der Arzt, der Patient und die DRGs, in: Schumpelick, Volker/Vogel, Bernhard (Hrsg.), Arzt und Patient, eine Beziehung im Wandel, Beiträge des Symposiums vom 15. bis 18. September 2005 in Cadenabbia, Freiburg 2006, S. 316.

Nipperdey, Hans Carl: Kontrahierungszwang und diktierter Vertrag, Jena 1920.

Nolte, Dirk: Die Zulassung von strukturierten Behandlungsprogrammen (Disease Management Programmen – DMP) für chronisch Kranke, NZS 2018, 168.

Ohler, Christoph/*Weiß*, Wolfgang: Glaubensfreiheit versus Schutz von Ehe und Familie, NJW 2002, 194.

Opitz, Bernhard: Arzt-Patienten-Verhältnis in der DDR, Zahlreiche Verletzungen der Schweigepflicht, DtÄb 1997, A-2183.

Organisation für wirtschaftliche Zusammenarbeit und Entwicklung (Hrsg.): Waiting Times for Health Services: Next in Line, Health Policy Studies, Paris 2020.

Panagopoulou-Koutnatzi, Fereniki: Die Selbstbestimmung des Patienten. Eine Untersuchung aus verfassungsrechtlicher Sicht, Berlin 2009.

Parsa-Parsi, Ramin/*Wiesing*, Urban: Revision des ärztlichen Gelöbnisses, DtÄb 2017, A-2023.

Parzeller, Markus/*Wenk*, Maren/*Zedler*, Barbara/*Rothschild*, Markus: Aufklärung und Einwilligung des Patienten: Nach Maßgaben aktueller höchstrichterlicher und oberlandesgerichtlicher Rechtsprechung, DtÄb cme Kompakt 2009, 29a – 29 l + Anlagen.

Peintinger, Michael: Therapeutische Partnerschaft. Aufklärung zwischen Patientenautonomie und ärztlicher Selbstbestimmung, Wien 2003.

Pentz, Vera von: Aktuelle Rechtsprechung des BGH zum Arzthaftungsrecht, MedR 2018, 283.

Peter, Jürgen: Informationspflichten im Arzt-Patienten-Verhältnis, VW 1989, 1212.

Pfundner, Hagen: Digitalisierung in der Medizin: Im disruptiven Wandel wandelbar bleiben, in: Haring, Robin (Hrsg.), Gesundheit digital, Berlin 2019, S. 143.

Pichlmaier, Heinz/*Kienzle*, Hans Friedrich: Rechte und Pflichten des Arztes, in: Ahrens, Hans-Jürgen/von Bar, Christian/Fischer, Gerfried/Spickhoff, Andreas/Taupitz, Jochen (Hrsg.), Festschrift für Erwin Deutsch zum 80. Geburtstag, Berlin/Heidelberg 2009, S. 415.

Pollak, Kurt: Die Jünger des Hippokrates, Düsseldorf/Wien 1963.

Polonius, Michael-Jürgen: Berufsbilder für die Medizin, in: Schumpelick, Volker/Vogel, Bernhard (Hrsg.), Medizin nach Maß, Freiburg 2011, S. 86.

Pons Online Wörterbuch, abrufbar unter https://de.pons.com/.

Porter, Roy: Die Kunst des Heilens, Heidelberg/Berlin 2000.

Probst, Christian: Das Hospitalwesen im hohen und späten Mittelalter und die geistliche und gesellschaftliche Stellung des Kranken, in: Baader, Gerhard/Keil, Gundolf (Hrsg.), Medizin im mittelalterlichen Abendland, S. 260.

Prütting, Dorothea (Hrsg.): Kommentar zum Medizinrecht, 6. Aufl., Köln 2022.

Quaas, Michael: Zur Berufsfreiheit des Freiberuflers, insbesondere der Ärzte, MedR 2001, 34.

Quaas, Michael/*Zuck*, Rüdiger/*Clemens*, Thomas: Medizinrecht (Öffentliches Medizinrecht, Pflegeversicherungsrecht, Arzthaftpflichtrecht, Arztstrafrecht), 4. Aufl., München 2018.

Rabatta, Samir: Ärzte offen für OTC-Präparate, DtÄb 2008, A-616.

Ratzel, Rudolf/*Lippert*, Hans-Dieter/*Prütting*, Jens: Kommentar zur Musterberufsordnung für die in Deutschland tätigen Ärztinnen und Ärzte – MBO-Ä 1997, 7. Aufl., Berlin/Heidelberg 2018.

Ratzel, Rudolf/*Lissel*, Patrick (Hrsg.): Handbuch des Medizinschadensrechts, München 2013.

Rehmann, Wolfgang: Kommentar zum Arzneimittelgesetz, 5. Aufl., München 2020.

Reuter, Marcel/*Hahn*, Erik: Der Referentenentwurf zum Patientenrechtegesetz – Darstellung der wichtigsten Änderungsvorschläge für das BGB, VuR 2012, 247.

Riddick, Frank: The Code of Medical Ethics of the American Medical Association, Ochsner Journal 2003, 6.

Rieger, Hans-Jürgen: Lexikon des Arztrechts, Berlin/New York 1984.

Rieger, Hans-Jürgen/*Dahm*, Franz-Josef/*Katzenmeier*, Christian/*Steinhilper*, Gernot/*Stellpflug*, Martin/*Ziegler*, Ole: Heidelberger Kommentar zum Arztrecht, Krankenhausrecht, Medizinrecht, Heidelberg,

– Kapitel 800 – Behandlungsvertrag (56. Aktualisierung November 2014).

– Kapitel 5090 – Therapiefreiheit (Grundwerk 2001).

– Kapitel 2595 – Individuelle Gesundheitsleistungen (18. Aktualisierung Mai 2007).

Rigizahn, Ernest: Anmerkung zu: BGH, Urteil vom 29.06.1995 – 4 StR 760/94, JR 1996, 69.

Rixen, Stephan: Sozialrecht als öffentliches Wirtschaftsrecht. Am Beispiel des Leistungserbringungsrechts der gesetzlichen Krankenversicherung, Tübingen 2005.

Robert Koch Institut (Hrsg.): Diabetes mellitus in Deutschland, GBE Kompakt 03/2011, 1.

Rohde, Ernst: Der Zeitpunkt der Aufklärung vor ambulanten Operationen – Zugleich Anmerkung zum Urteil des BGH vom 14.06.1994 (VI ZR 178/93) VersR 1994, 1235; VersR 1995, 391.

Rosenberg, Britta: Rechtsfragen der Telemedizin am Beispiel der Teleradiologie im Rahmen von E-Health, Greifwald 2016.

Roßner, Hans-Jürgen: Verzicht des Patienten auf die Aufklärung durch den Arzt, NJW 1990, 2291.

Rückeshäuser, Pamela: Off-Label-Use: Die rechtlichen Probleme des zulassungsüberschreitenden Einsatzes von Arzneimitteln, Hamburg 2011.

Rumler-Detzel, Pia: Therapiefreiheit und Berufshaftpflicht des Arztes, VersR 1989, 1008.

Rüther, Martin: Ärztliches Standeswesen im Nationalsozialismus 1933 – 1945, in: Jütte, Robert (Hrsg.), Geschichte der deutschen Ärzteschaft, Köln 1997, S. 143.

Sachs, Gunnar: E-Health – Chancen und Herausforderungen bei der digitalen Transformation des Gesundheitswesens, MPR 2018, 24.

Sachs, Michael: Kommentar zum Grundgesetz, 9. Aufl., München 2021.

Säcker, Franz Jürgen/*Rixecker*, Roland/*Oetker*, Hartmut/*Limperg*, Bettina (Hrsg.): Münchner Kommentar zum Bürgerlichen Gesetzbuch, München,

– Band 1: §§ 1 – 240 BGB, AllgPersönlR, ProstG, AGG (9. Aufl. 2021).

– Band 5: §§ 535 – 630 h BGB, BetrKV, HeizkostenV, WärmeLV, EFZG, TzBfG, KSchG, MiLoG (8. Aufl. 2020).

– Band 6: §§ 631 – 704 (8. Aufl. 2020).

– Band 7: §§ 705 – 853 BGB, PartGG, ProdHaftG (8. Aufl. 2020).

Sänger, Sylvia/*Lang*, Britta: Evidenzbasierte Patienteninformationen, in: Hoefert, Hans-Wolfgang/Klotter, Christoph (Hrsg.), Wandel der Patientenrolle, Göttingen 2011, S. 101.

Schäfer, Klaus: Das Selbstbestimmungsrecht, NJ 2019, 381.

Schaffer, Wolfgang: Die Aufklärungspflicht des Arztes bei invasiven medizinischen Maßnahmen, VersR 1993, 1458.

Schaumberg, Torsten, Sozialrecht – Einführung, 3. Aufl., Baden-Baden 2020.

Scheler, Fritz: Von der Unabhängigkeit des Arztes und über die Arzt-Patienten-Beziehung, in: Ahrens, Hans-Jürgen/von Bar, Christian/Fischer, Gerfried/Spickhoff, Andreas/Taupitz, Jochen (Hrsg.), Festschrift für Erwin Deutsch zum 70. Geburtstag, Köln/Berlin/Bonn/München 1999, S. 739.

Schelling, Philip: Die Pflicht des Arztes zur wirtschaftlichen Aufklärung im Lichte zunehmender ökonomischer Zwänge im Gesundheitswesen, MedR 2004, 422.

Schelling, Philip/*Erlinger*, Rainer: Die Aufklärung über Behandlungsalternativen, MedR 2003, 331.

Schimmelpfeng-Schütte, Ruth: Der Arzt im Spannungsfeld der Inkompatibilität der Rechtssysteme, MedR 2002, 286.

Schipperges, Heinrich: Krankheit und Gesundheit bei Maimonides, Berlin/Heidelberg 1996.

Schliesky, Utz: Digitale Ethik und Recht, NJW 2019, 3692.

Schmalzel, Zelimir: Vorverträge zugunsten Dritter, AcP 164 (1964), 446.

Schmidt, Eberhard: Ärztliches Strafrecht, in: Ponsold, Albert (Hrsg.), Lehrbuch der gerichtlichen Medizin, Stuttgart 1950, S. 1.

Schmidt, Stephanie: Die Beeinflussung ärztlicher Tätigkeit, Halle/Wittenberg 2010.

Schmidt, Ulf: Der Ärzteprozeß als moralische Instanz? Der Nürnberger Kodex und das Problem zeitloser Medizinethik, in: Frewer, Andreas/Neumann, Josef N. (Hrsg.), Medizingeschichte und Medizinethik, Frankfurt/New York 2001, S. 334.

Schmidt, Ulf/*Frewer*, Andreas: Nuremberg Code of Medical Ethics, in: Frewer, Andreas/Schmidt, Ulf (Hrsg.), Standards der Forschung, Frankfurt am Main 2007, S. 37.

Schmidt-Elsaeßer, Eberhard: Medizinische Forschung an Kindern und Geisteskranken, Frankfurt am Main 1987.

Schmöller, Michael: Neue Patienten – Neue Ärzte? Selbst- und Rollenverständnis niedergelassener Ärzte in Deutschland, in: Gellner, Winand/Schmöller, Michael (Hrsg.), Neue Patienten – Neue Ärzte? Ärztliches Selbstverständnis und Arzt-Patienten-Beziehung im Wandel, Baden-Baden 2008, S. 15.

Schnapp, Friedrich/*Düring*, Ruth: Die Rechtsbeziehung zwischen Kassenzahnarzt und sozialversichertem Patienten nach dem Gesundheitsreformgesetz, NJW 1989, 2913.

Schnapp, Friedrich/*Wigge*, Peter: Handbuch des Vertragsarztrechts, 3. Aufl., München 2017.

Schneider, Günther: Patientenrechte, MedR 2000, 497.

Schönke, Adolf/*Schröder*, Horst: Kommentar zum Strafgesetzbuch, 30. Aufl., München 2019.

Schuldzinski, Wolfgang: Individuelle Gesundheitsleistungen – Markt ohne Regeln?, VuR 2007, 428.

Schumacher, Katrin: Alternativmedizin. Arzthaftungsrechtliche, arzneimittelrechtliche und sozialrechtliche Grenzen ärztlicher Therapiefreiheit, Berlin/Heidelberg 2017.

– Arzthaftungsrecht aus alternativmedizinischer Sicht, MedR 2019, 786.

Schumann, Eva: De medicis et aegrotis – Arztrecht im Frühmittelalter, in: Ahrens, Hans-Jürgen/ von Bar, Christian/Fischer, Gerfried/Spickhoff, Andreas/Taupitz, Jochen (Hrsg.), Festschrift für Erwin Deutsch zum 80. Geburtstag, Berlin/Heidelberg 2009, S. 545.

Schwalm, Georg: Zum Begriff und Beweis des ärztlichen Kunstfehlers, in: Kaufmann, Arthur/ Bemmann, Günter/Krauss, Detlef/Volk, Klaus (Hrsg.), Festschrift für Paul Bockelmann zum 70. Geburtstag, München 1979, S. 539.

Schwill, Florian: Aufklärungsverzicht und Patientenautonomie. Das Recht des Patienten zum Verzicht auf die ärztliche Aufklärung, Marburg 2007.

Sens, Brigitte: Auswirkungen der DRG-Einführung, Die Qualität hat nicht gelitten, DtÄb 2010, A-25.

Sens, Brigitte/*Wenzlaff*, Paul/*Pommer*, Gerd/*von der Hardt*, Horst: DRG-induzierte Veränderungen und ihre Auswirkungen auf die Organisationen, Professionals, Patienten und Qualität, Zentrum für Qualität und Management im Gesundheitswesen, Einrichtung der Ärztekammer Niedersachsen, Hannover 2009.

Shorter, Edward: Das Arzt-Patient-Verhältnis in der Geschichte und heute, Wien 1991.

Siebert, Arvid: Strafrechtliche Grenzen ärztlicher Therapiefreiheit, MedR 1983, 216.

Siegmund-Schultze, Nicola: Organübergreifende Wirksamkeit – Jahrestagung der American Society of Clinical Oncology, DtÄb 2015, A-1137.

Sigerist, Henry Ernest: A history of medicine, Volume I: Primitive and archaic medicine, New York 1951.

– A history of medicine, Volume II: Early Greek, hindu, and Persian medicine, New York 1961.

Siglmüller, Jonas: Rechtsfragen der Fernbehandlung, Berlin 2020.

Singer, Charles: A short history of science to the nineteenth century, Oxford 1941.

Spann, Wolfgang: Ärztliche Rechts- und Standeskunde, in: Ponsold, Albert (Hrsg.), Lehrbuch der gerichtlichen Medizin, 3. Aufl., Stuttgart 1967, S. 48.

Specht, Philip: Die 50 wichtigsten Themen der Digitalisierung, 4. Aufl., München 2019.

Spickhoff, Andreas: Anmerkung zu: BGH, Urteil vom 22. 05. 2007 – VI ZR 35 / 06, MedR 2008, 87.

– Die Entwicklung des Arztrechts 2016/2017, NJW 2017, 1790.

– Medizinrecht, 3. Aufl., München 2018.

– Rechtsfragen der grenzüberschreitenden Fernbehandlung, MedR 2018, 535.

Stallberg, Christian: Die Erbringung neuer Untersuchungs- und Behandlungsmethoden im stationären Bereich nach dem GKV Versorgungsstärkungsgesetz – Auswirkungen des sektorspezifischen Qualitätsgebots des § 137c III SGB V, NZS 2017, 332.

Statistisches Bundesamt: Statistisches Jahrbuch Deutschland und Internationales, Wiesbaden 2019.

Staudinger, Julius von (Begr.): Kommentar zum Bürgerlichen Gesetzbuch mit Einführungsgesetz und Nebengesetzen, Berlin,

– Buch 2, Recht der Schuldverhältnisse: §§ 328–345 BGB (Neubearbeitung 2020).

– Buch 2, Recht der Schuldverhältnisse: §§ 677–704 BGB (Neubearbeitung 2020).

Steinhart, B.: Patient autonomy: evolution of the doctor-patient relationship, Haemophilia 2002, 441.

Steinhilper, Gernot/*Schiller*, Herbert: Digitalisierung im Gesundheitswesen – Zur Fernbehandlung in der ambulanten vertragsärztlichen Versorgung, in: Jacobs, Matthias/Plagemann, Florian/Schafhausen, Martin/Ziegler, Ole (Hrsg.), Festschrift für Hermann Plagemann zum 70. Geburtstag, München 2020, S. 579.

Stellpflug, Martin: Arzthaftung bei der Verwendung telemedizinischer Anwendungen, GesR 2019, 76.

Sternberg-Lieben, Detlev/*Reichmann*, Philipp: Die gesetzliche Regelung der Patientenverfügung und das medizinische Selbstbestimmungsrecht Minderjähriger, NJW 2012, 257.

Steuer, Melanie/*Zimmermann*, Anja: Die „wahrheitsgemäße" ärztliche Aufklärungspflicht: Wider die Verabsolutierung des Selbstbestimmungsrechts, GreifR 2016, 79.

Stock, Christof: Die Indikation in der Wunschmedizin. Ein medizinrechtlicher Beitrag zur ethischen Diskussion über „Enhancement", Frankfurt am Main 2009.

– Heilauftrag und Wunschmedizin, MedR 2019, 872.

Stolleis, Michael: Geschichte des Sozialrechts in Deutschland, Stuttgart 2003.

Stumpf, Christoph: Der Vertrieb von Arzneimitteln außerhalb zugelassener Indikationen in wettbewerbsrechtlicher Perspektive. Die Beurteilung des „off-Label-Use" nach dem Arzneimittel-, Sozial- und Arzthaftungsrecht und ihre wettbewerbsrechtlichen Konsequenzen, PharmR 2003, 421.

Szecsenyi, Joachim: Vergleich von DMP und Regelversorgung, Vorstellung der Ergebnisse im Rahmen der Einladungskonferenz des AOK Bundesverbandes, Heidelberg 2009.

Tamm, Burkhard: Die Zulässigkeit von Außenseitermethoden und die dabei zu beachtenden Sorgfaltspflichten, Berlin 2007.

Taupitz, Jochen: Das Recht auf Nichtwissen, in: Hanau, Peter/Lorenz, Egon/Matthes, Hans-Christoph (Hrsg.), Festschrift für Günther Wiese zum 70. Geburtstag, München 1998, S. 583.

– Medizinische Informationstechnologie, leitliniengerechte Medizin und Haftung des Arztes, AcP 2011, 352.

– Individualisierte Medizin: Die internationalrechtliche Perspektive, in: Schumpelick, Volker/ Vogel, Bernhard (Hrsg.), Medizin nach Maß, Freiburg 2011, S. 219.

Tautz, Frederik: E-Health und die Folgen. Wie das Internet die Arzt-Patient-Beziehung und das Gesundheitssystem verändert, Frankfurt am Main 2002.

Thielscher, Christian: Der Arzt behält die Deutungshoheit trotz KI, DtÄb 2018, A-18.

Thüsing, Gregor/*von Hoff*, Konrad: Vertragsschluss als Folgenbeseitigung: Kontrahierungszwang im zivilrechtlichen Teil des Allgemeinen Gleichbehandlungsgesetzes, NJW 2007, 21.

Timm, Ingo: Digitalisierung und Big Data in der Medizin, MedR 2016, 686.

Tonikidis, Stelios: Die Grundrechtsfähigkeit und Grundrechtsberechtigung natürlicher Personen, JA 2013, 38.

Ulsenheimer, Klaus: Verletzung der ärztlichen Aufklärungspflicht, NStZ 1996, 132.

Ulsenheimer, Klaus/*Heinemann*, Nicola: Rechtliche Aspekte der Telemedizin – Grenzen der Telemedizin?, MedR 1999, 197.

Vogeler, Marcus: Die Haftung des Arztes bei der Anwendung neuartiger und umstrittener Heilmethoden nach der neuen Rechtsprechung des BGH, MedR 2008, 697.

Voigt, Tobias: Individuelle Gesundheitsleistungen (IGeL). Im Rechtsverhältnis von Arzt und Patient, Berlin/Heidelberg 2013.

Vollmann, Jochen: Patientenselbstbestimmung und Selbstbestimmungsfähigkeit. Beiträge zur Klinischen Ethik, Stuttgart 2008.

Vorberg, Sebastian/*Kanschik*, Julian: Fernbehandlung: AMG-Novelle und Ärztekammer verfehlen die Realität, MedR 2016, 411.

Wagner, Gerhard: Verantwortlichkeit im Zeichen digitaler Techniken, VersR 2020, 717.

Wallenfels, Matthias: Digitale Helfer im Kampf gegen Krebs, Ärzte Zeitung, online veröffentlicht am 27. 03. 2018, abrufbar unter https://www.aerztezeitung.de/Wirtschaft/Digitale-Helfer-im-Kampf-gegen-Krebs-228055.html (Zugriff: 05. 02. 2022).

– GBA macht Weg frei für eigenes Rheuma-DMP, Ärzte Zeitung, online veröffentlicht am 22. 03. 2021, abrufbar unter https://www.aerztezeitung.de/Wirtschaft/GBA-macht-Weg-frei-fuer-eigenes-Rheuma-DMP-418132.html (Zugriff: 05. 02. 2022).

Walter, Ute: Off-Label-Use: Die Haftung des verordnenden Arztes, NZS 2011, 361.

Waltermann, Raimund: Sozialrecht, 14. Aufl., Heidelberg 2020.

Wannagat, Georg: Lehrbuch des Sozialversicherungsrechts, I. Band, Tübingen 1965.

Weber, Klaus/*Kornprobst*, Hans/*Maier*, Stefan (Hrsg.): Kommentar zum Betäubungsmittelgesetz, Arzneimittelgesetz, Anti-Doping-Gesetz, Neue-psychoaktive-Stoffe-Gesetz, 6. Aufl., München 2021.

Weber, Michael: Off-label use. Arzneimittel- und strafrechtliche Aspekte am Beispiel der Kinderheilkunde, Baden-Baden 2009.

Weil, Francesca: Ärzte als inoffizielle Mitarbeiter der Staatssicherheit, Ärztliche Ethik mit neuem Inhalt gefüllt, DtÄb 2006, A-1594.

– Ärzte als inoffizielle Mitarbeiter des Ministeriums für Staatssicherheit der DDR, in: Frewer, Andreas/Erices, Rainer (Hrsg.), Medizinethik in der DDR, Stuttgart 2015, S. 29.

Weindling, Paul J.: Gerechtigkeit aus der Perspektive der Medizingeschichte: Euthanasie im Nürnberger Ärzteprozeß, in: Frewer, Andreas/Neumann, Josef N., (Hrsg.), Medizingeschichte und Medizinethik, Frankfurt/New York 2001, S. 311.

Weißauer, Walther/*Biermann*, Elmar.: Therapiefreiheit und Arzneimittelzulassung, Der Anaesthesist 1998, 609.

Welti, Felix: Der sozialrechtliche Rahmen ärztlicher Therapiefreiheit, GesR 2006, 1.

Wemhöner, Gabriele/*Frehse*, Michael: Haftungsrechtliche Aspekte bei der ärztlichen Arzneimittelverordnung und Arzneimittelanwendung, DMW 2004, 327.

Werner, Jochen: Digitalisierung in der Medizin, Mitten im größten Wandel (Interview), F&L 2018, 680.

Wolf-Braun, Barbara: Die Arzt-Patient-Beziehung im Kontext der naturwissenschaftlichen Medizin der Jahre 1850–1900, in: Deter, Hans-Christian (Hrsg.), Die Arzt-Patient-Beziehung in der modernen Medizin, Göttingen 2010, S. 86.

Wolz, Birgit: Bedenkliche Arzneimittel als Rechtsbegriff. Der Begriff der bedenklichen Arzneimittel und das Verbot ihres Inverkehrbringens in den §§ 95 I Nr. 1 iVm 5 AMG, Frankfurt am Main 1988.

Woopen, Christiane: Individualisierte Medizin als zukunftsweisendes Leitbild?, in: Schumpelick, Volker/Vogel, Bernhard (Hrsg.), Medizin nach Maß, Freiburg 2011, S. 94.

– Vorwort, in: Deutscher Ethikrat (Hrsg.), Personalisierte Medizin – der Patient als Nutznießer oder Opfer?, Berlin 2013, S. 7.

Woydack, Lena: Autonomie zwischen Ideal und Realität. Eine empirisch – ethische Reflexion eines Prinzips anhand ärztlicher Kommunikationsstrategien am Lebensende, Göttingen 2016.

Woydack, Lena/*Inthorn*, Julia: Das Autonomieprinzip in der Palliativmedizin in Theorie und Praxis, in: Anselm, Reiner/Inthorn, Julia/Kaelin, Lukas/Körtner, Ulrich (Hrsg.), Autonomie und Macht, Göttingen 2014.

Zöller, Wolfgang: Arzt und Patient: Was wird sich ändern?, in: Schumpelick, Volker/Vogel, Bernhard (Hrsg.), Medizin nach Maß, Freiburg 2011, S. 356.

Zuck, Rüdiger: Grundrechtsschutz und Grundrechtsentfaltung im Gesundheitswesen. Ein verfassungsrechtlicher Diskurs, Bad Liebenzell 1983.

– Der Standort der besonderen Therapierichtungen im deutschen Gesundheitswesen, NJW 1991, 2933.

Internetquellen

Zugriff jeweils: 05.02.2022

Arbeitsgemeinschaft der Wissenschaftlichen Medizinischen Fachgesellschaften, abrufbar unter https://www.awmf.org/leitlinien/leitlinien-suche.html.

Arzneimittelrichtlinie des GBA nach §§ 34 Abs. 1 S. 9, 92 Abs. 1 S. 2 Nr. 6 SGB V, Anlage I zum Abschnitt F, abrufbar unter https://www.g-ba.de/downloads/83-691-654/AM-RL-I-OTC_2021-04-15.pdf, Anlage II zum Abschnitt F, abrufbar unter https://www.g-ba.de/downloads/83-691-697/AM-RL-II-Life%20style-2020-09-01.pdf.

Bevölkerungsstatistik zum Stichtag 31.03.2021, abrufbar unter https://www.destatis.de/DE/Themen/Gesellschaft-Umwelt/Bevoelkerung/Bevoelkerungsstand/Tabellen/liste-zensus-geschlecht-staatsangehoerigkeit.html.

Bundesministerium für Gesundheit zum Thema „Seltene Erkrankungen", abrufbar unter https://www.bundesgesundheitsministerium.de/themen/praevention/gesundheitsgefahren/seltene-erkrankungen.html.

Code of Medical Ethics Opinion 2.1.1., abrufbar unter https://www.ama-assn.org/delivering-care/ethics/informed-consent.

dbb-Bürgerbefragungen, abrufbar unter https://www.dbb.de/presse/mediathek/broschueren.html.

Gewerbeordnung für das Deutsche Reich vom 21. Juni 1869, abrufbar unter https://reader.digita le-sammlungen.de/de/fs1/object/display/bsb11174892_00094.html.

Informationen über OTC-Präparate, abrufbar unter https://www.gesundheitsinformation.de/re zeptfreie-schmerzmittel-sicher-anwenden.html und https://www.apotheke-adhoc.de/nachrich ten/detail/pta-live/fresh-up-otc-schmerzmittel-im-ueberblick-analgetika/.

„Masterplan Medizinstudium 2020", abrufbar unter https://msagd.rlp.de/fileadmin/msagd/Pres se/Presse_Dokumente/Masterplan_Endfassung_31_03_17.pdf.

MDR-Zeitreise Artikel vom 14. 08. 2020, abrufbar unter https://www.mdr.de/zeitreise/stoebern/ damals/gesundheit300.html.

Mitgliederstatistik der gesetzlichen Krankenversicherung von Januar 2022, abrufbar unter https://www.bundesgesundheitsministerium.de/fileadmin/Dateien/3_Downloads/Statistiken/ GKV/Mitglieder_Versicherte/Januar_2022_bf.pdf.

Preface of Code of Medical Ethics, abrufbar unter https://www.ama-assn.org/sites/ama-assn.org/ files/corp/media-browser/preface-and-preamble-to-opinions.pdf.

Preußisches Strafgesetzbuch von 1851, abrufbar unter http://www.koeblergerhard.de/Fontes/ StrafgesetzbuchPreussen1851.pdf.

Richtlinie des GBA zu Untersuchungs- und Behandlungsmethoden der vertragsärztlichen Versorgung, Anlage II, abrufbar unter https://www.g-ba.de/downloads/62-492-2624/MVV-RL_2021-07-15_iK-2021-10-05.pdf.

Richtlinie des GBA zur Verordnungsfähigkeit von zugelassenen Arzneimitteln in nicht zuge-lassenen Anwendungsgebieten (sog. Off-Label-Use), Anlage 6 zum Abschnitt K, abrufbar unter https://www.g-ba.de/downloads/83-691-711/AM-RL-VI-Off-label-2021-12-22.pdf.

Universität Freiburg, Institut für Nachhaltige Technische Systeme, Projekt RaVeNNa 4pi, abrufbar unter https://www.inatech.uni-freiburg.de/de/professuren/mvg/projekte.

Universitätsklinikum Heidelberg, Erfolgreicher Abschluss Projekt „OP 4.1", Newsroom, online veröffentlicht am 28. 01. 2020, abrufbar unter https://www.klinikum.uni-heidelberg.de/news room/erfolgreicher-abschluss-projekt-op-41/.

- Künstliche Intelligenz soll zukünftig OP-Risiken mindern, Newsroom, online veröffentlicht am 18. 12. 2020, abrufbar unter https://www.klinikum.uni-heidelberg.de/newsroom/kuenstli che-intelligenz-soll-zukuenftig-op-risiken-mindern/.

Zeit-Online Artikel, „Watson" weiß die Antwort, veröffentlicht vom 17. 02. 2011, abrufbar unter https://www.zeit.de/digital/internet/supercomputer-watson-jeopardy/komplettansicht.

Anhang:
Code of American Medical Association

Grundfassung von 1847 (Auszüge)

Chapter 1 – Of the duties of physicians to their patients and of the obligations of patients to their physicians

Art. I. – Duties of Physicians to their Patients.

§ 1. A Physician should not only be ever ready to obey the calls of the sick, but his mind ought also to be imbued with the greatness of his mission, and the responsibility he habitually incurs in its discharge. Those obligations are the more deep and enduring, because there is no tribunal other than his own conscience, to adjudge penalties for carelessness or neglect. Physicians should, therefore, minister to the sick with due impressions of the importance of their office; reflecting that the ease, the health, and the lives of those committed to their charge, depend on their skill, attention and fidelity. They should study, also, in their deportment, so to unite tenderness with firmness, and condescension with authority, as to inspire the minds of their patients with gratitude, respect and confidence.

[…]

§ 4. A physician should not be forward to make gloomy prognostications because they savour of empiricism, by magnifying the importance of his services in the treatment or cure of the disease. But he should not fail, on proper occasions, to give to the friends of the patient timely notice of danger, when it really occurs; and even to the patient himself, if absolutely necessary. This office, however, is so peculiarly alarming when executed by him, that it ought to be declined whenever it can be assigned to any other person of sufficient judgment and delicacy. For, the physician should be the minister of hope and comfort to the sick; that, by such cordials to the drooping spirit, he may smooth the bed of death, revive expiring life, and counteract the depressing influence of those maladies which often disturb the tranquillity of the most resigned, in their last moments. The life of a sick person can be shortened not only by the acts, but also by the words or the manner of a physician. It is, therefore, a sacred duty to guard himself carefully in this respect, and to avoid all things which have a tendency to discourage the patient and to depress his spirits.

[…]

ART. II. – Obligations of Patients to their Physicians.

[…]

§ 4. Patients should, faithfully and unreservedly communicate to their physician the supposed cause of their disease. This is the more important, as many diseases of a mental origin simulate those depending on external causes, and yet are only to be cured by ministering to the mind diseased. A patient should never be afraid of thus making his physician his friend and adviser; he should always bear in mind that a medical man is under the strongest obligations of secrecy. Even the female sex should never allow feelings of shame or delicacy to prevent their disclosing the seat, symptoms and causes of complaints peculiar to them. However commendable a modest reserve may be in the common occurrences of life, its strict observance in m medicine is often attended with the most serious consequences, and a patient may sink under a painful and loathsome disease, which might have been readily prevented had timely intimation been given to the physician.

[...]

§ 6. The obedience of a patient to the prescriptions of his physician should be prompt and implicit. He should never permit his own crude opinions as to their fitness, to influence his attention to them. A failure in one particular may render an otherwise judicious treatment dangerous, and even fatal. This remark is equally applicable to diet, drink, and exercise. As patients become convalescent they are very apt to suppose that the rules prescribed for them may be disregarded, and the consequence but too often, is a relapse. Patients should never allow themselves to be persuaded to take any medicine whatever, that may be recommended to them by the self-constituted doctors and doctresses, who are so frequently met with, and who pretend to possess infallible remedies for the cure of every disease. However simple some of their prescriptions may appear to be, it often happens that they are productive of much mischief, and in all cases they are injurious, by contravening the plan of treatment adopted by the physician.

[...]

§ 8. When a patient wishes to dismiss his physician, justice and common courtesy require that he should declare his reasons for so doing.

§ 9. Patients should always, when practicable, send for their physician in the morning, before his usual hour of going out; for, by being early aware of the visits he has to pay during the day, the physician is able to apportion his time in such a manner as to prevent an interference of engagements. Patients should also avoid calling on their medical adviser unnecessarily during the hours devoted to meals or sleep. They should always be in readiness to receive the visits of their physician, as the detention of a few minutes is often of serious inconvenience to him.

[...]

Version von 1957

These principles are intended to aid physicians individually and collectively in maintaining a high level of ethical conduct. They are not laws but standards by which a physician may determine the propriety of his conduct in his relationship with patients, with colleagues, with members of allied professions, and with the public.

Section 1. The principle objective of the medical profession is to render service to humanity with full respect for the dignity of man. Physicians should merit the confidence of patients entrusted to their care, rendering to each a full measure of service and devotion.

Section 2. Physicians should strive continually to improve medical knowledge and skill, and should make available to their patients and colleagues the benefits of their professional attainments.

Section 3. A physician should practice a method of healing founded on a scientific basis; and he should not voluntarily associate professionally with anyone who violates this principle.

Section 4. The medical professional should safeguard the public and itself against physicians deficient in moral character or professional competence. Physicians should observe all laws, uphold the dignity and honor of the profession and accept its self-imposed disciplines. They should expose, without hesitation, illegal or unethical conduct of fellow members of the profession.

Section 5. A physician may choose whom he will serve. In an emergency, however, he should render service to the best of his ability. Having undertaken the care of a patient, he may not neglect him; and unless he has been discharged he may discontinue his services only after giving adequate notice. He should not solicit patients.

Section 6. A physician should not dispose of his services under terms of conditions which tend to interfere with or impair the free and complete exercise of his medical judgment and skill or tend to cause deterioration of the quality of medical care.

Section 7. In the practice of medicine a physician should limit the source of his professional income to medical services actually rendered by him, or under his supervision, to his patients. His fee should be commensurate with services rendered and the patient's ability to pay. He should neither pay nor receive a commission for referral of patients. Drugs, remedies or appliances may be dispensed or supplied by the physician provided it is in the best interests of the patients.

Section 8. A physician should seek consultation upon request; in doubtful or difficult cases; or whenever it appears that the quality of medical service may be enhanced thereby.

Section 9. A physician may not reveal the confidences entrusted to him in the course of medical attendance, or the deficiencies he may observe in the character of patients, unless he is required to do so by law or unless it becomes necessary in order to protect the welfare of the individual or of the community.

Section 10. The honored ideals of the medical profession imply that the responsibilities of the physician extend not only to the individual, but also to society where these responsibilities deserve his interest and participation in activities which have the purpose of improving both the health and the well-being of the individual and the community.

Version von 1980

Preamble: The medical profession has long subscribed to a body of ethical statements developed primarily for the benefit of the patient. As a member of this profession, a physician must recognize responsibility not only to patients, but also to society, to other health professionals, and to self. The following Principles adopted by the American Medical Association are not laws, but standards of conduct which define the essentials of honorable behavior for the physician.

I. A physician shall be dedicated to providing competent medical service with compassion and respect for human dignity.

II. A physician shall deal honestly with patients and colleagues, and strive to expose those physicians deficient in character or competence, or who engage in fraud or deception.

III. A physician shall respect the law and also recognize a responsibility to seek changes in those requirements which are contrary to the best interests of the patient.

IV. A physician shall respect the rights of patients, colleagues, and of other health professionals, and shall safeguard patient confidences within the constraints of the law.

V. A physician shall continue to study, apply and advance scientific knowledge, make relevant information available to patients, colleagues, and the public, obtain consultation, and use the talents of other health professionals when indicated.

VI. A physician shall, in the provision of appropriate patient care, except in emergencies, be free to choose whom to serve, with whom to associate, and the environment in which to provide medical services.

VII. A physician shall recognize a responsibility to participate in activities contributing to an improved community.

Version von 2001

Preamble: The medical profession has long subscribed to a body of ethical statements developed primarily for the benefit of the patient. As a member of this profession, a physician must recognize responsibility to patients first and foremost, as well as to society, to other health professionals, and to self. The following Principles adopted by the American Medical Association are not laws, but standards of conduct which define the essentials of honorable behavior for the physician.

I. A physician shall be dedicated to providing competent medical care, with compassion and respect for human dignity and rights.

II. A physician shall uphold standards of professionalism, be honest in all professional interactions, and strive to report physicians deficient in character or competence, or engaging in fraud or deception, to appropriate entities.

III. A physician shall respect the law and also recognize a responsibility to seek changes in those requirements which are contrary to the best interests of the patient.

IV. A physician shall respect the rights of patients, colleagues, and other health professionals, and shall safeguard patient confidences and privacy within the constraints of the law.

V. A physician shall continue to study, apply, and advance scientific knowledge, maintain a commitment to medical education, make relevant information available to patients, colleagues, and the public, obtain consultation, and use the talents of other health professionals when indicated.

VI. A physician shall, in the provision of appropriate patient care, except in emergencies, be free to choose whom to serve, with whom to associate, and the environment in which to provide medical care.

VII. A physician shall, recognize a responsibility to participate in activities contributing to the improvement of the community and the betterment of public health.

VIII. A physician shall, while caring for a patient, regard responsibility to the patient as paramount.

IX. A physician shall support access to medical care for all people.

Sachregister

Annabel C. Joschko

Das Recht auf Nichtwissen in der Gesundheitsversorgung

Zum Spannungsfeld von Patientenautonomie
und ärztlichem Berufsethos

Der in Bioethik und Medizin wurzelnde Diskurs um ein sogenanntes Recht auf Nichtwissen des Patienten gewinnt nunmehr auch auf (gesundheits-)rechtlicher Ebene erheblich an Bedeutung und hat eine systematische Aufarbeitung der Thematik aus juristischer Perspektive unerlässlich gemacht. Die Autorin nimmt in der Arbeit insoweit einerseits eine umfassende Einordnung des Rechts auf Nichtwissen in seinen rechtlichen Kontext sowohl auf völkervertraglicher als auch auf verfassungs- und einfachrechtlicher Ebene vor; andererseits werden Lösungsansätze für seine praktische Handhabung im Arzt-Patienten-Verhältnis entwickelt. So werden neben Fragen des Aufklärungsverzichts im allgemeinen Behandlungsvertragsrecht auch Einzelprobleme im Bereich des Gendiagnostikrechts und des ärztlichen Berufsrechts sowie etwaige Sanktionsmöglichkeiten bei Verstößen gegen das Recht auf Nichtwissen untersucht.

Schriften zum Gesundheitsrecht, Band 66
232 Seiten, 2022
ISBN 978-3-428-18409-5, € 69,90
Titel auch als E-Book erhältlich.

www.duncker-humblot.de